“十二五”普通高等教育本科国家级规划教材
全国普通高等学校优秀教材二等奖

机械制造装备设计

第4版

主　编　关慧贞
副主编　黄玉美　徐文骥
参　编　冯辛安　朱　泓　吴宏基　孙玉文
主　审　王先逵　丛　明

机械工业出版社

本书是“十二五”普通高等教育本科国家级规划教材，曾荣获全国普通高等学校优秀教材二等奖。

本书第4版是根据“机械设计制造及其自动化”专业教学指导委员会讨论通过的指导性教学计划以及相应的“十二五”教材编写计划组织编写的。本书是机械工程学科的专业课程用书，将机床设计、夹具设计、工业机器人设计、物流系统设计、机械加工生产线设计等内容合为一门专业设计课程，构成了一个新的课程体系。书中着重介绍机械制造装备设计的基本原理和方法，并反映国内外的先进技术和发展趋势。教材内容与生产实践紧密相连，取材精练，深入浅出。

全书共分七章。第一章为机械制造及装备设计方法，第二章为金属切削机床设计，第三章为典型部件设计，第四章为工业机器人设计，第五章为机床夹具设计，第六章为物流系统设计，第七章为机械加工生产线总体设计。为便于教学，本书配有多媒体电子教案和各章习题答案，需要的教师，请到机械工业出版社教育服务网（www.cmpedu.com）下载。

本书适用于高等工科院校“机械设计制造及其自动化”专业以及相关专业教学，也可供从事机械制造装备设计和研究的工程技术人员和研究生参考。

图书在版编目（CIP）数据

机械制造装备设计/关慧贞主编．—4版．—北京：机械工业出版社，2014.12（2020.4重印）

“十二五”普通高等教育本科国家级规划教材．全国普通高等学校优秀教材二等奖

ISBN 978-7-111-48088-4

Ⅰ.①机… Ⅱ.①关… Ⅲ.①机械制造－工艺装备－设计－高等学校－教材 Ⅳ.①TH16

中国版本图书馆CIP数据核字（2014）第222490号

机械工业出版社（北京市百万庄大街22号　邮政编码100037）
策划编辑：刘小慧　责任编辑：刘小慧　安桂芳　任正一
版式设计：霍永明　责任校对：闫玥红
封面设计：张　静　责任印制：李　昂
三河市宏达印刷有限公司印刷
2020年4月第4版第12次印刷
184mm×260mm·26.75印张·723千字
标准书号：ISBN 978-7-111-48088-4
定价：53.00元

凡购本书，如有缺页、倒页、脱页，由本社发行部调换

电话服务	网络服务
服务咨询热线：010-88379833	机工官网：www.cmpbook.com
读者购书热线：010-88379649	机工官博：weibo.com/cmp1952
	教育服务网：www.cmpedu.com
封面无防伪标均为盗版	金书网：www.golden-book.com

前言

PREFACE

《机械制造装备设计》一书是根据“机械设计制造及其自动化”专业教学指导委员会推荐的指导性教学计划编写的。本书将机床设计、夹具设计、工业机器人设计、物流系统设计、机械加工生产线设计等内容合为一门专业课程，构成了一个新的课程体系。书中着重介绍机械制造装备设计的基本原理和方法，并反映国内外的先进技术和发展趋势。教材内容与生产实践紧密相连，使读者易于掌握机械制造装备先进的设计原理和方法，具备一定的机械制造装备总体设计和结构设计能力。

本书作为“十五”“十一五”国家级规划教材已出版使用十多年了，普遍反映良好，并获得教育部2002年全国普通高等学校优秀教材二等奖。为进一步提高教材质量，反映近几年来科技发展的新成就，根据“十二五”国家级规划教材计划，对第3版教材进行了修订。第4版的教材体系与第3版基本保持一致，修改了部分章节内容。如第一章机械制造及装备设计方法改动较大，概述部分重点结合国家“十一五”“十二五”的发展状况作了修订，对原第二、四、五节的内容作了全面的修订；对第二章金属切削机床设计的第一、六节进行修改；第四章工业机器人设计中，增加了工业中应用广泛的轮式移动机器人部分；第五章和第六章也作了修改。为便于教学，本书配有多媒体电子教案和各章习题答案。

本书由大连理工大学关慧贞任主编，并参与修订了第一章、第二章的第四至六节和第三章；西安理工大学黄玉美任副主编，并参与修订了第二章的第一至三节和第四章；大连理工大学徐文骥任副主编，并修订了第六章；大连理工大学冯辛安、朱泓、吴宏基和孙玉文分别参与修订了第一章、第三章、第五章和第七章；大连理工大学孙清超完善了多媒体课件的制作和部分习题解答。

全书由清华大学的王先逵教授和大连理工大学的丛明教授任主审。

本书可供高等工科院校“机械设计制造及其自动化”专业以及相关专业作为教学用书，也可供从事机械制造装备设计和研究的工程技术人员和研究生参考。

限于编者的水平，书中错误或不足之处在所难免，恳请读者批评指正。

编　者

目录 CONTENTS

第一章

机械制造及装备设计方法

第一节 概 述

21 世纪是制造业高度信息化的世纪，伴随着电子技术和信息技术的发展，制造业出现了惊人的变化。

一、机械制造生产模式的演变

在 20 世纪 50 年代前，机械制造业推行的是“刚性”生产模式，自动化程度低，基本上是“一个工人、一把刀、一台机床”，导致劳动生产率低下，产品质量不稳定；为提高效率和自动化程度，采用“少品种、大批量”的做法，强调的是“规模效益”，以实现降低成本和提高质量的目的。在 20 世纪 70 年代，主要通过改善生产过程管理来进一步提高产品质量和降低成本。

从 20 世纪 80 年代起，我国开始实行改革开放政策，引进西方的先进制造技术，同时与西方国家进行接触和广泛的合作。机械制造装备中较多地采用了数控机床、机器人、柔性制造单元和系统等高技术的集成，来满足产品个性化和多样化的要求以及社会各消费群体的不同需求。机械制造装备普遍具有“柔性化”“自动化”和“精密化”的特点，以便更好地适应市场经济的需要，适应多品种、小批量生产和经常更新品种的需要。随着计算机技术、电子技术、先进制造技术的飞速发展，这些高新技术也被广泛地应用于制造业的各个领域，加速了制造业的发展和变革进程。

在产品设计过程中，采用计算机辅助绘图、辅助设计、三维造型、特征造型。利用计算机辅助工程分析软件，可以对零件、部件和产品的受力、受热、受振等各种情况进行工程分析、计算和优化设计。在工艺设计中采用计算机技术、辅助编制工艺规划、选择刀具、选择或设计夹具。利用软件技术，产生刀具轨迹的数控代码，经过前、后置处理，便获得可以在数控机床或加工中心上对零件进行加工的程序；通过仿真解决诸如刀具磨损补偿、避免干涉碰撞等问题。各种优化生产技术应运而生，包括物料需求规划（MRP）、制造资源规划（MRPⅡ）、考虑按设备瓶颈组织和优化生产（OPT）、考虑最优库存并准时生产（JIT）、企业制造资源计划（ERP）等。此外，在加工现场，除数控车床、加工中心外，在线的三坐标测量机、柔性制造单元（FMC）和柔性制造系统（FMS）、各种自动化物流系统（如立体仓库、自动导引小车等）、控制生产线的可编程序控制器（PLC）等，也开始广泛使用。计算机图形学同产品设计技术的结合产生了以数据库为核心，以图形交互技术为手段，以工程分析计算为主体的计算机辅助设计（Computer Aided Design，CAD）系统。将 CAD 的产品设计信息转化为产品的制造、工艺规划等信息，使加工机械按照预定的工序和工步进行组合和排序，选择刀具、夹具、量具，确定切削用量，并计算每个工序的机动时间和辅助时间，这就是计算机辅助工艺规划（Computer Aided Process Planning，CAPP）。将包括制造、监测、装配等方面的所有规划，以及面向产品设计、制造、工艺、管理、成本核算等所有信息数字化，转换为计算机所能理解的，并被制造过程的全阶段所共享，从而形成了所谓的CAD/CAE/CAPP/CAFD/CAM，上述系统构成了当前数字化制造中的数字化设计系统。改革开放三十多年来，为了对世界生产进行快速响应，逐步实现社会制造资源的快速集成，要求机械制造装备的柔性化程度更高，采用虚拟制造和快速成形制造技术。数控技术和装备作为制造业的核心加工技术，人们对其性能和技术都提出了更高的要求。

20世纪末期，数字化设计与制造的应用也日趋广泛。数字化制造是指在虚拟现实、计算机网络、快速原型、数据库和多媒体等支撑技术下，根据用户需求，迅速收集资源信息，对产品信息、工艺信息和资源信息进行分析、规划和重组，实现产品设计和功能仿真，进而快速生产出满足用户性能要求的产品的整个制造过程。快速响应市场成为制造业发展的一个主要方向。为了快速响应市场，出现了许多新的生产制造模式，如敏捷制造（Agile Manufacturing）、精益-敏捷-柔性（LAF）生产系统、快速可重组制造、全球制造等。其中LAF生产系统是全面吸收精益生产、敏捷制造和柔性制造的精髓，包括了全面质量管理（TQC）、准时生产（Just in Time，JIT）、快速可重组制造和并行工程等现代生产和管理技术，是21世纪很有发展前景的先进制造模式。这种全新的生产制造模式的主要特点是：以用户需求为中心；制造的战略重点是时间和速度，并兼顾质量和品种；以柔性、精益和敏捷作为竞争的优势。现代飞速发展的高新技术对制造业所起的作用越来越大，产品又由“大批量生产”方式向“中小批量生产”，甚至“个性化生产”的方式转变，以满足竞争激烈的市场经济需求。

目前，中国装备制造业进入了前所未有的全面振兴的发展时期，通过引进发达国家装备制造业大量的先进技术，进行消化、吸收再创新，为我国装备制造业的复兴创造了加速发展的良好环境和有利条件，为今后的发展打下了坚实的基础。

二、制造业的作用及现状

制造业是国民经济发展的支柱产业，也是科学技术发展的载体及其转化为规模生产力的工具与桥梁。装备制造业是一个国家综合制造能力的集中体现，重大装备研制能力是衡量一个国家工业化水平和综合国力的重要标准。

在“十一五”“十二五”建设期间，国家将振兴装备制造业作为推进工业结构优化升级的主要内容，数控机床是振兴装备制造业的重点之一。按照立足科学发展、着力自主创新、完善体制机制、促进社会和谐的总思路，组织实施国家自主创新能力建设规划和高技术产业发展规划，大力加强自主创新支撑体系建设，着力推进重大产业技术与装备的自主研发，实现高技术产业由大到强的转变，全面提升我国的自主创新能力和国际竞争力，为调整经济结构、转变经济增长方式，实现全面建设小康社会的奋斗目标奠定坚实基础。

以机床制造业为例，我国已形成各具特色的六大发展区域：东北地区是我国数控车床、加工中心、重型机床和锻压设备、量刃具的主要开发生产区，沈阳机床行业、大连机床行业、齐齐哈尔重型数控企业、哈尔滨量具刃具企业的金属切削机床产值约占全国金属切削机床产值的三分之一，对全国金属切削机床行业发展影响巨大；东部地区数控磨床产量占全国的四分之三，其中，长江三角洲地区成为磨床（数控磨床）、电加工机床、板材加工设备、工具和机床功能部件（滚珠丝杠和直线导轨副）的主要生产基地；西部地区重点发展齿轮加工机床，其中西南地区重点发展齿轮加工机床、小型机床、专用生产线以及工具，西北地区主要发展齿轮磨床、数控车床和加工中心、工具和功能部件；中部地区主要发展重型机床和数控系统，重型机床产值占全国的六分之一，武汉重型机床集团有限公司生产的重型机床数量占全国重型机床数量的十分之一，生产数控系统的企业代表是武汉华中数控股份有限公司；环渤海地区包括北京、天津等，主要发展加工中心和液压压力机，北京主要发展加工中心、数控精密专用磨床、重型数控龙门铣床和数控系统，天津主要发展锥齿轮加工机床和各种液压压力机；珠江三角洲地区是数控系统的生产基地，生产数控车床和数控系统、功能部件等。这些生产区域的产品和起到的重要作用，表明我国自主创新和高技术产业发生了历史性的巨大变化，取得了突飞猛进的发展。我国机械制造业正在实现从“制造—智造”的转折和跨越，产品要有未来、技术要有特色、质量要高、售后服务要好，是推动我国机械制造业由弱变强的有效途径。

三、机械制造装备的发展趋势

随着制造业生产模式的演变，对机械制造装备提出了不同的要求，使现代化机械制造装备的发展呈如下趋势：

1. 向高效、高速、高精度方向发展

高速和高精度加工是制造技术永无止境的追求，效率和质量是先进制造技术的主体。高速、高精加工技术可使数控系统能够进行高速插补、高实时运算，在高速运行中保持较高的定位精度，极大地提高效率，提高产品的质量和档次，缩短生产周期和提高市场竞争能力。近十年来，在加工精度方面，普通级数控机床的加工精度已由10μm 提高到5μm ，精密级加工中心则从3 ~5μm，提高到1 ~1. 5μm，并且超精密加工精度已开始进入纳米级（nm）。精密、高效也是世界电加工机床发展的主流。

2. 多功能复合化、柔性自动化的产品成为发展的主流

从近几届国内外举办的国际机床展览上展出的装备情况来看，新颖的高技术含量的展品逐年增加。国际上多功能复合加工机床的发展不再以简单的零件加工为主，而是以结构复杂、形状各异的箱体类零件加工或更为复杂的零件加工为发展趋势。展出的机床类型很多，有最新的复合加工机床、五轴加工机床、纳米加工机床、新型并联加工机床等，展示出世界制造装备的精华，展示了世界制造技术发展的最新动向。例如，超声波铣削、激光铣削等不同加工组合的复合机床品种逐渐增多；五至九轴控制、各种形式的五轴联动车铣复合中心、车削中心的功能齐全、完备；由单台数控加工设备和上下料机构构成的柔性制造单元（FMC）、柔性制造系统（FMS）、柔性制造线（FML）的类型不断变化，品种不断增加。柔性制造系统（FMS）是一个由计算机集成管理和控制、高效率地制造某一类中小批量多品种零部件的自动化制造系统，通常包括多台数控机床，由集中的控制系统及物料搬运系统连接起来，可在不停机的情况下实现多品种、中小批量的加工及管理；能根据制造任务或生产环境的变化迅速进行调整；可以在装夹工位、加工设备、交换工作站之间运送及储存工件的运储系统；同时，还可以配置切屑收集、工件清洗等配套设备，以适于多品种、中小批量生产。柔性制造线（FML）的加工设备可以是通用的加工中心、CNC 机床，也可以采用专用机床或 NC 专用机床。对物料搬运系统柔性的要求低于柔性制造系统，但生产率更高。它是以离散型生产中柔性制造系统和连续生产过程中的分散型控制系统（DCS）为代表，其特点是实现生产线的柔性化及自动化。柔性制造工厂（FMF）是由计算机系统和网络，通过制造执行系统（MES），将设计、工艺、生产管理及制造过程的所有柔性单元（FMC）、柔性线（FML）连接起来，配以自动化立体仓库，实现从订货、设计、加工、装配、检验、运送至发货的完整的数字化制造过程。它将制造、产品开发及经营管理的自动化连成一个整体，是以信息流控制物质流的智能制造系统（IMS）为代表，实现整

个工厂的柔性化及自动化。

3. 实施绿色制造与可持续发展战略

制造业在创造丰富物质产品的同时，消耗掉大量资源和能源，并对环境造成了严重的污染。绿色制造是综合考虑环境影响和资源效益的现代制造模式，是人类可持续发展战略在制造业中的体现，是落实科学发展观、建设中国制造“生态文明”的要求。实现绿色制造可从绿色制造过程设计、绿色生产与工艺、绿色切削加工技术、绿色供应链研究、机电产品噪声控制技术、绿色材料选择设计、绿色包装和使用、绿色回收和处理等方面着手，主要研究内容有废旧机械装备再制造综合评价与再设计技术、废旧机械零部件绿色修复处理与再制造技术、废旧机械装备再制造信息化提升技术、机械装备再制造与提升的成套技术及标准规范，以及废旧机械装备产业化实施模式等。以绿色科技为导向，以高效节能降耗减排为目标，实施绿色技术改造。绿色制造的研究及推广应用，推动“中国绿色制造”，并以此促进我国制造业降低资源消耗，减少环境污染，应对绿色贸易壁垒，提升中国制造业市场竞争力。

4. 智能制造技术和智能化装备有了新的发展

机器智能化是智能制造的主要研究内容之一，它是智能制造系统的物理基础，包括智能加工机床、工具和材料传送、检测和试验装备等，要求具有加工任务和加工环境的广泛适应性，能够在环境和自身的不确定变化中自主实现最佳行为策略。智能制造是面向未来的先进制造模式，提高底层加工设备的智能性是智能制造系统的重要研究课题。以装备中的机床为例，当前智能机床是在数控机床和加工中心的基础上实现的，它与普通自动化机床的主要区别在于除了具有数控加工功能外，还具有感知、推理、决策、控制、通信、学习等智能功能。目前国外研究机构在产品结构越来越复杂，而产品精度要求越来越高，交货时间越来越短的情况下，认为提高加工设备的智能性、可靠性和加工精度是提高企业竞争力的主要途径。

对智能机床的定义是：机床能对自己进行监控，可自行分析众多与机床、加工状态、环境有关的信息及其他因素，然后自行采取应对措施来保证最优化的加工。换句话说，机床进化到可发出信息和自行进行思考的水平，结果是机床可自适应柔性和高效生产系统的要求。例如，在2013年的中国国际机床展览会（CIMT）上，日本OKUMA（大隈）公司展出了名为MULTUS BⅢ的智能化复合加工机床，机床具有防撞功能、加工导航索引功能，能将加工参数导航到最佳加工条件，具有防热变形功能，可将热变形控制在10μm以下。

5. 我国自主创新和高新技术的发展

在“十一五”“十二五”建设期间，企业的自主创新能力不断提高，拥有自主知识产权的产品不断涌现，成果喜人。例如，重庆机床集团生产的YS3116CNC7七轴四联动数控高速干切自动滚齿机和YKS3132六轴四联动数控滚齿机，以其先进的技术水平和柔性化加工特点，提升了制齿行业技术创新能力，为加速我国汽车、摩托车行业设备升级换代做出了贡献。尤其是七轴四联动数控高速干切自动滚齿机，体现了以人为本的设计理念。该产品是针对汽车、摩托车行业大批量、高精度的齿轮加工要求而设计开发的，拥有全部知识产权，可实现七轴数字控制及四轴联动自动干式切削，不需要切削液，实现了绿色环保加工，加工效率是湿式切削的2~3倍。该产品床身的对称结构和护罩的防护结构，使排屑器能从床身中部迅速地将炙热的切屑排除，保证了干式高速切削的需要，是具有国际先进水平的国家重大技术装备。再如，大连机床集团有限责任公司以创新的方式先后制造了数控机床、立式加工中心等四条机床生产线，实现用生产汽车的方式生产数控机床，大大降低了制造成本，提高了机床市场竞争力。

高新技术中的直接驱动技术正在日趋完善，与传统的“旋转伺服电动机+滚珠丝杠”等机床驱动方式相比，最高速度可提高数十倍，加速度可提高几倍。直接驱动技术的应用推动了当前数控机床向高速、高效、高精度、智能性、环保化的方向发展。高速切削加工进给系统要实现快速的伺服控制和误差补偿，必须具备很高的定位精度和重复定位精度，直接驱动技术适用于高速、超高速加工，生产批量大、要求定位运动多、速度和方向频繁变化的场合。直线电动机除了应用于高速加工中心外，在磨床、锯床、激光切割机、等离子切割机、线切割机等机床设备上，力矩电动机直接驱动的应用也相当普遍，如旋转和分度工作台、万能回转铣头、摆动和旋转轴、旋转刀架，动态刀库、主轴等，其最典型的应用当属五轴铣床。

综上所述，现代制造业今后的发展将是以创新、提升、优化为主要模式，未来的中国制造业已不能仅仅满足于"制造"，而是要进一步发展成为"智造"，即用知识、用头脑去创新、去创造，这样才能缩短差距，实现赶超，由制造大国变为制造强国和"智造大国"。

第二节　机械制造装备应具备的主要功能

机械制造装备应具备的主要功能中，除了一般的功能要求外，应强调柔性化、精密化、自动化、机电一体化、节材节能、符合工业工程和绿色工程的要求。

一、一般的功能要求

机械制造装备应满足的一般功能包括：

1. 加工精度方面的要求

加工精度是指加工后零件对理想尺寸、形状和位置的符合程度，一般包括尺寸精度、表面形状精度、相互位置精度和表面粗糙度等。满足加工精度方面的要求应是机械制造装备最基本的要求。

影响机械制造装备加工精度的因素很多，与机械制造装备本身有关的因素有其几何精度、传动精度、运动精度、定位精度和低速运动平稳性等。

2. 强度、刚度和抗振性方面的要求

机械制造装备应具有足够的强度、刚度和抗振性。提高强度、刚度和抗振性，不能一味地加大制造装备零部件的尺寸和质量，成为"傻、大、黑、粗"的产品。应利用新技术、新工艺、新结构和新材料，对主要零件和整体结构进行设计，在不增加或少增加质量的前提下，使装备的强度、刚度和抗振性满足规定的要求。

3. 可靠性和加工稳定性方面的要求

可靠性是指在产品的使用过程中，在规定的条件下和时间内能完成的功能和能力，通常用"概率"表示。产品可靠性主要取决于产品在设计和制造阶段形成的产品固有可靠程度。机械制造装备在使用过程中，受到切削热、摩擦热、环境热等的影响，会产生热变形，影响加工性能的稳定性。对于自动化程度较高的机械制造装备，加工稳定性方面的要求尤为重要。提高加工稳定性的措施是减少发热量，散热和隔热，均热、热补偿、控制环境温度等。

4. 使用寿命方面的要求

机械制造装备经过长期使用，因零件磨损、间隙增大，原始工作精度将逐渐丧失。对于加工精度要求很高的机械制造装备，使用寿命方面的要求尤为重要。提高使用寿命应从设计、工艺、材料、热处理和使用等多方面综合考虑。从设计角度，提高使用寿命的主要措施包括减少磨损、均匀磨损、磨损补偿等。

5. 技术经济方面的要求

投入机械制造装备上的费用将分摊到产品成本中去。若产品产量较大，分摊到每个产品的费用则较少。反之，产品的产量较少，甚至是单件，过大地在机械制造装备上投资，将大幅度地增加产品的成本，削弱产品的市场竞争力。因此不应盲目地追求机械制造装备的技术先进程度，无计划地加大投入，而应该进行仔细的技术经济分析，确定机械制造装备设计和选购方面的指导方针。

二、柔性化

柔性化有两重含义，即产品结构柔性化和功能柔性化。

产品结构柔性化是指产品设计时采用模块化设计方法和机电一体化技术，只需对结构作少量的重组和修改，或修改软件，就可以快速地推出满足市场需求的，具有不同功能的新产品。

功能柔性化是指只需进行少量的调整或修改软件，就可以方便地改变产品或系统的运行功能，以满足不同的加工需要。数控机床、柔性制造单元或系统具有较高的功能柔性化程度。在柔性制造系统中，不同工件可以同时上线，实现混流加工。这类加工装备投资极大、研制周期长，使用和维护涉及的技术难度大，应通过认真的技术经济分析，认为有利可图时才可考虑采用。

要实现机械制造装备的柔性化，不一定非要采用柔性制造单元或系统。专用机床，包括组合机床及其组成的生产线，也可设计成具有一定的柔性，完成一些批量较大、工艺要求较高的工件加工。其柔性表现在机床可进行调整以满足不同工件的加工。调整方法可采用备用主轴、位置可调主轴、工夹量具成组化、工作程序软件化和部分动作实现数控化等。

三、精密化

随着科学技术的发展和国际化市场竞争的加剧，对产品技术性能的要求越来越苛刻，对制造精度的要求越来越高，从微米级发展到亚微米级，乃至纳米级。为提高产品的质量，压缩工件制造的公差带，机械制造装备的精密化成为普遍发展的趋势。在这种情况下，采用传统的措施，一味提高机械制造装备自身的精度已无法奏效，需采用误差补偿技术。误差补偿技术可以是机械式的，如为提高丝杠或分度蜗轮的精度采用的校正尺或校正凸轮等。较先进的是采用数字化误差补偿技术，通过误差补偿来提高其几何精度、传动精度、运动精度和定位精度。

四、自动化

自动化有全自动化和半自动化之分：全自动化是指能自动完成工件的上料、加工和卸料的生产全过程；半自动化则上、下料需人工完成。机械制造装备实现自动化后，可以减少加工过程中的人工干预，减轻工人劳动强度，提高了加工效率和劳动生产率，保证了产品质量及其稳定性，改善了劳动条件。

实现自动化控制和运行的方法可分为刚性自动化和柔性自动化。刚性自动化是指传统的凸轮和挡块控制，如采用凸轮机构控制多个部件运动，使之互相协调工作。当工件变化时必须重新设计凸轮及调整挡块，调整麻烦，这种方式适用于大批量生产。柔性自动化是由计算机控制的生产自动化，主要有可编程逻辑控制和计算机数字控制。计算机数字控制和可编程逻辑控制相结合，实现了单件小批量生产的柔性自动化控制，如数控机床、加工中心、柔性制造单元、柔性制造系统以及计算机集成制造。

在计算机数字控制的基础上，生产自动化技术不断向智能化方向发展。在加工过程中，根据实际工作条件，如切削力、变形、振动等的变化，自动地改变切削用量（如切削速度、进给速度等），使加工过程始终处于最佳状态，实现最优化加工精度控制或最优化生产率控制。

五、机电一体化

机电一体化是指机械技术与微电子、传感检测、信息处理，自动控制和电力电子等技术，按系统工程和整体优化的方法，有机组成的最佳技术系统。机电一体化系统和产品的通常结构是机械的，用传感器检测来自外界和机器内部运行状态的信息，由计算机进行处理，经控制系统，由机械、液压、气动、电气、电子及它们的混合形式的执行系统进行操作，使系统能自动适应外界环境的变化。故设计机电一体化产品要充分考虑机械、液压、气动、电力电子、计算机硬件和软件的特点，充分发挥各自的特点，进行合理的功能搭配，构成一个极佳的技术系统。使得机械制造装备减小体积、简化结构、节约原材料、提高可靠性和效率，实现机械制造装备的精密化、高效化和柔性自动化。

六、符合工业工程要求

工业工程是对人、物料、设备、能源和信息所组成的集成系统进行设计、改善和实施的一门学科。其目标是设计一个生产系统及其控制方法，在保证工人和最终用户健康和安全的条件下，以最低的成本生产出符合质量要求的产品。

产品设计符合工业工程的要求是指：在产品开发阶段，充分考虑结构的工艺性，提高标准化、通用化水平，以便采用最佳的工艺方案，选择最合理的制造设备，尽可能减少材料和能源的消耗；合理地进行机械制造装备的总体布局，优化操作步骤和方法，提高工作效率；对市场和消费者进行调研，保证产品合理的质量标准，减少因质量标准定得过高造成不必要的浪费等。

七、符合绿色工程要求

绿色工程是指注重保护环境、节约资源、保证可持续发展的工程。按绿色工程要求设计的产品称为绿色产品。绿色产品设计在充分考虑产品的功能、质量、开发周期和成本的同时，优化各有关设计要素，使得产品从设计、制造、包装、运输、使用到报废处理的整个生命周期中，对环境的影响最小，资源利用效率最高。

绿色产品设计考虑的内容很广泛，包括产品材料的选择应是无毒、无污染、易回收、可重用、易降解的；产品制造过程应充分考虑对环境的保护，资源回收，如废弃物的再生和处理，原材料的再循环，零部件的再利用等；产品的包装也应充分考虑选用资源丰富的包装材料，以及包装材料的回收利用及其对环境的影响等。原材料再循环的成本一般较高，应考虑经济上、结构上和工艺上的可行性。为了零部件的再利用，应通过改变材料、结构布局和零部件的联接方式等来实现产品拆卸的方便性和经济性。

第三节　机械制造装备的分类

机械制造过程是从原材料开始，经过热、冷加工，装配成产品，对产品进行检测、包装和发运的全过程，所使用的装备类型繁多，大致可划分为加工装备、工艺装备、仓储输送装备和辅助装备四大类。

一、加工装备

加工装备是指采用机械制造方法制作机器零件或毛坯的机床。机床是制造机器的机器，也称工作母机，其种类很多，包括金属切削机床、特种加工机床、快速成形机、锻压机床、塑料注射机、焊接设备、铸造设备和木工机床等。特种加工机床传统上归于金属切削机床类中。由于近年来，特种加工机床已发展为一个较大的门类，为叙述方便，这里将它作为一大类机床进行介绍。塑料注射机、焊接设备、铸造设备和木工机床等可参阅塑料制品加工、材料热加工和木工行业方面的有关书籍，这里不作介绍。

（一）金属切削机床

金属切削机床是采用切削工具或特种加工等方法，从工件上除去多余或预留的金属，以获得符合规定尺寸、几何形状、尺寸精度和表面质量要求零件的加工设备。金属切削机床的种类繁多，可按如下特征进行分类：

1. 按机床的加工原理进行分类

按机床的加工原理的不同可分为：车床、钻床、镗床、磨床、齿轮加工机床、螺纹加工机床、铣床、刨（插）床、拉床、特种加工机床、切断机床和其他机床12类。其他机床如锯床、键槽加工机床、珩磨研磨机床等。

2. 按机床的使用范围进行分类

按机床的使用范围可分为通用机床、专用机床和专门化机床。

（1）通用机床　通用的金属切削机床可加工多种尺寸和形状的工件的多种加工面，故又称万能机床。其结构一般比较复杂，适用于单件或中小批量生产。

（2）专用机床　专用机床是用于特定工件的特定表面、特定尺寸和特定工序加工的机床，是根据特定的工艺要求专门设计和制造的，生产率和自动化程度均高，结构比通用机床简单，多用于成批和大量生产。组合机床及其自动线是其中的一个大分支，包括大型组合机床及其自动线、小型组合机床及其自动线、自动换刀数控组合机床及其自动线等。

（3）专门化机床　专门化机床的特点介于通用机床和专用机床之间，用于对形状相似尺寸不同的工件的特定表面，按特定的工序进行加工。这类机床如精密丝杠机床、曲轴机床等，生产率一般较高。

此外，机床还可以按其加工精度分为普通、精密和高精度机床，按其自动化程度分为普通、半自动和自动机床，按其控制方式分为程控、数控、仿形机床等。

（二）特种加工机床

近十年来，为满足国防和高新科技领域的需要，许多产品朝着高精度、高速度、高温、高压、大功率和小型化方向发展。采用特种加工技术，可使用全新的工艺方法，解决上述用常规加工手段难以甚至无法解决的许多工艺难题，如大面积镜面加工、小径长孔甚至弯孔加工、脆硬难切削材料加工和微细加工等。特种加工机床近年来发展很快，按其加工原理可分成：电加工、超声波加工、激光加工、电子束加工、离子束加工、水射流加工等机床。

1. 电加工机床

直接利用电能对工件进行加工的机床，统称电加工机床。一般仅指电火花加工机床、电火花线切割机床和电解加工机床。

电火花加工机床是利用工具电极与工件之间的脉冲放电现象从工件上去除微粒材料达到加工要求的机床，主要用于加工硬的导电金属，如淬火钢、硬质合金等。按工具电极的形状和电极是否旋转，电火花加工可进行成形穿孔加工、电火花成形加工、电火花雕刻、电火花展成加工、电火花磨削等。

电火花线切割机床是利用一根移动的金属丝作电极，在金属丝和工件间通过脉冲放电，并浇上液体介质，使之产生放电腐蚀而进行切割加工的机床。当放置工件的工作台在水平面内按预定轨迹移动时，工件便可切割出所需要的形状。如金属丝在垂直其移动方向的平面内不与铅直线平行，可切出上下截面不同的工件。

电解加工机床是利用金属在直流电流作用下，在电解液中产生阳极溶解的原理对工件进行加工的方法，电解加工又称电化学加工。加工时，工件与工具分别接电源的正负极，两者相对缓慢进给，并始终保持一定的间隙，让具有一定压力的电解液连续从间隙中流过，将工件上的被溶解物带走，使工件逐渐按工具的形状被加工成形。采用机械的方法，如砂轮去除工件上的被溶解物，称阳极机械加工。

2. 超声波加工机床

利用超声波能量对材料进行机械加工的设备称为超声波加工机床。加工时工具作超声振动，并以一定的静压力压在工件上，工件与工具间引入磨料悬浮液。在振动工具的作用下，磨粒对工件材料进行冲击和挤压，加上空化爆炸作用将材料切除。超声波加工适用于特硬材料，如石英、陶瓷、水晶、玻璃等材料的孔加工、套料、切割、雕刻、研磨和超声电加工等复合加工。

3. 激光加工机床

采用激光能量进行加工的设备统称为激光加工机床。激光是一种高强度、方向性好、单色性好的相干光。利用激光的极高能量密度产生的上万摄氏度高温聚焦在工件上，使工件被照射的局部在瞬间急剧熔化和蒸发，并产生强烈的冲击波，使熔化的物质爆炸式地喷射出来以改变工件的形状。激光加工可以用于所有金属和非金属材料，特别适合于加工微小孔（ϕ0.01～ϕ1mm 或更小）和材料切割（切缝宽度一般为 0.1～0.5mm）。常用于加工金刚石拉丝模、钟表宝石轴承、陶瓷、玻璃等非金属材料和硬质合金、不锈钢等金属材料的小孔加工及切割加工。

4. 电子束加工机床

电子束加工是指在真空条件下，由阴极发射出的电子流为带高电位的阳极吸引，在飞向阳极的过程中，经过聚焦、偏转和加速，最后以高速和细束状轰击被加工工件的一定部位，在几分之一秒内，将其99%以上的能量转化成热能，使工件上被轰击的局部材料在瞬间熔化、汽化和蒸发，以完成工件的加工。常用于穿孔、切割、蚀刻、焊接、蒸镀、注入和熔炼等。此外，利用低能电子束对某些物质的化学作用，进行镀膜和曝光，也属于电子束加工。电子束加工机床就是利用电子束的上述特性进行加工的装备。

5. 离子束加工机床

在电场作用下，将正离子从离子源出口孔“引出”，在真空条件下，将其聚焦、偏转和加速，并以大能量细束状轰击被加工部位，引起工件材料的变形与分离，或使靶材离子沉积到工件表面上，或使杂质离子射入工件内，用这种方法对工件进行穿孔、切割、铣削、成像、抛光、蚀刻、清洗、溅射、注入和蒸镀等，统称为离子束加工。离子束加工加工机床就是利用离子束的上述特性进行加工的装备。

6. 水射流加工机床

水射流加工是利用具有很高速度的细水柱或掺有磨料的细水柱，冲击工件的被加工部位，使被加工部位上的材料被剥离的加工方法。随着工件与水柱间的相对移动，切割出要求的形状。常用于切割某些难加工材料，如陶瓷、硬质合金、高速钢、模具钢、淬火钢、白口铸铁、耐热合金、复合材料等。

（三）锻压机床

锻压机床是利用金属的塑性变形特点进行成形加工的设备，属无屑加工设备，主要包括锻造机、冲压机、挤压机和轧制机四大类。

锻造机是利用金属的塑性变形，使坯料在工具的冲击力或静压力作用下成形为具有一定形状和尺寸的工件，同时使其性能和金相组织符合一定的技术要求的加工设备。按成形方法的不同，锻造加工可分为自由锻、模锻和特种锻造等。按锻造温度的不同，可分为热锻、温锻和冷锻等。

冲压机是借助模具对板料施加外力，迫使材料按模具形状、尺寸进行剪切或塑性变形，得到要求的金属板制件的加工设备。根据加工时材料温度的不同，可分为冷冲压和热冲压。冲压工艺省工、省料和生产率高。

挤压机是借助于凸模对放在凹模内的金属坯料加力挤压，迫使金属挤满凹模和凸模合成的内腔空间，获得所需金属制件的加工设备。挤压时，坯料受三向压应力的作用，有利于低塑性金属的成形。与模锻相比，挤压加工更节约金属、提高生产率和制品的精度。按挤压时材料的温度不同，可分为冷挤压、温热挤压和热挤压。

轧制机是使金属材料经过旋转的轧辊，在轧辊压力作用下产生塑性变形，以获得所要求截面形状并同时改变其性能的加工设备。按轧制时材料温度是否在再结晶温度以上或以下，分热轧和冷轧。按轧制方式又可分纵轧、横轧和斜轧。纵轧是轧件在两个平行排列而反向旋转的轧辊间轧制，用于轧制板材、型材、钢轨等；横轧是轧件在两个平行排列而同向旋转的轧辊间轧制，自身也作旋转运动，用于轧制套圈类零件；斜轧是轧件在两个轴线互成一定角度而同向旋转的轧辊间轧制，自身作螺旋前进运动，仅沿螺旋线受到轧制加工，主要用于轧制钢球。

二、工艺装备

产品制造时所用的各种刀具、模具、夹具、量具等工具，总称为工艺装备。它是保证产品制造质量、贯彻工艺规程、提高生产率的重要手段。

（一）刀具

切削加工时，从工件上切除多余材料所用的工具，称为刀具。刀具的种类很多，如车刀、刨刀、铣刀、钻头、丝锥、齿轮滚刀等。大部分刀具已标准化，由工具制造厂大批量生产，不需自行设计。

（二）模具

模具是用来将材料填充在其型腔中，以获得所需形状和尺寸制件的工具。按填充方法和填充材料的不同，模具有粉末冶金模具、塑料模具、压铸模具、冲压模具、锻造模具等。

1. 粉末冶金模具

粉末冶金是制造机器零件的一种加工方法。粉末冶金模具是将一种或多种金属或非金属粉末混合，放在其型腔内，经加压成形，再烧结成制品的工具。

2. 塑料模具

塑料是以高分子合成树脂为主要成分，在一定条件下可塑制成一定形状且在常温下保持形状不变的材料。塑制成型制件所用的模子称为塑料模具。塑料模具有压塑模具、挤塑模具、注射模具和其他模具。其他模具如挤出成型模具、发泡成型模具、低发泡注射成型模具和吹塑模具等。

压塑模具又称压胶模，是成型热固性塑料件的模具。成型前，根据压制工艺条件将模具加热到成型温度，然后将塑料粉放入型腔内预热、闭模和加压。塑料受热和加压后逐渐软化成黏流状态，在成型压力的作用下流动而充满型腔，经保压一段时间后，塑件逐渐硬化成型，然而开模和取出塑件。

挤塑模具又称挤胶模，是成型热固性塑料或封装电器元件等用的一种模具。成型及加料前先闭模，塑料先放在单独的加料室内预热成黏流状态，再在压力的作用下使融料通过模具的浇注系统，高速挤入型腔，然后硬化成型。

注射模具沿分型面分为定模和动模两部分。定模安装在注射机的定模板上，动模则紧固在注射机的动模板上。工作时注射机推动模板与定模板紧密压紧，然后将机筒内已加热到熔融状态的塑料高压注入型腔，融料在模内冷却硬化到一定强度后，注射机将动模板与定模板沿分型面分开，即开启模具，将塑件顶出模外，获得塑料制件。

3. 压铸模具

熔融的金属在压铸机中以高压、高速射入压铸模具的型腔，并在压力下结晶成形。压铸件的尺寸精度高，表面光洁，主要用于制造非铁金属件。

4. 冲压模具

冲压模具包括阴模和阳模两部分。在室温下借助阳模对金属板料施加外力，迫使材料按阴模型腔的形状、尺寸进行裁剪或塑性变形。进行冲压加工所用的钢材应是含碳量较低的高塑性钢。

5. 锻造模具

锻造模具是锻造用模具的总称。按所使用锻造设备的不同可分为：锤锻模、机锻模、平锻模、辊锻模等。按使用目的不同可分为：终成形模、预成形模、制坯模、冲孔模、切边模等。

（三）夹具

夹具是安装在机床上，用于定位和夹紧工件的工艺装备，以保证加工时的定位精度、被加工面之间的相对位置精度，有利于工艺规程的贯彻和提高生产率。夹具一般由定位机构、夹紧机构、刀具导向装置、工件推入和取出导向装置以及夹具体构成。按夹具安装在什么机床上可分为：车床夹具、铣床夹具、刨床夹具、钻床夹具、镗床夹具、磨床夹具等。按夹具专用化程度可分为：专用夹具、成组夹具和组合夹具等。

专用夹具是专为特定工件的特定工序设计和制造的。产品改变或工艺改变，夹具基本上要报废。

成组夹具是采用成组技术，把工件按形状、尺寸和工艺相似性进行分组，再按每组工件设计组内通用的夹具。成组夹具的特点是：具有通用的夹具体，只需对夹具的部分元件稍作调整或更换，即可用于组内各个零件的加工。

组合夹具是利用一套标准元件和通用部件（如对定装置、动力装置）按加工要求组装而成的夹具。标准元件有不同形状和尺寸，配合部位具有良好的互换性。当产品改变时，可以将组合夹具拆散，按新的加工要求重新组装。常用于新产品试制和单件小批生产中，可缩短生产准备时间，减少专用夹具的品种和试制过程。

（四）量具

量具是以固定形式复现量值的计量器具的总称。许多量具已商品化，如千分尺、百分表、量块等。有些量具尽管是专用的，但可以相互借用，不必重新设计与制造，如极限量规、样板等，设计产品时所取的尺寸和公差应尽可能借用量具库中已有的量具。有些则属于组合测量仪，基本是专用的，或只在较小的范围内通用。组合测量仪可同时对多个尺寸进行测量，将这些尺寸与允许值进行比较，通过显示装置指示是否合格；也可以通过测得的尺寸值计算出其他一些较难直接测量的几何参数，如圆度、垂直度等，并与相应的允许值进行比较。组合测量仪中通常有模数转换装置、微处理器和显示装置（如信号灯、显示屏幕等），测得的值经模数转换成数值量，由微处理器将测得的值作相应的处理，并与允许值进行比较，得出是否合格的结论，由显示装置将测量分析结果显示出来；也可按设定的多元联立方程组求出所需的几何参数，也与允许值进行比较，比较结果也在显示装置上显示出来。

三、仓储输送装备

仓储输送装备包括各级仓储、物料输送、机床上下料等设备。机器人可作为加工装备，如焊接机器人和喷漆机器人等，也可属于仓储输送装备，用于物料输送和机床上下料。

1. 仓储

仓储是用来储存原材料、外购器材、半成品、成品、工具、胎夹模具等，分别归厂或各车间管理。

现代化的仓储系统应有较高的机械化程度，采用计算机进行库存管理，以减轻劳动强度，提高工作效率，配合生产管理信息系统，控制合理的库存量。

立体仓库是一种很有发展前途的仓储结构，具备很多优点，包括：占地面积小而库存量大，便于实现全盘机械化和自动化，便于进行计算机库存管理等。

2. 物料输送装置

物料输送在这里主要指坯料、半成品或成品在车间内工作中心间的传输。采用的输送方法有各种传送装置和自动运载小车。

输送装置主要用于流水生产线或自动线中，有四种主要类型：由许多辊轴装在型钢台架上构成床形短距离滑道，由人工或靠工件自重实现输送；由刚性推杆推动工件作同步运动的步进式输送装置；带有抓取机构的、在两工位间输送工件的输送机械手；由连续运动的链条带动工件或随行夹具的非同步输送装置。用于自动线中的输送装置要求工作可靠、输送速度快、输送定位精度高、与自动线的工作协调等。

自动运载小车主要用于工作中心间工件的输送。与上述输送装置相比，具有较大的柔性，即可通过计算机控制，方便地改变工作中心间工件输送的路线，故较多地用于柔性制造系统中。自动运载小车按其运行的原理分有轨和无轨两大类。无轨运载小车的走向一般靠浅埋在地面下的制导电缆控制。在小车紧贴地面的底部装有接受天线，接收制导电缆的感应信息，不断判别和校正走向。

3. 机床上下料装置

专为机床将坯料送到加工位置的机构称上料装置；加工完毕后将制品从机床上取走的机构称下料装置。在大批量自动化生产中，为减轻工人体力劳动，缩短上下料时间，常采用机床上下料装置。

四、辅助装备

辅助装备包括清洗机和排屑装置等设备。

清洗机是用来清洗工件表面尘屑油污的机械设备。所有零件在装配前均需经过清洗，以保证装配质量和使用寿命。清洗液常用3%～10%的碳酸钠或氢氧化钠水溶液，加热到80～90℃，采用浸洗、喷洗、气相清洗和超声波清洗等方法。在自动装配线中，采用分槽多步式清洗生产线，完成工件的自动清洗。

排屑装置用于自动机床或自动线上，从加工区域将切屑清除，输送到机外或线外的集屑器内。清除切屑的装置常用离心力、压缩空气、电磁或真空、切削液冲刷等方法；输屑装置则有带式、螺旋式和刮板式多种。

第四节　机械制造装备设计的类型和设计方法

机械制造装备设计可分为创新设计、变型设计和模块化设计三大类型，依据不同的设计类型可采用不同的设计方法。

一、创新设计

在当前市场竞争十分激烈的情况下，企业要求得生存，需要不断地推出具有竞争力的创新产品。创新设计依据市场需求发展的预测，进行产品结构的调整，用新的技术手段和技术原理，改造传统产品，开发新一代的、具有高技术附加值的新产品，改善产品的功能、技术性能和质量，降低生产成本和能源消耗，采用先进生产工艺，缩小与国内外先进同类产品之间的差距，提高产品的竞争能力，进一步占领和扩大国内外市场。

创新设计通常应从市场调研和预测开始，明确产品设计任务，经过产品规划、方案设计、技术设计和施工设计四个阶段；还应通过产品试制和产品试验来验证新产品的技术可行性；通过小批试生产来验证新产品的制造工艺和工艺装备的可行性；一般需要较长的设计开发周期，投入较大的研制开发工作量。

（一）产品规划阶段

市场对产品的需求是动态变化的，在产品设计前必须进行产品规划，确定新产品的功能、技术性能和开发的日程表，保证符合市场需求的产品能及时，或适当超前地研制出来，投放市场，以减少产品开发的盲目性。在产品规划阶段将综合运用技术预测、市场学、信息学等理论和方法来解决设计中出现的问题。

产品规划阶段的任务是明确设计任务，通常应在市场调查与预测的基础上识别产品需求，进行可行性分析，制订设计技术任务书。

1. 需求分析

需求分析一般包括对销售市场和原材料市场的分析，例如：

1）新产品开发面向的社会消费群体，了解他们对产品功能、技术性能、质量、数量、价格等方面的要求。

2）现有类似产品的功能、技术性能、价格、市场占有情况和发展趋势。

3）竞争对手在技术、经济方面的优势和劣势及发展趋向。

4）主要原材料、配件、半成品等的供应情况、价格及变化趋势等。

2. 调查研究

调查研究包括市场调研、技术调研和社会环境调研三部分。

（1）市场调研　一般从以下几方面进行调研：

用户需求——有关产品功能、性能、质量、使用、保养、维修、外观、颜色、风格、需求量和价格等方面的要求。

产品情况——产品在其生命周期曲线中的位置，新老产品交替的动向分析等。

同行情况——同行产品经营销售情况和发展趋势，本企业产品的市场占有率与差距，主要竞争对手在技术、经济方面的优势和劣势及发展趋向。

供应情况——主要原材料、配件、半成品等的质量、品种、价格、供应等方面的情况及变化趋势等。

（2）技术调研　一般包括产品技术的现状及发展趋势；行业技术和专业技术的发展趋势；

新型元器件、新材料、新工艺的应用和发展动态；竞争产品的技术特点分析；竞争企业的新产品开发动向；环境对研制的产品提出的要求，如使用环境的空气、湿度、有害物质和粉尘等对产品的要求；为保证产品的正常运转，研制的产品对环境提出的要求等。

(3) 社会调研　一般包括企业目标市场所处的社会环境和有关的经济技术政策，如产业发展政策、投资动向、环境保护及安全等方面的法律、规定和标准；社会的风俗习惯；社会人员的构成状况、消费水平、消费心理和购买能力；本企业实际情况、发展动向、优势和不足、发展潜力等。

3. 预测

预测分为定性预测和定量预测两部分。

(1) 定性预测　在数据和信息缺乏时，依靠经验和综合分析能力对未来的发展状况作出推测和估计。采用的方法有走访调查、资料查阅、抽样调查、类比调查、专家调查等。

(2) 定量预测　对影响预测结果的各种因素进行相关分析和筛选，根据主要影响因素和预测对象的数量关系建立数学模型，对市场发展情况作出定量预测。采用的方法有时间序列回归法、因果关系回归法、产品生命周期法等。

4. 可行性分析

通过调查研究与预测，对产品开发中的重大问题应进行充分的技术经济论证，判断是否可行，即进行产品设计的可行性分析。可行性分析一般包括技术分析、经济分析和社会分析三个方面。技术分析是对开发产品可能遇到的主要关键技术问题作全面的分析，提出解决这些关键技术问题的措施；通过经济分析，应力求新产品投产后能以最少的人力、物力和财力消耗得到满意的功能，取得较好的经济效果；社会分析是分析开发的产品对社会和环境的影响。经过技术、经济、社会等方面的分析，和对开发可能性的研究，应提出产品开发的可行性报告。可行性报告一般包括如下内容：

1）产品开发的必要性，市场调查及预测情况，包括用户对产品功能、用途、质量、使用维护、外观、价格等方面的要求。

2）同类产品国内外技术水平和发展趋势。

3）从技术上预期产品开发能达到的技术水平。

4）从设计、工艺和质量等方面需要解决的关键技术问题。

5）投资费用及开发时间进度，经济效益和社会效益估计。

6）现有条件下开发的可能性及准备采取的措施。

5. 编制设计任务书

经过可行性分析后，应确定待设计产品的设计要求和设计参数，编制“设计要求表”，表1-1所列内容可供参考。在“设计要求表”内要列出必达要求和希望达到的要求。表中所列的各项要求应排出重要程度的次序，作为对设计进行评价时确定加权系数的依据。各项要求应尽可能用数值来描述其技术指标。

在上述基础上，结合本厂的技术经济和装备实际情况，编制产品的设计任务书。产品设计任务书是指导产品设计的基础性文件，其主要任务是对产品进行选型，确定最佳设计方针。在设计任务书内，应说明设计该产品的必要性和现实意义、产品的用途描述、设计所需要的全部重要数据、总体布局和结构特征、应满足的要求、条件和限制等。这些要求、条件和限制来源于市场、系统属性、环境、法律法规与有关标准，以及制造厂自身的实际情况，是产品设计、评价和决策的依据。

表 1-1　设计要求表

设计要求			必须和希望达到的要求	重要程度次序
类　别		项目及指标		
功能	运动参数	运动形式、方向、速度、加速度等		
	力参数	作用力大小、方向、载荷性质等		
	能量	功率、效率、压力、温度等		
	物料	产品物料特性		
	信号	控制要求、测量方式及要求等		
	其他性能	自动化程度、可靠性、寿命等		
经济	尺寸（长、宽、高）、体积和重量的限制			
	生产率、每年生产件数和总件数			
	最高允许成本、运转费用			
制造	加工	公差、特殊加工条件等		
	检验	测量和检验的特殊要求等		
	装配	装配要求、地基及安装现场要求等		
使用	使用对象	市场和用户类型		
	人机学要求	操纵、控制、调整、修理、配换、照明、安全、舒适		
	环境要求	噪声、密封、特殊要求等		
	工业美学	外观、色彩、造型等		
期限	设计完成日期	研制开始和完成日期，试验、出厂和交货日期等		

（二）方案设计阶段

方案设计实质上是根据设计任务书的要求，进行产品功能原理的设计。这阶段完成的质量将严重影响到产品的结构、性能、工艺和成本，关系到产品的技术水平及竞争能力。方案设计阶段大致包括对设计任务的抽象、建立功能结构、寻求原理解与求解方法、形成初步设计方案和对初步设计方案的评价与筛选等步骤。

1. 对设计任务的抽象

一项设计任务往往需要满足很多要求，其中只有少数是主要的，更多的是次要的。设计师应对设计任务进行抽象，抓住主要要求，兼顾次要要求，避免由于知识和经验的局限性以及思想上的种种框框而误导设计方案的制订。对设计任务进行抽象是对设计任务的再认识，从众多应满足的要求中，通过功能关系和与任务相关的主要约束条件的分析，对“设计要求表”一步一步进行抽象，找出具有本质性的、主要的要求，即本质功能，以便找到能实现这些本质功能的解，再进一步找出其最优解。

2. 建立功能结构

经过对设计任务的抽象，可明确设计产品的总功能。总功能是表达输入量转变成输出量的能力。这里所谓的输入、输出量指的是物料、能量和信息。

产品的总功能通常是比较复杂的，较难直接看清楚输入和输出之间的关系。犹如产品通常由部件、组件和零件组成，与此相对应，产品应满足的总功能，也可分解成分功能和多级子功能，它们按确定的关系结合起来，以实现总功能。分功能和多级子功能及它们之间的关系称为功能结构，可用图1-1所示的图形表示。图中的方框是一个“黑箱”，代表一个系统，只知道其输入和输出特性，其内部结构在这阶段暂不细究。通过分析“黑箱”及其与周围环境的联系，了解其功能、特性，进一步寻求其内部的机理和结构。图中实线箭头表示能量，双实线箭头表示物料，虚线箭头表示信息；箭头的位置可以画在方框的任一边，输入或输出用箭头的方向表示；能量、物料或信息可以是多项内容，用多个箭头表示；需注意上层输入、输出功能的内容必须与下层统一。

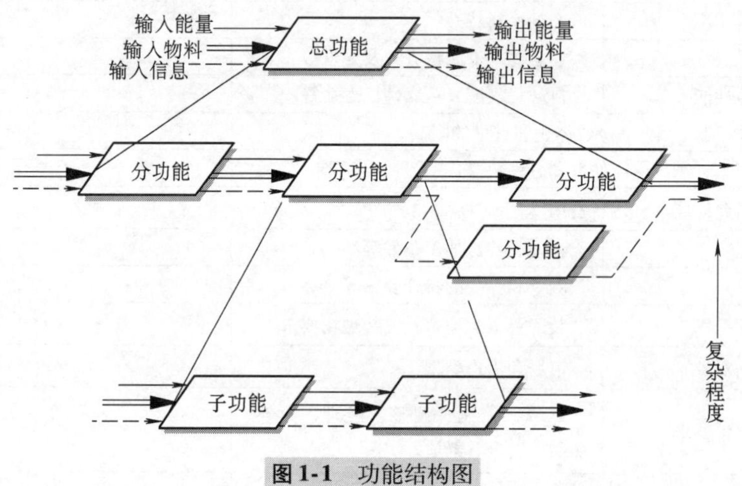

图1-1　功能结构图

总功能可逐级往下分解，分解到子功能的要求比较明确，便于求解为止。

建立功能结构的另一个目的是便于了解产品中哪些子功能是已有的，可直接采用已有零部件来实现，哪些子功能是以前没有的，需要新开发零部件来实现。对功能结构进行分析，也可以找出在多种产品中重复出现的功能，为制订通用零部件规范提供依据。

功能间的联系存在三种基本结构形式：串联结构、并联结构和环形结构，如图1-2所示。

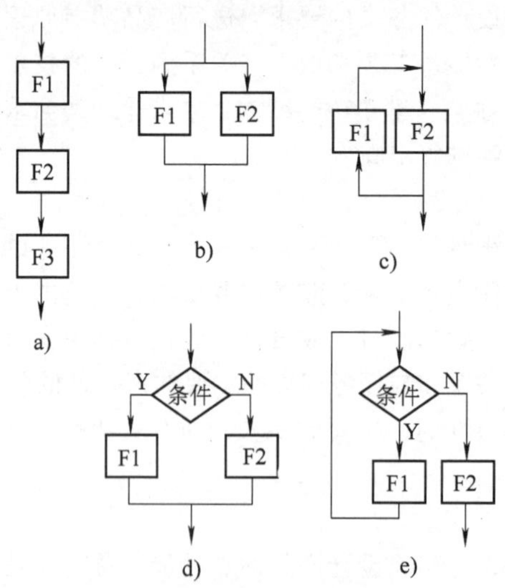

图1-2　功能基本联系结构形式

a）顺序结构　b）并联结构　c）环形（循环）结构

d）有选择的并联结构　e）有选择进行反馈的循环结构

串联结构如图 1-2a 所示，又称顺序结构，表示分功能间存在的因果关系或时间、空间顺序关系。并联结构如图 1-2b 所示，表示同时完成多个功能后再执行下一个分功能。图 1-2d 则是有选择地完成某些分功能后再执行下一个分功能。环形结构如图 1-2c 所示，是输出反馈为输入的循环结构。图 1-2e 则是有选择性地进行反馈的循环结构。

3. 寻求原理解与求解方法

对设计任务进行抽象，是为了确定最本质的功能。然后建立功能结构，将复杂的总功能分解为比较简单的、相互联系的分功能。如何实现这些功能以及它们之间的联系，就是求解问题。

所谓原理解，就是能实现某种功能的工作原理，以及实现该工作原理的技术手段和结构原理，即所谓的功能载体。

工作原理是科学原理和技术原理的统称。为了寻求作为产品设计依据的科学原理，设计人员必须掌握广泛的科学知识，了解科学发展动态，不局限于单门学科（如机械学）的范围内构思，应综合运用机、电、液、光等多种学科的知识，运用发散性思维方式寻求先进实用的科学原理。将科学原理具体运用于特定的技术目的，提炼、构思成所谓的技术原理，是设计中最关键、最富于创造性的一个环节。

从技术上和结构上实现工作原理的功能载体是以它具有的某种属性来完成某一功能的。这些属性包括物理化学属性、运动特性、几何特性和机械特性等。例如，两同心轴之间需要接合和断开的功能，可采用离合器。作为离合器这个功能载体，如利用其齿啮合属性、摩擦属性、液力属性或电磁属性，则分别为牙嵌离合器、摩擦离合器、液力耦合器或电磁转差离合器等。

4. 初步设计方案的形成

将所有子功能的原理解结合起来，才能形成和实现总功能。原理解的结合是设计过程中很重要的一环。原理解的结合可以得到多个初步设计方案，应采用合适的结合方法，才能获得理想的初步设计方案。常用的结合方法有：

（1）系统结合法　所谓系统结合法，是按功能结构的树状结构，根据逻辑关系把原理解结合起来。具体方法是采用如图 1-3 所示的图表。图表中子功能自上而下按功能结构的树状顺序排列，每个子功能可能有多个原理解，分别填写在子功能所在的行中。结合时，自上而下在每个子功能所在行中选出合适的原理解，用线将它们串起来，形成一种初步设计方案。产生的初步设计方案通常不止一个，可在图表中用不同的线型表示多种初步设计方案。以图 1-3 为例，理论上可产生 m^n 个初步设计方案，但其中许多方案是不可取的，甚至是行不通的。为了避免结合形成的方案不可取，运用系统结合法时，应掌握如下原则：相结合的子功能原理解不应互相矛盾、互相排斥，应彼此相容，即上下原理解的物理原理、能源、材料和控制方式等都应协调一致；原理解的结合要能全面实现“设计要求表”中的要求；原理解结合后形成的初步设计方案应是先进的、成本低廉的。

（2）数学方法结合法　当子功能原理解的物理和几何特征可以用定量的形式表达时，就可以借助电子计算机采用数学方法进行初步设计方案的组合。在方案设计阶段，如子功能的原理解还不够具体，定量表达原理解的特征有困难或不够精确时，采用数学方法形成初步设计方案是不可行的，甚至会导致错误的结果。在变型设计、组合设计或电路设计中，由于是已知零部件、元器件的组合，各子功能的物理和几何特征可以精确地定量表达，采用数学方法，如逻辑推理、图论和布尔代数等，可以结合出合适的初步设计方案，并从中优选出较好的方案来。

5. 初步设计方案的评价与筛选

原理解的结合可以获得多种，有时多达几十种初步设计方案，应对这些方案进行评价与筛选，找到较优的方案。

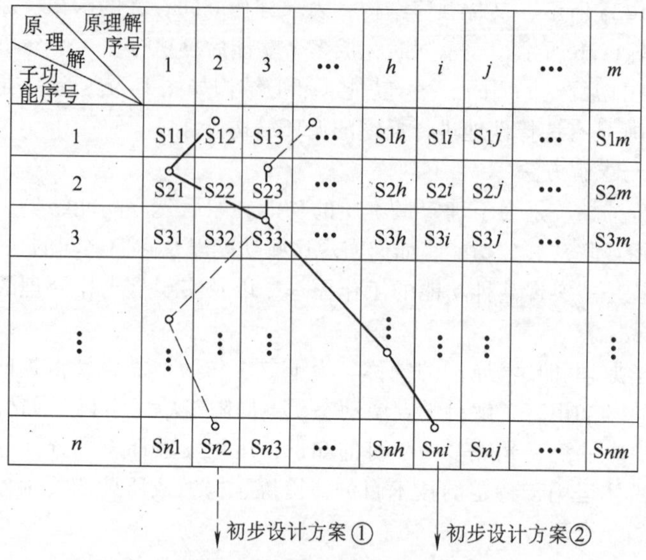

图1-3 原理解系统结合法

(1) 初步设计方案的初选 在形成的初步设计方案比较多的情况下，应首先对初步设计方案进行初选，淘汰那些明显不好的方案。初步设计方案的初选采用如下方法：

1）观察淘汰法。常根据“设计要求表”中的主要要求来衡量各初步设计方案，淘汰那些明显不能很好地实现“设计要求表”中主要要求的方案。

2）分数比较法。如果各方案之间的差别不大，用观察淘汰法难以分出优劣，可对每个方案按选定的几项主要要求进行综合打分，淘汰分值低的方案。

(2) 初步设计方案的具体化 由原理解结合成的初步设计方案还比较抽象，缺乏必要的信息，难以对初选后的初步设计方案作进一步评价和筛选，应将初选后的初步设计方案进一步具体化，在空间占用量、质量、主要技术参数、性能、所用材料、制造工艺、成本和运行费用等方面进行定量化。

具体化采用的方法大致有：绘出方案原理图、整机总体布局草图、主要零部件草图，为在空间占用量、质量、所用材料、制造工艺、成本和运行费用等方面进行比较提供数据；进行运动学、动力学和强度方面的粗略计算，以便定量地反映初步设计方案的工作特性；进行必要的原理试验，分析确定主要设计参数，验证设计原理的可行性；对于大型、复杂设备，可制作模型，以获得比较全面的技术数据。

(3) 对初步设计方案进行技术经济评价 对初选后的初步设计方案进行具体化后，可对它们进行技术经济评价，作出取舍的最后决策。技术经济评价过程的步骤为：建立目标系统和确定评价标准，确定重要性系数，按技术观点确定评价分数，进行技术经济评价计算和得出评价结果。详见本章第五节。

(三) 技术设计阶段

技术设计阶段是将方案设计阶段拟定的初步设计方案具体化，确定结构原理方案；进行总体技术方案设计，确定主要技术参数、布局；进行结构设计，绘制装配草图，初选主要零件的材料和工艺方案，进行各种必要的性能计算；如果需要，还可以通过模型试验检验和改善设计；通过技术经济分析选择较优的设计方案。

在技术设计阶段将综合运用系统工程学、价值工程学、力学、摩擦学、机械制造工程学、优化理论、可靠性理论、人机工程学、工业美学、相似理论等，来解决设计中出现的问题。

1. 确定结构原理方案

确定结构原理方案的过程如下：

（1）确定结构原理方案的主要依据　根据初步设计方案，在充分理解原理解的基础上，确定结构原理方案的主要依据，其中包括：决定尺寸的依据，如功率、流量和联系尺寸等；决定布局的依据，如物流方向、运动方向和操作位置等；决定材料的依据，如耐蚀性、耐用性、市场供应情况等；决定和限制结构设计的空间条件，如距离、规定的轴的方向、装入的限制范围等。

（2）确定结构原理方案　在上述依据的约束下，对主要功能结构进行构思，初步确定其材料和形状，进行粗略的结构设计。

（3）评价和修改　对确定的结构原理方案经过技术经济评价，为进一步的修改提供依据。

2. 总体设计

总体设计阶段的任务是将结构原理方案进一步具体化。对于复杂程度较高的重要设计项目，可以提出多个总体设计方案供选择。选优的准则一般包括：功能、使用性能、加工和装配的工艺性、生产成本、与老产品的继承性等。总体设计的内容一般包括：

（1）主要结构参数　包括尺寸参数、运动参数、动力参数、占用面积和空间等。

（2）总体布局　包括部件组成、各部件的空间位置布局和运动方向、物料流动方向、操作位置、各部件相对运动配合关系，即工作循环图。在确定总体布局时，应充分考虑使用维护的方便性、安全性、外观造型、环境保护和对环境的要求等“人—机—环境”关系。

（3）系统原理图　包括产品总体布局图、机械传动系统图、液压系统图、电力驱动和控制系统图等。

（4）经济核算　包括产品成本和运行费用的估算、成本回收期、资源的再利用等。

（5）其他　如材料选用、配件和外协件的供应、生产工艺、运输、开发周期等方面的考虑。

3. 结构设计

结构设计阶段的主要任务是在总体设计的基础上，对结构原理方案结构化，绘制产品总装图、部件装配图；提出初步的零件表，加工和装配说明书；对结构设计进行技术经济评价。

在技术设计阶段，掌握了更多的信息，有条件比方案设计阶段更具体、更定量地根据“设计要求表”中提出的要求，分析必达要求满足和超过的程度，希望达到要求的处理结果，在这基础上作出精确的技术经济评价，并找出设计的薄弱环节，进一步改进设计。技术经济评价通常从以下几方面进行：实现的功能，作用原理的科学性，结构合理性，参数计算准确性，安全性，人机工程要求，制造、检验、装配、运输、使用和维护的性能，资源回用，成本和产品研制周期等。

进行结构设计时必须遵守国家、部门和企业颁布的有关标准规范，充分考虑诸如人机工程、外观造型、结构可靠和耐用性、加工和装配工艺性、资源回用、环保，以及材料、配件和外协件的供应，企业设备、资金和技术资源的利用，产品系列化、零部件通用化和标准化，结构相似性和继承性等方面的要求，通常要经过设计、审核、修改、再审核、再修改多次反复，才可批准投产。

在结构设计阶段经常采用诸如有限元分析、优化设计、可靠性设计、计算机辅助设计等现代设计方法，来解决设计中出现的问题。

对造价较高而设计成功把握不太高的产品，可通过模型试验检查产品的功能和零部件的强度、刚度、运动精度、振动稳定性、噪声、外观造型等方面的性能，在模型试验的基础上对设计作必要的修改。

（四）施工设计阶段

施工设计阶段主要进行零件工作图设计，完善部件装配图和总装配图，进行商品化设计，编制各类技术文档等。

在施工设计阶段，将广泛运用工程图学、机械制造工艺学等理论和方法来解决设计中出现的问题。

1. 零件图设计

零件图中包含了为制造零件所需的全部信息。这些信息包括几何形状、全部尺寸、加工面的尺寸公差、几何公差和表面粗糙度要求、材料和热处理要求、其他特殊技术要求等。组成产品的零件有标准件、外购件和基本件。标准件和外购件不必提供零件图，基本件无论是自制或外协，均需提供零件图。零件图的图号应与装配图中的零件件号对应。

2. 完善装配图

在绘制零件图时，更加具体地从结构强度、工艺性和标准化等方面进行零件的结构设计，不可避免地要对技术设计阶段提供的装配图做些修改。所以零件图设计完毕后，应完善装配图的设计。装配图中的每一个零件应按企业规定的格式标注件号。零件件号是零件唯一的标识符，不可乱编，以免造成生产混乱。件号中通常包含产品型号和部件号信息，有的还包含材料、毛坯类型等其他信息，以便备料和毛坯的生产与管理。

3. 商品化设计

商品化设计的目的是进一步提高产品的市场竞争力。商品化设计的内容一般包括：进行价值分析和价值设计，在保证产品功能和性能的基础上，降低成本；利用工业美学原理设计精美的造型和悦目的色彩，改善产品的外观功能；精化包装设计等。

4. 编制技术文档

应重视技术文档的编制工作，将其看成是设计工作的继续和总结。编制技术文档的目的是为产品制造、安装调试提供所需要的信息，为产品的质量检验、安装运输、使用等作出相应的规定。为此，技术文档应包括产品设计计算书、产品使用说明书、产品质量检查标准和规则、产品明细表等。产品明细表包括基本件明细表、标准件明细表和外购件明细表等。

对于不同的设计类型，设计步骤大致相同。以上介绍的是机械制造装备设计的典型步骤，比较适用于创新设计类型。如果创新设计遵循系列化和模块化设计的原理，为产品的进一步变型和组合已作了必要的考虑，变型设计和组合设计的有些步骤可以简化甚至省略。

二、变型设计

为了快速满足市场需求的变化，常常采用适应型和变参数型设计方法。两种设计方法都是在原有产品基础上，保持其基本工作原理和总体结构不变。适应型设计是通过改变或更换部分部件或结构，变参数型设计是通过改变部分尺寸与性能参数，形成所谓的变型产品，以扩大使用范围，满足更广泛的用户需求。适应型设计和变参数型设计统称“变型设计”。变型设计应在原有产品的基础上，按照一定的规律演变出各种不同的规格参数、布局和附件的产品，扩大原有产品的性能和功能，形成一个产品系列。将创新设计和变型设计两者进行统筹规划，创新设计是作为系列化产品中的所谓的“基型产品”来精心设计，变型产品是在系列型谱的范围内有指导地进行设计。

（一）系列化设计的基本概念

为了缩短产品的设计、制造周期，降低成本，保证和提高产品的质量，在产品设计中应遵循系列化设计的方法，以提高系列产品中零部件的通用化和标准化程度。

系列化设计方法是在设计的某一类产品中，选择功能、结构和尺寸等方面较典型产品为基型，以它为基础，运用结构典型化、零部件通用化、标准化的原则，设计出其他各种尺寸参数的产品，构成产品的基型系列。在产品基型系列的基础上，同样运用结构典型化、零部件通用化、标准化的原则，增加、减去、更换或修改少数零部件，派生出不同用途的变型产品，构成产品派生系列。编制反映基型系列和派生系列关系的产品系列型谱。在系列型谱中，各规格产品应有相同的功能结构和相似的结构形式；同一类型的零部件在规格不同的产品中具有完全相同的功能结构；不同规格的产品，同一种参数按一定规律（通常按等比级数）变化。

系列化设计应遵循“产品系列化、零部件通用化、标准化”原则（简称“三化”原则）。有时将“结构的典型化”作为第四条原则，即所谓的“四化”原则。

系列化设计是产品设计合理化的一条途径，是提高产品质量、降低成本、开发变型产品的重要途径之一。

（二）系列化设计的优缺点

系列化设计的优点有：

1）可以用较少品种规格的产品满足市场较大范围的需求。减少产品品种意味着增加每个品种产品的生产批量，有助于降低生产成本，提高产品制造质量的稳定性。

2）系列中不同规格的产品是经过严格性能试验和长期生产考验的基型产品演变和派生而成的，可以大大减少设计工作量，提高设计质量，减少产品开发的风险，缩短产品的研制周期。

3）产品有较高的结构相似性和零部件的通用性，因而可以压缩工艺装备的数量和种类，有助于缩短产品的研制周期，降低生产成本。

4）零部件的种类少，系列中的产品结构相似，便于进行产品的维修，改善售后服务质量。

5）为开展变型设计提供技术基础。

系列化设计的缺点是：为以较少品种规格的产品满足市场较大范围的需求，每个品种规格的产品都具有一定的通用性，满足一定范围的使用需求，用户只能在系列型谱内有限的一些品种规格中选择所需的产品，选到的产品，一方面其性能参数和功能特性不一定最符合用户的要求，另一方面有些功能还可能冗余。

（三）系列化设计的步骤

1. 主参数和主要性能指标的确定

系列化设计的第一步是确定产品的主参数和主要性能指标。主参数和主要性能指标应最大程度地反映产品的工作性能和设计要求。例如，卧式车床的主参数是在床身上的最大回转直径，主要性能指标之一是最大的工件长度；升降台铣床的主参数是工作台工作面的宽度，主要性能指标是工作台工作面的长度；摇臂钻床的主参数是最大钻孔直径，主要性能指标是主轴轴线至立柱母线的最大距离等。上述参数决定了相应机床的主要几何尺寸、功率和转速范围，从而决定了该机床的设计要求。

2. 参数分级

经过技术和经济分析，将产品的主参数和主要性能指标按一定规律进行分级，制定参数标准。产品的主参数应尽可能采用优先数系。优先数系是公比为$\sqrt[N]{10}$，$N=5$、10、20或40的等比数列，见表1-2。例如，摇臂钻床的主参数系列公比为1.6，即25、40、63、80、100、125；卧式车床和升降台铣床的主参数系列公比为1.25，分级比摇臂钻床密一倍，为315、400、500、630。

主参数系列公比如选得较小，则分级较密，有利于用户选到满意的产品，但系列内产品的规格品种较多，上述系列化设计的许多优点得不到充分利用；反之，则分级较粗，系列内产品的规格品种较少，可带来上述系列化设计的许多优点，但为了以较少的品种满足较大使用范围内的需求，系列内每个品种产品应具有较大的通用性，导致结构相对复杂、成本会有所提高，对用户来说较难选到称心如意的产品。因此必须把市场、设计、制造和经销作为一个系统来进行全面的调查研究，经过技术经济分析，才能正确地确定最佳的参数分级。简单地说，产品的需求量越大，要求的技术性能越要准确，参数分级应越密；反之，参数分级可粗些。

表1-2　优先数系及其公比φ

N	5	10	20	40
公比φ	1.60	1.25	1.12	1.06
优先数系	1.00	1.00	1.00	1.00
				1.06
			1.12	1.12
				1.18
		1.25	1.25	1.25
				1.32
			1.40	1.40
				1.50
	1.60	1.60	1.60	1.60
				1.70
			1.80	1.80
				1.90
		2.00	2.00	2.00
				2.12
			2.24	2.24
				2.36
	2.50	2.50	2.50	2.50
				2.65
			2.80	2.80
				3.00
		3.15	3.15	3.15
				3.35
			3.55	3.55
				3.75
	4.00	4.00	4.00	4.00
				4.25
			4.50	4.50
				4.75

（续）

N	5	10	20	40
公比 φ	1.60	1.25	1.12	1.06
优先数系	4.00	5.00	5.00	5.00
				5.30
			5.60	5.60
				6.00
	6.30	6.30	6.30	6.30
				6.70
			7.10	7.10
				7.50
		8.00	8.00	8.00
				8.50
			9.00	9.00
				9.50

3. 制订系列型谱

系列型谱通常是二维甚至多维的，其中一维是主参数，其他维是主要性能指标。通过系列型谱的制订，确定产品的品种、基型和变型、布局、各产品品种的技术性能和技术参数等。在系列型谱中，结构最典型、应用最广泛的是所谓的“基型产品”，进行产品的系列设计通常从基型产品开始。

在制订系列型谱过程中，应周密地策划系列内产品零部件的通用化和标准化。通用化是指同一类型、不同规格或不同类型的产品中，部分零部件彼此相互适用。标准化是指使用要求相同的零部件按照现行的各种标准和规范进行设计和制造。

系列型谱内的产品是在基型产品的基础上经过演变和派生而扩展成的。扩展的方式有纵系列、横系列和跨系列扩展三类。

（1）纵系列产品　纵系列产品是一组功能、工作原理和结构相同，而尺寸和性能参数不同的产品。纵系列产品一般应综合考虑使用要求及技术经济原则，合理确定产品主参数和主要性能参数系列。如主参数和主要性能指标按优先数系选择，能较好地满足用户要求且便于设计。

（2）横系列产品　横系列产品是在基型产品基础上，通过增加、减去、更换或修改某些零部件，实现功能扩展的派生产品。例如，在卧式车床基础上开发的为加工轴承套圈的无尾座短床身车床、为加工大直径工件的马鞍形车床等。

（3）跨系列产品　跨系列产品是采用相同的主要基础件和通用部件的不同类型产品。例如，通过改造坐标镗床的主轴箱部件和部分控制系统，可开发出坐标磨床、坐标电火花成形机床、三坐标测量机等不同类型产品，即跨系列产品。其中机床的工作台、立柱等主要基础件及一些通用部件适用于跨系列的各种产品。

三、模块化设计

模块化设计是产品设计合理化的另一条途径，是提高产品质量、降低成本、加快设计进度、进行组合设计的重要途径。模块化设计是按合同要求，选择适当的功能模块，直接拼装成所谓的“组合产品”。进行组合产品的设计，是在对一定范围内不同性能、不同规格的产品进行功能分析的基础上，划分并设计出一系列功能模块，通过这些模块的组合，构成不同类型或相同类型不同性能的产品，以满足市场的多方面需求。模块化设计通常是制造资源规划（Manufacturing

Resources Planning，MRPⅡ）驱动的，可由销售部门承担，或在销售部门中成立一个专门从事组合设计的设计组承担，有关设计资料可直接交付生产计划部门，对组成产品的各个模块安排投产，并将这些模块拼装成所需的产品。模块也应该用系列化设计原理进行设计，即每类模块具有多种规格，其规格参数按一定的规律变化，而功能结构则完全相同，不同模块中的零部件尽可能标准化和通用化。

（一）模块化设计的优点

1）便于用新技术、新设计性能更好的模块取代原有旧模块，提高产品的性能，加快产品的更新换代。

2）采用模块化设计，只需更换部分模块，或设计制造个别模块和专用部件，便可快速满足用户提出的特殊订货要求，大大缩短设计和供货周期。

3）模块化设计方法由于产品的大多数零部件由单件小批生产性质变为批量生产，有利于采用成组加工等先进工艺，有利于组织专业化生产，既提高质量，又降低成本。

4）模块系统中大部分部件由模块组成，设备如发生故障，只需更换有关模块，维护修理更为方便，对生产影响少，还能加快产品更新换代。

（二）模块化设计的步骤

1. 对市场需求进行深入调查，明确任务

为了能以最少的模块组合出数量最多、总功能各不相同的产品，需要对市场需求进行深入调查，对所有欲实现的总功能加以明确，摒弃市场需求很少而又需要付出很大设计和制造代价的那些总功能。表1-3是以车床的市场需求为例，对一批企业进行调查的结果。从表中可发现，带尾座的切削仅占10%～30%，因此，尾座可当作特殊模块类设计。在螺纹切削中，米制螺纹切削占大多数，因此米制螺纹切削应作为基本功能。

表1-3　车床市场需求分析

（%）

机床类型	生产类型	刀具		后刀座刀数（把）		无尾座车削	螺纹切削				仿形车削
		高速钢	硬质合金	1	2		总计	其中			
								米制	寸制	模制	
简单通用	修理车间、车库用	50	50	—	—	60	10	65	35	—	—
	小工厂用	20	80	—	—	72	9	80	20	—	15
	单一产品加工用	12	88	10	—	70	7	82	16	2	5
数控数显	小批量生产	6	94	15	—	75	5	92	8	—	40
	中、小工厂中批量生产	—	100	18	—	80	2	96	4	—	35
	大工厂中批量生产	—	100	21	3	82	—	98	2	—	5
	大、中工厂大批量生产	—	100	20	4	79	—	96	4	—	—

2. 建立功能结构

待实现的总功能可由多个具有分功能的模块组合而成。如何划分模块是模块化产品设计中的关键问题。模块种类少，通用化程度高，加工批量大，对降低成本较有利。但每个模块需满足更多的功能和更高的性能，其结构必然复杂，组成的每个产品的功能冗余必然也多，整个模块化系统的结构柔性化程度也必然低。设计时应对功能、性能和成本等诸方面因素进行全面分析，才能合理地划分模块。

划分模块的出发点是功能分析。根据产品的总功能分解为分功能、功能元，求相应的功能模块，再具体化为生产模块。功能模块是从满足技术功能的角度来确定的，因此它可以通过模块的相互组合来实现各种总功能结构。生产模块则不是根据其功能，而纯粹是从制造的角度来确定的。

总功能包括基本功能、辅助功能、特殊功能、适应功能和专门功能等几类，相应地建立基本模块、辅助模块、特殊模块、适应模块和非标模块等，如图 1-4 所示。

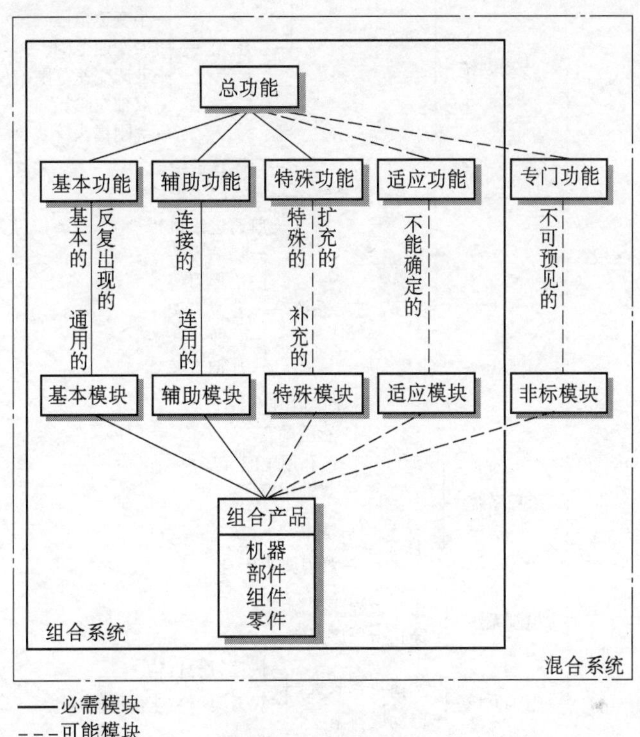

图 1-4 模块分类

基本模块是系统中最基本的功能，是反复使用和不可缺少的。

辅助模块的用途是实现模块间的连接，通常为连接元件和接头。辅助模块必须按基本模块和其他模块的参数规格开发，在组合产品中是必不可少的。

特殊模块完成某些特殊的、补充的和设计任务书特别要求的功能，通常是基本模块的一个附件。

适应模块是为了适应其他系统和边界条件，模块某些结构尺寸是不确定的，可随着边界条件的变化加以调整。

非标模块是为某个具体任务单独开发的，以解决模块化系统有时满足不了一些意想不到的功能要求，与标准模块构成所谓的“混合系统”。

现以车床为例进行模块的划分。首先通过市场需求的分析，明确任务，绘出如图 1-5 所示的功能结构。

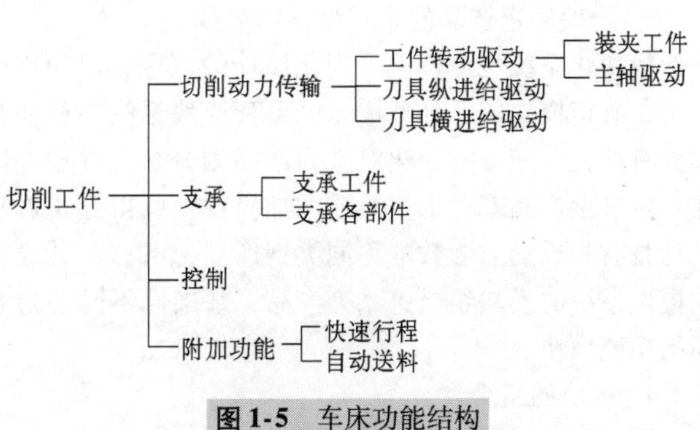

图 1-5 车床功能结构

根据对功能结构分析的结果，可建立如图1-6所示的模块系统，共有9类28种模块，以组合成多种不同功能的车床。

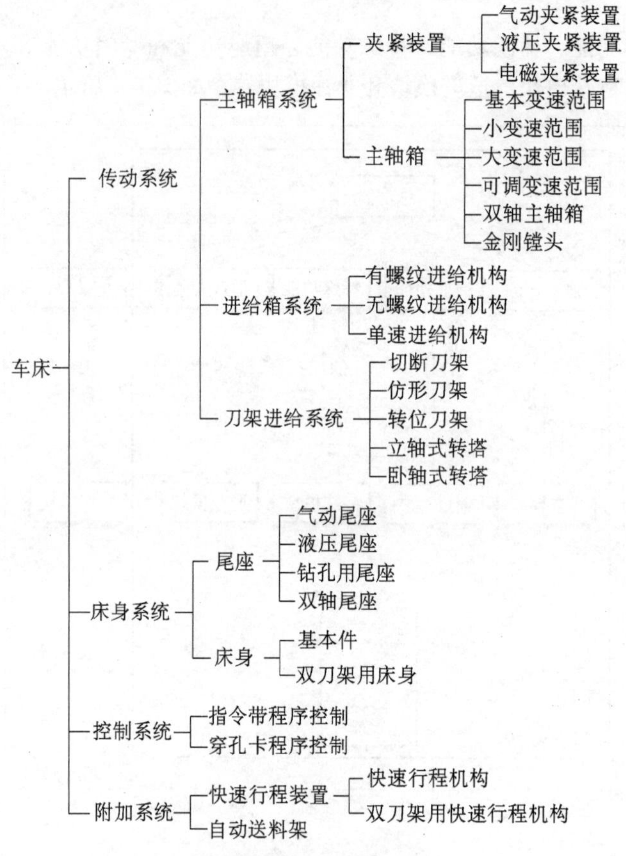

图1-6 车床的模块划分

在功能模块的基础上，根据具体生产条件确定生产模块。生产模块是实际使用时拼装组合的模块。它可以是部件、组件或零件。一个功能模块可能分解为多个生产模块。以部件作为生产模块应用较普遍，组件模块可以使部件有不同的功能和性能，有时比更换部件更灵活，零件模块的灵活性则更大。大的铸件或焊接件，从便于加工考虑还可进一步模块化，划分为若干个结构要素。用这些结构要素可组合成不同规格的铸件或焊接件，以减少木模或胎模的数量。

3. 合理确定产品的系列型谱和参数

模块化系统也应遵循系列化设计的原理，以用户的需求为依据，通过市场调查及技术经济分析，确定模块的系列型谱。纵系列模块系统中模块功能及原理方案相同，结构相似，而尺寸参数有变化。随参数变化对系列产品划分合理区段，同一区段内模块通用。横系列模块系统是在一定基型产品基础上更换或添加模块，以得到扩展功能的同类变型产品。跨系列模块系统中包括具有相近动力参数的不同类型产品，可有两种模块化方式：在相同的基础件结构上选用不同模块系统的模块组成跨系列产品；基础件不同的跨系列产品中具有同一功能的零部件选用相同的功能模块。

4. 模块的组合

模块化系统的设计要考虑模块如何组合，以达到用较少种类的模块组合出尽可能多的组合产品的目的。

模块系统分开式和闭式两类：闭式系统由一定数量种类的模块组成有限数量的组合，而开式系统则是由模块得到无限多的组合。闭式系统可计算出模块的理论组合数。实际组合时要考虑使用需要、工艺可能及相容关系，实际组合数远远小于理论组合数。

模块组合要精心设计结合部的结构，结合部位的形状、尺寸、配合精度等应尽量符合标准。

5. 模块的计算机管理系统

先进的模块化系统不但可采用CAD，而且可用计算机进行管理，以更好地体现模块化设计的优越性。模块的计算机辅助管理的功能如下：

1）对模块进行编码，以便进行计算机管理。

2）给出模块系统最多可组合的产品数。

3）对于用户的某一给定的设计要求，分析是否存在一种有效的组合方案。

4）在满足要求的各种组合方案中进行评价，选择最佳的组合方案。

5）若无有效的组合方案满足用户要求，可为新的模块设计提供信息。

6）给出已选方案的模块组装图、明细表及价格表。

模块化设计可由销售部门承担，有关设计资料，包括模块组装图和明细表，通过计算机网络直接传给生产计划部门，对产品的各个模块直接安排投产，实现所谓的“MRPⅡ”驱动。

四、合理化工程

合理化工程是一种管理哲理，适用于合同型企业。合同型企业的产品通常需按顾客的特殊要求进行设计制造。如果设计周期过长，导致产品交货期过长，则有可能失去顾客；如果要求在规定的时间内交货，产品设计周期过长，则产品的制造周期必须进行压缩，会影响产品的制造质量。因此对于合同型企业，压缩产品的设计周期是非常重要的。

合理化工程的主要目的是采用先进的信息处理技术，进行产品结构的重组、产品设计开发过程的重组和设计/管理系统信息集成，尽可能减少产品零部件的类别数，从而缩短产品的开发周期，提高产品设计质量，缩短产品的生产周期，在这基础上提高产品的质量，降低产品的成本，改善售后服务。

产品结构的重组进行系列产品和组合产品的开发、产品编码和产品技术文件的系统化，从而减少零部件的类别数。

产品设计开发过程的重组将产品的设计开发过程分成全新产品设计和合同产品设计两部分。全新产品设计通常是依据市场发展预测进行的换代产品和创新产品的设计。合同产品设计是根据合同要求选择适当的系列产品或组合产品，进行变型设计或组合设计。

为了实现产品结构和产品开发过程的重组，企业必须采用CAD/CAM和MRP Ⅱ技术，并实现两者之间的信息集成。

第五节　机械制造装备设计的评价

设计过程是通过分析、创造和综合而达到满足特定功能目标的一种活动。在这过程中需不断地对设计方案进行评价，根据评价结果进行修改，逐渐实现特定的功能目标。掌握评价的原理和方法，有助于建立正确的设计思想，在设计过程中不断地发现问题和解决问题。设计评价的内容十分丰富，结合机械制造装备设计的特点主要包括如下内容：技术经济评价、可靠性评价、人机工程学评价、结构工艺性评价、产品造型评价和标准化评价等。

一、技术经济评价

设计的产品在技术上应具有先进性，经济上应合理。技术的先进性和经济的合理性往往是相互排斥的。技术经济评价就是通过深入分析这两方面的问题，建立目标系统和确定评价标准，对各设计方案的技术先进性和经济合理性进行评分，给出综合的技术经济评价。技术经济评价的步骤大致如下：

（一）建立目标系统和确定评价标准

将表1-1中所列的必达目标按层次分级，形成树状目标系统，每个树叶代表一个评价标准。如图1-7所示的目标系统中，共有8个评价标准：Z1111、Z1112、Z112、Z121、Z1221、Z1222、Z123和Z13。

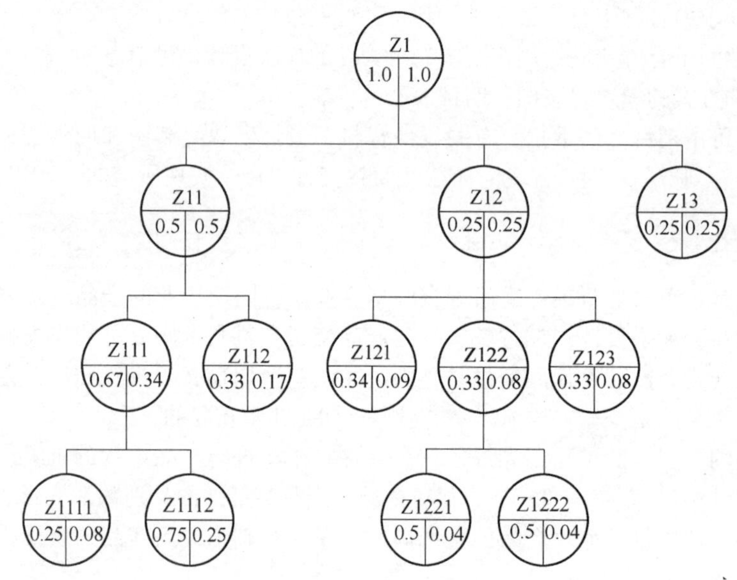

图1-7　目标系统与重要性系数

（二）确定重要性系数

每个评价标准对设计方案优劣的影响程度是不同的，其影响程度用重要性系数（权系数）来表示，取值范围是0~1。以图1-7所示的树状四级目标系统为例，每个评价目标圆圈内有两个数字：左面的数字表示隶属于同一上级目标的各同级目标之间的相对重要性系数，其总和应等于1，一般由设计人员或设计组共同商定；右面的数字表示每一个评价目标在目标系统中所居的重要程度，简称重要性系数，其值等于该目标圆圈左侧数字与相关的各上级目标圆圈左侧数字的乘积。以Z1112的重要性系数为例，等于 $Z1 \times Z11 \times Z111 \times Z1112 = 1.0 \times 0.5 \times 0.67 \times 0.75 = 0.25$。

（三）确定各设计方案的评价分数

将目标系统中的每个评价标准（树叶）的重要性系数算出后，可按评价标准确定每一个设计方案的评价分数，评价分数可按5分制（0~4）或10分制（0~9）给出。评价分数的大小代表了技术方案的优劣程度。

设计方案评价分数的确定见表1-4。将目标系统树中每个评价标准（树叶）及其重要性系数填写在表的前3列。第4~5列为每个评价标准的特征说明及其计算方法。例如，评价标准是结构轻巧，可用产品质量或单位功率的产品质量，即kg/kW作为其特征。在表的其余部分列入

待比较的 m 个设计方案。每个设计方案栏内有三列，分别是特征值、评价数和加权值。“特征值”列中填入按特征计算方法算出的值。将各“评价标准”行中各设计方案算出的特征值（T_{ij}，$j=1$，2，3，…，m）按其大小排序，特征值最小的评价数取“0”分，最大的取“9”或“4”分，处于中间的特征值则按 10 分制（0 ~ 9，打分较细）或 5 分制（0 ~ 4，打分较粗）打分，分别填写在“评价数”列中。“加权值”的值等于评价数乘以评价标准的重要性系数，即 $q_{ij}=Q_iP_{ij}$。

表 1-4　设计方案评价分数的确定

评价标准			特征		设计方案1			…	设计方案 j			…	设计方案 m		
序号	内容	重要性系数	说明	计算法	特征值	评价数	加权值	…	特征值	评价数	加权值	…	特征值	评价数	加权值
1		Q_1			T_{11}	P_{11}	q_{11}	…	T_{1j}	P_{1j}	q_{1j}	…	T_{1m}	P_{1m}	q_{1m}
2		Q_2			T_{21}	P_{21}	q_{21}	…	T_{2j}	P_{2j}	q_{2j}	…	T_{2m}	P_{2m}	q_{2m}
3		Q_3			T_{31}	P_{31}	q_{31}	…	T_{3j}	P_{3j}	q_{3j}	…	T_{3m}	P_{3m}	q_{3m}
⋮		…			…	…	…	…	…	…	…	…	…	…	…
i		Q_i			T_{i1}	P_{i1}	q_{i1}	…	T_{ij}	P_{ij}	q_{ij}	…	T_{im}	P_{im}	q_{im}
⋮		…			…	…	…	…	…	…	…	…	…	…	…
n		Q_n			T_{n1}	P_{n1}	q_{n1}	…	T_{nj}	P_{nj}	q_{nj}	…	T_{nm}	P_{nm}	q_{nm}
总权重值					ZQ_1			…	ZQ_j			…	ZQ_m		
技术评价					T_1			…	T_j			…	T_m		
经济评价					E_1			…	E_j			…	E_m		
技术经济评价					TE_1			…	TE_j			…	TE_m		

（四）总权重值 ZQ_j

将每个初步设计方案 n 个“加权值”进行累加，可得出该方案的总权重值，第 j 个初步设计方案的总权重值 ZQ_j 可由下式

$$ZQ_j = \sum_{i=1}^{n} q_{ij}$$

算出。

（五）技术评价 T_j

设 m 个设计方案的总权重值的最大值是 $Q_{\max}$，则技术评价 T_j 的计算方法如下

$$T_j = ZQ_j / Q_{\max}$$

技术评价值越高，表示方案的技术性能越好。技术评价值为最大值，也就是等于“1”的方案是技术上最理想的方案；技术评价值小于 0.6 的方案在技术上不合格，必须加以改进，否则应摒弃；技术评价值处于 1 ~ 0.6 之间的方案为技术上可行方案。需要注意的是，如果技术上可行的设计方案，其个别评价标准的评价数特别低，说明该设计方案在这方面有明显弱点，应认真地对这些弱点进行分析，判断这些弱点将来有无可能祸及全局，使设计失败。如果有这可能，必须对设计方案进行修改，排除弱点，重新参与评价，再考虑能否作为初步优选方案。

（六）经济评价 E_j

产品成本主要是由产品的工作原理和结构方案确定的，在随后的加工和装配过程中，降低成本的余地比较有限。因此早在设计阶段就必须重视成本因素，设计完成后必须进行经济评价。

经济评价是理想生产成本 C_L 与实际生产成本 C_S 之比，即

$$E_j = C_L / C_S$$

通常理想成本 C_L 应低于市场同类产品最低价的70%。经济评价 E_j 越大，代表经济效果越好。$E_j=1$ 的方案经济上最理想。如经济评价值小于0.7，说明方案的实际生产成本大于市场同类产品的最低价，一般不予考虑。

在产品设计阶段，实际生产成本 C_S 是通过成本估算的方法获得的。

1. 产品成本的组成

现代产品的成本概念不但要考虑产品自身的生产成本，还必须考虑产品全生命周期内的其他消耗，包括安装、维护和使用中能源和人力的消耗等以及污染物的处理、产品拆卸、重复利用成本、特殊产品相应的环境成本等。在这里仅讨论与生产有关的成本。

产品在生产过程中的成本，按其结算方式可分为单件成本和公共成本。单件成本是指直接消耗于产品的费用，如材料费和加工费等。公共成本则属于企业的整体消耗和管理费用分摊到每个产品上的费用。产品成本的组成如图1-8所示。

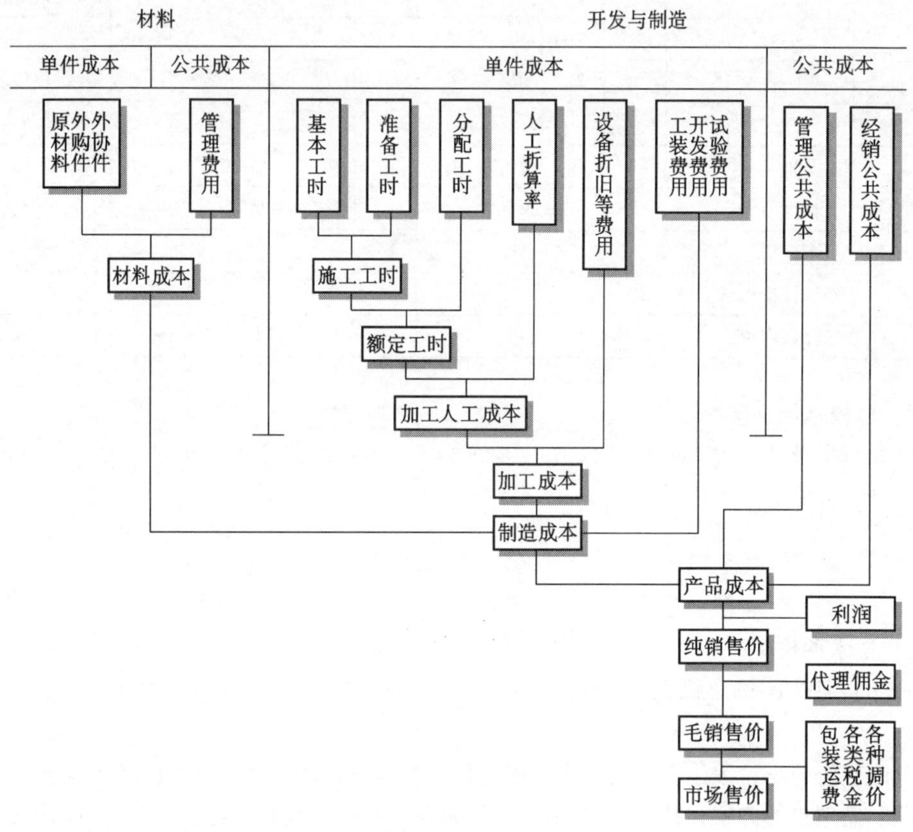

图1-8　产品成本的组成

产品成本主要包括材料成本和制造成本两大部分。

1）材料成本中的单件成本主要指直接用于产品制造的原材料、外协件和外购件费用等；公共成本则包括材料供应、运输、保管过程中所需的花费。

2）制造成本是与产品制造有关的费用，根据定额工时可估算出加工工资成本；计入设备折旧、电、水等费用后可算出加工成本；包含了材料成本，并分摊了开发、工装等费用后可算出产品的

制造成本；将公共成本分摊进来后就是产品的自身成本；加进利润后可得纯销售价；如需给代理人佣金，还有一个毛销售价；计及包装运输、各类税金和各种调价因素后，最终得到的是市场售价。调价因素包括的方面很多，主要与市场的政策法规、销售潜力、竞争产品和对手的情况等有关。调价可以是上浮或下调，有时为了开辟新市场，挤垮对手，市场售价有可能低于自身成本。

2. 成本估算的方法

产品设计完成后，理论上可以按图 1-8 所示的成本组成内容逐项计算出产品的精确成本。但实际上由于工作量非常浩大，更由于我国的企业缺乏精确完整的基础数据，如工时定额数据、各项公共成本等，进行产品成本的精确计算比较困难，通常采用较粗略的成本估算方法。

粗略成本可以按产品质量估算，按材料成本折算，应用回归分析或相似关系等方法进行估算。

（1）按质量估算法　其基本原理是认为产品成本是质量的函数，即

$$C = Wf_{\mathrm{W}}$$

$$f_{\mathrm{W}} = kW^{P}$$

式中　C——成本估算值（元）；

W——产品质量（kg）；

f_{W}——质量成本系数（元/kg）；

k、P——系数，随不同产品而定。确定 k 和 P 的方法可采用回归分析法。首先统计计算出几种典型产品的质量成本系数 f_{W1}、f_{W2}、…、$f_{\mathrm{W}n}$，画在如图 1-9 所示的对数坐标系上，显然

$$k = \frac{1}{n}\sum_{i=1}^{n} f_{\mathrm{W}i} W_i^{-P}$$

$$P = \tan\alpha$$

（2）按材料成本折算　其基本原理是：产品的生产成本主要由材料成本和制造成本组成。根据产品的结构复杂程度和加工特点，材料成本在生产成本中占有不同的比例。对于同类结构复杂程度类似的产品，材料成本占生产成本的比例基本上是一个常数，即可按下式估算产品的成本

$$C = \frac{C_{\mathrm{m}}}{m}$$

式中　C——产品估算成本（元）；

C_{m}——材料成本（元）；

m——材料成本率。

产品的材料成本可按下式估算

$$C_{\mathrm{m}} = (1 \sim 1.2)(Z + W)$$

式中　C_{m}——材料成本（元）；

Z——外购件成本（元）；

W——原材料成本（元），可按下式计算

$$W = \sum_{i=1}^{n} V_i r_i k_i$$

式中　n——材料种类数；

V_i——第 i 种材料体积（cm^3）；

r_i——第 i 种材料密度（$\mathrm{kg/cm}^3$）；

k_i——第 i 种材料单位质量材料价格（元/kg）。

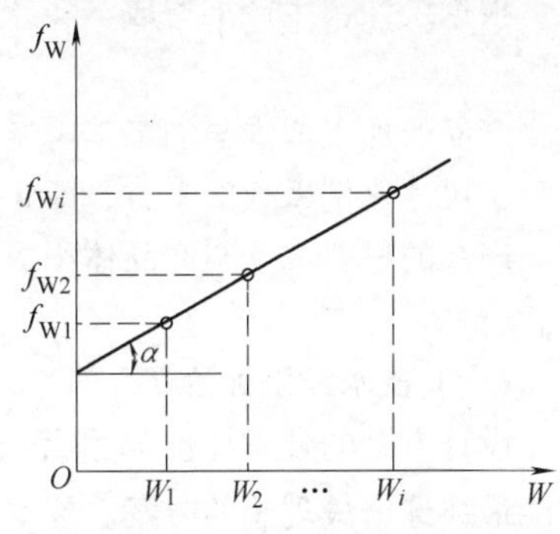

图 1-9　W-f_{W} 关系曲线

（3）应用回归分析进行估算　通过统计分析，求出影响产品成本的几个特征参数，如功率、

质量、主参数等，采用回归分析方法找出它们与成本之间的数学关系，其回归方程式通常采用如下指数函数，可在一定范围内估算出产品成本

$$P = KT_1^{k_1} T_2^{k_2} \cdots T_i^{k_i} \cdots T_n^{k_n}$$

式中　P——产品成本估算值（元）；

K——回归系数；

T_i——第 i 个特征参数；

k_i——第 i 个回归指数；

n——特征参数数目。

（4）应用相似关系进行估算　几何和结构相似的产品可按相似关系估算产品成本。

设基型产品的生产成本近似按下式计算：

$$C_0 = \frac{C_{R0}}{n_0} + C_{F0} + C_{M0}$$

式中　C_0——基型产品成本的估算值（元）；

n_0——基型产品的批量；

C_{R0}——基型产品的生产准备成本（元）；

C_{F0}——基型产品的加工成本（元）；

C_{M0}——基型产品的材料成本（元）。

相似产品的估算成本应为

$$C = \frac{C_{R0}}{n_0}\phi_{CR} + C_{F0}\phi_{CF} + C_{M0}\phi_{CM}$$

式中　ϕ_{CR}——生产准备成本比例系数；

ϕ_{CF}——加工成本比例系数；

ϕ_{CM}——材料成本比例系数。

设相似产品与基型产品的尺寸比例系数为 $\phi_L = L/L_0$，则可推算出上述三个比例系数。

根据统计，生产准备成本随产品尺寸的增大而增加，其关系可由下式表示：

$$\phi_{CR} = \phi_L^{0.5}$$

产品的加工成本与加工工时有关，而加工工时与加工表面积成正比，故加工成本比例系数应等于尺寸比例系数的平方，即 $\phi_{CF} = \phi_L^2$。

产品的材料成本与产品体积成正比，故材料成本比例系数应等于尺寸比例系数的立方，即 $\phi_{CM} = \phi_L^3$。

（七）技术经济评价 TE_j

设计方案的技术评价 T_j 和经济评价 E_j 经常不会同时都是最优，进行技术和经济的综合评价才能最终选出最理想的方案。技术经济评价 TE_j 有两种计算方法：

1）当 T_j 和 E_j 的值相差不太悬殊时，可用均值法计算 TE_j 值，即

$$TE_j = (T_j + E_j)/2$$

2）当 T_j 和 E_j 的值相差很悬殊时，建议用双曲线法计算 TE_j 值，即

$$TE_j = \sqrt{T_j + E_j}$$

技术经济评价值 TE_j 越大，设计方案的技术经济综合性能越好，一般 TE_j 值不应小于0.65。

二、可靠性评价

可靠性是指产品在规定的条件下和规定的时间内，完成规定任务的能力。这里所谓的“规

定条件”包括使用条件、维护条件、环境条件和操作技术等；“规定时间”可以是某个预定的时间，也可以是与时间有关的其他指标，如作用或重复次数、距离等；“规定任务”是指产品应具有的技术指标。产品的可靠性主要取决于产品在研制和设计阶段形成的产品固有可靠性。

(一) 可靠性特征量

表示产品可靠性水平高低的各种可靠性数量指标称为可靠性特征量。可靠性指标体系如图1-10所示。下面简略介绍一下产品可靠性、维修性和有效性的衡量指标。

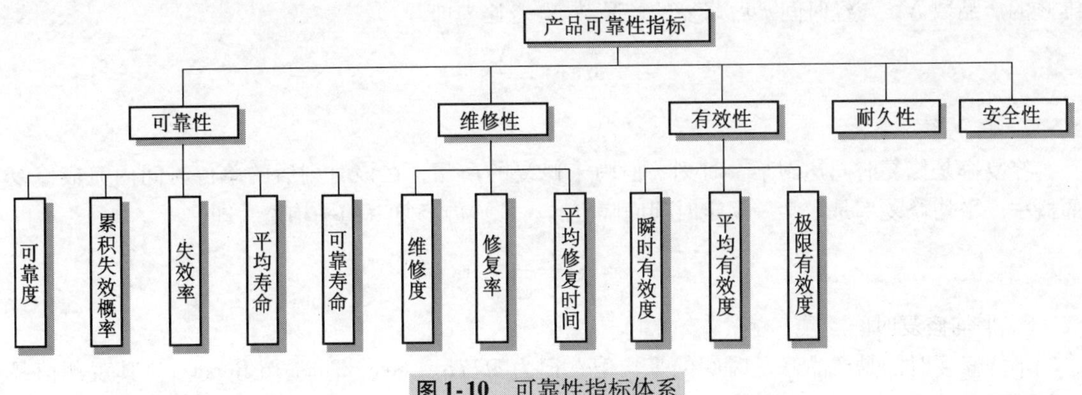

图1-10　可靠性指标体系

1. 可靠度

可靠度是可靠性的度量化指标，是指产品在规定条件下和规定时间内，完成规定任务的概率，一般记为R。可靠度是时间的函数，故也记为$R(t)$，$R(t)$称可靠度函数。

对于不可修复的产品，可靠度的观测值是指直到规定时间终了为止，能完成规定任务的产品数与进行观测的产品总数之比。对于可修复的产品，可靠度观测值是指产品的无故障工作时间达到或超过规定时间的次数与观测时间内无故障工作的总次数之比。可靠度的观测值记为$\hat{R}(t)$。

2. 累积失效概率

累积失效概率是指产品在规定的条件下和规定的时间内，未完成规定任务的概率，也可称为不可靠度，记为$F(t)$，其观测值记为$\hat{F}(t)$。可根据概率互补定理由可靠度指标推算出累积失效概率，即

$$F(t)=1-R(t)$$

或

$$\hat{F}(t)=1-\hat{R}(t)$$

3. 失效率

失效率是指工作到某时刻尚未失效的产品，在该时刻后单位时间内失效的概率，也称之为故障率。失效率的观测值是在某时刻后，单位时间内失效的产品数与工作到该时刻尚未失效的产品数之比。

4. 平均寿命和平均无故障工作时间

对于不可修复产品，从开始使用到发生故障报废时的平均有效工作时间，称平均寿命(Mean Time To Failures, MTTF)，其观测值为：当所有试验样品都观察到寿命终了时，所有试验产品寿命的算术平均值就是平均寿命。

对于可修复产品，从一次故障到下一次故障的平均有效工作时间，称平均无故障工作时间(Mean Time Between Failures, MTBF)，其观测值为：一个或多个产品在其使用寿命期内的某个观察期间，累积工作时间与故障次数之比。

5. 可靠寿命

可靠度随着工作时间的增长而下降，给定不同的可靠度，其寿命也就不同。可靠寿命是指给定的可靠度所对应的时间。

6. 维修度

维修度是可修复产品在规定条件下使用，在规定时间内按照规定的程序和方法进行维修时，保持和恢复到能完成规定任务状态的概率。维修度的观察值为：在 $\tau=0$ 时，处于故障状态需要维修的产品数 N，与经时间 τ 后修复的产品数 N_r 之比，即

$$\hat{M}(\tau)=\frac{N_r}{N}$$

7. 修复率

修复率是修复时间达到某个时刻 τ 但尚未修复的产品，在该时刻后的单位时间内完成修复的概率。平均修复率是在某一规定时间间隔（τ_1，τ_2）内修复率的平均值，即

$$\bar{\mu}(\tau)=\frac{1}{\tau_2-\tau_1}\int_{\tau_1}^{\tau_2}\mu(t)\,\mathrm{d}t$$

8. 平均修复时间

平均修复时间是产品修复时间的平均值，记为 *MTTR*（Mean Time To Repair）。其观测值是修复时间的总和与修复的产品数之比，即

$$\hat{MTTR}=\frac{\sum\tau}{N_r}$$

式中 $\sum\tau$——总的修复时间；

N_r——修复的产品数。

9. 瞬时有效度

瞬时有效度是产品在某一时刻 t 所具有或维持其规定任务的概率，它是时间的函数，记为 A（t）。

10. 平均有效度

平均有效度是在某规定时间（t_1，t_2）内有效度的平均值，即

$$A_m(t_1,t_2)=\frac{1}{t_2-t_1}\int_{t_1}^{t_2}A(t)\,\mathrm{d}t$$

11. 极限有效度

极限有效度是当时间趋于无限大时，瞬时有效值的极限值，也称稳态有效度，记为 A，即

$$A=\lim_{t\to\infty}A(t)$$

（二）可靠性预测

可靠性预测是对新产品设计的可靠性水平进行评估，计算出产品或其零部件可能达到的可靠性指标，目的是为了发现薄弱环节，提供方案比较、修改、优选和进行可靠性分配的依据，并对产品的维修费用以至全寿命运行费用作出估计。

产品可看作一个系统，其可靠性取决于组成系统的各单元的可靠性水平，以及由系统的类型和结构决定的系统本身的可靠性水平。因此可靠性预测包括单元可靠性预测和系统可靠性预测。单元可靠性预测是系统可靠性预测的基础，应重点预测关键零部件的失效模式、失效标准（或称失效判据）、失效分布规律及可靠度，在这基础上进而预测系统的可靠性水平。

可靠性预测有许多方法，随预测的目的、设计的时期、系统的规模、失效的类型及数据情况等的不同而用不同的方法，如统计分析法、失效模式、影响及后果分析法（FMECA）、故障树分析法（FTA）、可靠性逻辑框图法及近似值法等。对于系统来说，比较简单的方法是采用可

靠性逻辑框图法，根据组成系统各单元的可靠性特征量，推算出系统的可靠性。这里仅简单介绍一下可靠性逻辑框图法的基本原理。

一个系统为了完成特定功能，由若干个彼此有联系、并能相互协调工作的单元组成。系统和单元的含义均是相对的，如将一条生产线作为一个系统，组成生产线的各单机便是单元；如将生产线中的一台单机作为系统，组成单机的部件便成为单元；如将部件作为系统时，组成部件的零件就成为单元了。如此类推，还可继续往下分解。

在分析系统可靠性时，必须了解系统中每个单元的功能，各单元间在可靠性功能上的联系，以及这些单元功能、失效模式对系统功能的影响，这是建立可靠性逻辑框图的基础。

根据单元在系统中所处的状态及其对系统的影响，系统可分为如图 1-11 所示的几种类型。

1. 串联系统

在串联系统中，只要有一个单元功能失效，整个系统的功能也随之失效，故又称非储备系统，其可靠性逻辑框图如图 1-12 所示。

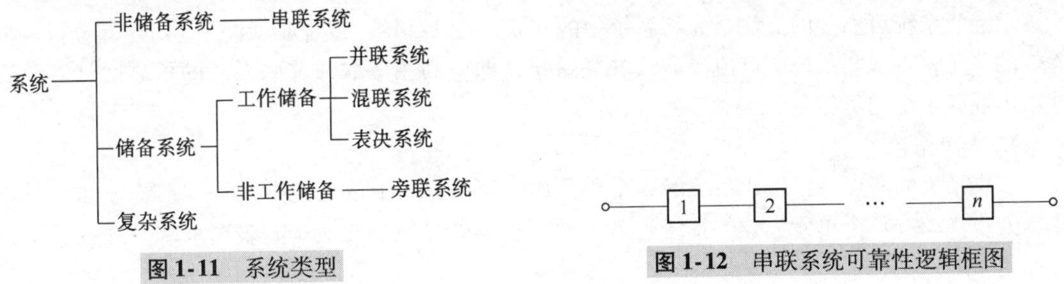

图 1-11 系统类型

图 1-12 串联系统可靠性逻辑框图

串联系统的可靠度等于组成系统的各独立单元可靠度的连乘积，即

$$R_S(t) = \prod_{i=1}^{n} R_i(t)$$

式中 $R_S(t)$——串联系统的可靠度；

$R_i(t)$——组成串联系统第 i 个独立单元的可靠度；

n——组成串联系统的独立单元数。

在串联系统中，影响系统可靠度最大的是系统中可靠度最差的单元，要提高系统的可靠度，应注意提高该薄弱单元的可靠度。

2. 并联系统

在并联系统中，只要有一个单元在正常工作，系统就能正常工作，只有当全部单元都失效时，系统才失效，故称之为储备系统。储备系统又称冗余系统，它不同于串联系统（非储备系统），当系统内某些单元失效后，系统内具有等效功能的单元马上接替其工作，不会引起全系统的崩溃。并联系统可靠性逻辑框图如图 1-13 所示。

并联系统的可靠度为

$$R_S(t) = 1 - \prod_{i=1}^{n} [1 - R_i(t)]$$

并联系统的可靠度大于各单元中可靠度的最大值，组成系统的单元数 n 越多，系统可靠度也越高。但是并联的单元数越多，系统的结构越复杂，尺寸、质量和造价也越大。在机械系统中，一般仅在关键的部位采用并联单元，其数量也较少，常取 $n = 2 \sim 3$。

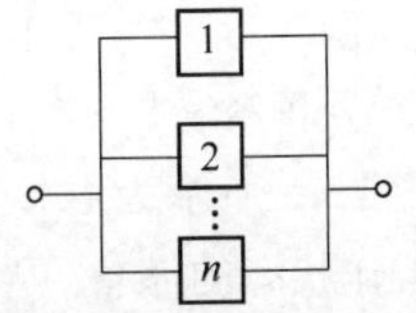

图 1-13 并联系统可靠性逻辑框图

3. 混联系统

所谓混联系统，即由串联和并联混合组成的系统，可分为串—并联系统和并—串联系统两种，其可靠性逻辑框图分别如图1-14a、b所示。

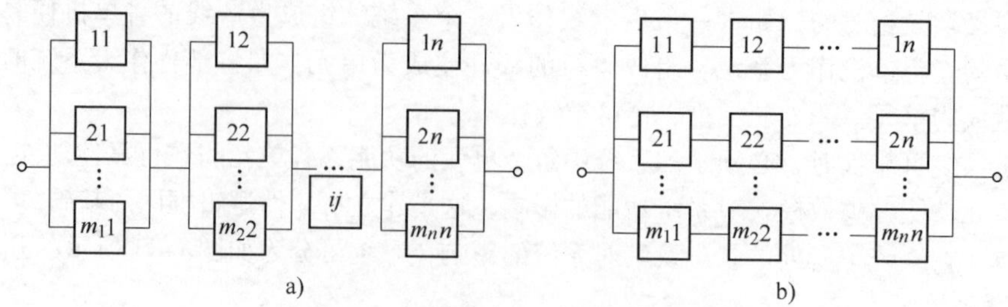

图1-14　混联系统可靠性逻辑框图

a）并—串联系统　b）串—并联系统

求混联系统可靠度的方法是先将系统中的并联（图1-14a）或串联（图1-14b）部分折算成等效的单元，将混联系统化简成串联或并联系统，即可利用串联或并联系统的可靠度计算公式计算出混联系统的可靠度。

4. 表决系统

表决系统的特点是：组成系统的 n 个单元中，至少有 r 个单元正常工作，系统才能正常工作，大于（$n-r$）个单元失效，系统也就失效。这样的系统称之为 r/n 表决系统。这也属于一种储备系统。

对于 r/n 表决系统，如单元可靠度均为 $R(t)$ 时，表决系统的可靠度可由下式计算：

$$
\begin{aligned}
R_S &= \sum_{i=r}^{n}\begin{bmatrix} n \\ i \end{bmatrix} R^i(t)[1-R(t)]^{n-i} \\
&= R^n(t) + nR^{n-1}(t)[1-R(t)] + \frac{n(n-1)}{2!}R^{n-2}(t)[1-R(t)]^2 + \cdots \\
&\quad + \frac{n!}{r!(n-r)!}R^r(t)[1-R(t)]^{n-r}
\end{aligned}
$$

例如，功率为120kW的驱动系统，若采用一个120kW的大原动机驱动，设可靠度是0.75。若改用六个40kW、可靠度与大原动机相同的小原动机，三个工作，另外三个备用，即六个小原动机中，只要有三个正常工作，系统就算正常，$n=6$，$r=3$。系统的可靠度可由0.75提高到0.9624，计算式如下：

$$
\begin{aligned}
R_S = {} & 0.75^6 + 6\times0.75^5(1-0.75) + \frac{6\times5}{1\times2}\times0.75^4(1-0.75)^2 + \\
& \frac{6\times5\times4}{1\times2\times3}\times0.75^3(1-0.75)^3 = 0.9624
\end{aligned}
$$

5. 旁联系统

图1-15所示为由 n 个单元组成的旁联系统，其中一个单元在工作，其余（$n-1$）个单元处于非工作状态的储备。当监测装置探知工作的单元发生故障时，通过转换装置使储备单元逐个地去替换，直到所有储备单元都发生故障时，则系统失效。一般来说，如监测和转换装置的可靠度较高时，旁联系统的可靠度大于并联系统的可靠度。这是因为旁联系统中各储备单元在顶替工作前处于闲置状态，均以全新的姿态参加工作，其自身的可靠度较高。

6. 复杂系统

复杂系统中各单元之间既非串联又非并联关系，如图1-16所示。对复杂系统的可靠性计算比较复杂，一般采用布尔真值表法、卡诺图法、贝叶斯分析法和最小割集近似法等。

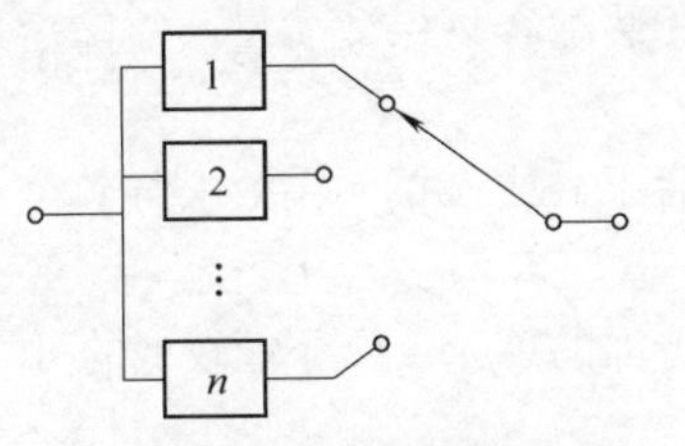

图1-15　旁联系统逻辑框图

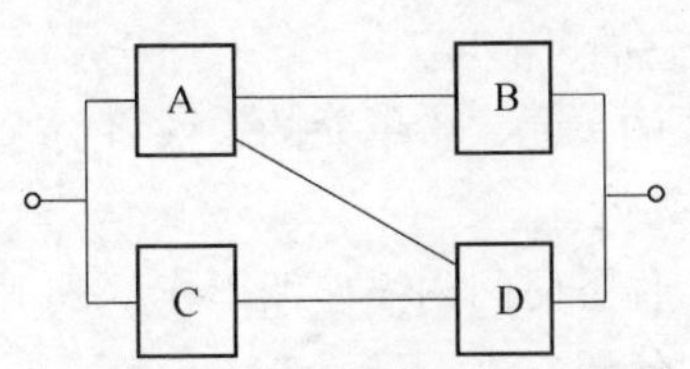

图1-16　复杂系统逻辑框图

现以图1-16所示的复杂系统为例，用布尔真值表法计算系统正常工作的概率。图示系统中共四个单元，其可靠度分别为：$R_A=0.9$、$R_B=0.8$、$R_C=0.7$、$R_D=0.6$。每个单元有工作“W”和失效“F”两种状态，四个单元共有16种状态。在表1-5中，A、B、C、和D列中，“0”代表失效，“1”代表工作。序号为1~3的系统状态为失效，概率为零；序号为4的系统状态，A和B失效，C和D工作，系统能正常工作，其概率为

$$R_4=F_AF_BR_CR_D=(1-0.9)\times(1-0.8)\times0.7\times0.6=0.0084$$

按照上述方法可求出所有16种系统状态的概率，整个系统工作的概率是各个工作状态概率的总和，即等于0.8718。

表1-5　布尔真值表

序　号	A	B	C	D	系统状态		概　率
1	0	0	0	0	F		
2	0	0	0	1	F		
3	0	0	1	0	F		
4	0	0	1	1		W	0.0084
5	0	1	0	0	F		
6	0	1	0	1	F		
7	0	1	1	0	F		
8	0	1	1	1		W	0.0336
9	1	0	0	0	F		
10	1	0	0	1		W	0.0342
11	1	0	1	0	F		
12	1	0	1	1		W	0.0756
13	1	1	0	0		W	0.0864
14	1	1	0	1		W	0.1296
15	1	1	1	0		W	0.2016
16	1	1	1	1		W	0.3024
概率的总和							0.8718

（三）可靠性指标的分配

将系统要求的可靠性指标合理地分配到系统的各个组成单元，从而明确各组成单元的可靠性设计要求，以便在单元设计、制造、试验、验收时加以保证。

1. 可靠性分配的原则

1）对技术成熟的单元，能够保证实现较高的可靠性，或预期投入使用时可靠性可有把握达到较高水平的单元，可分配较高的可靠度。

2）对较简单的单元，组成单元的零部件数量少，装配容易保证质量或故障后易于修复的单元，可分配较高的可靠度。

3）对重要的单元，该单元的失效将引起严重的后果，或该单元失效会导致全系统失效，应分配较高的可靠度。

4）对整个任务时间内需连续工作，或工作条件严酷的单元，应分配较低的可靠度。

2. 可靠性分配方法

（1）等同分配法　在设计初期，对系统各组成单元的可靠性资料掌握得不多时，常以相等的原则进行可靠性分配。

（2）按比例分配法　按比例分配法用于以下两种情况：

1）当新设计的产品与原有产品基本相似，已知原有产品各单元不可靠度或失效率预测值，如对新产品要求的可靠性要求与原有产品不同时，可按比例提高或降低原有产品各单元不可靠度或失效率预测值，分配给新设计产品相应的各单元。

2）根据已掌握的可靠性资料，已能预测出新设计产品各单元的不可靠度或失效率预测值，但尚未能满足新设计产品的可靠性要求，这时可按比例提高或降低预测得到的各单元不可靠度或失效率预测值，作为新设计产品各单元的可靠度要求。

（3）综合评分分配法　按经验对新设计产品的各单元进行综合评分，根据各单元得分多少进行可靠性分配。评分考虑的因素和评分方法应根据具体情况而定。考虑的因素通常包括技术水平、复杂程度、重要程度和任务情况等。各单元综合得分可取各因素得分之积。

（4）最优化分配法　采用动态规划使系统中起主导作用的特性参数，如系统的成本、质量或尺寸等，在满足规定的系统可靠性指标以及各种约束条件下，选取最优化单元可靠性分配方案。

三、人机工程学评价

产品设计应满足其应具备的功能，也应该满足人机工程学方面的要求。人机工程学是研究人机关系的一门学科，它把人和机作为一个系统，研究人机系统应具有什么样的条件，才能使人机实现高度的协调性，人只需付出适宜的代价使系统取得最大的功效和安全。它不仅涉及工程技术理论，还涉及生理学、人体解剖学、心理学和劳动卫生学等理论和方法，是一门综合性的边缘学科。

人机工程学评价的内容十分广泛，大致包括以下几方面的内容：

（一）人因素方面

产品设计中应充分考虑与人体有关的问题。例如，人体静态与动态的形体尺寸参数，人对信息的感知特性，人的反应及能力特性，人在劳动中的心理特征等，使设计的产品符合人的生理、心理特点，具有一个安全、舒适、可靠、高效的工作条件。

1. 人体静态与动态尺寸

人体的静态尺寸随人种、地区和性别而异，指导设计规范 GB/T 10000—1988 对人体静态尺寸参数进行了统计分析。其中包括我国成年人人体主要尺寸、立姿人体尺寸、坐姿人体尺寸和人体水平尺寸等。为了应用方便，各项人体尺寸数值均同时标明等于和小于该尺寸的人群占总人数的百分比。人体的动态尺寸是指人在工作位置上的活动空间尺度，主要包括立姿、坐姿和综合姿势的四肢活动空间。

2. 人体操纵力

人在操作和使用机器时需作一些操作动作，操作件使人体承受一定的负荷，这些负荷使人体肌肉工作，通过心脏循环系统向肌肉提供血液，维持肌肉做功的消耗。随年龄、性别、身体素质、健康情况和训练程度等情况的不同，操作负荷达到一定的强烈程度和持续时间，将导致人体疲劳。人体不同部位肌肉可承受的负荷还与操作件的位置、动作方向有关。在通常情况下，操作应轻快、灵活，但也不能过于轻快，以至承受不起人体肢体的净重而产生误操作。

3. 人的视觉和听觉特性

人在操作机器时，通过感官，如视觉、听觉接受外界的信息，由大脑进行分析和处理，作出反应，进而实现对机器的操纵和控制。要实现正确的操作，人必须能够准确、全面、及时地接受外界的信息。设计时应研究和分析人感官器官的感知能力和范围，确定合适的人机界面。

据统计，人感知的信息有80%~90%是由视觉器官接受的，设计产品时，信息源应尽可能在人的视野和视距范围内。视野是指人的头部和眼球固定不动的情况下，眼睛自然可见的空间范围，常以度（°）来表示。正常人的视野在水平面内约左右60°，有效区域为左右10°~20°；垂直面内向上50°，向下70°，有效区域向上30°，向下40°。

人的视觉接受能力与视野角度有直接关系。如正前方的视觉接受能力为“1”，视野角度与视觉接受能力之间的关系见表1-6。视野角度当然可以通过人头部左右和上下转动45°和30°而扩大，但持续时间长了会引起颈部的疲劳。

表1-6 视觉接受能力

视野角度/（°）	0	5	20	35	50	65	80
视觉接受能力	1	1/2	1/4	1/8	1/12	1/18	1/36

视距是指人在操作过程中正常的观察距离。一般操作视距范围为380~760mm。视距过远或过近都会影响认读的速度和准确性，因此要根据工作要求的精确程度、性质和内容来确定和选择最佳视距。

人的眼睛沿水平方向运动比垂直方向运动灵活，感觉水平尺寸的误差也比垂直尺寸精确，且不易疲劳，因此视觉接受的信号源应尽可能水平排列。人的视线习惯从左到右、从上到下按顺时针方向移动。当眼睛观察视区时，视区的右上象限观察效果最优，依次是左上象限、左下象限和右下象限。人眼对直线轮廓比对曲线轮廓更易接受。人眼最易辨别红色，依次为绿、黄、白；当两种颜色匹配在一起时，最易辨别的顺序是黄底黑字、黑底白字、蓝底白字、白底黑字等。

人的听觉器官也是重要的信息接受器。人们对来自听觉的信息反应较来自视觉信息的反应快30~50ms。人们可以听到的声音频率范围为20~2000Hz，可以听到的声强级范围为0~120dB。当超过110~130dB时人们会感到不舒服。机器的运转信号如需要通过声音信息传给操纵者，其声音信号的频率和声强应适于人耳的接受范围，而且应有别于机器周围或机器本身产生的声音。声音信号的设计应根据信号的意义，如报警、提示、显示运行状态等的区别，设计成不同的音响形式。音响形式可以是连续音响、断续音响、音乐等，使人听到该音响后马上产生相应的条件反射，进行必要的操作。

（二）机器因素方面

设计产品时，产品自身结构应满足人机工程学方面的要求。主要包括以下几方面内容：

1. 信号显示装置设计

信号显示装置应根据人的生理和心理特征进行设计，使人接受信息速度快、可靠性高、误读率低，并减轻精神紧张和身体疲劳。

信号显示装置包括仪表显示和信号灯显示两种。仪表显示有指针式和数显式两类。前者显示的信号形象化、直观，对偏差和偏差方向一目了然，常用于监控仪表。后者认读速度快、精度高，且不易产生视觉疲劳。信号灯显示有两个作用：一是指示性的，即引起操作者注意，或指示操作，具有传递信息的作用；二是显示工作状态，及反映某个指令、某种操作或某个运行过程的执行情况。设计时应正确选择信号灯的颜色和位置。信号灯的颜色通常是：红色表示危险、禁止，要求立即进行处理的状态；黄色表示提醒、警告，表示状态变得危险，达到临界状态；绿色表示安全、正常工作状态，还可表示机器的预置和准备状态。

2. 操作装置设计

操作装置有手动和脚动两类。手动操作装置按运动方式分为旋转式操作器、移动式操作器、按压式操作器等。设计时应注意其形状、大小、位置、运动状态和操作力的大小等，留出人的操作位置，让操作者有一个合适的姿势，合理布局操作件的位置和确定操作运动的方向，合适的操作力大小。这些都应符合生物力学和生理学的规律，以保证操作时的舒适和方便。

设计时还应注意人们的操作习惯，这些操作习惯包括：

（1）手柄操作方向　当运动件作直线运动时，手柄操作方向应大致平行于运动件的移动轨迹，并与运动件产生的运动方向一致。当运动件作回转运动时，手柄的回转平面应与运动件的回转平面平行，手柄的操作方向应与运动件产生的回转方向一致。

（2）按钮位置　按钮的排列直线应和运动件的运动方向相平行，即操纵运动件向右、向前或向上的按钮应布置在按钮板的最右、最前和最上方，如图 1-17 所示。

如运动件作回转运动，按钮位置的排列方向应与距该组按钮最近的运动件上的圆周线速度方向向一致。

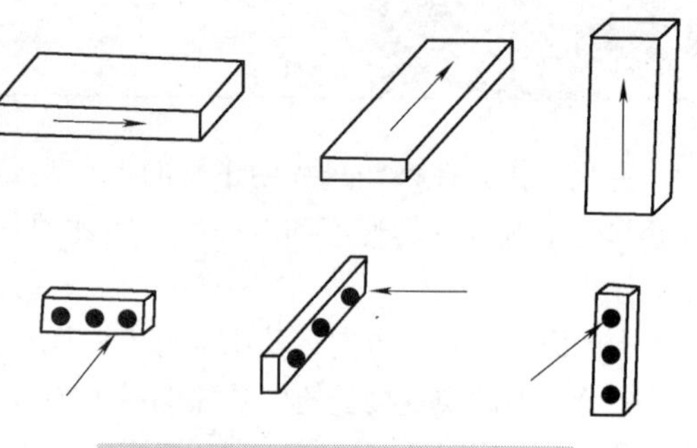

图 1-17　平面运动按钮布置规则

（3）手轮操作方向　如运动件作直线运动，操作者面对手轮轴端，顺时针方向转动手轮时，运动件应向右或向上运动。

如运动件作回转运动，操作者面对手轮轴端，顺时针方向转动手轮时，运动件应作顺时针方向回转。

如运动件作径向运动，操作者面对手轮轴端，顺时针方向转动手轮时，运动件应向中心方向运动。

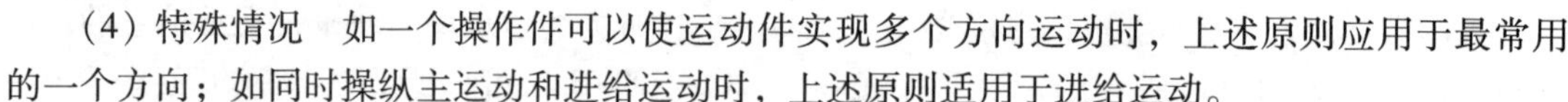

（4）特殊情况　如一个操作件可以使运动件实现多个方向运动时，上述原则应用于最常用的一个方向；如同时操纵主运动和进给运动时，上述原则适用于进给运动。

3. 安全保障技术

安全保障技术包括系统本身安全性和操作人员安全性两大方面。为保证系统本身的安全性，应自动设置安全工作区限，设计互锁安全操作，工作环境条件的监测监控，非正常工作状态的自动停机，对操作失误的自动安全处理等。为保证人员的安全性，应采取各种保障人身安全的措施，如漏电保护、报警指示、急停操作和快速制动等，同时对危险工作区要设置自动光电栅栏和工作区自动防护及有害物和危险物的自动封闭等。

（三）人机系统方面

人机系统方面需评价的内容包括：

1）产品系统中人的功能和其他各部分功能之间的联系和制约条件，以及人机之间功能的合理分配方法。

2）系统中被控对象状态信息的处理过程，人机控制链的优化。

3）人机系统可靠性和安全性。

4）环境因素对劳动质量及生活质量的影响，提高作业舒适度和安全保障系统的设计。

（四）环境因素方面

环境因素方面需评价的内容包括：

（1）作业空间　如场地、厂房、机器布局、作业线布置、道路及交通、安全门等。

（2）物理环境　包括照明、空气温度、湿度、气压、粉尘、辐射、噪声等。

（3）化学环境　包括有毒物质、化学性有害气体及水质污染等。

四、结构工艺性评价

结构工艺性评价的目的是降低生产成本，缩短生产时间，提高产品质量。结构工艺性应从加工、装配、维修和运输等方面来评价。

（一）加工工艺性

应从产品结构的合理组合和零件加工工艺性两方面评价加工工艺性。

1. 产品结构的合理组合

一个产品是由部件、组件和零件组成的。组成产品的零部件越少，结构越简单，重量也可减轻，但可能导致零件的形状复杂，加工工艺性差。根据工艺要求，设计时应合理地考虑产品的结构组合，把工艺性不太好或尺寸较大的零件分解成多个工艺性较好的较小零件。这样做的优点是使零件的尺寸与企业生产设备尺寸相适应，也易于装配和运输；零件形状简单化，易于毛坯生产和加工制造；维修时只需更换失效的零件，其他零件仍可继续使用；多个零件可以平行投产，缩短生产周期。带来的缺点是因多个零件靠联接面装配在一起，这些联接面均需保证一定的精度要求，增加了加工费用和装配费用；由于存在联接面，刚度、抗振性和密封性能皆有所降低。因此，产品结构的合理组合也包括设计时把多个结构简单、尺寸较小的零件合并为一个零件，以减轻重量，减少联接面数量，节省加工和装配费用，改善结构的力学性能。

有些零件上各工作面的工作条件不同，常采用不同的材料，例如，蜗轮的齿部为了耐磨采用铜，轮毂部位为了提高强度和降低成本采用钢，可将多个零件的坯件用不可拆方式联接在一起，如热压配合、铆接、粘接或螺纹联接等，然而再整体地进行加工，可取得很好的效果。

2. 零件的加工工艺性

零件的结构形状、材料、尺寸、表面质量、公差和配合等确定了其加工工艺性。加工工艺性的评价应依据制造厂现有生产条件进行，没有一个绝对的标准。这些生产条件概括起来包括如下几个方面：传统的工艺习惯，本企业的加工设备和工装条件，外协加工条件，与老产品结构的通用，材料、毛坯和半成品的供应情况和质量检验的可能性等。

零件的加工工艺性与其材料和毛坯类型有很大的关系，下面简单介绍一些对结构设计有指导意义的规律。

（1）铸件类零件　尽可能不采用型芯，如采用型芯要考虑其支承和清砂；模型和型芯尽可能采取直线、平面等简单形状；结构形状应充分考虑起模方便；避免大面积的水平壁和截面朝上逐渐变小，以免产生气泡和缩孔；壁厚不可小于最小允许尺寸，并尽量均匀，厚度变化应逐渐过渡；合理考虑分型面的位置，便于机械加工和去除飞边；加工面留有必要的退刀槽，考虑加工时夹紧和定位的可靠性和刚性；避免倾斜的加工面，在结构允许的前提下，调整加工面于一个平面上；孔在同一个轴线上甚至具有相同直径和公差，可合并工序，简化工艺；在结构允许的前提下，用分散布置的小联接面替代整块大的联接面，以减少加工工作量。

（2）模锻件类零件　结构形状应充分考虑起模方便；分型面尽可能是平面，尽量位于零件高度的一半处，并与最小高度相垂直；避免过大的薄平面；采用较大过渡圆角，避免过窄肋片、内槽和过小的冲孔；避免急剧的断面过渡和要求向冲模内过深的挤压成形。

（3）冷挤压件类零件　结构形状应充分考虑起模方便；避免边缘倾斜和小的直径差；尽可能采取回转对称形状；避免断面突然变化、尖锐的棱边和内槽；避免细、长或侧向的孔。

（4）车削加工类零件　给出必要的退刀槽；力求成形刀具尽量简单；尽可能不要在孔内开沟槽，孔公差和表面粗糙度不要太严；考虑车削加工时夹持的可靠性；轴上的环肩不要太高，以免增加金属去除量。

（5）有钻孔加工类零件　尽量采用通孔，避免不通孔，不通孔尽可能是锥形孔底；斜孔的入口和出口处有垂直于孔轴线的凸台或凹面。

（6）有铣削加工类零件　尽量采用平的铣削表面，以便采用平铣刀或组合铣刀进行加工，避免采用昂贵的成形铣刀；沟槽尽可能采用盘状铣刀进行加工，避免采用指形齿轮铣刀进行加工，后者价格较高且加工效率低；各加工面尽可能处于同一平面或相互平行，以便在一次进给或安装中完成加工。

（7）有磨削加工类零件　磨削面两端尽可能没有台肩，以便采用高效低成本的大直径圆周砂轮进行磨削，如结构上必须有台肩，应留出足够宽度的退刀槽；在同一个零件上，尽可能采用相同的圆角和锥度。

（二）装配工艺性

产品设计阶段不仅决定了零件加工的成本和质量，也决定了装配的成本和质量。装配的成本和质量取决于装配操作的种类和次数，装配操作的种类和次数又与产品结构、零件及其结合部位的结构和生产类型有关。

1. 便于装配的产品结构

装配操作的分解、压缩、统一和简化是实现便于装配合理结构组合的主要措施。

（1）装配操作的分解　将产品合理地分解成部件，部件分解成组件，组件再分解成零件，可实现平行装配，既缩短了装配周期，也保证了装配质量；在装配过程中尽可能减少加工；部件尽可能可单独进行试验。

（2）装配操作的压缩　结构简单的零件合并为一个零件，以减少装配工作量；满足功能的前提下，尽可能减少零件、接合部位和接合表面的数量；对已装好部件或产品进行试验时不必将它们拆开。

（3）装配操作的统一　装配时尽可能采用统一的工具、统一的装配方向和方法。

（4）装配操作的简化　加工和装配操作结合在一起，如用自攻螺钉，省去攻螺纹工序；减少装配工序和工步的数目；良好的检验可及性，进行目测的可能性。

2. 便于装配的零件接合部位结构

零件接合部位结构的合理性可以改善装配工艺性。减少接合部位的数量、统一和简化接合部位的结构是提高装配工艺性的重要措施。采用粘接、卡接或一些特殊联接方法代替螺钉联接，可减少联接元件数量和装配工作量。

3. 便于装配的零件结构

零件结构应便于自动储存、识别、整理、夹取和移动，以提高装配的工艺性。

（三）维修工艺性

产品设计应充分考虑产品的维修性。维修性的优劣可从以下几方面作综合分析评价：

1）平均修复时间短。

2）维修所需元器件或零部件的互换性好，并容易买到或有充足的备件。

3）有宽敞的维修工作空间。

4）维修工具、附件及辅助维修设备的数量和种类少，准备齐全。

5）维修技术的复杂性低。

6）维修人员数量少。

7）维修成本低。

8）采用状态监测和自动记录，指导维修。

五、产品造型评价

机械产品的造型不同于一般的艺术品，其造型必须与功能相适应，即功能决定造型，造型表现功能。机械产品的造型也必须建立在系列化、通用化和标准化基础上，同一系列产品应具有风格一致的造型。

机械产品的造型的总原则是经济实用、美观大方。“经济”指的是造型成本低，并有助于提高产品的可靠性、寿命和人机界面。“实用”指的是使用操作方便、舒适、符合人体的生理和心理特征，使人机系统的工作效能达到最高。“美观大方”是指产品的外观形象给人的心理、生理及视觉效应良好。人的审美观点尽管不全相同，但还是有相同规律可循，良好的外观造型应从产品造型设计和产品色彩两方面去评价。

（一）产品造型设计

良好的产品造型必须符合美学原则，美学原则不是一成不变的，它随着社会发展、科学技术进步、人类社会文化、艺术和文明的提高而不断发展、创新和增加新的内容。美学原则包括如下几个方面：

1. 尺度与比例

尺度是指工业产品造型的整体及局部与人体的生理尺寸或人所习惯的某种特定标准之间相适应的大小关系，而不是指造型物体本身的大小。有尺度感的造型，具有使用合理、与人的生理感觉和谐、与使用环境协调的特点，是造型美的基本因素之一。

产品造型的比例一般是指造型的整体与局部、局部与局部之间大小对比的关系，以及整体或局部本身长、宽、高之间的比例关系。人的视觉具有本能的喜爱比例得当的造型，即所谓的比率美。如图1-18所示，它们的形状就具有相同的比率，造型也具有和谐感。常用的比例称黄金比例，即0.618。宽长比例符合黄金比例的矩形称之为黄金矩形。

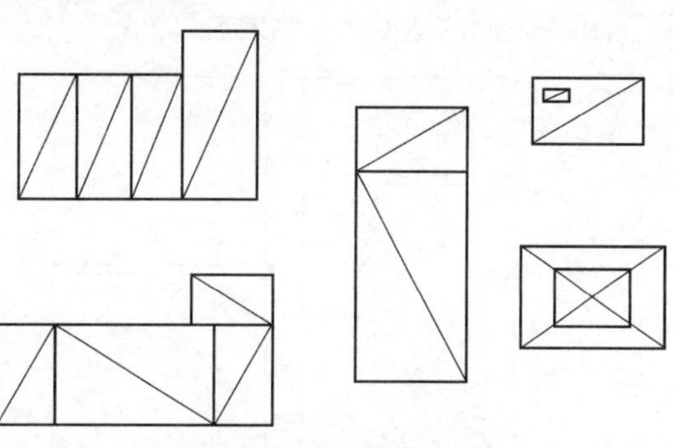

图1-18 等比率的造型

2. 对称与均衡

对称和均衡是取得良好视觉平衡的两种基本形式。

对称是自然界最常见的一种平衡方式，也广泛地用于产品造型中，可给人以庄重、严肃、规整、安全可靠、稳定有力量的感觉。

均衡是不对称的平衡方式，来源于力学的平衡原理。与对称不同，对称是以对称线或对称面表现出的平衡方式，而均衡是以支点表现出的平衡方式。均衡造型的产品具有静中有动、动中有静的条理美和动态美。

3. 安定与轻巧

所谓安定，是指形体靠近地面的部分重而大，显得稳定、可靠、安全。

轻巧的造型能给人以轻松、灵巧的视觉效果，可增加产品的生动、亲切感。

对于重心低而扁平的形体，适当减小其底部的支承面积，可取得轻巧的造型效果，如图1-19a所示；对于重心高的形体，适当增加其底部的支承面积，可改善其造型的安定感，如图1-19b所示；对于重心偏离支承底面的形体，采用如图1-19c所示的造型，可消除倾倒危险的感觉，增加其稳定感。

4. 对比与调和

所谓对比，是对某一部分进行重点处理，突出地表现需强调的部分，使造型生动、个性鲜明、避免平淡。所谓调和，是对造型中的构成要素进行统一的协调处理，使造型柔和亲切，避免生硬杂乱。

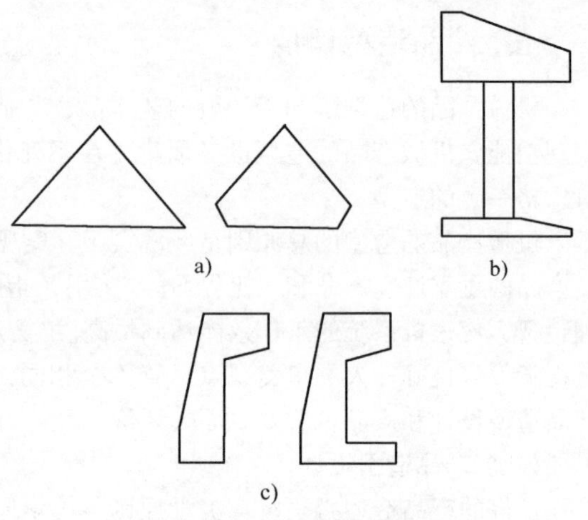

图1-19　安定与轻巧的处理举例

a）重心低而扁平　b）重心高　c）重心偏离支承底面

在产品造型设计中，一般以调和为主调，在调和的基础上再采用对比的手法。常用的手法有以下几方面：

（1）线型的对比与调和　这里所指的线型是产品的轮廓线，对比表现为线型的曲与直、粗与细、长与短、连续与间断、倾斜与垂直等。把不同类型的线型组织在同一产品造型中，应以一种线型为主调，局部运用与主调有差异的线型起对比和衬托作用，可使造型既主次分明，有主调避免了杂乱，又富有变化，打破单调，使产品造型具有独特的风格。

（2）体量的对比与调和　体量的对比表现为大与小、方与圆等的形体的对比。在产品造型设计中，清一色地采用同一种体量，如同样大小的方形会显得呆板、平淡。如图1-20的两组造型，每组中左侧的造型比右侧的造型显得形象、生动、活泼。

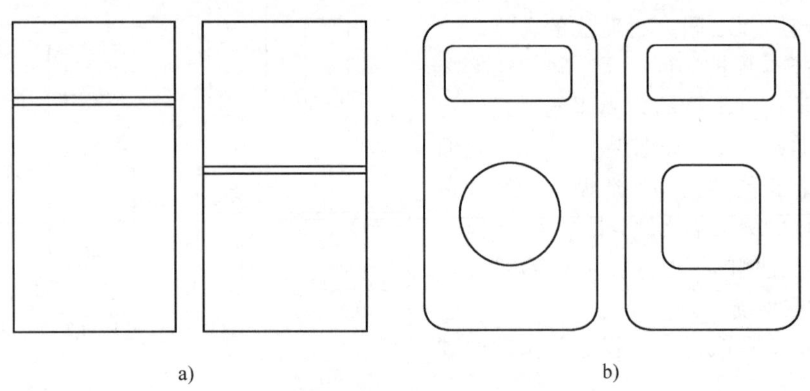

图1-20　体量对比与调和

（3）方向的对比与调和　方向的对比表现在垂直与水平、高与低、直与斜、集中与分散等。运用垂直与水平方向的立面或线条来构成对比，在造型设计中用得较多。这是因为垂直的线条显得挺拔，水平的线条显得沉稳，单独出现就显得呆板、乏味。

(4) 虚实的对比与调和　虚实对比表现在线条之间凹与凸、空与实、疏与密、粗与细等。实的部分常为重点表现刻划的主题，虚的部分起衬托作用。强调“实”具有稳重大方的特点，突出“虚”产生亲切活泼的效果。

(5) 质感的对比与调和　材料质感的对比与调和表现在天然与人造、有纹理与无纹理、光滑与粗糙、细腻与粗犷、坚硬与松软等。在造型设计中采用不同的材质、不同的加工方法，可产生不同的外观效果。

(6) 色彩的对比与调和　色彩的对比与调和主要表现在色彩的浓淡、冷暖、明暗、进退和轻重等方面。在造型设计中应充分利用不同的色彩明度、纯度所产生的对比效果来丰富造型的风格，突出重点，赋予造型以新颖、悦目、明朗的视觉效果。

5. 过渡与呼应

过渡是指在两个相邻的形体、面或色彩之间，采用逐渐演变的形式把两者联系起来，以取得和谐的造型效果。

呼应是指造型设计时，在前后、上下或左右对应部位，利用“形”“色”“质”的某些相同或相似的特点进行处理，以取得它们之间在线型、大小、色彩及质感等方面的艺术效果的一致性，产生心理和视觉印象上的联系和位置的相互照应，使整体造型显得和谐、均衡、统一。

6. 重点与一般

机械产品是由各部件组合起来的，对各部件的造型应妥善处理重点与一般的关系，对各部件的体量大小、形状、线型、色彩、质感和装饰等方面进行分析比较，做到重点突出、轻重分明。如果主从不清、轻重不分，会使造型缺乏鲜明的主题与生动活泼的感染力，艺术效果平淡乏味。

所谓突出重点的手法，是指对造型的主体部分的体量、形状、线型等加以重点的渲染，使其显示出较高的艺术表现力；而对于一般或次要的部件仅作普通的处理，使其符合形体统一的原则，能起到衬托主体的作用。

在产品造型中，突出重点的手法有以下几种：

1）运用形体和线型对比突出主体，即用比较突出的体量和比较复杂的轮廓形态，以引起观察者的注意。

2）运用色彩、材质的对比突出主体，使主体鲜明。

3）运用精细或特殊的加工工艺，获得特别的面饰效果来突出主体。

4）采用特殊的外观件或装饰件来强调重点。

5）利用造型中的方向性和透视感等因素，引导人们的视线集中于主体。

（二）产品色彩

产品造型的色彩不同于绘画，应着重研究色彩与人、色彩与产品的相互关系，研究色彩本身所体现出的对比与调和规律，以简练、纯朴、含蓄、夸张的手法创造出具有现代美感的色彩形象。由于产品的色彩受到功能、材质、工艺等条件的制约，其色彩一般来说比较单纯、概括、简洁、明快、和富于装饰性。

1. 色调选择

产品色彩要突出一个主色调。工业产品色调的选择要适于人的心理、生理要求。不同的色调给人心理和生理上带来不同的反应。色彩过亮、过暗、过于模糊不清、过于单调，都会令人容易感到疲劳和厌烦。

几种主要色彩的联想与象征见表1-7。

表1-7　色彩的联想与象征

色名	抽象联想		象征含义		心理感觉
	青　年	老　年	褒　义	贬　义	
红	热情、革命	热烈、吉祥	活力、光辉、积极、刚强、欢乐、喜庆、胜利	危险、灾害、爆炸、愤怒	兴奋、引人注意、产生紧张感
橙	热情、温暖、愉快、明亮	甜美、堂皇、欢喜	热情、光明、辉煌、向上		引人烦恼、焦虑和注意
黄	明快、希望、泼辣、温柔、纯净、轻快、甜美	光明、明快、轻薄、丰硕	光明、富有、忠义、高贵、豪华、威严	枯败、没落、颓废	丰硕感、香酥感、病态感
绿	青春、少壮、永恒、理想	希望、公平、新鲜	生长、和平、复苏、欢乐、喜悦、春天、成长、活泼、希望、生命		具有宁静、新鲜感
蓝	无限、理想、永恒、理智	冷淡、薄情、平静、悠久	宁静、深远、和平、希望、诚实、善良	悲凉、贫寒、凄凉	具有平静安祥感
紫	高贵、古朴、高尚、优雅	古朴、优美、高贵、消极、神秘	庄严、奢华、高贵	阴暗、悲哀、险恶、苦、毒、恐怖、荒淫、丑恶	忧郁感、不安与消极感
白	清洁、纯洁、神圣	洁白、神秘、衰亡	朴素、纯真、高雅、光明、真实、洁净	寒冷、苍老、衰亡	
黑	死亡、刚健、悲哀、坚实	严肃、阴郁、绝望、死亡	庄严、肃穆、沉重、坚固	绝望、死亡	
灰	忧郁、绝望、阴郁	沉默、荒废	温和、平淡、忧郁	空虚、悲哀	

2. 配色方法

产品配色的主要方法是利用色彩的对比与调和理论，按照一定的布局关系相互依存、相互呼应，构成具有和谐气氛的色彩。表现产品色彩的变化要依靠色彩的对比，使色彩达到统一主要依靠色彩的调和。配色的方法有：

（1）统一配色　产品外观配色数量不宜过多，在强调主体色的同时，辅助色的数量不要超过两种。色彩设置过多容易造成混乱、互相割裂、支离破碎等感觉。

（2）均衡配色　在配色时要注意通过色彩的面积大小、位置的变化，形成不同的均衡关系。例如，置明色于上方，暗色于下方，稳定感增强；反之，显得不稳定，使人不安。均衡的配色使人心情安定，不均衡的配色使人感到不安和紧张。

（3）重点配色　选择与主体色形成明显对比的、小面积的调和色作为突出重点部分的配色，可以弥补总体色调的单一，从而使整体产生活跃感。通常总体色调为视觉感受适中的中性色调，重点配色常选用高纯度、高明度的色彩，或者选用纯黑或纯白色，同时还应充分考虑配色的平衡效果。

六、标准化评价

（一）标准化及其目的

标准化的定义是：在经济、技术、科学及管理等社会实践中，对重复性事物和概念通过制定、发布和实施，来达到统一，以获得最佳秩序和社会效益。

实现标准化的目的是：

1）合理简化产品的品种规格。

2）促进相互理解、相互交流，提高信息传递的效率。

3）在生产、流通、消费等方面，能够全面地节约人力和物力。

4）在商品交换与提高服务质量方面，保护消费者的利益和社会公共利益。

5）在安全、卫生、环境保护方面，保障人类的生命、安全与健康。

6）在国际贸易中，消除国际贸易的“技术壁垒”。

（二）标准分类

标准分类如图 1-21 所示。按照标准的性质来分，有技术标准、工作标准和管理标准三类；按照标准化对象的特征来分，有基础标准、产品标准、方法标准、安全卫生和环境保护标准四大类，方法标准中包括产品质量鉴定有关的方法标准、工艺操作方法标准和管理方法标准；按照标准的适用范围，标准分为不同的级别，依次为国际标准、区域标准、国家标准、专业标准（包括专业协会标准、部委标准）、地方标准和企业标准六个级别。

（三）企业标准体系结构

所谓标准体系，是指一定范围内的标准按其内在联系形成的科学的有机整体。标准体系是由层次结构和领域结构组成的。层次结构表明各级标准之间的纵向联系；领域结构表明行业之间的横向联系。按标准体系的适用范围可分为国家标准体系、行业标准体系和企业标准体系。典型的企业标准体系结构如图 1-22 所示。

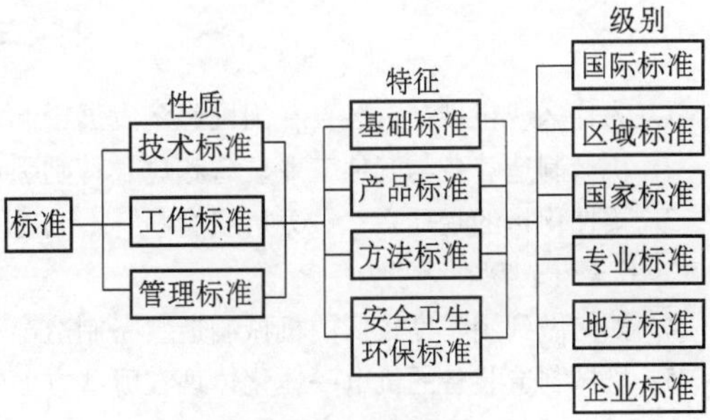

图 1-21　标准分类

（四）产品设计的标准化

产品设计的标准化对提高设计水平，保证设计质量，简化设计程序，节约设计费用将产生显著效果。从编制产品设计任务书到设计、试制、鉴定各个阶段，都必须充分考虑标准化的要求，认真进行标准化审查。对产品设计进行标准化评价的主要内容有：

1. 企业标准的审查

包括编号、文件格式、编制方法是否符合上级标准的要求和有关规定。

2. 设计文件的标准化审查

包括图样和技术文件成套性检查；图样格式、视图、剖视、投影、公差配合、表面粗糙度、几何公差是否符合有关标准；设计技术文件内容的准确性、科学性和合理性；零件图、结构要素和应用材料是否符合有关标准；是否采用标准件和通用件；设计文件的格式、技术术语、文字符号等是否符号有关标准；产品图样和设计文件的代号是否符合有关标准。

3. 工艺文件的标准化审查

内容包括工艺文件的成套性；格式、名称、工艺术语、材料、代号；工艺尺寸的正确性；通用工具、量具是否符合有关标准；是否采用典型工艺。

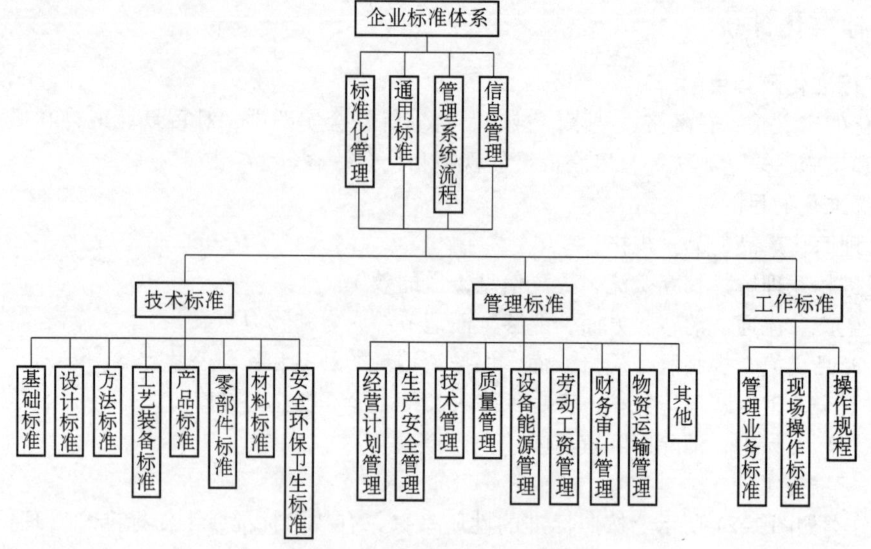

图1-22　企业标准体系结构

4. 工装设计文件的标准化审查

内容包括工装设计文件的成套性；是否采用标准件和标准毛坯。

习题与思考题

1. 为什么说机械制造装备在国民经济发展中起着重要作用？
2. 机械制造装备与其他工业装备相比，特别强调应满足哪些要求？为什么？
3. 柔性化指的是什么？试分析组合机床、普通机床、数控机床、加工中心和柔性制造系统的柔性化程度。其柔性表现在哪里？
4. 如何做到用精度较低的机械制造装备制造出精度较高的机械制造装备来？
5. 机械制造装备的机电一体化体现在哪些方面？
6. 对机械制造装备如何进行分类？
7. 工业工程指的是什么？如何在设计机械制造装备时体现工业工程的要求？
8. 机械制造装备设计有哪些类型？
9. 创新设计的步骤是什么？为什么应重视需求分析和可行性论证？
10. 哪些产品宜采用系列化设计方法？为什么？有哪些优缺点？
11. 系列化设计时主参数系列公比的选取原则是什么？公比选得过大或过小会带来哪些问题？
12. 哪些产品宜采用模块化设计方法？为什么？有哪些优缺点？
13. 可靠性指的是什么？有哪些可靠性衡量指标？它们之间有哪些数值上的联系？
14. 从系统设计的角度，如何提高产品的可靠性？
15. 在机械制造装备设计中，用到哪些人机工程学的概念和方法？解决了什么问题？
16. 工业产品造型设计的重要性体现在什么地方？与一般艺术品的造型设计有何共性和差别？
17. 设计过程中遵守标准化原则的重要意义是什么？如何贯彻设计的标准化？

第二章

金属切削机床设计

第一节 概　　述

金属切削机床又称工作母机，是机械制造业的基础装备，与其他机械相比其性能要求比较高。制造业的发展对机床的技术要求越来越高。先进的自动化制造系统发展，要求机床从适应单机工作模式向适应自动化制造系统工作模式方向发展。数控与机电结合技术、商品化的功能部件、CAD 技术和虚拟样机仿真技术的发展，为机床设计提供了新的支撑条件。因此机床的设计方法和设计技术正在深刻变革之中，设计内容的机械部分在减少，机电匹配部分内容在增加，零部件的设计在减少，总体方案及功能部件（如各种机械主轴部件、电主轴部件、直线运动组件、单轴回转工作台或主轴头、双轴回摆工作台或主轴头、直线电动机、盘式力矩电动机、数控刀架、刀库等）的选择内容在增加。

一、机床设计应满足的基本要求

1. 工艺范围

机床工艺范围是指机床适应不同生产要求的能力，也可称之为机床的加工功能。机床应满足一定的加工作业要求，其要求包括加工作业功能（能干什么）和加工作业空间（尺寸范围）。机床的加工作业功能要求将决定其运动功能，加工作业空间要求将决定其运动行程范围。机床工艺范围一般包括可加工的工件类型、加工方法、加工表面形状、材料、工件和加工尺寸范围、毛坯类型等。

机床的工艺范围主要取决于其用于哪种生产模式。如使用于单机生产模式，工序集中，要求机床具有较宽的加工范围，对加工效率和自动化程度的要求相对低一些；如使用于多品种小批量自动化生产系统模式，要求机床能适应多品种工件的加工，具有一定的工艺范围、较高的加工效率和自动化程度；如使用于大批量生产模式，工序分散，一台机床仅需对一种工件完成一道或几道工序的加工，工艺范围窄，但要求加工效率高，自动化程度高。

机床的工艺范围直接影响到机床结构的复杂程度、设计制造成本、加工效率和自动化程度。对于生产率，就机床本身而言，工艺范围增加，可能会使加工效率下降，但就工件的制造全过程而言，机床工艺范围的增加，将会减少工件的装卸次数，减少安装、搬运等辅助时间，有可能使总的生产率提高。

2. 柔性

机床的柔性是指其适应加工对象变化的能力。随着市场经济的发展，对机床及其组成的生产线的柔性要求越来越高。传统的刚性自动生产线尽管生产率高，但无法适应产品更新换代速度越来越快的要求。

机床的柔性包括空间上的柔性和时间上的柔性。所谓空间柔性，也就是功能柔性，包括机床的通用性和在同一时期内进行快速功能重构的能力，即机床能够适应多品种小批量的加工，机床的运动功能和刀具数目多，工艺范围广，一台机床具备多台机床的功能，因此在空间上布置一台高柔性机床，其作用等于布置了几台机床（即机床的通用性高）。所谓时间上的柔性，也就是结构柔性，指的是在不同时期（如企业的产品更新了），机床各部件重新组合，构成新的机床，即通过机床重构，改变其功能，以适应产品更新变化快的要求。

但是机床的柔性高了，其生产率往往会降低，因此设计时应该对产品的结构柔性及可重组能力提出合理的要求。

3. 与物流系统的可接近性

可接近性（Accessibility）是指机床与物流系统之间进行物料（工件、刀具、切屑等）流动的方便程度。对于普通机床，是由人工进行物料流动的，要求机床的使用、操作、清理和维护方便和安全。对于自动化制造系统，是采用工件传送带、自动换刀系统和自动排屑系统等装置自动进行物料流动的，要求机床的结构便于物料的流动，可靠性好。

4. 刚度

机床的刚度是指加工过程中，在切削力的作用下，抵抗刀具相对于工件在影响加工精度方向变形的能力。刚度包括静态刚度、动态刚度、热态刚度。机床的刚度直接影响机床的加工精度和生产率，因此机床应有足够的刚度。机床是工作母机，其刚度要求比一般机械装备要高得多。

5. 精度

要保证能加工出一定精度的工件，作为工作母机的机床必须具有更高的精度要求。机床精度主要指机床的几何精度和机床的工作精度。机床的几何精度指空载条件下机床本身的精度，描述机床独立部件相对理想的线或面的形状特征（直线度、平面度）、位置（平行度、垂直度、重合度、等距度、角度）、旋转（径向圆跳动、轴向窜动、轴向圆跳动）、位移（运动部件的位置偏差、线性偏差、角度偏差）的偏差程度。它们对于机床的工作精度及工具、重要零部件和附件的安装都是非常重要的。机床的工作精度指精加工条件下机床的加工精度（尺寸、形状及位置偏差）。

6. 噪声

噪声损坏人的听觉器官和生理功能，是一种环境污染。设计和制造过程中要设法降低噪声。

7. 生产率

机床的生产率通常是指单位时间内机床所能加工的工件数量。机床的切削效率越高，辅助时间越短，则它的生产率越高。对用户而言，使用高效率的机床，可以降低工件的加工成本。

8. 自动化

机床的自动化程度越高，加工效率越高，加工精度的稳定性越好，还可以有效地降低工人的劳动强度，便于一个工人看管多台机床，大大地提高劳动生产率。

9. 成本

成本概念贯穿在产品的整个生命周期内，包括设计、制造、包装、运输、使用维护、再利用和报废处理等的费用，是衡量产品市场竞争力的重要指标，应在尽可能保证机床性能要求的前提下，提高其性能价格比。

10. 生产周期

为了快速响应市场需求的变化，生产周期（包括产品开发和制造周期）是衡量产品市场竞争力的重要指标，应尽可能缩短机床的生产周期。这就要求应尽可能采用现代设计方法，缩短新产品的开发周期；尽可能采用现代制造和管理技术，缩短制造周期。

11. 可靠性

应保证机床在规定的使用条件下、在规定的时间内，完成规定的加工功能时，无故障运行的概率要高。

12. 造型与色彩

机床的外观造型与色彩，要求简洁明快、美观大方、宜人性好。应根据机床功能、结构、工艺及操作控制等特点，按照人机工程学的要求进行设计。

二、机床总体方案的设计方法

机床的设计方法是根据其设计类型而定的。通用机床采用系列化设计方法。系列中基型产品属创新设计类型，其他属变型设计类型。有些机床，如组合机床属组合设计类型。

(一) 机床总体方案的创新设计方法

在机床创新设计类型中，机床总体方案（包括机床运动功能方案和结构布局方案）可以有很多种（如五轴数控机床的运动功能方案和结构布局方案可以多达数百种），机床总体方案的产生方法可采用试错法（或试行设计法）和创成法。前者是用类比分析、推理方法产生方案，是目前创新设计一般采用的方法。后者则用创成解析的方法生成方案，创新能力强，这种方法尚在研究发展之中。

机床创新设计方法可以分为创成式设计方法和分析式设计方法两种类型，但是创成式设计法和分析式设计法的求解原理解的方法有着本质区别。分析式设计法的求解方法是首先由设计者根据设计的功能要求，凭知识积累的经验或灵感提出原理解方案（即先给出原理解），然后采用定量分析的方法判断其原理解方案是否满足功能要求，即通过解析计算验证所提出的原理解方案是不是满足功能要求的原理解。而创成式设计法的求解方法是采用解析的方法直接求出所有可能的原理解。

分析式设计法的求解方法对设计人员知识依赖性大，且不一定能够求出所有可能的原理解，但可以分析方案的可行性及进行方案比较。创成式设计法的求解方法可以求出所有可能的原理解，但求解的难度大，尤其是结构原理解的求解难度非常大，是创新设计方法研究的关键。

(二) 机床总体方案的模块化设计方法

机床模块化设计方法主要用于机床的组合、变型产品设计，也称模块化变型设计方法。模块化设计方法是在对产品进行功能分析的基础上，划分并设计出一系列通用模块，根据市场需求，对这些模块进行选择组合构成不同功能，或功能相同但性能不同、规格不同的组合、变型产品。

模块划分技术的关键是如何能够以尽可能少的模块种类，组成尽可能多种类的不同功能、不同性能、不同规格的组合、变型产品。

模块组合技术的关键之一是模块与模块之间连接的接合部设计要能满足所组成的各种变型产品的性能要求（精度，动态刚度、静态刚度、热态刚度）；另一个关键问题是要能够实现模块的快速装配和快速更换，特别是产品在生产现场（是指用户使用的生产现场，而不是装备制造商的生产现场）的快速重构，模块的快速更换有时只需几分钟，甚至几秒钟，因此模块的快速接合技术（快速接合的机构与控制技术）是产品快速重构的关键技术。

三、机床设计步骤

不同的机床类型设计步骤也不同。一般机床设计的内容及步骤如下。

（一）总体设计

1. 机床主要技术指标设计

机床主要技术指标设计是后续设计的前提和依据。对于不同的设计任务，如工厂的规划产品，或根据机床系列型谱进行设计的产品，或用户的订货等，尽管具体的设计要求不同，但主要的技术指标基本相同，包括：

（1）工艺范围　包括加工件的材料类型、形状、质量和尺寸范围等。

（2）运行模式　机床是单机运行模式，还是用于生产系统。

（3）生产率　包括加工件的类型、批量及所要求的生产率。

（4）性能指标　加工工件所要求的精度（用户订货设计）或机床的精度、刚度、热变形、噪声等性能指标。

（5）主要参数　即确定机床的加工空间和主参数。

（6）驱动方式　机床的驱动方式有电动机驱动和液压驱动。电动机驱动方式中又有普通电动机驱动、步进电动机驱动与伺服电动机驱动。驱动方式的确定不仅与机床的成本有关，还将直接影响传动方式的确定。例如，当主运动采用电主轴时，则无主运动的机械传动系统；当直线进给运动采用直线电动机时，则无直线进给运动的机械传动系统；当回转进给运动采用力矩电动机时，则无回转进给运动的机械传动系统。

（7）成本及生产周期　无论是订货还是工厂规划产品，都应确定成本及生产周期方面的指标。

2. 总体方案设计

总体方案设计包括：

（1）运动功能设计　包括确定机床所需运动的个数、形式（直线运动、回转运动）、功能（主运动、进给运动、其他运动）及排列顺序，最后画出机床的运动原理图，并进行运动功能分配。

（2）基本参数设计　包括尺寸参数、运动参数和动力参数设计。

（3）传动系统设计　包括传动方式、传动原理图及传动系统图设计。

（4）总体结构布局设计　包括总体布局结构形式及总体结构方案图设计。

（5）控制系统设计　包括控制方式及控制原理、控制系统图设计。

3. 总体方案综合评价与选择

在总体方案设计阶段，对其各种方案进行综合评价，从中选择较好的方案。

4. 总体方案的设计修改或优化

对所选择的方案进行进一步的修改或优化，确定最终方案。上述设计内容，在设计过程中要交叉进行。

（二）详细设计

详细设计包括技术设计和施工设计。

1. 技术设计

设计机床的传动系统，确定各主要结构的原理方案，设计部件装配图，对主要零件进行分析计算或优化，设计液压原理图和相应的液压部件装配图，设计电气控制系统原理图和相应的电气安装接线图，设计和完善机床总装配图和总联系尺寸图。

2. 施工设计

设计机床的全部自制零件图，编制标准件、通用件和自制件明细表，编写设计说明书、使用说明书，制定机床的检验方法和标准等技术文档。

（三）机床整机综合评价

对所设计的机床进行整机性能分析和综合评价。可对所设计的机床进行计算机建模，得到所谓的数字化样机，又称虚拟样机（Virtual Prototype），则可采用虚拟样机技术对所设计的机床进行运动学仿真和性能仿真，在实际样机没有试造出来之前对其进行综合评价，可以大大减少新产品研制的风险，缩短研制的周期，提高研制的质量。

上述步骤可反复进行，直到设计结果满意为止。在设计过程中，设计与评价反复进行，可以提高一次设计成功率。

（四）定型设计

在步骤（三）完成后，可进行实物样机的制造、实验及评价。根据实物样机的评价结果进行修改设计，最终完成产品的定型设计。

第二节　金属切削机床设计的基本理论

机床不同于一般的机械，它是用来制造其他机械的工作母机，因此在运动学原理、刚度及精度方面有其特殊要求。下面简单介绍一些机床设计的基本理论。

一、机床的运动学原理

不同的机床因其加工功能（能够采用的加工方法、工件的类型、加工表面形状等）的不同，实现加工功能所需要的运动也不同。机床的末端执行器有两个，一个是安装工件的执行器（如铣床的工作台、车床主轴的卡盘），一个是安装刀具的执行器（如铣床的主轴、车床的刀架）。所谓工件的加工，就是通过刀具相对工件的运动来完成的。例如，车床的加工功能是加工圆柱面、圆锥面、端面、螺旋回转面及自由回转面等各种回转表面，它的加工功能需要工件绕其自身轴线（C 轴）回转，刀具沿工件轴线方向（Z 轴）和垂直于工件轴线（X 轴）方向移动等三个运动来实现。当车削圆锥面或某些自由回转曲面时，刀具在 Z 和 X 轴两个方向的移动或 Z、X 和 C 轴三个运动必须保持严格的运动关系；当车削螺纹时，工件的 C 轴回转与刀具的 Z 轴移动必须保持严格的运动关系。这种严格的运动关系在机械传动的机床中是靠内联系传动系来实现的（如在车螺纹时，进给传动系统应保证工件旋转一周，刀具移动一个螺距），而在数控机床中是通过坐标轴的联动来实现的。因此能够加工螺纹和回转曲面的数控车床，需要有 Z、X 和 C 轴三个运动，且要求三个轴的运动能够联动。

机床运动学就是研究、分析和实现机床期望的加工功能所需要的运动功能配置，即配置什么样的运动功能才能实现机床所需要的加工功能。掌握了机床运动学知识就可对任何机床的工作原理进行学习、分析和设计。

（一）机床的工作原理

金属切削机床的基本功能是提供切削加工所必需的运动和动力。机床的基本工作原理是：通过刀具与工件之间的相对运动，由刀具切除工件上多余的金属材料，使工件具有要求的几何形状和尺寸。

工件加工表面的几何形状的形成取决于机床的运动功能，包括机床运动轴的数目、运动性质及各运动轴之间的关系（独立还是联动）。而几何尺寸则主要取决于机床的运动行程。

可以看出，工件的加工表面是通过机床上刀具与工件的相对运动而形成的，因此要分析机床的运动功能，需要先了解工件表面的形成方法。

（二）工件表面的形成方法及机床运动

工件表面的形成方法主要是指工件的待加工表面几何形状的成形方法。机床成形运动主要是指形成工件的待加工表面几何形状所需的运动。几何表面的形成原理不同，所需要的机床成形运动也不同。

1. 几何表面的形成原理

任何一个表面都可以看成是一条曲线（或直线）沿着另一条曲线（或直线）运动的轨迹。这两条曲线（或直线）称为该表面的发生线，前者称为母线，后者称为导线。图2-1中给出了几种表面的形成原理，图中1、2表示发生线。图2-1a、c的平面是分别由直线母线或曲线母线1沿着直线导线2移动而形成的；图2-1b的圆柱面是由直母线1沿轴线与它相平行的圆导线2运动而形成的；图2-1d的圆锥面是由直线母线1沿轴线与它相交的圆导线2运动形成的；图2-1e的自由曲面是由曲线母线1沿曲线导线2运动而形成的。有些表面的母线和导线可以互换，如图2-1a、b、e所示；有些不能互换，如图2-1c、d所示。

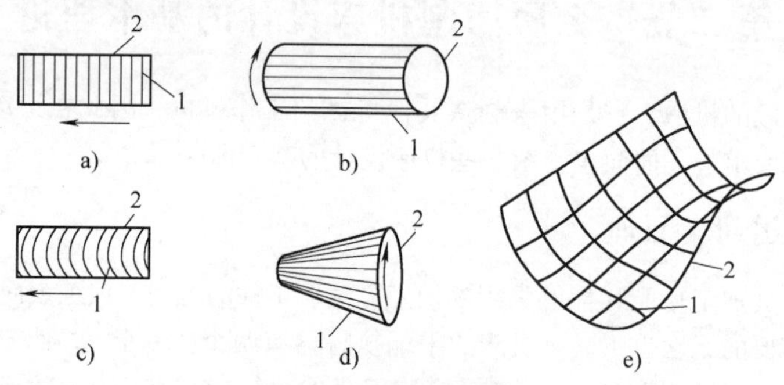

图2-1 表面形成原理

a)、c）平面 b）圆柱面 d）圆锥面 e）自由曲面

1—母线 2—导线

2. 发生线的形成及机床运动

从发生线成形的原理上看，刀具切削刃的类型可以分为点切削刃、线切削刃和面切削刃。所谓面切削刃，是指“假想面”上任一点或线都可以作为切削刃使用，如圆柱铣刀切削刃的实际形状为直线或螺旋线，当刀具高速回转时，切削刃形成圆柱回转面，面上的任一点均可与工件接触进行切削，因此其切削刃的理论形状是圆柱面（即假想面），故称之为面切削刃，圆柱面切削刃可视为由与其轴线平行的直线绕轴线回转形成的。采用的刀具切削刃的类型不同，形成发生线所需的运动不同。

工件加工表面的发生线是通过刀具切削刃与工件接触并产生相对运动而形成的。有如下四种方法：

（1）轨迹法（描述法） 如图2-2a所示，点切削刃车刀车削外圆柱面，发生线1（直母线）是由刀具的点切削刃作直线运动轨迹形成的，称为轨迹法。因此为了形成发生线1，刀具和工件之间需要一个相对的直线运动f。又如图2-2b所示，纵向磨削外圆柱面，发生线1的形成也是轨迹法，刀具（砂轮）和工件之间需要一个相对的直线运动f。

（2）成形法（仿形法） 如图2-2c所示，宽刃车刀车削短外圆柱面，刀具的切削刃是线切削刃，与工件发生线1（直母线）吻合，因此发生线1由切削刃实现，该方法称为成形法。发

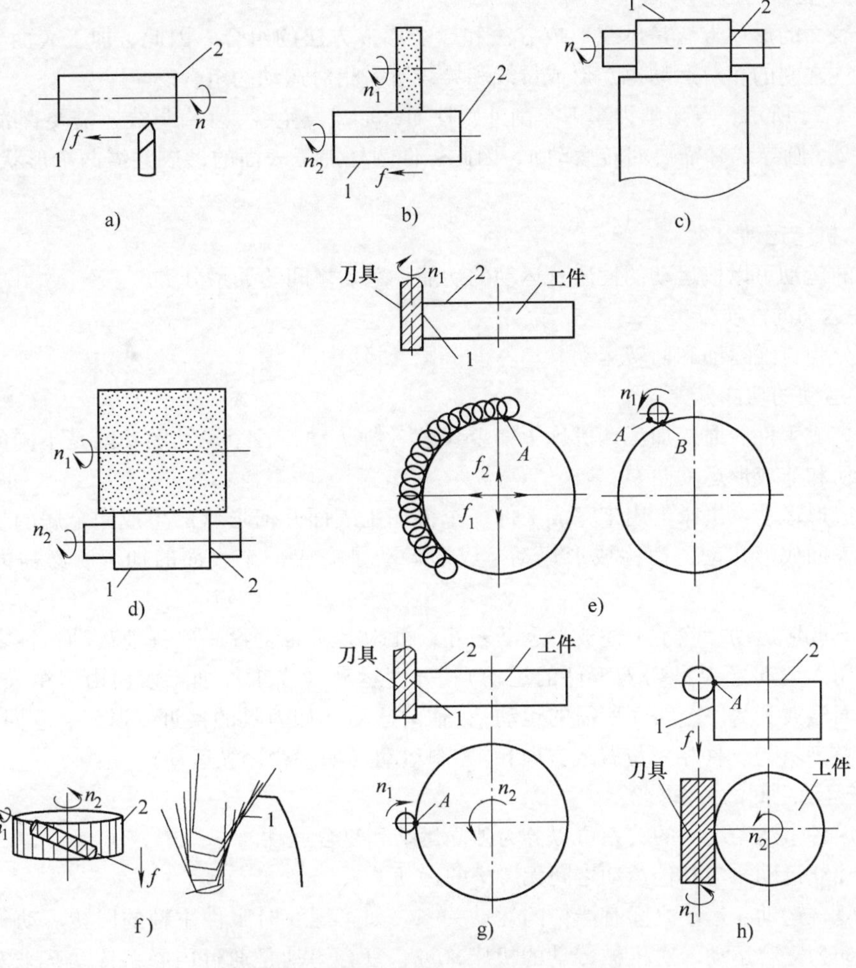

图 2-2　加工方法与形状创成运动的关系

a）点刃车刀车外圆柱面　b）圆柱砂轮纵向磨削外圆柱面　c）宽刃车刀车外圆柱面
d）宽砂轮横向磨削外圆柱面　e）相切法圆柱铣刀加工短圆柱面　f）滚齿加工
g）轨迹法圆柱铣刀加工短圆柱面　h）轨迹法圆柱铣刀加工长圆柱面
1—母线　2—导线

生线 1 的形成不需要刀具与工件的相对运动。又如图 2-2d 所示，横向磨削短外圆柱面，发生线 1 的形成也是成形法，不需要刀具与工件的相对运动。

（3）相切法（旋切法）　如图 2-2e 所示，圆柱铣刀铣削短圆柱外圆柱面。工件发生线 1 为圆柱铣刀的面切削刃上与其轴线平行的直线，发生线 1 某时刻在刀具面切削刃上的 *A* 位置（左边俯视图），另一时刻发生线 1 在 *B* 位置（右边俯视图）。面切削刃是由轨迹法生成的，需要一个运动 n_1（刀具回转运动），面切削刃和工件的接触线与工件发生线 1 吻合，故发生线 1 是由运动 n_1 形成的。而发生线 2 是面切削刃运动轨迹的切线组成的包络面，故发生线 2 是由相切法生成的，需要两个直线运动 f_1 和 f_2 才能形成发生线 2。

（4）展成法（滚切法）　如图 2-2f 所示，发生线 1（渐开线母线）是由切削刃 2（线切削刃）在刀具与工件作展成运动时所形成的一系列轨迹线的包络线，发生线 1 的形成称为展成法。故为了形成发生线 1，刀具与工件之间需要一个复合的相对运动 n_1 与 n_2，简称展成运动。

3. 加工表面的形成方法

加工表面的形成方法是母线形成方法和导线形成方法的组合。因此，加工表面形成所需的刀具与工件之间的相对运动也是形成母线和导线所需相对运动的组合。

如图2-2a 所示，点切削刃车刀车削外圆柱面，形成发生线1（直母线）需要直线运动f，形成发生线2（圆导线）需要回转运动n，因此工件圆柱加工表面的形成共需两个形状创成运动f和n。

(三) 机床运动分类

机床的运动可以按运动的性质、运动的功能、运动之间的关系分类。

1. 按运动的性质分类

可以分为直线运动和回转运动。

2. 按运动的功能分类

为了完成工件表面的加工，机床上需要设置各种运动，各个运动的功能是不同的。可以分为成形运动和非成形运动两类。

(1) 成形运动　机床上用来完成工件一个待加工表面几何形状的生成和金属的切除任务的运动称为表面成形运动，简称成形运动。成形运动是完成一个表面的加工所必需的最基本的运动。

(2) 非成形运动　除了上述成形运动之外，机床上还需设置一些其他运动，称之为非成形运动。如切入运动（刀具切入工件的运动）；分度运动（当工件加工表面由多个表面组成时，由一个表面过渡到另一个表面所需的运动）；辅助运动（如刀具的接近、退刀、返回等）；调整运动（调整刀具与工件相对位置或方向）；控制运动（如一些操纵运动）。

3. 按运动之间的关系分类

按机床各个运动之间的关系可以分为独立运动和复合运动。

(1) 独立运动　与其他运动之间无严格的运动关系。

(2) 复合运动　运动之间有严格的运动关系。如车螺纹时工件主轴的回转运动和刀具的纵向直线运动为复合运动。对机械传动的机床来说，复合运动是通过内联系传动系来实现的。对数控机床来说，复合运动是通过运动轴的联动来实现的。

(四) 机床的成形运动

机床的成形运动又可以有两种分类方法。一是从成形运动的速度、消耗动力看，可以把成形运动分为主运动（速度高、消耗动力大）和进给运动（速度低、消耗动力小）；二是从成形运动所完成的功能看，成形运动的功能是完成表面几何形状的生成和金属的切除，可以把成形运动分为主运动（完成金属的切除）和形状创成运动（完成表面几何形状的生成，即母线和导线的生成）。以下从运动方案设计和分析的原理来看，重点介绍第二种分类方法，同时将两种分类方法加以对照。

1. 主运动

它的功能是切除加工表面上多余的金属材料，因此运动速度高，消耗机床的大部分动力，故称为主运动，也可称为切削运动。它是形成加工表面必不可少的成形运动，如图2-2 所示，车削加工时工件主轴的回转运动n，磨削加工时砂轮主轴的回转运动n_1，铣削加工时铣刀主轴的回转运动n_1，滚齿加工时滚刀主轴的回转运动n_1等都为主运动。磨削加工时砂轮主轴（砂轮头架）的回转运动n_1速度高，消耗功率大，是主运动，而工件主轴（工件头架）的回转运动n_2速度低，消耗功率小，不属于主运动。同理，滚齿加工时滚刀主轴回转运动n_1为主运动，而工件的回转运动n_2不属于主运动。

2. 形状创成运动

它的功能是用来形成工件加工表面的发生线（包括母线和导线）。例如：

1）图2-2a为用点刃车刀车削外圆柱面，形成直母线1（轨迹法）需要一个直线运动f，形成圆导线2（轨迹法）需要一个回转运动n。故共需两个形状创成运动f和n。

2）图2-2b纵向磨削外圆柱面，形成直母线1（轨迹法）需要一个直线运动f，形成圆导线（轨迹法）需要一个回转运动n_2。故共需两个形状创成运动f和n_2。

3）图2-2c为用宽刃车刀车削短外圆柱面，形成直母线1（成形法）不需要运动，形成圆导线2（轨迹法）需要一个回转运动n。故共需一个形状创成运动n。

4）图2-2d横向磨削短外圆柱面，形成直母线1（成形法）不需要运动，形成圆导线2（轨迹法）需要一个回转运动运动n_2。故共需一个形状创成运动n_2。

5）图2-2e为用圆柱铣刀以相切法铣削短外圆柱面。形成直母线1（轨迹法）需要一个回转运动n_1（刀具回转运动），用相切法形成圆导线2需要两个直线运动f_1和f_2。故共需三个形状创成运动n_1、f_1和f_2。

6）图2-2f滚直齿，形成渐开线母线1（展成法）需要一个展成运动，该展成运动由刀具的回转运动n_1与工件的回转运动n_2实现，形成直导线2需要一个直线运动f。故共需三个形状创成运动n_1、n_2和f。

7）图2-2g为用圆柱铣刀以轨迹法铣削短外圆柱面，形成直母线1（轨迹法）需要一个回转运动n_1（刀具回转运动），用轨迹法形成圆导线2需要一个回转运动n_2。故共需两个形状创成运动n_1和n_2。

8）图2-2h为用圆柱铣刀以轨迹法加工长外圆柱面，形成直母线1（轨迹法）需要一个回转运动n_1（刀具回转运动）和一个直线运动f，用轨迹法形成圆导线2需要一个回转运动n_2。故共需三个形状创成运动f、n_1和n_2。

从上述分析可以看出如下两点：其一是有些加工中主运动除了承担切除金属材料的任务外，还参与形状创成，如图2-2a、c的n，图2-2e、f、g、h的n_1等既是主运动，又是形状创成运动，因此它们承担形成发生线和切除金属材料的双重任务；而有些加工中，主运动只承担切削任务，不承担发生线的创成任务，如图2-2b、d的砂轮回转运动n_1。其二是相同的加工表面采用不同的加工工艺方法加工，所需要的形状创成运动不同，如图2-2e、g同样是用圆柱铣刀加工短圆柱面，前者是采用相切法，需要n_1、f_1、f_2三个形状创成运动；而后者是采用轨迹法，需要n_1、n_2两个形状创成运动。

当形状创成运动中不包含主运动时，“形状创成运动”与“进给运动”两个词等价，这时进给运动就是用来生成工件表面几何形状的，因此无论用主运动和进给运动或主运动和形状创成运动来描述成形运动，两种描述都是一样的；当形状创成运动中包含主运动时，“形状创成运动”与“成形运动”两个词等价，这时就不能仅靠进给运动来生成工件表面几何形状（如滚齿加工）。在机床运动学中为了研究、设计和分析工件表面几何形状生成所需的运动，用主运动和形状创成运动来描述成形运动更方便。在机床使用中则用主运动和进给运动来描述成形运动更方便一些。可以看出，无论哪种方法描述成形运动，进给运动都是成形运动的主体。

（五）机床运动功能的描述方法

1. 坐标系

为了进行机床运动功能式、机床运动原理图的描述，首先要建立机床基准坐标系与机床运动轴坐标系，一般采用直角坐标系。

（1）机床基准坐标系　机床基准坐标系即机床总体坐标系$OXYZ$。

(2) 机床运动轴坐标系　沿 X、Y、Z 坐标轴方向的直线运动仍用 X、Y、Z 表示，绕 X、Y、Z 轴的回转运动分别用 A、B、C 表示。平行于 X、Y、Z 轴的辅助轴用 U、V、W 及 P、Q、R 表示，绕 X、Y 轴的辅助回转轴用 D、E 等表示，(详见 GB/T 19660—2005 标准的规定)。与机床基准坐标系坐标方向不平行的斜置运动轴坐标系用加“－”表示，如沿斜置坐标系的 Z 轴运动用 $\bar{Z}$ 表示。

2. 机床运动功能式

运动功能式表示机床的运动个数、形式（直线或回转运动）、功能（主运动、进给运动、非成形运动）及排列顺序，是描述机床的运动功能的最简洁的表达形式。左边写工件，用 W 表示；右边写刀具，用 T 表示；中间写运动，按运动顺序排列；工件、运动和刀具之间用“/”分开。有下标 p 表示主运动，有下标 f 表示进给运动，有下标 a 表示非成形运动。例如，车床的运动功能式为 W/C_p，Z_f，X_f/T，三轴铣床的运动功能式为 W/X_f，Y_f，Z_f，C_p/T（参见图 2-4a、b）。为了简洁，运动功能式中下标 f 和 a 也可省略，图 2-4b 所示的三轴铣床的运动功能式又可简写为 W/X，Y，Z，C_p/T。

3. 机床运动原理图

运动原理图是将机床的运动功能式用简洁的符号和图形表达出来，除了描述机床的运动轴个数、形式及排列顺序之外，还表示了机床的两个末端执行器和各个运动轴的空间相对方位，是认识、分析和设计机床传动系统的依据。运动原理图的图形符号可用图 2-3 所示的符号表示。图 2-3a 表示回转运动，图 2-3b 表示直线运动。

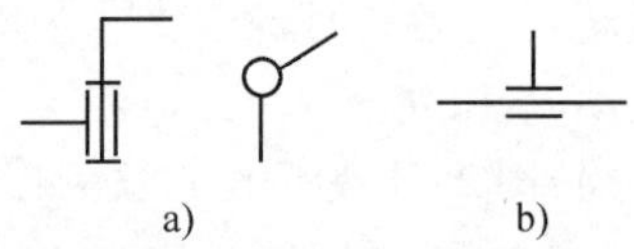

图 2-3　运动原理图图形符号

a）回转运动　b）直线运动

图 2-4 给出了一些常用机床运动原理图的例子。在运动原理图上，同时注明了与其相对应的运动功能式。各运动原理图介绍如下：

1）图 2-4a 是车床的运动原理图。回转运动 C_p 为主运动，直线运动 Z_f 和 X_f 为进给运动。对于一般的车床，C_p 仅为主运动；对于有螺纹加工功能或有加工非圆回转面（如椭圆面）功能的数控车床，则 C_p 一方面为主运动，另一方面 C_p 可与 Z_f 组成复合运动进行螺纹加工，或 C_p 可与 X_f 组成复合运动进行非圆回转面加工，称这类数控车床具有 C 轴功能。

2）图 2-4b 是铣床的运动原理图。回转运动 C_p 为主运动，直线运动 X_f、Y_f 和 Z_f 为进给运动。

3）图 2-4c 是平面刨床的运动原理图。往复直线运动 X_p 为主运动，直线运动 Y_f 为进给运动，直线运动 Z_a 为切入运动。

4）图 2-4d 是数控外圆磨床的运动原理图。回转运动 C_p 为主运动，回转运动 C_f、直线运动 Z_f 和 X_f 为进给运动，回转运动 B_a 为砂轮的调整运动。当 X_f 和 Z_f 组成复合运动时，用碟形砂轮可磨削长圆锥面或任意形状的回转表面；当 C_f 和 Z_f 组成复合运动时，可进行螺旋面磨削。在进行长轴纵向进给磨削时，X_f 应改为 X_a，为切入运动，但在进行横向进给磨削端面时，X_f 为横向进给运动，Z_f 应改为 Z_a，为切入运动。若一个运动既可为进给运动又可为非成形运动，则用进给运动符号表示。

5）图 2-4e 是摇臂钻床的运动原理图。回转运动 C_p 为主运动，直线运动 Z_f 为进给运动，回转运动 C_a、直线运动 Z_a 及 X_a 为调整运动，用来调整刀具与工件的相对位置。

6）图 2-4f 是镗床的运动原理图。回转运动 C_p 为主运动，直线运动 Z_{f1} 为镗孔加工时工件作的进给运动，Z_{f2} 为镗孔加工时镗杆作的进给运动（在数控镗床或加工中心上，镗孔进给通常由工件完成，只有 Z_{f1} 一个镗孔进给运动），Y_f 为刀具的径向进给运动，用于加工端面或孔槽，回

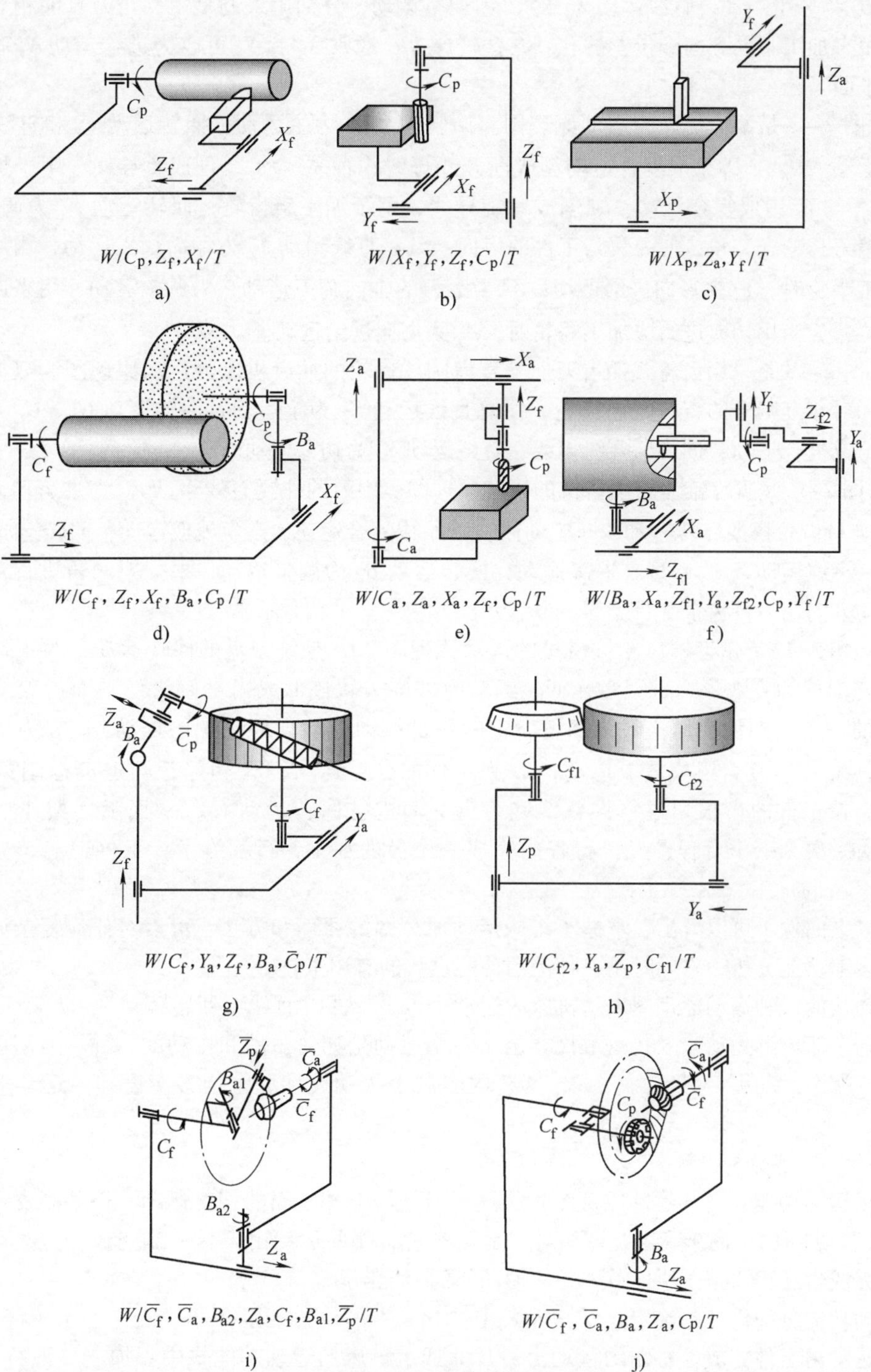

图 2-4　机床运动原理图

a）车床　b）铣床　c）刨床　d）外圆磨床　e）摇臂钻床　f）镗床　g）滚齿机
h）插齿机　i）直齿锥齿轮刨齿机　j）弧齿锥齿轮铣齿机

转运动 B_a 为分度运动，直线运动 X_a 及 Y_a 为调整运动，分别用来调整工件与刀具的相对方向及位置，用来加工不同方向和位置的孔。在镗铣床上，通常 X_a 和 Y_a 可改为进给运动 X_f 和 Y_f，用来铣削平面。

7）图 2-4g 是滚齿机床的运动原理图。回转运动 $\overline{C}_p$ 为主运动，回转运动 C_f 和直线运动 Z_f 为进给运动。$\overline{C}_p$ 与 C_f 组成复合运动创成渐开线母线；直线运动 Z_f 创成直导线，用于加工直齿轮，若 Z_f 与 C_f 组成复合运动，则创成螺旋导线，用于加工斜齿轮；回转运动 B_a 为调整运动，用来调整刀具的安装角，使刀具与工件的齿向一致；直线运动 Y_a 为径向切入运动，当用径向进给法加工蜗轮时，Y_a 为径向进给运动；$\overline{Z}_a$ 为滚刀的轴向蹿刀运动，为调整运动，用来调整滚刀的轴向位置，当用切向进给法加工蜗轮时，$\overline{Z}_a$ 为切向进给运动。

8）图 2-4h 是采用齿轮式插齿刀加工直齿圆柱齿轮的插齿机床的运动原理图。刀具和工件相当于一对相互啮合的直齿圆柱齿轮，往复直线运动 Z_p 为主运动；回转运动 C_{f1}、C_{f2} 为进给运动，并组成复合运动，创成渐开线母线；直线运动 Y_a 为切入运动。

9）图 2-4i 是直齿锥齿轮刨齿机的运动原理图。刨刀的往复直线运动 Z_p 为主运动；回转运动 C_f（当量齿轮摇架回转）和 $\overline{C}_f$（工件回转）组成复合运动，产生展成运动；回转运动 $\overline{C}_a$ 为分度运动；直线运动 Z_a 为趋近与退离运动；回转运动 B_a 为调整运动，根据刀倾角进行调整，使刀具运动方向与工件齿根平行。

10）图 2-4j 是弧齿锥齿轮铣齿机的运动原理图。C_p 是铣刀盘的回转运动，为主运动，铣刀盘的切削刃为直线形，铣刀盘作回转运动时切削刃轨迹形成当量齿轮（平面齿轮或平顶齿轮）上的一个齿的齿廓面；C_f 为当量齿轮的往复摆动运动（即摇架的摆动），$\overline{C}_f$ 为工件的回转运动，C_f 和 $\overline{C}_f$ 复合组成展成运动；$\overline{C}_a$ 为工件的分度运动；Z_a 为趋近与退离运动；B_a 为调整运动，按工件的齿根角进行调整。铣刀盘一面进行回转运动 C_p，一面随摇架作摆动运动 C_f，摆动一次为一个行程，一个行程内完成一个齿的加工，行程终了，工件退离、分度，进行下一个齿的加工。

从以上的例子可以看出，掌握了机床运动原理图的原理和方法，可以对任何复杂原理的机床进行运动功能分析，它同时是一种运动功能设计的有用工具。

运动功能式和运动原理图表示机床的运动个数、形式（直线或回转运动）、功能（主运动、进给运动、非成形运动）及排列顺序。至于各个运动是如何驱动和传动的，哪个运动由工件一方完成，哪个运动由刀具一方完成，这些内容属于传动设计和结构方案设计的运动功能分配问题。

4. 运动功能分配设计

机床运动功能式（或运动原理图）描述了刀具与工件之间的相对运动，但基础支承件设在何处（即“接地”）尚未确定，即相对“地”来说，哪些运动由刀具一侧完成，哪些运动由工件一侧完成也还不清楚，所以首先是运动功能的分配问题。

运动功能分配设计是确定运动功能式中“接地”的位置，用符号“·”表示。符号“·”左侧的运动由工件完成，右侧的运动由刀具完成。机床的运动功能式中添加上接地符号“·”后，称之为运动分配式。一个运动功能方案，经过运动功能分配设计，可以得到多个运动分配式，如前例的铣床的运动功能式 $W/X_f, Z_f, Y_f, C_p/T$，其运动分配式有：

1）$W/\cdot X_f, Z_f, Y_f, C_p/T$。

2）$W/X_f\cdot Z_f, Y_f, C_p/T$。

3）$W/X_f, Z_f\cdot Y_f, C_p/T$。

4）W/X_f，Z_f，$Y_f \cdot C_p/T$。

上述每个运动分配式对应一个机床的总体布局形式，上述第 4 方案对应的机床总体布局形式是卧式升降台式铣床，第 2 方案则是卧式立柱移动式铣床。

众多的运动功能式经过评价筛选后，保留下的方案都可进行运动分配设计。然后对众多的运动分配式进行评价，选择其中合理的方案。通常依据“避重就轻”的原则进行评价，如工件尺寸和质量较大时，工件侧的运动数应尽量少，宜采用落地镗铣床的布局形式（第 1 方案）；反之，工件尺寸和质量相对刀具及刀架部件小时，刀具侧的运动应尽量小，如采用升降台铣床的布局形式（第 4 方案）。

5. 机床传动原理图

机床的运动原理图只表示运动的个数、形式、功能及排列顺序，不表示运动之间的传动关系。若将动力源与执行件、不同执行件之间的运动及传动关系同时表示出来，就是传动原理图。图 2-5 给出了传动原理图所用的主要图形符号及传动原理图例子。

图 2-5a、b 和 c 所示分别为合成机构、传递比可变的变速传动和传动比不变的定比传动的图形符号。图 2-5d 所示为车床的传动原理图，图 2-5e 所示为滚齿机的传动原理图。对机械传动的机床，u_v 表示主运动变速传动机构的传动比，u_f 表示进给运动变速传动机构的传动比，u_i 表示内联系传动系的传动比。图 2-5e 中，内联系 u_{i1} 实现刀具回转 n_1 与工件回转 n_2 组成展成运动；加工斜齿轮时，内联系 u_{i2} 使刀架垂直移动一个斜齿轮导程，工件附加转动一周。

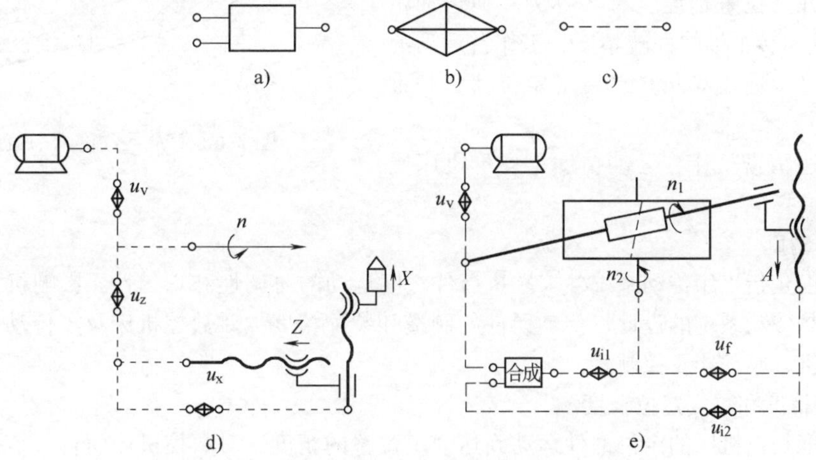

图 2-5　传动原理图的主要符号及传动原理图例子

a）合成机构　b）传动比可变的变速传动　c）传动比不变的定比传动
d）车床传动原理图　e）滚齿机传动原理图

数控机床通常不设变速机构 u_v 和 u_f，分别由主电动机（可采用变频电动机或交流伺服主电动机）和进给电动机（可采用步进电机或交流伺服电动机）进行变速。有严格运动关系的内联系传动系则是通过各运动轴之间的联动来实现的。因此数控机床的机械传动关系比较简单，可以不采用传动原理图来描述。

二、精度

各类机床按精度可分为普通精度级、精密级和超精密级。在设计阶段主要从机床的精度分配、元件及材料选择等方面来提高机床精度。

1. 几何精度

几何精度是指机床在空载条件下，在不运动（机床主轴不转或工作台不移动、不转动等情况下）或运动速度较低时机床主要独立部件的形状（直线度、平面度）、相互位置（平行度、垂直度、重合度、等距度、角度）、旋转（径向圆跳动、周期性轴向窜动、轴向圆跳动）和相对运动位移的精确程度。

以直线运动为例说明运动部件的位移偏差，ISO 230 给出运动部件的直线运动六项偏差，如图 2-6 所示，*Z* 轴运动部件的直线运动的六项偏差为：①运动方向上的位置偏差，*EZZ* 表示 *Z* 坐标运动部件在运动方向的位置偏差（在运动精度中用定位精度和重复定位精度描述）；②运动部件的两个线性偏差，*EXZ* 表示 *Z* 坐标运动部件在 *X* 方向的位置偏差，*EYZ* 表示 *Z* 坐标运动部件在 *Y* 方向的位置偏差；③运动部件的三个角度偏差，*ECZ* 表示 *Z* 坐标运动部件在 *C* 方向（绕 *Z* 轴）的角度偏差，*EBZ* 表示 *Z* 坐标运动部件在 *B* 方向（绕 *Y* 轴）的角度偏差，*EAZ* 表示 *Z* 坐标运动部件在 *A* 方向（绕 *X* 轴）的角度偏差。

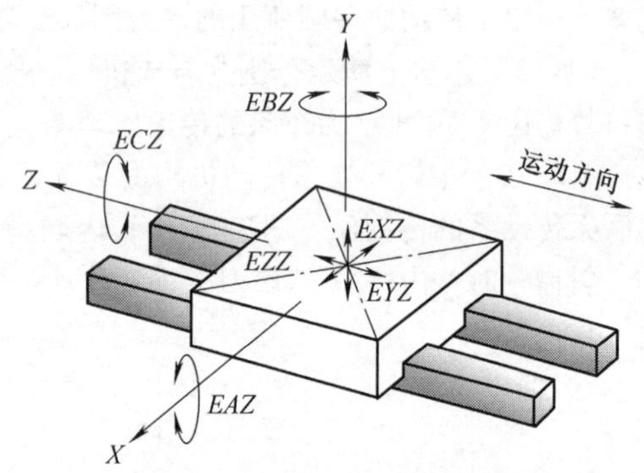

图 2-6 直线运动的六项偏差

几何精度直接影响被加工工件的精度，是评价机床质量的基本指标。它主要决定于结构设计、制造和装配质量。

2. 运动精度

运动精度是指机床空载并以工作速度运动时，执行部件的几何位置精度（又可称为几何运动精度）。如高速回转主轴的回转精度，工作台运动的位置及方向（单向、双向）精度（定位精度和重复定位精度）。

对于高速精密机床，运动精度是评价机床质量的一个重要指标。

3. 传动精度

传动精度是指机床传动系统各末端执行件之间运动的协调性和均匀性。影响机械传动精度的主要因素是传动系统的设计、传动元件的制造和装配精度。对数控机床及零传动而言，主要因素是电动机、驱动器及控制。

4. 定位精度和重复定位精度

定位精度是指机床的定位部件运动到达规定位置的精度，对数控机床而言，是指实际运动到达的位置与指令位置一致的程度。定位精度直接影响被加工工件的尺寸精度和几何精度。机床构件和进给控制系统的精度、刚度以及其动态特性等都将影响机床定位精度。

重复定位精度是指机床运动部件在相同条件下，用相同的方法重复定位时位置的一致程度。除了影响定位精度的因素之外，还受传动机构的反向间隙的影响。

5. 工作精度

加工规定的试件，用试件的加工精度表示机床的工作精度。工作精度是各种因素综合影响的结果，包括机床自身的精度、刚度、热变形和刀具、夹具及工件的刚度及热变形等。

6. 精度保持性

在规定的工作期间内，保持机床所要求的精度，称为精度保持性。影响精度保持性的主要因素是磨损。磨损的影响因素十分复杂，如结构设计、工艺、材料、热处理、润滑、防护、使用条件等。

三、刚度

机床刚度是指机床系统抵抗变形的能力，通常用下式表示：

$$K = \frac{F}{y}$$

式中 K——机床刚度（N/μm）；

F——作用在机床上的载荷（N）；

y——在载荷作用下，机床的变形（μm）。

作用在机床上的载荷有重力、夹紧力、切削力、传动力、摩擦力、冲击振动干扰力等。按照载荷的性质不同，可分为静载荷和动载荷。不随时间变化或变化极为缓慢的载荷称为静载荷，如重力、切削力的静力部分等。凡随时间变化的载荷如冲击振动力及切削力的交变部分等称为动态载荷。故机床刚度相应地分为静刚度及动刚度，后者是抗振性的一部分。习惯所说的刚度一般指静刚度。

机床是由众多的构件（零、部件）和柔性接合部组成，接合部的物理参数对机床的整机性能影响非常大，整机刚度的50%取决于接合部刚度，整机阻尼的50%～80%来自接合部阻尼。在载荷作用下各构件及接合部都要产生变形，这些变形直接或间接地引起刀具和工件之间的相对位移。这个位移的大小代表了机床的整机刚度。因此，机床整机刚度不能用某个零、部件的刚度评价，而是指整台机床在静载荷作用下，各构件及接合面抵抗变形的综合能力。显然，刀具和工件间的相对位移影响加工精度，同时静刚度对机床抗振性、生产率等均有影响。因此，在机床设计中对如何提高其刚度是十分重视的。国内外对结构刚度和接触刚度做了大量的研究工作。在设计中既要考虑提高各部件刚度，同时也要考虑接合部刚度及各部件间的刚度匹配。各个部件和接合部对机床整机刚度的贡献大小是不同的，设计中应进行刚度的合理分配或优化。

四、振动

机床抗振能力是指机床在交变载荷作用下，抵抗振动的能力。它包括两个方面：抵抗受迫振动的能力和抵抗自激振动的能力。习惯上称前者为抗振性，称后者为切削稳定性。

1. 受迫振动

受迫振动的振源可能来自机床内部，如高速回转零件的不平衡等，也可能来自机床之外。机床受迫振动的频率与振源激振力的频率相同，振幅和激振力大小与机床的刚度和阻尼比有关。当激振频率与机床的固有频率接近时，机床将呈现“共振”现象，使振幅激增，加工表面的表面粗糙度值也将大大增加。机床是由许多零部件及接合部组成的复杂振动系统，它属于多自由度系统，具有多个固有频率。在其中某一个固有频率下自由振动时，各点振幅的比值称为主振型。对应于最低固有频率的主振型称为一阶主振型，依次有二阶、三阶等各阶主振型。机床的振动乃是各阶主振型的合成。一般只需要考虑对机床性能影响最大的几个低阶振型，如整机摇摆、一阶弯曲、扭转等振型，即可较准确地表示机床实际的振动。

2. 自激振动

机床的自激振动是发生在刀具和工件之间的一种相对振动，它在切削过程中出现，由切削过程和机床结构动态特性之间的相互作用而产生的，其频率与机床系统的固有频率相接近。自激振动一旦出现，它的振幅由小到大增加很快。在一般情况下，切削用量增加，切削力越大，自激振动就越剧烈。但切削过程停止，振动立即消失。故自激振动也称为切削稳定性。

机床振动会降低加工精度、工件表面质量和刀具寿命，影响生产率并加速机床的损坏，而且会产生噪声，使操作者疲劳等。故提高机床抗振性是机床设计中一个重要课题。影响机床振动的主要原因有：

（1）机床的刚度　如构件的材料选择、截面形状、尺寸、肋板分布，接触表面的预紧力、表面粗糙度、加工方法、几何尺寸等。

（2）机床的阻尼特性　提高阻尼是减少振动的有效方法。机床结构的阻尼包括构件材料的内阻尼和部件接合部的阻尼。接合部阻尼往往占总阻尼的70%～90%，应从设计和工艺上提高接合部的刚度和阻尼。

（3）机床系统固有频率　若激振频率远离固有频率，将不出现共振。在设计阶段通过分析计算预测所设计机床的各阶固有频率是很必要的。

五、热变形

机床在工作时受到内部热源（如电动机、液压系统、机械摩擦副、切削热等）和外部热源（如环境温度、周围热源辐射等）的影响，使机床的温度高于环境温度，称之为温升。由于机床各部位的温升不同，不同材料的热膨胀系数不同，机床各部分材料产生的热膨胀量也就不同，导致机床床身、主轴和刀架等构件产生变形，称之为机床热变形。它不仅会破坏机床的原始几何精度，加快运动件的磨损，甚至会影响机床的正常运转。据统计，由于机床热变形而产生的加工误差最大可占全部误差的70%左右。特别对精密机床、大型机床、自动化机床、数控机床等，热变形的影响尤其不能忽视。

机床工作时一方面产生热量，另一方面又向周围发散热量，如果机床热源单位时间产生的热量一定，由于开始时机床的温度与周围环境温度的差别较小，发散出的热量少，机床温度升高较快。随着机床温度的升高，与环境温度的差数加大，发散出的热量随之增加，使机床温度的升高逐渐减慢。当达到某一温度时，单位时间内发热量等于发散出的热量，即达到了热平衡。这个过程所需的时间称为热平衡时间。在热平衡状态下，机床各部位的温度是不同的，热源处最高，远离热源处或散热较好的部位温度较低，这就形成了温度场。通常，温度场是用等温曲线来表示的。通过温度场可分析机床热源并了解其对热变形的影响。

在设计机床时应采取措施减少机床的热变形对加工精度的影响。可采用的措施如下：减少热源的发热量；将热源置于易散热的位置，或增加散热面积和采用强制冷却，使产生的热量尽量发散出去；采用热管等措施将温升较高部位的热量转移至温升较低部位，以减少机床各部位之间的温差，减少机床热变形；也可以采用温度自动控制、温度自动补偿及隔热等措施，改变机床的温度场，减少机床热变形，或使机床的热变形对加工精度的影响较小。

六、噪声

物体振动是声音产生的来源。机床工作时各种振动频率不同，振幅也不同，它们将产生不同频率和不同强度的声音。这些声音无规律地组合在一起就是噪声。随着现代机床切削速度的提高、功率的增大、自动化功能的增多，噪声污染问题也越来越严重。降低机床噪声，保护环境是设计机床时必须注意的问题。

声音的度量指标有客观和主观两种方法。

1. 客观度量

噪声的物理度量可用声压和声压级、声功率和声功率级、声强和声强级等来表示。以下以声压和声压级的表示方法为例说明。当声波在介质中传播，介质中的压力与静压的差值为声压，通常用p表示，其单位是Pa（N/m^2）。正常人人耳能听到的最小声压称为听阈，把听阈作为基准声压，用相对量的对数值来表示，称之为声压级 L_p(dB)。

$$L_p = 20\lg \frac{p}{p_0}$$

式中　p——被测声压（Pa）；

p_0——基准声压（Pa），其值等于 2×10^{-5}Pa。

2. 主观度量

人耳对声音的感觉不仅和声压有关，而且和频率有关。声压级相同而频率不同的声音听起来不一样。根据这一特征，人们引入将声压级和频率结合起来表示声音强弱的主观度量。有响度、响度级和声级等。

机床噪声源主要来自四个方面：

（1）机械噪声　如齿轮、滚动轴承及其他传动元件的振动、摩擦等。一般速度增加一倍，噪声增加 6dB。载荷增加一倍，噪声增加 3dB。故机床速度提高、功率加大都可能增加噪声污染。

（2）液压噪声　如泵、阀、管道等的液压冲击，气穴、湍流产生的噪声。

（3）电磁噪声　如电动机定子内磁致伸缩等产生的噪声。

（4）空气动力噪声　如电动机风扇、转子高速旋转对空气的搅动等产生的噪声。

七、低速运动平稳性

机床上有些运动部件，需要作低速或微小位移。当运动部件低速运动时，主动件匀速运动，被动件往往出现明显的速度不均匀的跳跃式运动，即时走时停或者时快时慢的现象。这种在低速运动时产生的运动不平稳性称为爬行。

机床运动部件产生爬行，会影响机床的定位精度、工件的加工精度和表面粗糙度。在精密、自动化及大型机床上，爬行的危害更大，它是评价机床质量的一个重要指标。

爬行是个很复杂的现象，它是因摩擦产生的自激振动现象。产生这一现象的主要原因是摩擦面上的摩擦因数随速度的增大而减小和传动系的刚度不足。以下以直线进给运动的爬行为例来说明。

将机床直线进给运动传动系简化为如图 2-7 所示的力学模型。图中 1 为主动件，3 为从动件。1、3 之间的传动系 2（包括齿轮、丝杠、螺母等）可简化为等效弹簧 K 和等效粘性阻尼器 C（可合称为复弹簧），从动件 3 在支承导轨 4 上沿直线移动，摩擦力 F 随着从动件 3 的速度变化而变化。当主动件 1 以匀速 v 低速移动时，压缩弹簧使从动件 3 受力，但由于从动件与导轨间的静摩擦力 $F_{静}$ 大于件 3 受的驱动力，件 3 静止不动，传动系 2 处于储能状态。随着件 1 的继续移动，传动系 2 储能增加，件 3 所受的驱动力越来越大，当驱动力大于静摩擦力时，件 3 开始移动，这时静摩擦转化为动摩擦，摩擦因数迅速下降。由于摩擦阻力的减小，件 3 的移动速度增大。随着件 3 移动速度的增大，动摩擦力更加降低，使件 3 的移动速度进一步加大。当件 3 的速度超过件 1 的速度 v 时，传动系 2 的弹

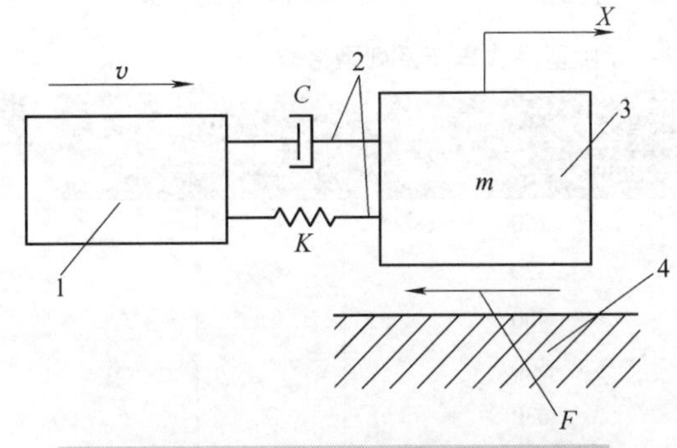

图 2-7　直线进给运动传动系的力学模型

1—主动件　2—传动系　3—从动件　4—支承导轨

簧压缩量减小，产生的驱动力随着减小。当驱动力减小到等于动摩擦力时，系统处于平衡状态。但是由于惯性，件3仍以高于件1的速度v移动，弹簧压缩量进一步减小，直到驱动力小于动摩擦力时，件3的加速度变为负值，移动速度减慢，动摩擦力增大，驱动力减小使其速度进一步下降。当驱动力和件3的惯性不足以克服摩擦力时，件3便停止运动。件1的移动重新开始压缩弹簧，上述过程重复发生就产生时走时停的爬行。

当摩擦面处在边界和混合摩擦状态时，摩擦因数的变化是非线性的。因此，在弹簧重新被压缩的过程中，在从动件3的速度尚未降至零时，弹簧力有可能大于动摩擦力，使件3的速度又再次增大，将出现时慢时快的爬行。

为防止爬行，在设计低速运动部件时，应减小静、动摩擦因数之差，提高传动机构的刚度和降低移动件的质量等。

第三节　金属切削机床总体设计

机床总体设计是机床设计中的关键环节，它对机床所能达到的技术性能和经济性起着决定性的作用。

一、机床系列型谱的制订

为满足国民经济不同部门对机床的要求，机床分成若干种类型，如通常所说的车、铣、刨、钻、磨、镗等11大类通用机床。每一类型机床又分为大小不同的几种规格。国家根据机床的生产和使用情况，在调查研究的基础上，规定了每一种通用机床的主参数系列。它是一个等比级数的数列。例如，中型卧式车床的主参数是可安装工件的最大回转直径，主参数系列中有250mm、320mm、400mm、500mm、630mm、800mm、1000mm七种规格，是公比为1.25的等比数列。其他各类机床的主参数参考国家标准GB/T 15375—2008《金属切削机床　型号编制方法》。

由于各机床用户需要的产品和规模不同，对机床性能和结构的要求也就不同，因此，同类机床甚至同一规格的机床，还需要有各种变型，以满足用户各种各样的需求。为了以最少的品种规格，满足尽可能多用户的不同需求，通常是按照该类机床的主参数标准，先确定一种用途最广、需要量较大的机床系列作为“基型系列”，在这一系列的基础上，根据用户的需求派生出若干种变型机床，形成“变型系列”。“基型”和“变型”构成了机床的“系列型谱”。表2-1列出了中型卧式车床系列型谱的大致内容。

表2-1　中型卧式车床系列型谱表

形式 最大工件直径/mm	万能式	马鞍式	提高精度	无丝杠式	卡盘式	球面加工	端面车床
250	○		△	△			
320	○		△	△			
400	○	△	△	△	△	△	
500	○	△		△	△	△	
630	○	△		△	△	△	
800	○	△		△	△	△	△
1000	○	△		△	△	△	△

注：○—基型，△—变型。

由表 2-1 可见，每类通用机床都有它的主参数系列，而每一规格又有基型和变型，合称为这类机床的系列和型谱。机床的主参数系列是系列型谱的纵向（按尺寸大小）发展，而同规格的各种变型机床则是系列型谱的横向发展，因此，“系列型谱”也就是综合地表明机床产品规格参数的系列性与结构相似性的表。

机床系列型谱的制订对机床工业的发展有很大好处，因为基型机床和变型机床之间大部分零部件是相同的（通用零件或通用部件），可以通用。同一系列中尺寸不同的机床，主要结构形式是相似的，一些零部件结构相似，因此部分零部件可以通用。采用系列型谱可以大大减少设计工作量，提高零部件的生产批量，缩短制造周期，降低成本，提高机床产品质量。

二、机床运动功能设置

机床运动功能设置的方法和步骤如下：

1. 工艺分析

首先对所设计的机床的工艺范围进行分析，对于通用机床，加工对象有多种类型的工件，可选择其中几种典型工件进行分析，然后选择适当的加工方法。同一种表面有多种加工方法可供选择，以圆柱表面加工为例，可采用图 2-2a、b、c、d 四种方法加工。

工件加工工序的集中与分散主要根据作业对象的批量来确定，大批量生产时，工序应分散，一台机床只完成一道或几道工序，机床的加工功能设置较少，以提高生产率、缩短制造周期及降低成本等。单件小批量生产时，工序应集中，一台机床可完成多道工序，甚至工件的全部工序集中在一台机床上进行，使工件的加工过程集约化，减少工件的安装定位次数，使得工件的安装定位误差减小；同时减少分工序加工所用的工装夹具数量，进而使得准备工装的时间及成本减小；减少因工序转换所需的等待、上下料及装夹等辅助时间，提高生产率；使物流系统缩短，大大减少加工系统的物流装备数目及占地面积。可完成多道不同工种工序的机床称为复合加工机床，如车铣复合加工机床、车磨复合加工机床等。图 2-8 所示的复合加工中心，由三个复

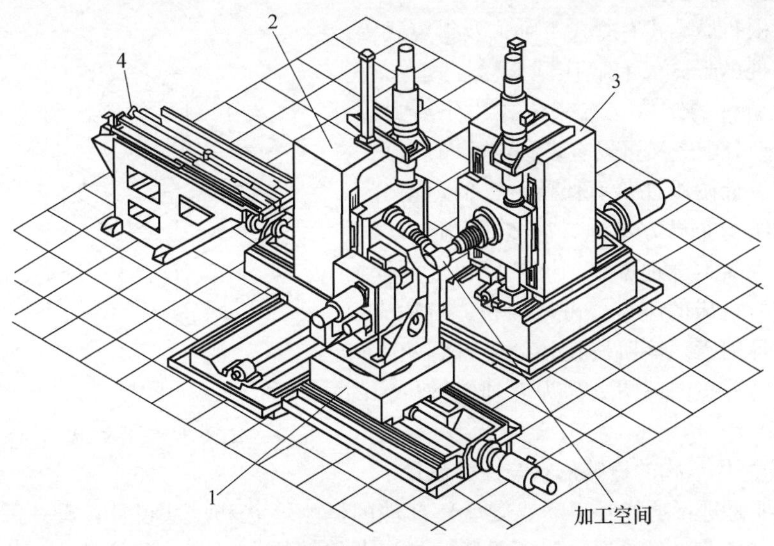

图 2-8　复合加工中心

1、2、3—复合模块　4—模块自动变换装置

合模块1、2、3和模块自动交换装置4组成，复合模块1主要夹持工件，复合模块2主要进行加工，复合模块3具有加工和夹持工件功能。同时具备镗铣加工中心和车削中心功能。复合模块2的主轴头模块可以与上下移动的滑台自动结合及分离，由自动交换装置进行主轴头交换。通过交换主轴头可以实现车削、铣削、平面磨削、外圆磨削、切齿等多种加工功能和淬火功能。

机床加工功能的增加，将使其结构复杂程度增加，制造难度、制造周期及制造成本增加。对于生产率，就机床本身而言，加工功能增加，可能会使生产率下降，但就机械制造系统（或工件的制造全过程）而言，机床加工功能的增加，将会减少作业对象的装卸次数，减少安装、搬运等辅助时间，会使总的生产率提高。

因此应根据可达到的生产率和加工精度、机床制造成本、操作维护方便程度等因素综合分析进行机床的工艺范围选择。

2. 机床运动功能设置

根据工艺范围分析和所确定的加工方法，进行机床运动功能设置，运动功能设置的方法有两类：

（1）分析式设计方法　参考现有同类型机床的运动功能，经过研究分析，提出所设计机床的运动功能设置方案，然后通过仿真分析评定其方案的可行性和优劣。

（2）解析式设计方法　采用创成式原理，采用解析法求出满足加工工艺范围和加工方法所要求的机床运动功能设置的所有可能方案，然后通过仿真分析评定其方案的可行性和优劣。

3. 写出机床的运动功能式，画出机床运动原理图

根据对所提出的运动功能方案的评定结果，选择和确定机床的运动功能配置，写出机床的运动功能式，画出机床运动原理图。

三、机床的总体结构方案设计

根据已确定的运动功能分配进行机床的结构布局设计。

（一）结构布局设计

机床的结构布局形式有立式、卧式及斜置式等；其中基础支承件的形式又有底座式、立柱式、龙门式等；基础支承件的结构又有一体式和分离式等。因此同一种运动分配式又可以有多种结构布局形式，这样运动分配设计阶段评价后保留下来的运动分配式方案的全部结构布局方案就有很多。因此需要再次进行评价，去除不合理方案。该阶段评价的依据主要是定性分析机床的刚度、占地面积、与物流系统的可接近性等因素。该阶段设计结果得到的是机床总体结构布局形态图，图2-9为五轴镗铣机床的结构布局形态图。

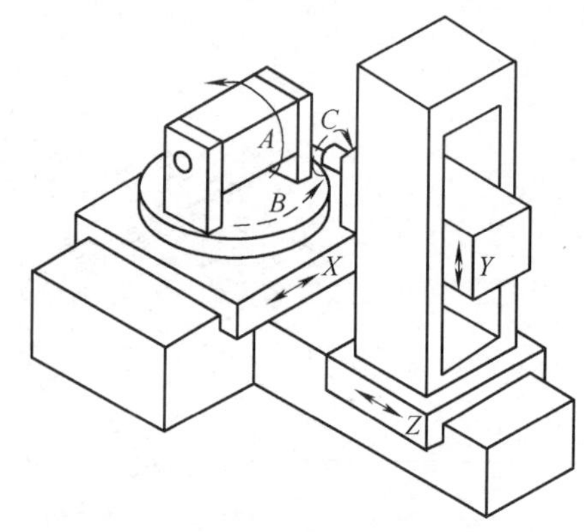

图2-9　机床结构布局形态图

（二）机床总体结构的概略形状与尺寸设计

该阶段主要是进行功能（运动或支承）部件的概略形状和尺寸设计，设计的主要依据是：机床总体结构布局设计阶段评价后所保留的机床总体结构布局形态图，驱动与传动设计结果，机床动力参数及加工空间尺寸参数，以及机床整机的刚度及精度分配。设计中在兼顾成本的同时应尽可能选择商品化的功能部件，以提高性能、缩短制造周期。其设计过程如下：

1）首先确定末端执行件的概略形状与尺寸。

2）设计末端执行件与其相邻的下一个功能部件的接合部的形式、概略尺寸。若为运动导轨接合部，则执行件一侧相当滑台，相邻部件一侧相当滑座，考虑导轨接合部的刚度及导向精度，选择并确定导轨的类型及尺寸。

3）根据导轨接合部的设计结果和该运动的行程尺寸，同时考虑部件的刚度要求，确定下一个功能部件（即滑台侧）的概略形状与尺寸。

4）重复上述过程，直到基础支承件（底座、立柱、床身等）设计完毕。

5）若要进行机床结构模块设计，则可将功能部件细分成子部件，根据制造厂的产品规划，进行模块提取与设置。

6）初步进行造型与色彩设计。

7）机床总体结构方案的综合评价。

上述设计完成后，得到的设计结果是机床总体结构方案图，如图 2-10 所示。然后对所得到的各个总体结构方案进行综合评价比较，评价的主要因素有：

1）性能。预测设计方案的刚度及精度。

2）制造成本。根据设计方案的结构复杂程度，制造装配难度，模块化及标准化程度，制造厂的制造条件等预估制造成本。

3）制造周期。根据与 2）大体相同的因素，预估制造周期。

4）生产率。

5）与物流系统的可接近性。

6）外观造型。

7）机床总体结构方案的设计修改与确定。根据综合评价，选择一两种较好的方案，进行方案的设计修改，完善或优化，确定方案。

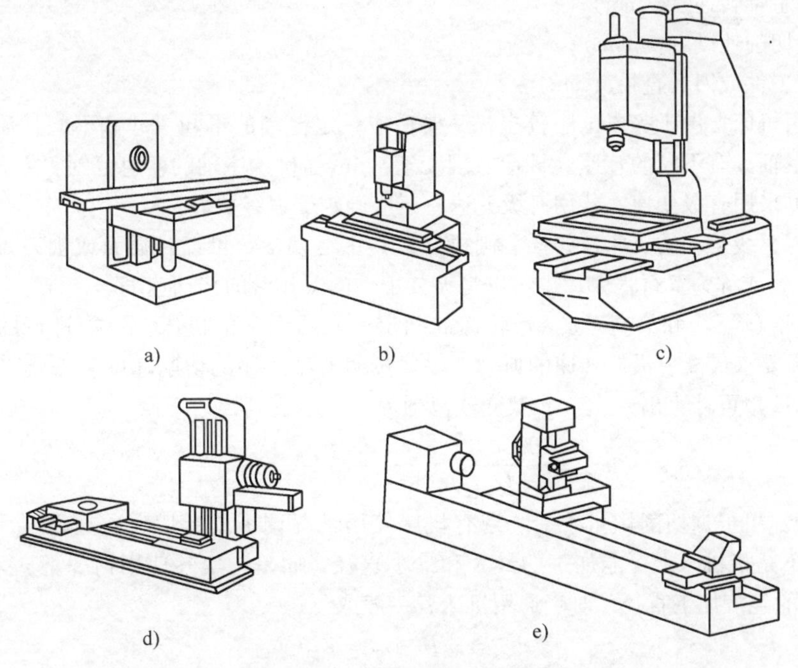

图 2-10　机床总体结构方案图

a）升降台铣床　b）立式铣床　c）立式铣床　d）卧式镗铣床　e）车削中心

四、机床主要参数的设计

机床的主要技术参数包括机床的主参数和基本参数，基本参数可包括尺寸参数、运动参数及动力参数。

(一) 主参数和尺寸参数

机床主参数是代表机床规格大小及反映机床最大工作能力的一种参数，为了更完整地表示出机床的工作能力和工作范围，有些机床还规定有第二主参数，参见国家标准《GB/T 15375—2008 金属切削机床　型号编制方法》。

通用机床的主参数和主参数系列国家已制定标准，设计时可根据市场的需求在主参数系列标准中选用相近的数值。专用机床的主参数是以加工零件或被加工面的尺寸参数来表示，一般也参照类似的通用机床主参数系列选取。

机床的尺寸参数是指机床的主要结构尺寸参数，通常包括：

1）与被加工零件有关的尺寸，如卧式车床最大加工工件长度，摇臂钻床的立柱外径与主轴之间的最大跨距等。

2）标准化工具或夹具的安装面尺寸，如卧式车床主轴锥孔及主轴前端尺寸。

(二) 运动参数

运动参数是指机床执行件如主轴、工件安装部件（工作台）的运动速度。

1. 主运动参数

主运动为回转运功的机床，如车床、铣床等，其主运动参数为主轴转速。主轴的转速可由下式计算

$$n=\frac{1000v}{\pi d}$$

式中　n——主轴转速（r/min）；

v——切削速度（m/min）；

d——工件或刀具直径（mm）。

对于通用机床，由于完成工序较多，又要适应一定范围的不同尺寸和不同材质零件的加工需要，要求主轴具有不同的转速（即应实现变速），故需确定主轴的变速范围。主运动可采用无级变速，也可采用有级变速。若用有级变速，还应确定变速级数。

主运动为直线运动的机床，如插、刨机床，其主运动参数可以是插刀或刨刀每分钟往复次数（次/min），或称为双行程数；也可以是夹装工件的工作台的移动速度。

（1）最低（n_{min}）和最高（n_{max}）转速的确定　对所设计的机床上可能进行的工序进行分析，从中选择要求最高、最低转速的典型工序。按照典型工序的切削速度和刀具（或工件）直径，由式（2-1）可计算出 n_{max}、n_{min}及变速范围 R_n。

$$n_{max}=\frac{1000v_{max}}{\pi d_{min}},\ n_{min}=\frac{1000v_{min}}{\pi d_{max}},\ R_n=\frac{n_{max}}{n_{min}} \tag{2-1}$$

其中，v_{max}、v_{min}可根据切削用量手册、现有机床使用情况调查或者切削试验确定，通用机床的 d_{max}和 d_{min}并不是指机床上可能加工的最大和最小直径，而是指实际使用情况下，采用 v_{max}（或 v_{min}）时常用的经济加工直径，对于通用机床，一般取

$$d_{max}=K_1D,\ d_{min}=K_2d_{max}$$

式中　D——机床能加工的最大直径（mm）；

K_1——系数；

K_2——计算直径范围。

根据对现有同类型机床使用情况的调查，如卧式车床 $K_1=0.5$，摇臂钻床 $K_1=1.0$，通常 $K_2=0.2\sim0.25$。

确定机床主轴的最高转速主要考虑以下两个因素：

1）机床主传动的类型。主运动的传动系统包括变速部分和传动部分，按照传动方式主运动传动系统可分为机械传动、机电结合传动和零传动三种形式。

机械传动形式主传动的变速部分和传动部分均采用机械方式。主电动机速度一定（或结合双速或三速电动机变速，但仍以机械变速为主），传统的普通机床主运动的传动系统采用这种形式。随着主电动机变速和控制技术的发展，这种传动系统在新产品设计中已较少使用，但目前普通机床在企业应用还不少。普通机械传动的机床，由于噪声和磨损等原因，一般主轴最高转速在2000r/min左右。

机电结合传动形式主传动的变速部分采用主电动机变速（或结合少量机械变速，但仍以主电动机变速为主），传动部分采用机械方式。主电动机采用交流伺服主电动机或交流变频主电动机。通过定比传动的带传动将主电动机运动传给主轴。这种传动系统在数控机床中用得比较多，已有机械主轴功能部件商品出售，主轴最高转速可达到5000~9000r/min。

零传动形式主传动的变速部分采用主电动机变速，没有传动部分，故称为主传动的零传动。主运动零传动采用的是电主轴，电主轴是将主电动机与主轴集成为一体，已有电主轴功能部件商品出售。这种传动系统在高速、精密数控机床中用得比较多，主轴最高转速可达到10000~150000r/min。

2）采用的刀具类型、材质和切削角度等。刀具的最大切削速度与其类型、材质和切削角度有直接的关系，如镶片车刀经过镀层后，精加工钢材时最大切削速度可从60~200m/min提高到200~520m/min。

随着主电动机技术、轴承技术及刀具技术的发展，数控机床的主轴转速越来越高，表2-2和表2-3分别给出了德国瓦尔特公司推荐的高速切削时的主轴最高转速。

表2-2　扩孔刀、精镗刀推荐的主轴最高转速

直径范围/mm	20~26	26~33	32~41	41~55	55~70	70~90	90~110	110~153	150~220	220~290	290~360	360~430	430~500	500~570
扩孔刀最高转速/r·min⁻¹	16000	12000	10000	7800	5800	4600	3700	2900	2100	1450	1100	900	750	650
精镗刀最高转速/r·min⁻¹	12000	10000	8100	6450	4850	3835	3090	2390	1440	1090	880	740	630	550

表2-3　铣刀推荐的主轴最高转速

直径/mm	25	32	40	50	63	80	100	125	160
最高转速/r·min⁻¹	40000	39900	35700	31900	28500	25200	22600	20200	17000

现以机械传动的 ϕ400mm 卧式车床为例，确定主轴的最高转速。根据分析，用硬度合金车刀对小直径钢材半精车外圆时，主轴转速为最高，参考切削用量资料，可取 $v_{max}=200$m/min，对

于通用车床 $K_1=0.5$，$K_2=0.25$，则

$$d_{max}=K_1D=0.5\times400\text{mm}=200\text{mm}$$

$$d_{min}=K_2d_{max}=0.25\times200\text{mm}=50\text{mm}$$

$$n_{max}=\frac{1000v_{max}}{\pi d_{min}}=\frac{1000\times200}{\pi\times50}\text{r/min}=1273\text{r/min}$$

通常用高速钢刀具，精车合金钢材料的梯形螺纹时主轴转速较低，取 $v_{min}=1.5\text{m/min}$，在 $\phi400$mm 卧式车床上加工丝杠最大直径为 40～50mm，则

$$n_{max}=\frac{1000\times1.5}{\pi\times50}\text{r/min}=9.55\text{r/min}$$

对于数控车床，主电动机采用交流伺服主电动机，主轴最高转速可取 5000r/min 左右。

实际使用中可能使用到 n_{max} 或 n_{min} 的典型工艺不一定只有一种可能，可以多选择几种工艺作为确定最低及最高转速的参考，同时考虑今后技术发展的储备，适当提高最高转速和降低最低转速。

（2）主轴转速的合理排列　确定了 n_{max} 和 n_{min} 之后，如主传动采用机械有级变速方式，应进行转速分级，即确定变速范围内的各级转速；如采用无级变速方式，有时也需用分级变速机构来扩大其无级变速范围。目前，多数机床主轴转速是按等比级数排列的，其公比用符号 φ 表示，转速级数用 Z 表示。则转速数列为

$$n_1=n_{min},\ n_2=n_{min}\varphi,\ n_3=n_{min}\varphi^2,\ \cdots,\ n_Z=n_{min}\varphi^{Z-1}$$

主轴转速数列采用等比级数排列的主要原因如下：如某一工序要求的合理转速为 n，但在 Z 级转速中没有这个转速，n 处于 n_j 和 n_{j+1} 之间，即 $n_j<n<n_{j+1}$。若采用比转速 n 高的 n_{j+1}，由于过高的切削速度会使刀具寿命下降。为了不降低刀具寿命，一般选用比转速 n 低的 n_j。这将造成（$n-n_j$）的转速损失，相对转速损失率为

$$A=\frac{n-n_j}{n}$$

在极端情况下，当 n 趋近于 n_{j+1} 时，如仍选用 n_j 为使用转速，产生的最大相对转速损失率为

$$A_{max}=\frac{n_{j+1}-n_j}{n_{j+1}}=1-\frac{n_j}{n_{j+1}}$$

在其他条件（直径、进给、背吃刀量）不变的情况下，转速的损失就反映了生产率的损失。对于各级转速选用机会基本相等的普通机床，为使总生产率损失最小，应使选择各级转速产生的 A_{max} 相同，即

$$A_{max}=1-\frac{n_j}{n_{j+1}}=\text{const}$$

或

$$\frac{n_j}{n_{j+1}}=\text{const}=\frac{1}{\varphi}$$

可见任意两级转速之间的关系应为

$$n_{j+1}=n_j\varphi$$

此外，应用等比级数排列的主轴转速，可借助于串联若干个滑移齿轮来实现。使变速传动系统简单并且设计计算方便。

在有的机床转速范围内，中间转速选用的机会多，最高和最低转速选用的机会较少，可采用两端公比大，中间公比小的混合公比转速数列。

（3）标准公比值 φ 和标准转速数列　标准公比的确定依据为如下原则：因为转速由 n_{min} 至

n_{max}必须递增，所以公比应大于1；为了限制转速损失的最大值A_{max}不大于50%，则相应的公比φ不得大于2，故$1<\varphi<2$；为了使用记忆方便，转速数列中转速呈10倍比关系，故φ应在$\varphi=\sqrt[E_1]{10}$（E_1是正整数）中取数；如采用多速电动机驱动，通常电动机转速为（3000/1500）r/min或（3000/1500/750）r/min，故φ也应在$\varphi=\sqrt[E_2]{2}$（E_2为正整数）中取数。

根据上述原则，可得标准公比，见表2-4。其中1.06、1.12、1.26同时是10和2的正整数次方，其余的只是10或2的正整数次方。

表2-4　标准公比φ

φ	1.06	1.12	1.26	1.41	1.58	1.78	2
$\sqrt[E_1]{10}$	$\sqrt[40]{10}$	$\sqrt[20]{10}$	$\sqrt[10]{10}$	$\sqrt[20/3]{10}$	$\sqrt[5]{10}$	$\sqrt[4]{10}$	$\sqrt[20/6]{10}$
$\sqrt[E_2]{2}$	$\sqrt[12]{10}$	$\sqrt[6]{2}$	$\sqrt[3]{2}$	$\sqrt{2}$	$\sqrt[3/2]{2}$	$\sqrt[6/5]{2}$	2
A_{max}	5.7%	11%	21%	29%	37%	44%	50%
与1.06关系	1.06^1	1.06^2	1.06^4	1.06^6	1.06^8	1.06^{10}	1.06^{12}

注意：此表不仅可用于转速、双行程数和进给量数列，而且可用于机床尺寸和功率参数等数列。对于无级变速系统，机床使用时也可参考上述标准数列，以获得合理的刀具寿命和生产率。

当采用标准公比后，转速数列可从表2-5中直接查出。表中给出了以1.06为公比的从1～15000的数列。如设计一台卧式车床$n_{min}=10$r/min，$n_{max}=1600$r/min，$\varphi=1.26$。查表2-5的方法是：因为$1.26=1.06^4$首先找到10，然后每跳过3个数（$1.26\approx1.06^4$）取一个数，即可得到公比为1.26的数列：10，12.5，16，20，25，31.5，40，50，63，80，100，125，160，200，250，315，400，500，630，800，1000，1250，1600。

表2-5　标准数列

1	2	4	8	16	31.5	63	125	250	500	1000	2000	4000	8000
1.06	2.12	4.25	8.5	17	33.5	67	132	265	530	1060	2120	4250	8500
1.12	2.24	4.5	9.0	18	35.5	71	140	280	560	1120	2240	4500	9000
1.18	2.36	4.75	9.5	19	37.5	75	150	300	600	1180	2360	4750	9500
1.25	2.5	5.0	10	20	40	80	160	315	630	1250	2500	5000	10000
1.32	2.65	5.3	10.6	21.2	42.5	85	170	335	670	1320	2650	5300	10600
1.4	2.8	5.6	11.2	22.4	45	90	180	355	710	1400	2800	5600	11200
1.5	3.0	6.0	11.8	23.6	47.5	95	190	375	750	1500	3000	6000	11800
1.6	3.15	6.3	12.5	25	50	100	200	400	800	1600	3150	6300	12500
1.7	3.35	6.7	13.2	26.5	53	106	212	425	850	1700	3350	6700	13200
1.8	3.55	7.1	14	28	56	112	224	450	900	1800	3550	7100	14100
1.9	3.75	7.5	15	30	60	118	236	475	950	1900	3750	7500	15000

(4) 公比 φ 的选用　由表2-4可见，φ 值小则相对转速损失小，但当变速范围一定时变速级数将增多，变速箱的结构复杂。对于通用机床，辅助时间和准备结束时间较长，机动时间在加工周期中占的比重不是很大，转速损失不会引起加工周期过多地延长，为了使机床变速箱结构不过于复杂，一般取 $\varphi=1.26$ 或 1.41 等较大的公比；对于大批、大量生产用的专用机床、专门化机床及自动机床，情况却相反，通常取 $\varphi=1.12$ 或 1.26 等较小的公比。由于此类机床不经常变速，可用交换齿轮变速，机床的结构不会因采用小公比而复杂化。对于非自动化小型机床，加工周期内切削时间远小于辅助时间，转速损失大些影响不大，常采用 $\varphi=1.58$、1.78 甚至 2 等更大的公比，以简化机床的结构。

(5) 变速范围 R_n，公比 φ 和级数 Z 之间的关系　由等比级数规律可知

$$R_n=\frac{n_{max}}{n_{min}}=\varphi^{Z-1}$$

则

$$\varphi=\sqrt[(Z-1)]{R_n}$$

两边取对数，可写成

$$\lg R_n=(Z-1)\lg\varphi$$

故

$$Z=\frac{\lg R_n}{\lg\varphi}+1 \tag{2-2}$$

式（2-2）给出了 R_n、φ、Z 三者的关系，已知其中的任意两个，可求出第三个。由公式求出的 φ 和 Z，其值都应圆整为标准数和整数。

2. 进给量的确定

数控机床中进给量广泛使用电动机无级变速，普通机床则既有机械无级变速方式，又有机械有级变速方式。采用有级变速方式时，进给量一般为等比级数，其确定方法与主轴转速的确定方法相同。首先根据工艺要求，确定最大、最小进给量 f_{max}、f_{min}，然后选择标准公比 φ_f 或进给量级数 Z_f，再由式（2-2）求出其他参数。但是，各种螺纹加工机床如螺纹车床、螺纹铣床等，因为被加工螺纹的导程是分段等差级数，故其进给量也只能按等差级数排列。利用棘轮机构实现进给的机床，如刨床、插床等，每次进给是拨动棘轮上整数个齿，其进给量也是按等差级数排列的。

3. 变速形式与驱动方式选择

机床的主运动和进给运动的变速方式有无级和有级两种形式。变速形式的选择主要考虑机床自动化程度和成本两个因素。数控机床一般采用伺服电动机无级变速形式，其他机床多采用机械有级变速形式或无级与有级变速的组合形式。机床运动的驱动方式常用的有电动机驱动和液压驱动，驱动方式的选择主要根据机床的变速形式和运动特性要求来确定。

前面已经介绍了主运动传动系统的机械传动、机电结合传动和零传动三种形式。进给运动系统也可分为机械传动、机电结合传动和零传动三种形式。三种形式的变速方式、传动方式及结构有很大的差别。

(1) 机械传动形式　变速部分和传动部分均采用机械方式。或用单独电动机驱动，或与主运动合用一个电动机。传统的普通机床进给运动的传动系统采用这种形式，随着电动机变速和控制技术的发展，这种传动系统在新产品设计中用的已经很少用。

(2) 机电结合传动形式　变速部分采用进给电动机变速（或结合少量机械变速，但仍以电动机变速为主），传动部分采用机械方式。进给电动机采用交流伺服电动机或直流伺服电动机或步进电动机。通过定比传动的同步带传动或齿轮传动将进给运动传给执行件。这种传动系统在

数控机床中用得比较多，并已有直线运动功能部件（直线运动组件）、回转运动功能部件（单轴回转工作台或主轴头、双轴回摆工作台或主轴头）商品出售。

（3）零传动形式　变速部分采用直线电动机、直接驱动电动机（简称直驱电动机或盘式电动机、力矩电动机）变速，没有传动部分，故称为进给零传动。直线电动机是将进给电动机与滑台集成为一体，用于直线进给运动系统；直驱电动机是将进给电动机与转台集成为一体，用于回转进给运动系统。这种传动系统在高速、精密数控机床中用得比较多。

（三）动力参数

动力参数包括机床驱动的各种电动机的功率或转矩。因为机床各传动件的结构参数（轴或丝杠直径、齿轮或蜗轮的模数，传动带的类型及根数等）都是根据动力参数设计计算的。如果动力参数取得过大，电动机经常处于低负荷情况，功率因数小，造成电力浪费，同时使传动件及相关零件尺寸设计得过大，浪费材料，且机床笨重；如果动力参数取得过小，机床达不到设计提出的使用性能要求。通常动力参数可通过调查类比法（或经验公式）、试验法或计算方法来确定。下面介绍确定动力参数的计算方法。

1. 主电动机功率的确定

机床主运动电动机的功率 $P_{主}$ 可由下式计算：

$$P_{主}=P_{切}+P_{空}+P_{辅} \tag{2-3}$$

式中　$P_{切}$——消耗于切削的功率，又称有效功率（kW）；

$P_{空}$——空载功率（kW）；

$P_{辅}$——随载荷增加的机械摩擦损耗功率（kW）。

（1）$P_{切}$ 的计算　计算公式如下：

$$P_{切}=\frac{F_z v}{60000} \tag{2-4}$$

式中　F_z——切削力（N），一般选择机床加工工艺范围内的重负荷时的切削力；

v——切削速度（m/min），即与所选择的切削力对应的切削速度，可根据刀具材料、工件材料和所选用的切削用量等条件，由切削用量手册查得。

对于专用机床，工况单一，而通用机床工况复杂，切削用量等变化范围大，计算时可根据机床工艺范围内的重切削工况，或参考机床验收时负荷试验规定的切削用量来确定计算工况。

（2）$P_{空}$ 的计算　机床主运动空转时由于传动件摩擦、搅油、空气阻力等原因电动机要消耗一部分功率，其值随传动件转速增大而增加，与传动件预紧程度及装配质量有关。中型机床主传动系空载功率损失可由下列实验公式估算：

$$P_{空}=\frac{Kd_{平均}}{955000}\left(\sum n_i+Cn_{主}\right) \tag{2-5}$$

$$C=C_1\frac{d_{主}}{d_{平均}}$$

式中　$d_{平均}$——主运动系统中除主轴外所有传动轴轴颈的平均直径（cm），通常可按预计的主电动机功率计算

$$1.5<P_{主}\leqslant 2.5\text{kW}\quad d_{平均}=3.0\text{cm}$$
$$2.5<P_{主}\leqslant 7.5\text{kW}\quad d_{平均}=3.5\text{cm}$$
$$7.5<P_{主}\leqslant 14\text{kW}\quad d_{平均}=4.0\text{cm}$$

$n_{主}$——主轴转速（r/min）；

$\sum n_i$——当主轴转速为 $n_{主}$ 时，传动系内除主轴外各传动轴的转速之和（r/min）；

K——润滑油粘度影响系数，$K=30\sim50$，粘度大时取大值；

$d_{主}$——主轴前后轴颈的平均值（cm）；

C_1——主轴轴承系数。两支承主轴 $C_1=2.5$，三支承主轴 $C_1=3$。

（3）$P_{辅}$ 的计算　机床切削时，随着切削力的增大，主传动系内各传动副的摩擦损耗功率也将增加，设 $\eta_{机}=\eta_1\eta_2\cdots$，其中 η_1，η_2，…为主传动系统中各传动副的机械效率（详见《机械设计手册》）。$P_{辅}$ 可由下式计算：

$$P_{辅}=\frac{P_{切}}{\eta_{机}}-P_{切}$$

代入式（2-3），主运动电动机的功率为

$$P_{主}=\frac{P_{切}}{\eta_{机}}+P_{空} \tag{2-6}$$

当机床结构尚未确定时，应用式（2-6）计算有一定困难，可用下式粗略估算主电动机功率：

$$P_{主}=\frac{P_{切}}{\eta_{床}} \tag{2-7}$$

其中，$\eta_{床}$为机床总机械效率。主运动为回转运动时，通常 $\eta_{床}=0.7\sim0.85$；主运动为直线运动时，$\eta_{床}=0.6\sim0.7$。

故按式（2-6）、式（2-7）计算的 $P_{主}$ 是指电动机在允许的范围内超载时的功率。对于有些间断地工作的机床，允许电动机在短时间内较大地超载工作，电动机的额定功率可按下式进行修正：

$$P_{额定}=\frac{P_{主}}{K} \tag{2-8}$$

式中　$P_{额定}$——选用电动机的额定功率（kW）；

$P_{主}$——计算出的电动机功率（kW）；

K——电动机的超载系数，对连续工作的机床 $K=1$；对间断工作的机床，$K=1.1\sim1.25$，间断时间长，取较大值。

2. 进给驱动电动机功率或转矩的确定

机床进给运动驱动源可分成如下几种情况：

1）进给运动与主运动合用一个电动机，如普通卧式车床、钻床等。进给运动消耗的功率远小于主传动功率。统计结果，卧式车床的进给功率 $P_{进}=(0.03\sim0.04)P_{主}$，钻床的 $P_{进}=(0.04\sim0.05)P_{主}$，铣床的 $P_{进}=(0.15\sim0.20)P_{主}$。

2）进给运动系内工作进给与快速进给合用一个电动机。由于快速进给所需功率远大于工作进给的功率，且两者不同时工作，所以不必单独考虑工作进给所需功率。

3）进给运动采用单独电动机驱动。需要确定进给运动所需功率（或转矩）。对普通交流电动机，进给电动机功率 $P_{进}$（kW）可由下式计算：

$$P_{进}=\frac{Qv_{进}}{60000\eta_{进}} \tag{2-9}$$

式中　Q——进给牵引力（N）；

$v_{进}$——进给速度（m/min）；

$\eta_{进}$——进给传动系的机械效率。

进给牵引力等于进给方向上切削分力和摩擦力之和，进给牵引力估算公式的例子见表2-6。

表 2-6　进给牵引力计算

导轨形式 \ 进给形式	水平进给	垂直进给
三角形或三角形与矩形组合导轨	$KF_Z+f'(F_X+F_G)$	$K(F_Z+F_G)+f'F_X$
矩形导轨	$KF_Z+f'(F_X+F_Y+F_G)$	$K(F_Z+F_G)+f'(F_X+F_Y)$
燕尾形导轨	$KF_Z+f'(F_X+2F_Y+F_G)$	$K(F_Z+F_G)+f'(F_X+2F_Y)$
钻床主轴		$F_Q\approx F_f+f\dfrac{2T}{d}$

表中　F_G——移动件的重力（N）。

F_Z、F_X、F_Y——局部坐标系内，切削力在进给方向、垂直于导轨面方向、导轨的侧方向的分力（N）。

F_f——钻削进给抗力（N）。

f'——当量摩擦因数。在正常润滑条件下，铸铁对铸铁的三角形导轨的$f'=0.17\sim0.18$，矩形导轨的$f'=0.12\sim0.13$，燕尾形导轨的$f'=0.2$；铸铁对塑料的$f'=0.03\sim0.05$；滚动导轨的$f'=0.01$左右。

f——钻床主轴套筒的摩擦因数。

K——考虑颠覆力矩影响的系数：三角形和矩形导轨的$K=0.1\sim1.15$；燕尾形导轨的$K=1.4$。

d——主轴直径（mm）。

T——主轴的转矩（N·mm）。

对于数控机床的进给运动，伺服电动机按扭矩选择

$$T_{进电}=\frac{9550P_{进}}{n_{进电}} \tag{2-10}$$

式中　$T_{进电}$——进给电动机的额定转矩（N·m）；

$n_{进电}$——进给电动机的额定转速（r/min）。

数控机床一般采用滚动导轨或树脂导轨。

3. 快速运动电动机功率的确定

快速运动电动机起动时消耗的功率最大，要同时克服移动件的惯性力和摩擦力，可按下式计算：

$$P_{快}=P_{惯}+P_{摩} \tag{2-11}$$

式中　$P_{快}$——快速电动机的功率（kW）；

$P_{惯}$——克服惯性力所需的功率（kW）；

$P_{摩}$——克服摩擦力所需的功率（kW）。

$$P_{惯}=\frac{M_{惯}n}{9550\eta} \tag{2-12}$$

式中　$M_{惯}$——为克服惯性力所需电动机轴上的转矩（N·m）；

n——电动机的转速（r/min）；

η——传动件的机械效率。

$$M_{惯}=J\frac{\omega}{t} \tag{2-13}$$

式中　J——转化到电动机轴上的当量转动惯量（kg·m^2）；

ω——电动机转子的角速度（rad/s）；

t——电动机的起动时间（s），对于中型机床，$t=0.5\mathrm{s}$，对于大型机床，$t=1.0\mathrm{s}$。

各运动部件折算到电动机轴上的转动惯量为

$$J=\sum_k J_k\left(\frac{\omega_k}{\omega}\right)^2+\sum_i m_i\left(\frac{v_i}{\omega}\right)^2$$

$$J_k=\frac{1}{2}m_k R_k^2=\frac{\pi\rho_k l_k D_k^4}{32}$$

式中　ω_k——第 k 个旋转件的角转速（rad/s）；

m_i——第 i 个直线移动件的质量（kg）；

v_i——第 i 个直线移动件的速度（m/s）；

J_k——第 k 个旋转件的转动惯量（$\mathrm{kg\cdot m^2}$）；

m_k——第 k 个旋转件的质量（kg）；

R_k、D_k——第 k 个旋转件的半径和直径（m）；

ρ_k——第 k 个旋转件的材料密度（$\mathrm{kg/m^3}$）；

l_k——第 k 个旋转件的长度（m）。

绕其轴线旋转的圆柱体的转动惯量 J_k 可以用上式计算，其他情况的旋转物体的转动惯量可由 CAD 软件根据图形获得。克服摩擦力所需的功率计算可参考进给运动。

应该指出的是：交流异步电动机的起动转矩约为满载时额定转矩的 1.6～1.8 倍；工作时又允许短时间超载，最大转矩可达额定转矩的 1.8～2.2 倍。快速传动仅在起动过程中需要同时克服惯性力和摩擦力，需要的 $P_{惯}$ 较大，当运动部件达到正常速度时即消失，只需克服摩擦力，需要的 $P_{惯}$ 大幅度减少。考虑到快速行程的起动时间又很短，因此可以用由式（2-11）计算出来的 $P_{快}$ 和电动机转速 $n_{电}$ 求出的转矩作为电动机的起动转矩来选择电动机，这样选出来的电动机的额定功率可小于式（2-11）计算结果。

一般普通机床的快速电动机功率和快速运动速度可参考表 2-7 选择。数控机床的快速运动速度为 10～40m/min。

表 2-7　机床部件空程速度和功率

机床类型	主参数/mm	移动部件	速度/$\mathrm{m\cdot min^{-1}}$	功率/kW
卧式车床	床身上最大回转直径 400 630～800 1000 2000	溜板箱	3～5 4 3～4 3	0.25～0.5 1.1 1.5 4
立式车床	最大车削直径 单柱 1250～1600 双柱 2000～3150 5000～10000	横梁	0.44 0.35 0.3～0.37	2.2 7.5 17
摇臂钻床	最大钻孔直径 25～35 40～50 75～100 125	摇臂	1.28 0.9～1.4 0.6 1.0	0.8 1.1～2.2 3 7.5
卧式镗床	主轴直径 63～75 85～110 126 200	主轴箱和工作台	2.8～3.2 2.5 2.0 0.8	1.5～2.2 2.2～2.8 4 7.5

（续）

机床类型	主参数/mm	移动部件	速度/m·min^{-1}	功率/kW
升降台式铣床	工作台工作面宽度 200 250 320 400	工作台和升降台	2.4～2.8 2.5～2.9 2.3 2.3～2.8	0.6 0.6～1.7 1.5～2.2 2.2～3
龙门铣床	工作台工作面宽度 800～1000	横梁 工作台	0.65 2.0～3.2	5.5 4
龙门刨床	最大刨削宽度 1000～1250 1250～1600 2000～2500	横梁	0.57 0.57～0.9 0.42～0.6	3.0 3～5.5 7.5～10

第四节　主传动系设计

一、主传动系设计应满足的基本要求

机床主传动系因机床的类型、性能、规格尺寸等因素的不同，应满足的要求也不一样。设计机床主传动系时最基本的原则就是以最经济、合理的方式满足既定的要求。在设计时应结合具体机床进行具体分析。一般应满足下述基本要求：

1）满足机床使用性能要求。首先应满足机床的运动特性，如机床的主轴有足够的转速范围和转速级数（对于主传动为直线运动的机床，则有足够的每分钟双行程数范围及变速级数）。传动系设计合理，操纵方便灵活、迅速、安全可靠等。

2）满足机床传递动力要求。主电动机和传动机构能提供和传递足够的功率和转矩，具有较高的传动效率。

3）满足机床工作性能的要求。主传动中所有零部件要有足够的刚度、精度和抗振性，热变形特性稳定。

4）满足产品设计经济性的要求。传动链尽可能简短，零件数目要少，以便节省材料，降低成本。

5）调整维修方便，结构简单、合理，便于加工和装配。防护性能好，使用寿命长。

二、主传动系分类和传动方式

主传动系一般由动力源（如电动机）、变速装置及执行件（如主轴、刀架、工作台），以及开停、换向和制动机构等部分组成。动力源给执行件提供动力，并使其得到一定的运动速度和方向；变速装置传递动力以及变换运动速度；执行件执行机床所需的运动，完成旋转或直线运动。

（一）主传动系分类

主传动系可按不同的特征来分类：

1）按驱动主传动的电动机类型可分为交流电动机驱动和直流电动机驱动。交流电动机驱动中又可分单速交流电动机驱动或调速交流电动机驱动。调速交流电动机驱动又有多速交流电动机驱动和无级调速交流电动机驱动。无级调速交流电动机通常采用变频调速的原理。

2）按传动装置类型可分为机械传动装置、液压传动装置、电气传动装置以及它们的组合。

3）按变速的连续性可以分为分级变速传动和无级变速传动。

分级变速传动在一定的变速范围内只能得到某些转速，变速级数一般不超过20～30级。分级变速传动方式有滑移齿轮变速、交换齿轮变速和离合器（如摩擦、牙嵌、齿轮式离合器）变速。因它传递功率较大，变速范围广，传动比准确，工作可靠，广泛地应用于通用机床，尤其是中小型通用机床中。缺点是有速度损失，不能在运转中进行变速。

无级变速传动可以在一定的变速范围内连续改变转速，以便得到最有利的切削速度；能在运转中变速，便于实现变速自动化；能在负载下变速，便于车削大端面时保持恒定的切削速度，以提高生产率和加工质量。无级变速传动可由机械摩擦无级变速器、液压无级变速器和电气无级变速器实现。机械摩擦无级变速器结构简单，使用可靠，常用在中小型车床、铣床等主传动中。液压无级变速器传动平稳，运动换向冲击小，易于实现直线运动，常用于主运动为直线运动的机床，如磨床、拉床、刨床等机床的主传动中。电气无级变速器有直流电动机或交流调速电动机两种，由于可以大大简化机械结构，便于实现自动变速、连续变速和负载下变速，应用越来越广泛，尤其在数控机床上目前几乎全都采用电气变速。

数控机床和大型机床中，有时为了在变速范围内，满足一定恒功率和恒转矩的要求，或为了进一步扩大变速范围，常在无级变速器后面串接机械分级变速装置。

（二）主传动系的传动方式

主传动系的传动方式主要有两种：集中传动方式和分离传动方式。

1. 集中传动方式

主传动系的全部传动和变速机构集中装在同一个主轴箱内，称为集中传动方式。通用机床中多数机床的主变速传动系都采用这种方式，如图2-11所示的铣床主变速传动系。铣床利用立式床身作为变速箱体，所有的传动和变速机构都装在床身中。其特点是结构紧凑，便于实现集中操作，安装调整方便。缺点是这些高速运转的传动件在运转过程中所产生的振动，将直接影响主轴的运转平稳性；传动件所产生的热量，会使主轴产生热变形，使主轴回转轴线偏离正确位置而直接影响加工精度。这种传动方式适用于普通精度的大中型机床。

2. 分离传动方式

主传动系中的大部分的传动和变速机构装在远离主轴的单独变速箱中，然后通过带传动将运动传到主轴箱的传动方式，称为分离传动方式。如图2-12所示，主轴箱中只装有主轴组件和背轮机构。其特点是变速箱各传动件所产生的振动和热量不能直接传给或少传给主轴，从而减少主轴的振动和热变形，有利于提高机床的工作精度。在分离传动式的主轴箱中采用的背轮机构，如图中27/63×17/58齿轮传动的作用是：当主轴作高速运转时，运动由传动带经齿轮离合器直接传动，主轴传动链短，使主轴在高速运转时比较平稳，空载损失小；当主轴需作低速运转时，运动则由带轮经背轮机构的两对降速齿轮传动，转速显著降低，达到扩大变速范围的目的。

三、分级变速主传动系的设计

分级变速主传动系设计的内容和步骤如下：根据已确定的主变速传动系的运动参数，拟定结构式、转速图，合理分配各变速组中各传动副的传动比，确定齿轮齿数和带轮直径等，绘制主变速传动系图。

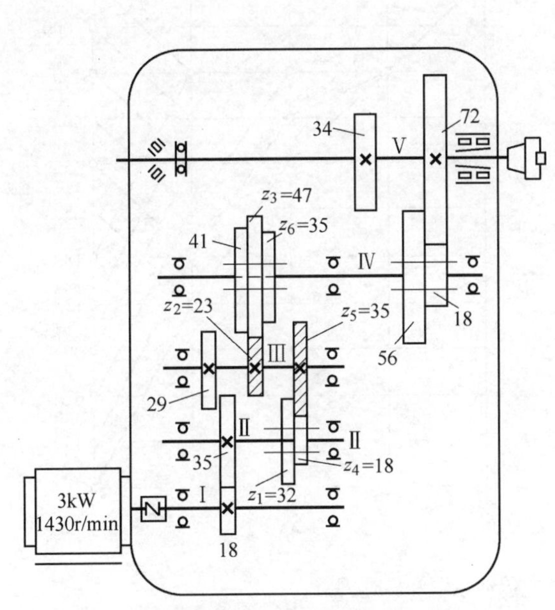

图 2-11　铣床主变速传动系图

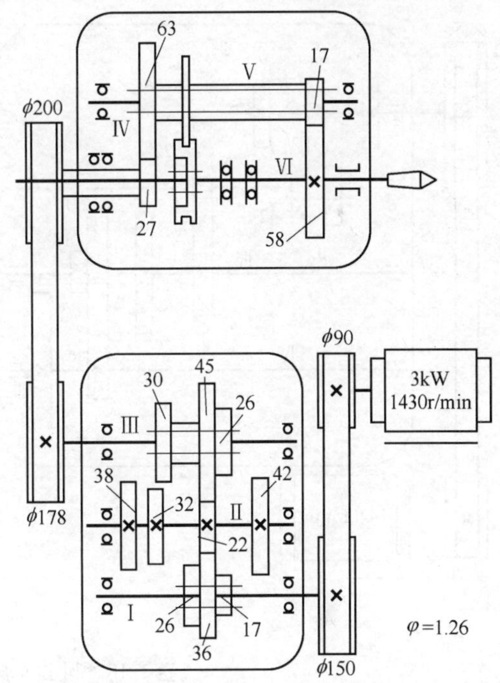

图 2-12　分离传动主变速传动系图

(一) 拟定转速图和结构式

1. 转速图

在设计和分析分级变速主传动系时，用到的工具是转速图。在转速图中可以表示出传动轴的数目，传动轴之间的传动关系，主轴的各级转速值及其传动路线，各传动轴的转速分级和转速值，各传动副的传动比等。设有一中型卧式车床，其变速传动系图如图 2-13a 所示，图 2-13b 是它的转速图。

转速图是由一些互相平行和垂直的格线组成的。其中，距离相等的一组竖线代表各轴，轴号写在上面，从左向右依次标注“电”、Ⅰ、Ⅱ、Ⅲ、Ⅳ等，分别表示电动机轴、Ⅰ轴、Ⅱ轴、Ⅲ轴、Ⅳ轴，Ⅳ轴即为主轴。竖线间的距离不代表各轴间的实际中心距。

距离相等的一组水平线代表各级转速，与各竖线的交点代表各轴的转速。由于分级变速机构的转速是按等比级数排列的，如竖线是对数坐标，则相邻水平线的距离是相等的，表示的转速之比是等比级数的公比 φ，本例 $\varphi=1.41$。转速图中的小圆圈表示该轴具有的转速，称为转速点。如在Ⅳ轴（主轴）上有 12 个小圆圈，即 12 个转速点，表示主轴具有 12 级转速，从 31.5r/min 至 1400r/min，相邻转速的比是 φ。

传动轴格线间转速点的连线称为传动线，表示两轴间一对传动副的传动比 u，用主动齿轮与从动齿轮的齿数比或主动带轮与从动带轮的轮径比表示。传动比 u 与速比 i 互为倒数关系，即 $u=1/i$。若传动线是水平的，表示等速传动，传动比 $u=1$；若传动线向右下方倾斜，表示降速传动，传动比 $u<1$；若传动线向右上方倾斜，表示升速传动，传动比 $u>1$。

如本例中，电动机轴与Ⅰ轴之间为传动带定比传动，其传动比为

$$u=126/256\approx1/2=1/1.41^2=1/\varphi^2$$

是降速传动，传动线向右下方倾斜两格。Ⅰ轴的转速为

$$n_1=1440\text{r/min}\times126/256=710\text{r/min}$$

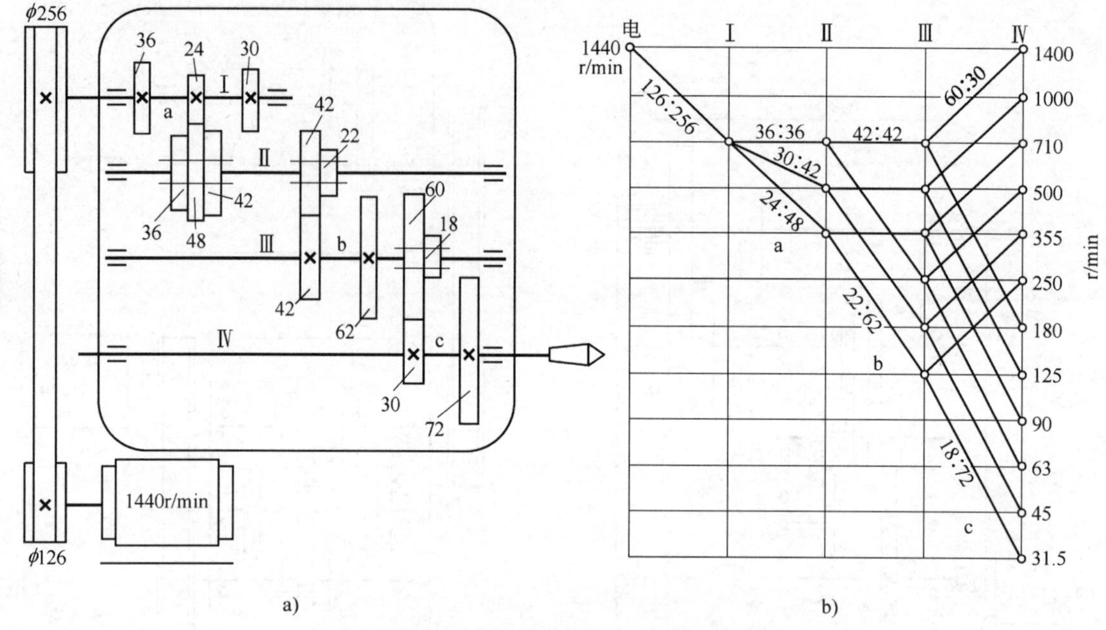

图2-13　卧式车床主变速传动系图和转速图

a）变速传动系图　b）转速图

轴Ⅰ—Ⅱ间的变速组a有三个传动副，其传动比分别为

$$u_{a1}=36/36=1/1=1/\varphi^0$$

$$u_{a2}=30/42=1/1.41=1/\varphi$$

$$u_{a3}=24/48=1/2=1/\varphi^2$$

在转速图上轴Ⅰ—Ⅱ之间有三条传动线，分别为水平、向右下方降一格、向右方下降两格。

轴Ⅱ—Ⅲ轴间的变速组b有两个传动副，其传动比分别为

$$u_{b1}=42/42=1/1=1/\varphi^0$$

$$u_{b2}=22/62=1/2.82=1/\varphi^3$$

在转速图上，Ⅱ轴的每一转速都有两条传动线与Ⅲ轴相连，分别为水平和向右下方降三格。由于Ⅱ轴有三种转速，每种转速都通过两条线与Ⅲ轴相连，故Ⅲ轴共得到 $3\times2=6$ 种转速。连线中的平行线代表同一传动比。

Ⅲ—Ⅳ轴之间的变速组c也有两个传动副，其传动比分别为

$$u_{c1}=60/30=2/1=\varphi^2/1$$

$$u_{c2}=18/72=1/4=1/\varphi^4$$

在转速图上，Ⅲ轴上的每一级转速都有两条传动线与Ⅳ轴相连，分别为向右上方升两格和向右下方降四格。故Ⅳ轴的转速共为 $3\times2\times2=12$ 级。

2. 结构式

设计分级变速主传动系时，为了便于分析和比较不同传动设计方案，常使用结构式形式，如 $12=3_1\times2_3\times2_6$。式中，12表示主轴的转速级数为12级，3、2、2分别表示按传动顺序排列各变速组的传动副数，即该变速传动系由a、b、c三个变速组组成，其中，a变速组的传动副数为3，b变速组的传动副数为2，c变速组的传动副数为2。结构式中的下标1、3、6，分别表示出各变速组的级比指数。

变速组的级比是指主动轴上同一点传往从动轴相邻两传动线的比值，用φ^{x_i}表示。级比φ^{x_i}中的指数X_i值称为级比指数，它相当于由上述相邻两传动线与从动轴交点之间相距的格数。

设计时要使主轴转速为连续的等比数列，必须有一个变速组的级比指数为1，此变速组称为基本组。基本组的级比指数用X_0表示，即$X_0=1$，如本例的（3_1）即为基本组。后面变速组因起变速扩大作用，所以统称为扩大组。第一扩大组的级比指数X_1一般等于基本组的传动副数P_0，即$X_1=P_0$。如本例中基本组的传动副数$P_0=3$，变速组b为第一扩大组，其级比指数为$X_1=3$。经扩大后，Ⅲ轴得到$3\times2=6$种转速。

第二扩大组的作用是将第一扩大组扩大的变速范围第二次扩大，其级比指数X_2等于基本组的传动副数和第一扩大组传动副数的乘积，即$X_2=P_0P_1$。本例中的变速组c为第二扩大组，级比指数$X_2=P_0P_1=3\times2=6$，经扩大后使Ⅳ轴得到$3\times2\times2=12$种转速。如有更多的变速组，则依次类推。

图示方案是传动顺序和扩大顺序相一致的情况，若将基本组和各扩大组采取不同的传动顺序，还有许多方案。例如，$12=3_2\times2_1\times2_6$，$12=2_3\times3_1\times2_6$等。

综上所述，我们可以看出结构式简单、直观，能清楚地显示出变速传动系中主轴转速级数Z，各变速组的传动顺序，传动副数P_i和各变速组的级比指数X_i，其一般表达式为

$$Z=(P_a)x_a\times(P_b)x_b\times(P_c)x_c\times\cdots\times(P_i)x_i$$

（二）各变速组的变速范围及极限传动比

变速组中最大与最小传动比的比值，称为该变速组的变速范围。即

$$R_i=(u_{max})_i/(u_{min})_i \quad (i=0,1,2,\cdots,j)$$

在本例中，基本组的变速范围

$$R_0=u_{a1}/u_{a3}=1/\varphi^{-2}=\varphi^2=\varphi^{X_0(P_0-1)}$$

第一扩大组的变速范围

$$R_1=u_{b1}/u_{b2}=1/\varphi^{-3}=\varphi^3=\varphi^{X_1(P_1-1)}$$

第二扩大组的变速范围

$$R_2=u_{c1}/u_{c2}=\varphi^2/\varphi^{-4}=\varphi^6=\varphi^{X_2(P_2-1)}$$

由此可见，变速组的变速范围一般可写为

$$R_i=\varphi^{X_i(P_i-1)} \tag{2-14}$$

其中，$i=0,1,2,\cdots,j$，依次表示基本组、1，2，…，j扩大组。

由式（2-14）可见，变速组的变速范围R_i值中φ的指数$X_i(P_i-1)$，就是变速组中最大传动比的传动线与最小传动比的传动线所拉开的格数。

设计机床主变速传动系时，为避免从动齿轮尺寸过大而增加箱体的径向尺寸，一般限制降速最小传动比$u_{主min}\geqslant1/4$；为避免扩大传动误差，减少振动噪声，一般限制直齿圆柱齿轮的最大升速比$u_{主max}\leqslant2$，斜齿圆柱齿轮传动较平稳，可取$u_{主max}\leqslant2.5$。因此，各变速组的变速范围相应受到限制：主传动各变速组的最大变速范围为$R_{主max}=u_{主max}/u_{主min}\leqslant(2\sim2.5)/0.25=8\sim10$；对于进给传动链，由于转速通常较低，传动功率较小，零件尺寸也较小，上述限制可放宽为$u_{进max}\leqslant2.8$，$u_{进min}\geqslant1/5$，故$R_{进max}\leqslant14$。

主轴的变速范围应等于主变速传动系中各变速组变速范围的乘积，即

$$R_n=R_0R_1R_2\cdots R_j$$

检查变速组的变速范围是否超过极限值时，只需检查最后一个扩大组。因为其他变速组的变速范围都比最后扩大组的小，只要最后扩大组的变速范围不超过极限值，其他变速组更不会超出极限值。

例如，$12=3_1\times2_3\times2_6$，$\varphi=1.41$，其最后扩大组的变速范围

$$R_2=1.41^{6(2-1)}=8$$

等于$R_{主max}$值，符合要求，其他变速组的变速范围肯定也符合要求。

又如，$12=2_1\times2_2\times3_4$，$\varphi=1.41$，其最后扩大组的变速范围

$$R_2=\varphi^{4(3-1)}=\varphi^8=16$$

超出$R_{主max}$值，是不允许的。

从式（2-14）可知，为使最后扩大组的变速范围不超出允许值，最后扩大组的传动副一般取$P_j=2$较合适。

（三）主变速传动系设计的一般原则

1. 传动副前多后少原则

主变速传动系从电动机到主轴，通常为降速传动，接近电动机的传动件转速较高，传递的转矩较小，尺寸小一些；反之，靠近主轴的传动件转速较低，传递的转矩较大，尺寸就较大。因此在拟定主变速传动系时，应尽可能将传动副较多的变速组安排在前面，传动副数少的变速组放在后面，即$P_a>P_b>P_c>\cdots>P_j$，使主变速传动系中更多的传动件在高速范围内工作，尺寸小一些，以便节省变速箱的造价，减小变速箱的外形尺寸。按此原则，$12=3\times2\times2$，$12=2\times3\times2$，$12=2\times2\times3$，三种不同传动方案中以前者为好。

2. 传动顺序与扩大顺序相一致的原则

当变速传动系中各变速组顺序确定之后，还有多种不同的扩大顺序方案。例如，$12=3\times2\times2$方案，有下列6种扩大顺序方案：

$$12=3_1\times2_3\times2_6,\ 12=3_2\times2_1\times2_6,\ 12=3_4\times2_1\times2_2$$
$$12=3_1\times2_6\times2_3,\ 12=3_2\times2_6\times2_1,\ 12=3_4\times2_2\times2_1$$

从上述6种方案中，比较$12=3_1\times2_3\times2_6$（图2-14a）和$12=3_2\times2_1\times2_6$（图2-14b）两种扩大顺序方案。

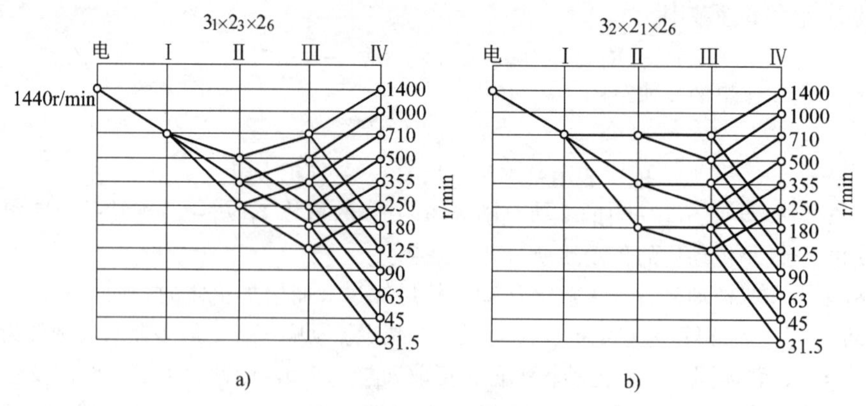

图2-14　两种12级转速的转速图

a）$12=3_1\times2_3\times2_6$　b）$12=3_2\times2_1\times2_6$

图2-14a所示的方案中，变速组的扩大顺序与传动顺序一致，即基本组在最前面，依次为第一扩大组，第二扩大组（即最后扩大组），各变速组变速范围逐渐扩大。图2-14b所示方案则不同，第一扩大组在最前面，然后依次为基本组、第二扩大组。

将图2-14a、b两方案相比较，后一种方案因第一扩大组在最前面，Ⅱ轴的转速范围比前一种方案大。如两种方案Ⅱ轴的最高转速一样，后一种方案Ⅱ轴的最低转速较低，在传递相等功

率的情况下，受的转矩较大，传动件的尺寸也就比前一种方案大。将图 2-14a 所示方案与其他多种扩大顺序方案相比，可以得出同样的结论。

因此在设计主变速传动系时，尽可能做到变速组的传动顺序与扩大顺序相一致。由转速图上可发现，当变速组的扩大顺序与传动顺序相一致时，前面变速组的传动线分布紧密，而后面变速组的传动线分布较疏松，所以“变速组的扩大顺序与传动顺序相一致”原则可简称“前密后疏”原则。

3. 变速组的降速要前慢后快，中间轴的转速不宜超过电动机的转速

如前所述，从电动机到主轴之间的总趋势是降速传动，在分配各变速组传动比时，为使中间传动轴具有较高的转速，以减小传动件的尺寸，前面的变速组降速要慢些，后面的变速组降速要快些，也就是 $u_{amin} \geqslant u_{bmin} \geqslant u_{cmin} \geqslant \cdots$ 但是，中间轴的转速不应过高，以免产生振动、发热和噪声。通常，中间轴的最高转速不超过电动机的转速。

上述原则在设计主变速传动系时一般应该遵循。但有时还需根据具体情况加以灵活运用。例如，图 2-15 所示的一台卧式车床主变速传动系，因为Ⅰ轴上装有双向摩擦片式离合器 M，轴向尺寸较长，为使结构紧凑，第一变速组采用了双联齿轮，而不是按照前多后少的原则采用三个传动副。又如，当主传动采用双速电动机时，它成为第一扩大组，也不符合传动顺序与扩大顺序相一致的原则，但是，却使结构大为简化，减少变速组和转动件数目。

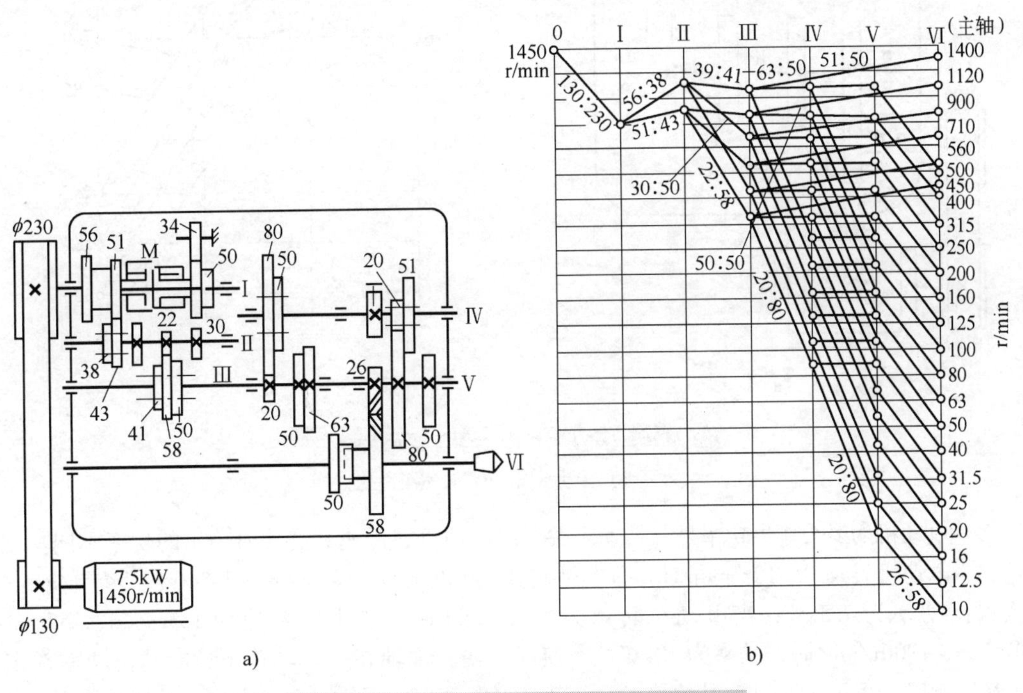

图 2-15　卧式车床主变速传动系图及转速图

a）传动系图　b）转速图

（四）主变速传动系的几种特殊设计

前面论述了主变速传动系的常规设计方法。在实际应用中，还常常采用多速电动机传动、交换齿轮传动和公用齿轮传动等特殊设计。

1. 具有多速电动机的主变速传动系设计

采用多速异步电动机和其他方式联合使用，可以简化机床的机械结构，使用方便，并可以

在运转中变速，适用于半自动、自动机床及普通机床。机床上常用双速或三速电动机，其同步转速为（750/1500）r/min、（1500/3000）r/min、（750/1500/3000）r/min，电动机的变速范围为2～4，级比为2。也有采用同步转速为（1000/1500）r/min、（750/1000/1500） r/min的双速和三速电动机，双速电动机的变速范围为1.5，三速电动机的变速范围是2，级比为1.33～1.5。多速电动机总是在变速传动系的最前面，作为电变速组。当电动机变速范围为2时，变速传动系的公比φ应是2的整数次方根。例如，公比$\varphi=1.26$，是2的3次方根，基本组的传动副数应为3，把多速电动机当作第一扩大组。又如，$\varphi=1.41$，是2的2次方根，基本组的传动副数应为2，多速电动机同样当作第一扩大组。

图2-16所示为多刀半自动车床的主变速传动系。采用双速电动机，电动机变速范围为2，转速级数共8级。公比$\varphi=1.41$，其结构式为$8=2_2\times2_1\times2_4$，电变速组作为第一扩大组，Ⅰ—Ⅱ轴间的变速组为基本组，传动副数为2，Ⅱ—Ⅲ轴间的变速组为第二扩大组，传动副数为2。

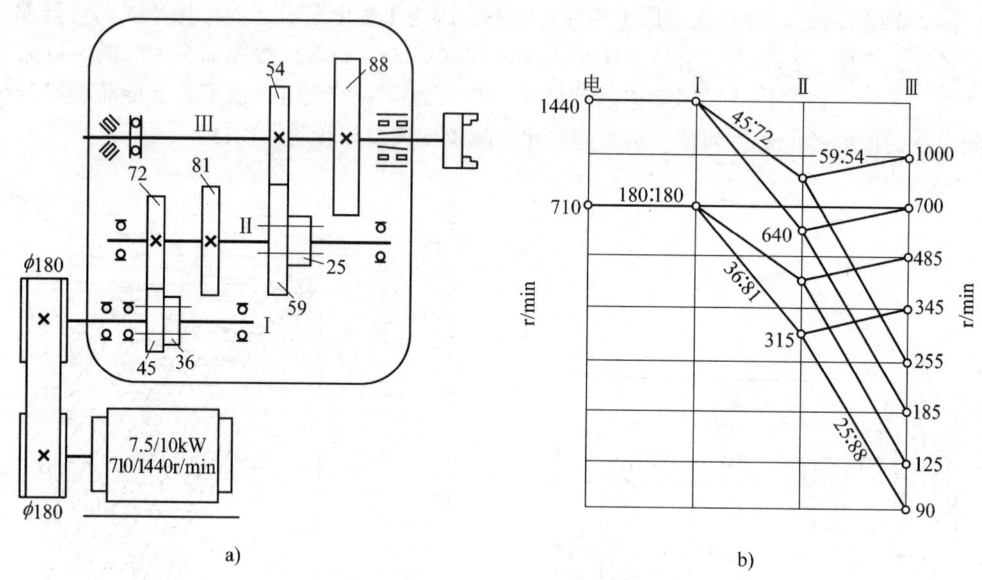

图2-16　多刀半自动车床主变速传动系

a）传动系图　b）转速图

多速电动机的最大输出功率是与转速有关，即电动机在低速和高速时输出的功率不同。在本例中，当电动机转速为710r/min时，即主轴转速为90r/min、125r/min、345r/min、485r/min时，最大输出功率为7.5kW；当电动机转速为1440r/min时，即主轴转速为185r/min、255r/min、700r/min、1000r/min时，功率为10kW。为使用方便，主轴在一切转速下，电动机功率都定为7.5kW。所以，采用多速电动机的缺点之一就是当电动机在高速时，没有完全发挥其能力。

2. 具有交换齿轮的变速传动系

对于成批生产用的机床，如自动或半自动车床、专用机床、齿轮加工机床等，加工中一般不需要变速或仅在较小范围内变速；但换一批工件加工，有可能需要变换成别的转速或在一定的转速范围内进行加工。为简化结构，常采用交换齿轮变速方式，或将交换齿轮与其他变速方式（如滑移齿轮、多速电动机等）组合应用。交换齿轮用于每批工件加工前的变速调整，其他变速方式则用于加工中变速。

为了减少交换齿轮的数量，相啮合的两齿轮可互换位置安装，即互为主、从动齿轮。反映在转速图上，交换齿轮的变速组应设计成对称分布的。如图 2-17 所示的液压多刀半自动车床主变速传动系，在Ⅰ—Ⅱ轴间采用了交换齿轮，Ⅱ—Ⅲ轴间采用双联滑移齿轮。一对交换齿轮互换位置安装，在Ⅱ轴上可得到两级转速，在转速图上是对称分布的。

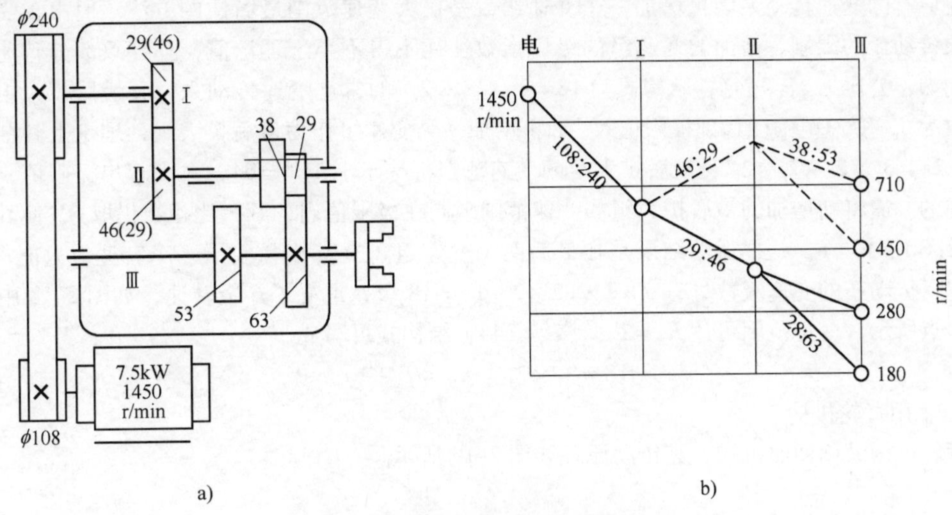

图 2-17　具有交换齿轮的主变速传动系

a）传动系图　b）转速图

交换齿轮变速可以用少量齿轮，得到多级转速，不需要操纵机构，变速箱结构大大简化。缺点是更换交换齿轮较费时费力，如果装在变速箱外，润滑密封较困难，如装在变速箱内，则更换麻烦。

3. 采用公用齿轮的变速传动系

在变速传动系中，既是前一变速组的从动齿轮，又是后一变速组的主动齿轮，称为公用齿轮。采用公用齿轮可以减少齿轮的数目，简化结构，缩短轴向尺寸。按相邻变速组内公用齿轮的数目，常用的有单公用和双公用齿轮。

采用公用齿轮时，两个变速组的模数必须相同。因为公用齿轮轮齿受的弯曲应力属于对称循环，弯曲疲劳许用应力比非公用齿轮要低，因此应尽可能选择变速组内较大的齿轮作为公用齿轮。

在图 2-11 铣床主变速传动系图中采用双公用齿轮传动，图中画斜线的齿轮 $z_2=23$ 和 $z_5=35$ 为公用齿轮。

（五）扩大传动系变速范围的方法

由式（2-14）可知，主变速传动系最后一个扩大组的变速范围为

$$R_j=\varphi^{P_0P_1P_2\cdots P_{j-1}(P_j-1)}$$

设主变速传动系总变速级数为 Z，当然

$$Z=P_0P_1P_2\cdots P_{j-1}P_j$$

通常最后扩大组的变速级数 $P_j=2$，则最后扩大组的变速范围为 $R_j=\varphi^{Z/2}$。

由于极限传动比限制，$R_j\leqslant 8=1.41^6=1.26^9$，即当 $\varphi=1.41$ 时，主变速传动系的总变速级数≤12，最大可能达到的变速范围 $R_n=1.41^{11}\approx 45$；当 $\varphi=1.26$ 时，总变速级数≤18，最大可能达到的变速范围 $R_n=1.26^{17}\approx 50$。

上述的变速范围常不能满足通用机床的要求，一些通用性较高的车床和镗床的变速范围一

般为140~200，甚至超过200。可用下述方法来扩大变速范围：增加变速组，采用背轮机构，采用双公比传动和分支传动。

1. 增加变速组

在原有的变速传动系内再增加一个变速组，是扩大变速范围最简便的方法。但由于受变速组极限传动比的限制，增加的变速组的级比指数往往不得不小于理论值，并导致部分转速的重复。例如，公比为$\varphi=1.41$，结构式为$12=3_1\times2_3\times2_6$的常规变速传动系，其最后扩大组的级比指数为6，变速范围已达到极限值8。如再增加一个变速组作为最后扩大组，理论上其结构式应为：$24=3_1\times2_3\times2_6\times2_{12}$，最后扩大组的变速范围将等于$1.41^{12}=64$，大大超出极限值，是无法实现的。需将新增加的最后扩大组的变速范围限制在极限值内，其级比指数仍取6，使其变速范围$R_3=1.41^6=8$。这样做的结果是在最后两个变速组$2_6\times2_6$中重复了一个转速，只能得到3级变速，传动系的变速级数只有$3\times2\times(2\times2-1)=18$级，重复了6级转速，如图2-18中Ⅴ轴上的黑点所示，变速范围可达$R_n=1.41^{18-1}=344$，结构式可写成

$$18=3_1\times2_3\times(2_6\times2_6-1)$$

2. 采用背轮机构

背轮机构又称回曲机构，其传动原理如图2-19所示。

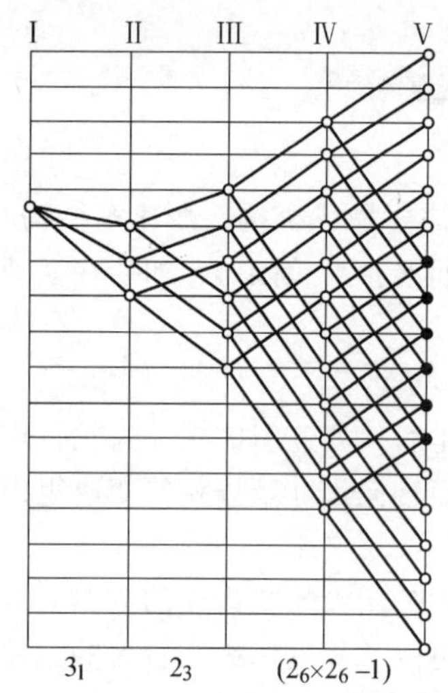

图2-18　增加变速组以扩大变速范围

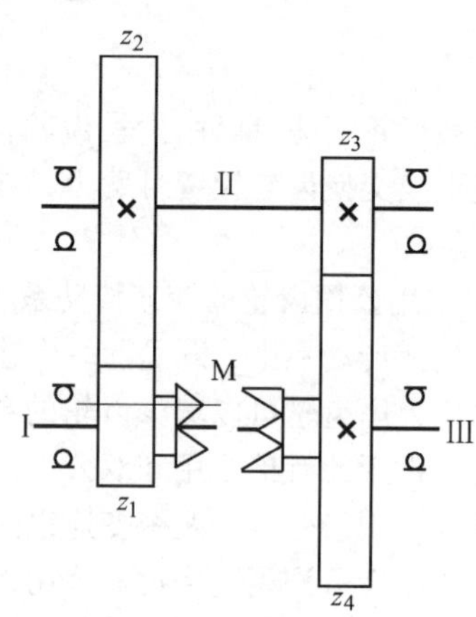

图2-19　背轮机构

主动轴Ⅰ和从动轴Ⅲ同轴线。当滑移齿轮z_1处于最右位置时，离合器M接合，齿轮z_1与齿轮z_2脱离啮合，运动由主动轴Ⅰ传入，直接传到从动轴Ⅲ，传动比为$u_1=1$。当滑移齿轮z_1处于最左位置时，离合器M脱开，齿轮z_1与齿轮z_2啮合，运动经背轮z_1/z_2和z_3/z_4降速传至轴Ⅲ。如降速传动比取极限值$u_{min}=1/4$，经背轮降速可得传动比$u_2=1/16$。因此，背轮机构的极限变速范围$R_{max}=u_1/u_2=16$，达到了扩大变速范围的目的。这类机构在机床上应用得较多。设计时应注意当高速直联传动时（图例为离合器M接通），应使背轮脱开，以减少空载功率损失、噪声和发热，以及避免超速现象。图2-19所示的背轮机构不符合上述要求，当离合器M接合后，轴Ⅲ高速旋转，轴上的大齿轮z_4倒过来传动背轮轴，使其以更高的速度旋转。

3. 采用双公比的传动系

在通用机床的使用中，每级转速使用的机会不太相同。经常使用的转速一般是在转速范围

的中段，转速范围的高、低段使用较少。双公比传动系就是针对这一情况而设计的。主轴的转速数列有两个公比，转速范围中经常使用的中段采用小公比，不经常使用的高、低段用大公比。图 2-20 是具有 16 速双公比的转速图，转速范围中段的公比为 $\varphi_1=1.26$，高、低段的公比为 $\varphi_2=\varphi_1^2=1.58$。

双公比变速传动系是在常规变速传动系基础上，通过改变基本组的级比指数演变来的。设常规变速传动系 $16=2_2\times 2_1\times 2_4\times 2_8$，$\varphi=1.26$，变速范围 $R_n=\varphi^{16-1}=32$，基本组是第二个变速组，其级比指数 $X_0=1$；如要演变成双公比变速传动系，基本组的传动副数 P_0 常选为 2。将基本组的级比指数 $X_0=1$ 增大到 $1+2n$，n 是大于 1 的正整数。本例中，$n=2$，基本组的级比指数为 5，结构式变成 $16=2_2\times 2_5\times 2_4\times 2_8$，就成为图 2-20 所示的转速图。从图上可以看到，主轴转速范围的高、低段各出现 $n=2$ 个转速空档，各有 2 级转速的公比等于 $\varphi^2=1.58$，比原来常规变速传动系增加了 4 级转速的变速范围，即从原来的变速范围 32 增加到 $R_n=\varphi^{20-1}=80$。

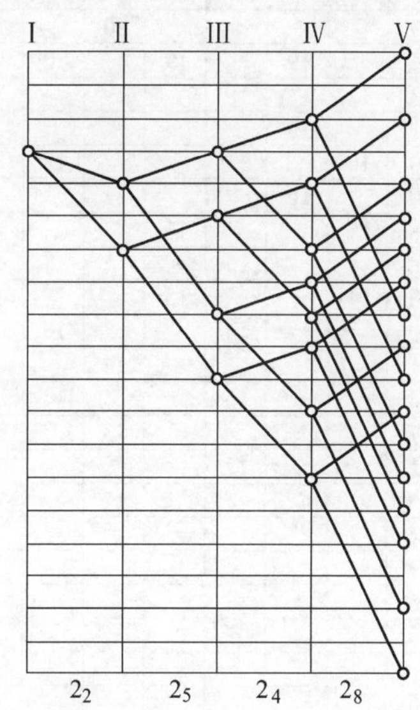

图 2-20 采用双公比的转速图

4. 采用分支传动

分支传动是指在串联形式变速传动系的基础上，增加并联分支以扩大变速范围。如图 2-15 所示的 400mm 卧式车床主变速传动系图及转速图。电动机经轴Ⅰ、轴Ⅱ、轴Ⅲ……直到轴Ⅴ，组成串联形式的变速传动系，$\varphi=1.26$，其结构式为

$$18=2_1\times 3_2\times(2_6\times 2_6-1)$$

理论上，最后扩大组的级比指数应是 12，变速范围为 16，超过了变速组的极限变速范围 8。最后扩大组的级比指数如取 9，正好达到极限变速范围。为了减小齿轮的尺寸，本例取 6，出现 6 级转速的重复，通过一对斜齿轮 26/58，使主轴Ⅵ得到 10 ~ 500r/min 共 18 级转速。在轴Ⅲ和主轴Ⅵ之间增加了一个升速传动副 63/50，构成高速分支传动。主轴得到 450 ~ 1400r/min 共 6 级高转速。

上述分支传动系的结构式可写为

$$24=2_1\times 3_2\times[1+(2_6\times 2_6-1)]$$

其中，“×”号表示串联，“+”号表示并联，“-”号表示转速重复。

本例主变速传动系采用分支传动方式，变速范围扩大到 $R_n=1400/10=140$。采用分支传动方式除了能较大地扩大变速范围外，还具有缩短高速传动路线、提高传动效率、减少噪声的优点。

（六）齿轮齿数的确定

当各变速组的传动比确定之后，可确定齿轮齿数、带轮直径。对于定比传动的齿轮齿数和带轮直径，可依据《机械设计手册》推荐的计算方法确定。对于变速组内齿轮的齿数，如传动比是标准公比的整数次方时，变速组内每对齿轮的齿数和 S_z 及小齿轮的齿数可从表 2-8 中选取。在表中，横坐标是齿数和 S_z；纵坐标是传动副的传动比 u；表中所列值是传动副的从动齿轮齿数；齿数和 S_z 减去从动齿轮齿数就是主动齿轮齿数。表中所列的 u 值全大于 1，即全是升速传动。对于降速传动副，可取其倒数查表，查出的齿数则是主动齿轮齿数。

表 2-8　各种常用传动比的适用齿数

u \ S_z	40	41	42	43	44	45	46	47	48	49	50	51	52	53	54	55	56	57	58	59	60
1.00	20		21		22		23		24		25		26		27		28		29		30
1.06		20		21		22		23									27		28		29
1.12	19							22		23		24		25		26		27		28	
1.19					20		21		22		23					25		26		27	
1.25		19		19		20					22		23		24		25			26	
1.33	17		18		19			20		21		22			23		24	25			
1.41		17					19		20			21		22		23			24		25
1.50	16					18		19			20		21			22		23			24
1.60		16			17				18	19			20		21			22		23	23
1.68	15			16								19			20		21			22	
1.78			15					17			18			19			20		21		
1.88	14			15			16			17			18			19			20		21
2.00			14			15			16			17			18			19			20
2.11					14			15			16			17			18			19	
2.24			13			14				15			16			17			18		
2.37					13			14				15			16			17			
2.51			12				13			14				15			16				17
2.66					12				13			14				15			16	16	
2.82																					
2.99									12				13				14				15
3.16																					
3.35																					
3.55																					
3.76																					
3.98																					
4.22																					
4.47																					
4.73																					

u \ S_z	80	81	82	83	84	85	86	87	88	89	90	91	92	93	94	95	96	97	98	99	100
1.00	40		41		42		43		44		45		46		47		48	49	49	50	50
1.06	39		40	40	41	41	42	42	43	43	44	44	45	46	46	47	47		48		
1.12	38	38		39		40		41		42		43		43	44	45	45	46	46	47	47
1.19		37		38		39	39	40	40	41	41		42		43		44	44	45	45	45
1.25		36	36	37	37		38		39			40	41	41		42		43		44	44
1.33	34	35	35		36		37	37	38	38		39		40	40	41	41		42		43
1.41	33		34		35	35		36		37	37	38	38		39		40	40		41	
1.50	32		33	33		54		35	35		36		37	37	38	38		39	39	40	40
1.60	31		32	32		33	33		34		35	35		36		37	37		38	38	39
1.68	30	30		31		32	32		33	33		34		35	35		36	36		37	37
1.78	29	29		30	30		31			32		33	33		34	34		35	35		36
1.88	28	28		29	29		30	30		31	31		32	32		33	33		34	34	35
2.00		27			28		29	29		30	30		31	31		32		33	33		
2.11		26			27			28	28		29	29		30	30		31	31		32	32
2.24		25			26	26		27	27		28	28		29	29			30	30		31
2.37		24			25	25		26	26				27	27		28	28		29	29	
2.51	23	23			24	24		25	25			26	26		27	27			28	28	
2.66	22	22			23	23		24	24			25	25			26	26		27	27	
2.82	21	21			22			23	23			24	24			25	25			26	26
2.99	20			21	21			22	22			23	23			24	24			25	25
3.16	19			20	20			21	21			22	22			23	23			24	24
3.35			19	19			20	20	20			21	21			22	22			23	23
3.55		18	18	18			19	19			20	20	20			21	21			22	22
3.76	17	17				18	18				19	19				20	20			21	21
3.98	16	16			17	17	17			18	18	18			19	19	19			20	20
4.22				16	16				17	17	17			18	18	18			19	19	19
4.47		15	15	15				16	16				17	17	17			18	18	18	18
4.73	14	14				15	15	15				16	16	16			17	17	17	16	

61	62	63	64	65	66	67	68	69	70	71	72	73	74	75	76	77	78	79	
	31		32		33		34		35		36		37		38		39		
	30		31		32		33		34		35		36		37		38		
	29		30		31		32		33		34		35		36	36	37	37	
28		29	29		30		31		32		33		34	34	35	35		36	
27		28		29	29		30		31		32		33	33		34		35	
26		27		28			29		30		31			32		33		24	
		26		27		28	28		29		30	30		31		32		33	
				26		37	27		28		29	29		30		31	31		
	24			25		26			27		28	28		29		30	30		
	23		24			25		26	26		27	27		28		29	29		
22			23			24		25	25		26			27			28		
21		22	22		23	23		24			25			26			27		
		21			22			23			24			25			26		
	20			21	21		22	22		23	23		24	24			25		
19	19			20			21			22	22		23	23		24	24		
19			19			20	20				21			22			23		
		18			19	19			20	20		21	21			22	22		
	17				18			19	19			20	20			21			
16				17			18	18			19	19			20	20			
			16			17	17			18	18			19	19			20	
					16	16			17	17				18				19	
								16	16				17				18	18	
											16	16				17	17		
										15	15				16	16			

101	102	103	104	105	106	107	108	109	110	111	112	113	114	115	116	117	118	119	120
51	51	52	52	53	53	54	54	55	55	56	56	57	57	58	58	59	59	60	60
49		50		51		52		53	53	54	54	55	55	56	56	57	57	58	58
	48		49		50		51	51	52	52	53	53	54	54	55	55	56	56	57
46		47		48		49	49	50	50	51	51	52	52		53		54	54	55
45	45		46		47	47	48	48	49	49	50	50		51	51	52	52	53	53
43	44	44		45		46	46	47	47		48	48	49	49	50	50	51	51	52
42	42	43	43		44	44	45	45	46	46		47	47	48	48		49	49	50
	41	41	42	42		43	43	44	44		45	45	46	46		47	47	48	48
39		40	40	41	41	41	42	42		43	43	44	44		45	45	46	46	46
38	38		39	39		40	40	41	41		42	42		43	43	44	44	44	45
36	37	37		38	38		39	39		40	40	41	41	41	42	42		43	43
35		36	36		37	37		38	38		39	39		40	40		41	41	42
34	34		35	35		36	36		37	37		38	38	38	39	39	39	40	40
	33	33		34	34		35	35	35	36	36	36		37	37		38	38	
31		32	32		33	33	33	34	34	34		35	35		36	36		37	37
30	30		31	31		32	32	32		33	33		34	34		35	35	35	
29	29			30	30		31	31	31		32	32		33	33	33		34	34
	28	28		29	29	29		30	30	30		31	31		32	32	32		33
	27	27	27		28	28	28		29	29	29		30	30			31	31	
		26	26	26		27	27			38	38			29	29			36	30
24		25	25	25		26	26	26			27	27			28	28			29
23			24	24			25	25	25		26	26	26			27	27		
22			23	23	23		24	24	24			25	25	25		26	26	26	
21			22	22	22		23	23	23			24	24	24			25	25	25
20		21	21	21	21		22	22	22	22		23	23	23	23		24	23	24
		20	20	20	20		21	21	21	21		22	22	22	22			23	23
		19	19				20	20	20	20		21	21	21	21			22	22
	18	18	18				19	19	19			20	20	20	20			21	21

现举例说明表2-8的用法。图2-13b中的变速组a有三个传动副，其传动比分别是：$u_{a1}=1$，$u_{a2}=1/1.41$，$u_{a3}=1/2$。后两个传动比小于1，取其倒数，即按$u=1$，1.41和2查表。在合适的齿数和S_z范围内，查出存在上述三个传动比的S_z分别有

$u_{a1}=1$　　$S_z=\cdots$，60，62，64，66，68，70，72，74，…

$u_{a2}=1.41$　　$S_z=\cdots$，60，63，65，67，68，70，72，73，75，…

$u_{a3}=2$　　$S_z=\cdots$，60，63，66，69，72，75，…

如变速组内所有齿轮的模数相同，并是标准齿轮，则三对传动副的齿数和S_z应该是相同的。符合上述条件的有$S_z=60$或72。如取$S_z=72$，从表中可查出三个传动副的主动齿轮齿数分别为36、30和24，则可算出三个传动副的齿轮齿数为$u_{a1}=36/36$，$u_{a2}=30/42$，$u_{a3}=24/48$。

确定齿轮齿数时，选取合理的齿数和是很关键的。齿轮的中心距取决于传递的转矩。一般来说，主变速传动系是降速传动系，越后面的变速组传递的转矩越大，因此中心距也越大。为简化工艺，变速传动系内各变速组的齿轮模数最好一样，通常不超过2~3种模数。因此越后面的变速组的齿数和选择较大值，有助于实现上述要求。

变速传动组齿数和的确定有时需经过多次反复，即初选齿数和，确定主、从动齿轮齿数，计算齿轮模数，如模数过大应增大齿数和，反之则减少齿数和。为减少反复次数，按传递转矩要求可先初选中心距，设定齿轮模数，再算出齿数和。齿轮模数的设定应参考同类型机床的设计经验，如齿轮模数设定得过小，齿轮经不起冲击，易磨损；如设定得过大，齿数和将较少，使变速组内的最小齿轮齿数小于17，产生根切现象，最小齿轮也有可能无法套装到轴上。齿轮可套装在轴上的条件为齿轮的齿槽到孔壁或键槽底部的壁厚a应大于或等于$2m$（m为齿轮模数），以保证齿轮具有足够强度。齿数过小的齿轮传递平稳性也差。一般在主传动中，取最小齿轮齿数$z_{min}\geqslant 18\sim 20$。

采用三联滑移齿轮时，应检查滑移齿轮之间的齿数关系：三联滑移齿轮的最大和次大齿轮之间的齿数差应大于或等于4。以保证滑移时，齿轮外圆不相碰。例如，图2-13a的变速组a，三联齿轮左移时，齿轮42将从轴Ⅰ上齿轮24旁滑移过去。要使42与24齿轮外圆不碰，这两个齿轮的齿顶圆半径之和应等于或小于中心距。本例滑移齿轮最大和次大齿轮的齿数差为48-42=6，故不会碰；如小于4，将无法实现变速。

齿轮齿数确定后，还应验算一下实际传动比（齿轮齿数之比）与理论传动比（转速图上给定的传动比）之间的转速误差是否在允许范围之内。一般应满足

$$(n'-n)/n \leqslant \pm 10(\varphi-1)\%$$

式中　n'——主轴实际转速；

n——主轴的标准转速；

φ——公比。

有时在希望的齿数和范围内，找不到变速组各传动副相同的齿数和，可选择齿数和不等，但差数一般小于1~3的方案，然后采用齿轮变位的方法使各传动副的中心距相等。在上例中，如果认为齿数和60太小，72又太大，第1、3传动副可选66，第2传动副选67，将第2传动副的齿轮进行负变位，使其同第1、3传动副的中心距相同。

（七）计算转速

1. 机床的功率转矩特性

由切削理论得知，在背吃刀量和进给量不变的情况下，切削速度对切削力的影响较小。因此，主运动是直线运动的机床，如刨床的工作台，在背吃刀量和进给量不变的情况下，不论切削速度多大，所承受的切削力基本是相同的，驱动直线运动工作台的传动件在所有转速下承受

的转矩当然也基本是相同的，这类机床的主传动属恒转矩传动。

主运动是旋转运动的机床，如车床、铣床等的主轴，在背吃刀量和进给量不变的情况下，主轴在所有转速下承受的转矩与工件或铣刀的直径基本上成正比，但主轴的转速与工件或铣刀的直径基本上成反比。可见，主运动是旋转运动的机床基本上是恒功率传动。

通用机床的工艺范围广，变速范围大，使用条件也复杂，主轴实际的转速和传递的功率，也就是承受的转矩是经常变化的。例如，通用车床主轴转速范围的低速段，常用来切削螺纹、铰孔或精车等，消耗的功率较小，计算时如按传递全部功率计算，将会使传动件的尺寸不必要地增大，造成浪费；在主轴转速的高速段，由于受电动机功率的限制，背吃刀量和进给量不能太大，传动件所受的转矩随转速的增高而减小。

主变速传动系中各传动件究竟按多大的转矩进行计算，导出计算转速的概念。主轴或各传动件传递全部功率的最低转速为它们的计算转速 n_j。如图2-21所示的主轴的功率转矩特性图中，主轴从最高转速到计算转速之间应传递全部功率，而其输出转矩随转速的降低而增大，称之为恒功率区；从计算转速到最低转速之间，主轴不必传递全部功率，输出的转矩不再随转速的降低而增大，保持计算转速时的转矩不变，传递的功率则随转速的降低而降低，称之为恒转矩区。

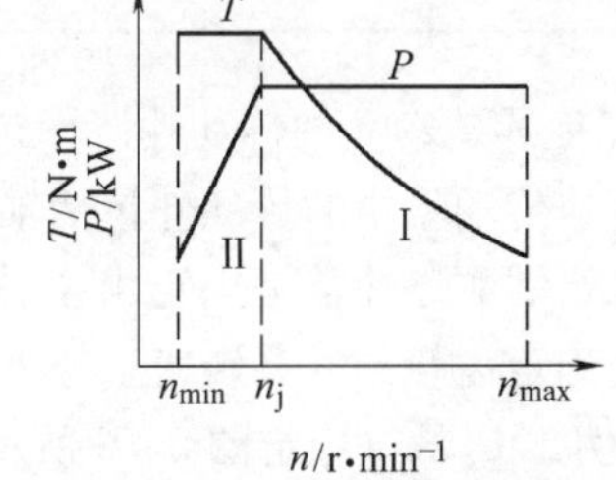

图2-21 主轴的功率转矩特性图

不同类型机床主轴计算转速的选取是不同的，对于大型机床，由于应用范围很广，调速范围很宽，计算转速可取得高些。对于精密机床、滚齿机，由于应用范围较窄，调速范围小，计算转速可取得低一些。各类机床主轴计算转速的统计公式见表2-9。对于数控机床，调速范围比普通机床宽，计算转速可比表中推荐的高些。

表2-9 各类机床的主轴计算转速

机床类型		计算转速 n_j	
		等公比传动	混合公比或无级调速
中型通用机床和使用较广的半自动机床	车床、升降台式铣床、转塔车床、液压仿形半自动车床、多刀半自动车床、单轴自动车床、多轴自动车床、立式多轴半自动车床 卧式镗铣床（ϕ63 ~ ϕ90mm）	$n_j = n_{min}\varphi^{\frac{Z}{3}-1}$ n_j 为主轴第一个（低的）三分之一转速范围内的最高一级转速	$n_j = n_{min}\left(\frac{n_{max}}{n_{min}}\right)^{0.3}$
	立式钻床、摇臂钻床、滚齿机	$n_j = n_{min}\varphi^{\frac{Z}{4}-1}$ n_j 为主轴第一个（低的）四分之一转速范围内的最高一级转速	$n_j = n_{min}\left(\frac{n_{max}}{n_{min}}\right)^{0.25}$
大型机床	卧式车床（ϕ1250 ~ ϕ4000mm） 单柱立式车床（ϕ1400 ~ ϕ3200mm） 单柱可移动式立式车床（ϕ1400 ~ ϕ1600mm） 双柱立式车床（ϕ3000 ~ ϕ12000mm） 卧式镗铣床（ϕ110 ~ ϕ160mm） 落地式镗铣床（ϕ125 ~ ϕ160mm）	$n_j = n_{min}\varphi^{\frac{Z}{3}}$ n_j 为主轴第二个三分之一转速范围内的最低一级转速	$n_j = n_{min}\left(\frac{n_{max}}{n_{min}}\right)^{0.35}$

（续）

机床类型		计算转速 n_j	
		等公比传动	混合公比或无级调速
高精度和精密机床	落地式镗铣床（$\phi160 \sim \phi260$mm） 主轴箱可移动的落地式镗铣床（$\phi125 \sim \phi300$mm）	$n_j = n_{min}\varphi^{\frac{Z}{2.5}}$	$n_j = n_{min}\left(\frac{n_{max}}{n_{min}}\right)^{0.4}$
	坐标镗床 高精度车床	$n_j = n_{min}\varphi^{\frac{Z}{4}-1}$ n_j 为主轴第一个（低的）四分之一转速范围内的最高一级转速	$n_j = n_{min}\left(\frac{n_{max}}{n_{min}}\right)^{0.25}$

2. 变速传动系中传动件计算转速的确定

变速传动系中的传动件包括轴和齿轮，它们的计算转速可根据主轴的计算转速和转速图确定。确定的顺序通常是先定出主轴的计算转速，再顺次由后往前，定出各传动轴的计算转速，然而再确定齿轮的计算转速。现举例加以说明。

【例2-1】 试确定图2-16所示多刀半自动车床的主轴、各传动轴和齿轮的计算转速。

解 （1）主轴的计算转速　由表2-9可知，主轴的计算转速是低速第一个三分之一变速范围的最高一级转速，即 $n_j = 185$r/min。

（2）各传动轴的计算转速　轴Ⅱ有4级转速，其最低转速315r/min通过双联齿轮使主轴获得两级转速：90r/min和345r/min。345r/min比主轴的计算转速高，需传递全部功率，故轴Ⅱ的315r/min转速也应能传递全部功率，是计算转速。

轴Ⅰ由双速电动机直接驱动，有两级转速：710r/min和1440r/min。710r/min转速通过双联齿轮使轴Ⅱ获得两级转速：315r/min和445r/min，均需传递全部功率，故轴Ⅰ的710r/min转速也应能传递全部功率，是计算转速。

（3）各齿轮的计算转速　各变速组内一般只计算组内最小的，也是强度最薄弱的齿轮，故也只需确定最小齿轮的计算转速。

轴Ⅱ—Ⅲ间变速组的最小齿轮是 $z = 25$，经该齿轮传动，使主轴获得4级转速：90r/min、125r/min、185r/min和255r/min。主轴的计算转速是185r/min，故 $z = 25$ 齿轮在640r/min时应传递全部功率，所以640r/min是计算转速。

轴Ⅰ—Ⅱ间变速组的最小齿轮是 $z = 36$，经该齿轮传动，使轴Ⅱ获得2级转速：315r/min和640r/min。轴Ⅱ的计算转速是315r/min，故 $z = 36$ 齿轮在710r/min时应传递全部功率，所以710r/min是计算转速。

（八）变速箱内传动件的空间布置与计算

1. 变速箱内各传动轴的空间布置

变速箱内各传动轴的空间布置，首先要满足机床总体布局对变速箱的形状和尺寸的限制，还要考虑各轴受力情况、装配调整和操作维修的方便。其中变速箱的形状和尺寸限制是影响传动轴空间布置最重要的因素。例如，铣床的变速箱就是立式床身，高度方向和轴向尺寸较大，变速系各传动轴可布置在立式床身的铅直对称面上；摇臂钻床的变速箱在摇臂上移动，变速箱轴向尺寸要求较短，横截面尺寸可较大，布置时往往为了缩短轴向尺寸而增加轴的数目，即加大箱体的横截面尺寸；卧式车床的主轴箱安装在床身的上面，横截面呈矩形，高度尺寸只能略大于主轴中心高加主轴上大齿轮的半径；卧式车床的主轴箱的轴向尺寸取决于主轴长度，为提高主轴组件的刚度，一般较长，可设置多个中间墙。

图 2-22 所示为卧式车床主轴箱的横截面图，为把主轴和数量较多的传动轴布置在尺寸有限的矩形截面内，又要便于装配、调整和维修，还要照顾到变速机构、润滑装置的设计，不是一件易事。各轴布置顺序大致如下：首先确定主轴的位置，对车床来说，主轴位置主要根据车床的中心高确定；确定传动主轴的轴，以及与主轴有齿轮啮合关系的轴的位置；确定电动机轴或运动输入轴（轴Ⅰ）的位置；最后确定其他各传动轴的位置。各传动轴常按三角布置，以缩小径向尺寸，如图中的Ⅰ、Ⅱ、Ⅲ轴。为缩小径向尺寸，还可以使箱内某些传动轴的轴线重合，如图 2-23 中所示的Ⅲ、Ⅴ两轴。

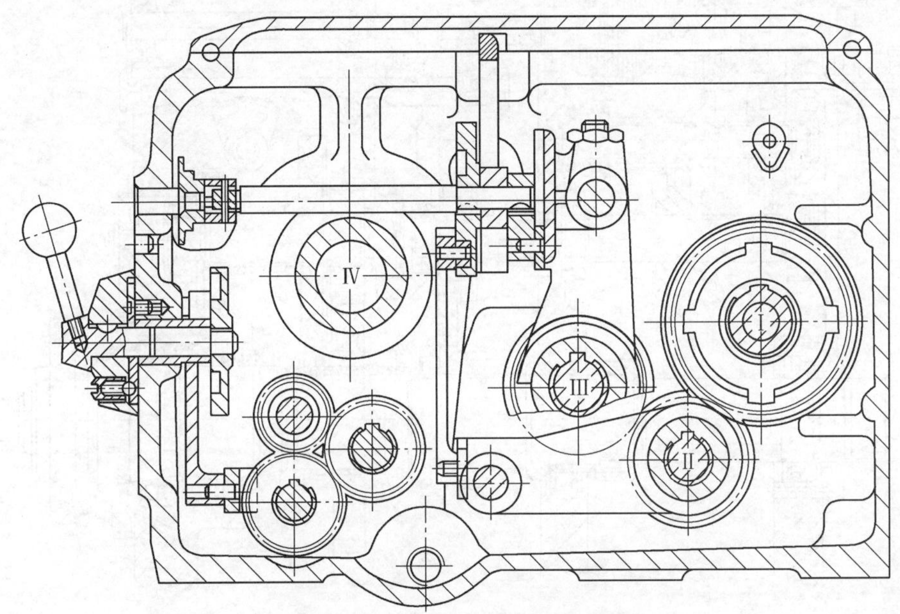

图 2-22 卧式车床主轴箱横截面图

图 2-24 所示为卧式铣床的主变速传动机构，利用铣床立式床身作为变速箱体。床身内部空间较大，所以各传动轴可以排在一个铅直平面内，不必过多考虑空间布置的紧凑性，以方便制造、装配、调整、维修，便于布置变速操纵机构。床身较长，为减小传动轴轴承间的跨距，在中间加一个支承墙。

这类机床传动轴布置也是先要确定出主轴在立式床身中的位置，然后就可按传动顺序由上而下地依次确定出各传动轴的位置。

2. 变速箱内各传动轴的轴向固定

传动轴通过轴承在箱体内轴向固定的方法有一端固定和两端固定两类。采用单列深沟球轴承时，可以一端固定，也可以两端固定；采用圆锥滚子轴承时，则必须两端固定。一端固定的优点是轴受热后可以向另一端自由伸长，不会产生热应力。因此，宜用于长轴。图 2-25 所示为传动轴一端固定的几种方式。图 2-25a 是用衬套和端盖将轴承固定，并一起装到箱壁上，它的优点是可在箱壁上镗通孔，便于加工，但构造复杂，对衬套又要加工内外凸肩。图 2-25b 虽不用衬套，但在箱体上要加工一个有台阶的孔，因而在成批生产中较少应用。图 2-25c 是用弹性挡圈代替台阶，结构简单，工艺性较好，图 2-24 的各传动轴都采用这种形式。图 2-25d 是两面都用弹性挡圈的结构，构造简单、安装方便，但在孔内挖槽需用专门的工艺装备，所以这种构

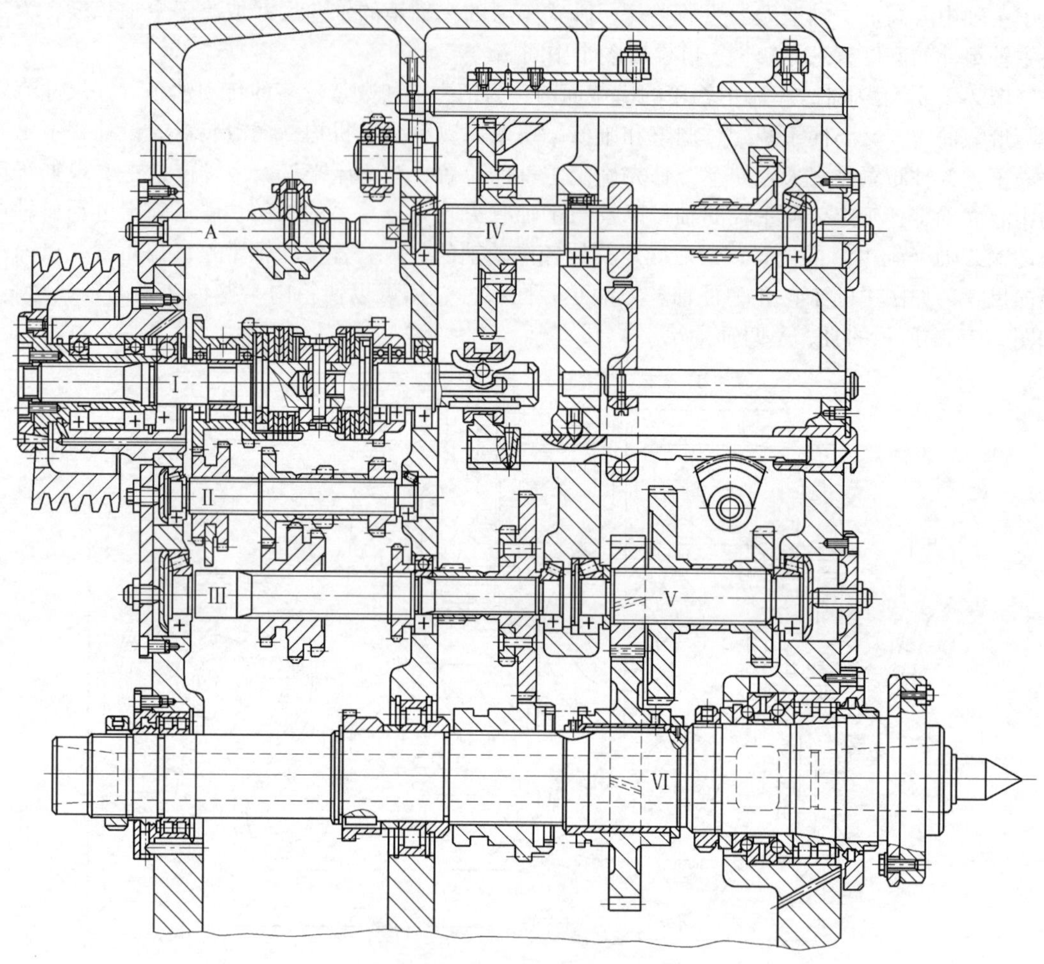

图 2-23　卧式车床主轴箱展开图

造适用于批量较大的机床。图 2-25e 的构造是在轴承的外圈上有沟槽，将弹性挡圈卡在箱壁与压盖之间，箱体孔内不用挖槽，构造更加简单，装配更方便，但需轴承厂专门供应这种轴承。一端固定时，轴的另一端的构造如图 2-25f 所示，轴承用弹性挡圈固定在轴端，外环在箱体孔内轴向不定位。

图 2-26 是两端固定的例子。图 2-26a 通过调整螺钉 2、压盖 1 及锁紧螺母 3 来调整圆锥滚子轴承的间隙，调整比较方便。图 2-26b、c 通过改变垫圈 4 的厚度来调整轴承的间隙，结构简单。

3. 各传动轴的估算和验算

机床各传动轴在工作时必须保证具有足够的抗弯刚度和抗扭刚度。轴在弯矩作用下，如产生过大的弯曲变形，则装在轴上的齿轮会因倾角过大而使齿面的压强分布不均，产生不均匀磨损和加大噪声；也会使滚动轴承内、外圈产生相对倾斜，影响轴承使用寿命。如果轴的抗扭刚度不够，则会引起传动轴的扭振。所以在设计开始时，要先按抗扭刚度估算传动轴的直径，待结构确定之后，定出轴的跨距，再按抗弯刚度进行验算。

（1）按抗扭刚度估算轴的直径

$$d \geqslant KA\sqrt[4]{\frac{P\eta}{n_j}}$$

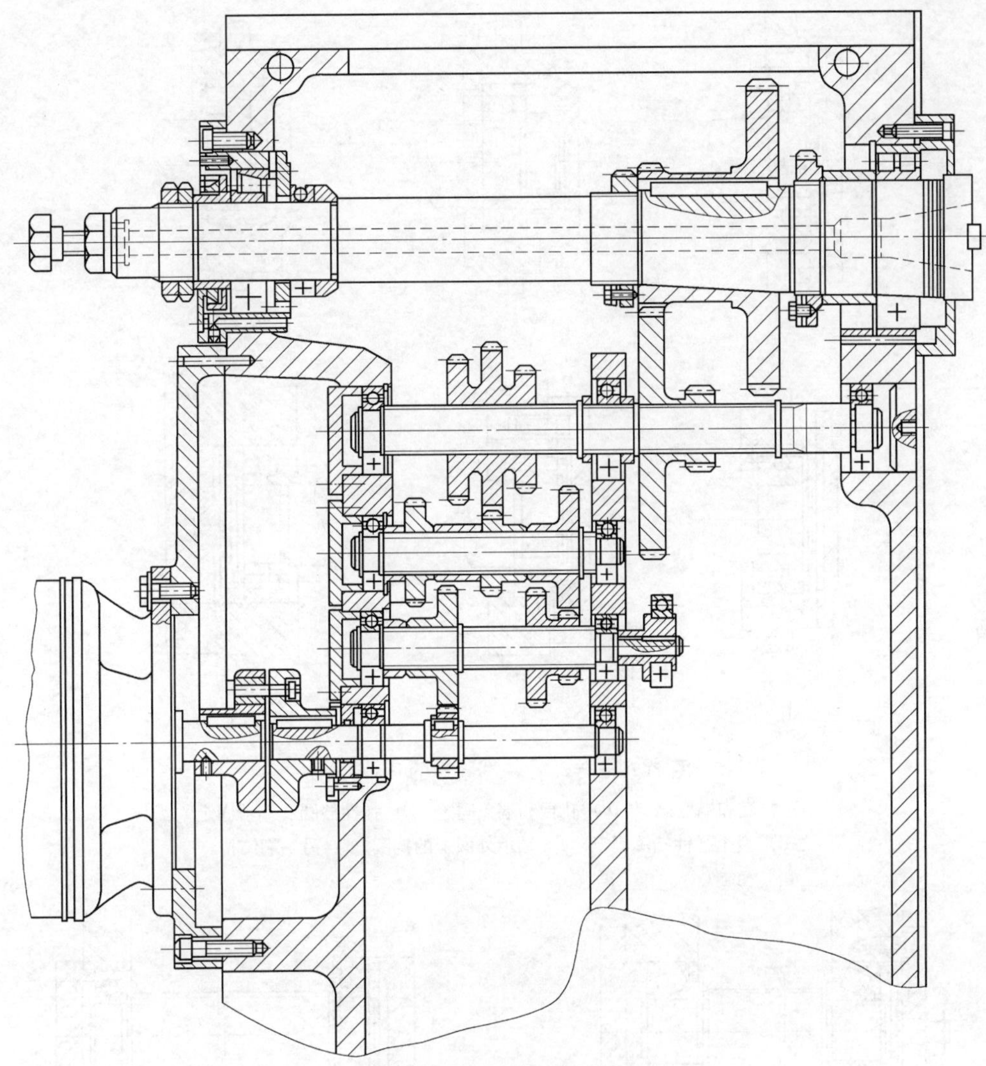

图 2-24　卧式铣床变速箱

式中　K——键槽系数，按表 2-10 选取；

A——系数，按表 2-10 中的轴每米长允许的扭转角（°）选取；

P——电动机额定功率（kW）；

η——从电动机到所计算轴的传动效率；

n_j——传动轴的计算转速（r/min）。

表 2-10　估算轴径时系数 A、K 值

$[\phi]/(°)\cdot m^{-1}$	0.25	0.5	1.0	1.5	2.0
A	130	110	92	83	77
K	无键	单键		双键	花键
	1.0	1.04 ~ 1.05		1.07 ~ 1.1	1.05 ~ 1.09

一般传动轴的每米长允许扭转角取 $[\phi]=(0.5\sim1.0)°/m$，要求高的轴取 $[\phi]=(0.25\sim0.5)°/m$，要求较低的轴取 $[\phi]=(1\sim2)°/m$。

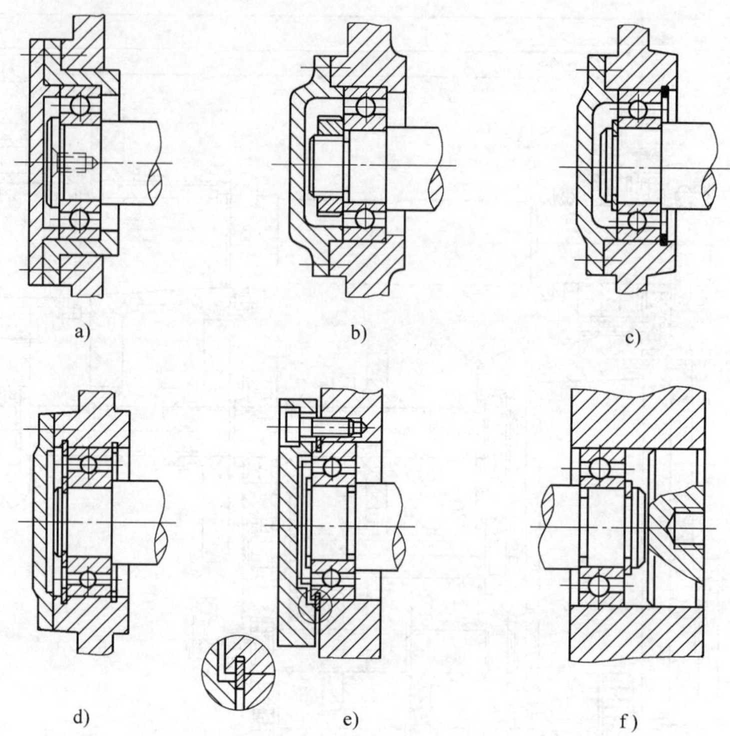

图2-25　传动轴一端固定的几种方式

a）衬套和端盖固定　b）孔台和端盖固定　c）弹性挡圈和端盖固定
d）两个弹性挡圈固定　e）轴承外圈上的挡圈　f）另一端结构

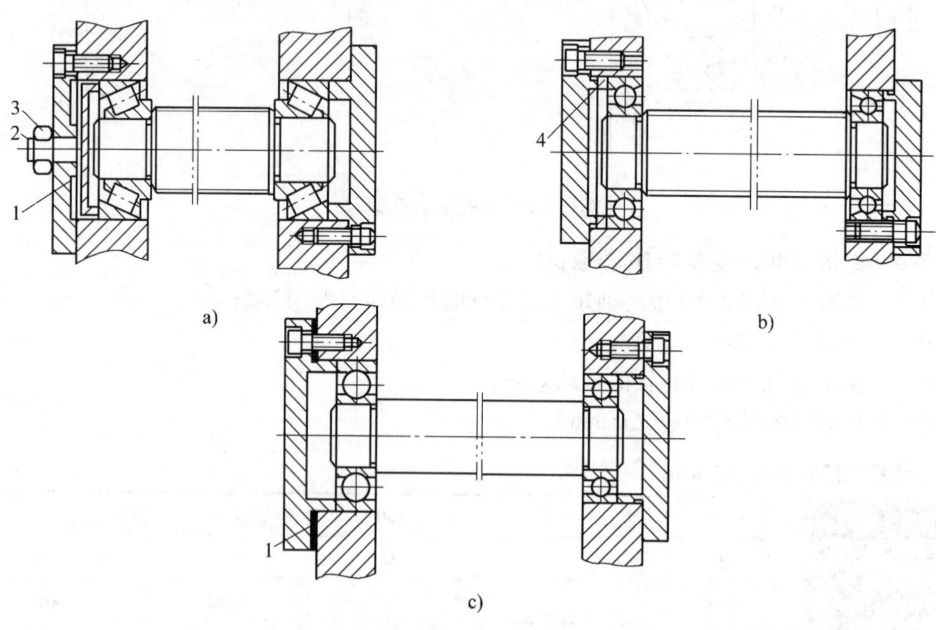

图2-26　传动轴两端固定的几种方式

a）用调整螺钉　b)、c）用调整垫圈
1—压盖　2—调整螺钉　3—锁紧螺母　4—垫圈

（2）按抗弯刚度验算轴的直径

1）进行轴的受力分析，根据轴上滑移齿轮的不同位置，选出受力变形最严重的位置进行验算。如较难准确判断滑移齿轮处于哪个位置受力变形最严重，则需要多计算几种位置。

2）如最严重情况时，齿轮处于轴的中部时，应验算在齿轮处轴的挠度；当齿轮处于轴的两端附近时，应验算齿轮处的倾角，此外还应验算轴承处的倾角。

3）按材料力学中的公式计算轴的挠度或倾角，检查是否超过允许值。允许值可从表 2-11 查出。

表 2-11　轴的刚度允许值

挠 度/mm		倾 角/rad	
一般传动轴	$(0.0003 \sim 0.0005)L$	装齿轮处	0.001
刚度要求较高的轴	$0.0002\ L$	装滑动轴承处	0.001
安装齿轮的轴	$(0.01 \sim 0.03)m$	装调心球轴承处	0.0025
安装蜗轮的轴	$(0.02 \sim 0.05)m$	装调心球轴承处	0.005
		装推力圆柱滚子轴承处	0.001
		装圆锥滚子轴承处	0.0006

注：L 为轴的跨距；m 为齿轮或蜗轮的模数。

为简化计算，可用轴的中点挠度代替轴的最大挠度，误差小于3%；轴的挠度最大时，轴承处的倾角也最大。倾角的大小直接影响传动件的接触情况。所以，也可只验算倾角。由于支承处的倾角最大，当它的倾角小于齿轮倾角的允许值时，齿轮的倾角不必计算。

四、无级变速主传动系

（一）无级变速装置的分类

无级变速是指在一定范围内，转速（或速度）能连续地变换，从而获取最合适的切削速度。

机床主传动中常采用的无级变速装置有三大类：变速电动机、机械无级变速装置和液压无级变速装置。

1. 变速电动机

机床上常用的变速电动机有直流复激电动机和交流变频电动机，在额定转速以上为恒功率变速，通常调速范围仅为2～3，较小；额定转速以下为恒转矩变速，调速范围很大，可达30甚至更大。上述功率和转矩特性一般不能满足机床的使用要求。为了扩大恒功率调速范围，在变速电动机和主轴之间串联一个分级变速箱，这种方法广泛用于数控机床、大型机床中。

2. 机械无级变速装置

机械无级变速装置有柯普（Koop）型、行星锥轮型、分离锥轮钢环型、宽带型等多种结构，它们都是利用摩擦力来传递转矩的，通过连续地改变摩擦传动副工作半径来实现无级变速。由于它的变速范围小，多数是恒转矩传动，通常较少单独使用，而是与分级变速机构串联使用，以扩大变速范围。机械无级变速器应用于要求功率和变速范围较小的中小型车床、铣床等机床的主传动中，更多地是用于进给变速传动中。

3. 液压无级变速装置

液压无级变速装置通过改变单位时间内输入液压缸或液动机中液压油量来实现无级变速。它的特点是变速范围较大、变速方便、传动平稳、运动换向时冲击小、易于实现直线运动和自动化。常用在主运动为直线运动的机床中，如刨床、拉床等。

（二）无级变速主传动系设计原则

1）尽量选择功率和转矩特性符合传动系要求的无级变速装置。如执行件作直线主运动的主传动系，对变速装置的要求是恒转矩传动，如龙门刨床的工作台，就应该选择恒转矩传动为主的无级变速装置，如直流电动机；如主传动系要求恒功率传动，如车床或铣床的主轴，就应选择恒功率无级变速装置，如柯普（Koop）B型和K型机械无级变速装置、变速电动机串联机械分级变速箱等。

2）无级变速系统装置单独使用时，其调速范围较小，满足不了要求，尤其是恒功率调速范围往往远小于机床实际需要的恒功率变速范围。为此，常把无级变速装置与机械分级变速箱串联在一起使用，以扩大恒功率变速范围和整个变速范围。

如机床主轴要求的变速范围为 R_n，选取的无级变速装置的变速范围为 R_d，串联的机械分级变速箱的变速范围 R_f应为

$$R_f = R_n / R_d = \varphi_f^{Z-1} \tag{2-15}$$

式中　Z——机械分级变速箱的变速级数；

φ_f——机械分级变速箱的公比。

通常，无级变速装置作为传动系中的基本组，而分级变速作为扩大组，其公比 φ_f理论上应等于无级变速装置的变速范围 R_d。实际上，由于机械无级变速装置属于摩擦传动，有相对滑动现象，可能得不到理论上的转速。为了得到连续的无级变速，设计时应该使分级变速箱的公比 φ_f略小于无级变速装置的变速范围，即取 $\varphi_f = (0.90 \sim 0.97) R_d$，使转速之间有一小段重叠，保证转速连续，如图2-27所示。将 φ_f 值代入式（2-15），可算出机械分级变速箱的变速级数 Z。

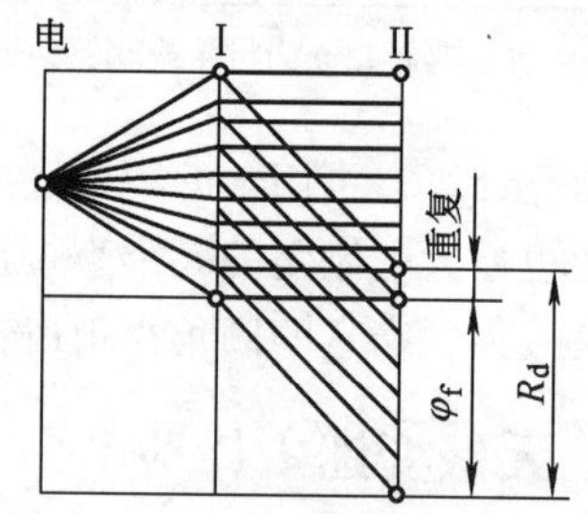

图2-27　无级变速分级变速箱转速图

【例2-2】　设机床主轴的变速范围 $R_n = 60$，无级变速箱的变速范围 $R_d = 8$，设计机械分级变速箱，求出其级数，并画出转速图。

解　机械分级变速箱的变速范围为

$$R_f = R_n / R_d = 60/8 = 7.5$$

机械分级变速箱的公比为

$$\varphi_f = (0.90 \sim 0.97) R_d = 0.94 \times 8 = 7.52$$

由式（2-15）可知，分级变速箱的级数为

$$Z = 1 + \lg 7.5 / \lg 7.52 = 2$$

无级变速分级变速箱转速图如图2-27所示。

五、数控机床主传动系设计特点

现代切削加工正朝着高速、高效和高精度方向发展，对机床的性能提出越来越高的要求，如转速高；调速范围大，恒转矩调速范围达1∶100～1∶1000，恒功率调速范围达1∶10以上，更大的功率范围达2.2～250kW；能在切削加工中自动变换速度；机床结构简单；噪声要小；动态性能要好；可靠性要高等。数控机床主传动设计应满足上述要求，并具有如下特点。

（一）主传动采用直流或交流电动机无级调速

1. 直流电动机无级调速

直流电动机是采用调压和调磁方式来得到主轴所需的转速，其调速范围与功率特性如

图2-28a所示。从最低转速至电动机额定转速，是通过调节电枢电压，保持励磁电流恒定的方法进行调速的，属于恒转矩调速，起动力矩大，响应快，能满足低速切削需要。从额定转速至最高转速，是通过改变励磁电流，从而改变励磁磁通，保持电枢电压恒定的方法进行调速的，属于恒功率调速。

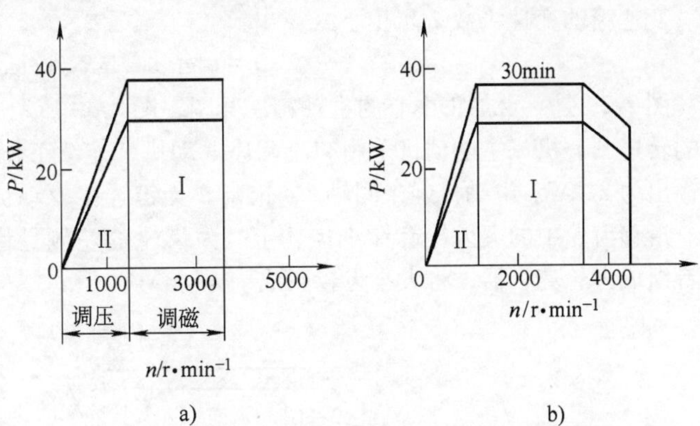

图2-28　直流、交流调速电动机功率特性图

a）直流电动机调速　b）交流电动机调速

一般直流电动机恒转矩调速范围较大，达30，甚至更大；而恒功率调速范围较小，仅能达到2～3，满足不了机床的要求；在高转速范围要进一步提高转速，必须加大励磁电流，将引起电刷产生火花，限制了电动机的最高转速和调速范围。因此，直流电动机仅在早期的数控机床上应用较多。

2. 交流电动机无级调速

交流调速电动机通常是通过调频进行变速的，其调速范围和功率特性如图2-28b所示。

交流调速电动机一般为鼠笼式感应电动机结构，体积小，转动惯性小，动态响应快；无电刷，因而最高转速不受火花限制；采用全封闭结构，具有空气强冷，保证高转速和较强的超载能力，具有很宽的调速范围。如兰州电机厂生产的、额定转速为1500r/min或2000r/min的交流调速电动机，恒定功率调速范围可达1∶5或1∶4；额定转速为750r/min或500r/min的交流调速电动机，恒功率调速范围可达1∶12以上。对于某些应用场合，使用这些电动机可以取消机械变速箱，能较好地适应现代数控机床主传动的要求，因此，应用越来越广泛。

（二）数控机床驱动电动机和主轴功率特性的匹配设计

在设计数控机床主传动时，必须要考虑电动机与机床主轴功率特性匹配问题。由于主轴要求的恒功率变速范围 R_{nN} 远大于电动机的恒功率变速范围 R_{dN}，所以在电动机与主轴之间要串联一个分级变速箱，以扩大其恒功率变速范围，满足低速大功率切削时对电动机的输出功率的要求。

在设计分级变速箱时，考虑机床结构复杂程度、运转平稳性要求等因素，变速箱公比的选取有下列三种情况：

1）取变速箱的公比 φ_f 等于电动机的恒功率变速范围 R_{dN}，即 $\varphi_f = R_{dN}$，功率特性图是连续的，无缺口和无重合。如变速箱的变速级数为 Z，则主轴的恒功率变速范围 R_{nN} 为

$$R_{nN} = \varphi_f^{Z-1} R_{dN} = \varphi_f^{z} \tag{2-16}$$

变速箱的变速级数 Z 可由下式算出

$$Z = \lg R_{nN} / \lg \varphi_f \tag{2-17}$$

2）若要简化变速箱结构，变速级数应少些，变速箱公比 φ_f 可取大于电动机的恒功率变速范围 R_{dN}，即 $\varphi_f > R_{dN}$。这时，变速箱每档内有部分低转速只能恒转矩变速，主传动系功率特性图中出现“缺口”，称为功率降低区。使用“缺口”范围内的转速时，为限制转矩过大，得不到电动机输出的全部功率。为保证缺口处的输出功率，电动机的功率应相应增大。主轴的恒功率变速范围 R_{nN} 为

$$R_{nN}=\varphi_f^{Z-1}R_{dN} \tag{2-18}$$

变速箱的变速级数 Z 可由下式算出：

$$Z=1+(\lg R_{nN}-\lg R_{dN})/\lg\varphi_f \tag{2-19}$$

图2-29是一台加工中心的主轴箱展开图，图2-30所示为它的主传动系图，图2-31a所示为它的转速图。机床主电动机采用交流调速电动机，连续工作额定功率为18.5kW，30min工作最大输出为22kW。电动机经中间轴3，锥环2无键连接驱动齿轮1，经两级滑移齿轮变速传至主轴。滑移齿轮中的大齿轮套在小齿轮上，大齿轮的左侧是齿数、模数与小齿轮相同的内齿轮，两者组成齿轮离合器，将大小齿轮联成一体。

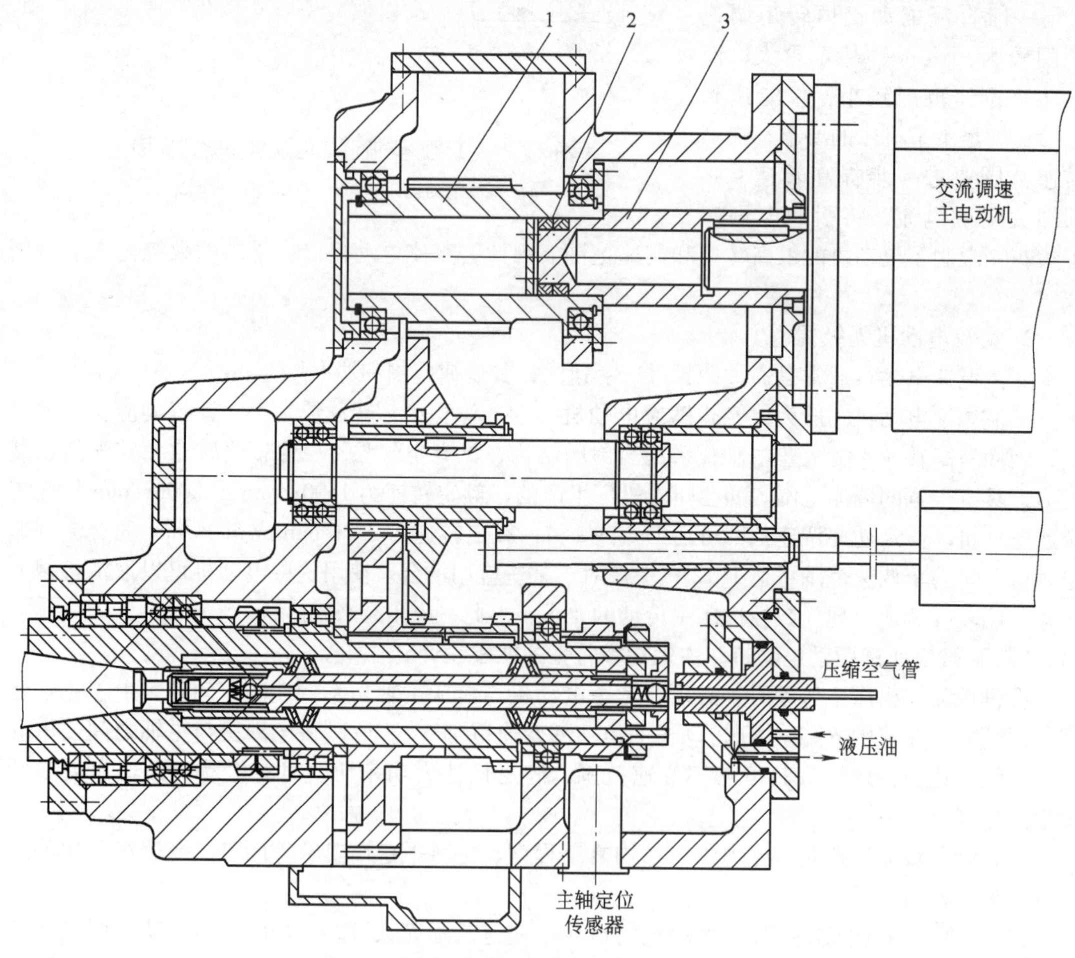

图2-29　主轴箱展开图

1—齿轮　2—锥环　3—中间轴

交流调速主电动机的额定转速为1500r/min，最高转速为4000r/min。电动机恒功率变速范围 $R_{dN}=4000/1500=2.67$，主轴恒功率变速范围 $R_{nN}=n_{max}/n_j=4000/254=15.7$。变速箱的变速级数 $Z=2$，由式（2-18）可算出变速箱的公比 $\varphi_f=5.95$，大于 R_{dN} 值许多，在主轴的功率特性图中将出现较大的“缺口”，如图2-31b所示。在缺口处的功率仅为

$$P_{实}=R_{dN}P_{电机}/\varphi_f=2.67\times18.5\text{kW}/5.95=8.3\text{kW} \tag{2-20}$$

3）如果数控机床为了恒线速切削需在运转中变速时，取变速箱公比 φ_f 小于电动机的恒功

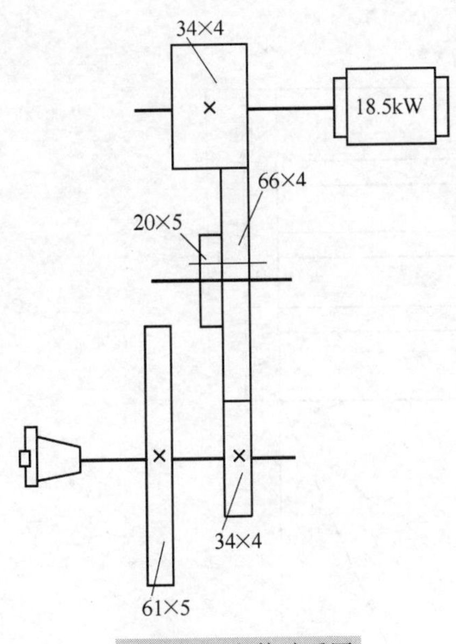

图 2-30 主传动系图

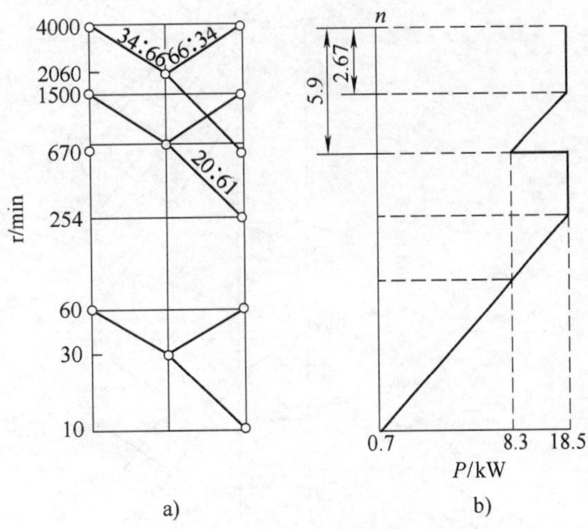

图 2-31 转速图和功率特性图

a）主运动转速图 b）主轴功率特性图

率变速范围，即 $\varphi_f < R_{dN}$，在主传动系功率特性图上有小段重合，这时变速箱的变速级数仍可由式（2-17）算出，将增多。

【例 2-3】 某数控机床，主轴最高转速 $n_{max}=3550\text{r/min}$，最低转速 $n_{min}=14\text{r/min}$，计算转速 $n_j=180\text{r/min}$，采用直流电动机，电动机功率为 28kW，电动机的最高转速为 4400r/min，额定转速为 1750r/min，最低转速为 140r/min，设计分级变速箱的主传动系。

解 主轴要求的恒功率变速范围为

$$R_{nN}=3550/180=19.72$$

电动机可达到的恒功率变速范围为

$$R_{dN}=4400/1750=2.5$$

取 $\varphi_f=2<R_{dN}$，由式（2-19）可算出变速箱的变速级数

$$Z=3.98，取\ Z=4$$

分级变速箱的转速图和功率特性图如图 2-32 所示。由于变速箱公比小于电动机的恒功率变速范围，因此在主轴的功率特性图上出现小段重合。图 2-33 所示为设计的主传动系图。

（三）数控机床高速主传动设计

提高主传动系中主轴转速是提高切削速度最直接最有效的方法。数控车床的主轴转速目前已从十几年前的 1000～2000r/min 提高到 5000～7000r/min。数控高速磨削的砂轮线速度从 50～60m/s 提高到 100～200m/s。为达到如此高的主轴转速，要求主轴系统的结构必须简化，减小惯性，主轴旋转精度要高，动态响应要好，振动和噪声要小。对于高速和超高速数控机床主传动，一般采用两种设计方式：一种是采用联轴器将机床主轴和电动机轴串接成一体，将中间传动环节减少到仅剩联轴器；另一种是将电动机与主轴合为一体，制成内装式电主轴，实现无任何中间环节的直接驱动，并通过冷却液循环冷却方式减少发热，如图 2-34 所示。

（四）数控机床采用部件标准化、模块化结构设计

中小型数控车床主传动系设计中，广泛采用模块化的变速箱和主轴单元形式。再如，整机数控车床的模块化设计是在几个基础模块部件（床身、底座等）基础上，按加工要求灵活配置

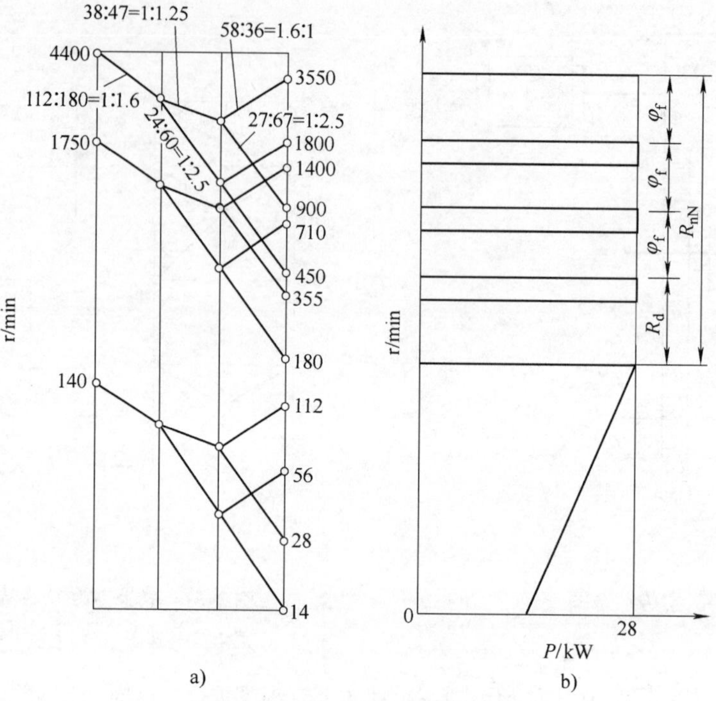

图2-32　转速图和功率特性图

a）主运动转速图　b）主轴功率特性图

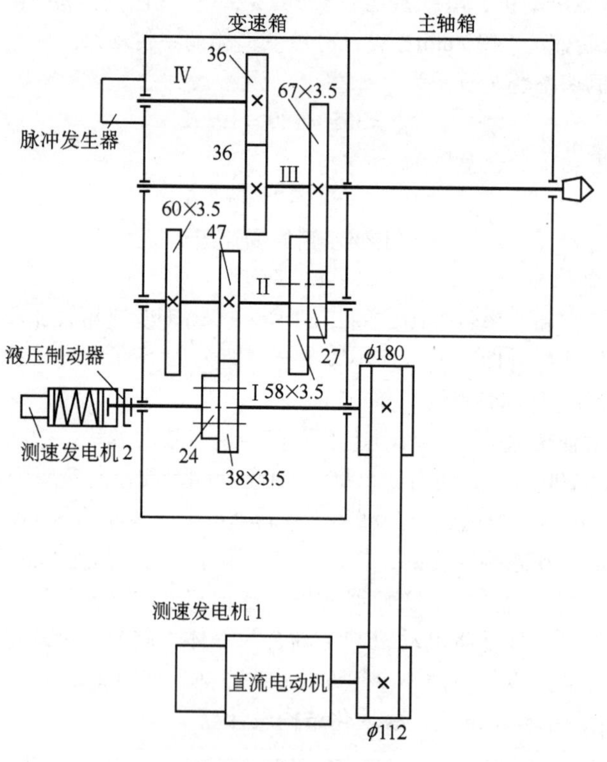

图2-33　主传动系图

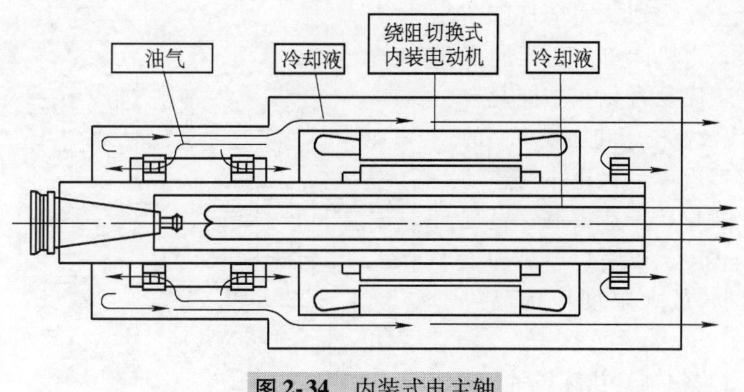

图 2-34　内装式电主轴

若干功能部件（如主轴、刀架、尾座等）和附加模块化装置（各式机械手、检测装置等），如图 2-35 所示。

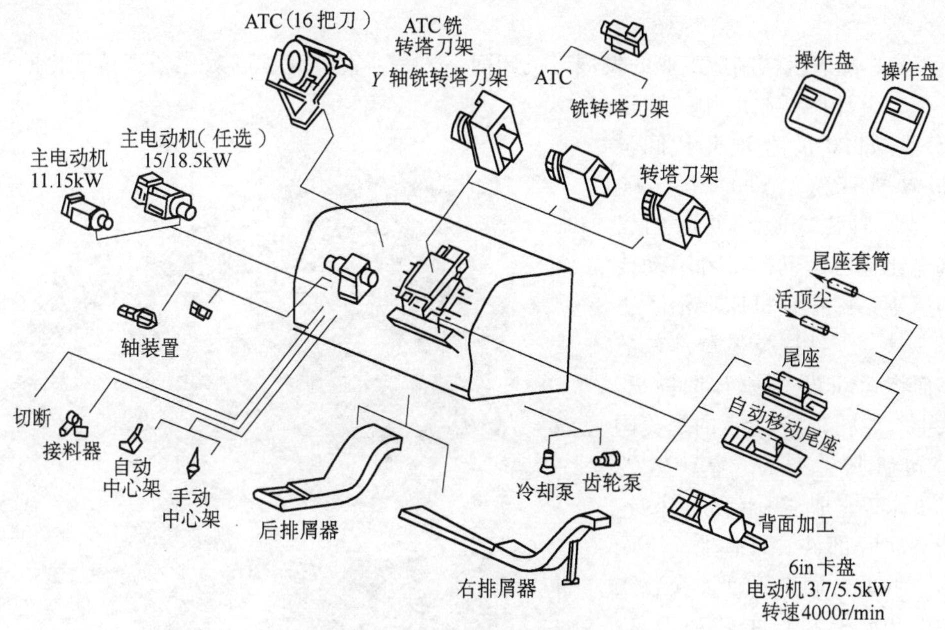

图 2-35　数控车床模块部件构成

（五）数控机床的柔性化、复合化

数控机床对满足加工对象变换有很强的适应能力，即柔性，因此发展很快。目前，在提高单机柔性化的同时，正努力向单元柔性化和系统柔性化方向发展。如数控车床由单主轴发展成具有两根主轴，又在此基础上增设附加控制轴——C 轴控制功能，即主轴的回转可控制，成为车削中心；再配备后备刀库和其他辅助功能，如刀具检测装置、补偿装置、加工监控等；再增加自动装卸工件的工业机械手和更换卡盘装置等，成为适合于中小批量生产用自动化的车削柔性制造单元。如图 2-36 所示的车削中心，有两根主轴，都采用电主轴结构，都具有 C 轴功能和相同加工能力。第 2 主轴还可沿 Z 轴横向移动。如工件长度较大，可用两个主轴同时夹住进行加工，以增强工件的刚性；如是长度较短的盘套类工件，两主轴可交替夹住工件，以便从工件的两端进行加工。

数控机床的发展已经模糊了粗、精加工的工序概念，车削中心又把车、铣、镗、钻等工序集中到同一机床上来完成，完全打破了传统的机床分类，由机床单一化走向多元化、复合化（工序复合化和功能复合化）。因此，现代数控机床和加工中心的设计，已不仅仅考虑单台机床本身，还要综合考虑工序集中、制造控制、过程控制以及物料的传输，以缩短产品加工时间和制造周期，最大限度地提高生产率。

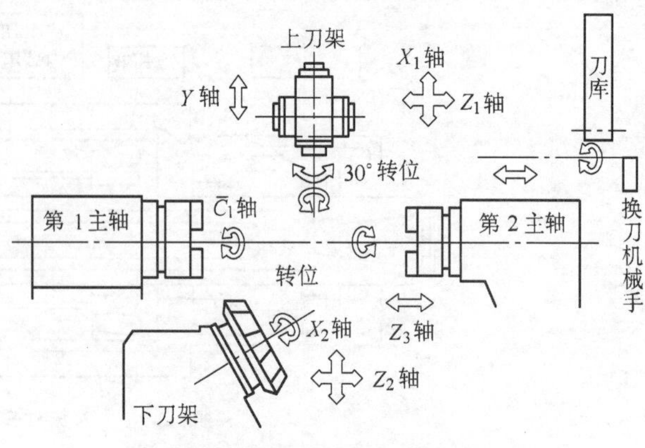

图 2-36 车削中心各控制轴示意图

（六）并联（虚拟轴）机床设计

传统的机床由床身、立柱、主轴箱、刀架或工作台等部件串联而成非对称的布局形式。工件和刀具的各个运动是串联关系，称为串联机床，这种机床布局作业范围大，灵活性好。

近年来，随着机械制造工业的发展，机床面临进一步高速化、高效化和高精度化的严重挑战，在机床设计中开始应用并联运动的原理。如 20 世纪 90 年代问世的虚拟轴机床（Virtual Aixs Machine）是一种六个运动并联的设计。基于让轻者运动，重者不动或少动的原则，虚拟轴机床取消了工作台、夹具、工件这类最重部件的运动，而将运动置于最轻部件——切削头上。如图 2-37 所示的是美国 G&L 公司研制生产的“VARIAX”虚拟轴机床，它取消了传统的床身、立柱、导轨等部件，只有上、下两个平台。下平台固定不动，安装工件；上平台装有机床主轴和刀具，由可伸缩的六根轴与下平台联接。通过数控指令，由伺服电动机和滚珠丝杠副驱动六根轴的伸缩，来控制上平台的运动，使主轴能运动到任意切削位置，对安装在平台上的工件进行加工。这类虚拟轴机床采用平台闭环并联结构，具有刚度高、运动部件重量轻、机械结构简单和制造成本低等优点。而且在改善速度、加速度、精度、刚度等性能方面具有极大的潜力，但运动轨迹计算较复杂。

图 2-37 虚拟轴机床外形图

机床中的进给运动数目称为机床的运动轴数或坐标数（如有 X、Y、Z 三个进给运动的铣床称为三轴铣床或三坐标铣床）。图 2-38a 所示的并联机构，它有两个分支，1、2 是两个直线运动副（又称为移动关节），3、4、5 为铰链（又称为回转关节）。若移动关节为有动力源的主动关节，回转关节为无动力源的被动关节，当构件 1、2 在动力源的驱动下作直线运动时，杆$\overline{35}$和$\overline{45}$

将伸长或缩短。从力学原理来看，当有图示平面内的外力作用时，杆$\overline{35}$和$\overline{45}$只受拉压，不受弯曲。运动1、2是实际的运动轴运动，故称为并联机构实轴运动。从运动学原理看，运动1、2是并联的，它的运动效果与图2-38b中两个串联运动1′、2′的运动效果是相当的。图2-38b中1′为回转运动，2′为直线运动，把运动1′和2′称为等效运动，或称虚拟轴运动，因为1′和2′运动轴实际并不存在。具有虚拟轴运动的机床也可称为虚拟轴机床，因此并联机床又称为虚拟轴机床。图2-38c是三自由度的并联运动机构，图2-38d是六自由度的并联运动机构。六轴完全并联机构的优点是：各个杆不承受弯曲载荷，受力情况好。运动件质量小、速度高、比刚度高、各个分支运动误差不累加、精度高；缺点是：作业空间小（尤其是回转运动范围小），运动算法复杂。完全串联原理机构与完全并联原理机构的优、缺点恰恰相反，因此将串联和并联原理结合起来兼具两者优点的混联原理机床是非常具有实用价值的数控机床。

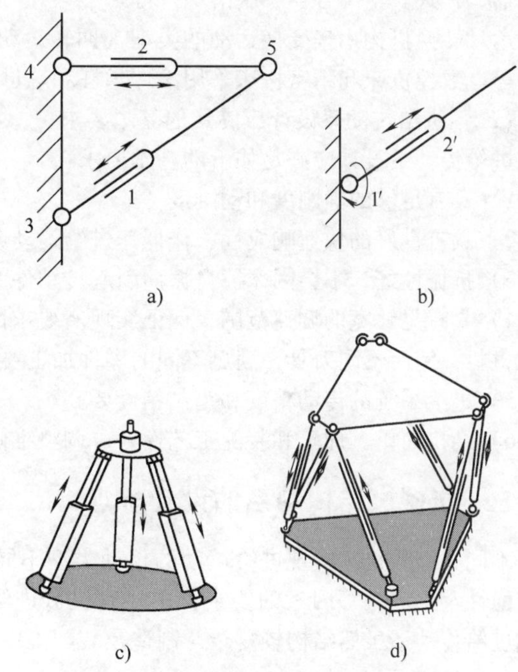

图2-38 并联运动原理及应用

a）并联运动 b）虚拟串联运动

c）三个运动并联 d）六个运动并联

第五节 进给传动系设计

一、进给传动系设计应满足的基本要求

进给传动系用来实现机床的进给运动和辅助运动。

（一）进给传动系的组成

进给传动系一般由动力源、变速机构、换向机构、运动分配机构、过载保险机构、运动转换机构和执行件等组成。

进给传动可以采用单独电动机作为动力源，便于缩短传动链，实现几个方向的进给运动和机床自动化；也可以与主传动共用一个动力源，便于保证主传动和进给运动之间的严格传动比关系，适用于有内联传动链的机床，如车床、齿轮加工机床等。

进给传动系的变速机构是用来改变进给量大小的。常用的有交换齿轮变速、滑移齿轮变速、齿轮离合器变速、机械无级变速和伺服电动机变速等。设计时，若几个进给运动共用一个变速机构，应将变速机构放置在运动分配机构前面。

换向机构有两种：一种是进给电动机换向，换向方便，但换向不能太频繁；另一种是用齿轮换向（圆柱或锥齿轮），这种方式换向可靠，广泛用在各种机床中。

运动分配机构用来转换传动路线，常采用离合器。

过载保险机构的作用是在过载时自动断开进给运动，过载排除后自动接通。常用的有牙嵌离合器、片式安全离合器、脱落蜗杆等。

运动转换机构用来变换运动的类型（回转运动变直线运动），如齿轮齿条、蜗杆蜗轮、丝杠螺母等。数控机床和精密机床采用滚珠丝杠和螺母机构，无间隙、传动精度高和平稳。

（二）进给传动系设计应满足的基本要求

进给传动系设计应满足如下的基本要求：

1）具有足够的静刚度和动刚度。

2）具有良好的快速响应性，作低速进给运动或微量进给时不爬行，运动平稳，灵敏度高。

3）抗振性好，不会因摩擦自振而引起传动件的抖动或齿轮传动的冲击噪声。

4）具有足够宽的调速范围，保证实现所要求的进给量（进给范围、数列），以适应不同的加工材料，使用不同刀具，满足不同的零件加工要求，能传动较大的转矩。

5）进给系统的传动精度和定位精度要高。

6）结构简单，加工和装配工艺性好。调整维修方便，操纵轻便灵活。

二、机械进给传动系的设计特点

不同类型的机床实现进给运动的传动类型不同。根据加工对象、成形运动、进给精度、运动平稳性及生产率等因素的要求，主要有机械进给传动、液压进给传动、电伺服进给传动等。机械进给传动系虽然结构较复杂，制造及装配工作量较大，但由于工作可靠，便于检查和维修，仍有很多机床采用。

1. 进给传动是恒转矩传动

切削加工中，当进给量较大时，一般采用较小的背吃刀量；当背吃刀量较大时，多采用较小的进给量。所以，在各种不同进给量的情况下，产生的切削力大致相同，进给力是切削力在进给方向的分力，也大致相同。所以进给传动与主传动不同，驱动进给运动的传动件不是恒功率传动，而是在恒转矩传动。

2. 进给传动系中各传动件的计算转速是其最高转速

因为进给系统是恒转矩传动，在各种进给速度下，末端输出轴上受的转矩是相同的，设为$T_{末}$。进给传动系中各传动件（包括轴和齿轮）所受的转矩可由下式算出

$$T_i = T_{末}\, n_{末}/n_i = T_{末}\, u_i \tag{2-21}$$

式中　T_i——第i个传动件承受的转矩；

$n_{末}$、n_i——末端输出轴和第i轴的转速；

u_i——第i个传动件传至末端输出轴的传动比，如有多条传动路线，取其中最大的传动比。

由式（2-21）可知，u_i越大，传动件承受的转矩越大。在进给传动系的最大升速链中，各传动件至末端输出轴的传动比最大，承受的转矩也最大。故各传动件的计算转速是其最高转速。

图2-39所示为升降台铣床进给传动系转速图，由电动机经$3\times3\times2$齿轮变速系，然而通过1:1的定比传动到主轴Ⅴ，可以得到9～450r/min的18种进给速度。主轴Ⅴ的计算转速为其最高转速450r/min。其余各轴的计算转速在其最高升速传动路线上，如图中粗线所示，图中双圈所示是各轴的计算转速。

3. 进给传动的转速图为前疏后密结构

如上所述，传动件至末端输出轴的传动比越大，传动件承受的转矩越大，进给传动系转速图的设计刚巧与主传动系相反，是前疏后密的，即采用扩大顺序与传动顺序不一致的结构式，如：$Z=16=2_8\times2_4\times2_2\times2_1$。这样可以使进给系内更多的传动件至末端输出轴的传动比较小，

承受的转矩也较小，从而减小各中间轴和传动件的尺寸。

4. 进给传动的变速范围

进给传动系速度低，受力小，消耗功率小，齿轮模数较小，因此，进给传动系变速组的变速范围可取比主变速组较大的值，即 $0.2 \leqslant u_{进} \leqslant 2.8$，变速范围 $R_n \leqslant 14$。为缩短进给传动链，减小进给箱的受力，提高进给传动的稳定性，进给系的末端常采用降速很大的传动机构，如蜗杆蜗轮、丝杠螺母、行星机构等。

5. 进给传动系采用传动间隙消除机构

对于精密机床、数控机床的进给传动系，为保证传动精度和定位精度，尤其是换向精度，要有传动间隙消除机构，如齿轮传动间隙消除机构和丝杠螺母传动间隙消除机构等。

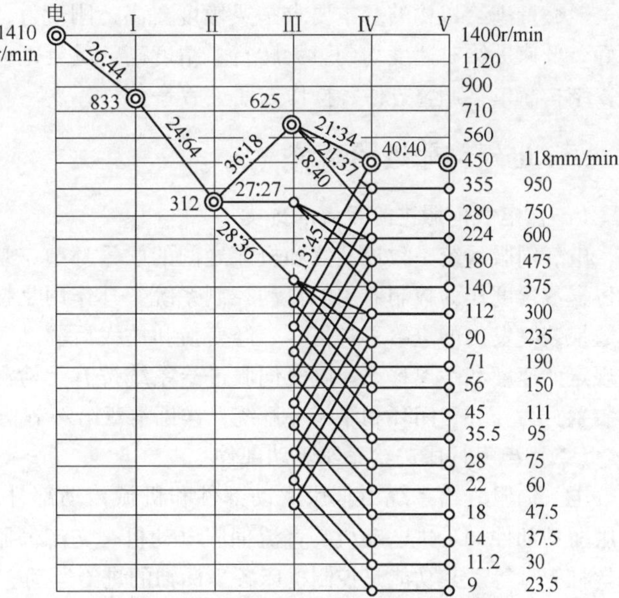

图 2-39　升降台铣床进给传动系转速图

6. 快速空程传动的采用

为缩短进给空行程时间，要设计快速空行程传动，快速与工进需在带负载运行中变换。常采用超越离合器、差动机构或电气伺服进给传动等。

7. 微量进给机构的采用

有时进给运动极为微量，如每次进给量小于2μm，或进给速度小于10mm/min，需采用微量进给机构。微量进给机构有自动和手动两类。自动微量进给机构采用各种驱动元件使进给自动地进行；手动微量进给机构主要用于微量调整精密机床的一些部件，如坐标镗床的工作台和主轴箱、数控机床的刀具尺寸补偿等。

常用的微量进给机构中最小进给量大于1μm的机构有蜗杆传动、丝杠螺母、齿轮齿条传动等，适用于进给行程大、进给量和进给速度变化范围宽的机床；小于1μm的进给机构有弹性力传动、磁致伸缩传动、电致伸缩传动、热应力传动等。都是利用材料的物理性能实现微量进给的。特点是结构简单，位移量小，行程短。

弹性力传动是利用弹性元件（如弹簧片、弹性模片等）的弯曲变形或弹性杆件的拉压变形实现微量进给的，适用于作补偿机构和小行程的微量进给。

磁致伸缩传动是靠改变软磁材料（如铁钴合金、铁铝合金等）的磁化状态，使其尺寸和形状产生变化，以实现步进或微量进给，适用于小行程微量进给。

电致伸缩是压电效应的逆效应。当晶体带电或处于电场中，其尺寸发生变化，将电能转换为机械能以实现微量进给。其进给量小于0.5μm，适用于小行程微量进给。

热应力传动是利用金属杆件的热伸长驱使执行部件运动，来实现步进式微量进给，进给量小于0.5μm，其重复定位精度不太稳定。

图2-40所示为轧机轧辊电致伸缩微量进给示意图。压电陶瓷元件1在电场作用下伸缩，使机架2产生弯曲变形，改变两个轧辊3之间的距离。控制压电陶瓷元件的外加电压，就可以微量控制轧辊间的距离（可达0.1μm）。

对微量进给机构的基本要求是灵敏度要高，刚度好，平稳性好，低速进给时速度均匀，无爬行，精度高，重复定位精度好，结构简单，调整方便，操作方便灵活等。

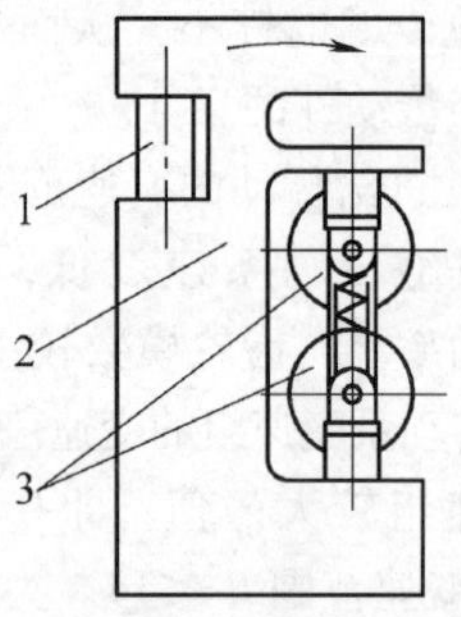

图2-40 轧机轧辊电致伸缩微量进给示意图
1—压电陶瓷元件
2—机架 3—轧辊

三、电气伺服进给系统

（一）电气伺服进给系统的分类

电气伺服系统是数控装置和机床之间的联系环节，是以机械位置或角度作为控制对象的自动控制系统，其作用是接受来自数控装置发出的进给移进信号，经变换和放大后驱动工作台按规定的速度和距离移动。电气伺服进给系统按有无检测和反馈装置分为开环、闭环和半闭环系统，详见本章第六节。

（二）电气伺服进给系统驱动部件

电气伺服进给系统由伺服驱动部件和机械传动部件组成。伺服驱动部件如步进电动机、直流伺服电动机、交流伺服电动机等，机械传动部件如齿轮、滚珠丝杠螺母等。其功能是控制机床各坐标轴的进给运动。

1. 对进给驱动部件的基本要求

1）调速范围要宽，以满足使用不同类型刀具对不同零件加工所需要的切削条件。低速运行平稳，无爬行。

2）快速响应性好，即跟踪指令信号响应要快，无滞后。电动机具有较小的转动惯量。

3）抗负载振动能力强，切削中受负载冲击时，系统的速度仍基本不变。在低速下有足够的负载能力。

4）可承受频繁起动、制动和反转。

5）振动和噪声小，可靠性高，寿命长。

6）调整、维修方便。

2. 进给驱动部件的类型和特点

进给驱动部件种类很多，用于机床上的有步进电动机、小惯量直流电动机、大惯量直流电动机、交流调速电动机和直线电动机等。

（1）步进电动机　步进电动机又称脉冲电动机，是将电脉冲信号变换成角位移（或线位移）的一种机电式数模转换器。它每接受数控装置输出的一个电脉冲信号，电动机轴就转过一定的角度，称为步距角。步距角一般为0.5°~3°，角位移与输入脉冲个数成严格的比例关系，步进电动机的转速与控制脉冲的频率成正比。电动机的步距角用α表示，单位为（°），即

$$\alpha = \frac{360°}{PZK}$$

式中　P——步进电动机相数；

Z——步进电动机转子的步数；

K——通电方式，当三相三拍导电方式时，$K=1$，三相六拍导电方式时，$K=2$ 。

转速可以在很宽的范围内调节。改变绕组通电的顺序，可以控制电动机的正转或反转。步进电动机的优点是没有累积误差，结构简单，使用、维修方便，制造成本低，带动负载惯量的能力大，适用于中、小型机床和速度精度要求不高的地方；缺点是效率较低，发热大，有时会“失步”。

（2）直流伺服电动机　机床上常用的直流伺服电动机主要有小惯量直流电动机和大惯量直

流电动机。

小惯量直流电动机的优点是转子直径较小，轴向尺寸大，长径比约为5，故转动惯量小，仅为普通直流电动机的1/10左右，因此响应时间快；缺点是额定转矩较小，一般必须与齿轮降速装置相匹配。常用于高速轻载的小型数控机床中。

大惯量直流电动机，又称宽调速直流电动机，有电励磁和永久磁铁励磁两种类型。电励磁的特点是励磁量便于调整，成本低。永磁型直流电动机能在较大过载转矩下长期工作，并能直接与丝杠相连而不需要中间传动装置，还可以在低速下平稳地运转，输出转矩大。宽调速电动机可以内装测速发电机，还可以根据用户需要，在电动机内部加装旋转变压器和制动器，为速度环提供较高的增益，能获得优良低速刚度和动态性能。电动机频率高、定位精度好、调整简单、工作平稳。缺点是转子温度高、转动惯量大、时间响应较慢。

（3）交流伺服电动机　自20世纪80年代中期开始，以异步电动机和永磁同步电动机为基础的交流伺服进给驱动得到迅速发展。它采用新型的磁场矢量变换控制技术，对交流电动机作磁场的矢量控制；将电动机定子的电压矢量或电流矢量作操作量，控制其幅值和相位。它没有电刷和换向器，因此可靠性好、结构简单、体积小、重量轻、动态响应好。在同样体积下，交流伺服电动机的输出功率可比直流电动机提高10%～70%。交流伺服电动机与同容量的直流电动机相比，重量约轻一半，价格仅为直流电动机的1/3，效率高，调速范围广，响应频率高。缺点是本身虽有较大的转矩—惯量比，但它带动惯性负载能力差，一般需用齿轮减速装置，多用于中小型数控机床。

交流伺服电动机发展很快，特别是新的永磁材料的出现和不断完善，更推动永磁电动机的发展，如第三代稀土材料——钕铁硼的出现，具有更高的磁性能。永磁电动机结构上的改进和完善，特别是内装永磁交流伺服电动机的出现，可使磁铁长度再缩短，具有更小的电动机外形尺寸，使结构更合理可靠，允许在更高转速下运行。

20世纪80年代末，出现了与机床部件一体化式的电动机。由日本FANUC公司试制出的一种新型的永磁交流伺服电动机。其结构的特点是伺服电动机的转轴是空心的，也称空心轴交流伺服电动机。进给丝杠的螺母可以装在电动机的空心转轴内，使进给丝杠能在电动机内来回移动。这种结构特点是使移动的重物重心与丝杠运动在同一直线上，使弯曲和倾斜都达到最小，而且不需要联轴器，与机床部件一体化。这样伺服系统具有很高的刚性和极高的控制精度。这种电动机具有广泛的应用前景。图2-41所示为它的一个应用实例。图2-41a所示为采用普通伺服电动机时的立柱结构，丝杠通常位于主轴箱的一侧。图2-41b所示为采用空心轴交流伺服电动机时，丝杠可以方便地位于主轴箱的中间，从而减小立柱的尺寸，改善主轴箱的受力状况。

（4）直线伺服电动机　直线伺服电动机是一种能直接将电能转化为直线运动机械能的电力驱动装置，是适应超高速加工技术发展的需要而出现的一种新型电动机。直线伺服电动机驱动系统替换了传统的由回转型伺服电动机加滚珠丝杠的伺服进给系统，从电动机到工作台之间的一切中间传动都没有了，可直接驱动工作台进行直线运动，使工作台的加/减速提高到传统机床的10～20倍，速度提高3～4倍。

直线伺服电动机工作原理与旋转电动机相似，可以看成是将旋转型伺服电动机沿径向剖开，向两边拉开展平后演变而成的，如图2-42所示。原来的定子1演变成直线伺服电动机的初级4，原来的转子2演变成直线伺服电动机的次级3。原来的旋转磁场变成了平磁场。

在磁路构造上，直线伺服电动机一般做成双边型，磁场对称，不存在单边磁拉力，在磁场中受到的总推力可较大。

为使初级和次级之间能够在一定移动范围内作相对直线运动，直线伺服电动机的初级和次

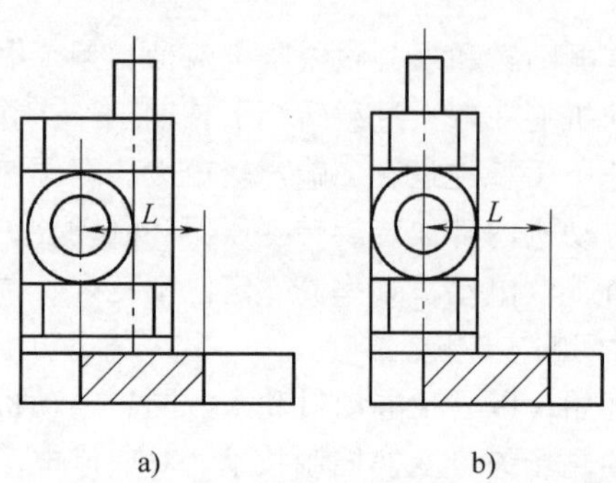

图2-41　采用不同电动机的立柱结构示意图

a）采用普通伺服电动机　b）采用空心轴交流伺服电动机

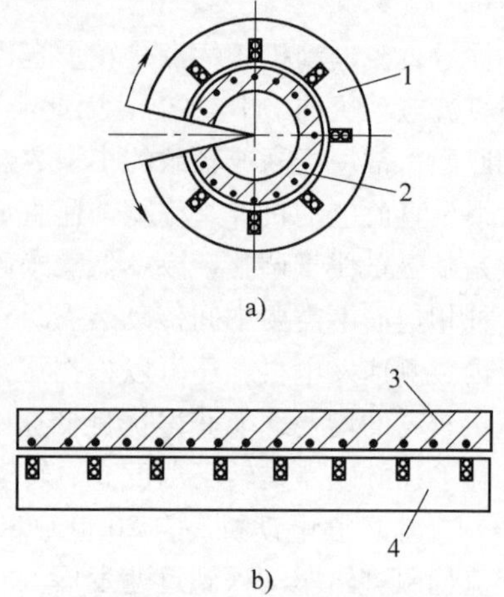

图2-42　旋转电动机变为直线电动机过程

a）旋转电动机　b）直线电动机

1—定子　2—转子　3—次级　4—初级

级长短是不一样的。可以是短的次级移动，长的初级固定，如图2-43a所示；也可以是短的初级固定，长的次级移动，如图2-43b所示。

图2-44是直线伺服电动机传动示意图，直线伺服电动机分为同步式和感应式两类。同步式是在直线伺服电动机的定件（如床身）上，在全行程沿直线方向上一块接一块地装上永磁铁（电动机的次级）；在直线伺服电动机的动件（如工作台）下部的全长上，对应地一块接一块安装上含铁心的通电绕组（电动机的初级）。

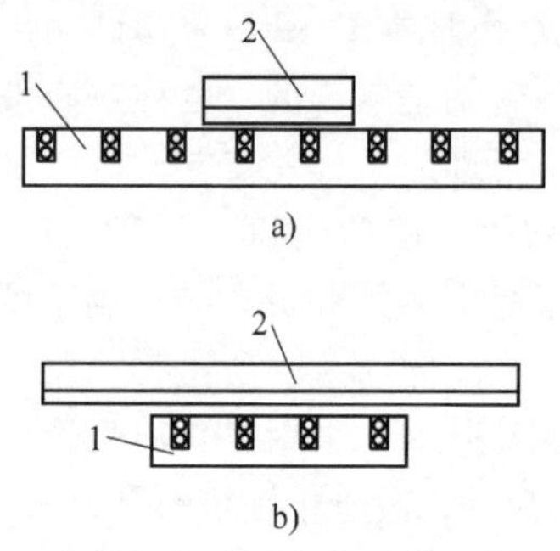

图2-43　直线伺服电动机的形式

a）短次级　b）短初级

1—初级　2—次级

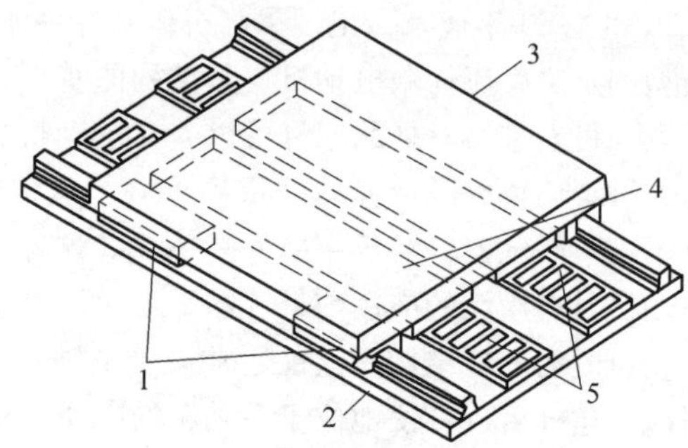

图2-44　直线伺服电动机传动示意图

1—直线滚动导轨　2—床身　3—工作台

4—直流电动机动件（绕组）

5—直流电动机定件（永久磁铁）

感应式与同步式的区别是在定件上用不通电的绕组替代同步式的永久磁铁，且每个绕组中每一匝均是短路的。直线伺服电动机通电后，在定件和动件之间的间隙中产生一个大的行波磁场，依靠磁力，推动动件（工作台）作直线运动。

采用直线伺服电动机驱动方式，省去减速器（齿轮、同步带等）和滚动丝杠副等中间环节，不仅简化机床结构，而且避免了因中间环节的弹性变形、磨损、间隙、发热等因素带来的传动误差；无接触地直接驱动，使其结构简单，维护简便，可靠性高，体积小，传动刚度高，响应快，可得到瞬时高的加/减速度。据文献介绍，它的最大进给速度可达到100m/min甚至更高，最大加/减速度为1g ~ 8g。

现在直线伺服电动机已成功地应用在超高速机床中，如1993年德国EX-CELL-U公司生产出世界上第一台由直线伺服电动机驱动工作台的高速加工中心。在X、Y、Z三个坐标轴上都采用了感应式直线伺服电动机直接驱动方式。加工速度大幅度提高，可达到60m/min，由于加/减速度可调整，缩短了定位时间，大大提高了生产率，并且提高了零件加工精度和表面质量。

目前，直线伺服电动机驱动存在的问题有：

1）隔磁防磁问题。由于直线伺服电动机的磁力线外泄，机床装配、操作、维护时，必须采取有效的隔磁措施。

2）发热问题。因为直线电动机安装在机床工作台下部，散热困难，应有良好的散热措施。

3）成本较高。

（5）伺服电动机的选择　数控机床的进给系统大多采用伺服电动机，且工作进给与快速进给合用一个电动机。下面介绍如何根据计算的转矩、惯量和最大进给速度选择伺服电动机。

1）电动机的转矩。运动执行件（如滑台）所需的电动机转矩可以通过传动比（如同步带的传动或滚珠丝杠螺距）调整，因此电动机的转矩选择不是唯一的。但传动比的调整又影响进给速度。进给速度又由电动机转速和传动比决定。

2）电动机的惯量。负载惯量所需的电动机惯量与进给速度和电动机角速度（转速）之比有关，即与传动比有关。

3）电动机产品型号。不同生产厂家、不同型号的电动机，其转矩、转速、惯量及推荐的电动机与负载惯量之比不同，表2-12给出的例子中推荐的伺服电动机与负载惯量之比为5~30倍。

表2-12　伺服电动机轴惯性矩与负载惯性矩推荐比例

型　号	HC—KFS	HC—MFS	HC—UFS	HC—RFS
额定功率/W	750	750	750	1000
额定转矩/N · m	2.4	2.4	3.58	3.18
额定转速/r · min^{-1}	3000	3000	2000	3000
转动惯量/10^{-4}kg · m^2	1.51	0.6	10.4	1.5
推荐的负载与电动机转动惯量比	15倍以下	30倍以下	15倍以下	5倍以下

因此，数控机床进给系统的伺服电动机应根据实际电动机产品的转矩、转速、惯量及推荐的电动机与负载惯量之比和计算所得到的进给系统所需的转矩、惯量、进给速度综合确定。

（三）电伺服进给传动系中的机械传动部件

1. 机械传动部件应满足的要求

1）机械传动部件要采用低摩擦传动，例如，导轨可以采用静压导轨、滚动导轨；丝杠传动可采用滚珠丝杠螺母传动；齿轮传动采用磨齿齿轮。

2）伺服系统和机械传动系匹配要合适。输出轴上带有负载的伺服电动机的时间常数与伺服电动机本身所具有的时间常数不同，如果匹配不当，就达不到快速反应的性能。

3）选择最佳降速比来降低惯量，最好采用直接传动方式。

4）采用预紧办法来提高整个系统的刚度。

5）采用消除传动间隙的方法，减小反向死区误差，提高运动平稳性和定位精度。

总之，为保证伺服系统的工作稳定性和定位精度，要求机械传动部件无间隙、低摩擦、低惯量、高刚度、高谐振和适宜阻尼比。

2. 机械传动部件设计

机械传动部件主要指齿轮或同步带和丝杠螺母传动副。电气伺服进给系统中，运动部件的移动是靠脉冲信号来控制的，要求运动部件动作灵敏、低惯量、定位精度好、适宜的阻尼比及传动机构不能有反向间隙。

（1）最佳降速比的确定　传动副的最佳降速比应按最大加速能力和最小惯量的要求确定，以降低机械传动部件的惯量。

对于开环系统，传动副的设计主要是由机床所要求的脉冲当量与所选用的步进电动机的步距角决定的。降速比为

$$u=\frac{\alpha L}{360^{\circ}Q}$$

式中　α——步进电动机的步距角［(°)/脉冲］；

L——滚珠丝杠的导程（mm）；

Q——脉冲当量（mm/脉冲）。

对于闭环系统，主要由驱动电动机的最高转速或转矩与机床要求的最大进给速度或负载转矩决定，降速比为

$$u=\frac{n_{\mathrm{dmax}}L}{v_{\max}}$$

式中　n_{dmax}——驱动电动机最大转速（r/min）；

L——滚珠丝杠导程（mm）；

$v_{\max}$——工作台最大移动速度（mm/min）。

设计中、小型数控车床时，通过选用最佳降速比来降低惯量，应尽可能使传动副的传动比 $u=1$，这样可选用驱动电动机直接与丝杠相联接的方式。

（2）齿轮传动间隙的消除　传动副为齿轮传动时，要消除其传动间隙。齿轮传动间隙的消除有刚性调整法和柔性调整法两类方法。

刚性调整法是调整后的齿侧间隙不能自动进行补偿，如偏心轴套调整法、变齿厚调整法、斜齿轮轴向垫片调整法等。特点是结构简单，传动刚度较高。但要求严格控制齿轮的齿厚及齿距公差，否则将影响运动的灵活性。

柔性调整法是指调整后的齿侧间隙可以自动进行补偿，结构比较复杂，传动刚度低些，会影响传动的平稳性。主要有双片直齿轮错齿调整法，薄片斜齿轮轴向压簧调整法，双齿轮弹簧调整法等。图2-45所示为双片直齿轮错齿间隙消除机构。两薄片齿轮1、2套装在一起，同另一个宽齿轮3相啮合。齿轮1、2端面分别装有凸耳4、5，并用拉簧6联接，弹簧力使两齿轮1、2产生

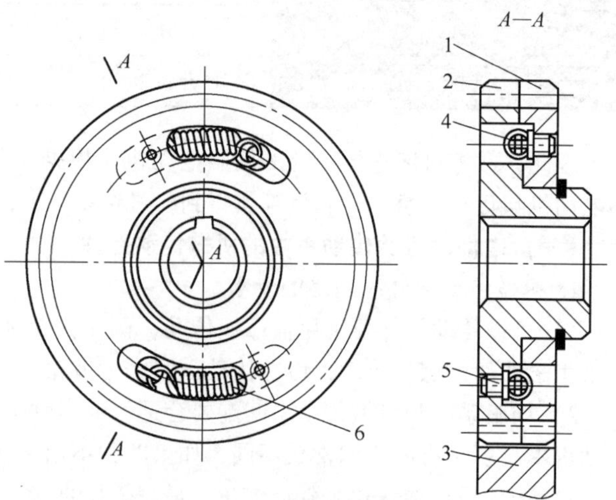

图2-45　双片直齿轮错齿间隙消除机构

1、2、3—齿轮　4、5—凸耳　6—拉簧

相对转动，即错齿，使两片齿轮的左右齿面分别贴紧在宽齿轮齿槽的左右齿面上，消除齿侧间隙。

（3）滚珠丝杠及其支承　滚珠丝杠是将旋转运动转换成执行件的直线运动的运动转换机构，如图2-46所示，由螺母5、丝杠4、滚珠6、回珠器2和3、密封环1等组成。滚珠丝杠的摩擦因数小，传动效率高。

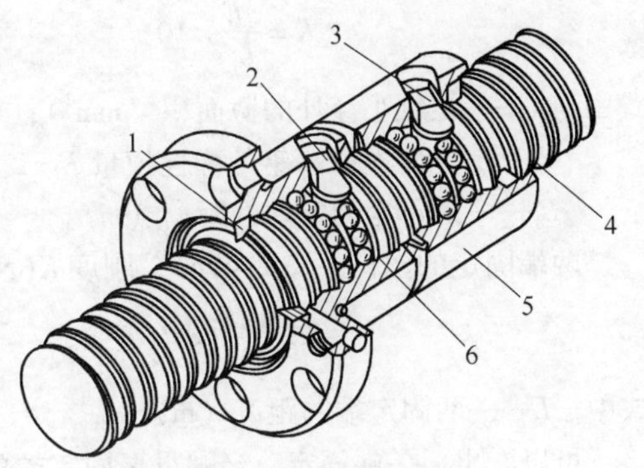

图2-46　滚珠丝杠螺母副的结构

1—密封环　2、3—回珠器　4—丝杠　5—螺母　6—滚珠

滚珠丝杠主要承受轴向载荷，因此对丝杠轴承的轴向精度和刚度要求较高，常采用角接触球轴承或双向推力圆柱滚子轴承与滚针轴承的组合轴承方式，如图2-47和图2-48所示。

角接触推力球轴承有多种组合方式，可根据载荷和刚度要求而选定。一般中、小型数控机床多采用这种方式。而组合轴承多用于重载、丝杠预拉伸和要求轴向刚度高的场合。

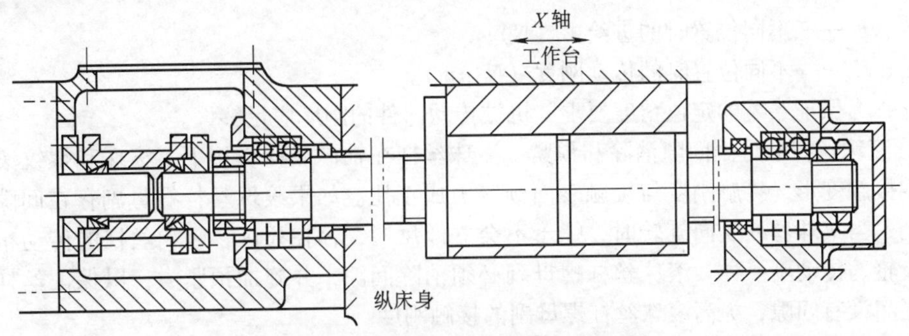

图2-47　采用角接触球轴承的支承方式

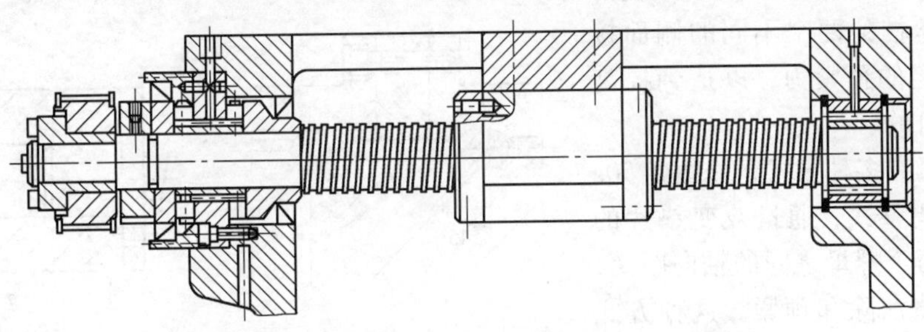

图2-48　采用双向推力圆柱滚子轴承的支承方式

滚珠丝杠的支承方式有三种，如图2-49所示。图2-49a所示为一端固定，另一端自由方式，常用于短丝杠和竖直丝杠。图2-49b所示为一端固定，一端简支承方式，常用于较长的卧式安装丝杠，图2-48是这种形式应用于数控车床中的一个例子。图2-49c所示为两端固定，用于长丝杠或高转速，要求高拉压刚度的场合，图2-47是一种应用实例，这种支承方式可以通过拧紧螺母来调整丝杠的预拉伸量。

（4）丝杠的拉压刚度计算　丝杠传动的综合拉压刚度主要由丝杠的拉压刚度，支承刚度和螺母刚度三部分组成。丝杠的拉压刚度不是一个定值，它随螺母至轴向固定端的距离而变。一端轴向固定的丝杠（图2-49a、b）的拉压刚度K(N/μm)为

$$K=\frac{AE}{L_1}\times 10^{-6}$$

式中 A——螺纹小径处的截面积（mm^2）；

E——弹性模量（钢的弹性模量 $E=2\times 10^{11}\ N/m^2$）；

L_1——螺母至固定端的距离（m）。

两端固定的丝杠（图2-49c），刚度 $K(N/\mu m)$ 为

$$K=\frac{4AE}{L}\times 10^{-6}$$

式中 L——两固定端的距离（m）。

可以看出，一端固定，当螺母至固定端的距离 L_1 等于两支承端距离 L 时，刚度最低。在 A、E、L 相同的情况下，两端固定丝杠的刚度为一端固定时的4倍。

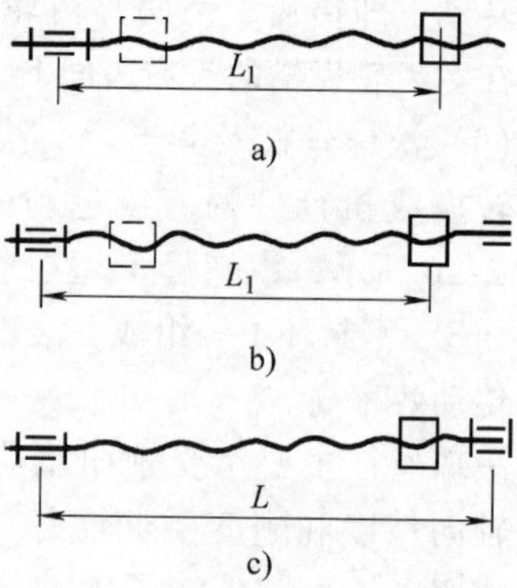

图2-49 滚珠丝杠支承方式

a）一端固定，一端自由

b）一端固定，一端简支

c）两端固定

由于传动刚度的变化而引起的定位误差 $\delta(\mu m)$ 为

$$\delta=\frac{F_1}{K_1}-\frac{F_2}{K_2}$$

式中 F_1、F_2——不同位置时的进给力（N）；

K_1、K_2——不同位置时的传动刚度（$N/\mu m$）。

因此，为保证系统的定位精度要求，机械传动部件的刚度应足够大。

（5）滚珠丝杠螺母副间隙消除和预紧　滚珠丝杠在轴向载荷作用下，滚珠和螺纹滚道接触区会产生接触变形，接触刚度与接触表面预紧力成正比。如果滚珠丝杠螺母副存在间隙，接触刚度较小；当滚珠丝杠反向旋转时，螺母不会立即反向，存在死区，影响丝杠的传动精度。因此，与齿轮的传动副一样，滚珠丝杠螺母副必须消除间隙，并施加预紧力，以保证丝杠、滚珠和螺母之间没有间隙，提高滚珠丝杠螺母副的接触刚度。

滚珠丝杠螺母副通常采用双螺母结构，如图2-50所示。通过调整两个螺母之间的轴向位置，使两螺母的滚珠在承受工作载荷前，分别与丝杠的两个不同的侧面接触，产生一定的预紧力，以达到提高轴向刚度的目的。

调整预紧有多种方式，如图2-50a所示为垫片调整式，通过改变垫片的厚薄来改变两个螺母之间的轴向距离，实现轴向间隙消除和预紧。这种方式的优点是结构简单、刚度高、可靠性好；缺点是精确调整较困难，当滚道和滚珠有磨损时不能随时调整。图2-50b所示为齿差调整式，左、右螺母法兰外圆上制有外齿轮，齿数常相差1。这两个外齿轮又与固定在螺母体两侧的两个齿数相同的内齿圈相啮合。调整方法是两个螺母相对其啮合的内齿圈同向都转一个齿，则两螺母的相对轴向位移 s_0 为

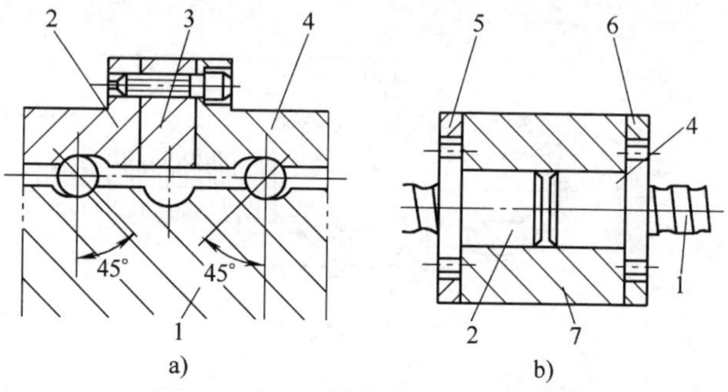

图2-50 滚珠丝杠间隙调整和预紧

a）垫片式　b）齿差式

1—丝杠　2—左螺母　3—垫片　4—右螺母

5—左齿圈　6—右齿圈　7—支座

$$s_0=\frac{L}{z_1z_2}$$

式中 L——丝杠的导程（mm）；

z_1、z_2——两齿轮的齿数。

如 z_1、z_2 分别为99、100，$L=10\text{mm}$，则 $s_0\approx0.001\text{mm}$。

（6）滚珠丝杠的预拉伸　滚珠丝杠常采用预拉伸方式，提高其拉压刚度和补偿丝杠的热变形。

确定丝杠预拉伸力时应综合考虑下列各因素：

1）使丝杠在最大轴向载荷作用下，在受力方向上仍能保持受拉状态，为此，预拉伸力应大于最大工作载荷的0.35倍。

2）丝杠的预拉伸量应能补偿丝杠的热变形。

丝杠在工作时要发热，引起丝杠的轴向热变形，使导程加大，影响定位精度。丝杠的热变形 ΔL_1 为

$$\Delta L_1=\alpha L\Delta t$$

式中　α——丝杠的热膨胀系数，钢的 $\alpha=11\times10^{-6}℃^{-1}$；

L——丝杠长度（mm）；

Δt——丝杠与床身的温差，一般为 $\Delta t=2\sim3℃$（恒温车间）。

为了补偿丝杠的热膨胀，丝杠的预拉伸量应略大于热膨胀量。发热后，热膨胀量抵消了部分预拉伸量，使丝杠内的拉应力下降，但长度却没有变化。

丝杠预拉伸时引起的丝杠伸长 ΔL(m) 可按材料力学的计算公式计算

$$\Delta L=\frac{F_0L}{AE}=\frac{4F_0L}{\pi d^2E}$$

式中　d——丝杠螺纹小径（m）；

L——丝杠的长度（m）；

A——丝杠的截面积（m^2）；

E——弹性模量，钢的弹性模量 $E=2\times10^{11}\text{N/m}^2$；

F_0——丝杠的预拉伸力（N）。

则丝杠的预拉伸力 F_0(N) 为

$$F_0=\frac{1}{4L}\pi d^2E\Delta L$$

【例2-4】　某一丝杠，导程为10mm，直径 $d=40\text{mm}$，全长上共有110圈螺纹，跨距（两端轴承间的距离）$L=1300\text{mm}$，工作时丝杠温度预计比床身高 $\Delta t=2℃$，求预拉伸量。

解　螺纹段长度

$$L_1=10\times110\text{mm}=1100\text{mm}$$

螺纹段热伸长量

$$\Delta L_1=\alpha_1L_1\Delta t=11\times10^{-6}\times1100\times2\text{mm}=0.0242\text{mm}$$

预伸长量应略大于 ΔL_1，取螺纹段预拉伸量 $\Delta L=0.04\text{mm}$。当温升2℃后，还有 $\Delta L-\Delta L_1=0.0158\text{mm}$ 的剩余拉伸量，预拉伸力有所下降，但还未完全消失，补偿了热膨胀引起的热变形。在向丝杠厂订货时，应说明丝杠预拉伸的有关技术参数，以便特制丝杠的螺距比设计值小一些，在装配预拉伸后达到设计精度。

装配时，丝杠的预拉伸力通常用测量丝杠伸长量来控制，丝杠全长上的预拉伸量为

$$\frac{\Delta L\times L}{L_1}=\frac{0.04\times1300}{1100}\text{mm}=0.0473\text{mm}$$

第六节 机床控制系统设计

一、概述

在机床设计中，控制系统的设计是其重要的组成部分，机床为了完成复杂的加工任务，需要保证各种运动协调有序地进行，必须设计一套完善可靠的控制系统，它的性能直接影响着机床的性能和加工精度。

（一）机床控制系统的功能

由于机床的种类和功能的不同，其控制系统所具有的功能也不同。对于自动化程度不高的机床，很多控制作业是由操作人员手工完成的，而对于自动化程度较高的机床，则大部分甚至全部控制是由机床的控制系统来完成。随着生产力的不断发展和机床自动化程度的不断提高，机床的控制系统也日趋完善，并对机床工作性能的提高发挥了越来越重要的作用。

机床控制系统的功能归纳起来主要有以下几个方面：在自动化机床上能够自动进行工件的装卸；自动进行工件的定位、夹紧和松开；控制切削液、排屑等辅助装置的工作；实现刀具的自动安装、调整、夹紧和更换；控制主运动和各进给运动的速度和方向；实现刀架或工作台的路径控制；对被加工零件的尺寸进行在线或离线测量，进行误差自动补偿，从而保证加工精度等。

（二）机床控制系统应满足的要求

1）迅速、准确、可靠。采用自动控制可以提高操作的准确性，加速辅助操作的速度，从而节省辅助时间。

2）缩短加工时间。采用自动控制系统有可能对一个工件实现多刀、多面加工，对多个工件实现并行加工，可以大大缩短单件的加工时间。

3）提高劳动生产率。采用自动控制系统后，一个工人可以同时照看几台机床，可明显地提高劳动生产率，并提高了机床的使用率。

4）改善加工质量。由自动机床生产出来的零件一般质量比较稳定，公差带较小，废品率较低。如采用主动测量和加工误差反馈控制技术，改善加工质量的效果更加明显。

（三）机床控制系统的分类

1. 按自动化程度分类

机床控制系统可分为手动、机动、半自动和自动控制系统。

（1）手动控制系统　该系统是由人来操纵手柄、手轮等，通过机械传动来实现控制。其优点是结构简单、成本低；缺点是操作费时、费力，控制速度和精确度不高。仅用于一般的机床控制。

（2）机动控制系统　该系统是由人来发出指令，靠电气、液压或气压传动来实现控制。其优点是操作方便、省时和省力；但是成本较高。用于操作较费力的场合。

（3）半自动控制系统　除了工件的装卸由人工完成外，机床的其余操作都实现自动化。如被加工件的形状比较复杂，或尺寸和质量较大，实现自动装卸比较困难时采用之。

（4）自动控制系统　包括工件的装卸在内的全部操作都实现自动化。工人的任务是不断地往料仓或料斗里装载毛坯，可以同时监视几台机床的工作。一般自动控制系统由三部分组成：

1）发令器官 。用于发出自动控制指令，如分配轴上的凸轮和挡块、挡铁—行程开关、插销板、仿形机床的靠模、自动测量仪、压力继电器、速度继电器、穿孔带、磁带和磁盘及各类传感器等。

2）执行器官。用于最终实现控制操作的环节，如滑块、拨叉、电磁铁、伺服电动机或液压马达、机械手等。

3）转换器官。用于将发令器官发出的指令传送到执行器官，并在传送过程中将指令信号的能量放大，或将电指令转换为液压或气压指令，或反之。

2. 按控制系统有否反馈进行分类

机床控制系统可分为开环、半闭环和闭环控制系统，详见本节第四部分。

3. 按控制方式和内容进行分类

机床控制系统可分为时间控制、程序控制、数字控制、误差补偿控制和自适应控制。本节按这一分类方法进行较详细的介绍。

二、机床的时间控制

时间控制是按时间顺序发出控制机床各工作部件动作的指令，是属于开环控制，在机床上常采用凸轮机构实现时间控制，即机床各工作部件动作时间的顺序和运动行程的信息都记录在凸轮上。凸轮装在分配轴上，分配轴按固定的周期旋转。凸轮上的曲线通过传动机构驱动工作部件按设定的规律运动；凸轮上控制各工作部件的曲线的相位角，决定了各工作部件运动的先后顺序。采用凸轮控制系统，按机床辅助运动控制方式的不同，有以下三种形式：

（一）不变速的单一分配轴控制系统

这类机床上所有的成形运动和辅助运动都由一根分配轴上的凸轮控制。如图 2-51a 所示，分配轴以设定的转速旋转，旋转一圈完成一个工件的加工，在整个加工周期中转速是恒定的。

这类控制系统的优点是结构简单。缺点是在加工周期内成形运动和辅助运动所占的时间比例是一定的，如果工件的加工时间较长时，辅助运动时间也将按比例地增加，降低了机床的生产率。因此这类控制系统仅用于加工周期较短的小型自动机床上，如单轴横切或纵切自动车床等。

（二）变速的单一分配轴控制系统

这类控制系统在机床工作行程时根据工件加工的切削用量，用交换齿轮 u_S 调整分配轴的转速；辅助行程时则以恒定、较高的转速旋转。如图 2-51b 所示，为实现分配轴的变速，分配轴Ⅱ上的凸轮 1 控制离合器 M，将离合器拨向左时，分配轴快速转动，完成送料、夹料、刀架快进、快退和转位等辅助运动；将离合器拨向右时，分配轴按工作转速旋转，进行切削加工。

这类控制系统克服了上一类系统的缺点，不管机床的加工周期长短如何，辅助运动时间总是保持不变，提高了机床的生产率，但结构较复杂。由于加工控制和辅助控制均在分配轴旋转一圈的时间内完成，适用于辅助控制内容比较简单，辅助时间在整个加工循环周期内占较小比例的自动机床上，如多轴自动车床。

（三）分配轴和辅轴轮流控制的系统

这类控制系统有一根分配轴Ⅱ和一根辅轴Ⅲ，如图 2-51c 所示。机床的分配轴用于机床所有的成形运动和部分的辅助运动，如刀架的快进和快退。其转速是根据加工循环时间用交换齿轮 u_S 调整的，每加工一个工件分配轴旋转一圈。辅轴是由分配轴上的拨轮 2 触发单转离合器 M 而旋转一圈，用辅轴上的凸轮控制其他的辅助运动，如送料、夹料、转位等，其转速是恒定不可调的。如拨轮上有多个拨爪，可以在一个加工循环时间内多次触发辅轴转动，多次完成同样的辅助控制。

这类系统适用于一个加工循环时间内需要重复进行多次同样辅助控制的自动机床上，如单轴转塔自动车床上的转塔，一个加工循环内需要转位六次。这种情况如采用第二类控制系统，重复的辅助控制必须在分配轴转一圈的过程中完成，将占用分配轴很大一部分的转角，剩下的较小的转角就难以设计凸轮完成加工控制了。

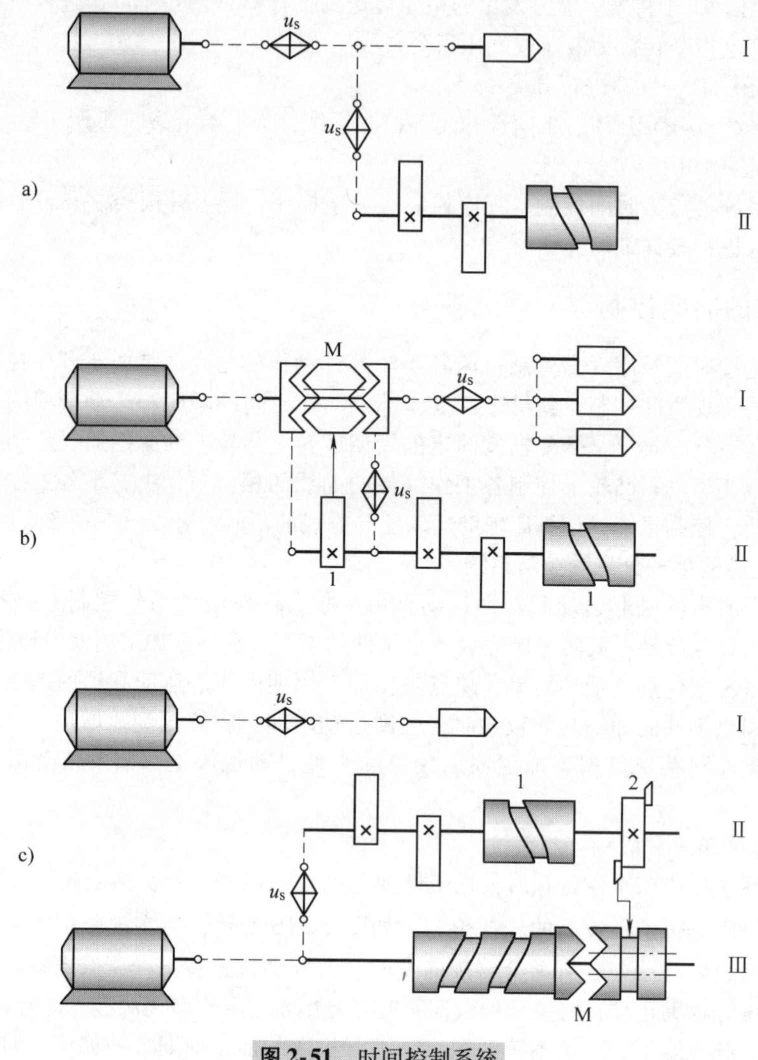

图 2-51　时间控制系统

三、机床的程序控制

机床的加工过程由一系列的动作组成，如装载工件，开机，选择主运动和进给运动的速度，换刀，刀具相对工件快速接近、工作进给和快速后退，停机，卸下工件等。程序控制是保证这一系列的动作按严格的顺序协调进行，完成整个加工过程。机床常用的程序控制系统有固定程序控制系统、插销板可变程序控制系统和可编程序控制系统。

（一）固定程序控制系统

这类控制系统的程序是固定不可变的，用于专用机床的程序控制。其控制装置可以采用凸轮机构、挡铁/行程开关；也可以根据机床程序控制信号之间的逻辑关系，用各种逻辑元件组成固定的程序控制线路。机床上常用的逻辑元件有各类继电器、液控或气控阀等。随着电子技术的迅速发展，电子逻辑元件组成的程序控制系统被广泛地应用于机床控制系统中。

（二）插销板可变程序控制系统

插销板可变程序控制系统的工作原理如图 2-52 所示。系统中有一程序步进器，由棘轮 1、棘爪 2、电刷 3 和一排电触头组成（图中仅画出其中的 4 个电触头 $A_1 \sim A_4$）。开机后，程序步进器恢复到如图所示的起始位置，24V 电压经电触头 A_1、行程开关 LX_1 的常闭触头、插销板第一排第四列的插销，施加到继电器 K_1 上，执行程序的第一步，起动第一个执行器官。当动作完成时，其执行部件压下行程开关 LX_1，断开其常闭触头，接通其常开触头，继电器 K_1 断电，第一个执行器官的动作停止，24V 电压施加到电磁铁 4 上，电磁力吸摆杆 5 下摆，棘爪 2 拨动棘轮 1 带着电刷 3 从电触头 A_1 换接到电触头 A_2。24V 电压经电触头 A_2、行程开关 LX_2 的常闭触头、插销板第二排第一列的插销，施加到继电器 K_4 上，执行程序的第二步，起动第四个执行器官。如此周而复始，直到程序的最后一步，实现了工作部件的程序控制。

设置程序采用如图 2-52 所示的插销板，上有许多插销孔，各个孔内有两片相互绝缘的铜片，它们分别与程序步进器的触头和工作部件的继电器相连。插销板呈矩阵形式，每一列控制一个执行器官，行序就是程序的步序。如要求程序的第 n 步起动第 m 个执行器官，可以在第 n 行第 m 列的插孔内插上销子。图 2-52 中所示的插销方式使执行器官按 K_1、K_4、K_3、K_2 的顺序进行动作，如果改变了插销的组合方式，就改变了工作部件的工作顺序。

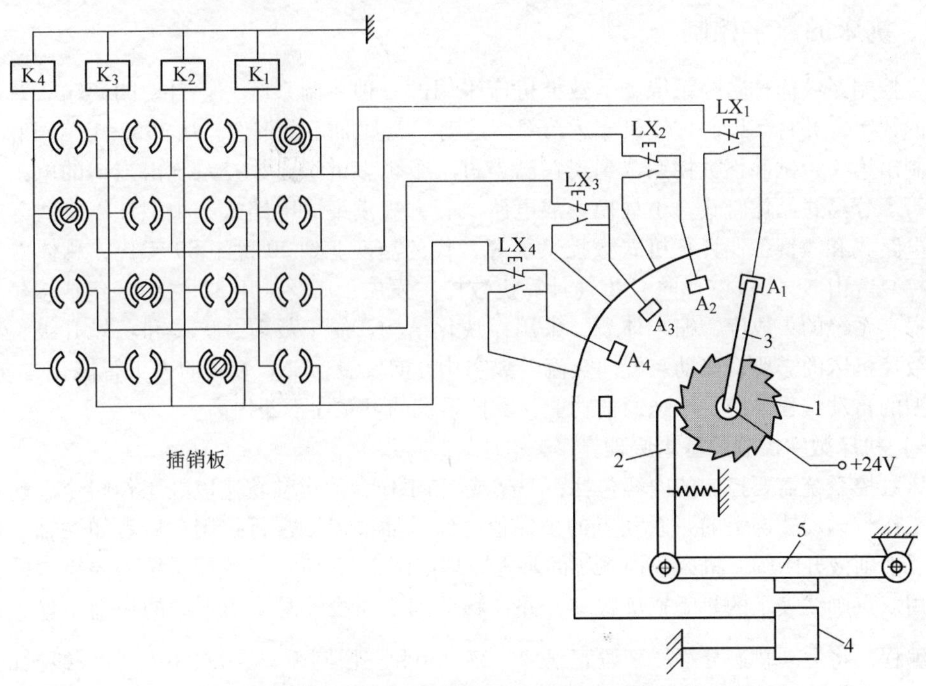

图 2-52 插销板可变程序控制系统工作原理图

1—棘轮 2—棘爪 3—电刷 4—电磁铁 5—摆杆

这种插销板程序控制系统结构简单、工作可靠、制造成本低且易于掌握，但它只适用于工作循环内程序不太复杂，需控制的执行器官又不太多的场合，否则会使硬件线路复杂，可靠性降低，控制装置体积也较大。

（三）可编程序控制系统

可编程序控制器（Programable Logistic Controller，PLC）实际上是一台可进行数字逻辑运算的电子计算机，专为工业应用而设计的。采用面向控制过程和实际问题的“工程化语言”编写的控制程序存储在它的程序存储器内，运行时逐行调出进行逻辑运算，得到工作顺序、计时、计数和运算等指令，并通过数字式或模拟式输入输出装置控制各种类型的机械或生产过程。它具有体积小、功能强、编程简单、可靠性高等一系列优点，特别是它的抗干扰性能特别强，因而应用甚为普遍，已经发展为新一代的工业控制装置，是当今工业自动化领域的重要支柱。

PLC 可根据控制要求方便地对其模块化的硬件模块进行组合，得到具有不同控制内容和容量的专用程序控制系统。PLC 按控制点数可以分为大型（1000 点以上）、中型（100 点以上）和小型三个档次，都可以进行计算机联网通信。小型 PLC 基本用于逻辑控制，大中型 PLC 由于运行速度快，不仅可以进行逻辑控制，还可进行模拟量计算及复杂运算。使用时可以根据控制规模来选择或组合适当的 PLC 系统。一般机床采用小型 PLC 较多，用于逻辑控制。

在机床行业，PLC 主要应用于：

1）替代传统的继电器控制系统，以提高系统的可靠性。

2）自动化程度较高机床的工作程序和逻辑控制，后者如动作之间的互锁和关联等。

在 PLC 多种编程的工具语言中，图形语言最为方便，其中最常用的是梯形图语言（又称继电器语言），可在图形编程器上直观地进行编辑修改。有时一台 PLC 有多种语言，可供各种类型、层次的工程技术人员使用。

四、机床的数字控制

数字控制系统简称数控系统，是数控机床采用的一种控制系统，它自动阅读输入载体上事先给定的数字，并将其译码，使机床运动部件运动，刀具加工出零件。从 1952 年美国麻省理工学院研制出第一台试验性数控系统到现在已走过了半个多世纪，数控系统由当初的电子管式起步，经历了分离式晶体管式、小规模集成电路式、大规模集成电路式、小型计算机式、超大规模集成电路式和微型工业计算机式数控系统等六代的演变。到 20 世纪 80 年代，总体发展趋势是：数控装置由 NC（数控）向 CNC（计算机数控）发展；广泛采用 32 位 CPU 组成多微处理器系统；提高系统的集成度，缩小体积，采用模块化结构，便于裁剪、扩展和功能升级，满足不同类型数控机床的需要；驱动装置向交流、数字化方向发展；CNC 装置向人工智能化方向发展；采用新型的自动编程系统；增强通信功能；数控系统的可靠性不断提高。

（一）机床数字控制的基本原理

机床数控系统需要控制的内容包括：刀架或/和工作台的运动轨迹以及工作指令。前者根据刀架或工作台运动轨迹上的一系列点的坐标值，经过插值运算进行控制；后者如主轴变速、刀具更换、切削液开闭等。机床数控系统的基本原理如图 2-53 所示，数控系统需要控制铣刀沿图左上方用双点画线表示的封闭轨迹移动，并在移动到不同线段时采用不同的切削用量。首先进行数控编程，将运动轨迹分解成三段直线$\overline{12}$、$\overline{34}$、$\overline{56}$和三段圆弧$\overset{\frown}{23}$、$\overset{\frown}{45}$、$\overset{\frown}{61}$。将各线段的类型、起始和终点坐标值按轨迹走向顺序，用专用的编程语言写成轨迹控制程序。此外，将使用的刀具号、切削速度和进给速度等工作指令插写到轨迹控制程序的相应位置。数控程序可以制成穿孔纸带或磁带，也可以通过网络从中央计算机传输到机床数控系统的程序存储器内。

数控系统逐行读出数控程序上的指令，如是工作指令则通过指令输出装置输出控制信号，实现相应的控制操作，如变速或更换刀具等。如是轨迹指令，则通过插值运算分别向 X 和 Y 等坐标的进给伺服系统发出一连串的步进信号。进给伺服系统每接到一个步进信号，就驱动运动部件往规定方向移动一个步距。一般来说，步距长度为 0.01 ~ 0.001mm。刀具与工件之间的相对运动就是各个坐标方向运动的合成。

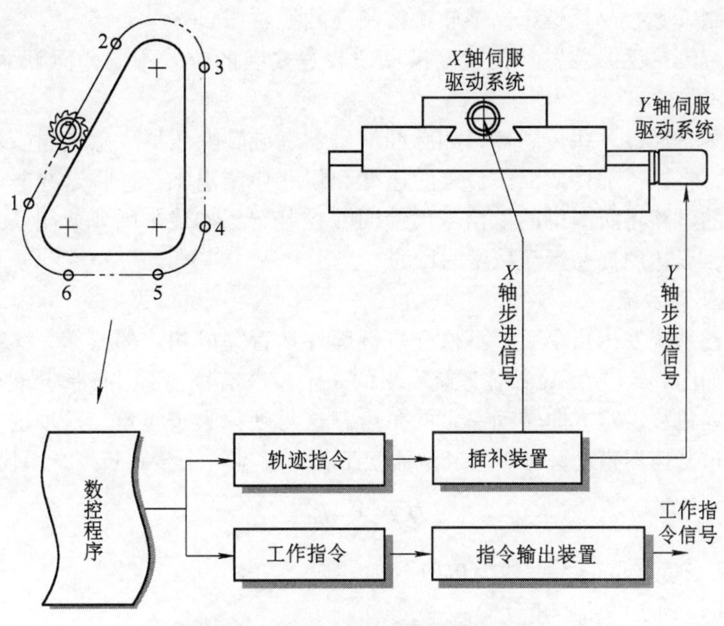

图 2-53　机床数控系统的基本原理

机床数控系统内运动轨迹的插值运算一般有两种：直线插值和圆弧插值。对于非圆弧曲线只能将其近似成一系列首尾连接的直线或圆弧。两种插值运算的原理是相同的。下面只介绍直线运动轨迹的插值原理，如图 2-54 所示。

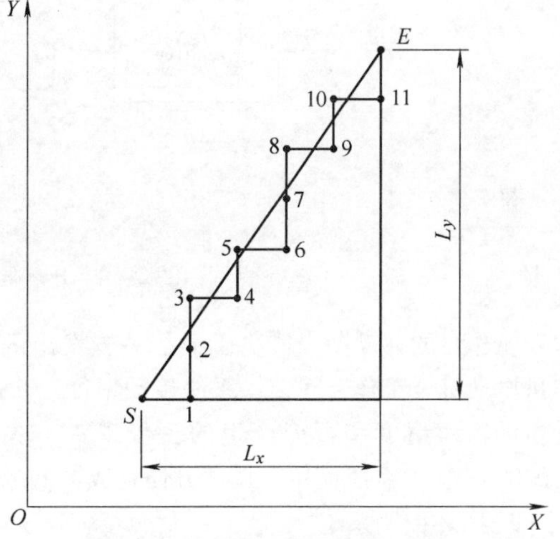

图 2-54　直线轨迹运动插值原理

设直线运动轨迹如图 2-54 所示，起始点和终点坐标分别为 S 和 E。从起始点 S 开始，系统向默认的坐标方向，如 X 方向发出一个步进信号，运动部件沿 X 方向移动一个步距到达点 1。数控系统判别出点 1 的位置处于沿运动方向直线的右方。为使下一个步进信号使运动部件往靠近直线的方向运动，应向 Y 方向发出，运动部件沿 Y 方向移动一个步距到达点 2。数控系统判别出点 2 的位置仍处于直线的右方，下一个步进信号还是应继续向 Y 方向发出，运动部件又沿 Y 方向移动一个步距到达点 3。数控系统判别出点 3 的位置已移到直线的左方。为使运动部件往靠近直线的方向运动，下一个步进信号应向 X 方向发出，运动部件沿 X 方向移动一个步距到达点 4。如此每走一步，判断一下所在位置处于直线的哪一边，发出下一个往靠近理论轨迹方向移动的步进信号，保证运动部件实际的运动轨迹与理论轨迹之间的误差不超过一个步距的大小。由于数控系统的步距长度很小，两端点之间的坐标距离 L_x 和 L_y 必是它的整倍数，因此从起始点 S 出发，必会准确地走到终点 E。

（二）数控机床运动部件的伺服驱动系统

数控机床伺服驱动系统接受数控装置插值运算生成的步进信号，经过功率放大驱动机床的运动部件往规定方向移动。伺服驱动系统用于控制主轴的转角（数控车床）、进给部件的移动距离、进行位置控制（数控坐标镗床）或轨迹控制（数控铣床）。

按是否有位置测量反馈装置和位置测量反馈装置安装的位置不同，伺服驱动系统分开环、闭环和半闭环三类。

测量反馈装置是通过一些传感器，如脉冲编码器、旋转变压器、感应同步器、光栅尺磁尺和激光测量仪等，将执行部件或工作台等的速度和位移检测出来，并将这些非电量转化为电参量，再经过相应的电路将所测得的电信号反馈回数控装置，构成半闭环或闭环系统，补偿执行机构的运动误差，以达到提高运动精度的目的。

1. 开环伺服驱动系统

开环伺服驱动系统发出指令后，不检查执行部件是否完成相应的操作，继续发出下一个指令。其工作原理如图2-55所示，数控系统发出的一个步进信号，通过环形分配器和电动机驱动电路控制步进电动机往设定方向转动一定的角度，这角度称为步距角，是步进电动机的一个重要技术参数。通过减速器带动丝杠转动，从而使工作台移动一个步距长度，用代号 Q 表示。

$$Q=\frac{\alpha}{360^{\circ}}Lu$$

式中 Q——步距长度（mm），一般为0.01 mm；

α——步进电动机的步距角（°）；

L——滚珠丝杠的导程（mm）；

u——步进电动机至传动丝杠之间的传动比。

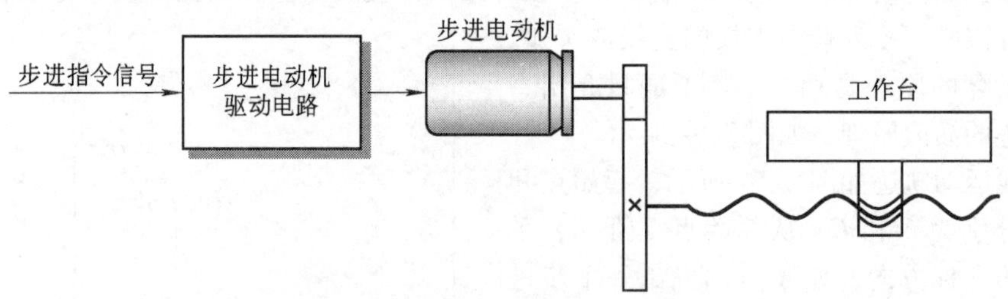

图2-55 开环伺服驱动系统的原理

工作台的移动距离取决于数控装置发出的步进信号数。位移的精度取决于三方面的因素：步进电动机至工作台间传动系的传动精度、步距长度和步进电动机的工作精度。后者与步进电动机的转动精度和可能产生的丢步现象有关。这类系统的定位精度较低，一般为±0.01～±0.02mm；但系统简单，调试方便，成本低。适用于精度要求不高的数控机床中。

2. 闭环控制系统

闭环控制系统中，位置检测传感器直接安装在机床的最终执行部件上，如图2-56所示，直接测量出执行部件的实际位移，与输入的指令位移进行比较，比较后的差值反馈给控制系统，对执行部件的移（转）动进行补偿，使机床向减小差值的方向运行，最终使差值等于零或接近于零。为提高系统的稳定性，闭环系统除了检测执行部件的位移量外，还检测其速度。检测反馈装置有两类：用旋转变压器作为位置反馈，测速发电机作为速度反馈；用脉冲编码器兼作位置和速度反馈。后者用得较多。

从理论上讲，闭环控制系统的运动精度主要取决于检测装置的精度，可以消除整个系统的传动误差和失动。但是闭环控制系统对机床结构的刚性、传动部件的回程间隙以及工作台低速运动的稳定性提出了严格的要求。因为这些条件影响着机床控制系统的稳定性。

闭环控制系统所用的电动机有直流伺服电动机或交流伺服电动机。闭环控制系统的特点是

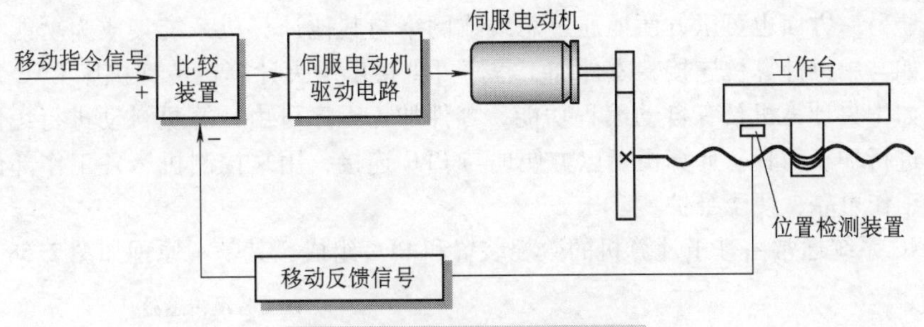

图 2-56　闭环控制系统的原理

运行精度高，但调试维修都较困难，成本也较高，用于精密型数控机床上。

3. 半闭环控制系统

半闭环控制系统的原理如图 2-57 所示，其位置反馈装置采用角位移传感器，如圆光栅、光电编码器、旋转式感应同步器等，安装在电动机的转子轴或丝杠上。该系统不直接测量工作台的位移，而是通过检测电动机或丝杠的转角，间接测量工作台的位移。由于工作台位移和丝杠传动机构等没有包含在反馈回路中，故称为半闭环控制系统。如伺服电动机采用宽调速直流力矩电动机，不需要通过齿轮传动机构，直接与丝杠联接，可以将角位移传感器与伺服电动机制成一个部件，使系统结构简单，价格低，安装调试都很方便，应用较多。由于机械传动环节和惯性较大的工作台没有包括在系统反馈回路内，可以获得比较稳定的控制特性，但丝杠等机械传动部件的传动误差不能通过反馈得以校正。

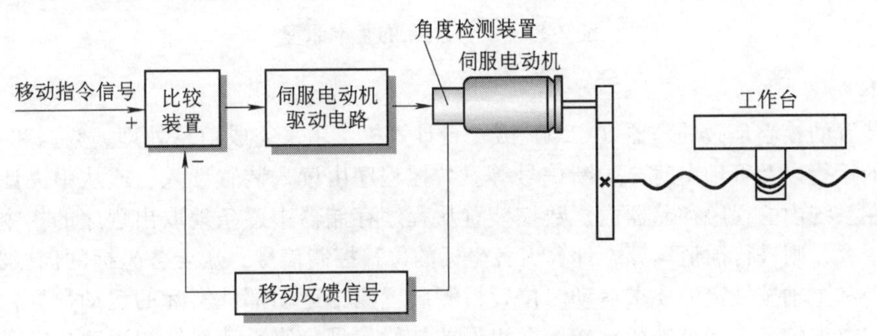

图 2-57　半闭环控制系统的原理

（三）计算机数控（CNC）机床

早期的数控系统是用固定接线的电子线路来完成机床控制所需要的各种逻辑和运算的，一般是针对某种机床的控制要求进行专门设计，一旦制成，较难更改，故称为硬连接数控。硬连接数控的专用性强，体积大，成本高，可靠性也差。从 1970 年开始，通用小型计算机业已出现并成批生产，其运算速度有了大幅度的提高，而且成本低、可靠性高。将它作为数控系统的核心部件，主要的控制功能由软件来实现，从此进入了 CNC 阶段。到 1974 年微处理器被应用于数控系统。由于微处理器是通用计算机的核心部件，故仍称为仿计算机数控。到了 1990 年，微型计算机（Personal Computer，PC）的性能已发展到很高的阶段，可满足作为数控系统核心部件的要求，而且 PC 生产批量很大，价格便宜，可靠性高。数控系统从此进入了基于 PC 的阶段。CNC 的出现从根本上解决了可靠性低、价格极为昂贵、应用很不方便等极为关键的问题。因此即使在工业发达国家，也是在 20 世纪 70 年代末 80 年代初，CNC 出现以后，数控机床才大规模得到应用和普及。

CNC 系统是针对硬连接数控的缺点而发展起来的。由于采用了计算机作为核心部件，通过软件实现控制，属于软连接数控，具有较大的灵活性。一方面可以通过软件的改进不断地提高数控的功能，另一方面也可以方便地通过总线或网络与其他计算机系统集成为功能更加强大的控制系统。如与中央计算机连接，零件加工程序可直接由中央计算机传到机床 CNC 系统的程序存储器内。如中央计算机具有自动编程功能，零件加工程序可由计算机自动进行编制，并在计算机屏幕上进行加工仿真。计算机可以方便地与 PLC 连接，用来控制机床各工作部件的工作顺序和互锁，工作可靠，便于维护。

现代 CNC 系统通常由基于计算机的数控装置和 PLC 组成，其基本原理如图 2-58 所示。

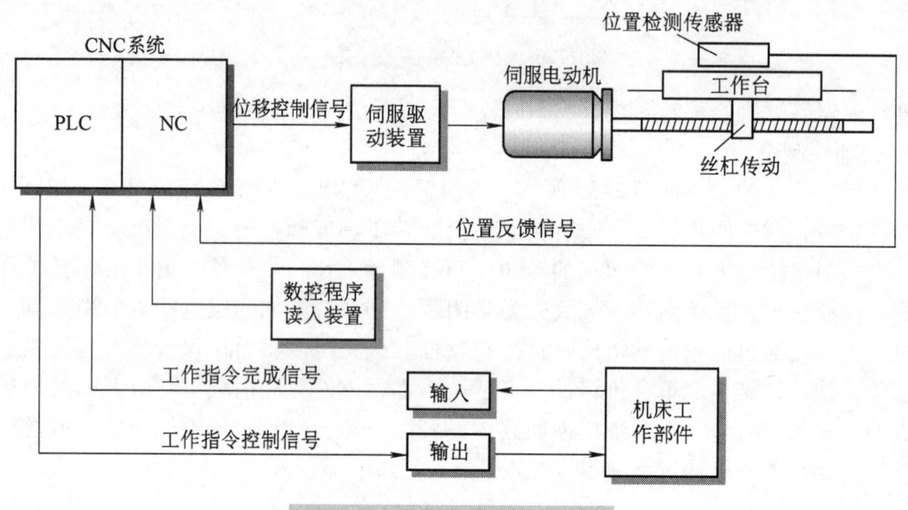

图 2-58　CNC 机床的基本原理

1. 数控装置

数控装置的核心是微处理器（CPU）或一台计算机，用来完成信息处理、数据和逻辑运算，控制系统的运行以及管理定时与中断信号等。数控程序由读入装置读入，或从中央计算机传入后，存储在系统内的程序存储器内。数控装置从程序存储器中逐条地取出程序的指令。取出的如是运动指令，则进行插值运算，计算出各坐标的位移控制信号，送至各坐标的伺服驱动装置，驱动工作台和主轴按规定的要求运动。位置检测装置测出运动部件实际的运动数据，反馈到数控装置，与要求的运动指令进行比较，发出误差补偿信号，使运动部件的运动与指令要求的运动之间的误差在允许范围内。取出的如是工作指令，则送往 PLC 系统。

2. 可编程序控制器（PLC）

在 CNC 系统内，PLC 用于控制机床各工作部件协调地工作，和它们之间的互锁和关联等。简单的工作程序如开启或切断切削液，只需发出开启或切断切削液电磁阀的一个指令即可。复杂的工作程序，以加工中心的换刀为例，需要控制刀库、换刀机械手、主轴箱和主轴等多个运动部件严格地按如下次序动作：

1）主轴箱和主轴回到其装卸刀位置。

2）主轴将刀具松开。

3）换刀机械手摆到主轴前端，将主轴上的刀具取出并运送到刀库的装卸刀具的位置，与此同时刀库已将空闲的存刀位移动到其装卸刀具的位置。

4）机械手将取出的刀具插进该存刀位。

5）刀库将装有待换刀具的刀位移动到其装卸刀具的位置。

6）机械手将待换刀具取出运送到主轴前端并将其插入主轴。

7）主轴将刀具夹紧。

上述一系列动作可编写成参数化的工作程序，存放在 PLC 内。读入的数控程序内关于换刀的工作指令中，除了换刀指令外，还应包括待换刀具的刀号。在第 5 步中，PLC 根据该刀号控制刀库将装有待换刀具的刀位移到刀库的装卸刀具的位置。

五、误差自动补偿系统

机床加工产生的误差来自多方面的原因，如由于主轴的旋转误差；刀架和工作台导轨的制造装配误差或因磨损引起的运动误差；由于齿轮和丝杠等传动系的传动误差和反向间隙误差；由于在切削力或自重的作用下，机床主轴、刀架和床身等产生的变形；由于电动机、油箱和切屑等的发热，使机床的温度场发生变化，导致机床的热变形等。

不同原因产生的加工误差可采用不同的措施进行补偿。上述导致加工误差的原因中，大部分在一段较长的时间内保持稳定的规律，可以将其规律精确地测量出来，利用机械（硬件）或数字（软件）方式进行补偿。例如，精密丝杠车床上主轴至丝杠内传动系的传动误差，可以根据测出的传动误差制成误差校正样板，采用机械方式对螺距误差进行补偿。对于数控丝杠车床，可以将测出的传动误差和反向间隙编成误差补偿程序。数控系统根据工作台的当前位置，从误差补偿程序中调出传动误差值，对丝杠的转数指令进行修正，使丝杠多转或少转一些，实现传动误差的补偿。如丝杠换向传动时，根据从误差补偿程序中调出的反向间隙值，使丝杠往反方向多转一些，实现传动间隙的补偿。

对于因受力或受热导致的加工误差，应首先找出这些因素导致加工误差的规律。在机床上设置一些传感器，测量力场或温度场的变化，将测得的数据输入计算机，根据找出的规律计算出补偿值，采用相应的措施进行误差补偿。

图 2-59a 所示为提高磨削圆度的误差自动补偿系统的基本原理。在磨头主轴 2 的前端装有高

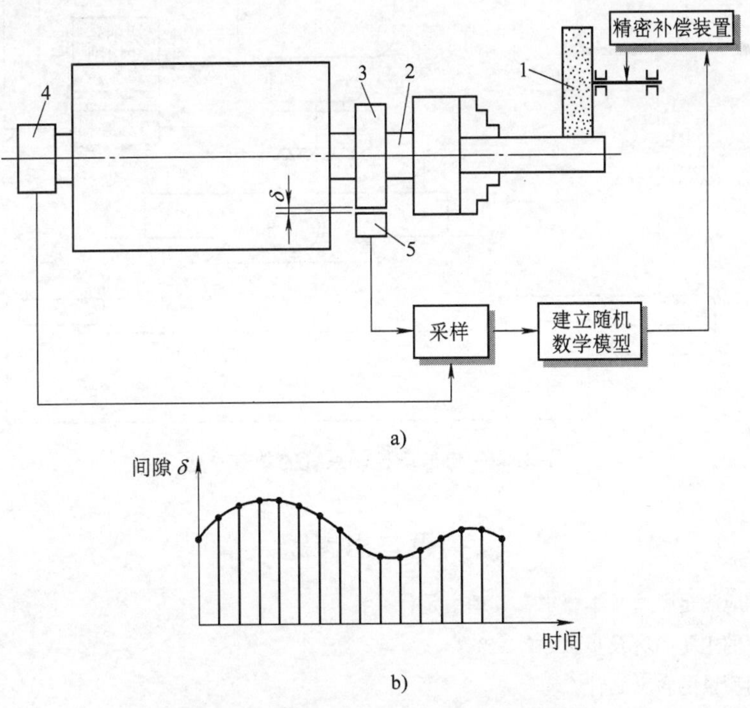

图 2-59 误差自动补偿系统的基本原理

1—驱动砂轮 2—磨头主轴 3—高精密圆盘 4—脉冲发生器 5—电容测微仪

精密圆盘3和电容测微仪5。主轴的旋转误差可以电容测微仪测出的间隙值δ表示。主轴后端装有脉冲发生器4，主轴转一圈过程中，脉冲发生器发出一定数量的时间间隔非常精确的脉冲。每发出一个脉冲，电容测微仪5测量一次主轴旋转误差，形成如图2-59b所示的主轴旋转一圈时间内主轴旋转误差的校正模型。按这个校正模型控制砂轮切入进给系统的精密补偿装置，驱动砂轮1随主轴的旋转摆动作校正运动，以提高磨削圆度。

六、自适应控制系统

传统的数控机床只能够按照设定的程序，对工件进行切削加工。但是在实际制造过程中，常常会出现一些在编制程序时没有或无法考虑到的情况，如毛坯的形状和余量误差、材料硬度的误差、刀具在加工过程中磨损、切削时产生振颤等。由于这些情况是随机发生的，在编制数控程序时无法考虑进去，导致制造过程有时不在最佳状态下进行。

以图2-60所示的立铣加工为例说明机床自适应控制系统的基本原理。铣削过程中，传感器将切削转矩、切削力、振颤和刀具磨损等参数测量出来，传送到CNC的计算机中，按控制目标函数和约束条件进行优化，得出应如何进行校正的决策，控制伺服电动机改变主轴转速、背吃刀量和进给量等，使铣削始终在最佳状态中进行。目标函数是指希望通过控制达到的最佳切削状态的数学模型，如最大生产率、最低成本或最佳的加工质量等。

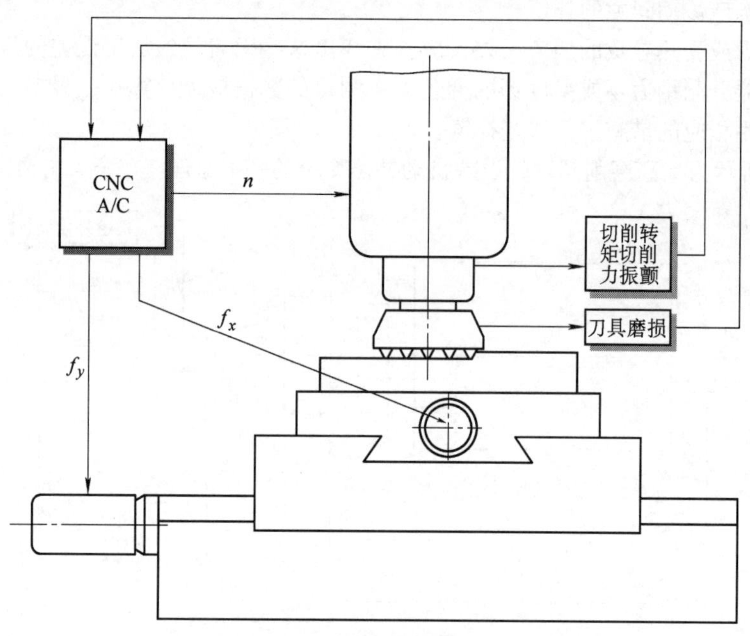

图2-60　自适应控制系统的基本原理

习题与思考题

1. 机床设计应满足哪些基本要求？其理由是什么？
2. 机床设计的主要内容及步骤是什么？
3. 机床系列型谱的含义是什么？
4. 机床的基本工作原理是什么？
5. 工件表面的形成原理是什么？

6. 工件表面发生线的形成方法有哪些?

7. 工件表面的形成方法是什么?

8. 机床的运动功能有哪些?

9. 机床的主运动与形状创成运动的关系如何? 进给运动与形状创成运动的关系如何?

10. 机床上的复合运动、内联系传动链、运动轴的联动的含义及关系如何?

11. 简述机床运动功能方案设计的方法及步骤。

12. 数控机床的坐标系如何选取?

13. 机床的运动功能式和运动原理图表达的含义是什么?

14. 分析图 2-4 所示各种机床的运动原理图，说明各个运动的所属类型、作用及工件加工表面的形成方法。

15. 机床的传动原理图如何表示? 它与机床运动原理图的区别是什么?

16. 机床运动分配式的含义是什么?

17. 简述机床总体结构概略设计的过程。

18. 机床的主参数及尺寸参数根据什么确定?

19. 机床的运动参数如何确定? 驱动方式如何选择? 数控机床与普通机床确定方法有什么不同?

20. 机床的动力参数如何确定? 数控机床与普通机床的确定方法有什么不同?

21. 机床主传动系都有哪些类型? 由哪些部分组成?

22. 什么是传动组的级比和级比指数? 常规变速传动系的各传动组的级比指数有什么规律性?

23. 什么是传动组的变速范围? 各传动组的变速范围之间有什么关系?

24. 某车床的主轴转速为 $n=40\sim1800\mathrm{r/min}$，公比 $\varphi=1.41$，电动机的转速 $n_{电}=1440\mathrm{r/min}$，试拟定结构式、转速图；确定齿轮齿数、带轮直径；验算转速误差；画出主传动系图。

25. 某机床主轴转速 $n=100\sim1120\mathrm{r/min}$，转速级数 $Z=8$，电动机转速 $n_{电}=1440\mathrm{r/min}$，试设计该机床主传动系，包括拟定结构式和转速图，画出主传动系图。

26. 试从 $\varphi=1.26$，$Z=18$ 级变速机构的各种传动方案中选出其最佳方案，并写出结构式，画出转速图和传动系图。

27. 用于成批生产的车床，主轴转速 $n=45\sim500\mathrm{r/min}$，为简化机构采用双速电动机，$n_{电}=720/1440\mathrm{r/min}$，试画出该机床的转速图和传动系图。

28. 试将图 2-19 所示的背轮机构合理化，使轴Ⅲ高速旋转时背轮脱开。

29. 求图 2-61 所示的车床各轴、各齿轮的计算转速。

30. 求图 2-62 中各齿轮、各轴的计算转速。

31. 某数控车床，主轴最高转速 $n_{max}=4000\mathrm{r/min}$，最低转速 $n_{min}=40\mathrm{r/min}$，计算转速 $n_{j}=160\mathrm{r/min}$，采用直流电动机，电动机功率 $P_{电}=15\mathrm{kW}$，电动机的额定转速 $n_{d}=1500\mathrm{r/min}$，最高转速为 $4500\mathrm{r/min}$，试设计分级变速箱的传动系，画出其转速图和功率特性图，以及主传动系图。

32. 数控机床主传动系设计有哪些特点?

33. 进给传动系设计应满足的基本要求是什么?

34. 进给传动与主传动相比较，有哪些不同的特点?

35. 进给伺服系的驱动部件有哪几种类型? 其特点和应用范围怎样?

36. 试述滚珠丝杠螺母机构的特点，其支承方式有哪几种?

37. 机床控制系统有几种分类方法? 是如何进行分类的?

38. 一般机床自动控制系统由哪几部分组成?

39. 简述数控机床开环和闭环伺服系统的工作原理。

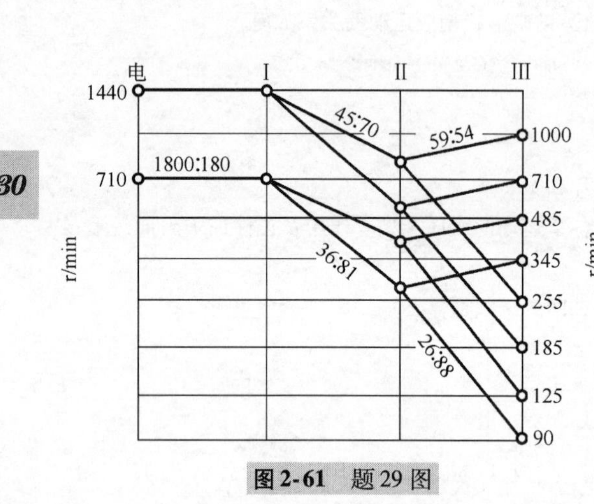

图2-61 题29图

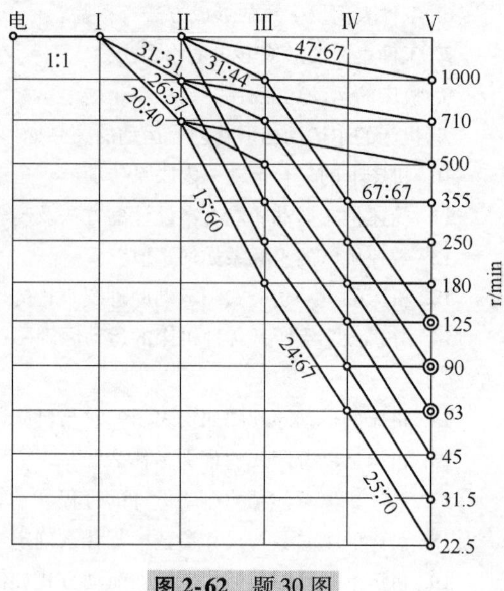

图2-62 题30图

第三章

典型部件设计

第一节　主轴部件设计

主轴部件是机床重要部件之一。作为机床的执行件，它的功用是支承并带动工件或刀具旋转进行切削，承受切削力和驱动力等载荷，完成表面成形运动。

主轴部件由主轴及其支承轴承、传动件、密封件及定位元件等组成。

主轴部件的工作性能对整机性能和加工质量以及机床生产率有着直接影响，是决定机床性能和技术经济指标的重要因素。因此，对主轴部件要有较高的要求。

一、主轴部件应满足的基本要求

1. 旋转精度

主轴的旋转精度是指装配后，在无载荷、低速转动条件下，在安装工件或刀具的主轴部位的径向圆跳动和轴向圆跳动。

旋转精度取决于主轴、轴承、箱体孔等的制造、装配和调整精度。如主轴支承轴颈的圆度、轴承滚道及滚子的圆度、主轴及随其回转零件的动平衡等因素，均可造成径向圆跳动；轴承支承端面、主轴轴肩及相关零件端面对主轴回转中心线的垂直度误差，推力轴承的滚道及滚动体误差等将造成主轴轴向圆跳动；主轴主要定心面（如车床主轴端的定心短锥孔和前端内锥孔）的径向圆跳动和圆轴向跳动。

对于通用机床和数控机床的旋转精度，国家已有统一规定，详见各类机床的精度检验标准。

2. 刚度

主轴部件的刚度是指其在外加载荷作用下抵抗变形的能力，通常以主轴前端产生单位位移的弹性变形时，在位移方向上所施加的作用力来定义，如图 3-1 所示。

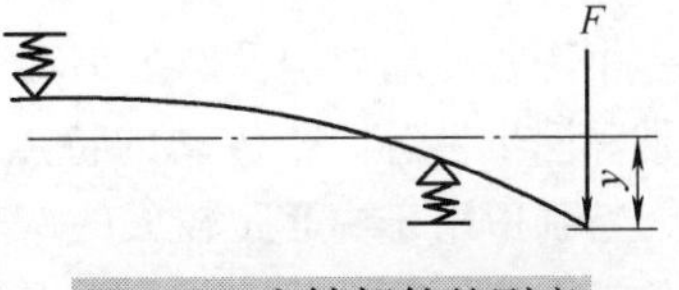

图 3-1　主轴部件的刚度

如果引起弹性变形的作用力是静力 F_j，变形量为 y_j，则由此力和变形所确定的刚度称为静刚度，写成 $K_j = F_j/y_j$；如果引起弹性变形的作用力是交变力，其振幅为 y_d，则由该力和变形所确定的刚度称为动刚度，可写成 $K_d = F_d/y_d$。静、动刚度的单位均为 N/μm。

主轴部件的刚度是综合刚度，它是主轴、轴承等刚度的综合反映。因此，主轴的尺寸和形状、滚动轴承的类型和数量、预紧和配置形式、传动件的布置方式、主轴部件的制造和装配质量等都影响主轴部件的刚度。

主轴静刚度不足对加工精度和机床性能有直接影响，并会影响主轴部件中的齿轮、轴承的正常工作，降低工作性能和寿命，影响机床抗振性，容易引起切削振颤，降低加工质量。目前，对主轴部件尚无统一的刚度标准。

3. 抗振性

主轴部件的抗振性是指抵抗受迫振动和自激振动的能力。在切削过程中，主轴部件不仅受静态力作用，同时也受冲击力和交变力的干扰，使主轴产生振动。冲击力和交变力是由材料硬度不均匀、加工余量的变化、主轴部件不平衡、轴承或齿轮存在缺陷以及切削过程中的振颤等引起的。主轴部件的振动会直接影响工件的表面加工质量、刀具的使用寿命，并产生噪声。随着机床向高速、高精度发展，对抗振性要求越来越高。影响抗振性的主要因素是主轴部件的静刚度、质量分布以及阻尼。主轴部件的低阶固有频率与振型是其抗振性的主要评价指标。低阶固有频率应远高于激振频率，使其不容易发生共振。目前，抗振性的指标尚无统一标准，只有一些实验数据供设计时参考。

4. 温升和热变形

主轴部件运转时，因各相对运动处的摩擦生热，切削区的切削热等使主轴部件的温度升高，形状尺寸和位置发生变化，造成主轴部件的所谓热变形。主轴热变形可引起轴承间隙变化，温度升高后会使润滑油粘度降低，这些变化都会影响主轴部件的工作性能，降低加工精度。因此，各种类型机床对温升都有一定限制。如连续运转下的允许温升，高精度机床为8～10℃，精密机床为15～20℃，普通机床为30～40℃。

5. 精度保持性

主轴部件的精度保持性是指长期地保持其原始制造精度的能力。主轴部件丧失其原始精度的主要原因是磨损，如主轴轴承、主轴轴颈表面、装夹工件或刀具的定位表面的磨损。磨损的速度与摩擦的种类有关，与结构特点、表面粗糙度、材料的热处理方式、润滑、防护及使用条件等许多因素有关。所以要长期保持主轴部件的精度，必须提高其耐磨性。对耐磨性影响较大的因素有主轴的材料、轴承的材料、热处理方式、轴承类型及润滑防护方式等。

二、主轴部件的传动方式

主轴部件的传动方式主要有齿轮传动、带传动、电动机直接驱动等。主轴传动方式的选择，主要决定于主轴的转速、所传递的转矩、对运动平稳性的要求以及结构紧凑、装卸维修方便等要求。

1. 齿轮传动

齿轮传动的特点是结构简单、紧凑，能传递较大的转矩，能适应变转速、变载荷工作，应用最广。它的缺点是线速度不能过高，通常小于12～15m/s，不如带传动平稳。

2. 带传动

由于各种新材料及新型传动带的出现，带传动的应用日益广泛。常用的有平带、V带、多楔带和同步带等。带传动的特点是靠摩擦力传动（除同步带外）、结构简单、制造容易、成本低，特别适用于中心距较大的两轴间传动。带有弹性、可吸振，故传动平稳，噪声小，适宜高速传动。带传动在过载时会打滑，能起到过载保护作用。其缺点是有滑动，不能用在速比要求准确的场合。

同步带是通过带上的齿形与带轮上的轮齿相啮合传递运动和动力的，如图3-2a所示。同步带的齿形有两种：梯形齿和圆弧齿。圆弧齿形受力合理，较梯形齿同步带能够传递更大的转矩。

同步带传动的优点是：无相对滑动，传动比准确，传动精度高；采用伸缩率小、抗拉及抗

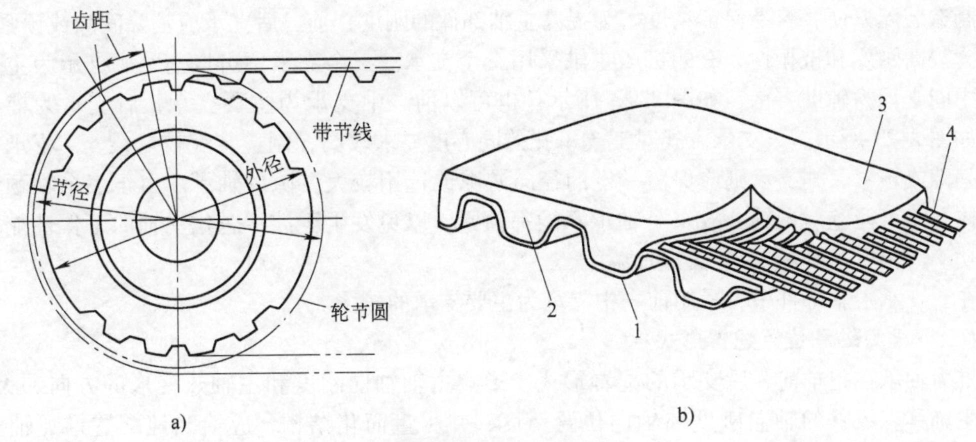

图 3-2　同步带传动

a）同步带传动　b）同步带结构

1—包布层　2—带齿　3—带背　4—承载绳

弯强度高的承载绳4（图3-2b），如钢丝、聚酯纤维等，因此强度高，可传递超过100kW 以上的动力；厚度小、重量轻、传动平稳、噪声小、适用于高速传动，可达50m/s；无需特别张紧，对轴和轴承压力小，传动效率高；不需要润滑，耐水、耐腐蚀，能在高温下工作，维护保养方便；传动比大，可达1∶10 以上。其缺点是制造工艺复杂，安装条件要求高。

3. 电动机直接驱动方式

如果主轴转速不算太高，可采用普通异步电动机直接带动主轴，如平面磨床的砂轮主轴；如果转速很高，可将主轴与电动机制成一体，成为主轴单元，如图 3-3 所示，电动机转子轴就是主轴，电动机座就是机床主轴单元的壳体。由于主轴单元大大简化了结构，有效地提高了主轴部件的刚度，降低了噪声和振动，有较宽的调速范围，有较大的驱动功率和转矩，便于组织专业化生产。因此广泛地用于精密机床、高速加工中心和数控车床中。

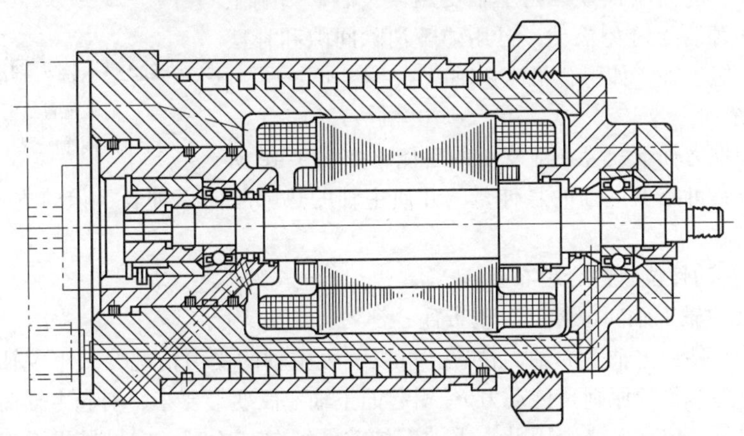

图 3-3　高速内圆磨床电主轴

三、主轴部件结构设计

（一）主轴部件的支承数目

多数机床的主轴采用前、后两个支承。典型的两支承方式如图 2-24 所示，这种方式结构简单，制造装配方便，容易保证精度。为提高主轴部件的刚度，前、后支承应消除间隙或预紧。

为提高刚度和抗振性，有的机床主轴采用三个支承。三个支承中可以前、后支承为主要支承，中间支承为辅助支承，如图2-23所示；也可以前、中支承为主要支承，后支承为辅助支承，如图2-29所示。三支承方式对三支承孔的同心度要求较高，制造装配较复杂。主支承也应消除间隙或预紧，辅支承则应保留一定的径向游隙或选用较大游隙的轴承。由于三个轴颈和三个箱体孔不可能绝对同轴，故三个轴承不能都预紧，以免发生干涉，恶化主轴的工作性能，使空载功率大幅度上升和轴承温升过高。

在三支承主轴部件中，采用前、中支承为主要支承的较多。

（二）推力轴承位置配置形式

推力轴承在主轴前、后支承的配置形式，影响主轴轴向刚度和主轴热变形的方向和大小。为使主轴具有足够的轴向刚度和轴向位置精度，并尽量简化结构，应恰当地配置推力轴承的位置。

1. 前端配置

两个方向的推力轴承都布置在前支承处，如图3-4a所示。这类配置方案在前支承处轴承较多，发热大，温升高，但主轴受热后向后伸长，不影响轴向精度，精度高，对提高主轴部件刚度有利。用于轴向精度和刚度要求较高的高精度机床或数控机床。

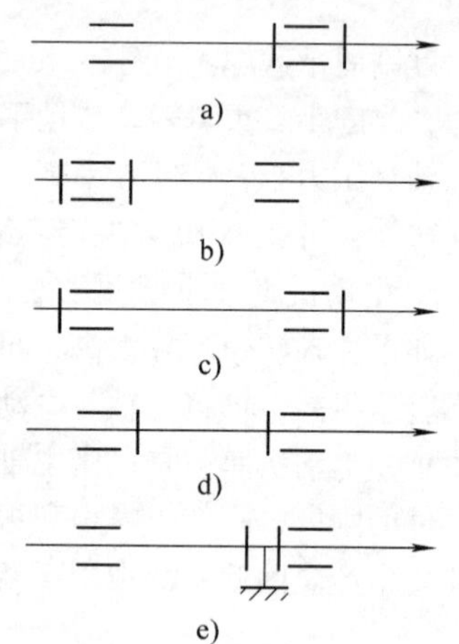

图3-4 推力轴承配置形式

a）前端配置 b）后端配置 c）、d）两端配置 e）中间配置

2. 后端配置

两个方向的推力轴承都布置在后支承处，如图3-4b所示。这类配置方案前支承处轴承较少，发热小，温升低，但是主轴受热后向前伸长，影响轴向精度。用于轴向精度要求不高的普通精度机床，如立铣床、多刀车床等。

3. 两端配置

两个方向的推力轴承分别布置在前、后两个支承处，如图3-5c、d所示。这类配置方案当主轴受热伸长后，影响主轴轴承的轴向间隙。为避免松动，可用弹簧消除间隙和补偿热膨胀。常用于短主轴，如组合机床主轴。

4. 中间配置

两个方向的推力轴承配置在前支承的后侧，如图3-4e所示。这类配置方案可减少主轴的悬伸量，并使主轴的热膨胀向后伸长，但前支承结构较复杂，温升也可能较高。

（三）主轴传动件位置的合理布置

1. 传动件在主轴上轴向位置的合理布置

合理布置传动件在主轴上的轴向位置，可以改善主轴的受力情况，减小主轴变形，提高主轴的抗振性。合理布置的原则是传动力 F_Q 引起的主轴弯曲变形要小，引起主轴前轴端在影响加工精度敏感方向上的位移要小。因此，主轴上传动件轴向布置时，应尽量靠近前支承，有多个传动件时，其中最大传动件应靠近前支承。

传动件轴向布置的几种情况如图3-5所示。图3-5a的传动件放在两个支承中间靠近前支承处，受力情况较好，用得最为普遍；图3-5b的传动件放在主轴前悬伸端，主要用于具有大转盘的机床，如立式车床、镗床等，传动齿轮直接安装在转盘上；图3-5c的传动件放在主轴的后悬伸端，较多地用于带传动，为了更换传动带方便，如磨床。

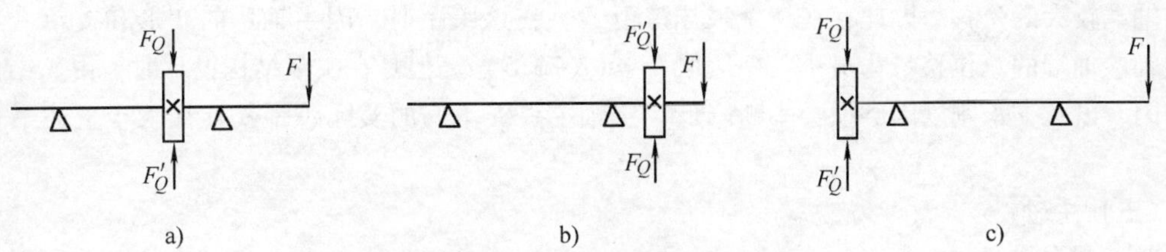

图 3-5 主轴上传动件的轴向布置方案

a）位于主轴前支承内侧 b）位于主轴前悬伸端 c）位于主轴后悬伸端

2. 驱动主轴的传动轴位置的合理布置

主轴受到的驱动力 F_Q 相对于切削力 F_P 的方向取决于驱动主轴的传动轴位置。应尽可能将该驱动轴布置在合适的位置，使驱动力引起的主轴变形可抵消一部分因切削力引起的主轴轴端精度敏感方向上的位移。

（四）主轴主要结构参数的确定

主轴的主要结构参数有主轴前、后轴颈直径 D_1 和 D_2，以及主轴内孔直径 d、主轴前端悬伸量 a 和主轴主要支承间的跨距 L，如图 3-6 所示。这些参数直接影响主轴旋转精度和主轴刚度。

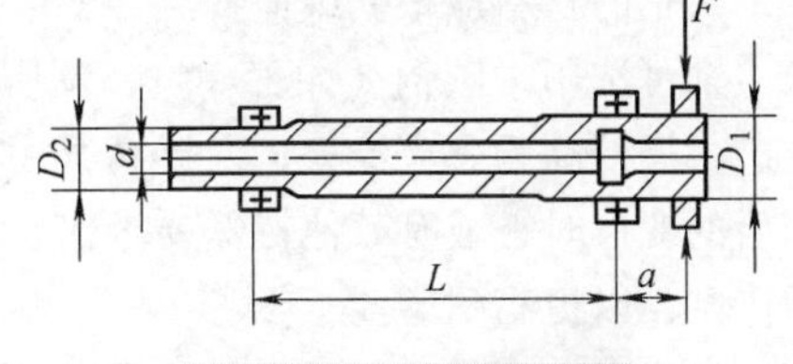

图 3-6 主轴结构简图

1. 主轴前轴颈直径 D_1 的选取

一般按机床类型、主轴传递的功率或最大加工直径，参考表 3-1 选取 D_1。车床和铣床后轴颈的直径 $D_2 \approx (0.7 \sim 0.85) D_1$。

表 3-1 主轴前轴颈的直径 D_1 （单位：mm）

功率/kW 机床	2.6 ~ 3.6	3.7 ~ 5.5	5.6 ~ 7.2	7.4 ~ 11	11 ~ 14.7	14.8 ~ 18.4
车床	70 ~ 90	70 ~ 105	95 ~ 130	110 ~ 145	140 ~ 165	150 ~ 190
升降台铣床	60 ~ 90	60 ~ 95	75 ~ 100	90 ~ 105	100 ~ 115	—
外圆磨床	50 ~ 60	55 ~ 70	70 ~ 80	75 ~ 90	75 ~ 100	90 ~ 100

2. 主轴内孔直径 d 的确定

很多机床的主轴是空心的，内孔直径与其用途有关。如车床主轴内孔用来通过棒料或安装送夹料机构；铣床主轴内孔可通过拉杆来拉紧刀杆等。为不过多地削弱主轴的刚度，卧式车床的主轴孔径 d 通常不小于主轴平均直径的55% ~60%；铣床主轴孔径 d 可比刀具拉杆直径大5 ~ 10mm。

3. 主轴前端悬伸量 a 的确定

主轴前端悬伸量 a 是指主轴前端面到前轴承径向反力作用中点（或前径向支承中点）的距离。它主要取决于主轴端部的结构、前支承轴承配置和密封装置的形式和尺寸，由结构设计确定。由于前端悬伸量对主轴部件的刚度、抗振性的影响很大，因此在满足结构要求的前提下，设计时应尽量缩短该悬伸量。

4. 主轴主要支承间跨距 L 的确定

合理确定主轴主要支承间的跨距 L，是获得主轴部件最大静刚度的重要条件之一。支承跨距过小，主轴的弯曲变形固然较小，但因支承变形引起主轴前轴端的位移量增大；反之，支承跨距过大，支承变形引起主轴前轴端的位移量尽管减小了，但主轴的弯曲变形增大，也会引起主轴前轴端较大的位移。因此存在一个最佳跨距 L_0，在该跨距时，因主轴弯曲变形和支承变形引起主轴前轴端的总位移量为最小。一般取 $L_0=(2\sim3.5)a$。但是在实际结构设计时，由于结构上的原因，以及支承刚度因磨损会不断降低，主轴主要支承间的实际跨距 L 往往大于上述最佳跨距 L_0。

（五）主轴

1. 主轴的构造

主轴的构造和形状主要决定于主轴上所安装的刀具、夹具、传动件、轴承等零件的类型、数量、位置和安装定位方法等。设计时还应考虑主轴加工工艺性和装配工艺性。主轴一般为空心阶梯轴，前端径向尺寸大，中间径向尺寸逐渐减小，尾部径向尺寸最小。

主轴的前端形式取决于机床类型和安装夹具或刀具的形式。主轴头部的形状和尺寸已经标准化，应遵照标准进行设计。

2. 主轴的材料和热处理

主轴的材料应根据载荷特点、耐磨性要求、热处理方法和热处理后变形情况选择。普通机床主轴可选用中碳钢（如45钢），调质处理后，在主轴端部、锥孔、定心轴颈或定心锥面等部位进行局部高频感应淬火，以提高其耐磨性。当载荷大且有冲击时，或精密机床需要减小热处理后的变形时，或有其他特殊要求时，可以考虑选用合金钢。当支承为滑动轴承时，则轴颈也需淬硬，以提高耐磨性。

机床主轴常用材料及热处理要求见表3-2。

表3-2　机床主轴常用材料及热处理要求

钢　材	热　处　理	用　途
45	调质22～28HRC，局部高频感应淬火50～55HRC	一般机床主轴、传动轴
40Cr	淬火40～50HRC	载荷较大或表面要求较硬的主轴
20Cr	渗碳、淬火56～62HRC	中等载荷、转速很高、冲击较大的主轴
38CrMoAlA	氮化处理850～1000HV	精密和高精密机床主轴
65Mn	淬火52～58HRC	高精度机床主轴

对于高速、高效、高精度机床的主轴部件，热变形及振动等一直是国内外研究的重点课题，特别是对高精度、超精密加工机床的主轴。据资料介绍，目前出现一种叫玻璃陶瓷材料，又称微晶玻璃的新材料，其线热膨胀系数几乎接近于零，是制作高精度机床主轴的理想材料。

3. 主轴的技术要求

主轴的技术要求应根据机床精度标准有关项目制订。首先制订出满足主轴旋转精度所必需的技术要求，如主轴前、后轴承轴颈的同轴度，锥孔相对于前、后轴颈中心连线的径向圆跳动，定心轴颈及其定位轴肩相对于前、后轴颈中心连线的径向圆跳动和轴向圆跳动等；再考虑其他性能所需的要求，如表面粗糙度、表面硬度等。主轴的技术要求要满足设计要求、工艺要求、检测方法的要求，应尽量做到设计、工艺、检测的基准相统一。

图3-7为车床主轴简图，A 和 B 是主支承轴颈，主轴轴线是 A 和 B 的圆心连线，就是设计基准。检测时以主轴轴线为基准来检验主轴上各内、外圆表面和端面的径向圆跳动和轴向圆跳动，所以也是检测基准。主轴轴线既是主轴前、后锥孔的工艺基准，又是锥孔检测时的测量基准。

主轴各部位的尺寸公差、几何公差、表面粗糙度和表面硬度等具体数值应根据机床的类型、

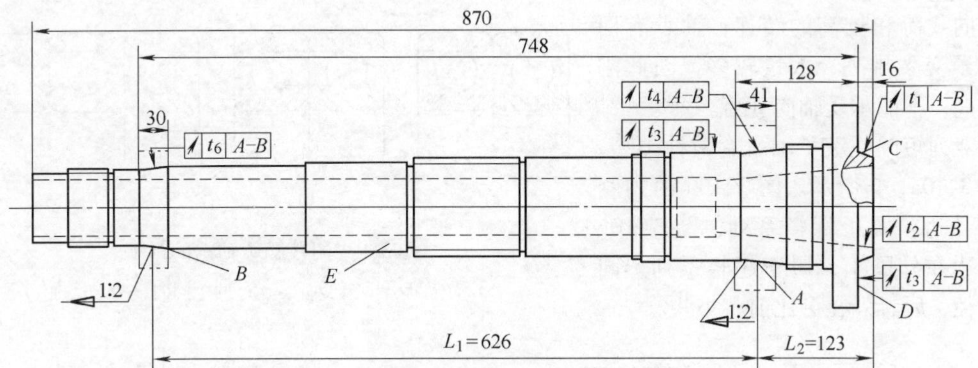

图 3-7 车床主轴简图

规格、精度等级及主轴轴承的类型来确定。

四、主轴滚动轴承

主轴部件中最重要的组件是轴承。轴承的类型、精度、结构、配置方式、安装调整、润滑和冷却等状况，都直接影响主轴部件的工作性能。

机床上常用的主轴轴承有滚动轴承、液体动压轴承、液体静压轴承、空气静压轴承等。此外，还有自调磁浮轴承等适应高速加工的新型轴承。

对主轴轴承的要求是：旋转精度高、刚度高、承载能力强、极限转速高、适应变速范围大、摩擦小、噪声小、抗振性好、使用寿命长、制造简单、使用维护方便等。因此，在选用主轴轴承时，应根据对该主轴部件的主要性能要求、制造条件、经济效果综合进行考虑。

（一）主轴部件主支承常用滚动轴承

1. 角接触球轴承

接触角 α 是球轴承的一个主要设计参数。接触角是滚动体与滚道接触点处的公法线与主轴轴线垂直平面间的夹角，如图 3-8 所示。当接触角为 0°时，称为深沟球轴承（图 3-8a）；当 $0° < \alpha \leqslant 45°$ 时，称为角接触球轴承（图 3-8b）；当 $45° < \alpha \leqslant 90°$ 时，称为推力角接触球轴承（图 3-8c）；当 $\alpha = 90°$ 时，称为推力球轴承（图 3-8d）。

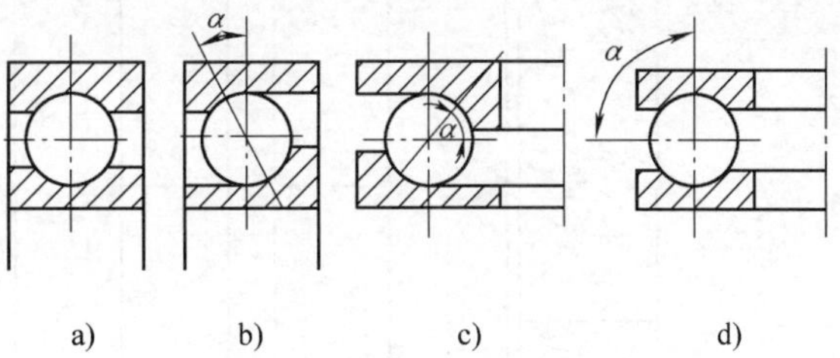

a) b) c) d)

图 3-8 各类球轴承的接触角

a）$\alpha = 0°$ 深沟球轴承 b）$0° < \alpha \leqslant 45°$ 角接触球轴承 c）$45° < \alpha \leqslant 90°$ 推力角接触球轴承 d）$\alpha = 90°$ 推力球轴承

角接触球轴承的极限转速较高。它可以同时承受径向和一个方向的轴向载荷，接触角有 15°、25°、40° 和 60° 等多种，接触角越大，可承受的轴向力越大。主轴用角接触球轴承的接触角多为 15°或 25°。角接触球轴承必须成组安装，以便承受两个方向的轴向力和调整轴承间隙或进行预紧，如图 3-9 所示。图 3-9a 为一对轴承背靠背安装，图 3-9b 为面对面安装。背靠背安装比面对面安装的轴承具有较高的抗颠覆力矩的能力。图 3-9c 为三个成一组，两个同向的轴承承受主要方向的轴向力，与第三个轴承背靠背安装。

2. 双列短圆柱滚子轴承

双列短圆柱滚子轴承的特点是：内圈有 1∶12 的锥孔，与主轴的锥形轴径相匹配，轴向移动内圈，可以把内圈胀大，用来调整轴承的径向间隙和预紧；轴承的滚动体为滚子，能承受较大的径向载荷和较高的转速；轴承有两列滚子交叉排列，数量较多，因此刚度很高；不能承受轴向载荷。

双列短圆柱滚子轴承有两种类型，如图3-10a、b所示。图3-10a的内圈上有挡边，属于特轻系列；图3-10b的挡边在外圈上，属于超轻系列。同样孔径，后者外径可比前者小些。

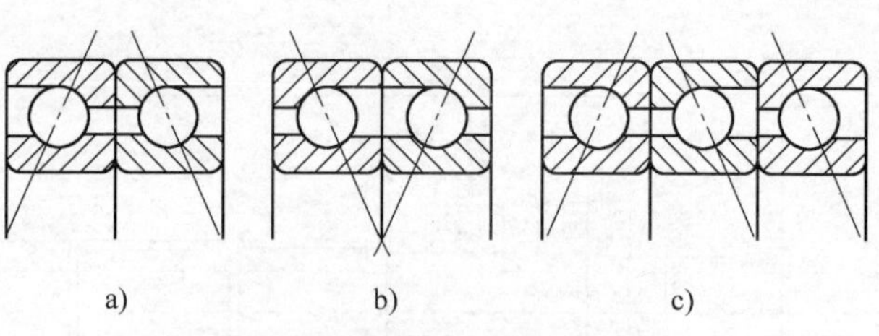

图3-9　角接触球轴承的组配

a）背靠背　b）面对面　c）两个同向，一个反向

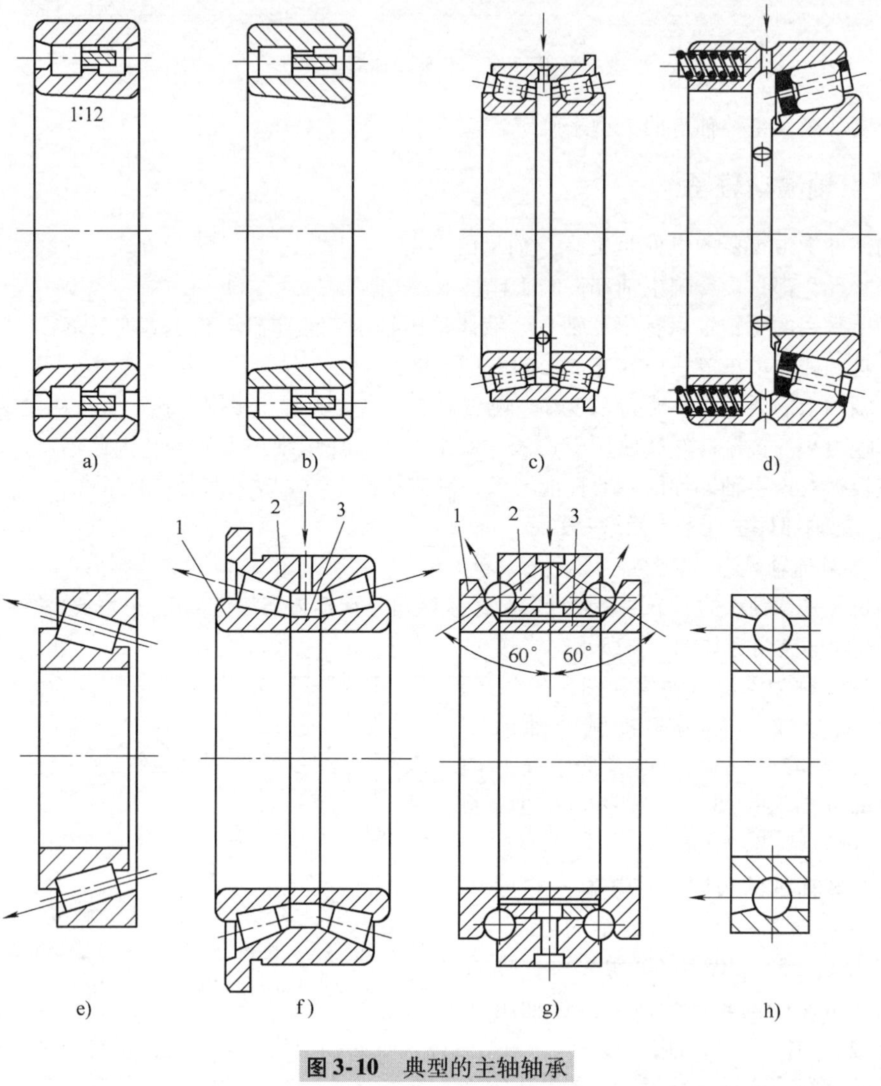

图3-10　典型的主轴轴承

a)、b）双列短圆柱滚子轴承　c）双列空心圆锥滚子轴承　d）单列空心圆锥滚子轴承　e）圆锥滚子轴承　f）双列圆锥滚子轴承　g）双向推力角接触球轴承　h）角接触球轴承

1—内圈　2—外圈　3—隔套

3. 圆锥滚子轴承

圆锥滚子轴承有单列（图3-10d、e）和双列（图3-10c、f）两类，每类又有空心

（图 3-10c、d）和实心（图 3-10e、f）两种。单列圆锥滚子轴承可以承受径向载荷和一个方向的轴向载荷。双列圆锥滚子轴承能承受径向载荷和两个方向的轴向载荷。双列圆锥滚子轴承由外圈 2、两个内圈 1 和隔套 3（也有的无隔套）组成。修磨隔套 3 就可以调整间隙或进行预紧。轴承内圈仅在滚子的大端有挡边，内圈挡边与滚子之间为滑动摩擦，所以发热较多，允许的最高转速低于同尺寸的圆柱滚子轴承。

图 3-10c、d 所示的空心圆锥滚子轴承是配套使用的，双列用于前支承，单列用于后支承。这类轴承滚子是中空的，润滑油可以从中流过，冷却滚子，降低温升，并有一定的减振效果。单列轴承的外圈上有弹簧，用作自动调整间隙和预紧。双列轴承的两列滚子数目相差一个，使两列刚度变化频率不同，有助于抑制振动。

4. 推力轴承

推力轴承只能承受轴向载荷，它的轴向承载能力和刚度较大。推力轴承在转动时滚动体产生较大的离心力，挤压在滚道的外侧。由于滚道深度较小，为防止滚道的激烈磨损，推力轴承允许的极限转速较低。

5. 双向推力角接触球轴承

如图 3-10g 所示，双向推力角接触球轴承的接触角为 60°，用来承受双向轴向载荷，常与双列短圆柱滚子轴承配套使用。为保证轴承不承受径向载荷，轴承外圈的公称外径与它配套的同孔径双列滚子轴承相同，但外径公差带在零线的下方，使外圆与箱体孔有间隙。轴承间隙的调整和预紧通过修磨隔套 3 的长度实现。双向推力角接触球轴承转动时，滚道体的离心力由外圈滚道承受，允许的极限转速比上述推力球轴承高。

6. 陶瓷滚动轴承

陶瓷滚动轴承的材料为氮化硅（Si_3N_4），密度为 $3.2\times10^3 kg/m^3$，仅为钢（$7.8\times10^3 kg/m^3$）的 41%，线膨胀系数为 $3\times10^{-6}℃^{-1}$，比轴承钢（$12.5\times10^{-6}℃^{-1}$）小得多，弹性模量为 $3.15\times10^5 N/mm^2$，比轴承钢大。在高速下，陶瓷滚动轴承与钢制滚动轴承相比：重量轻，作用在滚动体上的离心力及陀螺力矩较小，从而减小了压力和滑动摩擦；滚动体热胀系数小，温升较低，轴承在运转中预紧力变化缓慢，运动平稳；弹性模量大，轴承的刚度增大。

常用的陶瓷滚动轴承有三种类型：

1）滚动体用陶瓷材料制成，而内、外圈仍用轴承钢制造。

2）滚动体和内圈用陶瓷材料制成，外圈用轴承钢制造。

3）全陶瓷轴承，即滚动体和内、外圈全都用陶瓷材料制成。

在第 1、2 类中，陶瓷轴承滚动体和套圈采用不同材料，运转时分子亲合力很小，摩擦因数小，并有一定的自润滑性能，可在供油中断无润滑情况下正常运转，轴承不会发生故障。适用于高速、超高速、精密机床的主轴部件。

第 3 类适用于耐高温、耐腐蚀、非磁性、电绝缘或要求减轻重量和超高速场合。陶瓷滚动轴承常用形式有角接触式和双列短圆柱式。轴承轮廓尺寸一般与钢制轴承完全相同，可以互换。这类轴承的预紧力有轻预紧和中预紧两种，常采用润滑脂或油气润滑。如 SKF 公司的代号为 CE/HC 的陶瓷角接触球轴承，脂润滑时 $d_m n$ 值可达到 $1.4\times10^6 mm\cdot r/min$；油气润滑时可达到 $2.1\times10^6 mm\cdot r/min$。

7. 磁浮轴承

磁浮轴承也称磁力轴承。它是一种高性能机电一体化轴承，利用磁力来支承运动部件使其与固定部件脱离接触来实现轴承功能。

磁浮轴承的工作原理如图 3-11 所示，由转子、定子两部分组成。转子由铁磁材料（如硅钢片）制成，压入回转轴承回转筒中，定子也由相同材料制成。定子线圈产生磁场，将转子悬浮起来，通过4个位置传感器不断检测转子的位置。如转子位置不在中心位置，位置传感器测得其偏差信号，并将信号输送给控制装置，控制装置调整4个定子线圈的励磁功率，使转子精确地回到要求的中心位置。

图3-12所示为一种磁浮轴承的控制框图。

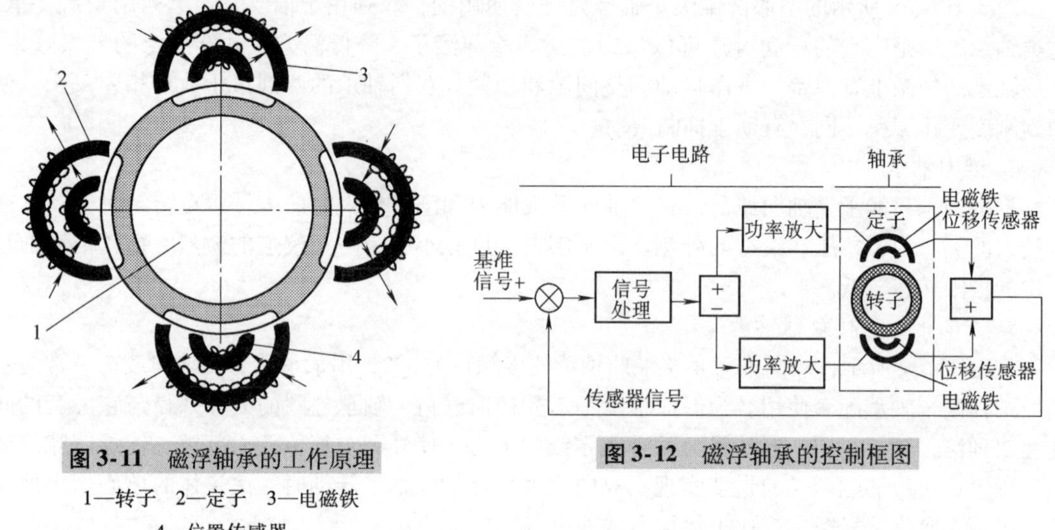

图3-11　磁浮轴承的工作原理

1—转子　2—定子　3—电磁铁　4—位置传感器

图3-12　磁浮轴承的控制框图

磁浮轴承的特点是无机械磨损，理论上无速度限制；运转时无噪声、温升低、能耗小；不需要润滑，不污染环境，省掉一套润滑系统和设备；能在超低温和高温下正常工作，也可用于真空、蒸汽腐蚀性环境中。装有磁浮轴承的主轴可以适应控制，通过监测定子线圈的电流，灵敏地控制切削力，通过检测切削力的微小变化控制机械运动，以提高加工质量。因此磁浮轴承特别适用于高速、超高速加工。国外已有高速铣削磁力轴承主轴头和超高速磨削主轴头，并已标准化。

磁浮轴承主轴的结构如图3-13所示。

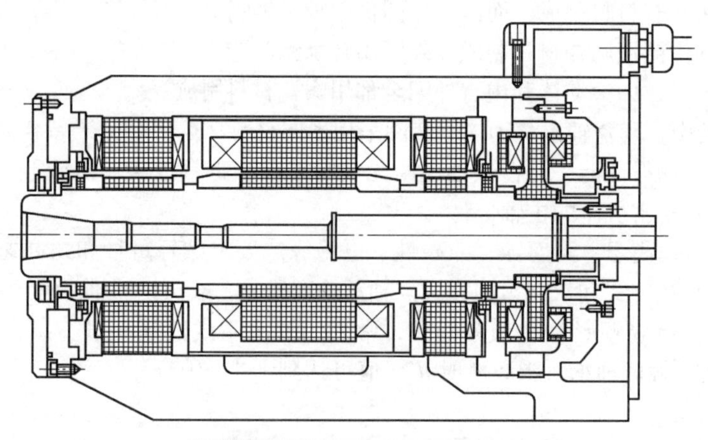

图3-13　磁浮轴承主轴的结构

（二）几种典型的主轴轴承配置形式

主轴轴承的配置形式应根据刚度、转速、承载能力、抗振性和噪声等要求来选择。常见有如下几种典型的配置形式：速度型、刚度型、刚度速度型，如图 3-14 所示。

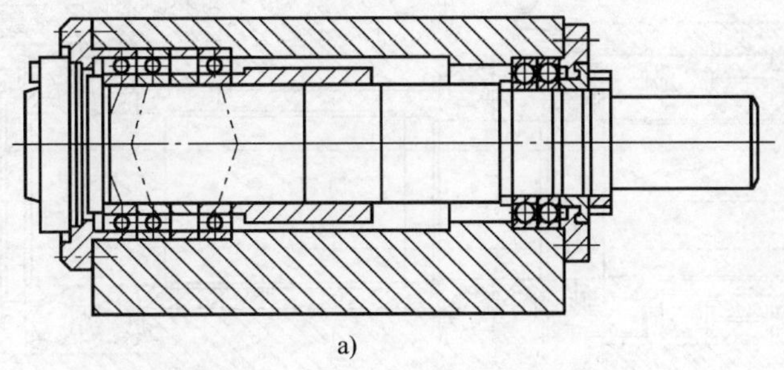

a)

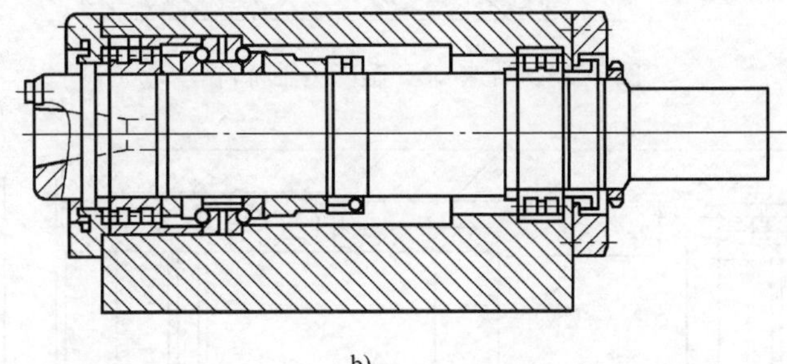

b)

c)

图 3-14 三种类型的主轴单元

a）速度型 b）刚度型 c）刚度速度型

1. 速度型（图 3-14a）

主轴前、后轴承都采用角接触球轴承（两联或三联）。当轴向切削分力较大时，可选用接触角为 25°的球轴承；轴向切削分力较小时，可选用接触角为 15°的球轴承。在相同的工作条件下，前者的轴向刚度比后者大一倍。角接触球轴承具有良好的高速性能，但它的承载能力较小，因而适用于高速轻载或精密机床，如高速镗削单元、高速 CNC 车床（图 3-15）等。

2. 刚度型（图 3-14b）

前支承采用双列短圆柱滚子轴承承受径向载荷，60°角接触双列推力球轴承承受轴向载荷，后支承采用双列短圆柱滚子轴承。这种轴承配置的主轴部件，适用于中等转速和切削负载较大、要求刚度高的机床。如数控车床主轴（图 3-16）、镗削主轴单元等。

3. 刚度速度型（图 3-14c）

前轴承采用三联角接触球轴承，后支承采用双列短圆柱滚子轴承。主轴的动力从后端传入，

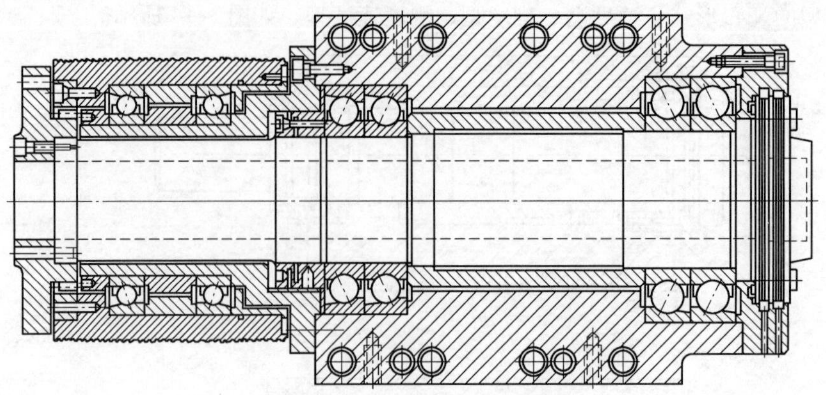

图 3-15　高速 CNC 车床主轴部件

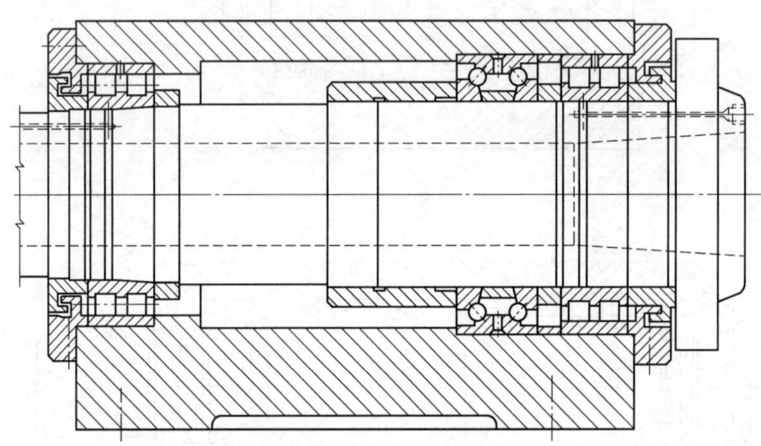

图 3-16　CNC 型车床主轴

后轴承要承受较大的传动力，所以采用双列短圆柱滚子轴承。前轴承的配置特点是：外侧的两个角接触球轴承大口朝向主轴工作端，承受主要方向的轴向力；第三个角接触球轴承则通过轴套与外侧的两个轴承背靠背配置，使三联角接触球轴承有一个较大支承跨，以提高承受颠覆力矩的刚度。如图 3-17 所示的卧式铣床主轴，即要求径向刚度好，并有较高的转速。

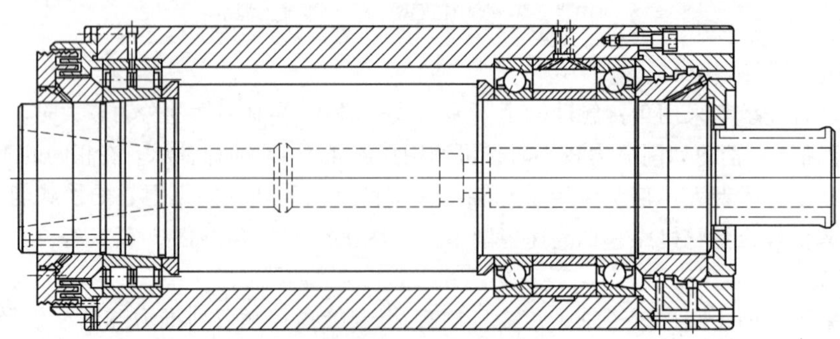

图 3-17　卧式铣床主轴

图 3-18 所示为配置圆锥滚子轴承的机床主轴，其结构比采用双列短圆柱滚子轴承简化，承载能力和刚度比角接触球轴承高。但是，因为圆锥滚子轴承发热大，温升高，允许的极限转速

要低些。适用于载荷较大、转速不太高的普通精度的机床主轴。

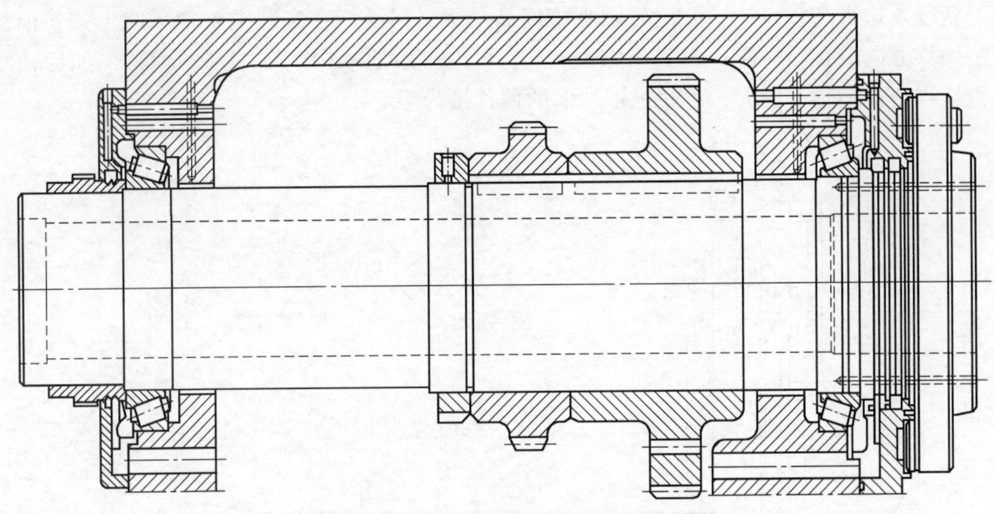

图 3-18 配置圆锥滚子轴承的机床主轴

图 3-19 所示为卧式镗铣床主轴部件，由镗主轴 2 和铣主轴 3 组成。铣主轴 3 的前轴承采用双列圆锥滚子轴承，可以承受双向轴向力和径向力，承载能力大，刚性好，结构简单。主运动传动齿轮 1 装在铣主轴 3 上。铣主轴轴端可装铣刀盘或平镟盘，进行铣削加工或车削加工。镗主轴可在铣主轴内轴向移动，通过双键 4 传动，用于孔加工。

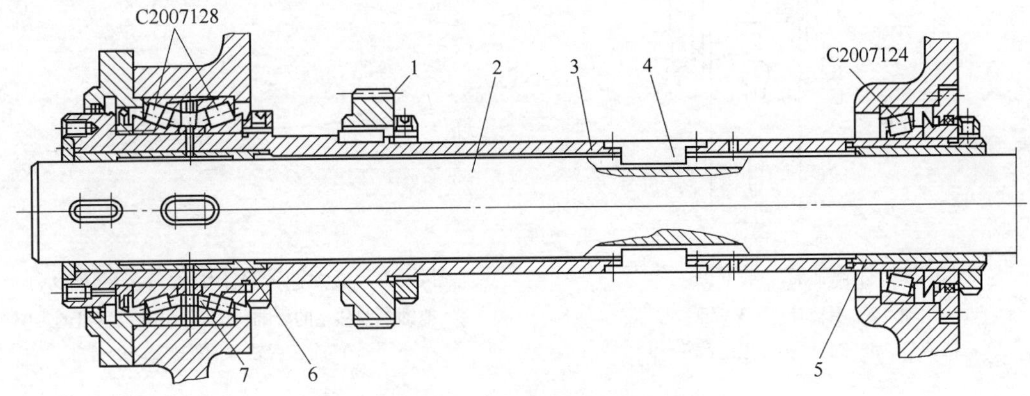

图 3-19 卧式镗铣床主轴部件

1—齿轮 2—镗主轴 3—铣主轴 4—双键 5、6—镗主轴套 7—前轴承

图 3-20 所示为采用推力球轴承承受两个方向轴向力的主轴部件，其轴向刚度很高，适用于承受轴向载荷大的机床（如钻床）主轴。

（三）滚动轴承精度等级的选择

主轴轴承中，前、后轴承的精度对主轴旋转精度的影响是不同的。如图 3-21a 所示，前轴承轴心有偏移 δ_A、后轴承偏移量为零时，由偏移量 δ_A 引起的主轴端轴心偏移为

$$\delta_{A1} = \frac{L+a}{L}\delta_A$$

图 3-21b 表示后轴承有偏移 δ_B、前轴承偏移为零时，引起主轴端部的偏移为

$$\delta_{B1} = \frac{a}{L}\delta_B$$

显然，前支承的精度比后支承对主轴部件的旋转精度影响较大。因此选取轴承精度时，前轴承的精度要选得高一点，一般比后轴承精度高一级。另外，在安装主轴轴承时，如将前、后轴承的偏移方向放在同一侧，如图3-21c所示，可以有效地减少主轴端部的偏移。如后轴承的偏移量适当地比前轴承的大，可使主轴端部的偏移量为零。

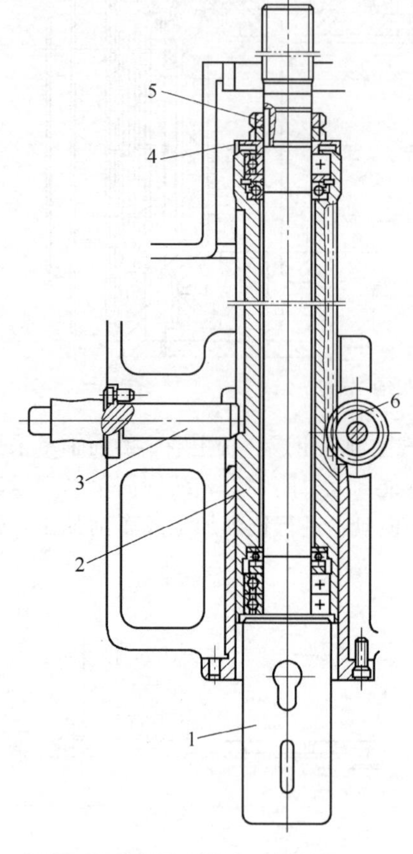

图3-20　摇臂钻床主轴部件

1—主轴　2—主轴套筒　3—键　4—挡油盖　5—螺母　6—进给齿轮

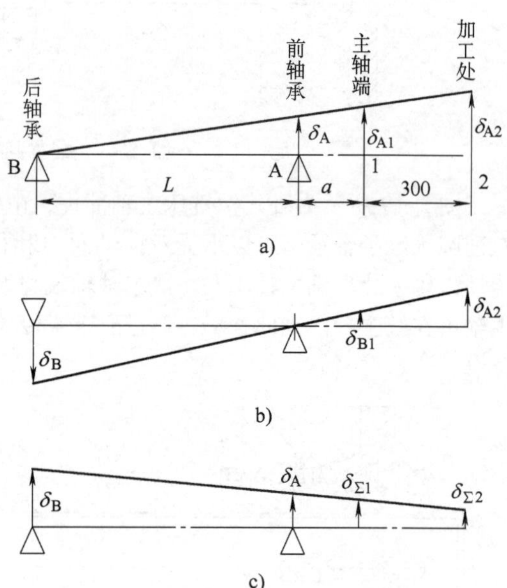

图3-21　主轴轴承对主轴旋转精度的影响

a）前轴承偏移量的影响　b）后轴承偏移量的影响　c）前、后轴承的综合影响

机床主轴轴承的精度除P2、P4、P5、P6（相当于旧标准的B、C、D、E）四级外，新标准中又补充了SP和UP级。SP和UP级的旋转精度，分别相当于P4和P2级，而内、外圈尺寸精度则分别相当于P5和P4级。不同精度等级的机床，主轴轴承精度选择可参考表3-3。数控机床可按精密或高精密级选择。

表3-3　主轴轴承精度

机床精度等级	前 轴 承	后 轴 承
普通精度级	P5或P4（SP）	P5或P4（SP）
精密级	P4（SP）或P2（UP）	P4（SP）
高精密级	P2（UP）	P2（UP）

轴承的精度不但影响主轴组件的旋转精度，而且影响刚度和抗振性。随着机床向高速、高

精度发展，目前普通机床主轴轴承都趋向于取 P4（SP）级，P6（旧 E 级）级轴承在新设计的机床主轴部件中已很少采用。

（四）主轴滚动轴承的预紧

预紧是提高主轴部件的旋转精度、刚度和抗振性的重要手段。所谓预紧就是采用预加载荷的方法消除轴承间隙，而且有一定的过盈量，使滚动体和内外圈接触部分产生预变形，增加接触面积，提高支承刚度和抗振性。主轴部件的主要支承轴承都要预紧，预紧有径向和轴向两种。预紧量要根据载荷和转速来确定，不能过大，否则预紧后发热较多、温升高，会使轴承寿命降低。预紧力或预紧量用专门仪器测量。

预紧力通常分为三级：轻预紧、中预紧和重预紧，代号为 A、B、C。轻预紧适用于高速主轴，中预紧适用于中、低速主轴；重预紧用于分度主轴。

下面以双列短圆柱滚子轴承和角接触球轴承为例，说明轴承如何进行预紧。

1. 双列短圆柱滚子轴承

双列短圆柱滚子轴承的预紧有两种方式：一种是用螺母轴向移动轴承内圈，因内圈孔是 1:12的锥孔，使内圈径向胀大，从而实现预紧；另一种如图 3-16 所示，用调整环的长度实现预紧，采用过盈套进行轴向固定。过盈套也称阶梯套，是将过盈配合的轴孔制成直径尺寸略有差别的两段，形成如图 3-22 所示的小阶梯状。配合轴颈两段轴径分别为 d_1 和 $d_2 = d_1 - s_1$。过盈套两段孔径分别为 D_2 和 $D_1 = D_2 + S_2$。装配时套的 D_1 与轴的 d_1 段配合，套的 D_2 与轴的 d_2 段配合，相配处全是过盈配合，用过盈套紧紧地将轴承固定在主轴上。拆卸时，通过盈套上的小孔往套内注射高压油，因过盈套两段孔径的尺寸差产生轴向推力，使过盈套从主轴上拆下。

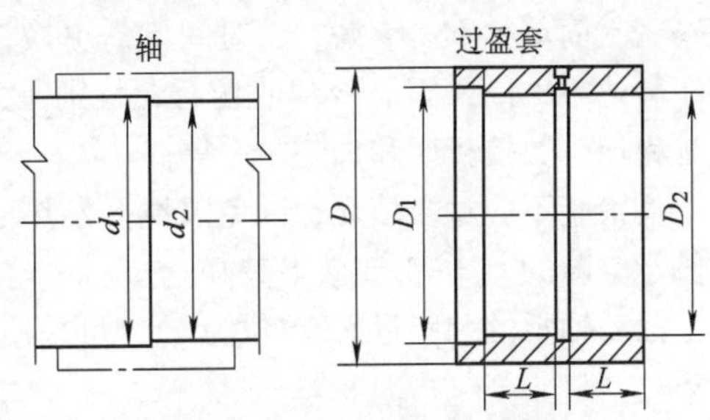

图 3-22　过盈套的结构

采用过盈套替代螺母的优点是：保证套的定位端面与轴心线垂直；主轴不必因加工螺纹而直径减小，增加了主轴刚度；最大限度降低了主轴的不平衡量，提高了主轴部件的旋转精度。

2. 角接触球轴承

角接触球轴承是用螺母使内、外圈产生轴向错位，同时实现径向和轴向预紧。为精确地保证预紧量，如一对轴承是背靠背安装的，如图 3-23a 所示，将一对轴承的内圈侧面各磨去按预紧量确定的厚度 δ，当压紧内圈时即可得到设定的预紧量；图 3-23b 所示为在两轴承内、外圈之

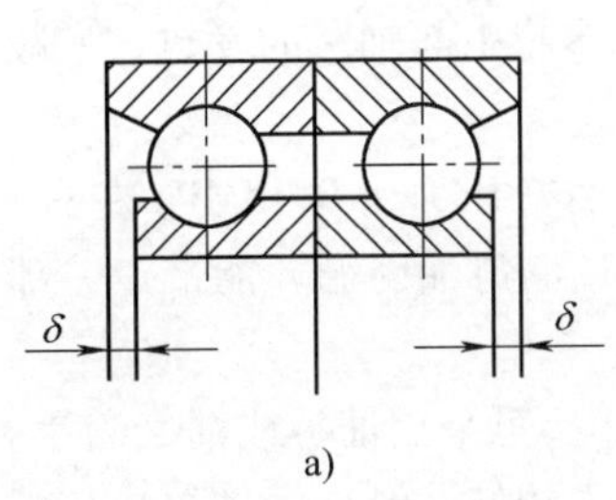

a)

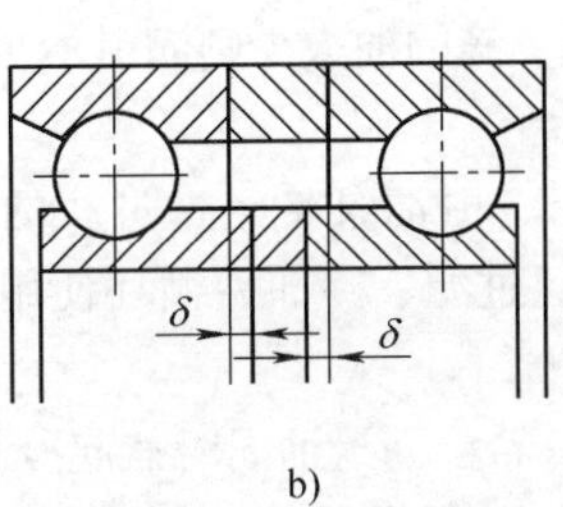

b)

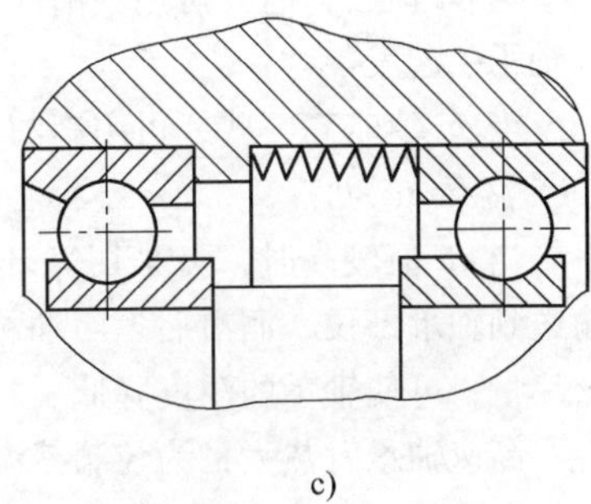

c)

图 3-23　角接触球轴承预紧

a）修磨轴承内圈侧面　b）内、外圈装入短套　c）由弹簧自动预紧

间分别装入厚度差为2δ的两个短套来达到预紧目的；图3-23c所示为用弹簧自动预紧的一对轴承。当然还有其他许多方法可以实现预紧，这里不一一列举了。

值得一提的是，各轴承厂对各类轴承、不同尺寸、各级预紧的预紧力规定是不同的，确定预紧力时要多加注意。

（五）滚动轴承的润滑和密封

1. 润滑

滚动轴承在运转过程中，滚动体和轴承滚道间会产生滚动摩擦和滑动摩擦，产生热量而使轴承温度升高，因热变形改变了轴承的间隙，引起振动和噪声 。润滑的作用是利用润滑剂在摩擦面间形成润滑油膜，减小摩擦因数和发热量，并带走一部分热量，以降低轴承的温升。润滑剂和润滑方式的选择主要取决于轴承的类型、转速和工作负荷。滚动轴承所用的润滑剂主要有润滑脂和润滑油两种。

（1）润滑脂　润滑脂是由基油、稠化剂和添加剂（有的不含添加剂）在高温下混合而成的一种半固体状润滑剂。如锂基脂、钙基脂、高速轴承润滑脂等。其特点是粘附力强、油膜强度高、密封简单，不易渗漏，长时间不需更换，维护方便，但摩擦阻力比润滑油略大。因此，常用于转速不太高又不需冷却的场合，特别是立式主轴或装在套筒内可以伸缩的主轴，如钻床、坐标镗床、数控机床和加工中心等。

润滑脂不应过多填充，以免因搅拌发热而融化、变质失去润滑作用。根据经验，润滑脂填满轴承空隙的1/3～1/2效果最好。

滚动轴承的装脂量G(单位为g)，可采用以下经验公式计算：

$$G=\frac{d^{2.5}}{K}$$

式中　d——轴承的内径（mm）；

K——与轴承类型有关的系数，对于球轴承$K=900$，对于滚子轴承$K=350$。

润滑脂的使用期限与许多因素有关，如轴承类型、尺寸、转速、负荷、工作温度等，应在一定时期内补充和更换。

（2）润滑油　润滑油的种类很多，其粘度随温度的升高而减小，选择润滑油的粘度应保证其在轴承工作温度下粘度保持在10～23mm^2/s（40℃时）。转速越高，选的粘度应越低；负荷越重，粘度应越高。主轴轴承的油润滑方式主要有油浴、滴油、循环润滑、油雾润滑、油气润滑和喷射润滑等。一般根据轴的转速和轴承的内径乘积dn值，查轴承厂提供的经验图表，选择具体的润滑油名称牌号和润滑方式。

当dn值较低时，可用油浴润滑。油平面不应超过最低一个滚动体的中心，以免过多的油搅入轴承引起发热。

当dn值略高一些，可用滴油润滑。滴的油太少则润滑不足，太多将引起轴承的发热，一般1～5滴/min为宜。

当dn值较高时，可采用循环润滑，由油泵将经过过滤的润滑油（压力为0.15MPa左右）输送到轴承部位，润滑后返回油箱。经过滤、冷却后循环使用。循环润滑油因循环能带走一部分热量，可使轴承的温度降低。

高速轴承发热大，为控制其温升，希望润滑油同时兼起冷却作用，可采用油雾或油气润滑。油雾润滑是将油雾化后喷向轴承，既起润滑作用又起冷却作用，效果较好。但是用过的油雾散入大气，污染环境，目前已较少采用。油气润滑是间隔一定时间由定量柱塞分配器定量输出微量润滑油0.01～0.06mL，与压缩空气管道中的压力为0.3～0.5MPa、流量为20～50L/min的压缩空气混合后，经细长管道和喷嘴连续喷向轴承。

油气润滑与油雾润滑主要区别在于供给轴承的油未被雾化，而且成滴状进入轴承。因此，采用油气润滑不污染环境，用过可回收，轴承温升可比采用油雾润滑低。油气润滑用于 $dn>10^6$mm · r/min 的高速轴承。

当轴承高速旋转时，滚动体与保持架也以相当高的速度旋转，使其周围空气形成气场，用一般润滑方法很难将润滑油输送到轴承中，这时必须采用高压喷射润滑方式。即使用油泵，通过位于轴承内圈和保持架中心的一个或几个口径为0.5～1 mm 的喷嘴，以0.1～0.5MPa 的压力，将流量大于500mL/min 的润滑油喷射到轴承上，使之穿过轴承内部，经轴承的另一端流入油箱，同时对轴承进行润滑和冷却。高压喷射润滑方式通常用于 $dn \geqslant 1.6\times10^6$mm · r/min 并承受重负荷的轴承。

角接触球轴承及圆锥滚子轴承有泵油效应，润滑油必须由小口进入，如图3-10 e、f、g、h 中箭头所示方向。

2. 密封

滚动轴承密封的作用是防止切削液、切屑、杂质等进入轴承，并使润滑剂无泄漏地保持在轴承内，保证轴承的使用性能和寿命。

密封的类型主要有非接触式和接触式两大类。非接触式又分为间隙式、曲路式和垫圈式。接触式密封可使用径向密封圈和毛毡密封圈。

选择密封形式时，应综合考虑如下因素：轴的转速、轴承润滑方式、轴端结构、轴承工作温度、轴承工作时的外界环境等。

脂润滑的主轴部件多使用非接触的曲路（迷宫）式密封，如图3-18 所示。

油润滑的主轴部件的密封如图3-19 和图3-20 所示，在前螺母的外圈上有锯齿环形槽，锯齿方向应沿着油流的方向，主轴旋转时将油甩向压盖的空气腔，经回油孔流回油箱。

五、主轴滑动轴承

滑动轴承因具有良好的抗振性、旋转精度高、运动平稳等特点，故可应用于高速或低速的精密、高精密机床和数控机床中。

主轴滑动轴承按产生油膜的方式，可以分为动压轴承和静压轴承两类。按照流体介质不同可分为液体滑动轴承和气体滑动轴承两类。

（一）动压轴承

动压轴承的工作原理是：当主轴旋转时，带动润滑油从间隙大处向间隙小处流动，形成压力油楔而产生油膜压力 p 将主轴浮起。

油膜的承载能力与工作状况有关，如速度、润滑油的粘度、油楔结构等。转速越高，间隙越小，油膜的承载能力越大。油楔结构参数包括油锲的形状、长度、宽度、间隙以及油楔入口与出口的间隙比等。

动压轴承按油楔数分为单油楔轴承和多油楔轴承。多油楔轴承因有几个独立油楔，形成的油膜压力在几个方向上支承轴颈，轴心位置稳定性好，抗振动和冲击性能好。因此，机床主轴上采用多油楔轴承较多。

多油楔轴承有固定多油楔滑动轴承和活动多油楔滑动轴承两类。

1. 固定多油楔滑动轴承

在轴承内工作表面上加工出偏心圆弧面或阿基米德螺旋线来实现油楔。图3-24 所示是用于外圆磨床砂轮架主轴的固定多油楔轴承。其中，轴瓦1 为外柱（与箱体孔配合）内锥（与主轴颈配合）式；前、后两个止推环2和5是滑动推力轴承；转动螺母3可使主轴相对于轴瓦作轴向移动，通过锥面调整轴承间隙；螺母4可调整滑动推力轴承的轴向间隙。固定多油楔轴承油楔形状由主轴工作条件而定。如果主轴旋转方向恒定、不需换向、转速变化很小或不变速时，油楔可采用阿基米德螺旋线形式；如果主轴转速是变化的而且要换向，油楔可采用偏心圆弧面形式，如图3-24b所示，车床主轴轴承采用此方式。

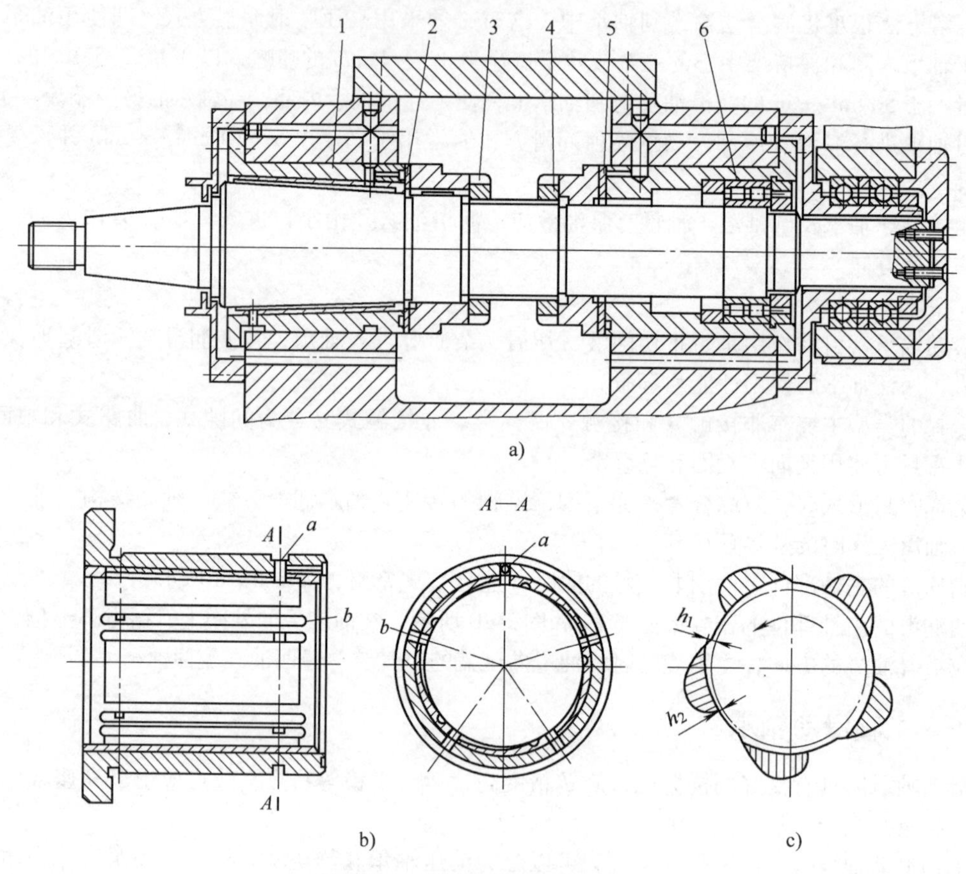

图3-24　固定多油楔滑动轴承

a）主轴组件　b）轴瓦　c）轴承工作原理

1—轴瓦　2、5—止推环　3—转动螺母　4—螺母　6—轴承

2. 活动多油楔滑动轴承

活动多油楔利用浮动轴瓦自动调位来实现油楔，如图3-25所示。这种轴承由三块或五块轴瓦组成，各有一球头螺钉支承，可以稍作摆动以适应转速或载荷的变化。瓦块的压力中心 O 离油楔出口处距离 b_0 约等于瓦块宽 B 的0.4倍，即 $b_0 \approx 0.4B$，也就是该瓦块的支承点不通过瓦块宽度的中心。这样当主轴旋转时，由于瓦块上压强的分布，瓦块可自动摆动至最佳间隙比 $h_1/h_2 = 2.2$（进油口间隙与出油口间隙之比）后处于平衡状态。这种轴承只能朝一个方向旋转，不允许反转，否则不能形成压力油楔。轴承径向间隙靠螺钉调节。这种轴承的刚度比固定多油楔低，多用于各种外圆磨床、无心磨床和平面磨床中。

（二）液体静压轴承

液体静压轴承系统由一套专用供油系统、节流阀和轴承三部分组成。静压轴承由供油系统供给一定压力油，输进轴和轴承间隙中，利用油的静压力支承载荷，轴颈始终浮在压力油中。

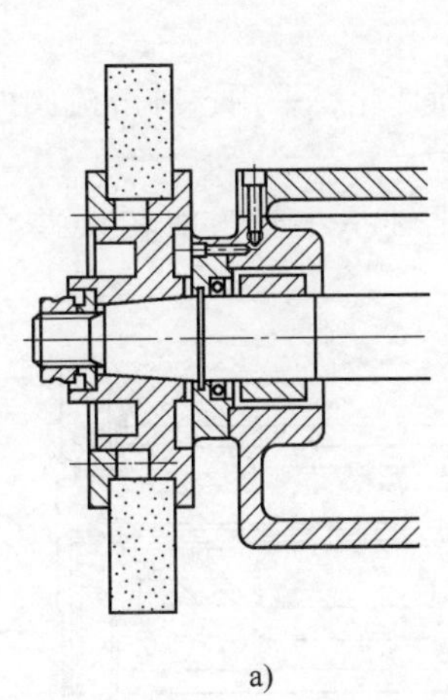

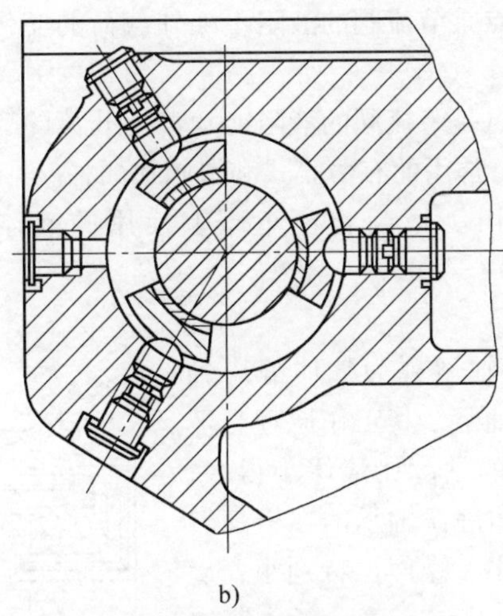

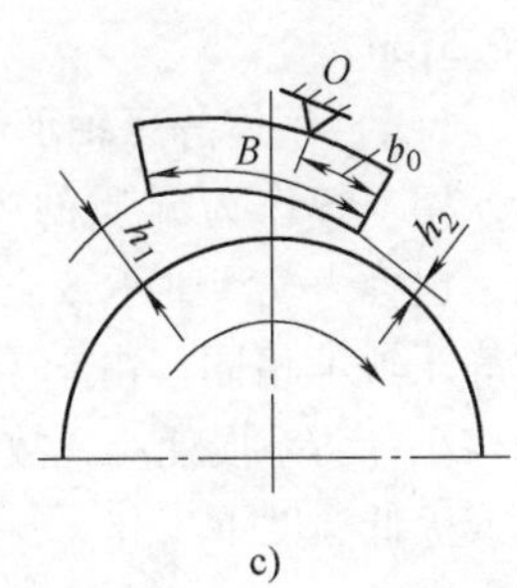

a) b) c)

图 3-25 活动多油楔滑动轴承

a)、b) 轴承结构图 c) 轴承工作原理

所以，轴承油膜压强与主轴转速无关，承载能力不随转速而变化。静压轴承与动压轴承相比有如下优点：承载能力高，旋转精度高，油膜有均化误差的作用，可提高加工精度，抗振性好，运转平稳，既能在极低转速下工作，也能在极高转速下工作，摩擦小，轴承寿命长。

静压轴承主要的缺点是需要一套专用供油设备，轴承制造工艺复杂、成本较高。

定压式静压轴承的工作原理如图 3-26 所示，在轴承的内圆柱孔上，开有四个对称的油腔 1～4。油腔之间由轴向回油槽隔开，油腔四周有封油面，封油面的周向宽度为 a，轴向宽度为 b。油泵输出的油压为定值 p_S 的油液，分别流经节流阀 T_1、T_2、T_3 和 T_4 进入各个油腔。节流阀的作用是使各个油腔的压力随外载荷的变化自动调节，从而平衡外载荷。当无外载荷作用（不考虑自重）时，各油腔的油压相等，即 $p_1=p_2=p_3=p_4$，保持平衡，轴在正中央，各油腔封油面与轴颈的间隙相等，即 $h=h_1=h_2=h_3=h_4$，间隙液阻也相等。

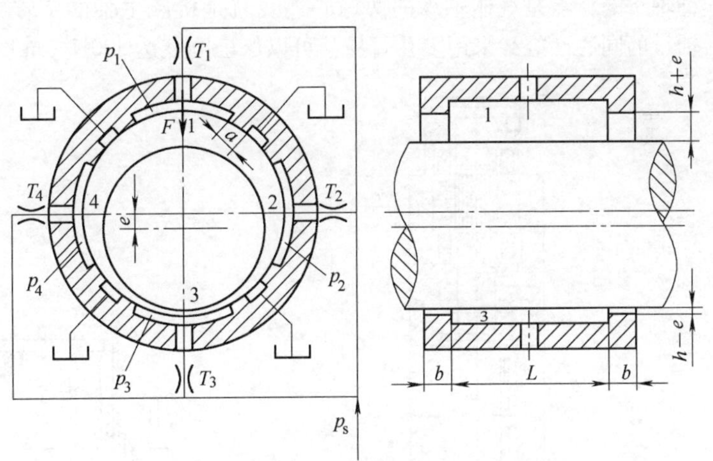

图 3-26 定压式静压轴承的工作原理

当有外载荷 F 向下作用时，轴颈失去平衡，沿载荷方向偏移一个微小位移 e。油腔 3 间隙减小，即 $h_3=h-e$，间隙液阻增大，流量减小，节流阀 T_3 的压力降减小，因供油压力 p_S 是定值，故油腔压力 p_3 随着增大。同理，上油腔 1 间隙增大，即 $h_1=h+e$，间隙液阻减小，流量增大，节流阀 T_1 的压力降增大，油腔压力 p_1 随着减小。两者的压力差 $\Delta p=p_3-p_1$，将主轴推回中心以平衡外载荷 F。

节流阀主要有如下两类：

（1）固定节流阀　其特点是节流阀的液阻不随外载荷的变化而变化。常用的有小孔节流阀和毛细管节流阀。

（2）可变节流阀　其特点是节流阀的液阻能随着外载荷的变化而变化，采用这种节流阀的静压轴承具有较高油膜刚度。常用的有薄膜式和滑阀式两种。

图3-27 所示为日本丰田工厂超精密车床上使用的液体静压轴承主轴，回转误差在0.025μm 内。

（三）气体静压轴承

用空气作为介质的静压轴承称为气体静压轴承，也称为气浮轴承或空气轴承，其工作原理与液体静压轴承相同。由于空气的粘度比液体小得多，摩擦小，功率损耗小，故气体静压轴承能在极高转速或极低温度下工作，振动小、噪声也特别小，旋转精度高，（一般在0.1μm 以下），寿命长，基本上不需要维护，用于高速、超高速、高精度机床主轴部件中。

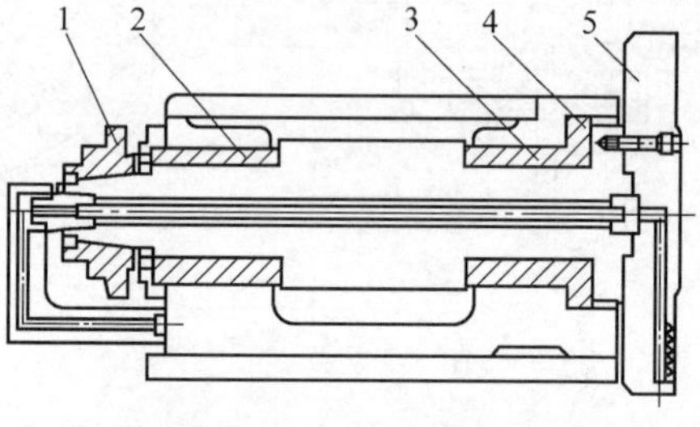

图3-27　丰田液体静压轴承

1—带轮　2、3—静压轴承　4—推力轴承　5—真空吸盘

目前，具有气体静压轴承的主轴结构形式主要有三种：

1）具有径向圆柱与平面止推型轴承的主轴，如图3-28 所示的CUPE 高精度数控金刚石车床主轴，采用内装式电子主轴，电动机转子就是车床主轴。

2）采用双半球形气体静压轴承的主轴，如图3-29 所示的大型超精加工车床的主轴部件。此种轴承的特点是气体轴承的两球心连线就是机床主轴的旋转中心线，它可以自动调心，前、后轴承的同心性好，采用多孔石墨，可以保证刚度达300N/μm 以上，回转误差在0.1μm 以下。

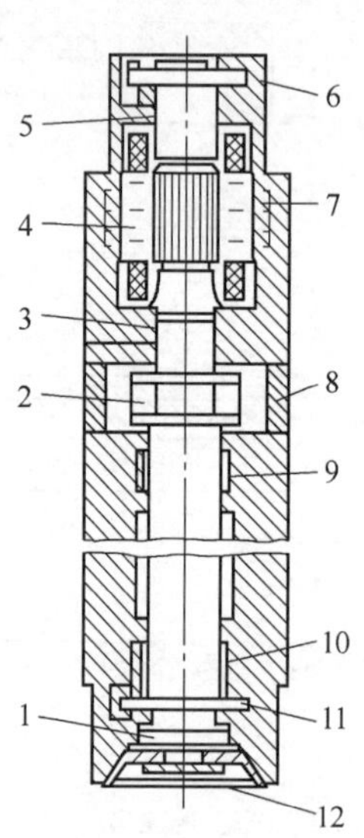

图3-28　CUPE 高精度数控金刚石车床主轴

1—低膨胀材料　2—联轴器　3、5、9、10—径向轴承　4—驱动电动机　6、11—推力轴承　7—冷却装置　8—热屏蔽装置　12—金刚石砂轮

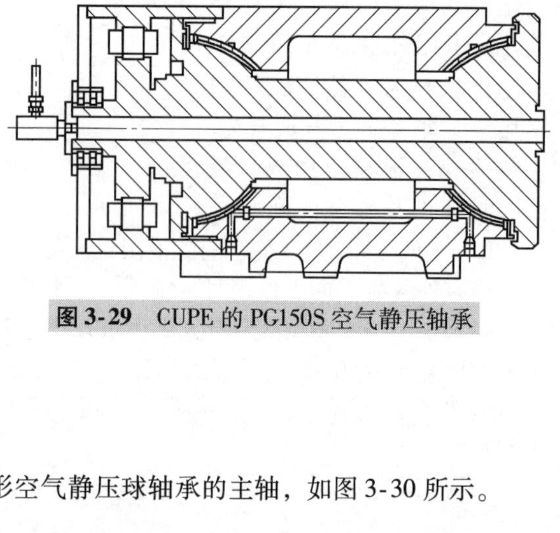

图3-29　CUPE 的PG150S 空气静压轴承

3）采用前端为球形、后端为圆柱形或半球形空气静压球轴承的主轴，如图3-30 所示。

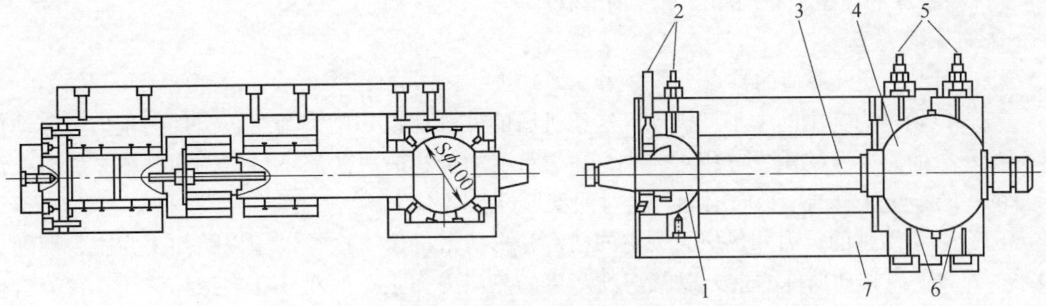

图 3-30 两种空气静压球轴承

1—径向轴承 2、5—压缩空气 3—轴 4—球体 6—球面轴承 7—球面座

第二节 支承件设计

一、支承件的功能和应满足的基本要求

(一) 支承件的功能

机床的支承件是指床身、立柱、横梁、底座等大件，相互固定联接成机床的基础和框架。机床上其他零部件可以固定在支承件上，或者工作时在支承件的导轨上运动。因此，支承件的主要功能是保证机床各零部件之间的相互位置和相对运动精度，并保证机床有足够的静刚度、抗振性、热稳定性和耐用度。所以，支承件的合理设计是机床设计的重要环节之一。

以车床为例，支承件是床身，固定联接着主轴箱、进给箱和三杠（丝杠、光杠、操纵杠）；大刀架与溜板箱沿着床身导轨运动。床身不仅承受这些部件的重力，而且要承受切削力、传动力和摩擦力等，在这些力的作用下，不应产生过大的变形和振动；还要保证大刀架沿床身导轨运动的直线度和相对主轴轴线的平行度；受热后产生的热变形不应破坏机床的原始精度；床身导轨应有一定的耐用度等。

(二) 支承件应满足的基本要求

支承件应满足下列要求：

1）应具有足够的刚度和较高的刚度—质量比。

2）应具有较好的动态特性，包括较大的位移阻抗（动刚度）和阻尼；整机的低阶频率较高，各阶频率不致引起结构共振；不会因薄壁振动而产生噪声。

3）热稳定性好，热变形对机床加工精度的影响较小。

4）排屑畅通、吊运安全，并具有良好的结构工艺性。

二、支承件的结构设计

支承件是机床的一部分，因此设计支承件时，应首先考虑所属机床的类型、布局及常用支承件的形状。在满足机床工作性能的前提下，综合考虑其工艺性。还要根据其使用要求，进行受力和变形分析，再根据所受的力和其他要求（如排屑、吊运、安装其他零件等）进行结构设计，初步确定其形状和尺寸。然后，可以利用计算机进行有限元计算，求出其静态刚度和动态特性，再对设计进行修改和完善，选出最佳结构形式，既能保证支承件具有良好的性能，又能尽量减轻重量，节约金属。

（一）机床的类型、布局和支承件的形状

1. 机床的类型

机床根据所受外载荷的特点，可分为三类：

（1）以切削力为主的中小型机床　这类机床的外载荷以切削力为主，工件的重力、移动部件（如车床的刀架）的重力等相对较小，在进行受力分析时可忽略不计。例如，车床的刀架从床身的一端移至床身的中部时引起床身弯曲变形可忽略不计。

（2）以移动件的重力和热应力为主的精密和高精密机床　这类机床以精加工为主，切削力很小。外载荷以移动部件的重力以及切削产生的热应力为主。如双柱立式坐标镗床，在分析横梁受力和变形时，主要考虑主轴箱从横梁一端移至中部时，引起的横梁的弯曲和扭转变形。

（3）重力和切削力必须同时考虑的大型和重型机床　这类机床工件较重，移动件的重力较大，切削力也很大，因此受力分析时必须同时考虑工件重力、移动件重力和切削力等载荷，如重型车床、落地镗铣床及龙门式机床等。

2. 机床的布局形式对支承件形状的影响

机床的布局形式直接影响支承件的结构设计。如图3-31所示的卧式数控车床，因采用不同布局，导致车床床身构造和形状不同。图3-31a是平床身、平滑板；图3-31b是后倾床身、平滑板；图3-31c是平床身、前倾滑板；图3-31d是前倾床身、前倾滑板。床身导轨的倾斜角度有30°、45°、60°、75°。小型数控车床采用45°、60°的较多。中型卧式车床，采用前倾床身、前倾滑板布局形式较多，其优点是排屑方便，不使切屑堆积在导轨上将热量传给床身而产生热变形；容易安装自动排屑装置；床身设计成封闭的箱形，能保证有足够的抗弯和抗扭强度。

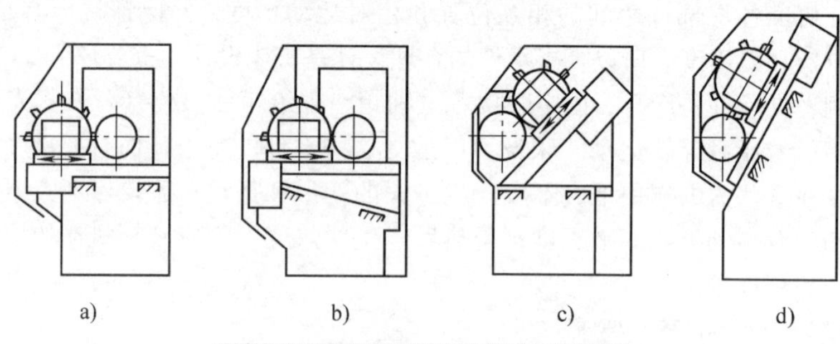

图3-31　卧式数控车床的布局形式

a）平床身　b）后倾床身　c）前倾滑板　d）前倾床身

3. 支承件的形状

支承件的形状基本上可以分为三类：

（1）箱形类　支承件在三个方向的尺寸上都相差不多，如各类箱体、底座、升降台等。

（2）板块类　支承件在两个方向的尺寸上比第三个方向大得多，如工作台、刀架等。

（3）梁类　支承件在一个方向的尺寸比另两个方向大得多，如立柱、横梁、摇臂、滑枕、床身等。

（二）支承件的截面形状和选择

支承件结构的合理设计是应在最小质量条件下，具有最大静刚度。静刚度主要包括抗弯刚度和抗扭刚度，均与截面系数成正比。支承件截面形状不同，即使同一材料、相等的截面积，其抗弯和抗扭截面系数也不同。表3-4为截面积皆近似为100mm^{2}的八种不同截面形状的抗弯和抗扭截面系数的比较。比较后可知：

1）无论是正方形、圆形还是矩形，空心截面的刚度都比实心的大，而且同样的断面形状和相同大小的面积，外形尺寸大而壁薄的截面，比外形尺寸小而壁厚的截面的抗弯刚度和抗扭刚度都高。所以为提高支承件刚度，支承件的截面应是中空形状，尽可能加大截面尺寸，在工艺可能的前提下壁厚尽量薄一些。当然壁厚不能太薄，以免出现薄壁振动。

2）圆（环）形截面的抗扭刚度比正方形好，而抗弯刚度比正方形低。因此，以承受弯矩为主的支承件的截面形状应取矩形，并以其高度方向为受弯方向；以承受扭矩为主的支承件的截面形状应取圆（环）形。

3）封闭截面的刚度远远大于开口截面的刚度，特别是抗扭刚度。设计时应尽可能把支承件的截面做成封闭形状。但是为了排屑和在床身内安装一些机构的需要，有时不能做成全封闭形状。

表 3-4　不同截面形状的抗弯、抗扭截面系数

序号	截面形状尺寸/mm	截面系数计算值/mm^4		序号	截面形状尺寸/mm	截面系数计算值/mm^4	
		抗弯	抗扭			抗弯	抗扭
1	φ113	$\frac{800}{1.0}$	$\frac{1600}{1.0}$	5	100, 100	$\frac{833}{1.04}$	$\frac{1400}{0.88}$
2	23.5, φ113, φ160	$\frac{2412}{3.02}$	$\frac{4824}{3.02}$	6	100, 100, 142, 142	$\frac{2555}{3.19}$	$\frac{2040}{1.27}$
3	18, φ160, φ196	$\frac{4030}{5.04}$	$\frac{8060}{5.04}$	7	200, 50	$\frac{3333}{4.17}$	$\frac{680}{0.43}$
4	18, φ160, φ196		$\frac{108}{0.07}$	8	85, 200, 235, 50	$\frac{5860}{7.325}$	$\frac{1316}{0.82}$

图 3-32所示为机床床身断面图，均为空心矩形截面。图3-32a所示为典型的车床类床身，

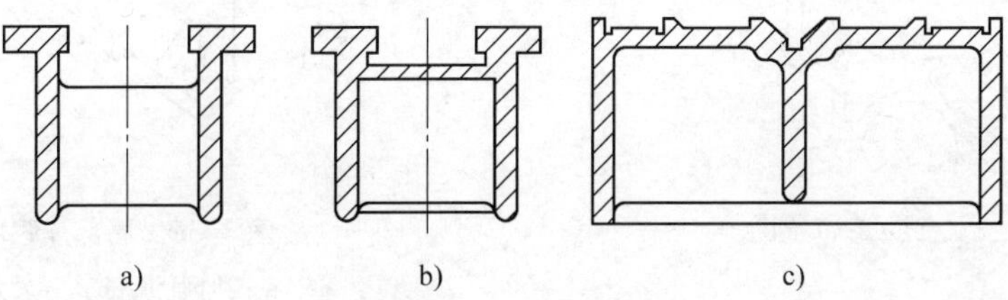

图 3-32　机床床身断面图

a）车床类床身　b）镗床、龙门刨床等机床的床身　c）大型和重型机床的床身

工作时承受弯曲和扭转载荷，并且床身上需有较大空间排除大量切屑和切削液。图3-32b所示为镗床、龙门刨床等机床的床身，主要承受弯曲载荷，由于切屑不需要从床身排除，所以顶面多采用封闭的结构，台面不太高，以便于工件的安装调整。图3-32c所示为大型和重型机床的床身，采用三道壁。重型机床可采用双层壁结构床身，以便进一步提高刚度。

（三）支承件肋板和肋条的布置

肋板是指连接支承件四周外壁的内板，它能使支承件外壁的局部载荷传递给其他壁板，从而使整个支承件承受载荷，加强支承件的自身和整体刚度（图3-33a）。肋板的布置取决于支承件的受力变形方向，其中，水平布置的肋板有助于提高支承件水平面内抗弯刚度；垂直放置的肋板有助于提高支承件垂直面内的抗弯刚度；而斜向肋板能同时提高支承件的抗弯和抗扭刚度。图3-34是在立柱中采用肋板的两种结构形式图，图3-34a中立柱加有菱形加强肋，形状近似正方形。图3-34b中立柱加有X形加强肋，形状也近似为正方形。因此，两种结构抗弯和抗扭刚度都很高，应用于受复杂的空间载荷作用的机床，如加工中心、镗床、铣床等。

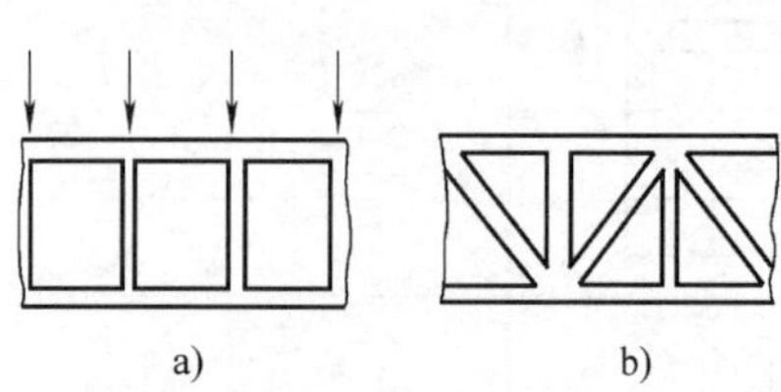

图3-33　肋板、肋条布置图

a）正方形布置　b）X形布置

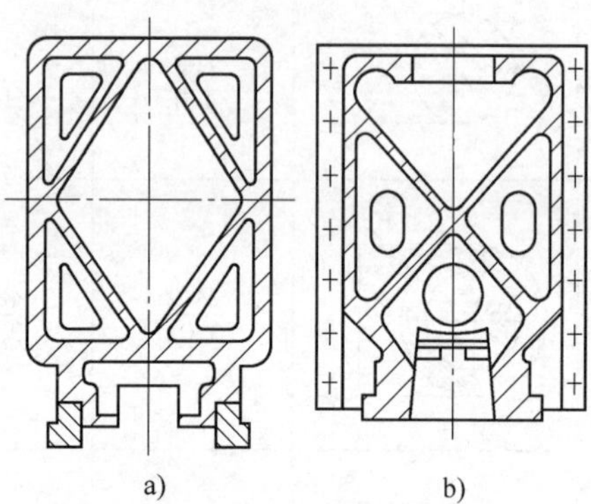

图3-34　立式加工中心立柱

a）菱形加强肋　b）X形加强肋

一般将肋条配置于支承件某一内壁上，主要为了减小局部变形和薄壁振动，用来提高支承件的局部刚度，如图3-35所示。肋条可以纵向、横向和斜向，常常布置成交叉排列，如井字形、米字形等。必须使肋条位于壁板的弯曲平面内，才能有效地减少壁板的弯曲变形。肋条厚度一般是床身壁厚的0.7~0.8倍。

通过局部增设肋条来提高局部刚度的例子如图3-36所示。图3-36a所示为在支承件的固定螺栓、联接螺栓或地脚螺栓处的加强肋。图3-36b所示为床身导轨处的加强肋。

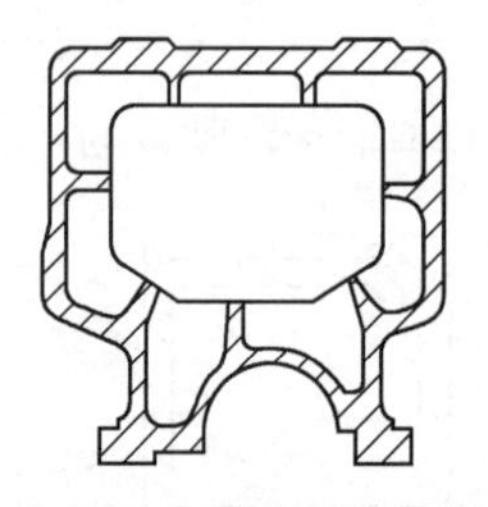

图3-35　立柱肋条布置图

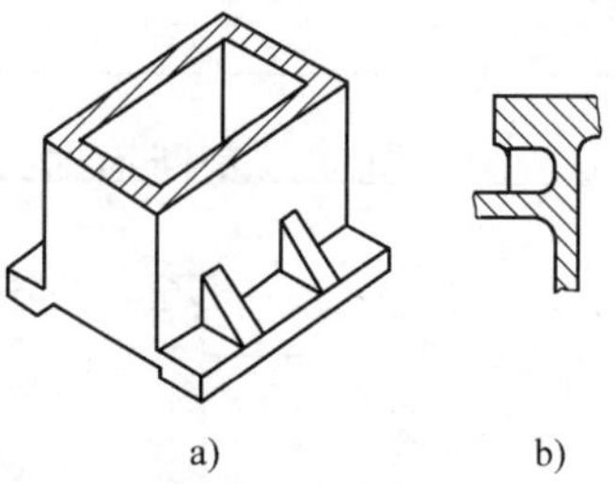

图3-36　局部加强肋

a）底板加强肋　b）导轨加强肋

（四）合理选择支承件的壁厚

为减轻机床的重量，支承件的壁厚应根据工艺上的可能选择得薄些。

铸铁支承件的外壁厚可根据当量尺寸 C 来选择。当量尺寸 C(单位为 m) 可由下式确定:

$$C=(2L+B+H)/3$$

式中 L、B、H——支承件的长、宽、高（m)。

根据算出的 C 值按表 3-5 选择最小壁厚 t，再综合考虑工艺条件、受力情况，可适当加厚。壁厚应尽量均匀。

表 3-5 根据当量尺寸选择壁厚

C/m	0.75	1.0	1.5	1.8	2.0	2.5	3.0	3.5	4.0
t/mm	8	10	12	14	16	18	20	22	25

焊接支承件一般采用钢板与型钢。由于钢的弹性模量约比铸铁大一倍，所以钢板焊接床身的抗弯刚度约为铸铁床身的 1.45 倍。因此在承受同样载荷情况下，壁厚可做得比铸件薄 2/3 ~ 4/5，以减轻重量。具体数字可参考表 3-6 选用。但是，钢的阻尼系数是铸铁的 1/3，抗振性较差，所以焊接支承件在结构和焊缝上要采取抗振措施。

表 3-6 焊接床身壁厚选择

壁或肋的位置及承载情况	机床规格 壁厚/mm	
	大型机床	中型机床
外壁和纵向主肋	20 ~ 25	8 ~ 15
肋	15 ~ 20	6 ~ 12
导轨支承壁	30 ~ 40	18 ~ 25

焊接支承件采用封闭截面形状，正确布置肋板和肋条来提高刚度。壁厚过薄将会使支承件的壁板动刚度急剧降低，在工作过程中产生振动，而引起较大的噪声。所以应根据壁板刚度合理地确定壁厚，防止薄壁振动。

大型机床以及承受载荷较大的导轨处的壁板，往往采用双层壁结构，以提高刚度。一般选用双层壁结构的壁厚度 $t \geqslant 6$mm。

三、支承件的材料

支承件常用的材料有铸铁、钢板和型钢、天然花岗岩、预应力钢筋混凝土、树脂混凝土等。

(一) 铸铁

一般支承件用灰铸铁制成，在铸铁中加入少量合金元素可提高耐磨性。铸铁铸造性能好，容易获得复杂结构的支承件，同时铸铁的内摩擦力大，阻尼系数大，使振动衰减的性能好，成本低。但铸件需要木模芯盒，制造周期长，有时产生缩孔、气泡等缺陷，成本高，适于成批生产。

常用的铸件牌号有 HT200、HT150、HT100。HT200 称为Ⅰ级铸铁，抗压抗弯性能较好，可制成带导轨的支承件，但不适宜制作结构太复杂的支承件。HT150 称为Ⅱ级铸铁，流动性好，铸造性能好，但力学性能较差，适用于形状复杂的铸件、重型机床床身及受力不大的床身和底座。HT100 称为Ⅲ级铸铁，力学性能差，一般用作镶装导轨的支承件。为增加耐磨性，可采用高磷铸铁、磷铜钛铸铁、铬钼铸铁等合金铸铁。

铸造支承件要进行时效处理，以消除内应力。

（二）钢板焊接结构

用钢板和型钢等焊接支承件，其特点是制造周期短，省去制作木模和铸造工艺；支承件可制成封闭结构，刚性好；便于产品更新和结构改进；钢板焊接支承件固有频率比铸铁高，在刚度要求相同情况下，采用钢焊接支承件可比铸铁支承件壁厚减少一半，重量减轻20%～30%。随着计算技术的应用，可以对焊接件结构负载和刚度进行优化处理，即通过有限元法进行分析，根据受力情况合理布置肋板，选择合适厚度的材料，以提高大件的动、静刚度。因此，近20年来国外支承件用钢板焊接结构件代替铸件的趋势不断扩大，从开始在单件和小批生产的重型机床和超重型机床上应用，逐步发展到一定批量的中型机床中。

钢板焊接结构的缺点是钢板材料内摩擦阻尼约为铸铁的1/3，抗振性较铸铁差，为提高机床的抗振性，可采用提高阻尼的方法来改善动态性能。

（三）预应力钢筋混凝土

主要用于制作不常移动的大型机械的机身、底座、立柱等支承件。预应力钢筋混凝土支承件的刚度和阻尼比铸铁大几倍，抗振性好，成本较低。用钢筋混凝土制成支承件时，钢筋的配置对支承件影响较大。一般三个方向都要配置钢筋，总预拉力为120～150kN。缺点是脆性大，耐腐蚀性差，油渗入导致材质疏松，所以表面应进行喷漆或喷涂塑料。

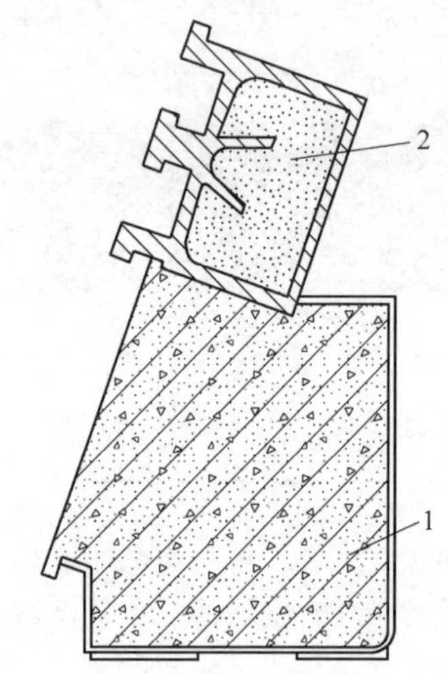

图3-37 数控车床的底座和床身示意图

1—底座 2—床身

图3-37是数控车床的底座和床身示意图，底座1为钢筋混凝土，混凝土的内摩擦阻尼很高，所以机床的抗振性很高。床身2为内封砂芯的铸铁床身，也可提高床身的阻尼。

（四）天然花岗岩

天然花岗岩性能稳定，精度保持性好，抗振性好，阻尼系数比钢大15倍，耐磨性比铸铁高5～6倍，热导率和线胀系数小，热稳定性好，抗氧化性强，不导电，抗磁，与金属不粘合，加工方便，通过研磨和抛光容易得到很高的精度和很低的表面粗糙度值。目前用于三坐标测量机、印制电路板数控钻床、气浮导轨基座等。其缺点是：结晶颗粒比钢铁的晶粒粗，抗冲击性能差，脆性大，油和水等液体易渗入晶界中，使表面局部变形胀大，难于制作复杂的零件。

（五）树脂混凝土

树脂混凝土是制造机床床身的一种新型材料，国际上出现在20世纪70年代。树脂混凝土与普通混凝土不同，它是用树脂和稀释剂代替水泥和水，将骨料固结成为树脂混凝土，也称人造花岗岩。树脂混凝土采用合成树脂（不饱和聚酯树脂、环氧树脂、丙烯酸树脂）为粘接剂，加入固化剂、稀释剂、增韧剂等将骨料固结而成。固化剂的作用是与树脂发生反应，使原有的线型结构的热塑性材料转化成体型结构的热固性材料。稀释剂的作用是降低树脂的粘度，使浇注时有较好的渗透力，防止固化时产生气泡。增韧剂用来提高韧性，提高抗冲击强度和抗弯强度。骨料可分为细骨料（河砂、硅砂）和粗骨料（卵石、花岗岩、石灰石等碎石）。有时还要添加些粉末填料，以便改善树脂混凝土的物理力学性能，如提高耐磨性、抗拉及抗压强度。通过聚合反应，固化、振动、搅拌、浇注而生成的一种复合材料。

树脂混凝土的特点是：刚度高；具有良好的阻尼性能，阻尼比为灰铸铁的 8～10 倍，抗振性好；热容量大，热导率低，仅为铸铁的 1/40～1/25，热稳定性高，其构件热变形小；密度低，仅为铸铁的 1/3；可获得良好的几何形状精度，表面粗糙度值也较低；对润滑剂、切削液有极好的耐腐蚀性；与金属粘接力强，可根据不同的结构要求，预埋金属件，使机械加工量减少，降低成本；浇注时无大气污染；生产周期短，工艺流程短；浇注出的床身静刚度比铸铁床身提高 16%～40%。总之，它具有刚度高、抗振性好、耐水、耐化学腐蚀和耐热特性。缺点是某些力学性能低，但可以预埋金属或添加加强纤维。对于高速、高效、高精度加工机床具有广泛的应用前景。

树脂混凝土与铸铁的性能比较见表 3-7。

表 3-7　树脂混凝土与铸铁的性能比较

性　能	单　位	树脂混凝土	铸　铁
密度	kg/m^3	2.4×10^3	7.8×10^3
弹性模量	MPa	3.8×10^4	21.2×10^4
抗压强度	MPa	145	—
抗拉强度	MPa	14	250
对数衰减率	—	0.04	—
线胀系数	$℃^{-1}$	16×10^{-6}	11×10^{-6}
热导率	W/（m·K）	1.5	54
比热容	J/（kg·K）	1250	437

树脂混凝土床身有整体结构形式、分块结构形式和框架结构形式，如图 3-38 所示。

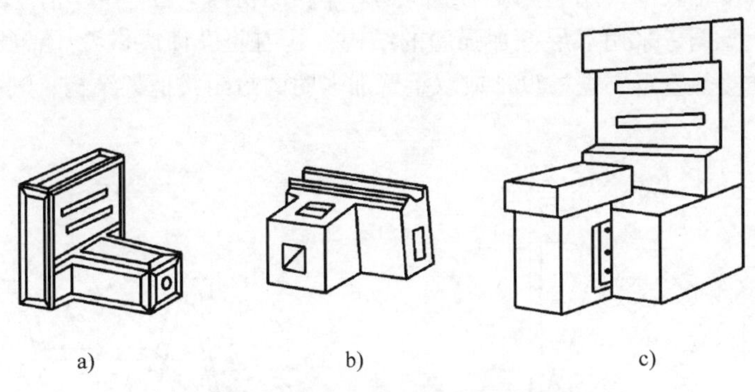

图 3-38　树脂混凝土床身的结构形式

a）框架结构　b）整体结构　c）分块结构

（1）整体结构形式　用树脂混凝土制造出床身的整体结构，如图 3-38b 所示。其中，导轨部分可以是金属件，预先加工好，作为预埋件直接浇注在床身上；或采用预留导轨等部件的准确安装面，床身浇注好之后，将这些部件粘接在机床床身上，如图 3-39 所示。这种结构适用于形状不复杂的中小型机床床身。

（2）分块结构　为简化浇注模具的结构和实现模块化，对于结构较复杂的大型床身构件，把它分成几个形状简单、便于浇注的部件，如图 3-38c 所示。各部分分别浇注后，再用粘接剂或其他形式连接起来。

（3）框架结构　这种结构采用金属型材焊接出床身的周边框架，在框架内浇注树脂混凝土，如图3-38a所示。这种结构刚性好，适用于结构较简单的大中型机床床身。

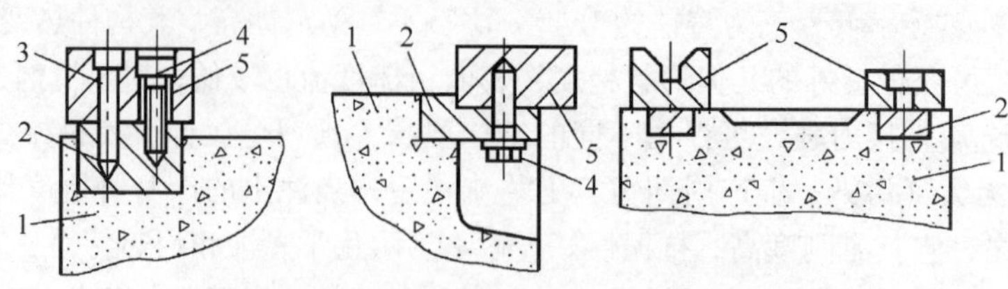

图3-39　树脂混凝土床身与金属部件连接

1—树脂混凝土　2—预埋件　3—销钉　4—螺钉　5—导轨

四、提高支承件结构性能的措施

（一）提高支承件的静刚度和固有频率

提高支承件的静刚度和固有频率的主要方法是：根据支承件受力情况，合理地选择支承件的材料、截面形状和尺寸、壁厚，合理地布置肋板和肋条，以提高结构整体和局部的抗弯刚度和抗扭刚度；可以用有限元方法进行定量分析，以便在较小质量下得到较高的静刚度和固有频率；在刚度不变的前提下，减小质量可以提高支承件的固有频率，改善支承件间的接触刚度以及支承件与地基连接处的刚度。

图3-40是数控车床的床身断面图。床身采用倾斜式空心封闭箱形结构，排屑方便，抗扭刚度高。图3-41是加工中心床身断面图，采用三角形肋板结构，抗扭、抗弯刚度均较高。图3-34所示为立式加工中心立柱采用的两种结构形式。图3-34a中立柱加菱形加强肋，形状为正方形；图3-34b中立柱加X形加强肋，截面形状近似正方形。这两种结构使得在两个方向的抗弯刚度基本相同，抗扭刚度也较高，用于受复杂空间载荷作用的机床。图3-42所示为滚齿机大立柱和床身截面的立体示意图，采用双层壁加强肋的结构，其内腔设计成供液压油循环的通道，使床身温度场一致，防止热变形；立柱设计成双重臂加强肋的封闭式框架结构，刚度好。

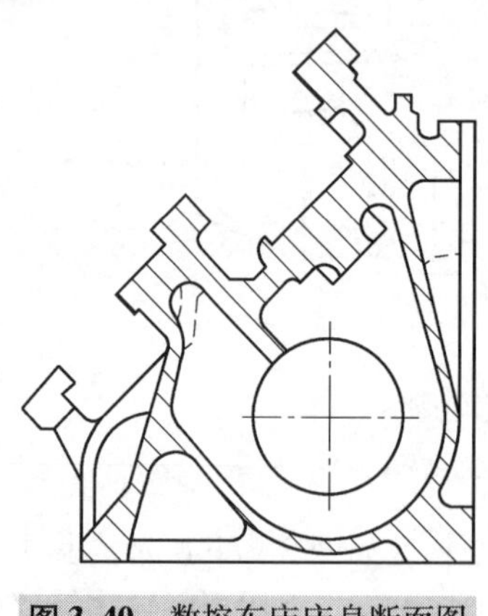

图3-40　数控车床床身断面图

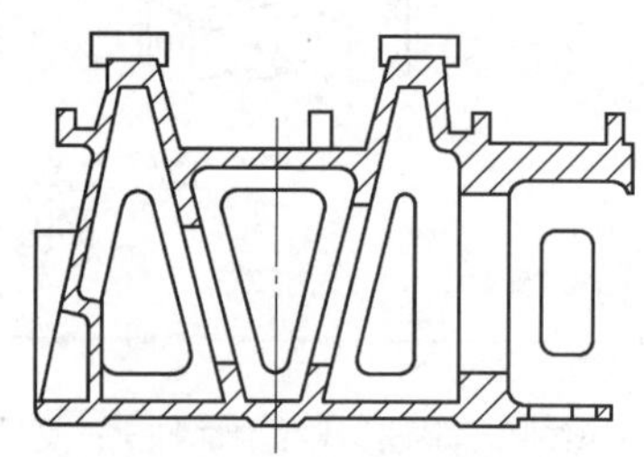

图3-41　加工中心床身断面图

（二）提高动态特性

1. 改善阻尼特性

对于铸铁支承件，保留铸件内砂芯，或在支承件中充填型砂或混凝土等阻尼材料，可以起到减振作用。如图3-43所示的车床床身、图3-44所示的镗床主轴箱，为增大阻尼，提高动态特性，将铸造砂芯封装在箱内。

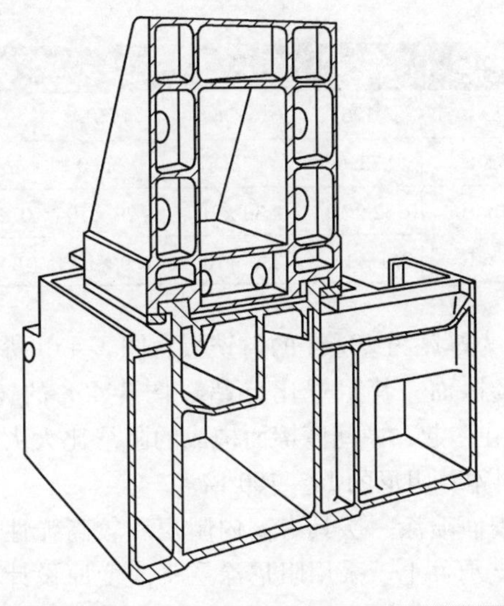

图 3-42　滚齿机大立柱和床身截面的立体示意图

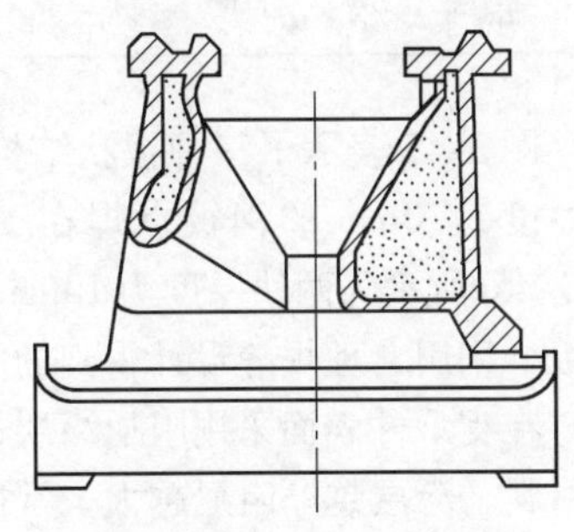

图 3-43　封砂结构的床身

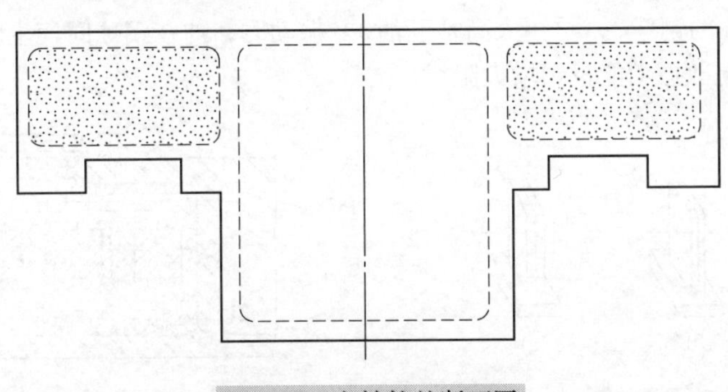

图 3-44　主轴箱的断面图

对于焊接支承件，除了可以在内腔中填充混凝土减振外，还可以充分利用接合面间的摩擦阻尼来减小振动。即两焊接件之间留有贴合而未焊死的表面，在振动过程中，两贴合面之间产生的相对摩擦起阻尼作用，使振动减小。间断焊缝虽使静刚度有所下降，但阻尼比大为增加，使动刚度大幅度增大。不同焊缝尺寸对构件动刚度的影响见表 3-8。

表 3-8　不同焊缝尺寸对构件动刚度的影响

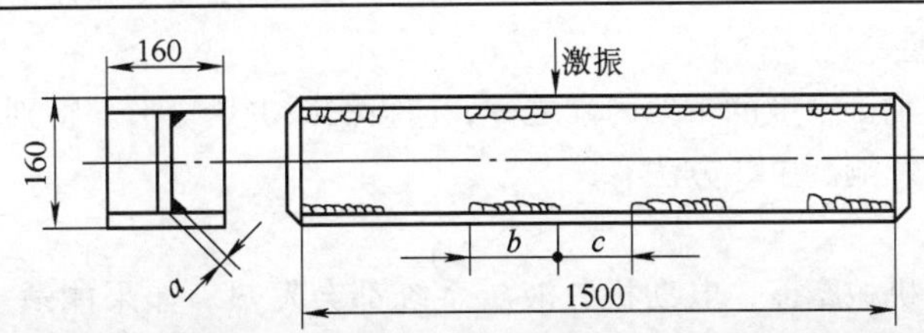

焊缝情况		单侧焊						双侧焊
焊缝尺寸	a/mm	4.0	4.0	4.0	4.0	4.5	5.5	5.5
	b/mm	270	270	320	1500	1500	1500	1500
	c/mm（间隙量）	203	140	73	0	0	0	0

（续）

焊缝情况	单侧焊						双侧焊
固有频率f_n/Hz	175	183	190	196	196	201	210
静刚度K/N·μm^{-1}	28.4	30.8	32.6	33.0	33.5	35.0	35.8
阻尼比ξ	2.3×10^{-3}	0.34×10^{-3}	0.33×10^{-3}	0.32×10^{-3}	0.30×10^{-3}	0.29×10^{-3}	0.25×10^{-3}
动刚度K_d/N·μm^{-1}	13×10^{-2}	2.1×10^{-2}	2.15×10^{-2}	2.1×10^{-2}	2.0×10^{-2}	2.0×10^{-2}	1.8×10^{-2}

图3-45表示了三种板状结构。图3-45a所示为厚度为20mm的铸铁板；图3-45b所示为两块厚度为10mm的钢板点焊在一起，中间构成摩擦面，其阻尼比已超过图3-45a的铸铁板；图3-45c所示为两块厚度为10mm的钢板，四周焊在一起，中间摩擦面构成的阻尼比大大超过铸铁板。采用合理焊缝设计得到的阻尼比可以是材料本身阻尼的10～100倍。

在支承件表面采用阻尼涂层，如在弯曲构件表面喷涂一层具有高内阻尼和较高弹性的粘弹性材料，涂层越厚阻尼越大。常用于钢板焊制的支承件上。采用阻尼涂层不改变原设计的结构和刚度，就能获得较高的阻尼比，既提高了抗振性，又提高了对噪声辐射的吸收能力。

图3-46所示为铣床悬梁，它是一个封闭的箱形铸件。在悬梁端部空间装有四个铁块1，并填满直径为6～8mm的钢球2，再注入高粘度油3。振动时，油在钢球间产生的粘性摩擦及钢球、铁块间的碰撞，可耗散振动能量，增大阻尼。

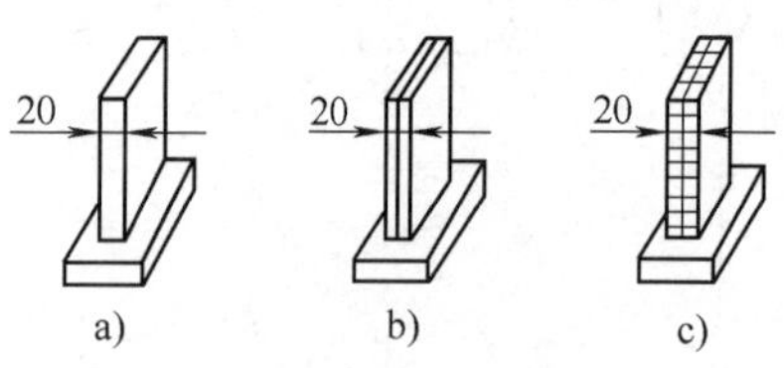

图3-45　焊接件减振板

a）铸铁板　b）点焊在一起的两块钢板
c）四周焊在一起的两块钢板

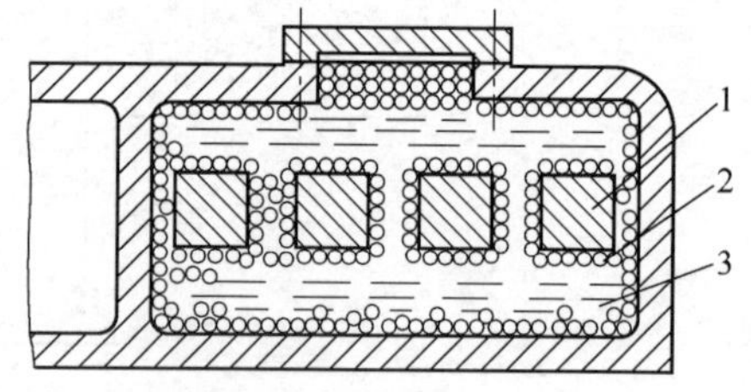

图3-46　悬梁的阻尼

1—铁块　2—钢球　3—高粘度油

2. 采用新材料制造支承件

树脂混凝土材料问世以来，由于它具有刚度高、抗振性好、热变形小、耐化学腐蚀的特点，被国内外广泛研究。现在英国、美国、日本、德国、瑞士都已在实际中应用，我国也已成功地应用于精密外圆磨床中。实践表明，采用这种材料，可以使动刚度提高几倍。

（三）提高热稳定性

机床热变形是影响加工精度的重要因素之一，应设法减少热变形，特别是不均匀的热变形，以降低热变形对精度的影响。主要方法有：

1. 控制温升

机床运转时，各种机械摩擦，电动机、液压系统都会发热。如果能适当地加大散热面积，加设散热片，设置风扇等措施改善散热条件，迅速将热量散发到周围空气中，则机床的温升不会很高。此外，还可以采用分离或隔绝热源方法，如把主要热源（液压油箱、变速箱、电动机）移到与机床隔离的地基上；在支承件中布置隔板来引导气流经过大件内温度较高的部位，将热量带走；在液压马达、液压缸等热源外面加隔热罩，以减少热源热量的辐射；采用双层壁结构，其中间有空气层，使外壁温升较小，又能限制内壁的热胀作用。

2. 采用热对称结构

所谓热对称结构是指在发生热变形时，其工件或刀具回转中心线的位置基本不变，因而减小了对加工精度的影响。如图3-47所示的双立柱结构的加工中心或卧式坐标镗床，其主轴箱装在框式立柱内，且左、右两立柱的侧面定位。由于两侧热变形的对称性，主轴轴线的升降轨迹不会因立柱热变形而左右倾斜，保证了定位精度。

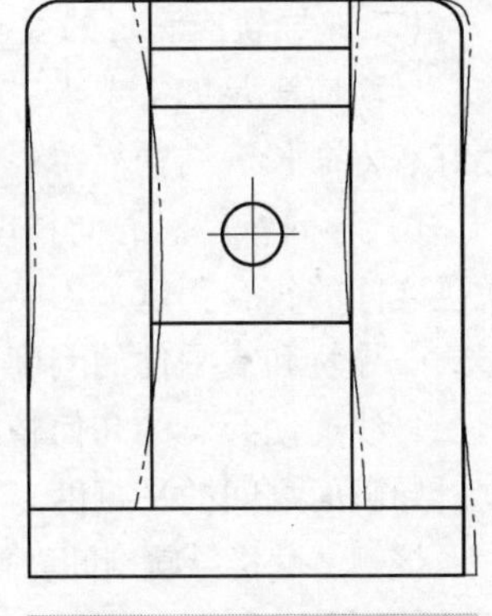
图3-47 立柱热对称结构

3. 采用热补偿装置

采用热补偿的基本方法是：在热变形的相反方向上采取措施，产生相应的反方向热变形，使两者之间影响相互抵消，减少综合热变形。

目前，国内外都已能利用计算机和检测装置进行热位移补偿。先预测热变形规律，然后建立数学模型存入计算机中进行实时处理，进行热补偿。现在，国外已把热变形自动补偿修正装置作为产品生产和销售。

第三节 导轨设计

一、导轨的功用和应满足的基本要求

(一) 导轨的功用和分类

导轨的功用是承受载荷和导向。它承受安装在导轨上的运动部件及工件的重力和切削力，运动部件可以沿导轨运动。运动的导轨称为动导轨，不动的导轨称为静导轨或支承导轨。动导轨相对于静导轨可以作直线运动或者回转运动。

导轨按结构形式可以分为开式导轨和闭式导轨。开式导轨是指在部件自重和外载作用下，运动导轨和支承导轨的工作面（图3-48a中c和d面）始终保持接触、贴合。其特点是结构简单，但不能承受较大颠覆力矩的作用。

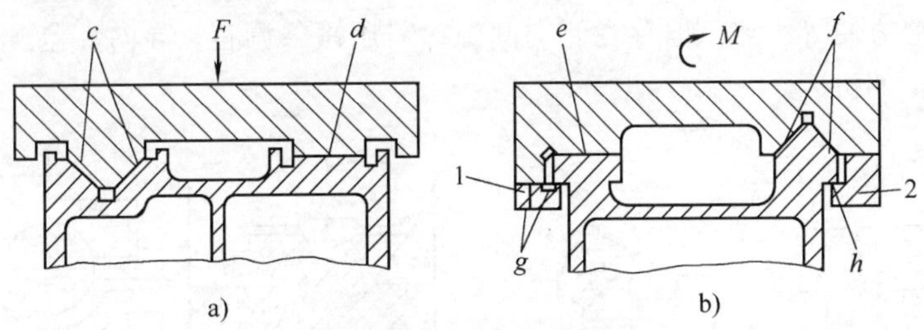

图3-48 开式和闭式导轨

a）开式导轨 b）闭式导轨

1、2—压板

闭式导轨借助于压板使导轨能承受较大的颠覆力矩作用。例如，车床床身和床鞍导轨，如图3-48b所示。当颠覆力矩M作用在导轨上时，仅靠自重已不能使主导轨面e、f始终贴合，需用压板1和2形成辅助导轨面g和h，保证支承导轨与动导轨的工作面始终保持可靠的接触。

导轨副按导轨面的摩擦性质可分为滑动导轨副和滚动导轨副。在滑动导轨副中又可分为普通滑动导轨、静压导轨和卸荷导轨等。

（二）导轨应满足的要求

导轨应满足如下要求：精度高、承载能力大、刚度好、摩擦阻力小、运动平稳、精度保持性好、寿命长、结构简单、工艺性好、便于加工、装配、调整和维修、成本低等。

1）导向精度。导向精度是导轨副在空载荷或切削条件下运动时，实际运动轨迹与给定运动轨迹之间的符合程度。影响导向精度的因素很多，如导轨的几何精度和接触精度、导轨的结构形式、导轨和支承件的刚度、导轨的油膜厚度和油膜刚度、导轨和支承件的热变形等。

直线运动导轨的几何精度一般包括：导轨在竖直平面内的直线度；导轨在水平面内的直线度；导轨面之间的平行度。具体要求可参阅国家有关机床精度检验标准。

接触精度指导轨副间摩擦面实际接触面积占理论接触面积的百分比，或用着色法检查25mm×25mm面积内的接触点数。不同加工方法所生成导轨的表面，检查标准是不相同的。

2）承载能力大、刚度好。根据导轨承受载荷的性质、方向和大小，合理地选择导轨的截面形状和尺寸，使导轨具有足够的刚度，保证机床的加工精度。

3）精度保持性好。精度保持性主要是由导轨的耐磨性决定的，常见的磨损形式有磨料（或硬粒）磨损、粘着磨损或咬焊、接触疲劳磨损等。影响耐磨性的因素有导轨材料、载荷状况、摩擦性质、工艺方法、润滑和防护条件等。

4）低速运动平稳。当动导轨作低速运动或微量进给时，应保证运动始终平稳，不出现爬行现象。影响低速运动平稳性的因素有导轨的结构形式，润滑情况，导轨摩擦面的静、动摩擦因数的差值，以及传动导轨运动的传动系刚度。

5）结构简单、工艺性好。

二、导轨的截面形状选择和导轨间隙的调整

（一）直线运动导轨的截面形状

直线运动导轨的截面形状主要有四种：矩形、三角形、燕尾形和圆柱形，并可互相组合，每种导轨副之中还有凸、凹之分。

（1）矩形导轨（图3-49a） 图3-49中，上图是凸型导轨，下图是凹型导轨。凸型导轨容易清除切屑，但不易存留润滑油；凹型导轨则相反。矩形导轨具有承载能力大、刚度高、制造简便、检验和维修方便等优点，但存在侧向间隙，需用镶条调整，导向性差。适用于载荷较大而导向性要求略低的机床。

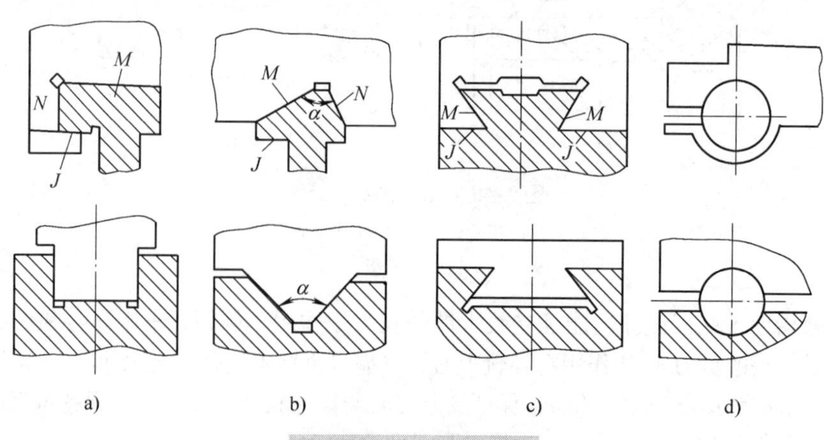

图3-49 直线运动导轨

a）矩形导轨 b）三角形导轨 c）燕尾形导轨 d）圆柱形导轨

（2）三角形导轨（图3-49b） 三角形导轨面磨损时，动导轨会自动下沉，自动补偿磨损量，不会产生间隙。三角形导轨的顶角 α 一般在 $90°\sim120°$ 范围内变化，α 角越小，导向性越好，但摩擦力也越大。所以，小顶角用于轻载精密机械，大顶角用于大型或重型机床。三角形导轨结构有对称式和不对称式两种。当水平力大于垂直力，两侧压力分布不均时，采用不对称导轨。

（3）燕尾形导轨（图3-49c） 燕尾形导轨可以承受较大的颠覆力矩，导轨的高度较小，结构紧凑，间隙调整方便。但是，刚性较差，加工、检验、维修都不大方便。适用于受力小、层次多、要求间隙调整方便的部件。

（4）圆柱形导轨（图3-49d） 圆柱形导轨制造方便，工艺性好，但磨损后较难调整和补偿间隙。主要用于受轴向负荷的导轨，应用较少。

上述四种截面的导轨尺寸已经标准化了，可参看有关机床标准。

（二）回转运动导轨的截面形状

回转运动导轨的截面形状有三种：平面环形、锥面环形和双锥面，如图3-50所示。

（1）平面环形导轨（图3-50a） 结构简单，制造方便，能承受较大的轴向力。但不能承受径向力，因而必须与主轴联合使用，由主轴来承受径向载荷。摩擦小，精度高，适用于由主轴定心的各种回转运动导轨的机床，如高速大载荷立式车床、齿轮机床等。

（2）锥面环形导轨（图3-50b） 除能承受轴向载荷外，还能承受一定的径向载荷，但不能承受较大的颠覆力矩。导向性比平面环形导轨好，制造较难。

（3）双锥面导轨（图3-50c） 能承受较大的径向力、轴向力和一定的颠覆力矩，制造研磨均较困难。

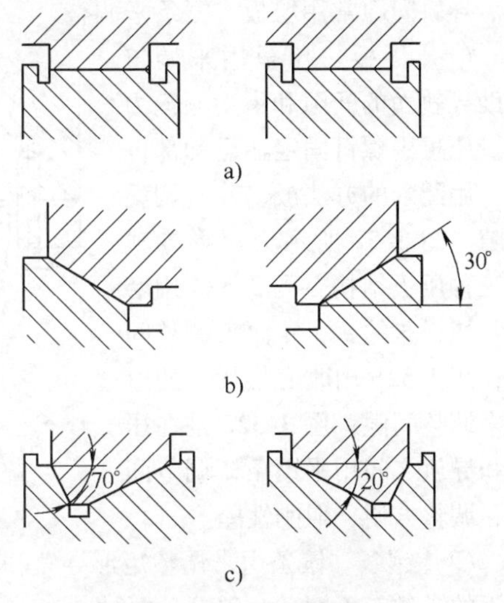

图3-50 回转运动导轨

a）平面环形导轨 b）锥面环形导轨 c）双锥面导轨

（三）导轨的组合形式

机床直线运动导轨通常由两条导轨组合而成，根据不同要求，机床导轨主要有如下形式的组合：

（1）双三角形导轨（图3-51a） 不需要镶条调整间隙，接触刚度好，导向性和精度保持性好。但是，工艺性差，加工、检验和维修不方便。多用在精度要求较高的机床中，如丝杠车床、导轨磨床、齿轮磨床等。

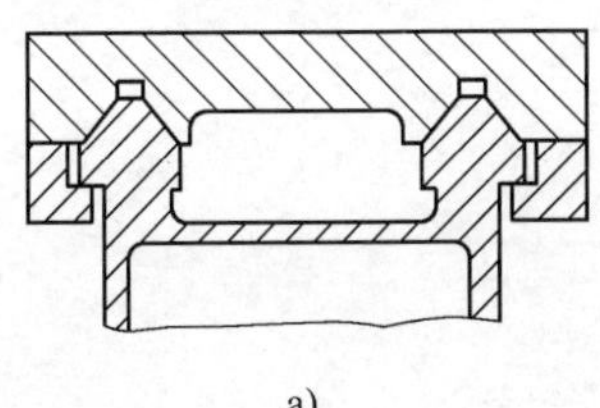
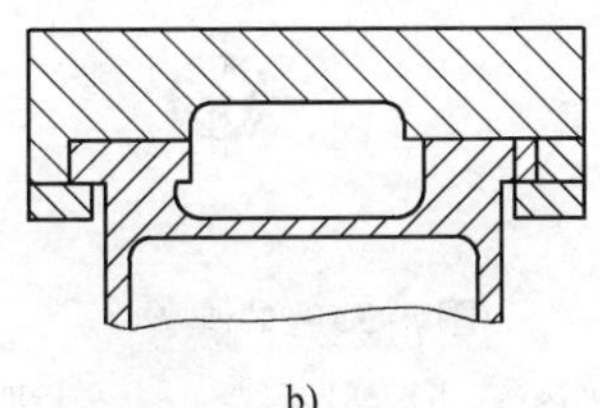
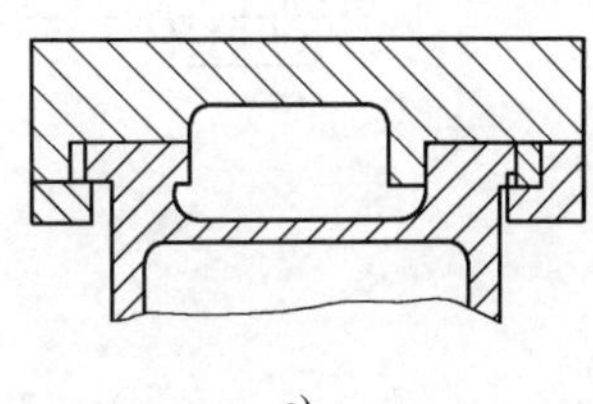

图3-51 导轨的组合

a）双三角形导轨 b）宽式双矩形导轨 c）窄式双矩形导轨

（2）双矩形导轨（图3-51b、c） 承载能力大，制造简单。多用在普通精度机床和重型机床中，如重型车床、组合机床、升降台铣床等。双矩形导轨的导向方式有两种：由两条导轨的外侧导向时，称为宽式组合，如图3-51b所示；分别由一条导轨的两侧导向时，称为窄式组合，如图3-51c所示。机床热变形后，宽式组合导轨的侧向间隙变化比窄式组合导轨大，导向性不如窄式。无论是宽式还是窄式组合，侧导向面都需用镶条调整间隙。

（3）矩形和三角形导轨的组合（图3-48） 这类组合的导向性好，刚度高，制造方便，应用最广。如车床、磨床、龙门铣床的床身导轨。

（4）矩形和燕尾形导轨的组合 能承受较大力矩，调整方便，多用在横梁、立柱、摇臂导轨中。

（四）导轨间隙的调整

导轨面间的间隙对机床工作性能有直接影响，间隙过大，将影响运动精度和平稳性；间隙过小，运动阻力大，导轨的磨损加快。因此必须保证导轨具有合理间隙，磨损后又能方便地调整。导轨间隙常用压板、镶条来调整。

（1）压板 压板用来调整辅助导轨面的间隙和承受颠覆力矩。压板用螺钉固定在运动部件上，用配刮的方法或垫片来调整间隙。图3-52所示为矩形导轨的三种压板结构：图3-52a用磨或刮压板3的e和d面来调整间隙；图3-52b用改变垫片1的厚度来调整间隙；图3-52c是在压板和导轨之间用平镶条2调节间隙，调整方便，但刚性差。

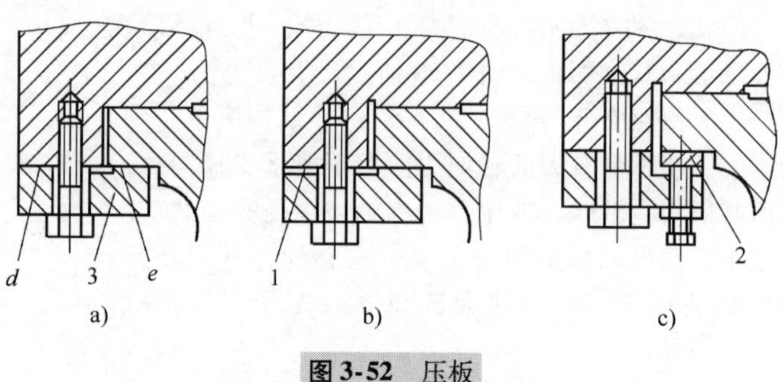

图3-52 压板

a）磨或刮压板 b）改变垫片厚度 c）用螺钉调整平镶条厚度

1—垫板 2—平镶条 3—压板

（2）镶条 镶条用来调整矩形导轨和燕尾形导轨侧向间隙。镶条应放在导轨受力较小一侧。常用的镶条有平镶条和斜镶条两种。

平镶条横截面为矩形或平行四边形，其厚度全长均匀相等。平镶条由全长上的几个调整螺钉进行间隙调整，如图3-53所示。因只是几个点上受力，易变形，刚度较低，目前应用较少。

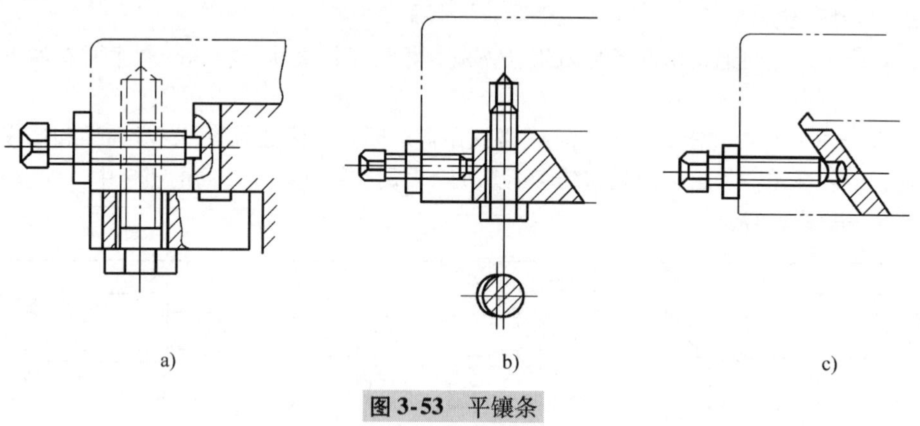

图3-53 平镶条

a）矩形截面平镶条 b）梯形镶条 c）平行四边形平镶条

斜镶条的斜度为1:（40～100）。斜镶条两个面分别与动导轨和支承导轨均匀接触，刚度高。通过调节螺钉或修磨垫的方式轴向移动镶条，以调整导轨的间隙。图3-54所示镶条是用修磨垫来调整间隙的。这种办法虽然麻烦些，但导轨移动时，镶条不会移动，可保持间隙恒定。斜镶条由于厚度不等，在加工后应力分布不均，容易弯曲。在调整、压紧或在机床工作状态下也会弯曲。对于两端用螺钉调整的镶条，更易弯曲。因此，镶条在导轨间沿全长的弹性变形和比压是不均匀的。镶条斜度和厚度增加时，不均匀度将显著增加。为了增加镶条柔度，应选用小的厚度和斜度。当镶条尺寸较大时，可在中部削低下去一段，使镶条两端保持良好接触，并可减少刮研度；或者在其上开横向槽，增加镶条柔度，如图 3-55 所示。

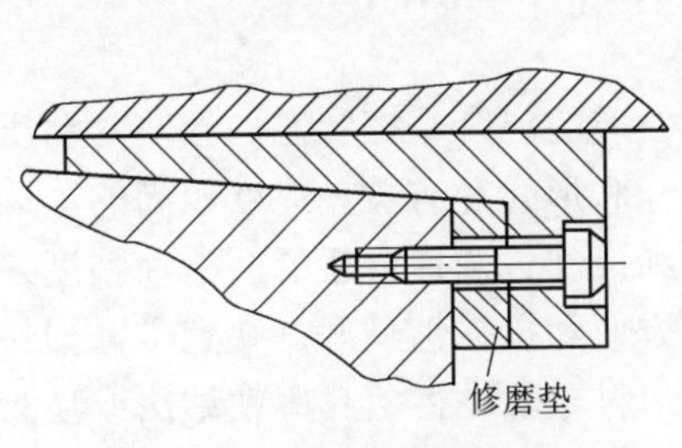

图 3-54　斜镶条的间隙调整

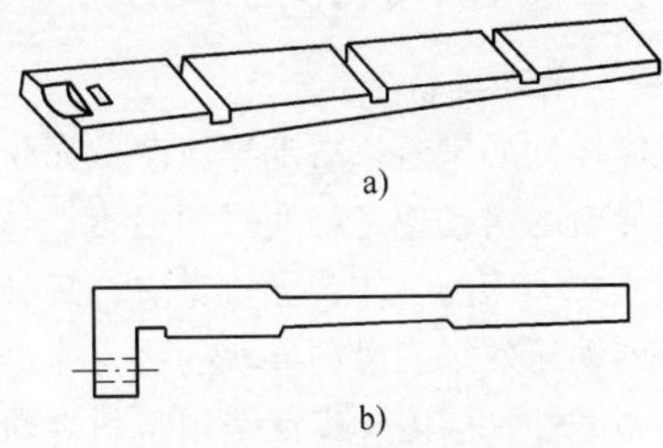

图 3-55　增加镶条柔度的结构

a）开横向槽　b）中部削低

（3）导向调整板　图 3-56 是装有导向调整板的一台立式加工中心的工作台和滑座横断面图。工作台 2 与双矩形导轨间的侧向间隙由导向调整板 4 进行调整。床身导轨接触面上贴有塑料软带 3，以改善摩擦润滑性能。

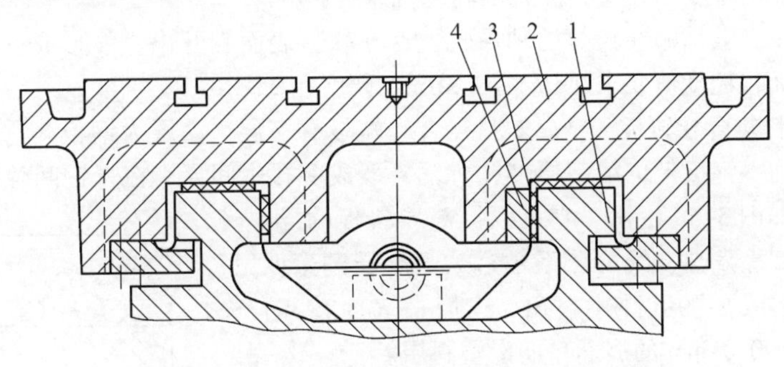

图 3-56　装有导向调整板的工作台滑座断面图

1—导轨　2—工作台　3—塑料软带　4—导向调整板

图 3-56 中用的导向调整板是一种新型镶条，其调整原理如图 3-57 所示。工作台导向面的一侧两端各装有一个导向调整板 4，在其上开了许多横向窄槽。导向调整板用调整螺钉 6 固定在

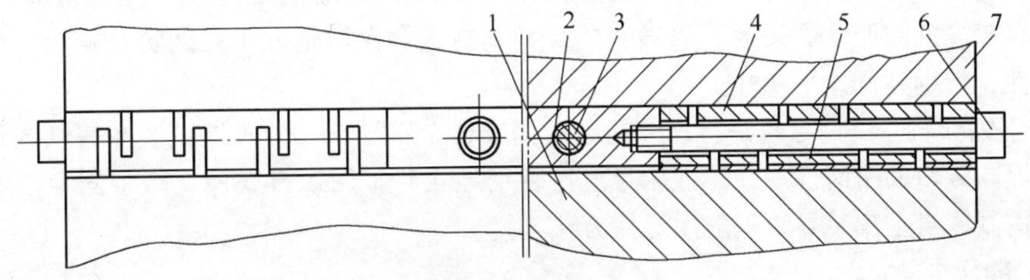

图 3-57　导向调整板

1—滑座　2—支承板　3—螺钉　4—导向调整板　5—塑料软带

6—调整螺钉　7—工作台

支承板2上，支承板2用螺钉3固定在工作台上。当拧紧调整螺钉6时，导向调整板产生横向变形，厚度增加（增加度可达0.2mm），对导轨间隙进行调整。当导向调整板变形时，由窄槽分隔开的各个导向面会产生微小倾斜，有利于润滑油膜形成，提高导轨的润滑效果。如果导轨不长，中间可以用一块支承板，两端各装一块导向调整板；如果导轨较长，可以一端各装一块支承板和一块导向调整板。采用导向调整板调整间隙，调整方便，接触良好，磨损小。

三、导轨的结构类型及特点

（一）滑动导轨

从摩擦性质来看，滑动导轨摩擦属于具有一定动压效应的混合摩擦状态。导轨的动压效应主要与导轨的滑动速度、润滑油粘度、导轨面的油沟尺寸和形式等有关。速度较高的主运动导轨，如立式车床的工作台导轨，应合理地设计油沟形式和尺寸，选择合适的润滑油粘度，以产生较好的动压效果。滑动导轨的优点是结构简单、制造方便和抗振性良好，缺点是磨损快。为了提高耐磨性。国内外广泛采用塑料导轨和镶钢导轨。塑料导轨是将塑料用粘结法或喷涂法覆盖在导轨面上，通常对长导轨喷涂，对短导轨用粘结方法。

（1）粘贴塑料软带导轨　采用较多的粘贴塑料软带是以聚四氟乙烯为基体，添加各种无机物和有机粉末等填料制成的。其特点是：摩擦因数小，耗能低；动、静摩擦因数接近，低速运动平稳性好；阻尼特性好，能吸收振动，抗振性好；耐磨性好，有自身润滑作用，没有润滑油也能正常工作，使用寿命长；结构简单，维护修理方便，磨损后容易更换，经济性好。但是，刚性较差，受力后产生变形，对精度要求高的机床有影响。

粘贴塑料软带一般粘贴在较短的动导轨上，在软带表面常开出直线形或三字形油槽。配对金属导轨面的表面粗糙度值要求在0.4～0.8μm、硬度在25HRC以上。

（2）金属塑料复合导轨板　金属塑料复合导轨板有三层，内层为钢板，它保证导轨板的机械强度和承载能力。钢板上烧结一层多孔青铜，形成多孔中间层，在青铜间隙中压入聚四氟乙烯及其他填料，如图3-58所示。它可以提高导轨板的导热性，当青铜与配合面摩擦发热，线膨胀系数远大于金属的聚四氟乙烯及其他填料从多孔层的孔隙中挤出，向摩擦表面转移补充，形成厚度为0.01～0.05mm的表面自润滑塑料层。

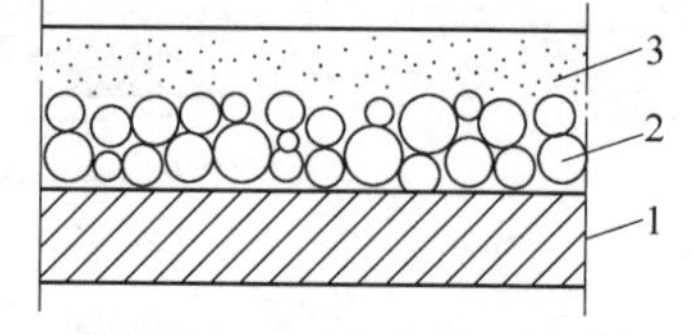

图3-58　金属塑料复合导轨板

1—钢板　2—多孔青铜颗粒
3—聚四氟乙烯层

这种复合板与铸铁导轨组合，静摩擦因数小（0.04～0.06），摩擦阻力显著降低，具有良好摩擦阻尼特性及低速平稳性，成本低，刚度高。

（3）塑料涂层　应用较多的有环氧涂层、含氟涂层和HNT耐磨涂层。它们以环氧树脂为基体，加固体润滑剂二硫化钼和胶体石墨及其他铁粉填充剂而成。这种涂层有较高的耐磨性、硬度、强度和热导率；在无润滑油情况下，能防止爬行，改善导轨的运动特性，特别是低速平稳性。

（4）镶钢导轨　镶钢导轨是将淬硬的碳素钢或合金钢导轨，分段地镶装在铸铁或钢制的床身上，以提高导轨的耐磨性。在铸铁床身上镶装钢导轨时常用螺钉或楔块挤紧固定，如图3-59所示；在钢制床身上镶装导轨一般用焊接方法连接。

（二）静压导轨

静压导轨的工作原理同静压轴承相似，通常在动导轨面上均匀分布有油腔和封油面，把具有一定压力的液体或气体介质经节流阀送到油腔内，使导轨面间产生压力，将动导轨微微抬起，与支承导轨脱离接触，浮在压力油膜或气膜上。静压导轨摩擦因数小，在起动和停止时没有磨损，精度保持性好。缺点是结构复杂，需要一套专门液压或气压设备；维修、调整比较麻烦。因此，多用于精密和高精度机床或低速运动机床中。

静压导轨按结构形式分开式和闭式两大类。

图 3-60 所示为一个定压式开式静压导轨。来自液压泵 1 的压力油 p_s 经节流阀 4 节流后压力降为 p_b 进入导轨油腔，然后从油腔四周的油封间隙处流出，压力降为零。油腔内的压力油产生上浮力，与工作台 5 和工件的自重 F_W 和切削力 F 平衡，将动导轨浮起，上、下导轨面间成为纯液体摩擦。当作用在动导轨上的载荷 $F+F_W$ 增大时，工作台失去平衡而下降，导轨油封间隙减小，液阻增大，油液外泄的流量减小，由于节流阀的调压作用，使油腔压力 p_b 随之增大，上浮力提高，平衡了外载。由于上浮力的调整是因油封间隙变化而引起的，因此工作台随载荷的变化位置略有变动。

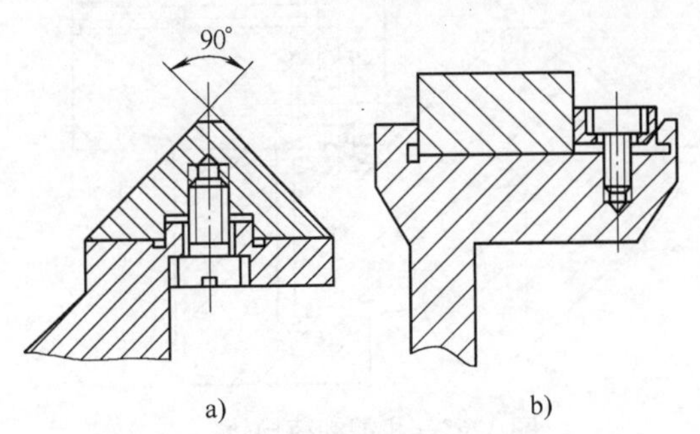

图 3-59　镶钢导轨与铸铁床身固定

a）用螺钉固定　b）用楔块挤紧

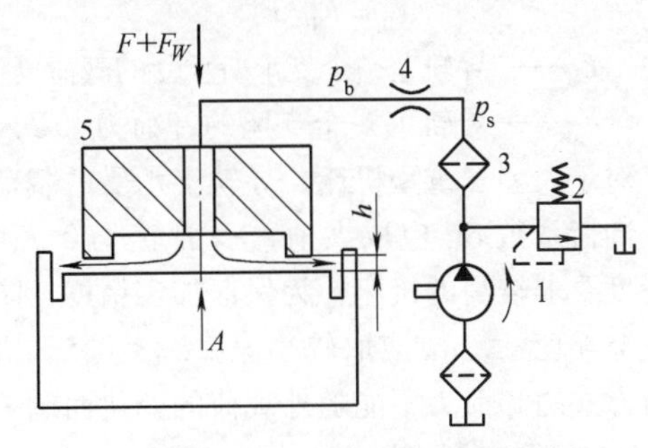

图 3-60　定压式开式静压导轨

1—液压泵　2—溢流阀　3—过滤器　4—节流阀　5—工作台

图 3-61 所示为闭式静压导轨，多采用可调节流阀。当动导轨上受载荷 $F+F_W$ 作用时，平衡破坏，动导轨下降，上油封间隙 h_1 减小，上油封液阻 F_{R1} 增大；下油封间隙 h_2 增大，下油封液阻 F_{R2} 减小。则流经节流阀上腔的流量减小，压力降减小，上油腔 1 中的压力 p_{b1} 升高；流经节流阀下腔的流量增大，压力降增大，使下油腔压力 p_{b2} 降低。也因 $p_{b1}>p_{b2}$，节流阀内的薄膜向下变形，使其上间隙增大，节流液阻 $F_{R_{j1}}$ 减小；下间隙减小，液阻 $F_{R_{j2}}$ 增大。四个液阻组成一个威斯顿桥，油腔压力 p_{b1} 和 p_{b2} 可由下式算出

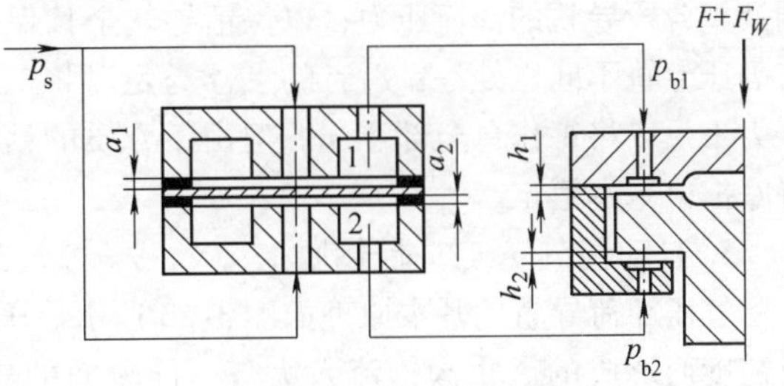

图 3-61　闭式静压导轨

$$p_{b1}=p_s F_{R1}/(F_{R_{j1}}+F_{R1})$$

$$p_{b2}=p_s F_{R2}/(F_{R_{j2}}+F_{R2})$$

由上式可见，可调节流阀上、下油腔的节流液阻与导轨上、下油封液阻的阻值作相反的变化，增强了油腔压力随外载荷变化的反馈能力，减少外载荷变化引起工作台位置的变化，即提高了导轨的刚度。因此采用闭式导轨，油膜刚度较高，能承受较大载荷，并能承受偏载和颠覆力矩作用。

气体静压导轨的工作原理与液体静压导轨类同。但由于气体的可压缩性，其刚度不如液体静压导轨。

（三）卸荷导轨

卸荷导轨用来降低导轨面的压力，减少摩擦阻力，从而提高导轨的耐磨性和低速运动的平

稳性。尤其是对大型、重型机床来说，工作台和工件的重力很大，导轨面上的摩擦阻力很大，常采用卸荷导轨。

导轨的卸荷方式有机械卸荷、液压卸荷和气压卸荷。

1. 机械卸荷

图3-62所示为常用的机械卸荷装置，导轨上的一部分载荷由支承在辅助导轨面 a 上的滚动轴承3承受。卸荷力的大小通过螺钉1和碟形弹簧2调节。卸荷点的数目由动导轨上的载荷和卸荷系数决定。卸荷系数 α_H 表示导轨卸荷量的大小，由下式确定

$$\alpha_H = F_H / F_A$$

式中　F_A——导轨上一个支承所承受的载荷（N）；

F_H——导轨上一个支座的卸荷力（N）。

对于大型、重型机床，导轨上承受的载荷较大，卸荷系数 α_H 应取大值，一般 $\alpha_H = 0.7$；对于精度要求较高的机床，为保证加工精度，防止产生漂浮现象，α_H 应取较小值，$\alpha_H \leqslant 0.5$。机械卸荷方式的卸荷力不能随外载荷的变化而调节。

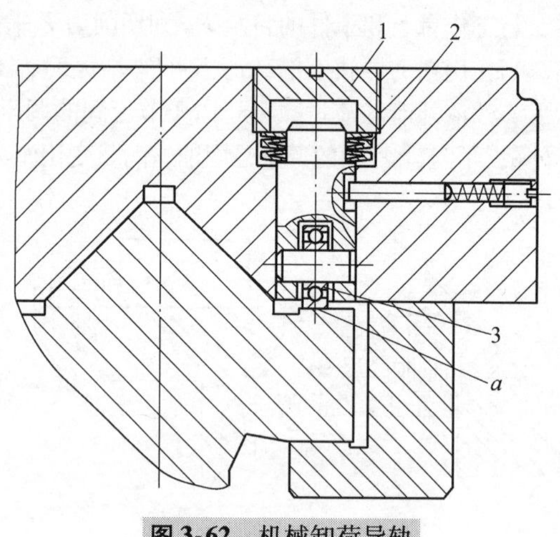

图3-62　机械卸荷导轨

1—螺钉　2—碟形弹簧　3—滚动轴承

2. 液压卸荷导轨

将高压油压入工作台导轨上的一串纵向油槽，产生向上的浮力，分担工作台的部分外载，起到卸荷的作用。如果工作台上工件的重力变化较大，可采用类似静压导轨的节流阀调整卸荷压力。如工作台全长上受载不均匀，可用节流阀调整各段导轨的卸荷压力，以保证导轨全长保持均匀的接触压力。带节流阀的液压卸荷导轨与静压导轨不同之处是：后者的上浮力足以将工作台全部浮起，形成纯流体摩擦；而前者的上浮力不足以将工作台全部浮起。但由于介质的粘度较高，由动压效应产生的干扰较大，难以保持摩擦力基本恒定。

3. 自动调节气压卸荷导轨

气压卸荷导轨的基本原理如图3-63所示。压缩空气进入工作台的气囊，经导轨面间由表面粗糙度而形成的微小沟槽流入大气，导轨间的气压呈梯形分布，形成一个气垫，产生的上浮力对导轨进行卸荷。气垫的数量根据工作台的长度和刚度而定，长度较短或刚度较高时，气垫数量可取少些，每个导轨面至少应有两个气垫。

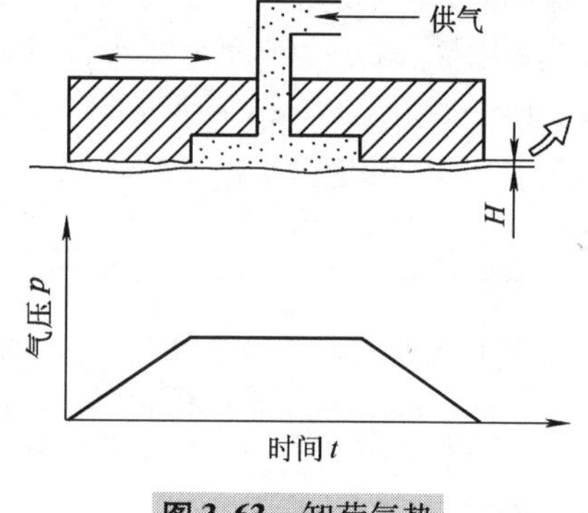

图3-63　卸荷气垫

气压卸荷导轨以压缩空气作为介质，无污染，无回收问题，且粘度低，动压效应影响小。但由于气体的可压缩性，气体静压导轨的刚度不如液体静压导轨。为了兼顾精度和阻尼的要求，应使摩擦力基本保持恒定，即卸荷压力应随外载荷变化能自动调节，出现了自动调节气压卸荷导轨，也称半气浮导轨。自动调节气压卸荷的一个气垫的工作原理如图3-64a所示。当载荷只是移动件的重力 F_{W0} 时，导轨面间的平均间隙为 H_0。

气囊右侧为位移传感器1。供气气压为 p_s 的压缩空气经节流阀4、位移传感器1的缝隙两次

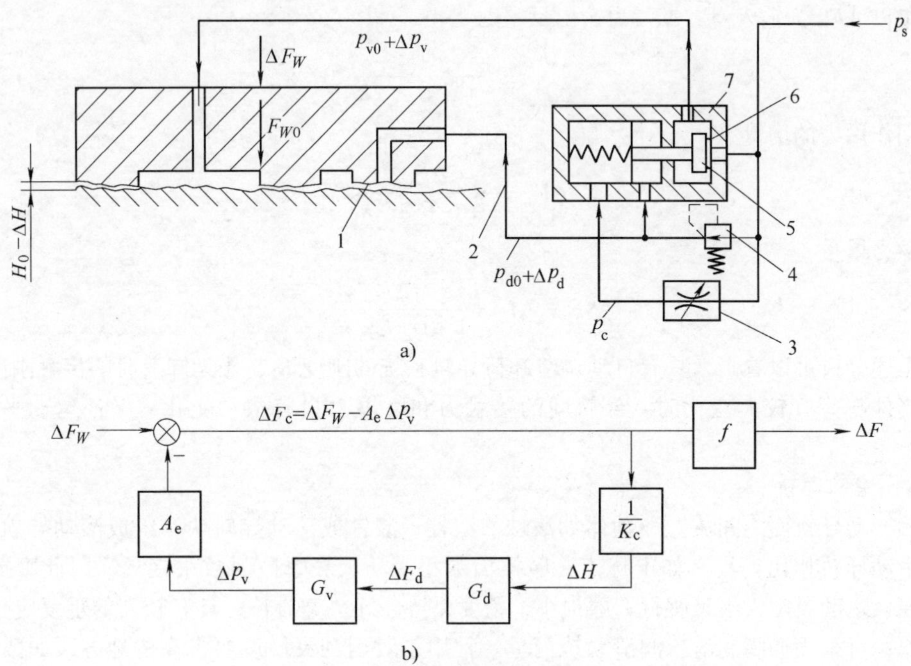

图 3-64　自动调节气压卸荷导轨

a）工作原理图　b）原理框图

1—位移传感器　2—油管　3—减压阀　4—节流阀　5—阀芯　6—缝隙　7—增压阀

降压后流入大气，使传感器得到背压 p_{d0}。这个背压被引入增压阀 7 薄膜的右侧。经减压阀 3 减压后的气压 p_c 被引入薄膜的左侧。薄膜两侧的气压差与增压阀内的弹簧张力平衡，使阀芯 5 轴向移动，改变缝隙 6 的开合量，使进入气囊的气压由 p_s 降为 p_{v0}，产生的上浮力与移动件的重力 F_{W0} 平衡。

当加上外载荷（载荷增量）ΔF_W 时，导轨间产生接触变形 ΔH，位移传感器的背压升高 Δp_d。Δp_d 进入增压阀，克服薄膜和左边弹簧的弹性力，使阀芯 5 左移，缝隙 6 变大，进入气囊的气压提高了 Δp_v，成为 $p_{v0}+\Delta p_v$。

可以看出，这是一个闭环系统，其原理框图如图 3-64b 所示。图中 $1/K_c$ 是接触柔度，ΔF 为摩擦力增量，G_d 是位移传感器的增益，G_v 是增压阀的增益。K_c、G_d、G_v 三个环节都是非线性的。为了易于说明原理，暂视这三个值为定值。

根据《控制工程基础》，闭环系统的增益为

$$\frac{\Delta H}{\Delta F_W}=\frac{\frac{1}{K_c}}{1+\frac{1}{K_c}G_dG_vA_e}=\frac{1}{K_c+G_dG_vA_e} \tag{3-1}$$

平均间隙的变化量

$$\Delta H=\frac{\Delta F_W}{K_c+G_dG_vA_e} \tag{3-2}$$

系统刚度

$$K_s=\frac{\Delta F_W}{\Delta H}=K_c+G_dG_vA_e \tag{3-3}$$

如果以 ΔF_W 为输入量，ΔF_c 为输出量，则

$$\frac{\Delta F_c}{\Delta F_W}=\frac{1}{1+G_d G_v A_e/K_c} \tag{3-4}$$

故导轨间作用力的增量为

$$\Delta F_c=\frac{\Delta F_W}{1+G_d G_v A_e/K_c}$$

摩擦力增量

$$\Delta F=f\Delta F_c=\frac{f\Delta F_W}{1+G_d G_v A_e/K_c} \tag{3-5}$$

从上述分析可以看出，具有自动调节卸荷导轨系统的刚度 K_s，比无卸荷时的接触刚度 K_c 提高了。当外载荷有较大变化时，导轨间的接触力和摩擦力只有微小变化，保证运动平稳、不爬行。

（四）滚动导轨

在静、动导轨面之间放置滚动体如滚珠、滚柱、滚针或滚动导轨块，组成滚动导轨。滚动导轨与滑动导轨相比，具有如下优点：摩擦因数小，动、静摩擦因数很接近，因此摩擦力小，起动轻便，运动灵敏，不易爬行；磨损小，精度保持性好，寿命长；具有较高的重复定位精度，运动平稳；可采用油脂润滑，润滑系统简单。常用于对运动灵敏度要求高的地方，如数控机床和机器人或者精密定位微量进给机床。滚动导轨同滑动导轨相比，抗振性差，但可以通过预紧方式提高，而且结构复杂，成本较高。

1. 滚动导轨的类型

（1）按滚动体类型分类　机床滚动导轨常用的滚动体有滚珠、滚柱和滚针三种，如图3-65所示。滚珠式为点接触，承载能力差，刚度低，滚珠导轨多用于小载荷。滚柱式为线接触，承载能力比滚珠式高，刚度好，滚柱导轨用于较大载荷。滚针式为线接触，常用于径向尺寸小的导轨中。

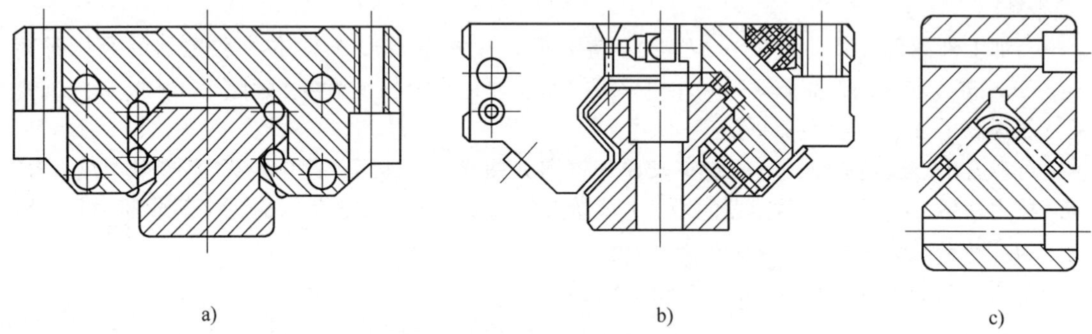

a)　　b)　　c)

图3-65　滚动直线导轨副的滚动体

a）滚珠循环型　b）滚柱循环型　c）滚针不循环型

（2）按循环方式分类　按循环方式分为循环式和非循环式。

1）循环式滚动导轨的滚动体在运行过程中沿自己的工作轨道和返回轨道作连续循环运动。如图3-66所示。因此，运动部件的行程不受限制。这种结构装配和使用都很方便，防护可靠，应用广泛。

2）非循环式滚动导轨的滚动体在运行过程中不循环，因而行程有限。运行中滚动体始终同导轨面保持接触，如图3-65c所示。

滚动体材料一般用滚动轴承钢，淬火后硬度达60HRC以上。滚动导轨中的支承导轨可用淬硬钢或铸铁制造，钢导轨具有承载能力大和耐磨性较高的特点。常用材料为低碳合金钢、合金结构钢、合金工具钢等。铸铁导轨常用材料为HT200，硬度为200～220HBW，适用于中、小载荷，不需预紧且不承受动载荷的导轨上。

2. 直线滚动导轨副的工作原理

图3-66所示为数控机床中常采用的直线滚动导轨副，它由导轨条1和滑块5组成。导轨条是支承导轨，一般有两根，安装在支承件（如床身）上，滑块安装在运动部件上，它可以沿导轨条作直线运动。每根导轨条上至少有两个滑块。若运动件较长，可在一根导轨条上装三个或更多的滑块。如果运动件较宽，也可用三根导轨条。滑块5中装有两组滚珠4，两组滚珠各有自己的工作轨道和返回轨道，当滚珠从工作轨道滚到滑块的端部时，经端面挡板2和滑块中的返回轨道孔返回，在导轨条和滑块的滚道内连续地循环滚动。为防止灰尘进入，采用了密封垫3密封。

3. 滚动导轨块

图3-67所示为滚动导轨块，用滚子作滚动体。导轨块2用螺钉固定在动导轨体3上，滚动体4在导轨块2与支承导轨5之间滚动，并经两端的挡板1和6及返回轨道返回，连续作循环运动。这种滚动导轨块承载能力大，刚度高。滚动导轨块由专业厂生产，已经系列化、模块化，有各种规格形式供用户选用。

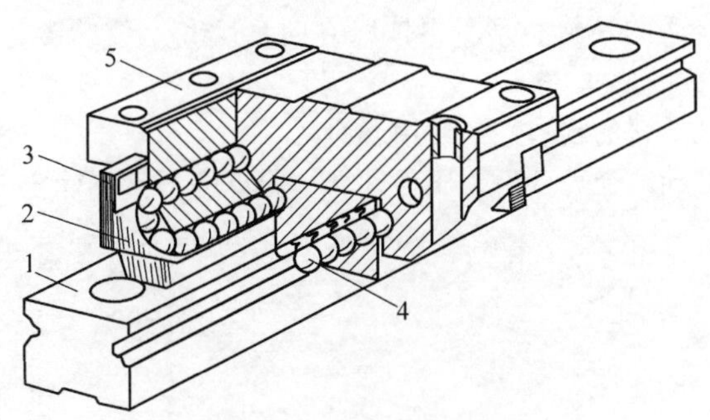

图3-66　直线滚动导轨副

1—导轨条　2—端面挡板　3—密封垫　4—滚珠　5—滑块

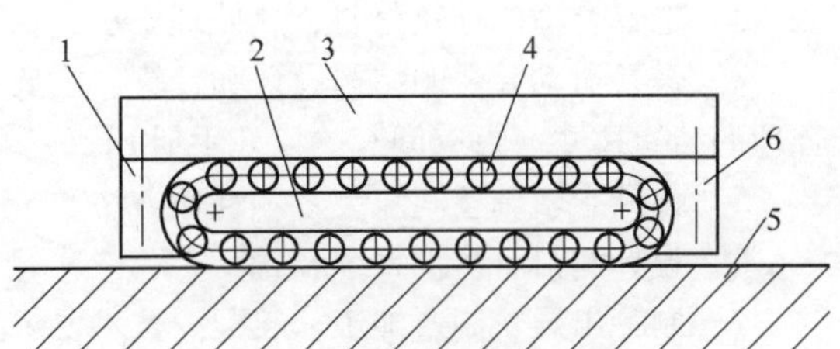

图3-67　滚动导轨块

1、6—挡板　2—导轨块　3—动导轨体　4—滚动体　5—支承导轨

4. 预紧

为了提高承载能力、运动精度和刚度，直线滚动导轨和滚动导轨块都可以进行预紧。

国产的GGB型直线滚动导轨副由制造厂用选配不同直径钢球的办法确定间隙或预紧，用户可根据对预紧的要求订货。

直线滚动导轨副的预紧可以分为四种情况：重预载F_0，预载力为$0.1C_d$（C_d为额定动载荷）；中预载$F_1=0.05C_d$；轻预载$F_2=0.025C_d$；无预载F_3。根据规格不同，留有3～28μm间隙，常用于辅助导轨、机械手等。轻预载用于精度要求高、载荷轻的机床，如磨床进给导轨、工业机器人等。中预载用于对刚度和精度均要求较高的场合，如数控机床导轨。重预载多用在重型机床。

预加载荷的方法可分为两种，一种是靠调整螺钉、垫块或楔块移动导轨来实现预紧，如图3-68所示；另一种是利用尺寸差达到预紧。

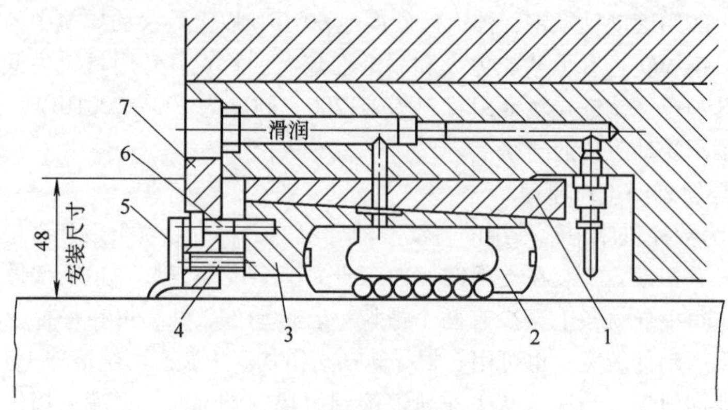

图3-68　滚动导轨预紧

1—楔块　2—标准导轨块　3—楔块（支承导轨）　4、6—调整螺钉
5—刮屑板　7—楔块调节板

（五）导轨的设计

1. 滑动导轨的设计

滑动导轨的设计主要有如下内容：

1）选择滑动导轨的类型和截面形状。

2）根据机床工作条件、使用性能，选择出合适的导轨类型。再依照导向精度和定位精度、加工工艺性、要保证的结构刚度，确定出导轨的截面形状。

3）选择合适的导轨材料、热处理方法，保证导轨的耐磨性和使用寿命。

4）进行滑动导轨的结构设计和计算。主要有导轨受力分析、压强计算、验算磨损量和确定合理的结构尺寸（可查阅有关设计手册）。

5）设计导轨调整间隙装置和补偿方法。

6）设计润滑、防护系统装置。

7）制订出导轨制造加工、装配的技术要求。

2. 滚动导轨的设计

目前，直线滚动导轨副和滚动导轨块基本上已系列化、规格化和模块化。有专门制造厂生产，用户可根据需要外购。如国产的GGB型直线滚动导轨是四方向等载荷型，有AA、AB两种尺寸系列，以导轨条的宽度B表示规格大小，每个系列中，有从16~65共9种规格。滚动导轨块有HJG-K和6192型两种系列产品。国外的直线滚动导轨副，如日本的IKO直线运动系列中，滚珠、滚子导轨副有预压调整型、高刚度型、模组型、微小型等多种类型，供用户选择使用。

因此，滚动导轨的设计，主要是根据导轨的工作条件、受力情况、使用寿命等要求，选择直线滚动导轨副或滚动导轨块的型号、数量，并进行合理的配置。设计时，先要计算直线滚动导轨副或滚动导轨块的受力，再根据导轨的工作条件和寿命要求计算动载荷，依此选择出直线滚动导轨副或滚动导轨块的型号，再验算寿命是否符合要求，最后进行导轨的结构设计。滚动导轨的计算可查阅有关设计手册。

四、提高导轨精度、刚度和耐磨性的措施

（一）合理选择导轨的材料和热处理方法

导轨材料和热处理方法对导轨性能、精度有直接影响，要合理地选择，以便降低摩擦因数，

提高导轨的耐磨性，降低成本。

导轨的材料有铸铁、钢、非铁金属、塑料等。

（1）铸铁导轨　铸铁导轨有良好的抗振性、工艺性和耐磨性，因此应用最广泛。灰铸铁、孕育铸铁常进行表面淬火来提高硬度，如高频感应淬火、电接触淬火硬度为50～55HRC，耐磨性提高1～2倍。常用在车床、铣床、磨床上。为提高导轨的力学性能和耐磨性，可在铸铁中加入不同合金元素，生成高磷铸铁、磷铜钛铸铁、钒钛铸铁等，它们具有良好力学性能和耐磨性，多用在精密机床，如坐标镗床和螺纹磨床上。

（2）镶钢导轨　为提高导轨的耐磨性，采用淬火钢和氮化钢的镶钢支承导轨，抗磨损能力比灰铸铁导轨提高5～10倍。

（3）非铁金属　采用非铁金属材料，如锡青铜和铝青铜镶装在重型机床、数控机床的动导轨上，可以防止撕伤，保证运动的平稳性和提高运动精度。

（4）塑料　塑料导轨具有摩擦因数低、耐磨性高、抗撕伤能力强、低速不易爬行、运动平稳、工艺简单、化学性能好、成本低等特点。在各类机床都有应用，特别是用在精密、数控、大型、重型机床动导轨上。

为提高导轨耐磨性和防止撕伤，在导轨副中，动导轨和支承导轨应分别采用不同的材料。如果采用相同的材料，也应采用不同的热处理方法，使两者具有不同的硬度。滑动导轨中，一般动导轨采用粘贴氟塑料软带，支承导轨用淬火钢或淬火铸铁；或者动导轨采用铸铁，不淬火，支承导轨采用淬火钢或淬火铸铁。

（二）导轨的预紧

对于精度要求较高、受力大小和方向变化较大的场合，滚动导轨应预紧。合理地将滚动导轨预紧可以提高其承载能力、运动精度和刚度。

（三）导轨的润滑和防护

导轨的良好润滑和可靠防护，可以降低摩擦力，减少磨损，降低温度和防止锈蚀，延长寿命。因此，必须有专门的供油系统，采用自动和强制润滑。根据导轨工作条件和润滑方式，选择合适粘度的润滑油。

（四）导轨的磨损

磨损是由于导轨接合面在一定压力作用下直接接触并相对运动而造成的。因此，争取不磨损的条件是让接合面在运动时不接触。方法是保证完全的液体润滑，用油膜隔开相接触的导轨面，如采用静压导轨。争取少磨损，可采用加大导轨接触面和减轻负荷的办法来降低导轨面的压强。采用卸荷导轨是减轻导轨负荷、降低压强的好方法，尤其是采用自动调节气压卸荷导轨，可以使摩擦力基本保持恒定，卸荷力能随外载荷变化而自动调节。

争取均匀磨损要使摩擦面上压力分布均匀，尽量减少扭转力矩和颠覆力矩，导轨的形状尺寸要尽可能对集中载荷对称。磨损后间隙变大，设计时要考虑如何补偿、调整间隙，如采用可以自动调节间隙的三角形导轨，采用镶条、压板结构，定期调整、补偿。

第四节　机床刀架和自动换刀装置设计

一、机床刀架的功能、类型和应满足的要求

（一）机床刀架的功能和类型

机床上的刀架用于夹持切削用的刀具，是机床上的重要部件。许多刀架还直接参与切削工

作，如卧式车床上的四方刀架、转塔车床的转塔刀架、回轮式转塔车床的回轮刀架、自动车床的转塔刀架和天平刀架等。这些刀架既安放刀具又直接参与切削，承受极大的切削力，所以它往往成为工艺系统中的较薄弱环节。

机床刀架的类型，按照安装刀具的数目可分为单刀架和多刀架，如自动车床上的前、后刀架，天平刀架；按结构形式可分为四方刀架、转塔刀架、回轮刀架等；按驱动刀架转位的动力可分为手动转位刀架和自动（电动和液动）转位刀架。

（二）机床刀架应满足的要求

1）满足工艺过程所提出的要求。机床依靠刀具和工件间相对运动形成工件表面，而工件的表面形状和表面位置的不同，要求刀架和刀库上能够布置足够多的刀具，而且能够方便而正确地加工各工件表面。为了实现在工件的一次安装中完成多工序加工，还要求刀架、刀库可以方便地转位。

2）在刀架、刀库上要能牢固地安装刀具，并能精确地调整刀具的位置，采用自动交换刀具时，应能保证刀具交换前后都能处于正确位置，以保证刀具和工件间准确的相对位置。刀架的运动精度将直接反映到被加工工件的几何形状精度和表面粗糙度上。为此，刀架的运动轨迹必须准确，运动应平稳，刀架运转的终点到位应准确。精度保持性要好，以便长期保持刀具的正确位置。

3）刀架、刀库、换刀机械手都应具有足够的刚度，可靠性要高。

4）刀架和自动换刀装置的换刀时间应尽可能缩短，以利于提高生产率。

5）操作方便和安全。刀架应便于工人装刀和调刀，切屑流出方向不能朝向工人，而且操作调整刀架的手柄（或手轮）要省力，应尽量设置在便于操作的地方。

二、机床的几种典型刀架

（一）卧式车床刀架

刀架是机床的重要组成部分，用于夹持切削用的刀具，因此其结构直接影响机床的切削性能和切削效率。在一定程度上，刀架的结构与性能体现了机床的设计制造技术水平。

图3-69所示为卧式车床的四方刀架。逆时针转动手柄1，通过销子2带动轴套3、4和端面凸轮5回转，抬起定位销7，继续逆时针转动手柄1，由销子8带动四方刀架转位。转位后靠弹簧10将钢球9压在刀架坐的圆锥孔内，实现四方刀架粗定位。然后，顺时针方向转动手柄1，端面凸轮被复位，定位销7在弹簧6的作用下，重新插入另一定位孔内完成精定位。继续转动手柄1，依靠螺纹夹紧刀架。

（二）转塔车床的转塔刀架

卧式车床刀架只能装四把刀，加上尾座也最多装五把刀。而有些零件加工表面很多，需要更多的刀具才能完成。因而出现了将尾座去掉，在此位置上安装能纵向移动的多工位转塔刀具。这样在转塔上可装六把刀具，加上前刀架、后刀架，这样就可使刀具增加到10把以上，形成转塔车床。这样工件在一次安装中，就可以加工完更多的表面，如图3-70所示，只不过这种转塔刀架的转位换刀一般是由液压来完成的。

图3-71是半自动转塔车床的转塔刀架装配图，转塔刀架鞍座1在进给液压缸活塞2的驱动下沿床身三角形导轨和平导轨作纵向进给运动。

转位时鞍座退回床身尾部，松夹液压缸的下腔进高压油，活塞12带动刀架体5抬起，端面齿盘7、8脱离啮合，同时端面齿形离合器10接合。转位时由转位活塞杆14上的齿条，带动转位齿轮9，离合器10、轴Ⅰ、刀架体5转位。调整转位活塞杆14上的挡块位置（图中未显示），可以控制刀架体正确地转过60°或120°。转位后由弹簧销6粗定位，最后松夹液压缸上腔通压力

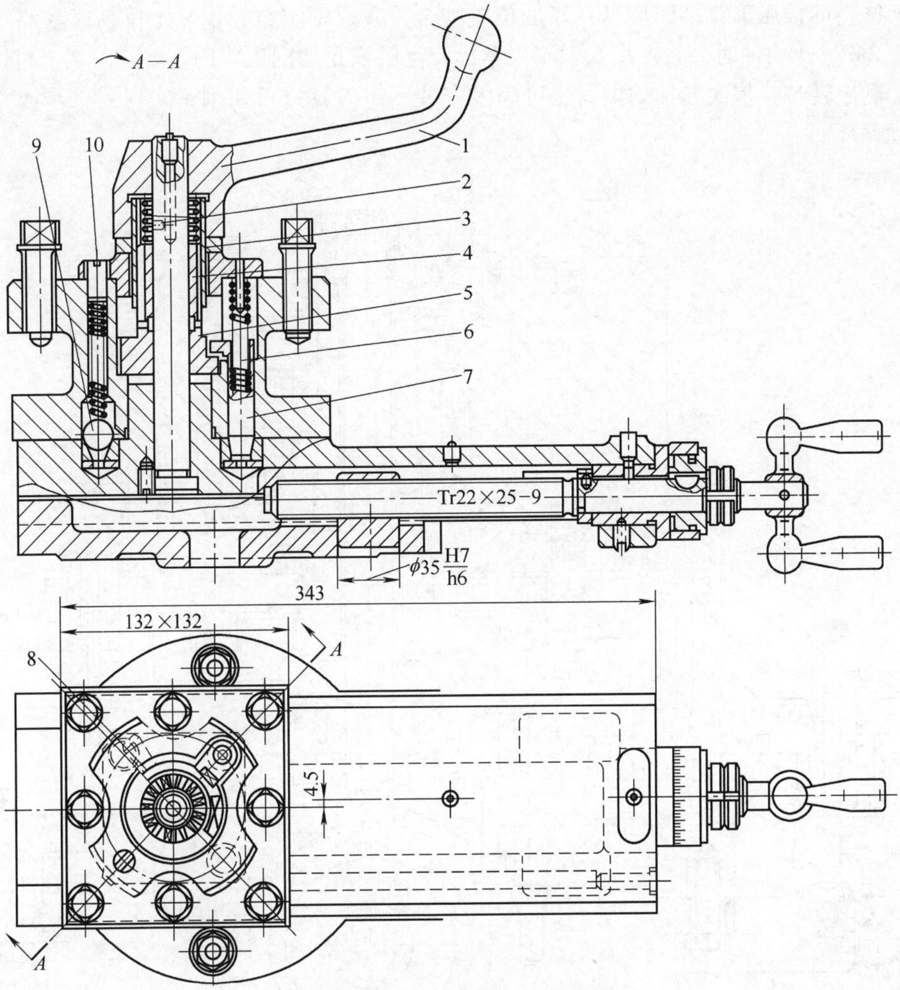

图 3-69　卧式车床的四方刀架

1—手柄　2、8—销子　3、4—轴套　5—凸轮　6、10—弹簧　7—定位销　9—钢球

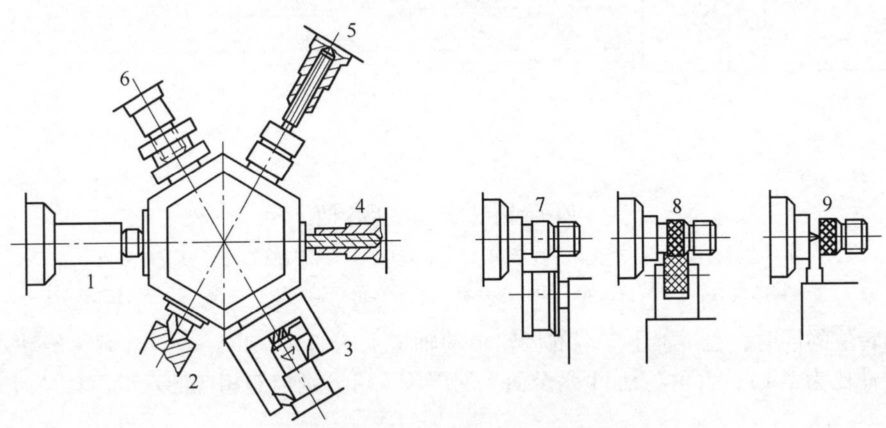

图 3-70　转塔式转塔车床加工实例

1—送料定程　2—中心钻　3—外圆车　4—钻孔　5—铰孔　6—攻螺纹
7—成形车　8—滚花　9—切断

油，刀架体随即被压下，端面齿盘在新的位置啮合，完成精定位，重复定位精度较高。这时当上腔通以2MPa压力油时，将产生6.5kN夹紧力，足够满足切削工作的需要。刀架上可以安装六组刀具、顺序转位，依次参加切削，也可间隔安装三组刀具进行切削，实现三工步或六工步两种半自动循环。

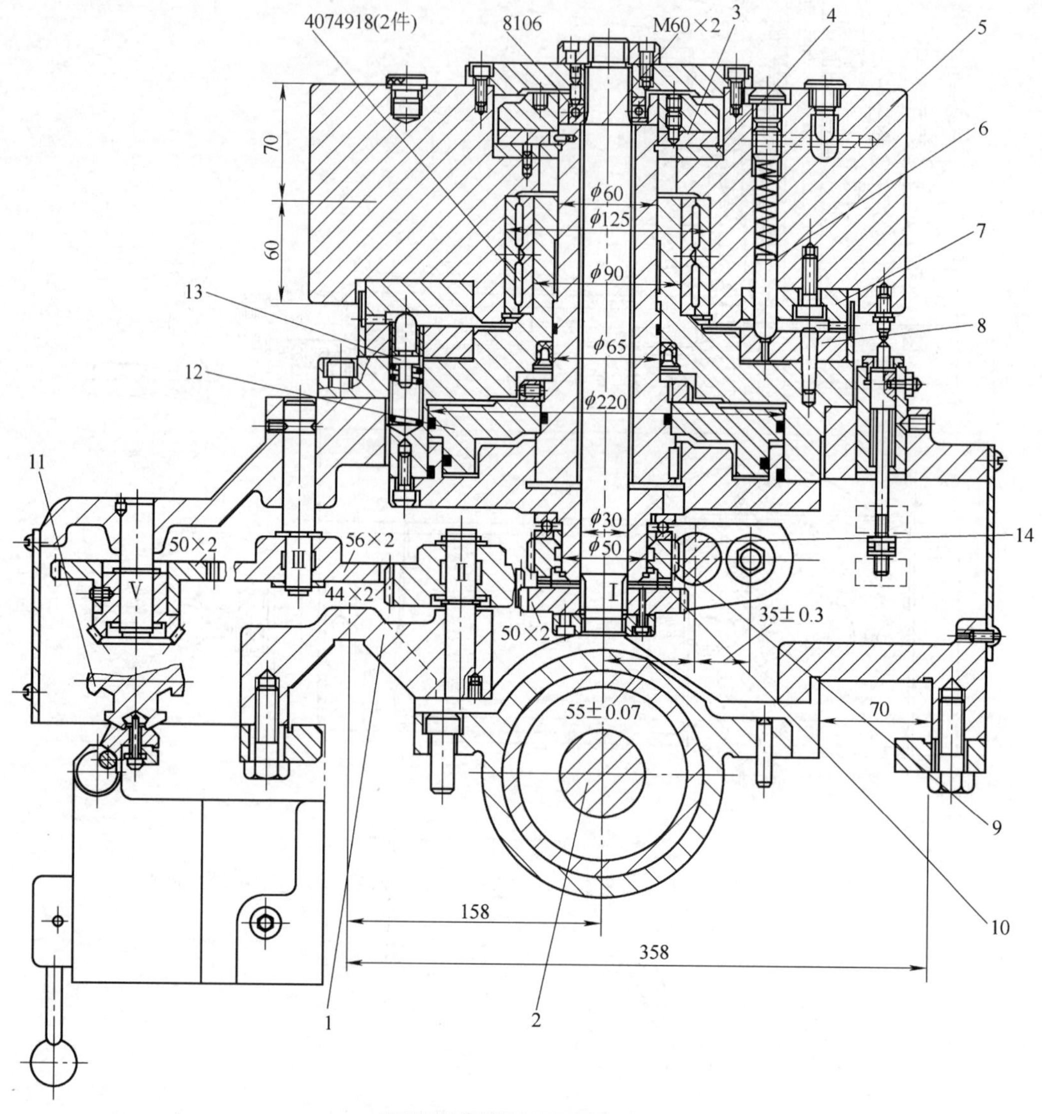

图3-71　转塔刀架装配图

1—刀架鞍座　2—进给液压缸活塞　3、4—圆垫　5—刀架体　6、13—弹簧销　7、8—端面齿盘　9—转位齿轮　10—离合器　11—六角花轴　12—活塞　14—转位活塞杆

刀架转位的同时，通过轴Ⅰ下端的齿轮传动轴Ⅴ上的齿轮，再经一对锥齿轮传动六角花轴11（总传动比为1:1），六角花轴11六个面上的挡块，可分别控制相应的六组刀具纵向进给的极限位置。

（三）数控车床采用的自动转位刀架

数控机床是一种高度自动化的机床，它的刀架一般都采用自动（电气或液压）转位方式。图3-72所示为一般经济型数控车床采用的自动转位刀架。转位时，微型电动机通过齿轮、

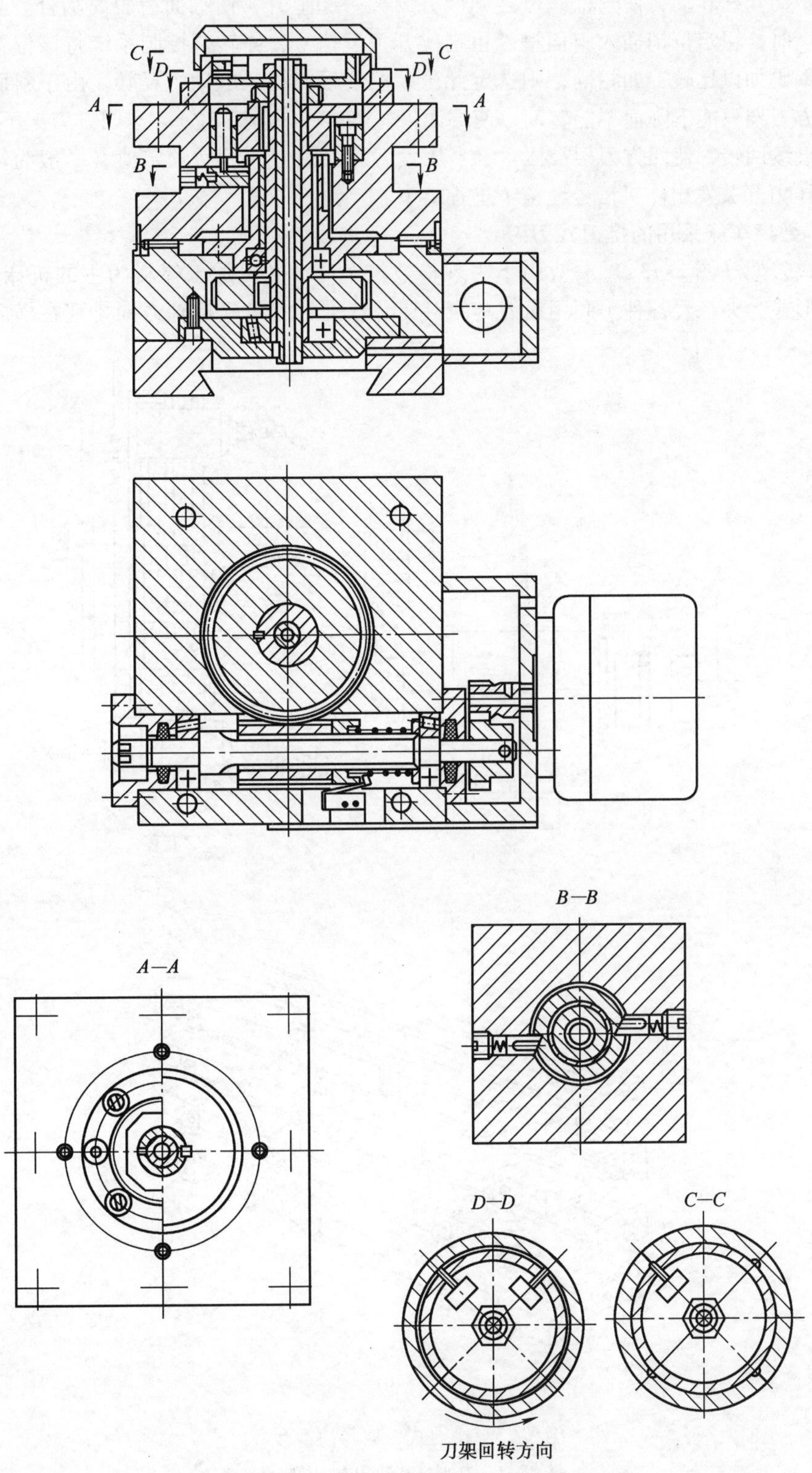

图 3-72　经济型数控车床采用的自动转位刀架

蜗杆蜗轮带动丝杠转动，使丝杠螺母连同四方刀架一起上升，使端面齿脱离啮合。当螺母上升到一定高度时，粗定位销插入斜面槽，粗定位开关发信号，停转，控制系统将该位置的编码与所需刀具编码加以比较，如相同，则选定此位，控制系统指令电动机反转。由于斜面销的棘轮作用，四方刀架只能下降而不能转动，使端面齿轮啮合（即精定位）。当四方刀架下降到底后，电动机仍继续回转，使四方刀架被压紧。当压紧力（弹簧力）到达预定值（一般为切削力的两倍）时，压力开关发出停机信号，整个过程结束。

（四）数控车床采用的排刀式刀架

排刀式刀架（图3-73a）一般用于小规格数控车床，尤以加工棒料为主的机床较为常见。它的结构形式为夹持着各种不同用途刀具的刀夹沿着机床的 X 坐标轴方向排列在横向滑板或快

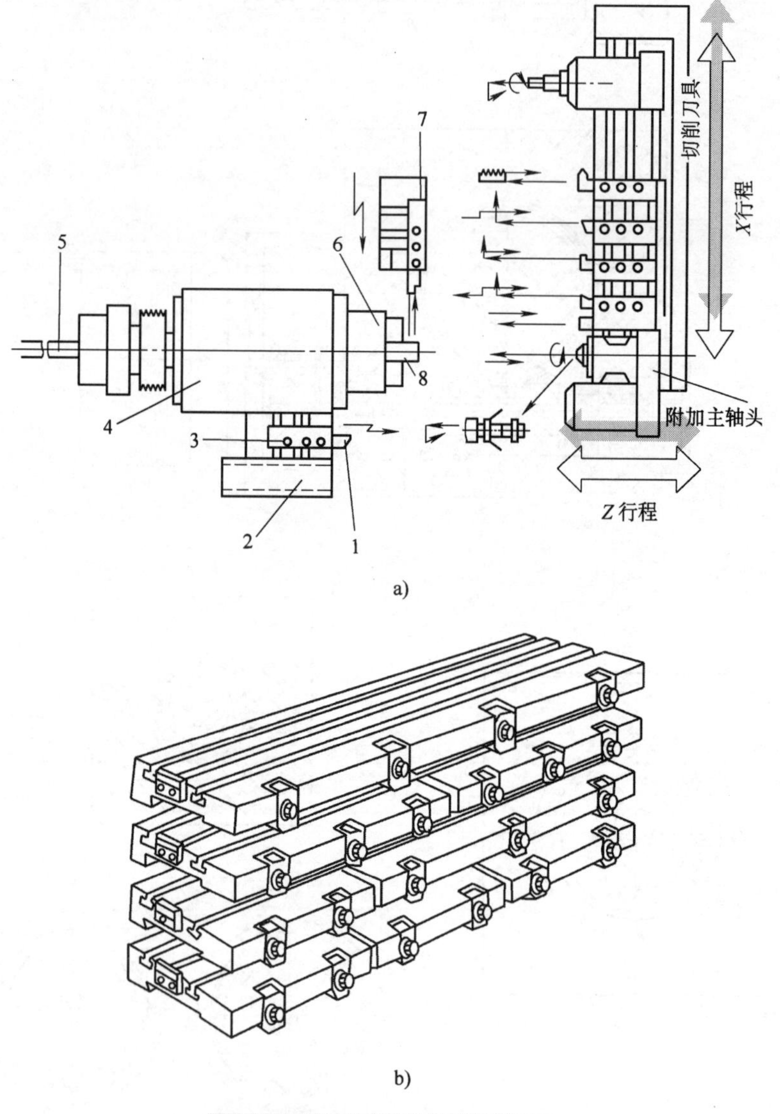

图3-73 排刀式刀架与快换台板

a）排刀式刀架布置图 b）快换台板

1—去毛刺和背面加工刀具 2—工件托料盘 3—切向刀架 4—主轴箱

5—棒料送进装置 6—卡盘 7—切断刀架 8—工件

换台板（图 3-73b）上。这种刀架的特点之一是在使用时刀具布置和机床调整都比较方便，可以根据具体工件的车削工艺要求，任意组合各种不同用途的刀具。一把刀完成车削任务后，横向滑板只要按程序沿 X 轴轴向移动预先设定的距离，第二把刀就达到加工位置，这样就完成了机床的换刀动作。这种换刀方式迅速省时，有利于提高机床的生产率。当使用快换台板时，可实现成组刀具的机外预调，即当机床在加工某一工件的同时，可以利用快换台板在机外组成加工同一种零件或不同零件的排刀组，利用对刀装置进行预调。当刀具磨损或需要更换加工零件品种时，可以通过更换台板来成组地更换刀具，从而使换刀的辅助时间大大缩短。此外，还可以在排式刀架上安装不同用途的动力刀架，如钻、扩、铣、攻螺纹等二次加工工序，以使机床可在一次装夹中完成工件的全部或大部分加工工序。这种刀架结构简单，制造成本低，但仅适用于加工直径小于 100mm 的车床。直径大于 100mm 的车床多采用转塔刀架。

（五）数控车床采用的 12 个刀位的回转刀架

图 3-74 是数控车床采用的 12 个刀位的回转刀架结构图。刀架的夹紧和转位都由液压油缸驱动。接到转位信号后，液压缸 1 的右腔进油，将中心轴 2 和刀盘 3 左移，使端面齿盘 4 与 5 分离，然后，液压马达驱动凸轮 6 旋转，凸轮每转一周拨过一个柱销，使刀盘转过一个工位，同时，固定在中心轴尾端的 12 个选位凸轮，压合相应的计数开关 XK_1 一次。当刀盘转到新预选工位时，液压马达制动，然后液压缸 1 左腔进油，将中心轴和刀盘向右拉紧，使两端面齿盘啮合夹紧。此时，中心轴尾部平面压下开关 XK_2，发出转位结束信号。该刀架可以向正反两个方向旋转，并可自动选择最近的回转路线，以缩短辅助时间。

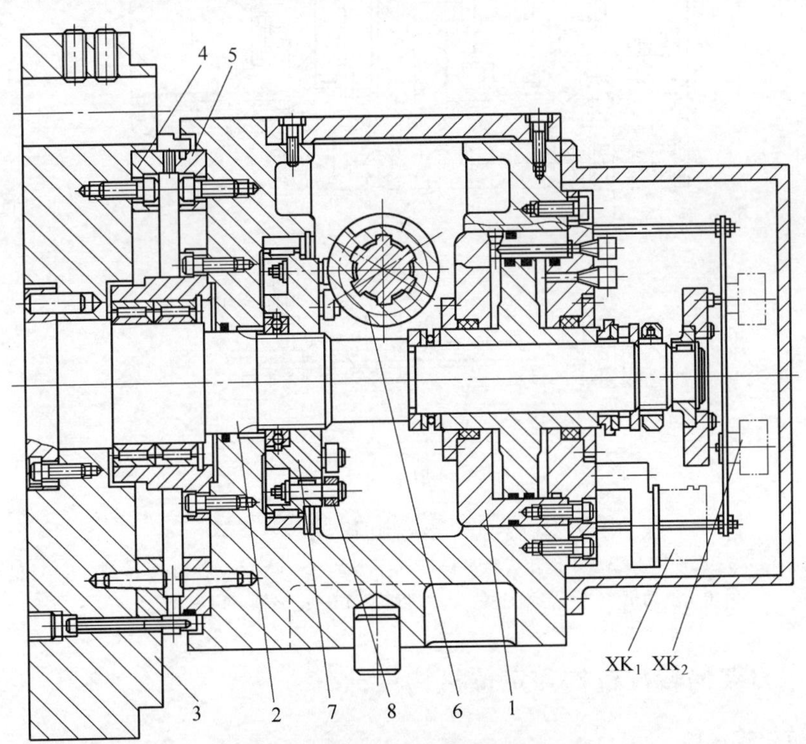

图 3-74　数控车床的液压回转刀架

1—液压缸　2—中心轴　3—刀盘　4、5—端面齿盘　6—凸轮　7—柱销盘　8—柱销　XK_1、XK_2—计数开关

（六）数控车床采用的电动回转刀架

图 3-75 所示为数控车床采用的电动回转刀架。当转塔刀架接到转位指令后，电动机 10 通

过齿轮带动行星轮系杆9旋转，再通过轴8带动套5转动，套5沿圆周方向均布三个夹紧轮4，此时夹紧轮沿着下定位齿盘3上的凸轮槽移动，当夹紧轮进入槽中的凹部时，将使下定位齿盘向右移动，从而使上、下定位齿盘脱离啮合，完成转塔打开动作。接着套5带着夹紧轮继续旋转，推动与转塔头连在一起的套7同步转动，进行分度转位工作，当达到预选位置时，电磁铁13动作，将预定位杆14向左推出，使预定位销2进入转塔的预定位套1中，当预定位销到位后，接近开关发出信号使电动机停止转动，并立即进行反转，即使夹紧套带动夹紧轮反向转动，从而将下定位齿盘3向左移动，上、下定位齿盘啮合（精定位），靠下定位齿盘凸轮槽中的凸起部分夹紧转塔。该转塔刀架的特点是靠移动下定位齿盘来完成打开动作，整个过程转塔不抬起。

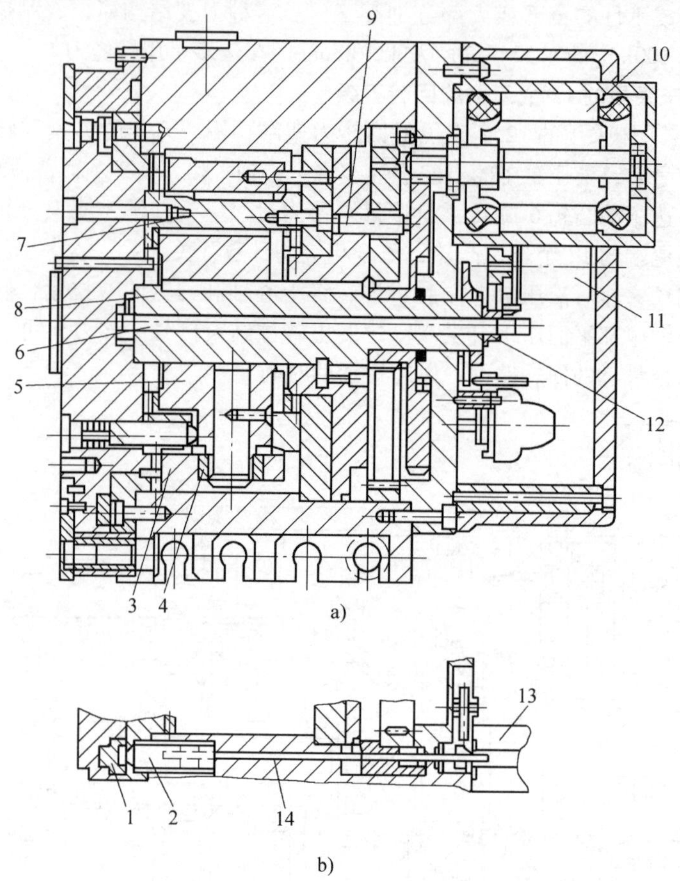

图3-75　数控车床采用的电动回转刀架

1—预定位套　2—预定位销　3—下定位齿盘　4—夹紧轮　5、7—套　6—轴销　8—轴　9—行星轮系杆　10—电动机　11—定程开关　12—齿轮　13—电磁铁　14—预定位杆

三、机床刀架的转位机构和定位机构设计

（一）转位机构设计

从前面介绍的几种刀架结构看，卧式车床采用手柄、转轴、端面凸轮、销子带动四方刀架转位；转塔车床的转塔刀架则采用液压缸活塞齿条、齿轮、转动刀架体转位；电动机驱动转位机构。

1. 液压（或气动）驱动的活塞齿条齿轮转位机构

这种由液动驱动的转位机构的调速范围大、缓冲制动容易、转位速度可调、运动平稳、结构尺寸较小、制造容易，因而应用较广泛。其转位角度大小可由活塞杆上的限位挡块来调整。转位机构也有采用气动的。气动的优点是结构简单，速度可调，但运动不平稳，有冲击，结构尺寸大，驱动力小。故一般多用在非金属切削的自动化机械和自动线的转位机构中。

2. 圆柱凸轮步进式转位机构

这种转位机构依靠凸轮轮廓强制刀架作转位运动，运动规律完全取决于凸轮轮廓形状。如图 3-76 所示，圆柱凸轮是在圆周面上加工出一条两端有头的凸起轮廓，从动回转盘（相当于刀架体）端面有多个柱销，销子数量与工位数相等。当圆柱凸轮按固定的旋转方向运动时，*B* 销先进入凸轮轮廓的曲线段，这时凸轮开始驱动回转盘转位，与此同时 *A* 销与凸轮轮廓脱离，当凸轮转过 180°时转位动作终止，*B* 销接触的凸轮轮廓由曲线段过渡到直线段，同时与 *B* 销相邻的 *C* 销开始与凸轮的直线轮廓的另一侧面接触。此时即使凸轮继续旋转，回转盘也不会转动，在此间歇阶段 *B* 销和 *C* 销同时与凸轮直线轮廓两侧接触，限制了回转盘的转动，此时刀架即处于预定位状态，至此全部分度（转位）动作完成。由于凸轮是一个两端开口的非闭合曲线轮廓，所以当凸轮正、反转时均可带动刀盘作正、反两个方向的旋转。这种转位机构的转位速度高、精度较低，运动特性可以自由设计选取，但制造较困难、成本较高、结构尺寸较大。这种转位机构可以通过控制系统中的逻辑电路或 PLC 程序来自动选择回转方向，以缩短转位辅助时间。

3. 伺服电动驱动的刀架转位

现代技术的发展，可以采用直流（或交流）伺服电动机驱动蜗杆、蜗轮（消除间隙）实现刀架转位，转位的速度和角位移均可通过半闭环反馈进行精确控制加以实现，如图 3-77 所示。

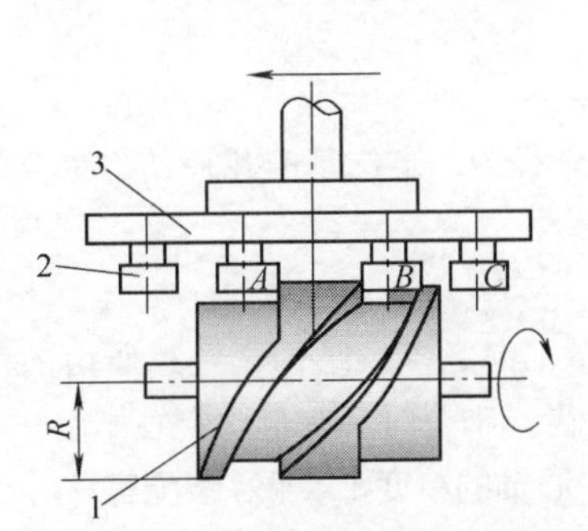

图 3-76　圆柱凸轮步进式转位机构

1—凸轮　2—分度柱销　3—回转盘

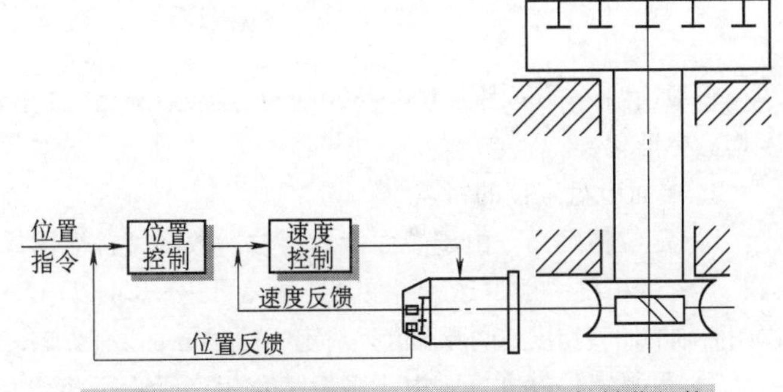

图 3-77　直流（交流）电动机驱动的刀架转位机构

（二）定位机构设计

目前在刀架的定位机构中多采用圆锥销定位和端面齿盘定位。

1. 圆锥销定位

由于圆柱销和斜面销定位时容易出现间隙，而圆锥销定位精度较高，它进入定位孔时一般靠弹簧力或液压、气动，圆锥销磨损后仍可以消除间隙，以获得较高的定位精度。

2. 端面齿盘定位

端面齿盘定位由两个齿形相同的端面齿盘相啮合而成（图 3-78），由于啮合时各个齿的误差相互抵偿，起着误差均化的作用，定位精度高。

齿盘的齿形角 2α 一般有 90°和 60°两种。齿盘的齿数 z 应根据所要求的分度数以及齿盘外径 D 的大小来确定。齿形半角 α 和齿数 z 与齿顶半角 φ 的关系为

$$\tan\varphi = \frac{\sin\dfrac{180^\circ}{z}}{z\tan\alpha}$$

例如，$\alpha=45°$，$z=150$ 时，$\varphi=36'$；$\alpha=45°$，$z=120$ 时，$\varphi=45'$。

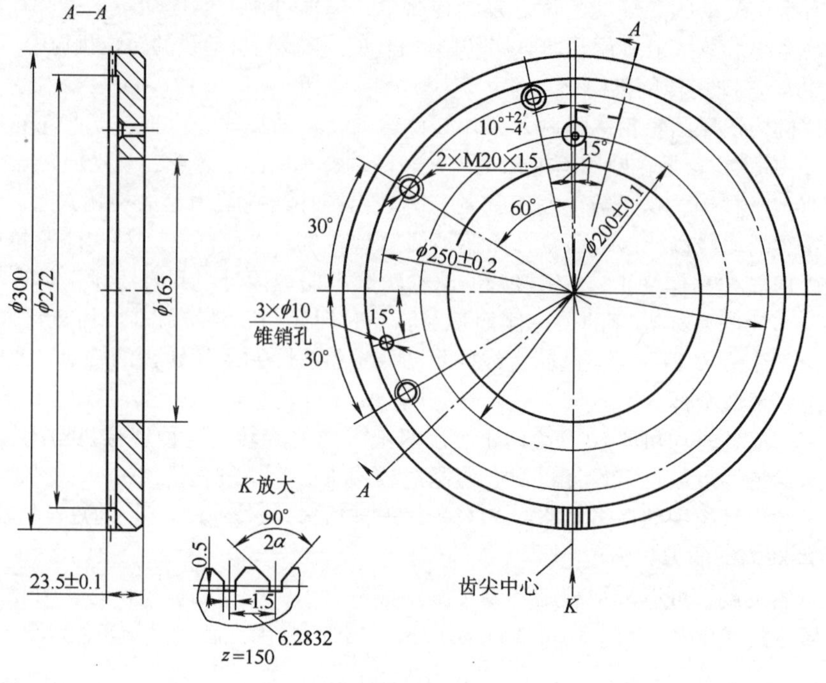

图 3-78　端面齿盘

一般齿盘外径范围为100~800mm，且参数 z、齿形角 α、外径 D、定位基准孔径 d 与重合厚度均已标准化。

3. 端面齿盘定位的特点

1）定位精度高。由于端面齿盘定位齿数多，且沿圆周均布，向心多齿结构，经过研齿的齿盘，其分度精度一般可达 ±3″左右，最高可达 ±0.4″以内。一对齿盘啮合时具有自动定心作用，所以中心轴的回转精度、间隙及磨损对定心精度几乎没有影响，对中心轴的精度要求低，装配容易。

2）重复定位精度好。由于多齿啮合相当于上下齿盘齿的反复磨合对研，越磨合精度越高，重复定位精度也越好。

3）定位刚性好，承载能力大。两齿盘多齿啮合，由于齿盘齿部强度高，并且一般齿数啮合率不少于90%，齿面啮合长度不少于60%，故定位刚性好，承载能力大。

四、带有刀库的自动换刀装置

目前自动换刀装置主要用在加工中心和车削中心上，但在数控磨床上自动更换砂轮，电加工机床上自动更换电极，以及数控压力机上自动更换模具等的应用也日渐增多。自动换刀装置的刀库和换刀机械手的驱动都是采用电气或液压自动实现的。

（一）数控车床的自动换刀装置

数控车床的自动换刀装置主要采用回转刀盘，刀盘上安装8~12把刀。有的数控车床采用两个刀盘，实行四坐标控制，少数数控车床也具有刀库形式的自动换刀装置。图3-79a所示为一个刀架上的回转刀盘，刀具与主轴中心平行安装，回转刀盘既有回转运动又有纵向进给运动（$S_{纵}$）和横向进给运动（$S_{横}$）。图3-79b所示为刀盘中心线相对于主轴中心线倾斜的回转刀盘，刀盘上有6~8个刀位，每个刀位上可装两把刀具，分别加工外圆和内孔。图3-79c所示为装有两个刀盘的数控车床，刀盘 1 的回转中心线与主轴中心线平线，用于加工外圆；刀盘 2 的回转中心线与主轴中心线垂直，用以加工内表面。图 3-79d 所示为安装有刀库的数控车床，刀库可以是回转式或链式，通过机械手交换刀具。图 3-79e 所示为带鼓轮式刀库的数控车床，回转刀盘 3 上装有多把刀具，鼓轮式刀库 4 上可装 6 ~ 8 把刀，机械手 5 可将刀库中的刀具换到刀具转轴 6 上去，刀具转轴 6 可由电动机驱动回转进行铣削加工，回转头 7 可交换采用回转刀盘 3 和刀具转轴 6，轮番进行加工。

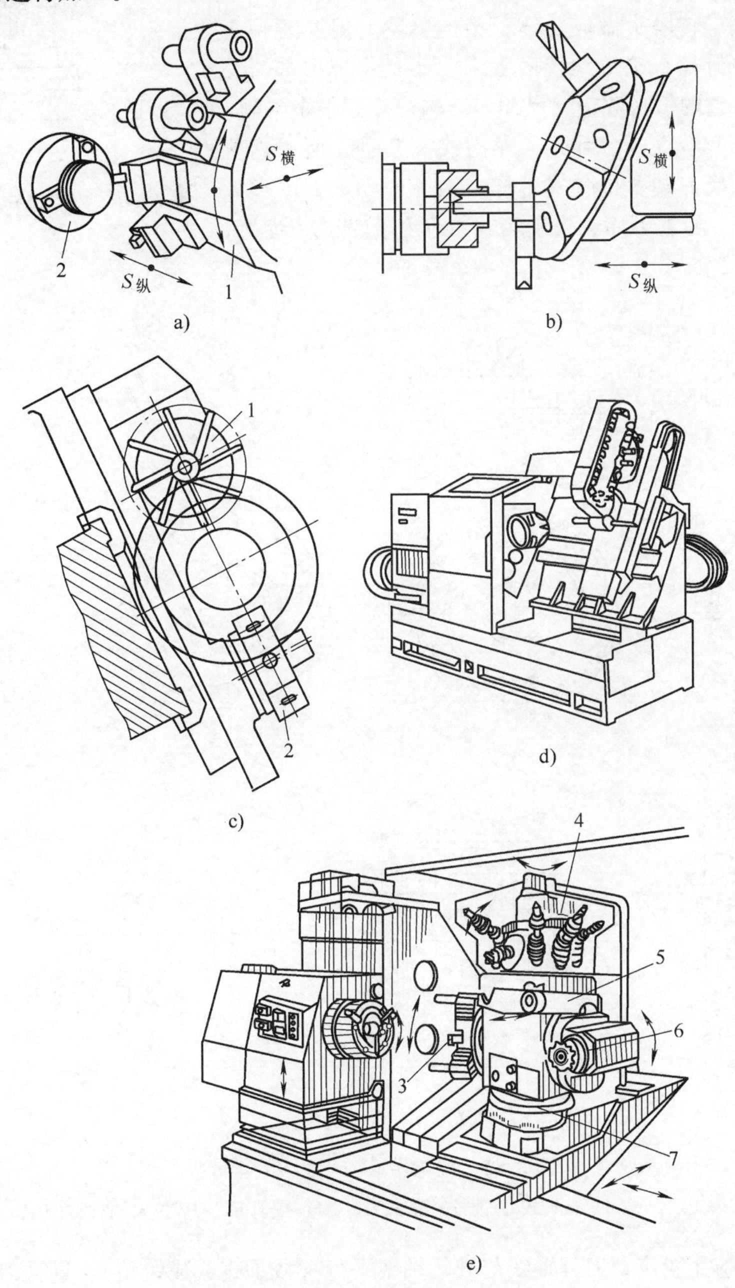

图 3-79　数控车床上自动换刀装置

a)、b）回转刀盘　c）双回转刀盘　d）带链式刀库的数控车床　e）带鼓轮式刀库的数控车床

1、2—刀盘　3—回转刀盘　4—鼓轮式刀库　5—机械手　6—刀具转轴　7—回转头

（二）加工中心的自动换刀装置

具有钻、镗、铣功能的数控镗铣床，为了使工件能在一次安装中实现工序高度集中、加工完最多的工件表面，且尽量节省辅助时间，一般在其上配置刀库，并由机械手进行自动换刀，形成带自动交换刀具装置的数控镗铣床，通称加工中心（Machining Center，MC）。

初期曾采用转塔头式的换刀方式，如图3-80所示，它的电动机、变速箱、转塔头做成一体，结构紧凑，但变速箱工作时的振动和热量都直接传到转塔上来，而且每把刀都需要一个主轴，所以它的刀具数量、尺寸、结构都受到很多限制。

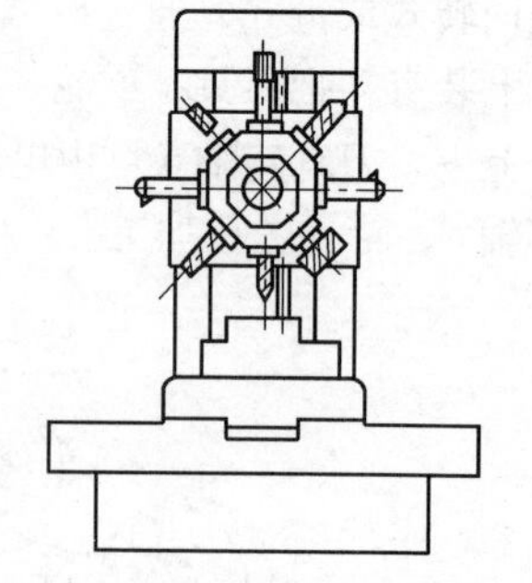

图3-80　数控镗铣床的转塔刀架

因为加工中心有立式、卧式、龙门式等几种，所以这些机床上的刀库和换刀装置也各式各样。加工中心上刀库类型有：鼓轮式刀库、链式刀库、格子箱式刀库和直线式刀库等，如图3-81所示。

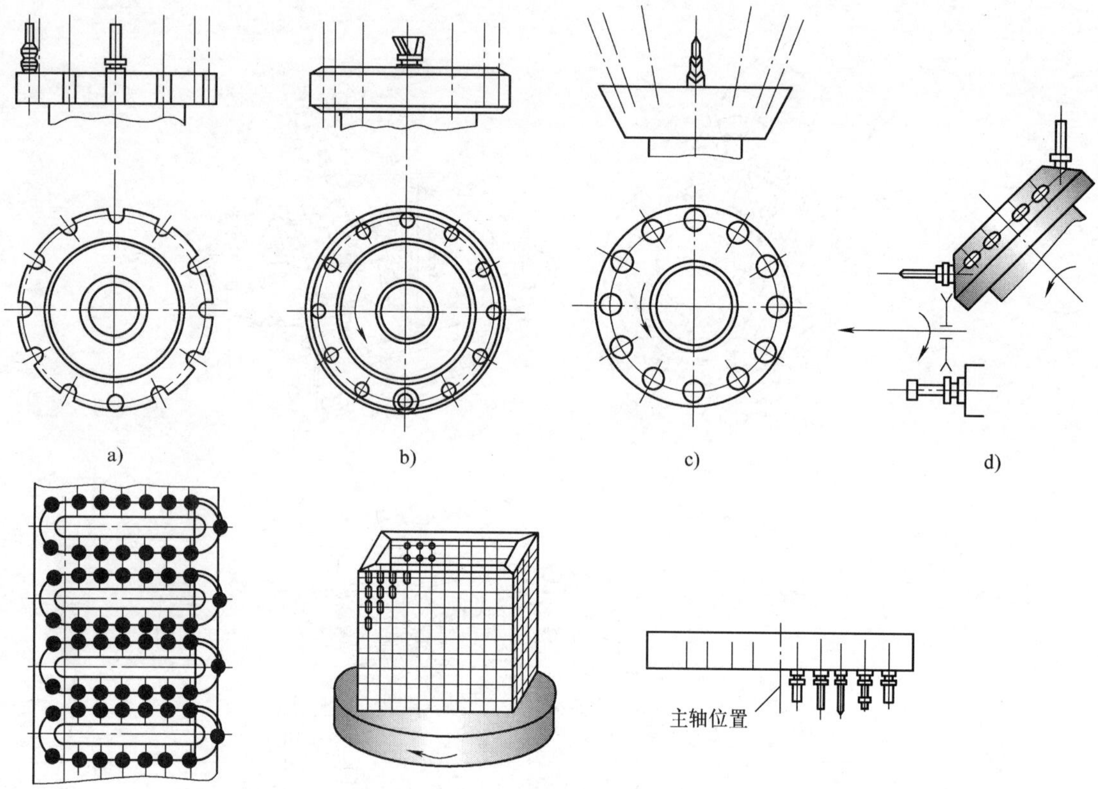

a)　b)　c)　d)　e)　f)　g)

主轴位置

图3-81　加工中心刀库的各种类型

a)、b)、c)、d）鼓轮式刀库　e）链式刀库　f）格子箱式刀库　g）直线式刀库

鼓轮式刀库应用较广，刀具轴线与鼓轮轴线平行（或垂直或成锐角）。这种刀库结构简单紧凑，应用较多。但因刀具单环排列，定向利用率低，若为大容量刀库则外径将较大、转动惯量大、选刀运动时间长，故这种形式的刀库容量较小，一般不超过32把刀具。

链式刀库的容量较大，当采用多环链式刀库时，刀库外形较紧凑，占用空间较小。适用于大容量的刀库，在增加存储刀具数目时，可增加链条长度，而无需增加链轮直径。因此，链轮的圆周速度不会增加，且刀库的转动惯量不像鼓轮式刀库增加得那样多。

格子箱刀库的刀库容量较大，结构紧凑，空间利用率高，但布局不灵活，通常将刀库安放于工作台上。有时甚至在使用一侧的刀具时，必须更换另一侧的刀座板。

直线式刀库的结构简单，刀库容量较小，一般应用于数控车床、数控钻床，个别加工中心也有采用。

此外，还有采用无机械手换刀方式将刀库设在主轴箱上，如图 3-82 所示。无机械手换刀因没有机械手，所以结构简单。

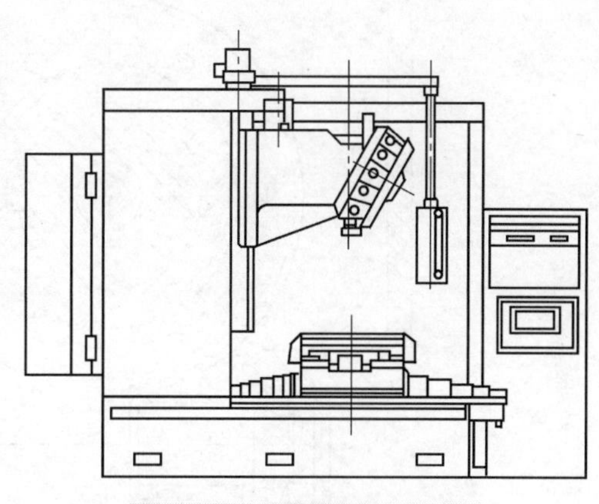

图 3-82　刀库设在主轴箱上

采用单独存储刀具的刀库，刀具数量可以增多，以满足加工复杂零件的需要，这时的加工中心只需一个夹持刀具进行切削的主轴，所以制造难度比转塔刀架低。小型加工中心有采用无机械手换刀的方式，如图 3-83 所示。它的刀库在立柱的正前方上部，刀库中刀具的存放方向与主轴方向一致。换刀时主轴箱带着主轴沿立柱导轨上升至换刀位置，主轴上的刀具正好进入刀库的某一个刀具存放位置（刀具被夹持住）。随后主轴内夹刀机构松开，刀库顺着主轴方向向前移动，从主轴中拔出刀具，然后刀库回转，将下一步所需的刀具，转到与主轴对齐的位置；刀库退回，将新刀具插入主轴中，刀具随即被夹紧，主轴箱下移，开始新的加工。这种自动换刀系统，刀库整体前后移动，不仅刀具数量少（30 把），而且刀具尺寸也较小，这种刀库旋转是在工步与工步之间进行的，即旋转所需的辅助时间与加工时间不重合。

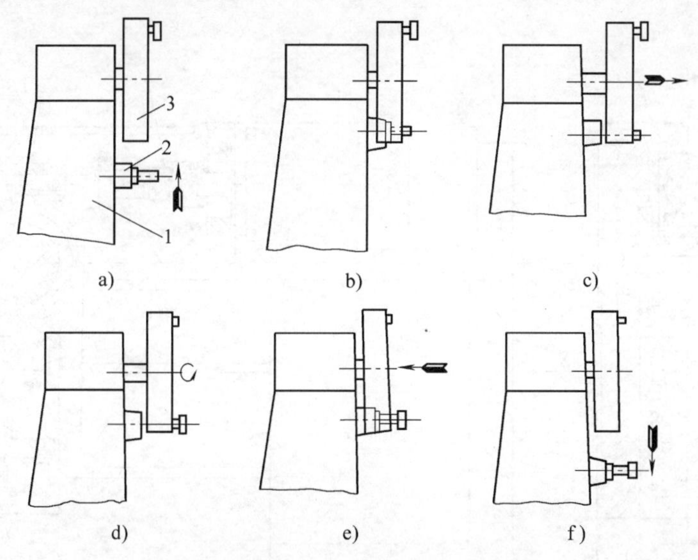

图 3-83　加工中心无机械手换刀简图

a）原始位置　b）主轴上移将刀具送至换刀位置　c）刀库右移将主轴刀具取出
d）刀库将待换刀具转至主轴位置　e）刀库左移将刀具送进主轴　f）主轴回原位
1—立柱　2—主轴箱　3—刀库

单独存储刀具刀库的驱动是由伺服电动机经齿轮、蜗杆传动的（图3-84）。为了消除齿侧间隙而采用双片齿轮。蜗杆采用单头双导程蜗杆（左齿面导程为9.6133mm，右齿面导程为9.2363mm）消除蜗杆蜗轮啮合间隙，压盖5和轴承套6之间用螺纹联接。转动轴承套6就可使蜗杆轴向移动以调整间隙，螺母7用于在调整后锁紧，刀库的最大转角为180°。在控制系统中有一个自动判别机能，决定刀库正反转，以使转角最小。刀库及转位机构装在一个箱体内，用滚动导轨支承在立柱顶部，用液压缸驱动箱体的前移和后退。

图3-85所示为刀库中刀具存储方向与主轴方向在空间相差90°的自动换刀系统。20把刀的

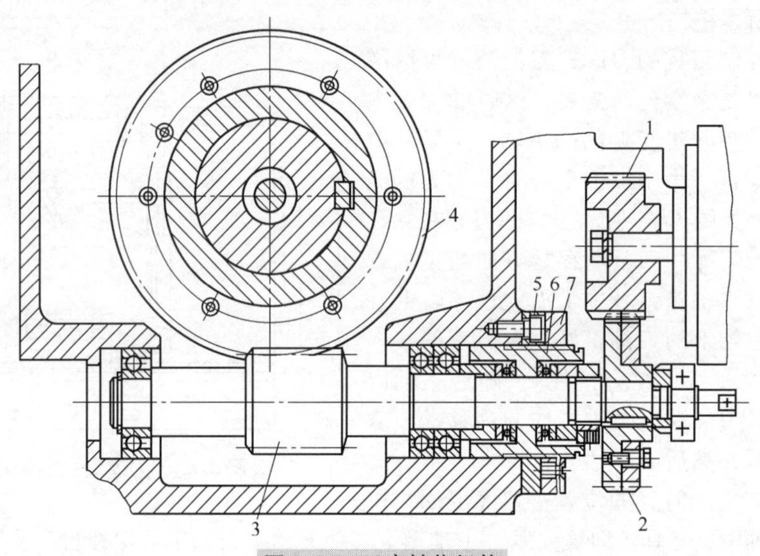

图3-84　刀库转位机构

1—主动齿轮　2—消隙齿轮　3—蜗杆　4—蜗轮　5—压盖　6—轴承套　7—螺母

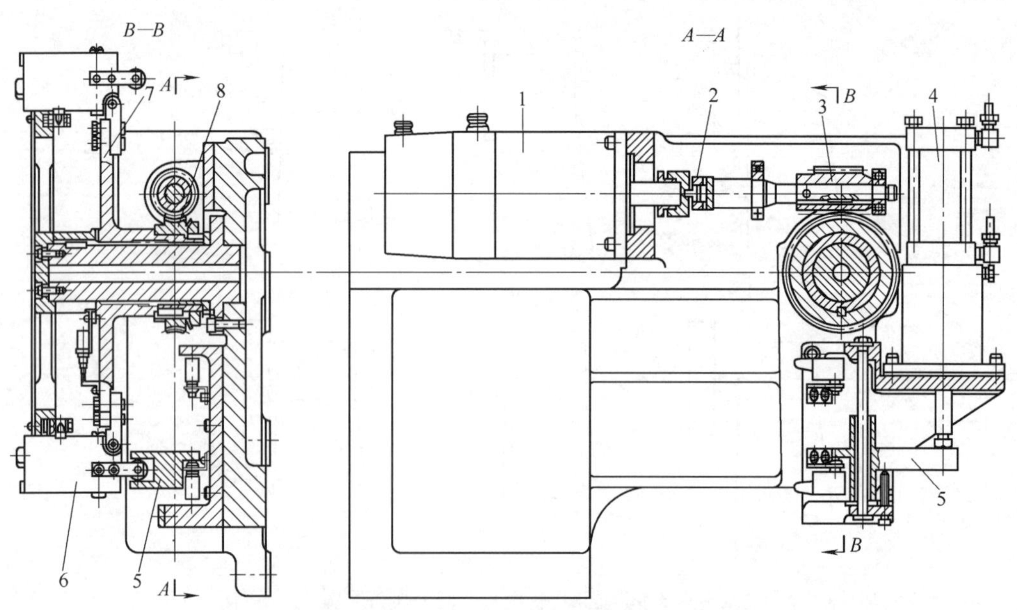

图3-85　刀库中刀具存储方向与主轴方向在空间相差90°的自动换刀系统

1—驱动电动机　2—浮动联轴器　3—蜗杆　4—气缸　5—拔叉
6—刀座　7—刀库体　8—蜗轮

圆盘刀库由伺服电动机经十字滑块联轴器、蜗杆、蜗轮带动旋转。机床加工时，刀库先按程序中的“T”指令将准备换的刀具转到刀库最下端的位置；加工完毕，气缸4的活塞杆带动拨叉5上升，拨动刀座6的右部滚子，使刀座、刀具旋转90°，刀头向下。

图3-86所示为换刀机械手的驱动机构。换刀时主轴箱上升至换刀位置，机械手由液压缸活塞齿条2、齿轮3、传动盘4、杆5带动回转75°，两机械手分别抓住主轴和刀座中的刀具拔出，然后气缸活塞齿条7、齿轮6、传动盘4、杆5带动机械手手臂回转180°。气缸1使机械手手臂上升，将新刀具插入主轴，旧刀具插入刀座中。主轴内的夹紧机构能自动夹紧刀具，在液压缸活塞齿条2的作用下，机械手手臂反方向回转75°回原位。在图3-85中气缸4的作用下，刀座向上转90°，与刀库同向。整个换刀过程为6～10s。

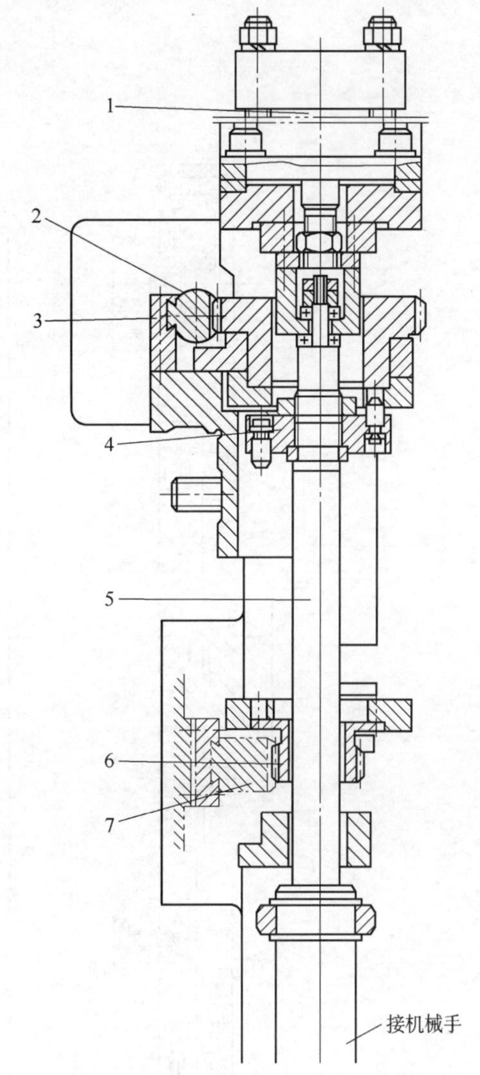

图3-86　换刀机械手的驱动机构

1—气缸　2、7—活塞齿条　3、6—齿轮　4—传动盘　5—杆

图3-87所示为机械手手臂和手爪。机械手手臂的两端各有一个手爪，刀具被弹簧的活动销4顶靠在手爪5中。锁紧销2被弹簧3弹起，使活动销4被锁住，不能后退，这就保证了在机械手运动过程中，手爪中的刀具不会被甩出。当机械手手臂处于上换刀位置的75°时，锁紧销2被挡块压下，活动销4就可以活动，使得机械手可以抓住（或放开）主轴或刀座中的刀具。

图3-88所示为JCS—013卧式加工中心的自动换刀装置，它的刀库中的刀具与主轴同方向，刀库中有60把刀，其自动换刀过程如图3-88b所示。

从以上几种自动换刀装置可以看出，刀库的驱动方式一般采用液压和电气两种方式。小型刀库可直接由蜗杆传动，大型刀库还需采用链条传动。

采用蜗杆传动时，可以使伺服电动机工作在最佳状态下（不采用伺服电动机的低速段工作）。有时由于结构上的原因，还在蜗杆后再加一对齿轮。在圆盘式刀库上，为了提高刀库的转位分度精度，一般采用单头双导程蜗杆，以便在使用中随时调整蜗杆蜗轮的传动间隙，实现准确的转位分度，保证刀库工作的可靠性。

刀库的刀座运动线速度影响选刀效率，但是过快的线速度又影响刀库工作的可靠性，一般推荐采用 $v = 22 \sim 30\text{m/min}$。

（三）链式刀库的构成

1. 链式刀库的类型

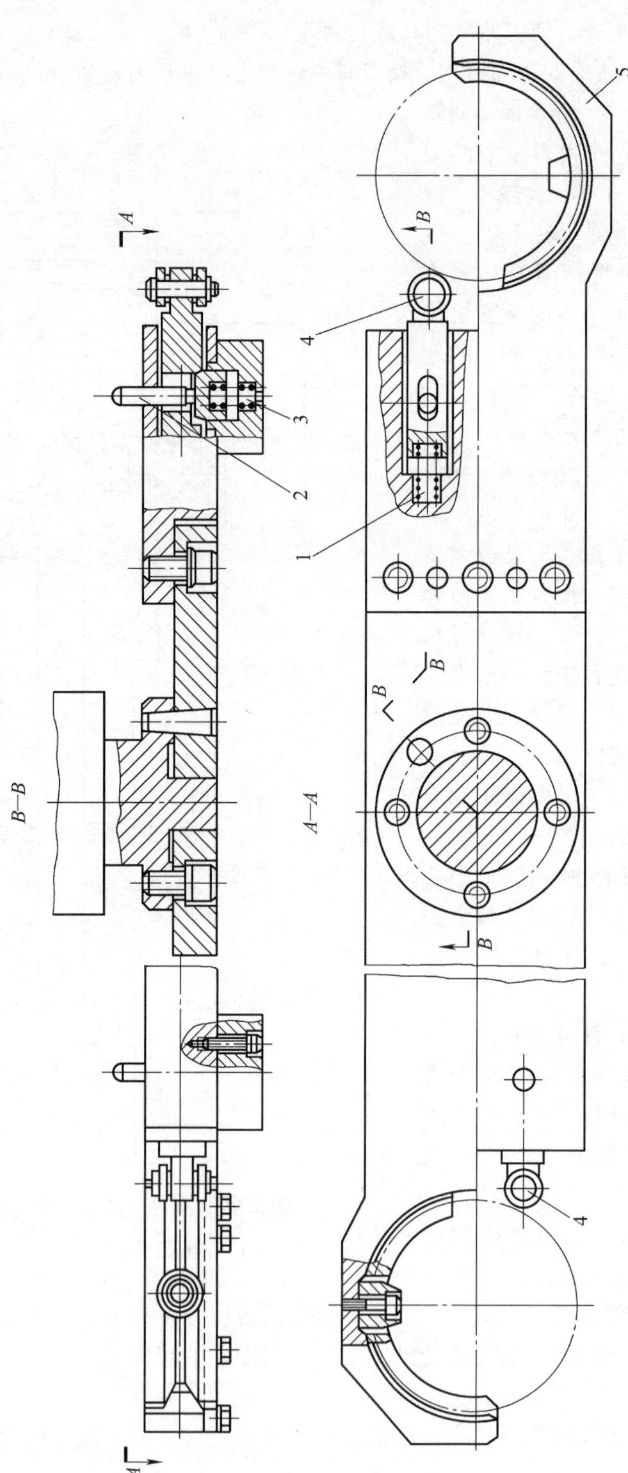

图 3-87　机械手手臂和手爪

1、3—弹簧　2—锁紧销　4—活动销　5—手爪

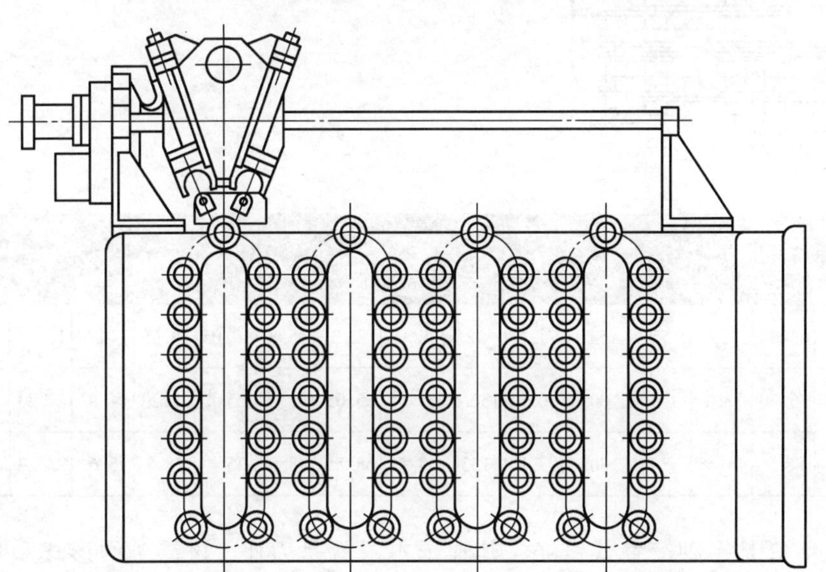

a)

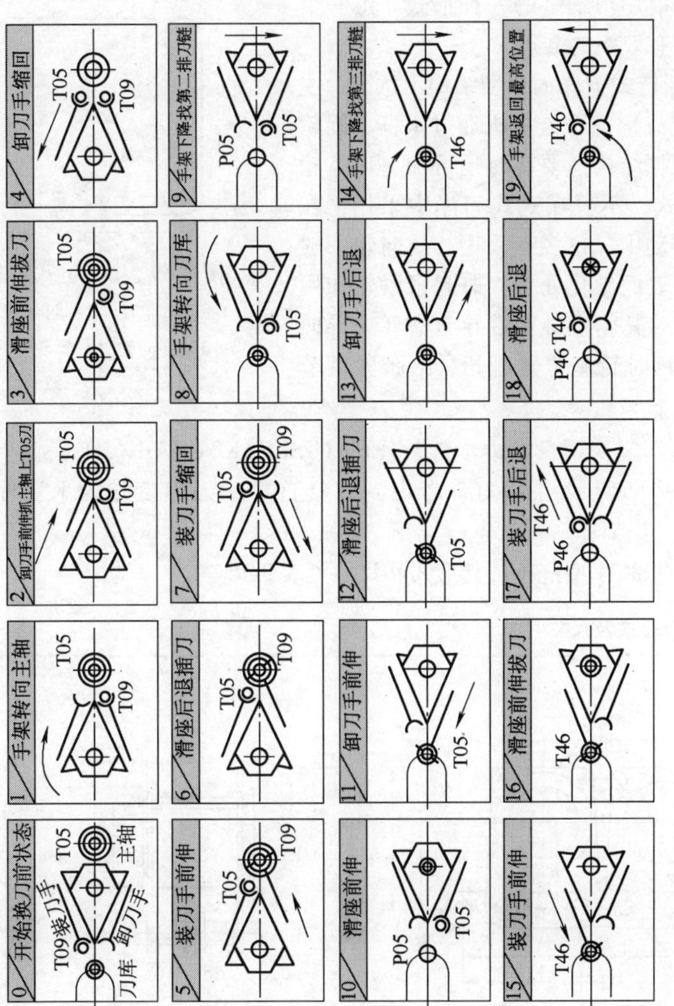

b)

图 3-88 JCS—013 卧式加工中心的自动换刀装置

a）双臂单手机械手 b）自动换刀过程

链式刀库是目前用得最多的一种形式。由一个主动链轮，带动装有刀座的链条。

图3-89为方形链式刀库的典型结构示意图。主动链轮由直流（交流）伺服电动机通过蜗杆、蜗轮减速装置驱动（根据结构需要有时还可加一对齿轮副）。这种传动方式，不仅在链式刀库中采用，在其他形式的刀库传动中，也多有采用。导向轮一般都做成光轮，圆周表面硬化处理。兼起张紧轮作用的左侧两个导向轮，其轮座必须带导向槽（或导向键），以免松开螺钉时轮座位置歪扭，给张紧调节带来麻烦。

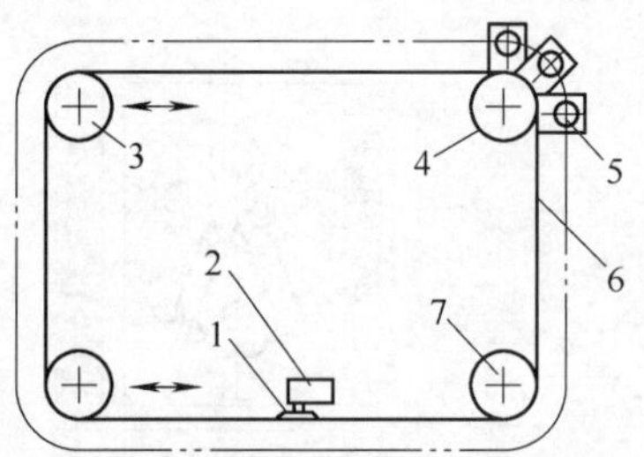

图3-89 方形链式刀库结构示意图

1—回零撞块 2—回零开关（左右可移） 3—导向轮（张紧轮） 4—主动链轮 5—刀座 6—链条 7—导向轮

目前我国一些厂家采用日本椿本链条公司（TSUBAKI CHAIN CO.）生产的装有刀座的刀库专用链条来装备刀库，效果很好。考虑到刀具自重和刀库工作的平稳性，推荐采用以下几种：

1）带导向轮的SK04型链条。其形式和尺寸见表3-9。

表3-9 SK04型链条形式及尺寸 （单位：mm）

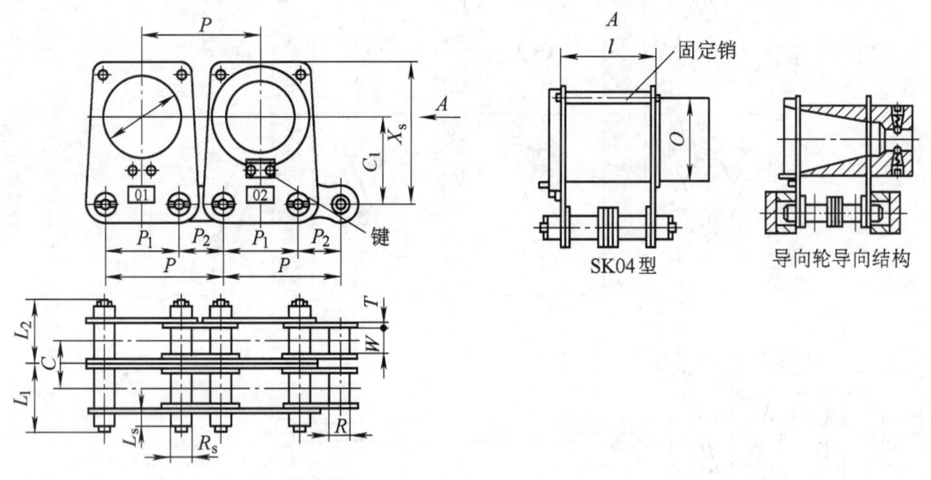

链条型号	刀具锥柄号	P	P_1	P_2	O	C_1	l	X_s	L_1	L_2	C	W	R	T	R_s	L_s
SK04	40	95.25	63.50	31.75	55	53	71.6	92	52.3	52.3	35.8	19.05	19.05	4	19.05	9.4
	50（45）	114.30	76.20	38.1	78	80	90.8	132.5	65.05	65.05	45.4	25.4	22.23	4.8	22.23	12.6
		133.35	88.9	44.45	78	80	97.8	133	68.55	68.55	48.9	25.4	25.4	5.6	22.23	12.6

2）HP型链条。它是一种套筒式链条，其辊子本身就是刀座，该链条的形式和尺寸见表3-10。

表 3-10　HP 型套筒式链条形式及尺寸　　（单位：mm）

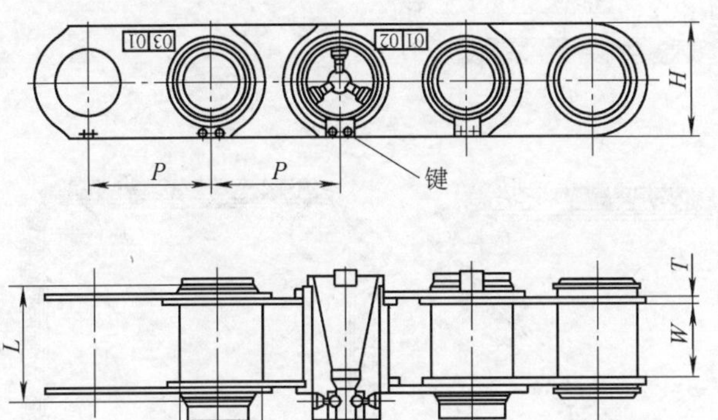

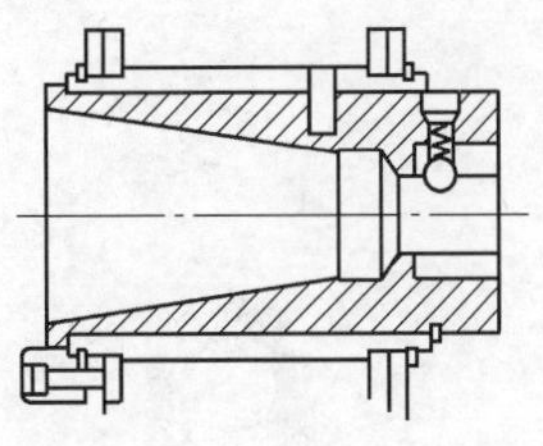

链条型号	刀具锥柄号	*P*	*O*	*L*	*H*	*W*	*R*	*T*
HP	30（35）	75	44	50	72	28	52	3. 2
	40	90	55	86. 5	88	60	68	4. 0
	45	110	65	90	105	58	78	4. 8
	50（45）	130	78	122. 5	120	83	92	6. 3
		140	78	122. 5	120	83	92	6. 3
		160	78	122. 5	120	83	92	6. 3

对于上述链条，采用时应确定刀柄号、拉钉种类、刀座间距、定位安装位置和刀座号标牌位置。

链式刀库的结构形式很多，图 3-90 所示为采用 SK 型悬挂式链条的链式刀库的各种布局形式。这种刀库只能是刀座“外转型”，故当刀库为方形时，就不能充分利用中间空间。

图 3-91 所示为采用 HP 型套筒式链条的链式刀库的各种布局形式。这种刀库形式在刀座“内转”时，不发生刀座之间的干涉，故刀库空间利用率比悬挂式高。

2. 刀库的准停

如果刀座不能准确地停在换刀位置上，将会使换刀机械手抓刀不准，以致在换刀时容易发生掉刀现象。因此，刀座的准停问题，将是影响换刀动作可靠性的重要因素之一。

为了确保刀座准确地停在换刀位置上，需要采取如下措施：

1）定位盘准停由液压缸推动的定位销，插入定位盘的定位槽内，以实现刀座的准停。为了保证刀座的准停精度和刀座定位的刚性，链式刀库的换刀位置一般设在主动链轮上（图 3-92a），或者尽可能设置在靠近主动链轮的刀座处（图 3-92b）。定位盘上的每个定位槽（或定位孔），都对应于一个相应的刀座，而且定位槽（或定位孔）的节距要一致。

这种准停方式的优点是：能有效地消除传动链反向间隙的影响；保护传动链，使其免受换刀撞击力；驱动电动机可不用制动自锁装置。

2）链式刀库要选用节距精度较高的套筒滚子链和链轮，而且在把刀座装在链条上时，要用专用夹具来定位，以保证刀座间距一致。

链式刀库的链条要有导向轮，沿导向槽移动，如图 3-90 所示，这样就能防止链条在运动中的抖动现象，保证刀库工作的可靠性和回零开关工作的可靠性以及高重复精度。

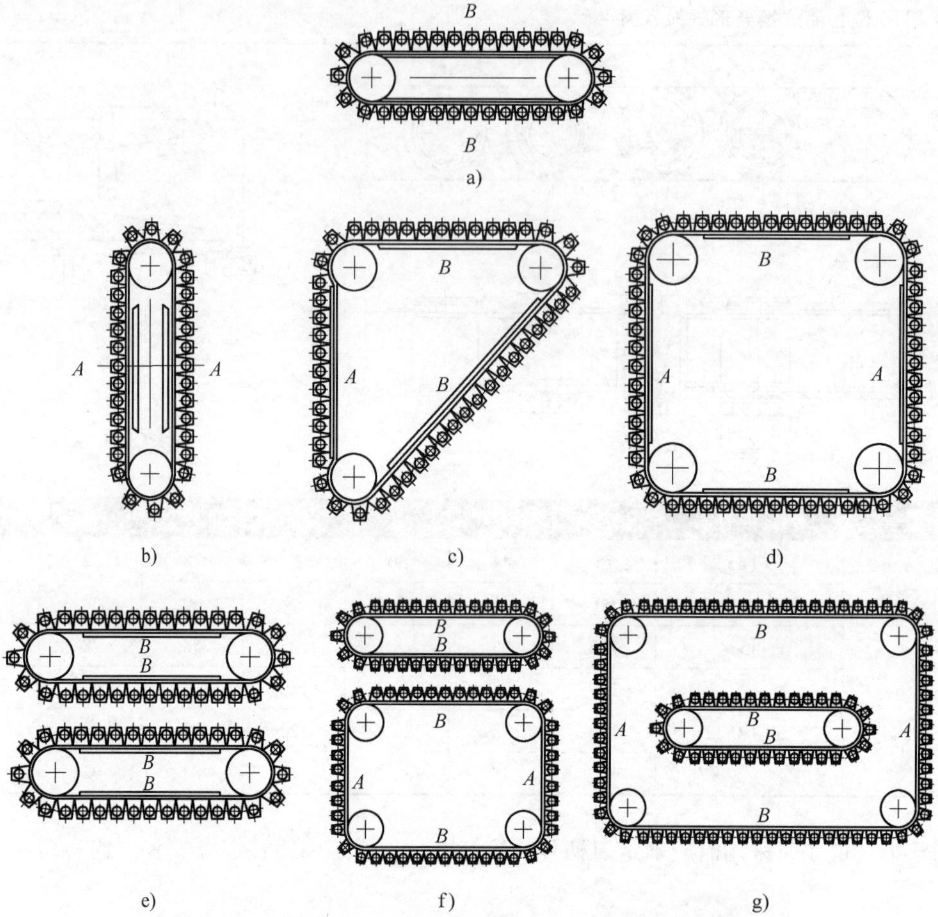

B
B
a)
A A
b)
B
A
B
c)
B
A A
B
d)
B
B
B
B
e)
B
B
B
A A
B
f)
B
B
B
A A
B
g)

图 3-90 采用 SK 型悬挂式链条的链式刀库的各种布局形式

a) b) c)

d) e)

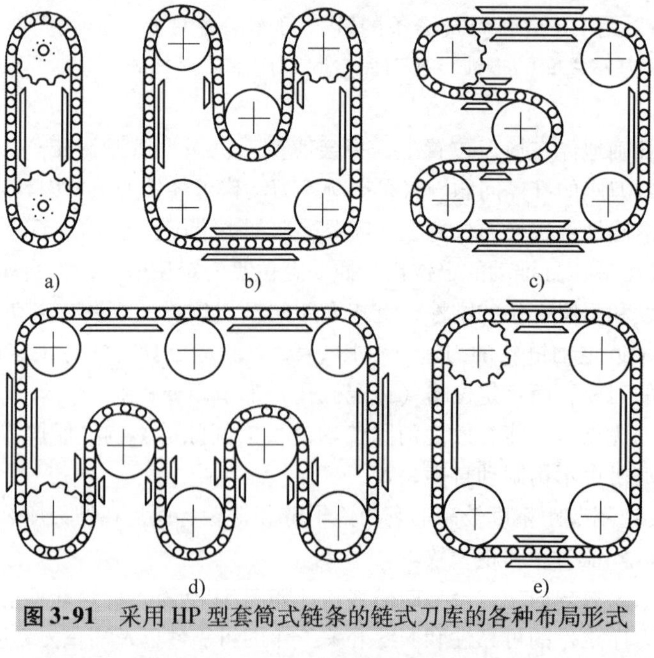

图 3-91 采用 HP 型套筒式链条的链式刀库的各种布局形式

3）圆盘式刀库宜采用单头双导程蜗杆传动。此外，还应尽可能提高刀座在圆盘上沿圆周安装的等分精度和径向位置精度。刀座需要翻转的刀库，还要保证每个刀座翻转的角度一致。

4）尽量减小刀座孔径和轴向尺寸的分散度，以保证刀柄槽在换刀位置上的轴向位置精度。

5）要消除反向间隙的影响。刀库驱动传动链，必然会有传动间隙，且这种间隙还随机械磨损而增大，这将影响刀座准停精度。而对有定位盘的刀库来说，过大的间隙会影响定位盘的正常工作。因此都必须设法消除反向间隙，其方法有以下几种：

第一种，电气系统自动补偿方式。其原理同伺服进给驱动系统的“反向间隙补偿”一样，这种方式能保证双向任意选刀和双向准停。

第二种，在链轮轴上装编码器，用对链轮传动进行补偿的方法实现准停，如图 3-93 所示。

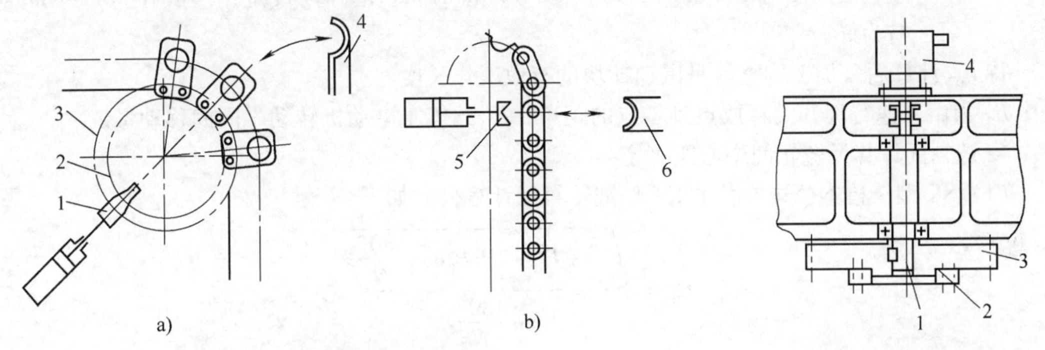

图 3-92 链式刀库的换刀位置

a）设在主动链轮上 b）靠近主动链轮的刀座处

1—定位销 2—定位盘 3—链轮 4、6—手爪 5—定位块

图 3-93 编码器定位机构

1—传动轴 2—传动齿轮

3—链轮 4—编码器

第三种，单头双导程蜗杆传动方式。这种传动方式，通过调节蜗杆的轴向位置，把传动间隙调到理想程度。在这种传动方式中，如果还加用定位销准停方式，就容易出现“过定位”现象。

第四种，刀座单向运行、单向定位方式。这是消除反向间隙影响的一个“笨方法”。这时，刀库单向运行方向，必须与机械手抓刀方向相反，否则机械手抓刀时，会使刀座“挪位”。这种运行方式虽然能够消除传动间隙的影响，但却增加了选刀时间。因此这种方式一般只用于小容量刀库或顺序选刀的刀库上，且尽量少用。

第五种，刀座双向运行、单向定位方式。这种方式可进行任意方向选刀，但当刀座选刀方向与设定的定位方向相反时，要让刀座在选刀方向上多转过一个刀座位，然后再向设定定位方向运转一个刀座位进行定位，以此来消除反向间隙的影响。这种方式中的刀座定位运行方向，必须与机械手抓刀时的运动方向相反，以避免机械手抓刀时刀座“挪位”。

3. 刀库的回零

为了保证刀库的第 1 号刀座准确地停在初始位置上，由伺服电动机驱动的刀库必须设置回零撞块。

回零撞块可以装在链条上的任意位置上，而回零开关则安装在便于调整的地方。调整回零开关位置，使刀座准确地停在换刀机械手位置上。这时，处于机械手抓刀位置的刀座，编号为 1 号，然后依次编上其他刀座号。

刀库回零时，只能从一个方向回零，至于是顺时针回转回零还是逆时针回转回零，可由机电设计人员商定。

为了准确地回到零点，在零点前设置减速行程开关，其回零减速撞块长度尺寸按图3-94计算。

$$L_{DW} > \frac{v_R\left(\frac{T_R}{2} + 30 + T_S\right) + 40v_L T_S}{60000} \tag{3-6}$$

式中　v_R——快速移动速度（mm/min）；

T_R——快速移动时间常数（ms），通常取150～200ms；

T_S——伺服时间常数（ms），$T_S = 33$ms；

v_L——减速后速度（mm/min），可在6～1500mm/min范围内设定，一般在30mm/min左右为好。

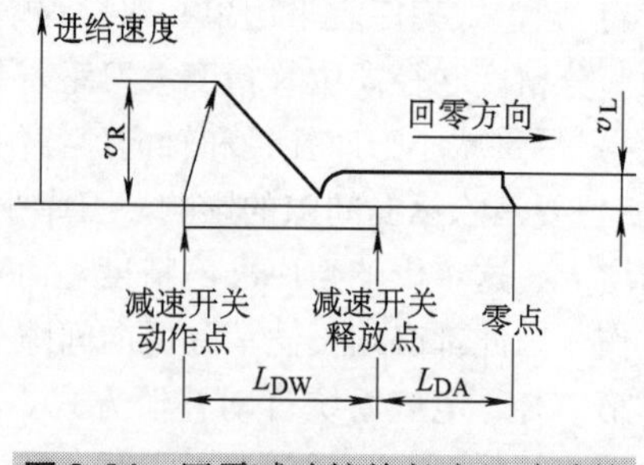

图3-94　回零减速撞块长度尺寸计算

待L_{DW}计算后，加1取整就是减速撞块的有效工作长度。

L_{DA}为由减速行程开关释放点到零点的距离，L_{DA}约等于电动机转动半圈的移动量。

4. 链轮的计算及链轮间中心距确定

（1）SK型　椿本公司推荐的SK型链轮直径计算公式如下

$$D_P = \frac{\sqrt{P_1^2 + P_2^2 + 2P_1P_2\cos\frac{180°}{N}}}{\sin\frac{180°}{N}} \tag{3-7}$$

式中　D_P——链轮的节圆直径；

P_1——长节距，见表3-9；

P_2——短节距，见表3-9；

N——当量齿数（实际齿数/3）。

$$D_0 = D_P + (0.8 \sim 1.0)D_r$$

式中　D_0——链轮外径；

D_r——辊子外径。

（2）HP—T型　其链轮节圆直径D_P和外经D_0计算公式如下

$$D_P = \frac{P}{\sin\frac{180°}{N}}$$

$$D_0 = P\left[(0.2 \sim 0.6) + \cos\frac{180°}{N}\right]$$

式中　P——链条节距。

链轮齿数一般大于9，为了提高链条的使用寿命和运行效率，齿数以尽可能多为好。链轮之间的中心距以取链条节距整数倍为宜。

（四）刀库驱动电动机的选择

刀库驱动电动机的选择应同时满足刀库运转时的负载转矩T_F和起动时的加速转矩T_J的要求。

1. 刀库负载转矩T_F计算

圆盘式刀库和链式刀库的负载转矩T_F的估算方法如下：

（1）圆盘式刀库负载转矩T_F　这种刀库的负载转矩主要用来克服刀具重力的不平衡。估算按如下两种情况进行：

1）用平均重力的刀具插满圆盘的半个圆，如图 3-95a 所示。根据工艺要求确定所需的各种刀具，并确定刀具的（包括刀柄）平均重力 $F_{W\mathrm{cp}}$，则其重心设定为离刀库回转中心 2/3 半径处。

2）将三把重的刀具插在一起，如图 3-95b，按加工中心规格规定的最大刀具重力 $F_{W\max}$ 计算，而其重心则设定为离刀库回转中心半径处。

（2）链式刀库负载转矩 T_{F} 链式刀库的负载转矩用来克服刀具不平衡重力 $F_{W\max}$ 和导向面（或支承面）的摩擦力 F，如图 3-96 所示。

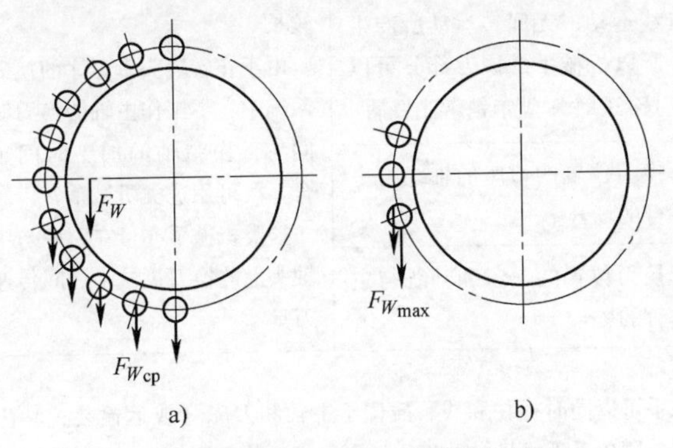

图 3-95 圆盘式刀库刀具的分布

a）刀具插满圆盘半个圆 b）三把重的刀具插在一起

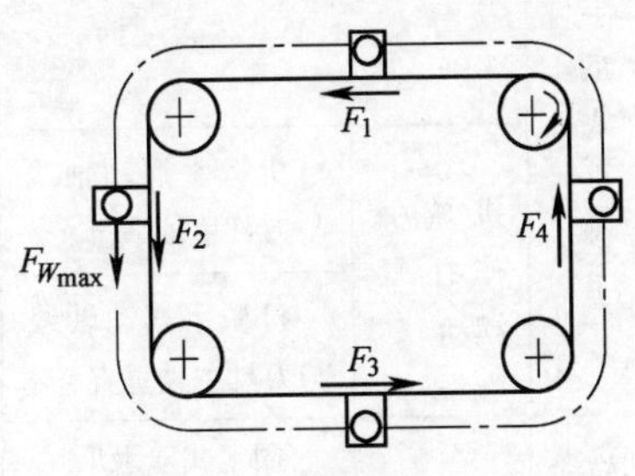

$F_{W\max}$：不平衡重力；F：摩擦力

图 3-96 链式刀库刀具的分布

不平衡重力 $F_{W\max}$，可按在一个垂直方向刀座上装有 1/10 刀库容量数的最大刀具重力来计算。F_1 和 F_3 是支承面的摩擦力；F_2、F_4 则是导向面上因刀具下垂而引起的摩擦力。计算摩擦力时，刀具重力均按刀具平均重力计算。

2. 刀库加速转矩 T_{J} 计算

$$T_{\mathrm{J}} = \frac{2\pi n_{\mathrm{m}}}{60t_{\mathrm{J}}}(J_{\mathrm{m}} + J_{\mathrm{L}})$$

式中 T_{J}——刀库加速转矩（N·m）；

n_{m}——刀库选刀时的电动机转速（r/min）；

t_{J}——加速时间（ms），通常取 150 ~ 200ms；

J_{m}——电动机转子转动惯量（$\mathrm{N \cdot m \cdot s^2}$），可查样本；

J_{L}——负载惯量折算到电动机轴上的转动惯量（$\mathrm{N \cdot m \cdot s^2}$）。

3. 驱动电动机输出转矩 T_{D} 计算

将以上计算的刀库负载转矩和加速转矩转换为驱动电动机轴上的输出转矩 T_{D} 的公式为

$$T_{\mathrm{D}} = \frac{T_{\mathrm{F}} + T_{\mathrm{J}}}{i\eta}$$

式中 i——电动机轴至刀库轴的速比；

η——传动效率。

考虑到实际情况比计算时所设定条件复杂，电动机额定转矩 T_{S} 应为负载转矩 T_{D} 的 1.2 ~ 1.5 倍，即

$$T_{\mathrm{S}} = (1.2 \sim 1.5)T_{\mathrm{D}}$$

（五）换刀机械手

换刀机械手是自动换刀装置中交换刀具的主要工具，它把刀库上的刀具送到主轴上，再把主轴上已用过的刀具返送回刀库。绝大部分加工中心都采用机械手换刀，而机械手种类繁多，

风格各异，它们的类型、特点和适用范围见表3-11。

表3-11　换刀机械手的类型、特点和适用范围

<table>
<tr><th colspan="3">类　型</th><th colspan="2">特点与适用范围</th></tr>
<tr><td rowspan="3">单臂单手爪式机械手</td><td colspan="2">机械手只作往复直线运动</td><td>用于刀具主轴与刀库刀座的轴线平行的场合
机械手的插、拔刀运动和传递刀具的运动都是直线运动，无回转运动所产生的离心力，所以机械手的握刀部分可以比较简单，只需两个弹簧卡销卡住刀柄</td><td rowspan="3">结构较简单
换刀各动作均需顺序进行，时间上不能重合，故换刀过程较长
由于在转塔头带刀库的换刀系统中，不工作主轴的换刀时间与工作主轴的加工时间重合，故可用这类机械手
这类机械手亦可在刀库与主轴头上的换刀机械手之间传递刀具</td></tr>
<tr><td rowspan="2">机械手作往复摆动</td><td>机械手摆动轴线与刀具主轴平行</td><td>用于刀库换刀位置的刀座的轴线与主轴轴线相平行的场合</td></tr>
<tr><td>机械手摆动轴线与刀具主轴垂直</td><td>用于刀库换刀位置的刀座和轴线与主轴轴线相垂直的场合</td></tr>
<tr><td rowspan="4">回转式单臂双手爪式机械手</td><td rowspan="3">两手爪部成180°</td><td>固定式双手爪</td><td colspan="2" rowspan="4">这类机械手可以同时抓住和拔、插位于主轴和刀库（或运输装置）里的刀具。与单臂单手爪式机械手相比，可以缩短换刀时间，应用最广泛，形式也较多</td></tr>
<tr><td>可伸缩式双手爪</td></tr>
<tr><td>剪式双手爪</td></tr>
<tr><td colspan="2">两手爪部不成180°（一般成90°）</td></tr>
<tr><td rowspan="5">双手爪式机械手</td><td rowspan="2">机械手只作往复直线运动</td><td>双手爪平行式</td><td rowspan="2">这种机械手还起运输装置的作用，适用于容量较大、距主轴较远的换刀，特别是分置式的刀库的换刀</td><td rowspan="2">向刀库还回用过的刀具和选取新刀，均可在主轴正在加工时进行，故换刀过程较短</td></tr>
<tr><td>双手爪交叉式</td></tr>
<tr><td colspan="2" rowspan="3">机械手有回转运动</td><td>在主轴处换刀时转角为180°，可用于刀库距主轴较远者</td><td rowspan="3">—</td></tr>
<tr><td>在主轴处换刀时转角为90°，适用于刀库距主轴较近者</td></tr>
<tr><td>在主轴处换刀时转角<90°，适用于刀库距主轴较近者</td></tr>
<tr><td rowspan="2">多手爪式机械手</td><td colspan="2" rowspan="2">各个机械手爪顺次使用</td><td>只能用于单主轴机床（机械手与刀库为一体）</td><td rowspan="2">—</td></tr>
<tr><td>适用于带双刀库的双主轴转塔头机床</td></tr>
</table>

单臂单手爪式机械手（图3-97a）结构简单，换刀时间较长。适用于刀具主轴与刀库刀座轴线平行，刀库刀座轴线与主轴轴线平行以及刀库刀座轴线与主轴轴线垂直的场合。单臂双手爪式机械手（图3-97b、c）可同时抓住主轴和刀库中的刀具，并进行拔出、插入，换刀时间短，广泛应用于加工中心上的刀库刀座轴线与主轴轴线相平行的场合。双手爪式机械手（图3-97d）结构较复杂，换刀时间短，这种机械手除完成拔刀、插刀外，还起运输刀具的作用。

下面介绍几种有代表性的换刀机械手。

1. 单臂双手爪型机械手

又称扁担式机械手，它是目前加工中心上用得较多的一种。它的换刀动作顺序如图3-98所示，其手臂手爪结构如图3-97b、c所示。这种机械手的拔刀、插刀动作都由液压缸动作来完成，根据结构要求，可以采取液压缸动、活塞固定；或活塞动、液压缸固定的结构形式。而手

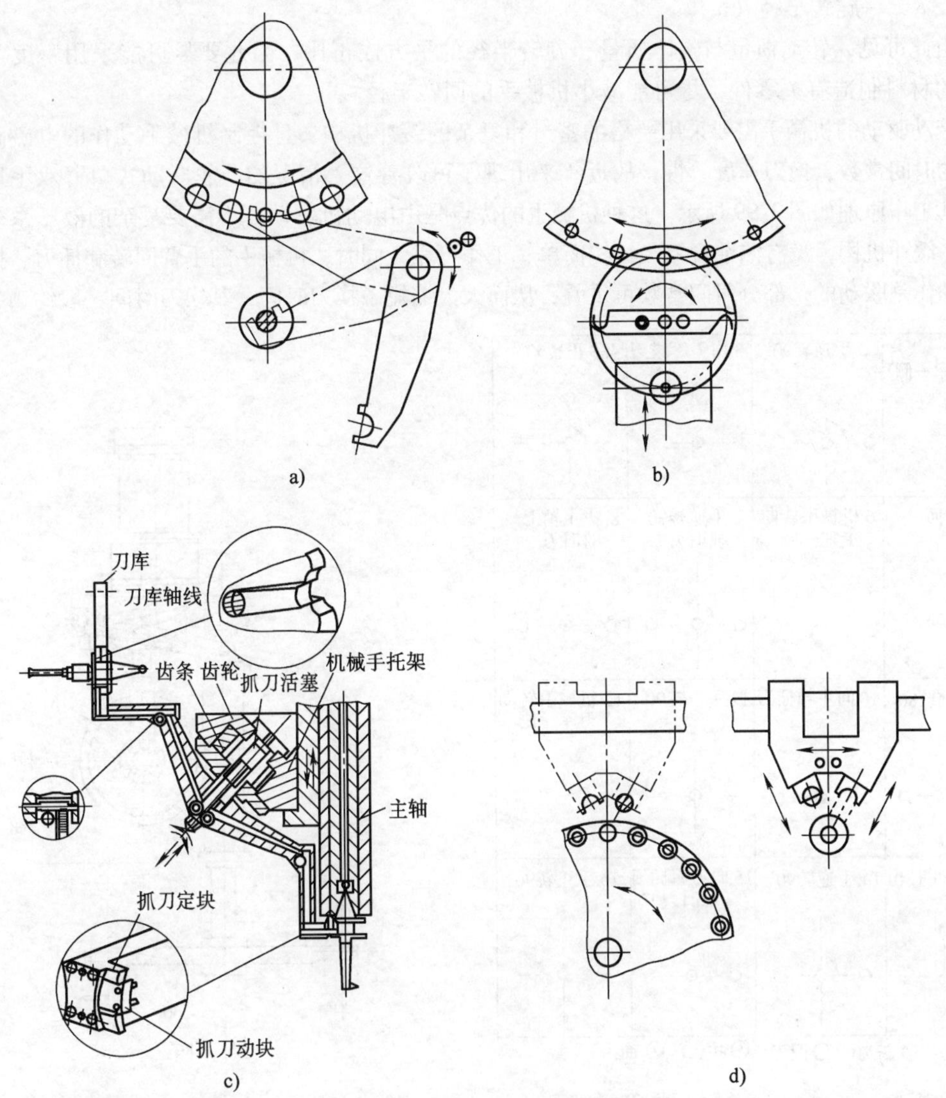

图 3-97　换刀机械手

a）单臂单手爪式　b）、c）单臂双手爪式　d）双手爪式

臂的回转动作，则通过活塞的运动带动齿条齿轮传动来实现。机械手手臂的不同回转角度，由活塞的可调行程挡块来保证。这种液压缸活塞的密封松紧要适当，太紧了会影响机械手的正常动作，要保证既不漏油又使机械手能灵活动作。这种液压缸活塞驱动的机械手，每个动作结束之前均需设置缓冲机构，以保证机械手的工作平稳、可靠。缓冲结构可以是小孔节流、针阀或楔形斜槽，也可是外接节流阀或缓冲阀等。

为了使机械手工作平稳可靠，除了需设置缓冲机构外，还要考虑尽可能减小机构的转动惯量。圆柱体围绕旋转中心运动的转动惯量 J（$\mathrm{N \cdot m \cdot s^2}$）按下式确定

$$J = J_0 + mR^2$$

式中　J_0——圆柱体绕其自身中心的转动惯量（$\mathrm{N \cdot m \cdot s^2}$）；

m——圆柱体的质量（kg）；

R——旋转半径（m）。

由此可见，转动惯量与物体质量、旋转半径的平方成正比，因此要尽可能采用密度小、质量轻的材料制造有关零件，尽可能减小机械手的回转半径。

液动驱动的机械手需要采用严格的密封和复杂的缓冲机构，且控制机械手动作的电磁阀都有一定的时间常数，换刀速度较慢，故近年来出现了可改善这一情况的凸轮联动式单臂双手爪机械手，其工作原理如图3-99所示。这种机械手的优点是由电动机驱动，不需要复杂的液压系统及其密封、缓冲机构，没有漏油现象，结构简单、工作可靠。同时，机械手的手臂回转和插刀、拔刀的分解动作是联动的，部分时间常数可重叠，从而大大缩短了换刀时间，其换刀时间一般约为2.5s。

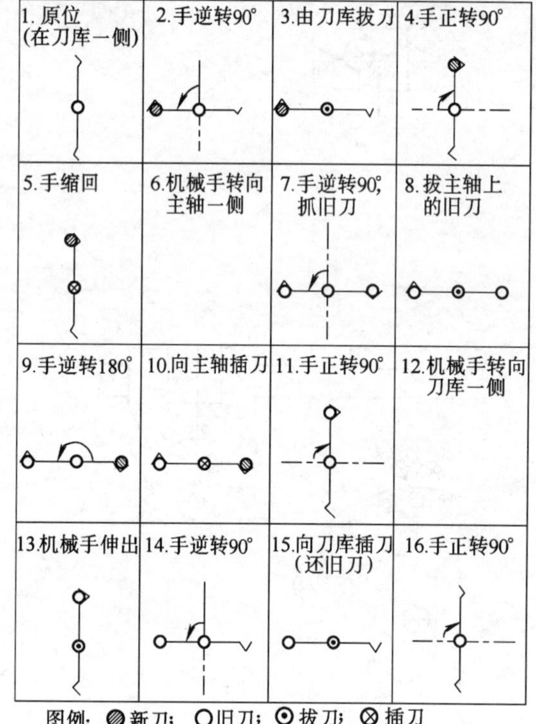

图3-98　单臂双手爪型机械手换刀顺序

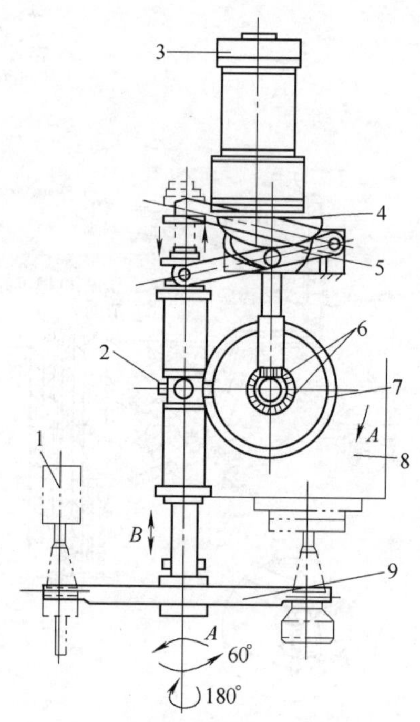

图3-99　凸轮联动式单臂双手爪机械手

1—刀座　2—十字轴　3—电动机　4—圆柱槽凸轮（手臂上下）
5—杠杆　6—锥齿轮　7—凸轮滚子（手臂旋转）
8—主轴箱　9—换刀手臂
A、B—运动方向

2. 双臂单手爪交叉型机械手

这类机械手应用于JCS—013型卧式加工中心上，如图3-88所示。

3. 单臂双手爪且手臂回转轴与主轴成45°的机械手

这类机械手如图3-97c所示，这种机械手换刀动作可靠，换刀时间短。但对刀柄精度要求高，结构复杂，联机调整的相关精度要求较高，机械手离加工区较近。

4. 手爪

机械手的手爪在抓住刀具后，还必须具有锁刀功能，以防止在换刀过程中掉刀或刀具被甩出。当机械手松刀时，刀库的夹爪既起着刀座的作用，又起着手爪的作用。图3-100所示为无机械手换刀方式的刀库夹爪，图中弹簧 3 为拉簧。对于单臂双手爪式机械手的手爪，大多采用机械锁刀方式，有些大型加工中心，还采用机械加液压锁刀方式。

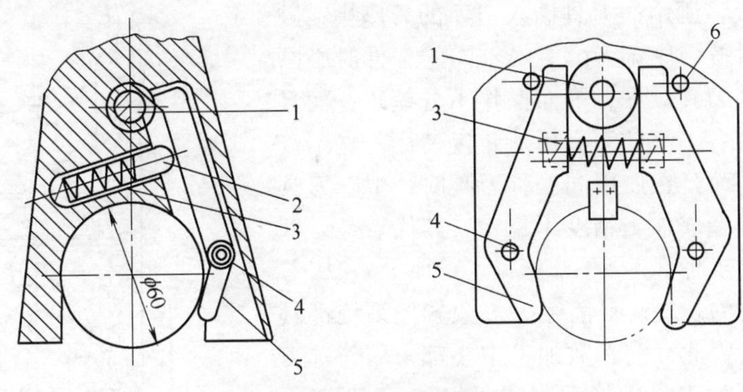

图 3-100 刀库夹爪

1—锁销 2—顶销 3—弹簧 4—支点轴 5—手爪 6—挡销

图 3-101 所示为目前加工中心上用得较多的一种手爪的结构。手臂的两端各有一个手爪，刀具被由弹簧 2 推着活动销 4（类似于人手的拇指）顶靠在手爪 5 中。锁销 3 被弹簧 1 顶起，使活动销 4 被锁住，不能后退，这就保证了机械手在换刀过程中手爪中的刀具不会被甩出。当手柄处于抓刀位置时，锁销 2 被设置在主轴伸出端或刀库上的撞块压下，活动销 4 就可以活动，使得机械手可以抓住（或放开）主轴或刀库刀座中的刀具。

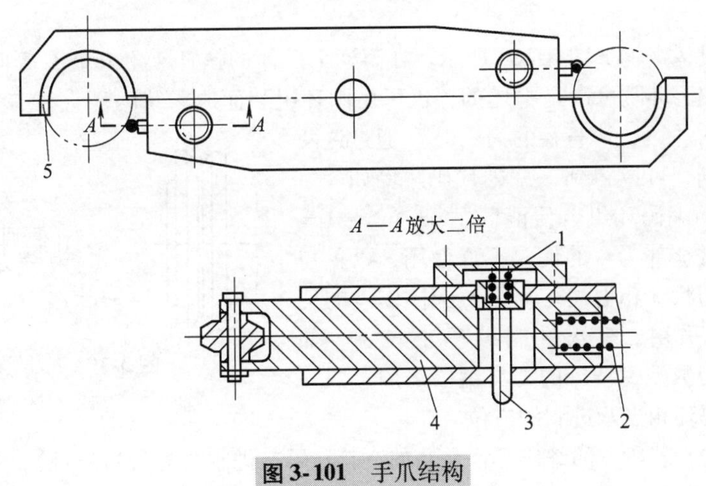

图 3-101 手爪结构

1、2—弹簧 3—锁销 4—活动销 5—手爪

此外，钳形杠杆机械手也用得较普遍，图 3-102 所示即为钳形杠杆机械手，锁销 2 在弹簧（图中未画出此弹簧，它类似于图 3-101 中的 2）作用下，其大直径外圈顶着止退销 3，杠杆手爪 6 就不能摆动张开，手爪中的刀具就不会被甩出。当抓刀或还刀时，锁销 2 被装在刀库或主轴端处的撞块压回，止退销 3 和杠杆手爪 6 就能够摆动、张开，刀具就能装入或取出。钳形手爪和杠杆手爪均为直线运动抓刀。

五、刀具编码和识别装置

刀具（或刀座）识别装置是自动换刀装置中的重要组成部分。有了它就可以将所需刀具从刀库中准确地调出来，所以说刀具识别装置决定了选刀方式。常用的有顺序选刀和任意选刀两种。顺序选刀是按照工艺要求依次将所用的刀具插入刀库的刀座中，顺序不能错，加工时按顺序调刀。更换不同的工件时必须重新排列刀库中的刀具顺序，因而操作十分繁琐，而且在加工同一工件中各工序的刀具不能重复使用。这不仅使刀具数量增多，而且在使用同一种刀具时，由于刀具的尺寸误差也容易造成加工精度不稳定。其优点是刀库的驱动及控制都比较简单。

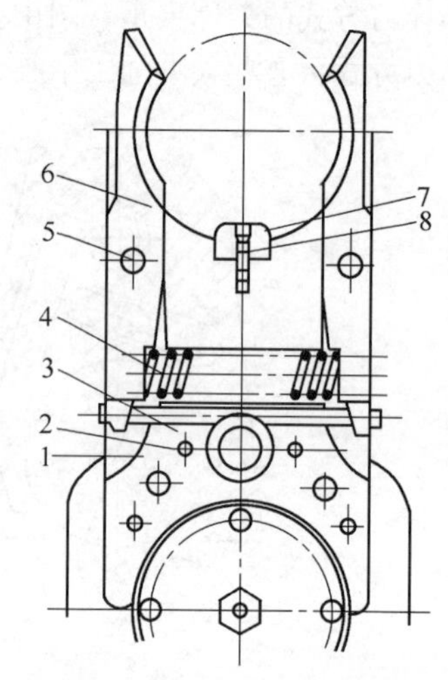

图 3-102　钳形杠杆机械手

1—手臂　2—锁销　3—止退销　4—弹簧　5—支点轴　6—杠杆手爪　7—键　8—螺钉

由于数控系统的发展，目前绝大多数数控系统都具有刀具任选功能，因此目前多数加工中心都采用任选刀具的换刀方法。任选刀具的换刀方式可以有刀座编码、刀具编码和记忆等方式。

（一）编码方式

1. 刀具编码方式

这种方式是对每把刀具进行编码，由于每把刀具都有自己的代码，因此，可以存放于刀库的任一刀座中。这样刀库中的刀具在不同的工序中也就可重复使用，用过的刀具也不一定放回原刀座中，避免了因刀具存放在刀库中的顺序差错而造成的事故，同时也缩短了刀库的运转时间，简化了自动换刀控制线路。

刀具编码的具体结构如图 3-103 所示。在刀柄 1 后面的拉杆 4 上套装有等间隔的编码环 2，由螺母 3 固定。编码环既可以是整体的，也可由圆环组装而成。编码环直径有大、小两种，大直径的为二进制的“1”，小直径的为“0”。通过这两种圆环的不同排列，可以得到一系列代码。例如，由六个大、小直径的编码环组合便能区别 63（$2^6-1=63$）种刀具。通常全部为 0 的代码不许使用，以免与刀座中没有刀具的状况相混淆。为了便于操作者的记忆和识别，也可采用二—八进制编码来表示。如 THK6370 自动换刀数控镗铣床的刀具编码采用了二—八进制，六个编码环相当八进制的二位。

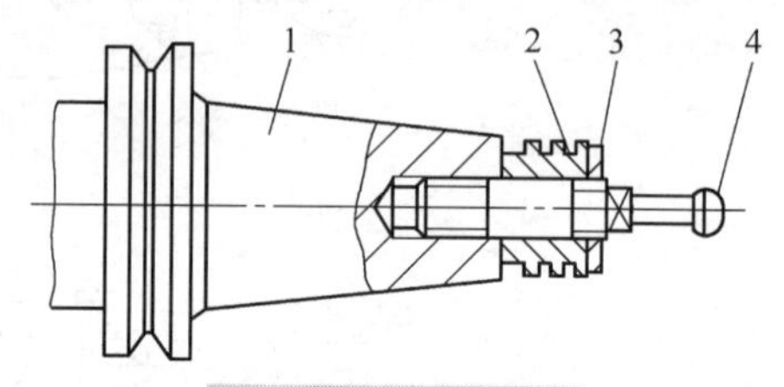

图 3-103　刀具编码

1—刀柄　2—编码环　3—螺母　4—拉杆

这种编码环中，若所有的编码环都是凸的，其号码二进制时为（111111），相当于二—八进制的（77），也就是十进制的（63）。

2. 刀座编码方式

这种编码方式对每个刀座都进行编码，刀具也编号，并将刀具放到与其号码相符的刀座中。换刀时刀库旋转，使各个刀座依次经过识刀器，直至找到规定的刀座，刀库便停止旋转。由于这种编码方式取消了刀柄中的编码环，使刀柄结构大为简化，因此识刀器的结构不受刀柄尺寸的限制，而且可以放在较适当的位置。另外，在自动换刀过程中必须将用过的刀具放回原来的刀座中，增加了换刀动作。与顺序选择刀具的方式相比，刀座编码的突出优点是刀具在加工过程中可以重复使用。

图 3-104 所示为圆盘形刀库的刀座编码装置。在圆盘的圆周上均布若干个刀座，其外侧边缘上装有相应的刀座编码块 1，在刀库的下方装有固定不动的刀座识别装置 2。刀座编码的识别

原理与上述刀具编码的识别原理完全相同。

3. 编码附件方式

编码附件方式可分为编码钥匙、编码卡片、编码杆和编码盘等，其中应用最多的是编码钥匙。这种方式是先给各刀具都缚上一把表示该刀具号的编码钥匙，当把各刀具存放到刀库的刀座中时，将编码钥匙插进刀座旁边的钥匙孔中。这样就把钥匙的号码转记到刀座中，给刀座编上了号码。识别装置可以通过识别钥匙上的号码来选取该钥匙旁边刀座中的刀具。

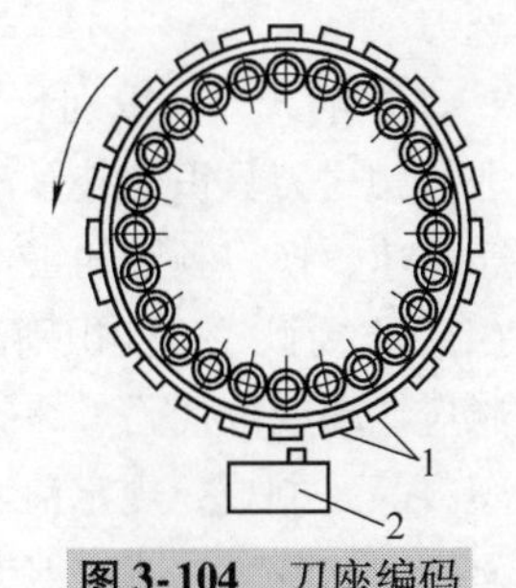

图 3-104　刀座编码

1—刀座编码块　2—刀座识别装置

编码钥匙的形状如图 3-105a 所示。图中除导向凸起外，共有 16 个凸出或凹下的位置，故有 $2^{16}-1=65535$ 种凹凸组合，可区别 65535 把刀具。

图 3-105b 所示为编码钥匙孔断面图，钥匙沿着水平方向的钥匙孔插入钥匙孔座，然后顺时针方向旋转 90°，处于钥匙凸起处 6 的第一弹簧接触片 5 被撑起，表示代码“1”，处于钥匙凹处 2 的第二弹簧接触片 7 保持原状，表示代码“0”。由于钥匙上每个凸凹部分的旁边均有相应的电刷 4 或 1，故可将钥匙各个凸凹部分均识别出来，即识别出相应的刀具。

这种编码方式称为临时性编码，因为从刀座中取出刀具时，刀座中的编码钥匙也取出，刀座中原来的编码随之消失。因此，这种方式具有更大的灵活性。采用这种编码方式用过的刀具必须放回原来的刀座中。

（二）刀具识别装置

刀具识别装置是自动换刀系统中重要组成部分，常用的有下列几种：

1. 接触式刀具识别装置

接触式刀具识别装置应用较广，特别适用于空间位置较小的编码，其识别原理如图 3-106 所示。在刀柄 1 上装有两种直径不同的编码环 4，规定大直径的环表示二进制的“1”，小直径的环为“0”，图中有 5 个编码环 4。在刀库附近固定一刀具识别装置 2，从中伸出几个触针 3，触针数量与刀柄上的编码环个数相等。每个触针与一个继电器相连，当编码环是大直径时与触针接触，继电器通电，其数码为“1”；当编码环是小直径时与触针不接触，继电器不通电，其数码为“0”。当各继电器读出的数码与所需刀具的编码一致时，由控制装置发出信号，使刀库停转，等待换刀。

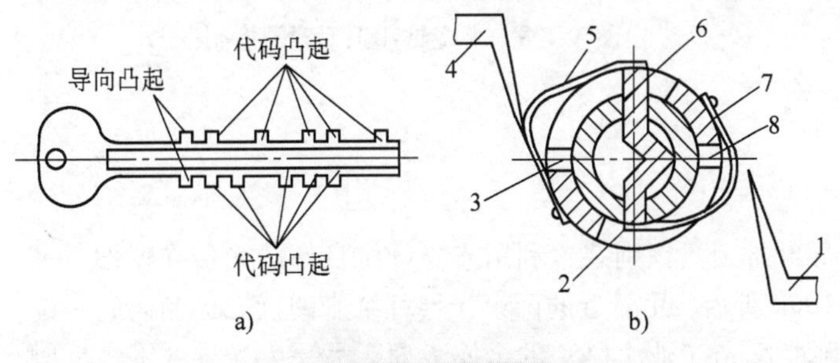

图 3-105　编码钥匙

a）编码钥匙　b）编码钥匙孔断面图

1、4—电刷　2—钥匙凹处　3、8—钥匙孔座

5、7—弹簧接触片　6—钥匙凸起处

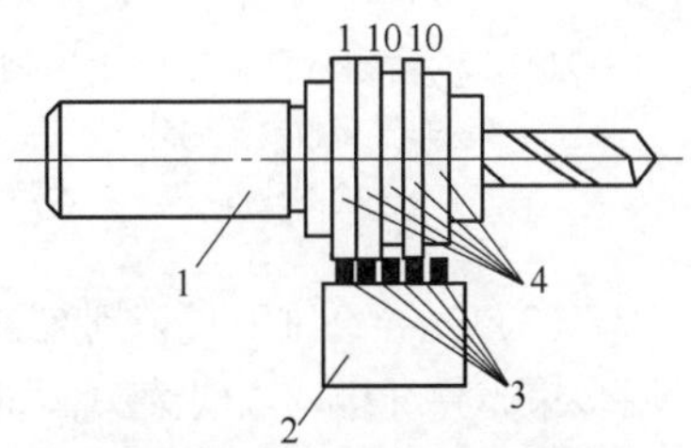

图 3-106　刀具编码的识别

1—刀柄　2—刀具识别装置

3—触针　4—编码环

接触式刀具识别装置的结构简单，但由于触针有磨损，故寿命较短，可靠性较差，且难于

快速选刀。

2. 非接触式刀具识别装置

非接触式刀具识别装置没有机械直接接触，因而无磨损、无噪声、寿命长、反应速度快，适用于高速、换刀频繁的工作场合。常用的有磁性识别法和光电识别法。

(1) 非接触式磁性识别法　磁性识别法是利用磁性材料和非磁性材料的磁感应强弱不同，通过感应线圈读取代码。编码环的直径相等，分别由导磁材料（如软钢）和非导磁材料（如黄铜、塑料等）制成，规定前者编码为"1"，后者编码为"0"。图3-107所示为一种用于刀具编码的磁性识别装置。图中刀柄1上装有非导磁材料编码环4和导磁材料编码环2，与编码环相对应的有一组检测线圈组成非接触式识别装置3。在检测线圈6的一次线圈5中输入交流电压时，如编码环为导磁材料，则磁感应较强，在二次线圈7中产生较大的感应电压。如编码环为非导磁材料，则磁感应较弱，在二次线圈中感应的电压较弱。利用感应电压的强弱，就能识别刀具的号码。当编码环的号码与指令刀号相符时，控制电路便发出信号，使刀库停止运转，等待换刀。

当尺寸受到限制时，不能采用由标准无触点开关组成的识刀器。可采用小型的磁性识刀器，它将六组磁芯叠合在一起，其宽度只有30mm。其选刀控制框图如图3-108所示。当数控装置发出选刀指令T后，选刀控制电路使刀库快速旋转，刀柄上的编码依次经过识刀器。在识刀器上感应出每把刀具的不同信号。经"刀号读出电路"将编码环所表示的号码读出，并经输入控制存入"刀号寄存器"内，然后送入"符合电路"与数控装置的T代码比较。如读出的刀具号码与给定的T代码不一致时，刀库继续旋转，进行识别比较。直至识刀器读出刀具号码与给定的T代码一致时，才发出选刀符合信号，选刀控制电路使刀库减速慢转，由刀库定位销定位，等待换刀。

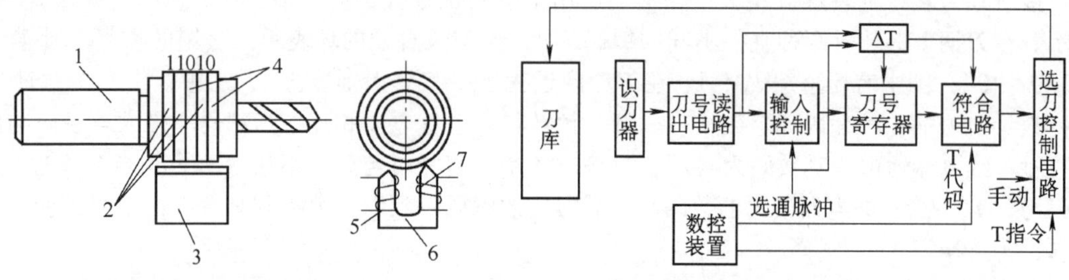

图3-107　磁性识别刀具编码

1—刀柄　2—导磁材料编码环　3—非接触式识别装置　4—非导磁材料编码环　5—一次线圈　6—检测线圈　7—二次线圈

图3-108　小型磁性识刀器的控制框图

(2) 光导纤维刀具识别装置　光导纤维刀具识别装置利用光导纤维良好的光传导特性，采用多束光导纤维构成阅读头，如图3-109a所示。用靠近的两束光导纤维来阅读二进制码的一位时，其中一束将光源投射到能反光或不能反光（被涂黑）的金属表面，另一束光导纤维将反射光送至光电转换元件转换成电信号，以判断正对这两束光导纤维的金属表面有无反射光。有反射时（表面光亮）为"1"，无反射时（表面涂黑）为"0"，如图3-109b所示。在刀具的某个磨光部位按二进制规律涂黑或不涂黑，就可给刀具编上号码。正当中的一小块反光部分用来发出同步信号。阅读头端面正对刀具编码部位，沿箭头方向相对运动时，在同步信号的作用下，可将刀具编码读入，并与给定的刀具号进行比较而选刀。

在光导纤维中传播的光信号比在导体中传播的电信号具有更高的抗干扰能力。光导纤维可任意弯曲，这给机械设计、光源及光电转换元件的安装都带来很大的方便。因此，这种识别方法很有发展前途。

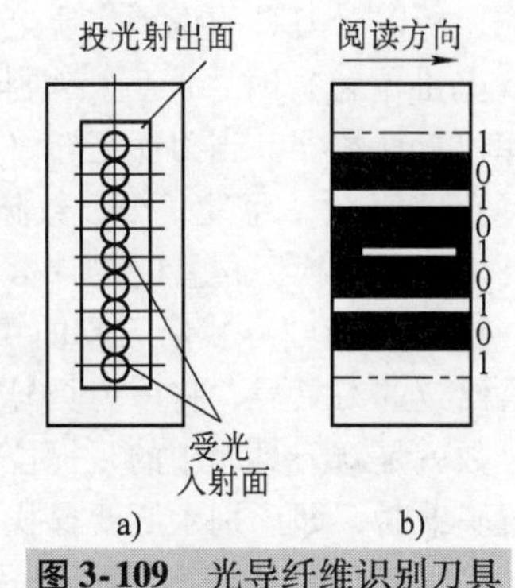

图 3-109 光导纤维识别刀具

a）光导纤维阅读头 b）刀具编码面

近年来，“图像识别”技术也开始用于刀具识别。刀具不必编码，而在刀具识别位置上利用光学系统将刀具的形状投影到由许多光电元件组成的屏板上，从而将刀具的形状变为光电信号，经信息处理后存入记忆装置中。选刀时，数控指令 T 所指的刀具在刀具识别位置出现图形，并与记忆装置中的图形进行比较，选中时发出选刀符合信号，刀具便停在换刀位置上。这种识别方法虽然有很多优点，但系统价格较昂贵。

3. 利用可编程序控制器（PLC）实现随机换刀

由于计算机技术的发展，可以利用软件选刀，它代替了传统的编码环和识刀器。在这种选刀与换刀的方式中，刀库上的刀具能与主轴上的刀具任意地直接交换，即随机换刀。主轴上换来的新刀号及还回刀库上的刀具号，均在 PLC 内部相应地存储记忆单元中。随机换刀控制方式需要在 PLC 内部设置一个模拟刀库的数据表，其长度和表内设置的数据与刀库的位置数和刀具号相对应。这种方法主要由软件完成选刀，从而消除了由于识刀装置的稳定性、可靠性所带来的选刀失误。

（1）自动换刀（ATC）控制和刀号数据表　如图 3-110 所示，刀库有 8 个刀座，可存放 8 把刀具。刀座固定位置编号为方框内 1 ~ 8 号，方框□为主轴刀位置号，由于刀具本身不附带编码环，所以刀具编号可任意设定，如图中 10 ~ 18 的刀号。一旦给某刀编号后，这个编号不应随意改变。为了使用方便，刀号也采用 BCD 码（Binary-Coded Decimal，二进制编码的十进制）。

在 PLC 内部建立一个模拟刀库的刀号数据表，如图 3-111 所示。数据表的表序号与刀库刀座编号相对应，每个表序号中的内容就是对应刀座中所插入的刀具号。图中刀号表首地址 TAB 单元固定存放主轴上刀具的号，TAB + 1 ~ TAB + 8 存放刀库上的刀具号。由于刀号数据表实际上是刀库中存放刀具的位置的一种映射，所以刀号表与刀库中刀具的位置应始终保持一致。

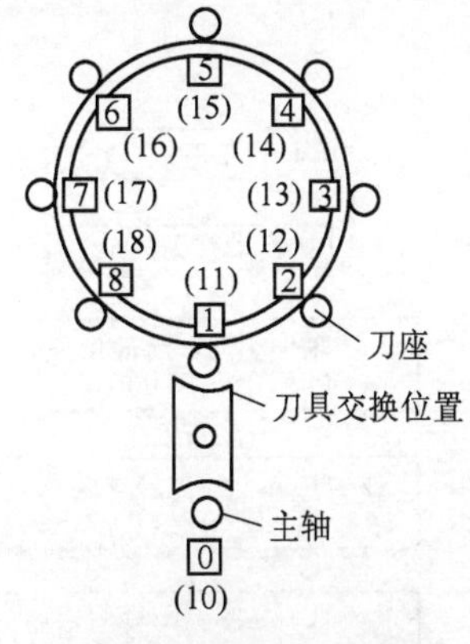

图 3-110 8 刀位刀库

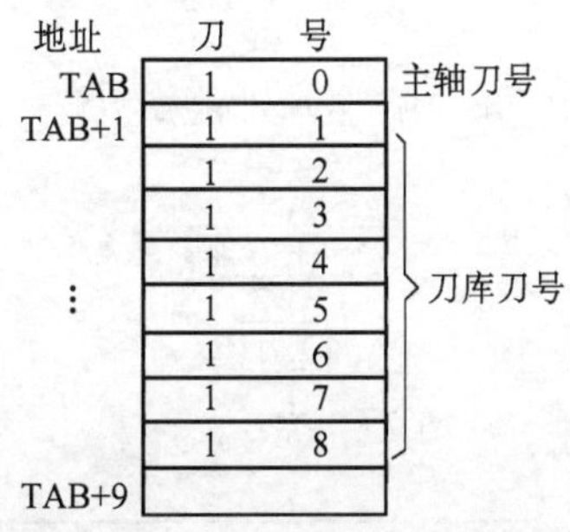

地址	刀	号	
TAB	1	0	主轴刀号
TAB+1	1	1	刀库刀号
	1	2	
	1	3	
	1	4	
⋮	1	5	
	1	6	
	1	7	
	1	8	
TAB+9			

图 3-111 模拟刀库刀号数据表

（2）刀具的识别　虽然刀具不附带任何编码装置，而且采取任意换刀方式，即刀具在刀库中不是顺序存放的，但是，由于 PLC 内部设置的刀号数据表始终与刀具在刀库中的实际位置相对应，所以对刀具的识别实质上转变为对刀库位置的识别。当刀库旋转，每个刀座通过换刀位置（基准位置）时，产生一个脉仲信号送至PLC，作为计数脉冲。同时，在PLC内部设置一个刀库位置计数器，当刀库正转（CW）时，每发一个计数脉冲，使该计数器递增计数；当刀库反转（CCW）时，每发一个计数脉冲，则计数器递减计数。于是计数器的计数值如终在1~8之间循环，而通过换刀位置时的计数值（当前值）总是指示刀库的现在位置。

当PLC接到寻找新刀具的T指令后，在模拟刀库的刀号数据表中进行数据检索，检索到T代码给定的刀具号，将该刀具号所在数据表中的表序号数存放在一个缓冲存储单元中。这个表序号数就是新刀具库中的目标位置。刀库旋转后，测得刀库的实际位置与要求得到的刀库目标位置一致时，即识别了所要寻找的新刀具。刀库停转并定位，等待换刀。

识别刀具的PLC程序流程图如图3-112所示。

（3）刀具的交换及刀号数据表的修改　当前一工序加工结束后需要更换新刀加工时，NC系统发出自动换刀指令M06，控制机床主轴准停，机械手执行换刀动作，将主轴上用过的旧刀和刀库上选好的新刀进行交换。与此同时，应通过软件修改PLC内部的刀号数据表，使相应刀号表单元中的刀号与交换后的刀号相对应，修改刀号表的流程图如图3-113所示。

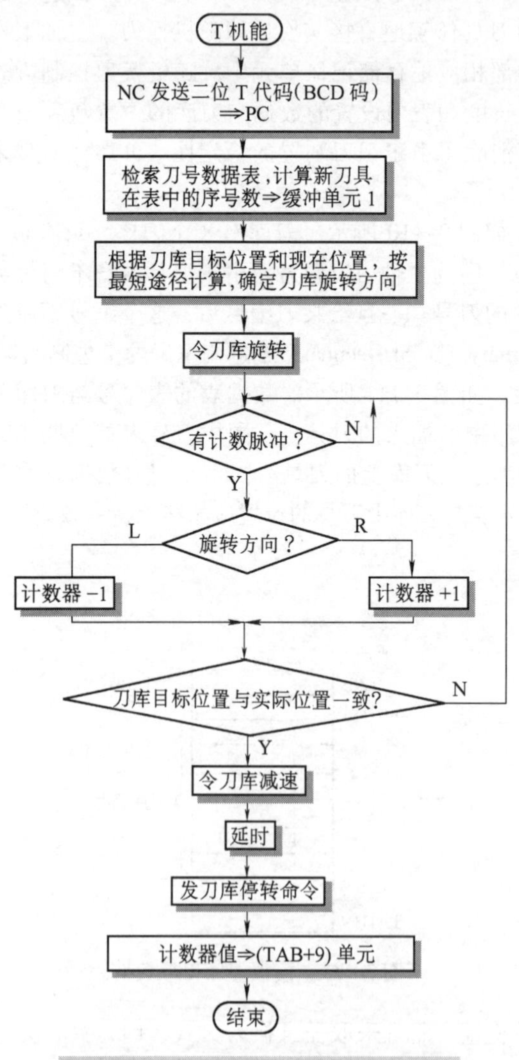

图3-112　识别刀具的PLC程序流程图

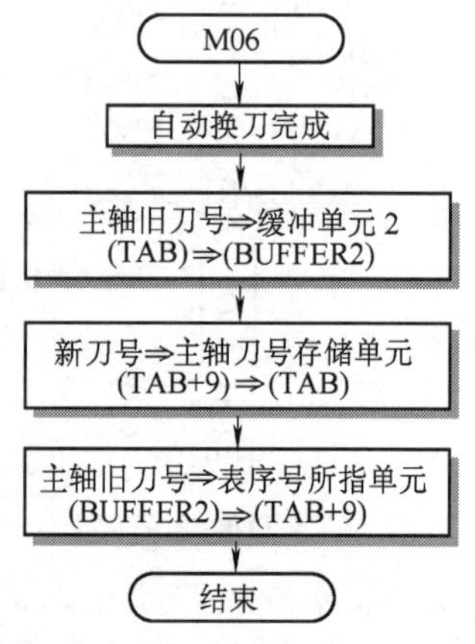

图3-113　修改刀号表的流程图

习题与思考题

1. 主轴部件应满足哪些基本要求？
2. 主轴轴向定位方式有哪几种？各有什么特点？适用哪些场合？
3. 试述主轴静压轴承的工作原理。
4. 试分析图 3-114 中所示三种主轴轴承的配置形式的特点和适用场合。

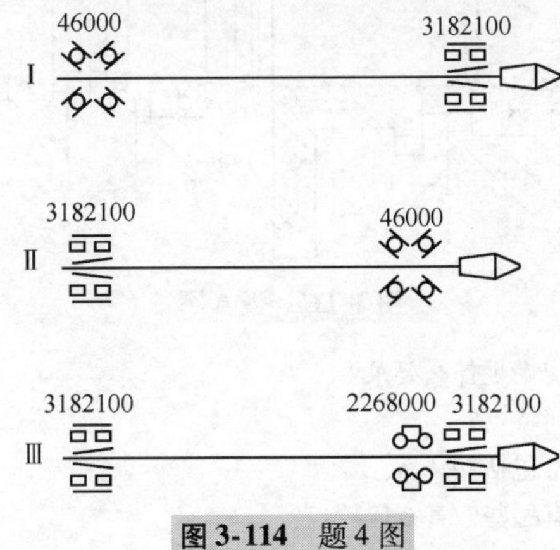

图 3-114 题 4 图

5. 按图 3-115 中所示的主轴部件，分析轴向力如何传递？间隙如何调整？

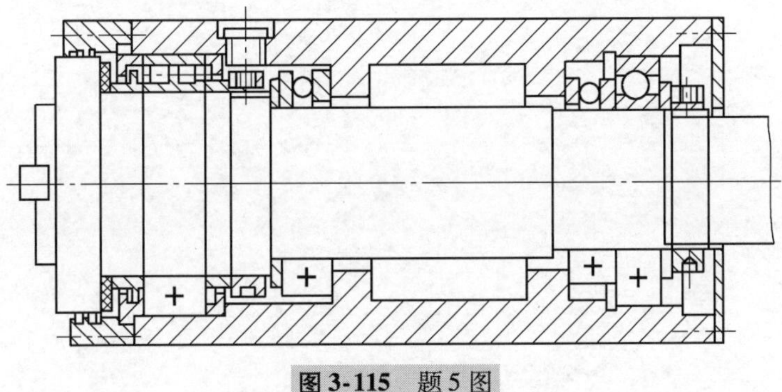

图 3-115 题 5 图

6. 试检查图 3-116 所示主轴部件中是否有错误。如有，请指出错在哪里？应怎样改正？用另画的正确简图表示出来。

7. 试设计一主轴部件，前支承用两个圆锥滚子轴承承受径向力和双向轴向力，后支承用一个双列圆柱滚子轴承，画出前、后支承部分的结构简图。

8. 在支承件设计中，支承件应满足那哪些基本要求？
9. 支承件常用的材料有哪些？各有什么特点？
10. 根据什么原则选择支承件的截面形状，如何布置支承件上的肋板和肋条？
11. 提高支承件结构刚度和动态性能有哪些措施？
12. 导轨设计中应满足哪些要求？
13. 镶条和压板有什么作用？
14. 导轨的卸荷方式有哪几种？各有什么特点？
15. 提高导轨耐磨性有哪些措施？
16. 数控机床的刀架和卧式车床的刀架有什么不同？为什么？

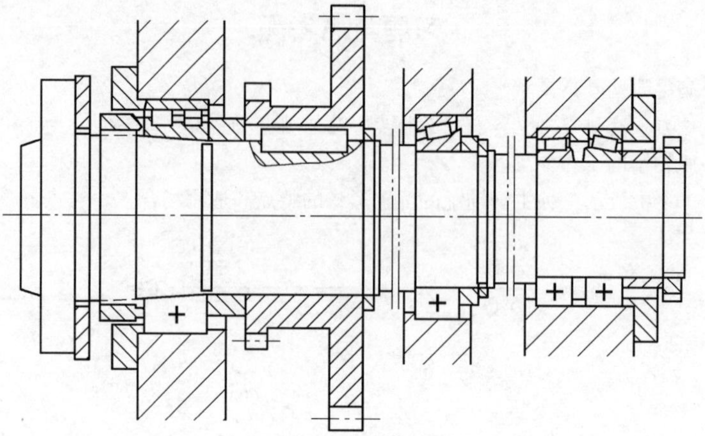

图3-116　题6图

17. 机床刀架自动换刀装置应满足什么要求?
18. 何谓端面齿盘定位? 有何特点?
19. 加工中心的自动换刀装置包括些什么?
20. 加工中心上刀库的类型有哪些? 各有何特点?
21. 刀库驱动电动机选择的依据有哪些?
22. 典型换刀机械手有哪几种? 各有何特点? 使用范围如何?

第四章

工业机器人设计

第一节 概 述

工业机器人是一种自动化生产装备。机器人技术是一门涉及机械技术、自动控制技术、计算机技术、传感技术、气动液压技术及材料技术等的综合性技术。

一、工业机器人的定义及工作原理

（一）机器人的定义

机器人是20世纪出现的新名词，可以广义地把机器人理解为模仿人的机器。人具有脑（判断与指挥功能）、手（包含臂，作业功能）、脚（包含腿，移动、行走功能）、眼（视觉功能）、耳（听觉功能）及鼻、舌、皮肤（触觉功能）。随着机器人的发展，其模仿人的上述功能的能力在逐步提高。

工业机器人是用于生产的机器人。20世纪20年代出现了一种附属在自动机和自动线上代替人传递和装卸工件的机械手。20世纪40年代出现了由作业者直接控制的半自动化操作机，20世纪60年代出现了自动控制的可以实现多种操作的工业机器人。

工业机器人发展非常迅速，模仿人的功能的能力越来越强，已经开始出现具有学习和推理能力的智能机器人。从模仿人的功能意义上来看，也可以把机械手、操作机和工业机器人统称为“工业机器人”。目前世界各国对工业机器人还没有一个统一的定义。我国国家标准GB/T 12643—2013将工业机器人定义为“是一种能自动控制、可重复编程、多功能、多自由度的操作机，能搬运材料、工件或操持工具，用以完成各种作业”；将操作机定义为“具有和人手臂相似的动作功能，可在空间抓放物体或进行其他操作的机械装置”。

（二）工业机器人的基本工作原理

工业机器人是一种生产装备，其基本功能是提供作业所需的运动和动力，其基本工作原理是通过操作机上各运动构件的运动，自动地实现手部作业的动作功能及技术要求。因此在基本功能及基本工作原理上，工业机器人与机床有如下相同之处：两者的末端执行器都有位姿变化要求，如机床在加工过程中，刀具相对工件有位姿变化要求，机器人的手部在作业过程中相对作业对象也有位姿变化要求；两者都是通过坐标运动来实现末端执行器的位姿变化要求。

两者的主要不同之处有：机床是按直角坐标形式运动为主，而机器人是按关节形式运动为主；机床对刚度、精度要求很高，其灵活性相对较低；而机器人对灵活性要求很高，其刚度、精度相对较低。

二、工业机器人的构成及分类

(一) 工业机器人的构成

如图4-1所示，工业机器人由以下几部分组成：

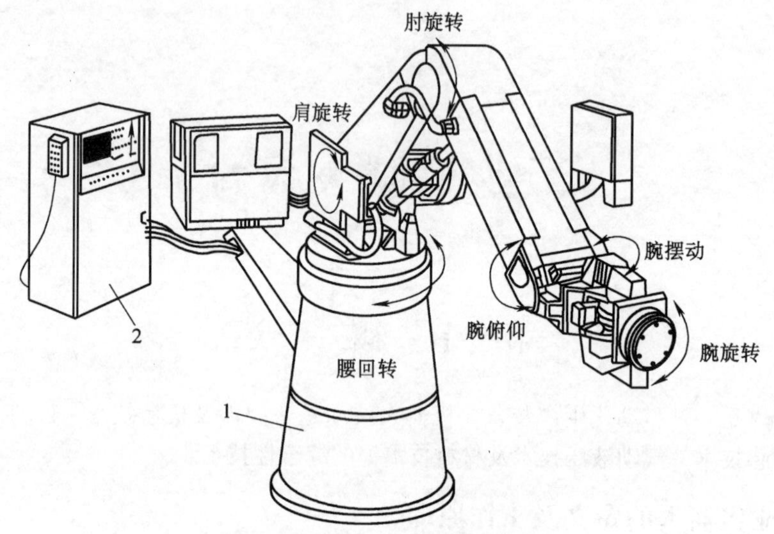

图4-1　工业机器人系统的组成

1—操作机　2—控制装置

(1) 操作机　操作机是机器人的机械本体，也可称为主机。通常由末端执行器（又称手部）、手腕、手臂（又可分为大臂和小臂）及机座（又称机身或立柱）组成。操作机具有和人手臂相似的动作功能，其运动功能与机床一样，一般也是由各个运动单元串联组成（也有一些机器人操作机采用并联运动机构或串—并联复合运动机构）。

(2) 驱动单元　由驱动装置（如电动机、液压或气压装置）、减速器和内部检测元件等组成，为操作机各运动部件提供动力和运动。

(3) 控制装置　由检测和控制两部分组成，用来控制驱动单元，检测其运动参数并进行反馈。

(二) 工业机器人的分类

1. 按机械结构类型分类

按工业机器人的机械结构，可分为以下四类，如图4-2所示。

(1) 关节型机器人（图4-2a）　所谓关节就是运动副，由于关节型机器人的动作类似人的关节动作，故将其运动副称为关节。一般的关节指回转

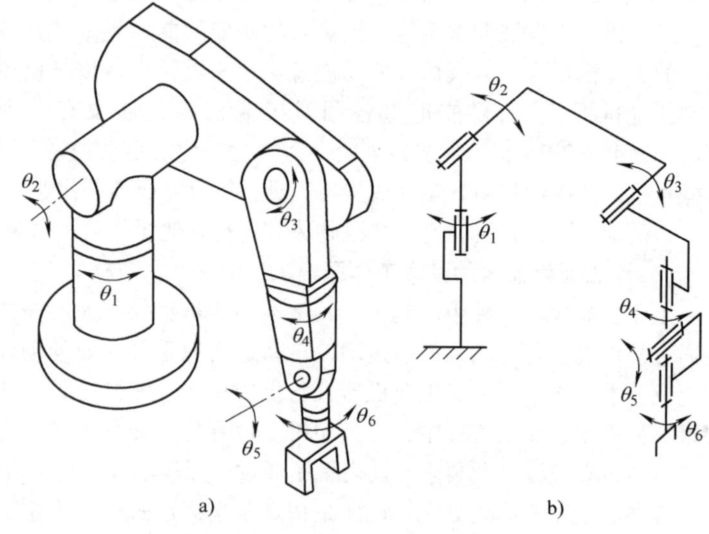

图4-2　PUMA机器人操作机

a）机构运动简图　b）运动原理图

运动副，但关节型机器人中有时也包含有移动运动副，为了方便，可统称为关节，包括回转运动关节和直线运动关节。关节型机器人的特点是灵活性好，工作空间范围大（同样占地面积情况下），但刚度和精度较低。

（2）球坐标型机器人（图4-3b） 又称极坐标型，按球坐标形式动作（运动）。其特点是灵活性好，工作空间范围大，但刚度、精度较差。

（3）圆柱坐标型机器人（图4-3c） 按圆柱坐标形式动作。其特点是灵活性较好，工作空间范围较大，刚度、精度较好。

（4）直角坐标型机器人（图4-3d） 与机床相似，按直角坐标形式动作。刚度和精度高，但灵活性差，工作空间范围小。

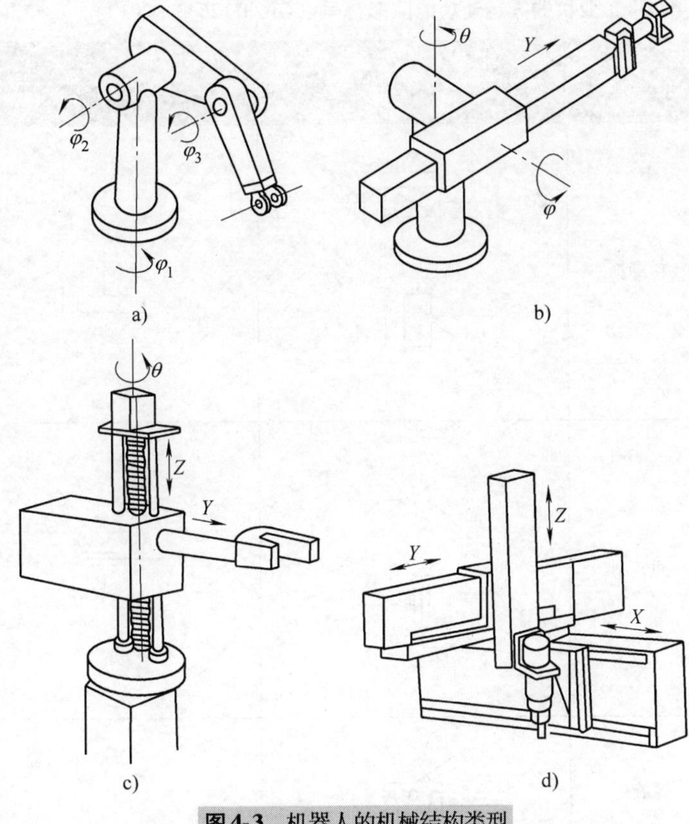

图4-3 机器人的机械结构类型

a）关节型 b）球坐标型 c）圆柱坐标型 d）直角坐标型

2. 按用途和作业类别分类

工业机器人按用途和作业类别划分，有焊接机器人、冲压机器人、浇注机器人、搬运机器人、装配机器人、喷漆机器人、切削加工机器人、检测机器人、采掘机器人、水下机器人等。

其他还有按控制方式、机器人的功能水平等分类方式。

三、工业机器人的主要特性表示方法

国家标准 GB/T 12642—2013《机器人性能规范及试验方法》中给出了工业机器人的13项特性。

为了用简洁的符号来表达机器人的各种运动，国家标准 GB/T 12643—2013 中规定了机器人各种运动功能的图形符号，见表4-1。利用这些符号可以简明地绘出工业机器人的运动原理简图。图4-2a 所示为 PUMA 机器人的机构运动简图，图4-2b 所示为其运动原理简图。

（一）坐标系

坐标系按右手定则确定，如图4-4所示。

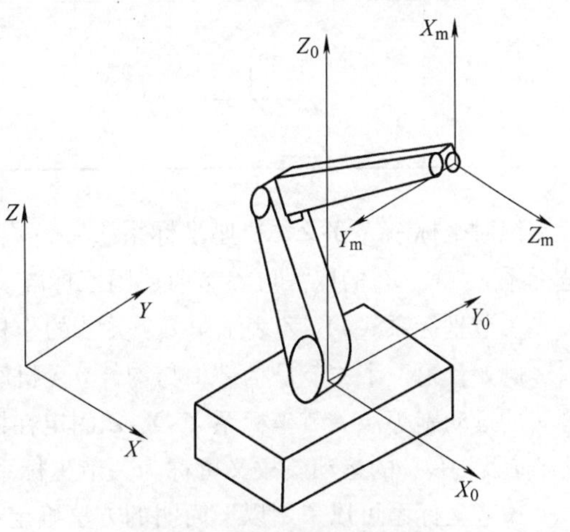

图4-4 工业机器人的坐标系

表 4-1　工业机器人运动功能图形符号（GB/T 12643—2013）

名　称	图形符号		工业机器人结构简图
	正　视	侧　视	
移动副	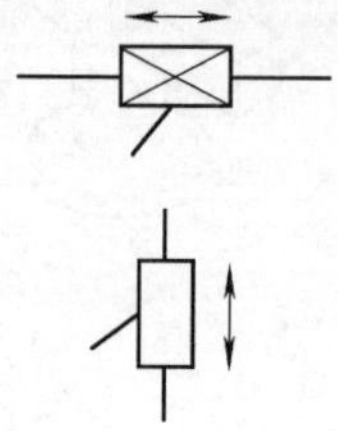	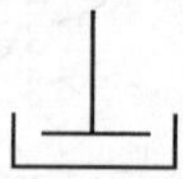	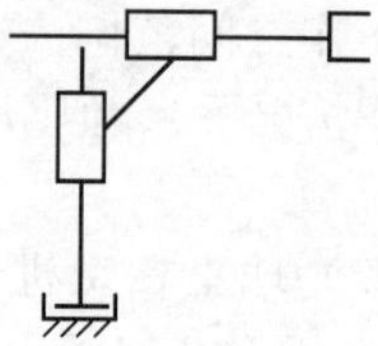 直角坐标型
回转副	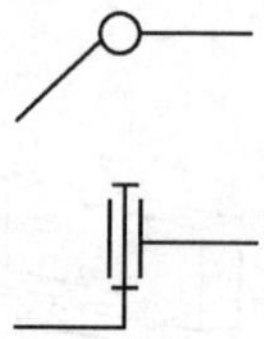	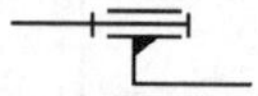	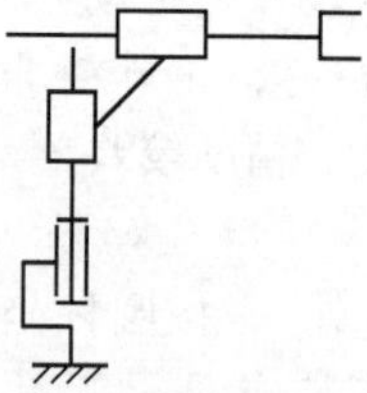 圆柱坐标型
螺旋副	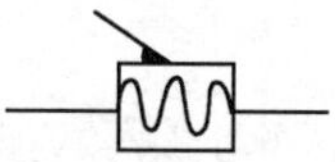	—	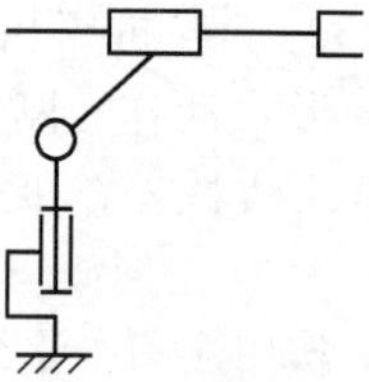
球面副		—	球坐标型
末端执行器	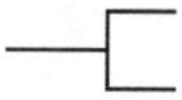	—	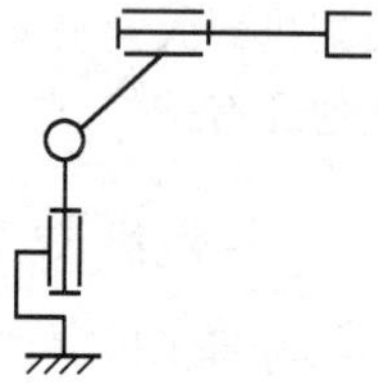
机　座	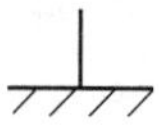	—	关节型

绝对坐标系 X-Y-Z，机座坐标系 X_0-Y_0-Z_0 和机械接口（与末端执行器相联接的机械界面）坐标系 X_m-Y_m-Z_m的取法可参考前述国家标准。

关节坐标系 X_i-Y_i-Z_i表示第 i 个关节的坐标系，i 关节是 i 构件和（$i-1$）构件之间的运动副。例如，第 1 个关节是构件 1 与构件 0（机座）之间的运动副，第 2 个关节是构件 2 与构件 1 之间的运动副等。关节坐标系 X_i-Y_i-Z_i固定在构件 i 上，与 i 构件一起运动，因此可以用它描述关节 i 及构件 i 的运动，故又可称为关节坐标系运动或构件坐标系运动。

关节坐标系可以采用以下简明的方法确定：

（1）确定基准状态　一般可取机器人处于机械原点时的状态作为基准状态，也可以取机器人各关节轴线（或大部分关节轴线）与机座直角坐标系轴线平行或垂直时的状态作为基准状态。如图 4-2 所示的机器人，其基准状态可取成图 4-5a 的样子。

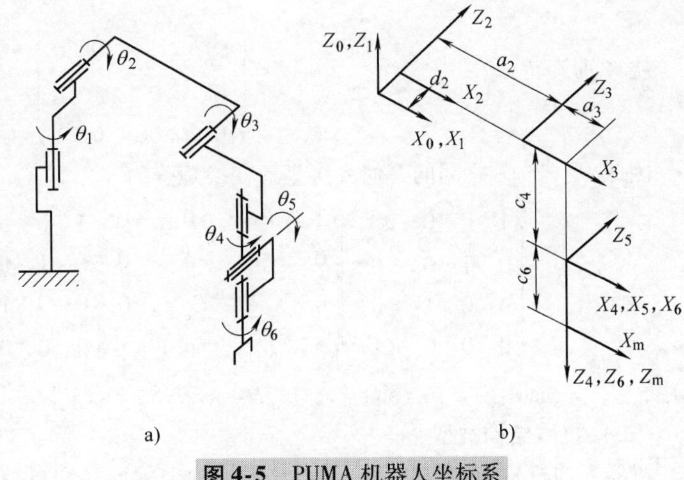

图 4-5　PUMA 机器人坐标系

a）基准状态　b）坐标系

（2）关节坐标轴轴线位置的选取　取 Z_i 轴与 i 关节的运动方向一致。对于回转关节，取 Z_i 轴与 i 关节的轴线重合；对于移动关节，取 Z_i 轴与 i 关节的运动方向平行（或重合），X_i 取在 i 关节和 $i+1$ 关节的公垂线上。

（3）关节坐标方向的选取　采用右手坐标系，规定了 X_i、Z_i 轴的方向，Y_i 轴方向就自然确定了。原则上 X_i 和 Z_i 轴的正向可视方便任意选取，但应尽可能使各坐标系间的坐标变换简单。

（4）关节坐标系间的几何齐次坐标变换　若采用 DH 法（四参数法），坐标系 O_{i-1} 与 O_i 之间的几何齐次坐标变换顺序为：

1）沿坐标轴 X_{i-1} 平移变换 a_{i-1}，使变换后的 O_{i-1} 原点在 Z_i 轴线上。

2）绕变换后的 O_{i-1} 的 X_{i-1} 轴旋转变换 α_{i-1}，使 Z_{i-1} 轴与 Z_i 轴线重合。

3）沿再次变换后的 Z_{i-1} 轴平移 C_i（由于此时的 Z_{i-1} 轴与 Z_i 轴线已经重合，故平移量用 C_i 表示），使变换后的 O_{i-1} 的原点与 O_i 的原点重合。

4）绕再次变换后的 Z_{i-1} 轴（即 Z_i 轴）旋转变换 γ_i，使换后的 X_{i-1} 与 X_i 方向平行。

利用上述方法，图 4-2 所示机器人坐标系的取法如图 4-5b 所示。几何齐次坐标变换矩阵表示在基准状态下各坐标系之间的关系，上述几何齐次坐标变换顺序所用的各坐标系之间的几何齐次坐标变换矩阵分别如下。

沿 X、Z 坐标的平移变换和绕 X、Z 坐标的旋转变换分别为

沿 X 坐标平移：
$$\boldsymbol{T}=\begin{pmatrix}1&0&0&a\\0&1&0&0\\0&0&1&0\\0&0&0&1\end{pmatrix}$$

沿 Z 坐标平移：
$$\boldsymbol{T}=\begin{pmatrix}1&0&0&0\\0&1&0&0\\0&0&1&c\\0&0&0&1\end{pmatrix}$$

绕 X 轴旋转：
$$\boldsymbol{T}=\begin{pmatrix}1&0&0&0\\0&C_\alpha&-S_\alpha&0\\0&S_\alpha&C_\alpha&0\\0&0&0&1\end{pmatrix}$$

绕 Z 轴旋转：

$$\boldsymbol{T}=\begin{pmatrix} C_\gamma & -S_\gamma & 0 & 0 \\ S_\gamma & C_\gamma & 0 & 0 \\ 0 & 0 & 1 & 0 \\ 0 & 0 & 0 & 1 \end{pmatrix} \tag{4-1}$$

因此 O_{i-1} 与 O_i 之间的几何齐次坐标变换矩阵为

$$^{i-1}\boldsymbol{T}_i=\begin{pmatrix} 1 & 0 & 0 & a_{i-1} \\ 0 & 1 & 0 & 0 \\ 0 & 0 & 1 & 0 \\ 0 & 0 & 0 & 1 \end{pmatrix}\begin{pmatrix} 1 & 0 & 0 & 0 \\ 0 & C_{\alpha_{i-1}} & -S_{\alpha_{i-1}} & 0 \\ 0 & S_{\alpha_{i-1}} & C_{\alpha_{i-1}} & 0 \\ 0 & 0 & 0 & 1 \end{pmatrix}\begin{pmatrix} 1 & 0 & 0 & 0 \\ 0 & 1 & 0 & 0 \\ 0 & 0 & 1 & c_i \\ 0 & 0 & 0 & 1 \end{pmatrix}\begin{pmatrix} C_{\gamma_i} & -S_{\gamma_i} & 0 & 0 \\ S_{\gamma_i} & C_{\gamma_i} & 0 & 0 \\ 0 & 0 & 1 & 0 \\ 0 & 0 & 0 & 1 \end{pmatrix} \tag{4-2}$$

其中，$C_{\alpha_{i-1}}=\cos\alpha_{i-1}$，$S_{\alpha_{i-1}}=\sin\alpha_{i-1}$，$C_{\gamma i}=\cos\gamma_i$，$S_{\gamma_i}=\sin\gamma_i$。

（二）机械结构类型

机器人的机械结构类型特征，用它的结构坐标形式和自由度数表示。关于结构坐标形式已在机器人分类中作了叙述。自由度是表示工业机器人动作灵活程度的参数，以直线运动和回转运动的独立运动数表示（一般末端执行器本身的动作不包括在内，如夹持器手爪的开合运动，因为它不影响夹持器的位姿特性）。可以看出机器人的自由度数相当于机床的轴数，都表示运动的个数。例如，具有三个自由度的机器人称为三自由度机器人，从运动功能上看，也可以把它称为三坐标机器人，或三轴机器人。工业机器人的自由度越多，灵活性越好，但结构和控制越复杂。一般来说，机器人的自由度数与原动件数目相等。

（三）工作空间

工作空间指工业机器人正常运行时，手腕参考点（也可以用机械接口坐标系原点）能在空间活动的最大范围，用它来衡量机器人工作范围的大小。机床的工作空间（加工空间）一般为长方体或圆柱体空间，而机器人的工作空间形状复杂（图4-6）。

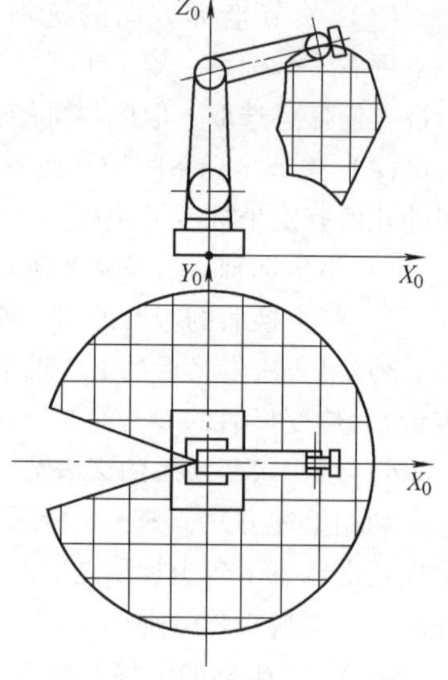

图4-6 机器人的工作空间

（四）其他特性

其他特性包括用途、外形尺寸和质量、负载、速度、驱动方式和动力源、控制、编程方法、性能、分辨率及环境条件等。

四、工业机器人的设计方法

由前述工业机器人工作原理分析可知，工业机器人与机床在基本功能和基本工作原理上有相似之处，但其特征及要求不同。因此从设计方法学上看，工业机器人的设计方法与机床设计方法基本相通，但其具体的设计内容、设计要求及设计技术又有很大差别。

（一）总体设计

1. 基本技术参数的选择

根据任务的来源不同，按制造厂的产品规划或用户订货要求来确定基本技术参数。在总体方案设计阶段首先要确定的主要参数有如下几种：

1）用途，如搬运、点焊等。

2）额定负载。额定负载是指在机器人规定的性能范围内，机械接口处所能承受负载的允许值。它主要根据作用于机械接口处的力和力矩，包括机器人末端执行器的重力、抓取工件的重力及惯性力（矩）和外界的作用力（矩）（如切削机器人的切削力）来确定。

3）按作业要求确定工作空间，同时要考虑作业对象对机器人末端执行器的位置和姿态要求，以便为后续方案设计中的自由度设计提供依据。

4）额定速度。指工业机器人在额定负载、匀速运动过程中，机械接口中心的最大速度。应综合考虑作业效率要求、作业线协调生产要求、惯性力（矩）、驱动与控制方式、定位方式和精度要求等各种因素来确定。其中惯性力（矩）这一因素，由于机器人的总体结构尚未设计，故该阶段只能概略估计。

5）驱动方式的选择。目前所采用的方式有电动机、液压和气压驱动三种类型，三种方式的特点比较见表4-2。

表4-2　工业机器人主要驱动方式性能特点比较

特性		输出功率和使用范围	控制性能和安全性	结构性能	安装和维护要求	效率与制造成本
气压驱动		气压较低，输出功率小，当输出功率增大时，结构尺寸将过大 只适于中小型，快速驱动	压缩性大，对速度、位置的精确控制困难，阻尼效果差，低速不易控制，排气有噪声，泄漏对环境无影响	结构体积较大，结构易于标准化，易实现直接驱动，密封问题不突出	安装要求不高，能在恶劣环境中工作，维护方便	效率低（为0.15～0.2） 气源方便，结构简单，成本低
液压驱动		油压高，可获得较大的输出功率，适于重型，低速驱动	液体不可压缩，压力、流量易控制，反应灵敏，可无级调速，能实现速度、位置的精确控制，传动平稳，泄漏污染环境	结构尺寸较气动要小，易于标准化，易实现直接驱动，密封问题显得重要	安装要求高（防泄漏），要配置液压源设备，安装面积大，维护要求较高	效率中等（为0.3～0.6），管路结构较复杂，成本高
电动机驱动	交、直流普通电动机	适用于抓取质量较大而速度低的中、重型机器人的驱动 输出力较大	控制性能差，惯性大，不易精确定位 对环境无影响	电动机驱动易实现标准化，需减速装置，传动体积较大	安装维修方便	成本低 效率为0.5左右
	步进、伺服电动机	步进电动机输出力较小，伺服电动机可大一些 适用于运动控制要求严格的中、小型机器人	控制性能好，控制灵活性强，可实现速度、位置的精确控制，对环境无影响	体积小，需减速装置	维修使用较复杂	成本较高 效率为0.5左右

6）性能指标。一般指位姿准确度及位姿重复性（点位控制）、轨迹准确度及轨迹重复性（轨迹控制）、最小定位时间及分辨率等。同时还可对机械结构的刚度、关节几何运动精度等提出要求。性能指标应按作业要求确定。

2. 总体方案设计

1）运动功能方案设计。该阶段的主要设计任务是设计确定机器人的自由度数、各关节运动的性质及排列顺序、在基准状态时各关节轴的方向。

2）传动系统方案设计。根据动力及速度参数、驱动方式等，选择传动方式和传动元件。

3）结构布局方案设计。根据机器人的工作空间、运动功能方案及传动方案，确定关节的形式，各构件的大致形状和尺寸。

4）参数设计。确定在基本技术参数设计阶段尚无法考虑的一些参数，如单轴速度、单轴负载、单轴运动范围等。该项工作应与第3项设计工作交叉进行。

5）控制系统方案设计。近期设计的工业机器人基本上都是采用计算机控制系统。

6）总体方案评价。经过1）~5）的设计工作，机器人的总体方案基本生成，可以同时设计若干个方案，进行评价比较，选择好的方案。对所设计的方案可以从如下几个方面进行综合评价：工作空间、运动速度、成本分析、可靠性分析、精度分析等。

为了对方案的工作空间进行评价，首先需用计算法或作图法求出实际的工作空间，检验其是否满足工作空间的设计要求，然后再对各方案进行比较。同样地，先求出各轴的速度，然后进行额定速度校验及方案比较。其他评价因素的评价方法及综合评价方法可参见第二章。

进行评价后选择比较好的方案，并进一步进行修改设计（或总体优化设计），作为后续详细设计的依据。

（二）结构和工艺设计

设计内容与前面介绍的机床结构和工艺设计内容相同，这里不再赘述。

（三）总体评价

总体设计阶段所得的设计结果，通过详细设计细化了各构件及关节的概略形状及尺寸，而且具体化了总体设计阶段尚未考虑的细节，因此各部分尺寸会有一些变化，需要对设计进行总体评价，检测其是否能满足所需设计指标的要求。

第二节　工业机器人运动功能设计

工业机器人是通过各个关节的运动来实现其末端执行器的位姿变化要求的。因此在进行运动功能设计之前，首先介绍末端执行器的位姿和机器人运动的表达方法。

一、工业机器人的位姿描述

工业机器人的位姿是指其末端执行器在指定坐标系中的位置和姿态。机器人是通过它的各个关节的运动来实现手部作业的动作功能的，手部（机器人末端执行器）能够完成的动作功能，则取决于末端执行器能够实现的位姿，而末端执行器的位姿必须满足作业动作功能的要求。因此机器人的位姿可以有两种描述方式，其一是用动作功能的要求来描述，其二是用机器人的运动来描述。

（一）作业功能位姿描述法

所谓用作业动作功能要求来描述机器人位姿，就是直接用末端执行器和机座之间的齐次坐标变换来描述。如图 4-7a 所示，S 表示作业动作所要求的轨迹，末端执行器在空间需要取得相应的位姿(如图中1、2、3 处的位姿)，才能够实现作业动作功能。作业轨迹 S 对末端执行器的位姿要求，一般在绝对坐标系 X-Y-Z 中给出，通过平移坐标变换，也可以方便地在机座坐标系 X_0-Y_0-Z_0 中描述。以末端执行器在机座坐标系中的位姿来表达作业动作功能的要求。末端执行器可以用机械接口坐标系 X_m-Y_m-Z_m 来表示。因此末端执行器在机座坐标系中的位姿可以直接用 X_0-Y_0-Z_0 和 X_m-Y_m-Z_m 两个坐标系间的齐次变换描述。为了叙述简便，将 X_0-Y_0-Z_0 和 X_m-Y_m-Z_m 简记为 Σ_0 和 Σ_m，O_0 和 O_m 分别代表坐标系 Σ_0 和 Σ_m 的坐标原点。机器人的末端执行器相对于机座的位姿用如下方法描述

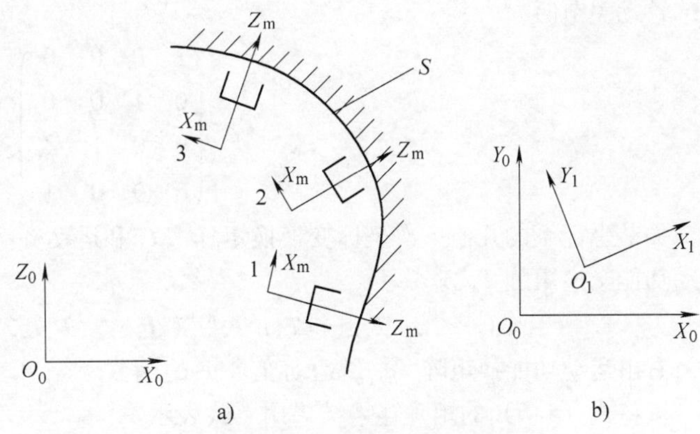

图 4-7　机器人的位姿描述

a）作业功能位姿描述　b）坐标变换

$$ {}^0\boldsymbol{T}_m = \begin{bmatrix} {}^0\boldsymbol{R}_m & {}^0\boldsymbol{P}_m \\ 0 & 1 \end{bmatrix} = f(\text{作业变量}) \tag{4-3}$$

$$\begin{bmatrix} {}^0\boldsymbol{P}_m \\ 1 \end{bmatrix} = {}^0\boldsymbol{T}_m \begin{bmatrix} {}^m\boldsymbol{P}_m \\ 1 \end{bmatrix} = {}^0\boldsymbol{T}_m [0 \quad 0 \quad 0 \quad 1]^T$$

式中　${}^0\boldsymbol{T}_m$——末端执行器的作业功能位姿矩阵，它是 Σ_0 和 Σ_m 坐标系间的齐次变换矩阵；

${}^0\boldsymbol{P}_m$——平移变换矩阵，表示末端执行器相对于机座的位置；

${}^0\boldsymbol{R}_m$——旋转变换矩阵，表示末端执行器相对于机座的姿态。

${}^0\boldsymbol{P}_m$ 和 ${}^m\boldsymbol{P}_m$ 分别表示末端执行器坐标系 Σ_m 的坐标原点在 Σ_0 和 Σ_m 坐标系中的坐标矢量。

${}^0\boldsymbol{R}_m$ 可以用旋转坐标变换给出，也可用方向余弦矩阵给出。

末端执行器相对于机座的位姿根据作业要求而定，是作业变量的函数，因此，当作业动作功能要求确定之后，末端执行器的位姿矩阵 ${}^0\boldsymbol{T}_m$ 就是已知的了。

(二）机器人运动功能位姿描述法

由于关节坐标系固定在运动部件上，故可用关节坐标系的在运动前后的位姿变化描述关节的运动，因此可以用齐次坐标变换矩阵描述关节运动。为了区分，把描述运动前后关节坐标系之间的位姿关系的齐次坐标变换矩阵称为运动齐次坐标变换矩阵，关节 i 的运动齐次坐标变换矩阵用 $\boldsymbol{T}_i$ 表示。关节 i 的运动量用 q_i 表示，根据上述关节坐标系的选取方法，若第 i 个关节作回转运动，则 q_i 为绕 Z_i 轴的回转量，q_i 用 θ_i 表示；若第 i 个关节作直线运动，则 q_i 为沿 Z_i 轴的移动运动量，q_i 用 Z_i 表示。则关节的运动齐次坐标变换矩阵表达如下：

回转关节时

$$\boldsymbol{T}_i = \begin{pmatrix} C_{\theta_i} & -S_{\theta_i} & 0 & 0 \\ S_{\theta_i} & C_{\theta_i} & 0 & 0 \\ 0 & 0 & 1 & 0 \\ 0 & 0 & 0 & 1 \end{pmatrix} \tag{4-4}$$

移动关节时

$$\boldsymbol{T}_i=\begin{pmatrix}1 & 0 & 0 & 0\\ 0 & 1 & 0 & 0\\ 0 & 0 & 1 & Z_i\\ 0 & 0 & 0 & 1\end{pmatrix} \tag{4-5}$$

关节坐标系的几何齐次坐标变换换矩阵${}^{i-1}\boldsymbol{T}_i$ 和运动齐次坐标变换矩阵 $\boldsymbol{T}_i$ 确定后，即可确定运动功能交换矩阵 $\boldsymbol{T}_{0,\mathrm{m}}$。

$$\boldsymbol{T}_{0,\mathrm{m}}={}^{0}\boldsymbol{T}_1\boldsymbol{T}_1\cdots{}^{i-1}\boldsymbol{T}_i\boldsymbol{T}_i\cdots{}^{n-1}\boldsymbol{T}_n\boldsymbol{T}_n\boldsymbol{T}_{\mathrm{m}}=f(q_i) \tag{4-6}$$

看出运动功能换矩阵 $\boldsymbol{T}_{0,\mathrm{m}}$是运动变量 q_i 的函数。

可将式（4-6）的矩阵连乘结果用下式表示

$$\boldsymbol{T}_{0,\mathrm{m}}=\begin{bmatrix}\boldsymbol{R}_{0,\mathrm{m}} & \boldsymbol{P}_{0,\mathrm{m}}\\ 0 & 1\end{bmatrix} \tag{4-7}$$

可以看出运动矩阵 $\boldsymbol{T}_{0,\mathrm{m}}$中的 $\boldsymbol{P}_{0,\mathrm{m}}$和 $\boldsymbol{R}_{0,\mathrm{m}}$分别表示了各关节运动的结果产生的末端执行器在机座中的位置和姿态。因此，把相对运动矩阵 $\boldsymbol{T}_{0,\mathrm{m}}$称为运动功能位姿矩阵，可简称为机器人运动矩阵，这是机器人位姿的另一种描述方法。式（4-6）的字母 m 也可以表示成数字，为自由度数加 1，即 $\mathrm{m}=n+1$。

二、工业机器人位姿运动方程

前面已经讨论了机器人位姿的两种描述方法，即作业功能描述法和运动功能描述法。前者用作业功能位姿矩阵${}^{0}\boldsymbol{T}_{\mathrm{m}}$ 表示，是描述的作业功能对末端执行器的位姿要求；后者用运动功能位姿 $\boldsymbol{T}_{0,\mathrm{m}}$表示，是描述机器人通过运动实现作业功能对末端执行器的位姿要求。这两种方法描述的是同一对象，都是描述机器人末端执行器相对机座的位置和姿态，实质上就是就是用运动位姿来实现其作业位姿，如图 4-8 所示，因此两者的描述是等效的，故下式成立

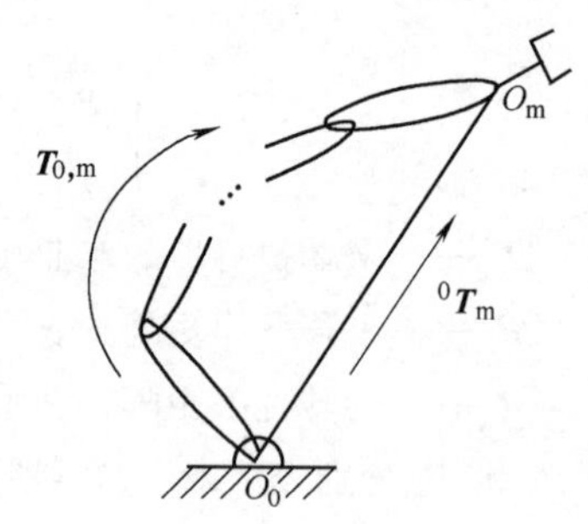

图 4-8　机器人位姿的两种描述方法

$$\boldsymbol{T}_{0,\mathrm{m}}={}^{0}\boldsymbol{T}_{\mathrm{m}} \tag{4-8a}$$

或

$$\begin{bmatrix}\boldsymbol{R}_{0,\mathrm{m}} & \boldsymbol{P}_{0,\mathrm{m}}\\ 0 & 1\end{bmatrix}=\begin{bmatrix}{}^{0}\boldsymbol{R}_{\mathrm{m}} & {}^{0}\boldsymbol{P}_{\mathrm{m}}\\ 0 & 1\end{bmatrix} \tag{4-8b}$$

或

$${}^{0}\boldsymbol{T}_1\boldsymbol{T}_1\cdots{}^{i-1}\boldsymbol{T}_i\boldsymbol{T}_i\cdots{}^{n-1}\boldsymbol{T}_n\boldsymbol{T}_n\boldsymbol{T}_{\mathrm{m}}=\begin{bmatrix}{}^{0}\boldsymbol{R}_{\mathrm{m}} & {}^{0}\boldsymbol{P}_{\mathrm{m}}\\ 0 & 1\end{bmatrix} \tag{4-8c}$$

式（4-8）为机器人的位姿运动学方程式的具体表达形式。当各关节的运动变量已知时，由式（4-8）可以求出作业功能的位姿，为运动学方程式的正解；当作业变量已知时，可以求出各关节的运动量，为运动学方程式的逆解。

三、工业机器人的运动功能设计方法

工业机器人的运动功能设计，也可称为自由度设计。其设计内容包括自由度个数、各关节运动的性质及排列顺序，在基准状态时关节轴的方位等。这些设计内容完成了，运动功能矩阵 $\boldsymbol{T}_{0,\mathrm{m}}$也就可以写出来了。因此，运动功能设计的任务就是设计运动功能矩阵 $\boldsymbol{T}_{0,\mathrm{m}}$。机器人运动功

能设计可采用分析式设计方法和创成式设计方法。

1. 分析式设计方法

采用这种设计方法进行运动功能设计的步骤如下：

1）根据作业动作功能的要求（包括工作空间要求及姿态要求），确定机器人末端执行器应达到的位置和姿态，即建立作业功能位姿矩阵$^0\boldsymbol{T}_{\mathrm{m}}$。

2）对作业动作功能进行分析，根据经验知识（已有相似机器人实例）和设计者的直感，选择或设计机器人运动功能方案，应用式（4-6）写出其运动功能矩阵 $\boldsymbol{T}_{0,\mathrm{m}}$。

3）用方程式（4-8）校核所设计的运动功能方案是否满足作业动作功能的设计要求，即证明所设计的运动功能方案是不是作业要求的运动原理解。

2. 创成式设计方法

采用这种设计方法进行运动功能设计的步骤如下：

1）根据作业动作功能要求，建立作业功能位姿矩阵$^0\boldsymbol{T}_{\mathrm{m}}$。

2）分析作业功能位姿矩阵$^0\boldsymbol{T}_{\mathrm{m}}$的特征，设计相应的基本运动功能方案。由于机器人在基准状态时关节坐标系与机座直角坐标系平行或垂直，运动表达比较直观，因此可以先按直角坐标系设置运动（即 X、Y、Z、A、B、C 运动），称为基本运动功能方案，写出其运动功能矩阵 $\boldsymbol{T}_{0,\mathrm{m}}$。

3）推理设计其他运动功能方案

4）用方程式（4-8）校核所设计的运动功能方案是否满足作业动作功能的设计要求，即证明所设计的运动功能方案是不是作业要求的运动原理解。

四、工业机器人的运动功能设计举例

下面给出创成式设计方法求解运动原理方案例子。

【例】 设计平面搬运机器人的运动功能方案，作业动作功能要求将工件 W 从 a 平面搬运到 b 平面上，手爪抓取工件 Y_{w} 方向（工件窄方向）。如图 4-9 所示，X_0-Y_0-Z_0 和 X_{m}-Y_{m}-Z_{m} 分别为机器人机座坐标系和末端执行器坐标系，X_{w}-Y_{w}-Z_{w} 为工件坐标系。

1. 建立机器人作业功能矩阵 $^0\boldsymbol{T}_{\mathrm{m}}$

建立作业功能位姿矩阵，即

$$^0\boldsymbol{T}_{\mathrm{m}}=\begin{pmatrix} C_{\theta_{\mathrm{m}}} & -S_{\theta_{\mathrm{m}}} & 0 & X_{\mathrm{m}} \\ S_{\theta_{\mathrm{m}}} & C_{\theta_{\mathrm{m}}} & 0 & Y_{\mathrm{m}} \\ 0 & 0 & 1 & Z_{\mathrm{m}} \\ 0 & 0 & 0 & 1 \end{pmatrix}=\begin{pmatrix} C_{\theta_{\mathrm{w}}} & -S_{\theta_{\mathrm{w}}} & 0 & X_{\mathrm{w}} \\ S_{\theta_{\mathrm{w}}} & C_{\theta_{\mathrm{w}}} & 0 & Y_{\mathrm{w}} \\ 0 & 0 & 1 & Z_{\mathrm{w}} \\ 0 & 0 & 0 & 1 \end{pmatrix} \tag{4-9}$$

其中，$C_{\theta_{\mathrm{m}}}=\cos\theta_{\mathrm{m}}$，$S_{\theta_{\mathrm{m}}}=\sin\theta_{\mathrm{m}}$，$C_{\theta_{\mathrm{w}}}=\cos\theta_{\mathrm{w}}$，$S_{\theta_{\mathrm{w}}}=\sin\theta_{\mathrm{w}}$，$\theta_{\mathrm{m}}$、$X_{\mathrm{m}}$、$Y_{\mathrm{m}}$、$Z_{\mathrm{m}}$ 根据作业对象要求的位置及方向 X_{w}、Y_{w}、Z_{w}、θ_{w} 确定。

2. 基本运动功能方案设计

1）分析式（4-9）作业功能位姿矩阵式 $^0\boldsymbol{T}_{\mathrm{m}}$ 的特征，设置基本运动功能式，用“/”分开，其左边的 O 表示机座，右边的 M 表示末端执行器，中间表示运动。可以设置基本运动功能式为 O/X、Y、Z、C/M，或 O/Y、X、Z、C/M，或 O/Z、Y、X、C/M 等方案。

2）进行检查、确认所设计的基本运动功能方案是否满足本例给定的作业要求的运动原理解。由于基本运动功能是按照直角坐标系设置的，故坐标系及运动功能式仍可以采用与机床直角坐标系一样的方法确定。例如，图 4-10 所示的四自由度直角坐标型机器人的方案为 O/Y、X、

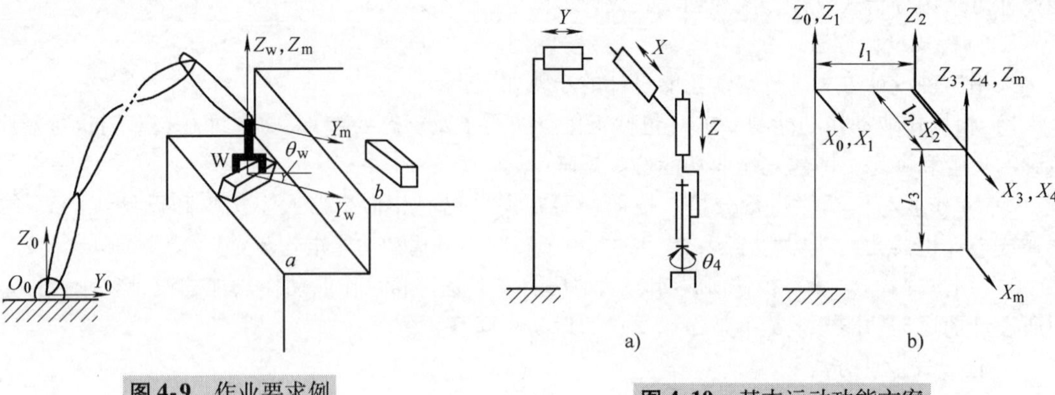

图 4-9　作业要求例

图 4-10　基本运动功能方案

a）运动功能简图　b）坐标系

Z、C/M，其坐标系如图 4-10b 所示，则运动矩阵如下：

$$\boldsymbol{T}_{0,\mathrm{m}} = \begin{pmatrix} C_4 & -S_4 & 0 & X+l_2 \\ S_4 & C_4 & 0 & Y+l_1 \\ 0 & 0 & 1 & Z-l_3 \\ 0 & 0 & 0 & 1 \end{pmatrix} \tag{4-10}$$

其中，$C_4 = \cos\theta_4$，$S_4 = \sin\theta_4$，θ_4 为回转关节的运动量，X、Y、Z 分别为移动关节的运动量。

由 $\boldsymbol{T}_{0,\mathrm{m}} = {}^0\boldsymbol{T}_\mathrm{m}$ 的正解可得

$$\theta_\mathrm{w} = \theta_4$$
$$X_\mathrm{w} = X + l_2$$
$$Y_\mathrm{w} = Y + l_1$$
$$Z_\mathrm{w} = Z - l_3$$

可以看出，作业变量（θ_w、X_w、Y_w、Z_w）为所设置的运动变量（θ_4、X、Y、Z）的函数，因此可以用所设置的运动变量实现作业变量的要求；且运动变量（θ_4、X、Y、Z）均在作业变量（θ_w、X_w、Y_w、Z_w）表达式中出现，说明所设计的运动变量均有用途，没有冗余，故该方案可行。

3. 推理设计其他运动功能方案

采用运动功能等效、排列顺序互换等方法还可以推理设计其他各种运动原理方案，以下给出两个推理设计的运动原理方案例。

（1）推理运动原理方案例一　将图 4-10 所示的基本运动功能方案沿 Y 和 X 方向作直线运动的两个移动关节，用两个绕 Z 轴作回转运动的回转关节等效，同样可以满足在 XY 平面的位置变化的作业要求，可以推理得到图 4-11 的运动原理方案。其 θ_1、θ_2 回转关节是由基本运动功能方案图 4-10 的 Y 和 X 移动关节等效而来的，这是一种四自由度平面关节型机器人运动原理方案（如有名的 SCARA 型装配机器人）。

检查、确认推理运动原理方案例一是否满足本例给定的作业要求的运动原理解，图4-11所示的四自由度平面关节型机器人的方案为 O/θ_1、θ_2、Z_3、θ_4/M，其坐标系按关节坐标系方法选取，如图 4-11b 所示，则运动矩阵如下：

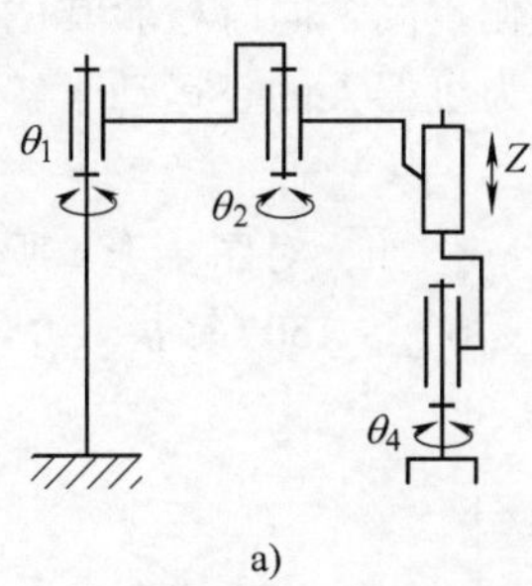

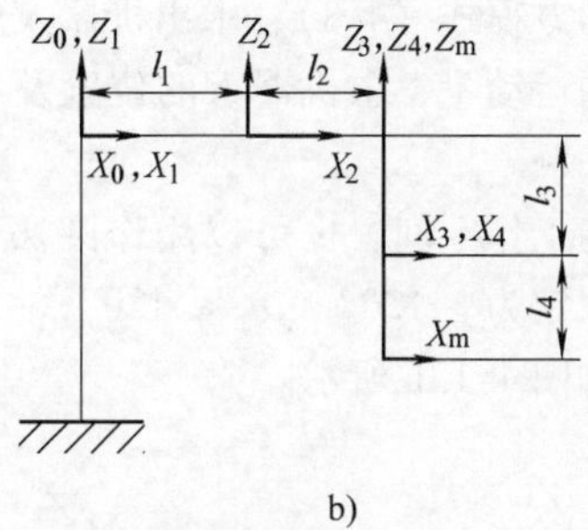

图 4-11 四自由度平面关节型机器人运动原理方案

a）运动功能简图 b）坐标系

$$
\boldsymbol{T}_{0,\mathrm{m}} = \begin{pmatrix} C_{123} & -S_{123} & 0 & l_1C_1 + l_2C_{12} \\ S_{123} & C_{123} & 0 & l_1S_1 + l_2S_{12} \\ 0 & 0 & 1 & Z - l_3 - l_4 \\ 0 & 0 & 0 & 1 \end{pmatrix}
$$

其中，$C_{123} = \cos(\theta_1 + \theta_2 + \theta_3)$，$S_{123} = \sin(\theta_1 + \theta_2 + \theta_3)$。

同样可以证明原理方案例一是本例作业要求的运动原理解。

（2）推理运动原理方案例二 将图 4-10 所示的基本运动功能方案的沿 X 和 Y 方向作直线运动的两个移动关节，用一个绕 Z 轴作回转运动的回转关节和一个沿径向作直线运动的移动关节等效，并将沿 Z 向作直线运动的移动关节排列顺序前移，构成圆柱坐标系，同样可以满足在 X、Y 方向位置变化的作业要求，可以推理得到图 4-12 的运动原理方案。其 θ_1、X 是由基本运动功能方案图 4-10 的 X 和 Y 移动关节等效而来的，这是一种四自由度圆柱坐标型机器人运动原理方案。

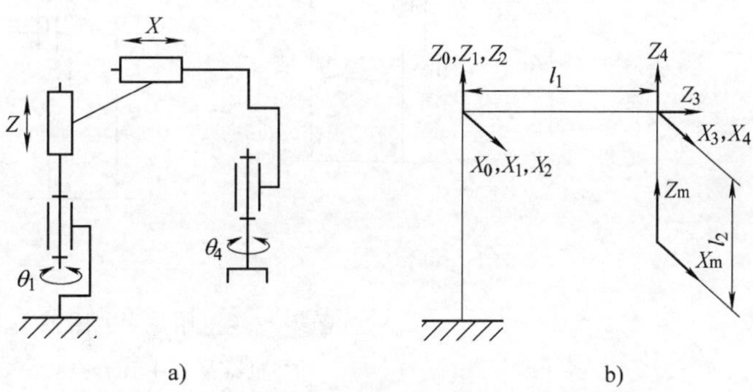

图 4-12 四自由度圆柱坐标型机器人运动原理方案

a）运动功能简图 b）坐标系

检查、确认推理运动原理方案例二是否满足本例给定的作业要求的运动原理解，图4-12所示的四自由度圆柱坐标型机器人的方案为 O/θ_1，Z_2，Z_3，θ_4/M，其坐标系按关节坐标系方法选取，如图 4-12b 所示，则运动矩阵如下

$$
\boldsymbol{T}_{0,\mathrm{m}} = \begin{pmatrix} C_{14} & -S_{14} & 0 & -(l_1 + Z_3)S_1 \\ S_{14} & C_{14} & 0 & (l_1 + Z_3)C_1 \\ 0 & 0 & 1 & Z_2 - l_2 \\ 0 & 0 & 0 & 1 \end{pmatrix}
$$

同样可以证明原理方案例二是本例作业要求的运动原理解。

五、工业机器人的工作空间解析

机器人的运动功能及相关尺寸参数确定后，给定各关节的运动范围（即运动极限位置）可以通过解位姿运动方程式（4-8），求出机器人的实际工作空间，同时检验其位姿是否满足设计要求。由各关节的运动量，求机器人的位置及姿态，称为机器人的正运动学解析。其求解过程只是个矩阵连乘问题。

此外机器人的工作空间，也可以用作图法进行解析。例如，对图4-13a所示的机器人，若其关节运动范围限定为 $-120° \leqslant \theta_1 \leqslant 120°$，$-90° \leqslant \theta_2 \leqslant 0°$，$-150° \leqslant \theta_3 \leqslant 0°$，则用作图法可求得其工作空间如图4-13b所示。

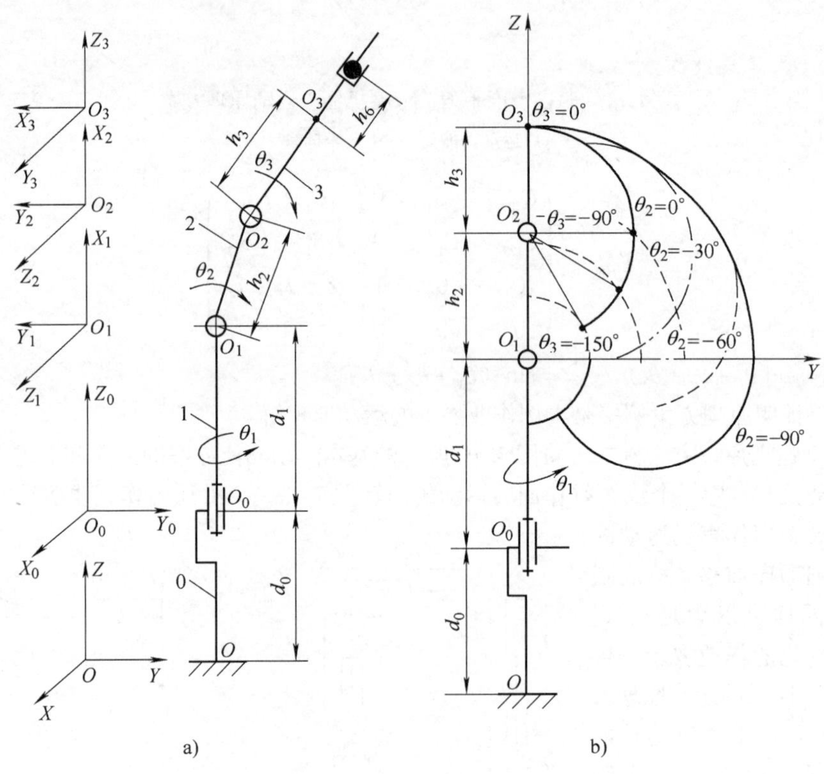

图4-13　工作空间的图解法

a）机器人　b）工作空间

六、工业机器人的轨迹解析

当作业动作功能所要求机器人末端执行器的运动轨迹已知时，即作业功能位姿矩阵 ${}^0\boldsymbol{T}_{\mathrm{m}}$ 已知，由式（4-8）可知，运动矩阵 $\boldsymbol{T}_{0,\mathrm{m}}$ 就确定了。通过解位姿运动方程式（4-8），可求出各关节的运动量。由机器人的末端执行器的位姿求关节运动量称为机器人的逆运动学解析，其解往往不是唯一的。各关节运动量的计算是机器人控制程序设计必需的。

第三节　工业机器人传动系统设计

工业机器人传动系统设计的依据是速度及负载等基本技术参数以及所选择的驱动方式。在总体设计过程中，需要进行必要的运动及受力分析，以选定传动方式、传动元件及驱动器参数等。总体评价阶段，还要校核有关性能指标是否满足要求。

一、工业机器人的速度和加速度描述

1. 速度描述

对于回转关节，有

$$
\begin{aligned}
{}^0\boldsymbol{\omega}_i &= {}^0\boldsymbol{\omega}_{i-1} + {}^0\boldsymbol{R}_i\boldsymbol{e}_z\dot{\boldsymbol{q}}_i \\
{}^0\dot{\boldsymbol{p}}_i &= {}^0\dot{\boldsymbol{p}}_{i-1} + {}^0\boldsymbol{\omega}_{i-1} \times ({}^0\boldsymbol{R}_{i-1}\,{}^{i-1}\boldsymbol{P}_i)
\end{aligned}
\tag{4-11}
$$

对于直移关节，有

$$
\begin{aligned}
{}^0\boldsymbol{\omega}_i &= {}^0\boldsymbol{\omega}_{i-1} \\
{}^0\dot{\boldsymbol{p}}_i &= {}^0\dot{\boldsymbol{p}}_{i-1} + {}^0\boldsymbol{R}_i\boldsymbol{e}_z\,{}^{i-1}\dot{\boldsymbol{q}}_i + {}^0\boldsymbol{\omega}_{i-1} \times ({}^0\boldsymbol{R}_{i-1}\,{}^{i-1}\boldsymbol{P}_i)
\end{aligned}
\tag{4-12}
$$

其中，${}^0\boldsymbol{\omega}_i$ 是 Σ_i 坐标系在 Σ_0 坐标系的运动角速度，${}^0\dot{\boldsymbol{p}}_i$ 是 Σ_i 坐标系在 Σ_0 坐标系的运动线速度。$\dot{\boldsymbol{q}}_i$ 为关节 i 的运动速度，${}^0\boldsymbol{R}_i$ 为 Σ_i 在 Σ_0 的姿态阵，${}^{i-1}\boldsymbol{P}_i$ 为 Σ_i 原点在 $\Sigma_{(i-1)}$ 中的坐标矢量，$\boldsymbol{e}_z = [0 \quad 0 \quad 1]^{\mathrm{T}}$。

对于末端执行器，则有

$$
\begin{aligned}
{}^0\boldsymbol{\omega}_{\mathrm{m}} &= \sum_{i=1}^{n} {}^0\boldsymbol{R}_i\,\boldsymbol{e}_z\dot{\boldsymbol{q}}_i \\
{}^0\dot{\boldsymbol{p}}_i &= \sum_{j=1}^{n} \left[({}^0\boldsymbol{R}_j\,\boldsymbol{e}_z\dot{\boldsymbol{q}}_j) \times \sum_{i=j}^{n} ({}^0\boldsymbol{R}_i\,{}^i\boldsymbol{p}_{n+1}) \right]
\end{aligned}
\tag{4-13}
$$

若令

$$
\begin{aligned}
{}^0\boldsymbol{z}_i &= {}^0\boldsymbol{R}_i\boldsymbol{e}_z \\
{}^0\boldsymbol{p}_{i,\mathrm{m}} &= \sum_{j=i}^{n} {}^0\boldsymbol{R}_j\,{}^j\boldsymbol{p}_{j+1}
\end{aligned}
$$

则可将末端执行器的速度用矩阵形式表示为

$$
\boldsymbol{J}_v = [\boldsymbol{J}_{v1} \quad \boldsymbol{J}_{v2} \quad \cdots \quad \boldsymbol{J}_{vi} \quad \cdots \quad \boldsymbol{J}_{v\mathrm{m}}]
\tag{4-14}
$$

对于回转关节，有

$$
\boldsymbol{J}_{vi} = \begin{bmatrix} {}^0\boldsymbol{z}_i \times {}^0\boldsymbol{p}_{i,\mathrm{m}} \\ {}^0\boldsymbol{z}_i \end{bmatrix}
\tag{4-15}
$$

对于移动关节，有

$$
\boldsymbol{J}_{vi} = \begin{bmatrix} {}^0\boldsymbol{z}_i \\ 0 \end{bmatrix}
\tag{4-16}
$$

则机器人的速度方程式为

$$
\boldsymbol{v} = \boldsymbol{J}_v\dot{\boldsymbol{q}}
\tag{4-17}
$$

其中

$$
\begin{aligned}
\boldsymbol{v} &= [\boldsymbol{v}_x \quad \boldsymbol{v}_y \quad \boldsymbol{v}_z \quad \boldsymbol{\omega}_x \quad \boldsymbol{\omega}_y \quad \boldsymbol{\omega}_z]^{\mathrm{T}} \\
\dot{\boldsymbol{q}} &= [\boldsymbol{q}_1 \quad \boldsymbol{q}_2 \cdots \quad \boldsymbol{q}_i \quad \cdots \quad \boldsymbol{q}_n]^{\mathrm{T}}
\end{aligned}
$$

2. 加速度描述

对于回转关节，有

$$
\begin{aligned}
{}^0\dot{\boldsymbol{\omega}}_i &= {}^0\dot{\boldsymbol{\omega}}_{i-1} + {}^0\boldsymbol{R}_i\boldsymbol{e}_z\ddot{\boldsymbol{q}}_i + {}^0\boldsymbol{\omega}_{i-1} \times ({}^0\boldsymbol{R}_i\boldsymbol{e}_z\dot{\boldsymbol{q}}_i) \\
{}^0\ddot{\boldsymbol{p}}_i &= {}^0\ddot{\boldsymbol{p}}_{i-1} + {}^0\dot{\boldsymbol{\omega}}_{i-1} \times ({}^0\boldsymbol{R}_{i-1}\,{}^{i-1}\boldsymbol{p}_i) + {}^0\boldsymbol{\omega}_{i-1} \times [{}^0\boldsymbol{\omega}_{i-1} \times ({}^0\boldsymbol{R}_{i-1}\,{}^{i-1}\boldsymbol{p}_i)]
\end{aligned}
\tag{4-18}
$$

对于移动关节，有

$$^{0}\dot{\boldsymbol{\omega}}_i = {}^{0}\dot{\boldsymbol{\omega}}_{i-1}$$

$$\begin{aligned} {}^{0}\ddot{\boldsymbol{p}}_i = & {}^{0}\ddot{\boldsymbol{p}}_{i-1} + {}^{0}\boldsymbol{R}_i\boldsymbol{e}_z\ddot{\boldsymbol{q}}_i + 2{}^{0}\boldsymbol{\omega}_{i-1} \times ({}^{0}\boldsymbol{R}_i\boldsymbol{e}_z\dot{\boldsymbol{q}}_i) + \\ & {}^{0}\dot{\boldsymbol{\omega}}_{i-1} \times ({}^{0}\boldsymbol{R}_{i-1}{}^{i-1}\boldsymbol{p}_i) + {}^{0}\boldsymbol{\omega}_{i-1} \times [{}^{0}\boldsymbol{\omega}_{i-1} \times ({}^{0}\boldsymbol{R}_{i-1}{}^{i-1}\boldsymbol{p}_i)] \end{aligned} \tag{4-19}$$

则质心加速度为

$$^{0}\ddot{\boldsymbol{S}}_i = {}^{0}\ddot{\boldsymbol{p}}_i + {}^{0}\dot{\boldsymbol{\omega}}_i \times ({}^{0}\boldsymbol{R}_i{}^{i}\boldsymbol{S}_i) + {}^{0}\boldsymbol{\omega}_i \times [{}^{0}\boldsymbol{\omega}_i \times ({}^{0}\boldsymbol{R}_i{}^{i}\boldsymbol{S}_i)] \tag{4-20}$$

$^{0}\ddot{\boldsymbol{S}}_i$ 表示第 i 杆质心的加速度在 Σ_0 中度量，$^{i}\boldsymbol{S}_i$ 表示第 i 杆质心到 Σ_i 坐标原点的矢量在 Σ_i 中度量。加速度用于机器人动力学分析。

二、工业机器人的静力分析

机器人进行作业时，其末端执行器上将作用有工作阻力（力矩），而机器人中的各驱动器则对各运动关节施加驱动力矩，驱使操作机运动。此外，各杆件还将受到重力和惯性力的作用。当机器人在较低速度下工作时，惯性力常可略去不计。在不考虑惯性力的条件下，对操作机进行的力分析称为静力分析。当考虑惯性力的影响时，则称为动力分析。静力分析和动力分析是机器人操作机设计、控制器设计和动态仿真的基础。进行机器人操作机设计时，往往首先进行初步的静力分析，为操作机的方案和结构设计提供依据。

静力学矩阵描述如下式

$$\begin{bmatrix} {}^{B}F_C \\ {}^{B}M_C \end{bmatrix} = {}^{B}\boldsymbol{J}_C \begin{bmatrix} {}^{C}F_C \\ {}^{C}M_C \end{bmatrix} \tag{4-21}$$

$$^{B}\boldsymbol{J}_C = \begin{bmatrix} {}^{B}\boldsymbol{R}_C & 0 \\ {}^{B}\boldsymbol{P}_C \times {}^{B}\boldsymbol{R}_C & {}^{B}\boldsymbol{R}_C \end{bmatrix}$$

$$^{B}\boldsymbol{P}_C = \begin{pmatrix} 0 & -{}^{B}P_{Cz} & {}^{B}P_{Cy} \\ {}^{B}P_{Cz} & 0 & -{}^{B}P_{Cx} \\ -{}^{B}P_{Cy} & {}^{B}P_{Cx} & 0 \end{pmatrix}$$

式中　$^{B}\boldsymbol{J}_C$——静力学雅可比矩阵；

$^{B}P_{Cx}$、$^{B}P_{Cy}$、$^{B}P_{Cz}$——Σ_C 在 Σ_B 中的坐标值；

$^{C}F_C$、$^{C}M_C$——作用在 C 点的力和力矩在 Σ_C 中度量；

$^{B}F_C$、$^{B}M_C$——作用在 C 点的力和力矩在 Σ_B 中度量。

利用式（4-21）可以进行机器人静力学分析的力转换。

对于回转关节，有

$$M_i = {}^{0}\boldsymbol{z}_i^{\mathrm{T}}\,{}^{0}M_{\mathrm{m}} + ({}^{0}\boldsymbol{z}_i \times {}^{0}\boldsymbol{p}_{i,\mathrm{m}})^{\mathrm{T}}\,{}^{0}F_{\mathrm{m}} \tag{4-22}$$

对于移动关节，有

$$M_i = {}^{0}\boldsymbol{z}_i^{\mathrm{T}}\,{}^{0}F_{\mathrm{m}} \tag{4-23}$$

用式（4-22）和式（4-23）可以进行关节驱动力矩的计算，用于不考虑惯性力条件的电动机选择。

在速度分析及驱动力（力矩）分析的基础上，可进一步分析机器人各关节的驱动功率。

三、工业机器人的传动系统设计

机器人操作机是由若干个构件和关节（运动副）组成的多自由度空间机构，其运动都是由驱动器（多数情况下是采用各类电动机伺服驱动器）经各种机械传动装置减速后（若采用直接驱动系统，则不配置减速环节）驱动负载的。机器人中采用的传动装置与一般机械的传动装置在选用和设计计算方面基本相同，但在机器人传动装置中应尽可能做到结构紧凑、重量轻、转动惯量和体积小，在传动链中要考虑采用消隙措施，以提高机器人的运动和位置控制精度。在机器人中常用的机械传动机构有齿轮传动、蜗杆传动、滚珠丝杠传动、同步带传动、链传动、行星齿轮传动（包括摆线针轮传动）、谐波齿轮传动和钢带传动等。这里着重介绍谐波齿轮减速装置和钢带传动。

（一）谐波齿轮减速装置

1. 工作原理

谐波齿轮传动装置是由三个基本构件组成的，即具有内齿的刚轮 G、外齿容易变形的薄壁圆筒状柔轮 R 和波发生器 H，如图 4-14 所示。刚轮和柔轮上轮齿的齿形和齿距相同（齿形多用渐开线或三角形），但柔轮比刚轮少 2 个或几个齿。波发生器由一椭圆盘和一柔性滚珠轴承组成，如图 4-15 所示。也可以由一个转臂和几个滚子组成，如图 4-14 所示。通常波发生器为主动件，柔轮和刚轮之一为从动件，另一为固定件。

谐波齿轮传动的工作原理如图 4-14 所示，若刚轮 G 为固定件，波发生器 H 为主动件，柔轮 R 为从动件，则当将波发生器装入柔轮内孔时，由于波发生器两滚子外侧之间的距离略大于柔轮内孔直径，使原为圆形的柔

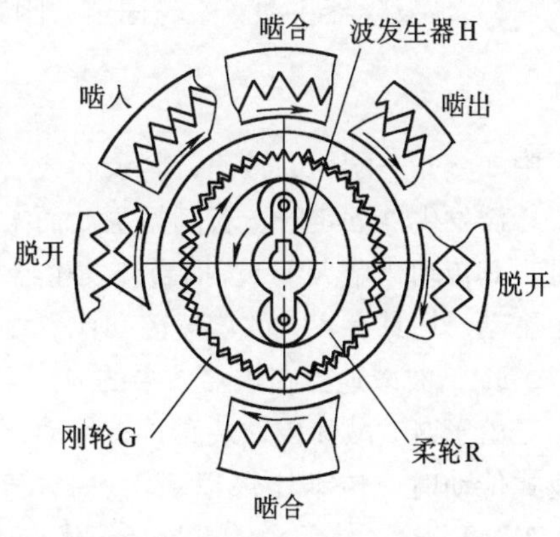

图 4-14　谐波齿轮传动啮合过程示意图

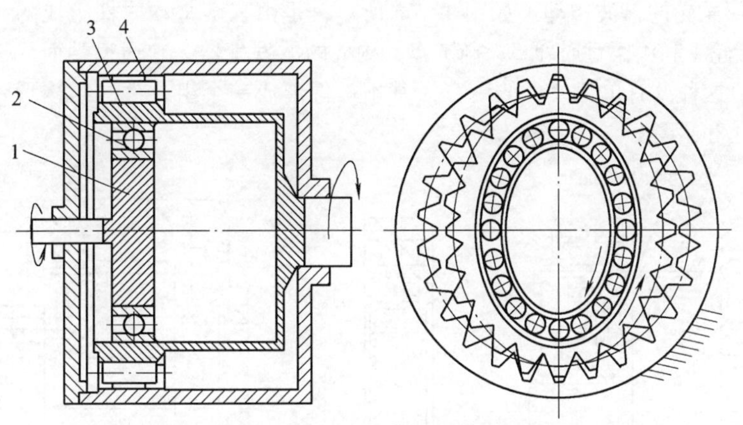

图 4-15　带杯形柔轮和椭圆盘波发生器的谐波齿轮减速器

1—椭圆盘波发生器　2—柔性轴承　3—柔轮　4—刚轮（外壳）

轮产生弹性变形成为椭圆，使其长轴两端的齿与刚轮齿完全啮合。同时，变形后柔轮短轴两端的齿则与刚轮齿完全脱开，其余各处的齿则视回转方向不同分别处于“啮入”或“啮出”状态，当波发生器连续回转时，啮入区和啮出区将随着椭圆长短轴相位的变化而依次变化。于是柔轮就相对于不动的刚轮沿与波发生器转向相反的方向作低速回转，柔轮长轴和短轴相位的连续变化，使柔轮的变形在其圆周上是连续的简谐波形，因此，这种传动称为谐波传动。若柔轮固定，刚轮从动，其工作过程完全相同，只是刚轮的转向与波发生器转向相同。

2. 传动比计算

如图 4-14 所示，波发生器有两个触头，产生两个啮合区，故称双波发生器，若波发生器有

三个触头，则可产生三个啮合区，此时称三波发生器。对双波传动，刚轮和柔轮的齿数差应为2，三波传动其齿数差应为3，由于结构上的原因，单波或三波以上的传动很少用。常用的是双波传动。从传动效率考虑和实际应用需要，常用的谐波传动可分以下两种情况。

1）波发生器主动、刚轮固定、柔轮从动时，波发生器与柔轮的减速传动比为

$$i_{HR}^{G}=\frac{n_H}{n_R}=-\frac{z_R}{z_G-z_R} \tag{4-24}$$

式中 z_G、z_R——刚轮和柔轮的齿数；

n_H、n_R——波发生器和柔轮的转速。

2）波发生器主动、柔轮固定、刚轮从动时，波发生器和刚轮的减速传动比为

$$i_{HG}^{R}=\frac{n_H}{n_G}=\frac{z_G}{z_G-z_R} \tag{4-25}$$

式中 n_G——刚轮的转速，其余同式（4-24）。

波发生器固定时，若刚轮主动而柔轮从动，其传动比略大于1；反之，柔轮主动而刚轮从动时，其传动比略大于1。而当波发生器从动时，无论是刚轮固定、柔轮主动，还是柔轮固定、刚轮主动，均具有较大的增速传动比。这几种方式在实际中很少使用。

3. 谐波减速器在机器人中的应用

由于谐波减速传动装置具有传动比大（一级谐波齿轮减速比范围为50～500，采用多级或复波式传动时，传动比可以更大）、承载能力强、传动精度高、传动平稳、效率高（一般可达0.70～0.90）、体积小、重量轻等优点，已广泛用于工业机器人中。

目前工业机器人中常用的谐波减速器有三种形式：

（1）带杯形柔轮的谐波传动 如图4-16a所示，是由三个基本构件组成的，带凸缘的环形刚轮6、杯形柔轮1和由柔性轴承5、椭圆盘4构成的波发生器，它通过端面牙嵌离合器3与输出轴套2相连。这种没有单独外壳的由三大基本构件形成一个组合件的结构形式，使传动装置的结构更为简化和紧凑。

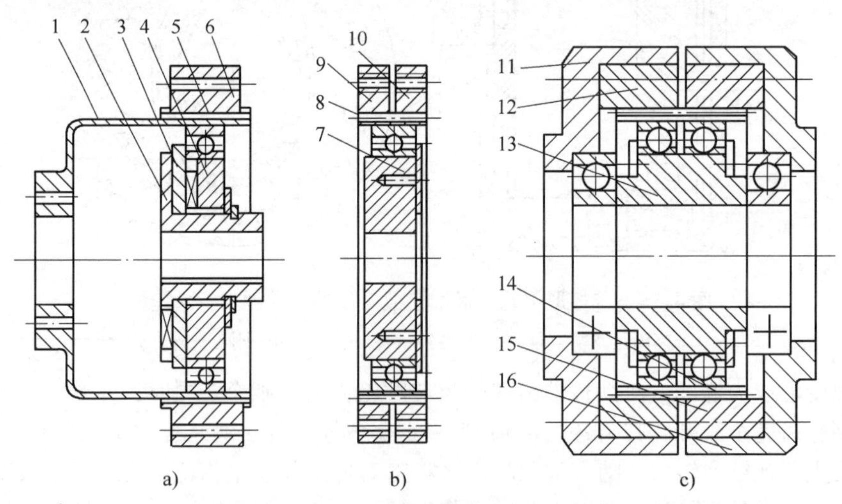

图4-16 谐波齿轮传动的三种结构形式

a）带杯形柔轮 b）带环形柔轮 c）带环形柔轮的外啮合式

1—杯形柔轮 2—轴套 3—端面牙嵌离合器 4—椭圆盘 5—柔性轴承

6、9、10、12、15—刚轮 7、13—波发生器 8、14—环形柔轮 11、16—壳体

(2) 带环形柔轮的外啮合复波式谐波传动

图4-17是这种外啮合复波式谐波传动原理简图。图中H为波发生器，G_1为第一级固定刚轮，G_2为第二级输出的活动刚轮，R_1和R_2为固连在一宽柔轮上的两个柔轮齿圈，在宽度上分别与刚轮G_1和G_2啮合。于是，波发生器H、柔轮R_1和刚轮G_1组成第一级谐波减速传动（波发生器主动、刚轮固定、柔轮从动）。而波发生器H、柔轮R_2和刚轮G_2组成第二级谐波减速传动（波发生器主动、柔轮相对固定、刚轮从动）。复波式谐波齿轮传动使用于大传动比、高精度的减速装置中，其特点是结构简单、传动比范围大、精度高，但齿间磨损较大，传动效率约为65%。

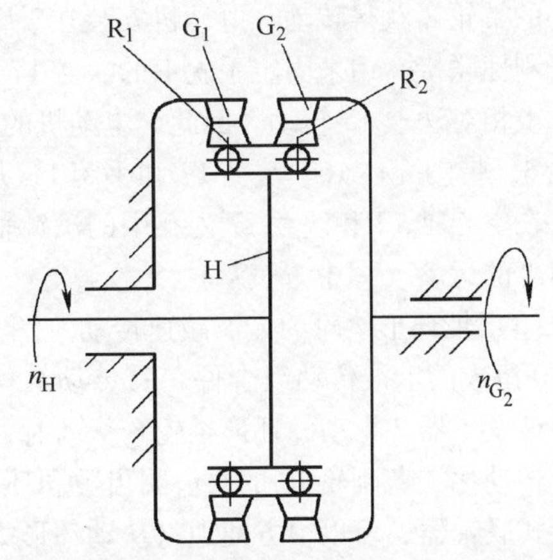

图4-17 外啮合复波式谐波传动的原理简图

图4-16c为复波式谐波减速传动装置组合件的结构图，图中12和15为刚轮，14和13分别为环形柔轮和波发生器，壳体11和16分别与两刚轮用螺钉联接，用来固定刚轮或构成刚轮的输出。

图4-18所示为一驱动机器人操作机手腕回转运动装置中的复波式谐波减速装置的结构。两个带齿圈的刚轮3和4同时与薄壁环形宽柔轮形成两个柔轮工作段13和14，宽椭圆盘和两个柔性轴承组成的波发生器6和空心轴12安装在轴承7上，并由电动机（图中未表示）通过同步带

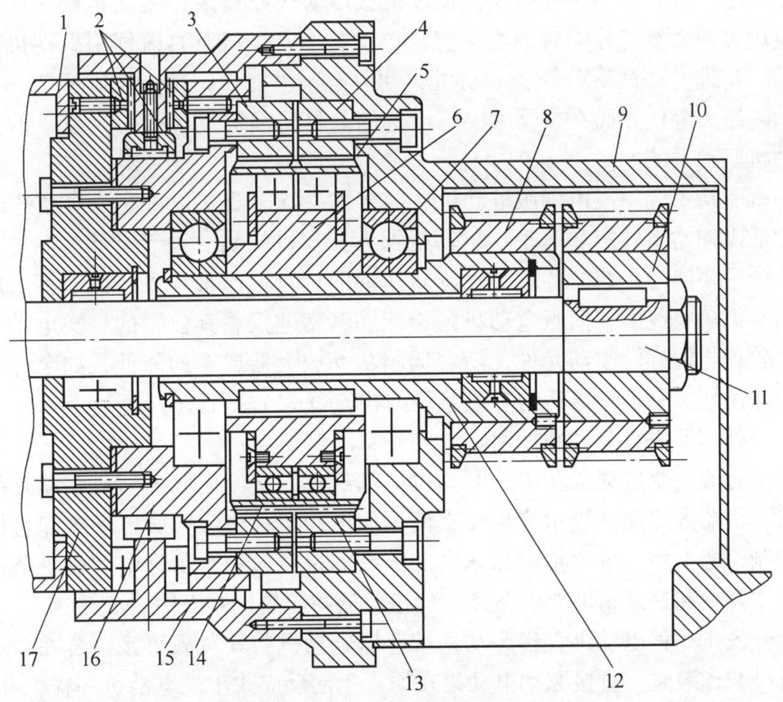

图4-18 带复波式谐波减速装置的传动结构

1—手腕 2—滚针轴承 3、4—刚轮 5—柔轮 6—波发生器 7—轴承
8、10—带轮 9—手臂壳体 11—传动轴 12—空心轴 13、14—柔轮工作段
15、17—法兰 16—壳体

传动的带轮8获得转动，电动机安装在手臂壳体9上，刚轮4和带环形导轨的法兰15与手臂壳体9刚性联接，用来固定手腕1的法兰17、壳体16与刚轮3刚性联接，并能在三个专用滚针轴承2上相对法兰15转动。因此，电动机的驱动运动经带轮8、空心轴12、波发生器6、柔轮5、刚轮3，带动壳体16、法兰17和手腕1，从而减速驱动手腕回转。

在空心轴12和法兰17内孔中的滚针轴承上安装有传动轴11，通过带轮10传递手腕第二个自由度的运动（图中未表示）。

（3）带环形柔轮的谐波减速传动　图4-16b所示是由波发生器7、环形柔轮8和两个刚轮9、10组成的谐波传动组合件，其传动结构与图4-16c的复波式外啮合传动类似，当刚轮9固定、波发生器7主动、环形柔轮8从动时，形成一级刚轮固定的谐波减速，利用式（4-24）计算其传动比。若刚轮10的内齿圈齿数同环形柔轮8的齿数相同，此时，齿轮副10和8变为一谐波齿式联轴器，可以很方便地将从动环形柔轮8的运动传递出去，使传动的轴向尺寸更加紧凑。

（二）钢带传动装置

在工业机器人中常用柔软且拉伸变形小的钢带传递运动，钢带传动结构简单，传动效率高，是无间隙传动，传动精度高。

四、驱动方式选择

工业机器人的驱动系统是带动操作机各运动副的动力源，常用的驱动方式包括电动机驱动、液压驱动、气动驱动三种。

（一）电动机驱动方式

电动机驱动是利用各种类型的电动机经过机械传动（或直接）驱动机器人操作机以获得各种运动。其应用类型大致可分为普通交、直流电动机驱动，以及直流伺服电动机驱动、交流伺服电动机驱动、步进电动机驱动等。电动机驱动因有不需能量转换、控制灵活、使用方便、噪声较低、起动转矩大等优点而在机器人中广泛选用。目前额定负载在1kN以下的工业机器人中大多采用电动机驱动系统。

伺服电动机驱动单元一般由伺服电动机、传感器、减速器（也可能没有减速装置）和制动器组成。它经输出轴输出转矩和运动，驱动机器人操作机的某一关节运动。在多关节型机器人的设计中，一个主要问题是控制各关节轴旋转运动的计算工作量很大，如果不采用计算机来进行运算和控制是无法完成的。伺服电动机是指能够精密地控制其位置的一类电动机，直流伺服电动机是一种较理想的旋转驱动元件，随着伺服功率放大器成本的降低，如今许多新设计的机器人大多选用通用性强，动作灵活的多关节型结构，每一个关节（即每一个自由度）采用一台电动机和一个微处理器进行驱动和控制。

在机器人中直流伺服电动机和步进电动机应用广泛，交流伺服电动机驱动是新近发展起来的，并已开始在机器人驱动系统中应用。直流伺服电动机、交流伺服电动机和直接驱动电动机都采用闭环控制，通常用于位置精度和速度要求高的机器人中；步进电动机主要用于开环控制系统，一般用于位置和速度精度要求不高、价格较低的简易机器人中。

国外近年开发了一种电动机直接驱动系统，即电动机与其负载直接耦合在一起，中间不需要配置任何机械减速装置。直接驱动电动机在原理上同反应式步进电动机一样，并无特殊变化，只是要求能实现低转速、高转矩。在结构上的特点是转子为一较薄的圆环，放置在内、外定子间，如图4-19所示。这样可以减小转子的转动惯量，增大转矩。这种驱动系统首先应用在平面多关节型（SCARA型）装配机器人中，由电动机直接驱动机器人关节轴，如图4-20所示。这种四自由度水平多关节机器人的大臂和小臂的回转运动均采用直接驱动。其大臂驱动系统如

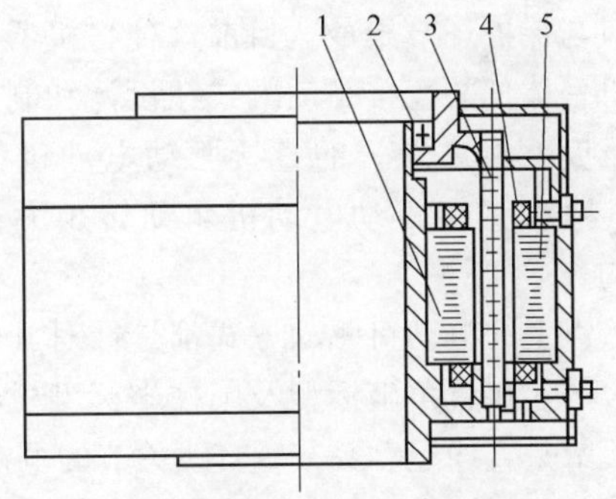

图 4-19　直接驱动电动机的双定子结构

1—内定子　2—轴承　3—转子
4—线圈　5—外定子

图 4-20a所示，直接驱动电动机的转子 7 直接安装在大臂回转轴 2 上，电动机转子直接带动大臂 1 作回转运动（θ_1）。同时，通过码盘传动齿轮 4 带动码盘 3 旋转，输出大臂回转角度的反馈信号。小臂驱动统如图 4-20b 所示，另一台直接驱动电动机的转子 16 安装在小臂驱动轴 13 上，小臂驱动轴 13 通过安装在其上的主动鼓轮 12、钢带 18、从动鼓轮 19 将运动传递到小臂回转轴，带动小臂 9 回转（θ_2）。通过码盘传动齿轮 10 将小臂的回转运动传到小臂的码盘 11，输出小臂回转角度的反馈信号。大臂、小臂直接驱动电动机的详细安装结构如图 4-20c 所示，采用这种直接驱动系统简化了机器人的传动结构。直接驱动伺服系统的组成如图 4-21 所示，它主要由低转速、高转矩的 DD 电动机，以及高精度、高分辨率的角度传感器和速度检测装置，响应快速的功率放大器，高性能的位置伺服控制器和计算机

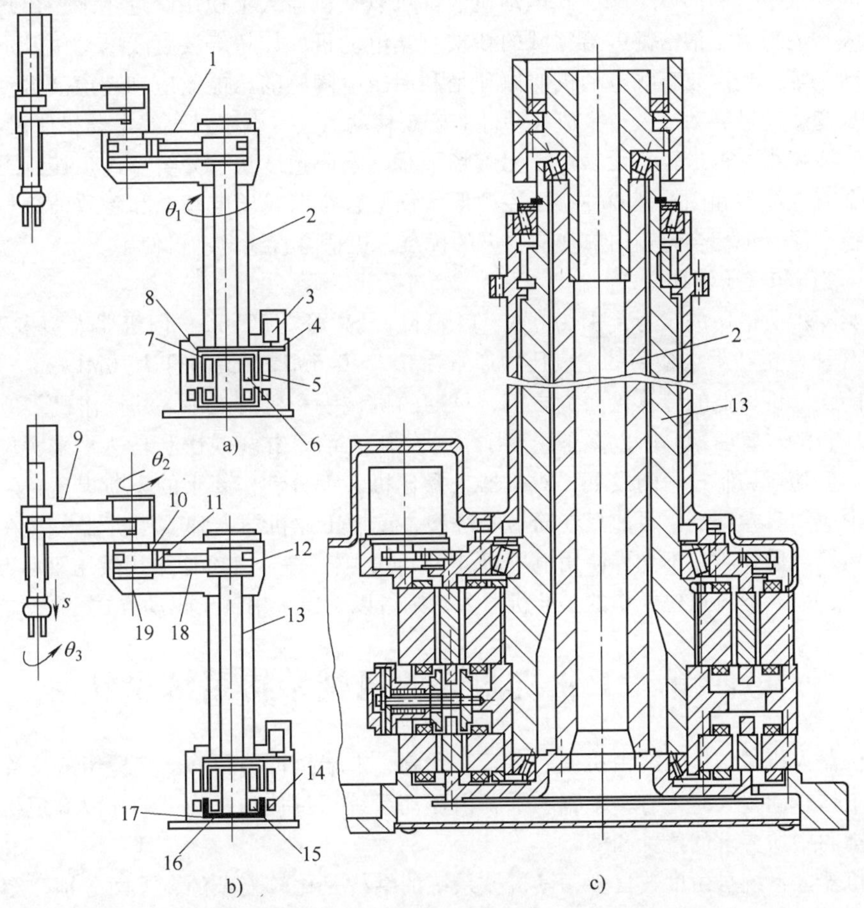

图 4-20　Adept One 工业机器人的直接驱动结构

1—大臂　2—大臂回转轴　3、11—码盘　4、10—码盘传动齿轮
5、14—外定子　6、15—内定子　7、16—转子　8、17—标定环　9—小臂
12—主动鼓轮　13—小臂驱动轴　18—钢带　19—从动鼓轮

接口与保护环节组成。目前这种将机器人结构与电动机一体化的直接驱动方式在设计和制造上仍有一定难度。独立形式的直接驱动电动机使用上更方便，这种直接驱动电动机驱动转矩大，不需减速机构。

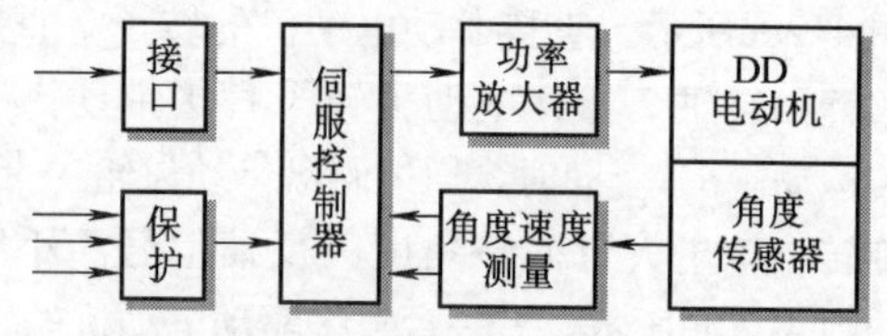

图4-21　直接驱动伺服系统的组成

以上的电动机驱动方式都是针对旋转运动关节而言的。在直角坐标型及圆柱坐标型机器人中，有些关节是直线运动关节，直线关节的电动机驱动方式可以采用如下两种方式：

1）用旋转电动机，经减速机构减速进行转矩放大（若采用直接驱动电动，可不需减速机构），再通过旋转运动变直线运动机构（如丝杠螺母、齿轮齿条、连杆机构等）驱动直线关节作直线运动，结构复杂、尺寸大。

2）采用直线电动机，不需传动机构，直接驱动关节作直线运动，结构简单、紧凑，对机器人的直线运动关节尤为适合。关于直线电动机，第二章第五节机床进给系统中，已经介绍了在机床上应用比较多的感应式直线交流伺服电动机和永磁式直线交流伺服电动机，此外还有直线直流伺服电动机。它们都属于电磁式电动机，都可以在机器人上使用。近年来还出现了应用于微型机器人、灵巧手、精密微进给领域的新型直线电动机，如超声波直线电动机及形状记忆合金直线电动机等。超声波直线电动机的原理是利用压电陶瓷的压电效应和超声波振动，将弹性材料的微观变形通过振动放大转换成移动件的宏观移动，具有电磁式直线电动机所没有的优点：结构简单、体积小、重量轻、无噪声、无磁场干扰、响应速度快、分辨率高、控制方便等。形状记忆合金有温控型和磁控型两种，磁控型形状记忆合金兼具压电陶瓷和磁致伸缩材料响应频率快和温控型形状记忆合金输出应变应力大的优点，更适合直线电动机使用。

（二）液压和气压驱动方式

液压驱动中所使用的压力范围为0.5～14MPa，最高可达30MPa，但机器人中多采用0.6～7MPa。气压驱动的机器人使用的空气压力通常为0.4～0.6MPa，最高可达10MPa。

在功能强、价格低的计算机面世之前，早期的机械手和机器人中，其操作机多应用连杆机构中的导杆、滑块、曲柄，所以多采用液压（或气压）活塞缸（或摆动马达）来实现其直线和旋转运动。但随着控制技术的发展，对机器人操作机各部分动作要求的不断提高，电动机驱动在机器人中应用日益广泛。目前只在简易经济型、重型工业机器人和喷漆机器人（在喷漆环境中，存在易爆可燃物质，不允许使用电压超过9V的电器）中，才考虑采用液压驱动方式。对轻负荷的搬运，上、下料点位操作的工业机器人，则可以考虑采用气压驱动方式。

第四节　工业机器人的机械结构系统设计

工业机器人机械结构系统由机座、手臂、手腕、末端执行器和移动装置组成。移动装置只在要求的工作空间很大时才有。手臂、手腕由驱动系统通过传动机构带动，以实现机器人末端执行器在空间中所要求的位置和姿态。

由于机器人系统自由度数目多，其机械系统的结构是比较复杂的，下面分别介绍工业机器人的机座、手臂、手腕以及末端执行器的结构特点和设计。

一、工业机器人的手臂和机座

工业机器人的手臂由动力关节和连接杆件构成，用以支承和调整手腕和末端执行器的位置。

手臂部件一般具有2~3个自由度（回转、俯仰、升降或伸缩），包括驱动装置、传动机构、定位导向装置、支承连接件和检测元件等，手臂部件自身质量较大，还要承受手腕、末端执行器和工件的重力，以及在运动中产生的动载荷，故其受力情况较复杂。手臂结构形式应根据其自由度数、运动形式、承受的载荷和运动精度要求等因素来确定。机器人手臂通常支承在机座上，机座主要有回转机座和升降机座两种，用以实现手臂的整体回转或升降，机座可视为一种特殊的手臂。

（一）设计要求

1. 手臂结构设计要求

1）手臂的结构和尺寸应满足机器人完成作业任务提出的工作空间要求。工作空间的形状和大小与手臂的长度、手臂关节的转角范围密切相关（关于工作空间问题已在本章第二节中讨论了）。

2）根据手臂所受载荷和结构的特点，合理选择手臂截面形状和高强度轻质材料。例如，常采用空心的薄壁矩形框体或圆管，以提高其抗弯刚度和抗扭刚度，减轻自身的重量。空心结构内部可以方便地安置机器人的驱动系统。

3）尽量减小手臂质量和相对其关节回转轴的转动惯量和偏心力矩，以减小驱动装置的负荷，减少运转的动载荷与冲击，提高手臂运动的响应速度。

4）要设法减小机械间隙引起的运动误差，提高运动的精确性和运动刚度。采用缓冲和限位装置提高定位精度。

2. 机座结构设计要求

1）要有足够大的安装基面，以保证机器人工作时的稳定性。

2）机座承受机器人全部重力和工作载荷，应保证足够的强度、刚度和承载能力。

3）机座轴系及传动链的精度和刚度对末端执行器的运动精度影响最大。因此机座与手臂的联接要有可靠的定位基准面，要有调整轴承间隙和传动间隙的调整机构。

（二）典型结构

机器人手臂的结构随其机械结构类型和驱动系统类型的不同而有很大差别。在机器人采用的驱动系统中，液压驱动技术比较成熟，具有动力大、易于实现直接驱动等优点，但由于需要能量转换而效率较低，且液体易泄漏造成污染。近年来只用于少数负荷在1kN以上大型机器人中。气动驱动系统具有快速、结构简单、价格低、维修方便等特点，但运转平稳性差，难于实现伺服控制，多用于中、小负荷的顺序控制机器人中，如冲压上、下料机器人。电动机驱动系统由于采用低转动惯量、大转矩交直流伺服电动机及其配套的伺服驱动器，又具有不需能量转换、使用方便、控制灵活等特点，故虽有需配置精密的传动机构、成本较高的缺点，但由于优点较突出，因而在机器人中被广泛选用。

1. 液压驱动圆柱坐标型机器人手臂结构

图4-22所示为一具有手臂伸缩、回转和升降三个运动（自由度）的圆柱坐标型手臂。手臂伸缩运动由液压缸2驱动，活塞杆1固定不动，采用燕尾型导轨5导向，刚度大，工作平稳。手臂回转运动采用摆动液压马达11驱动，摆动液压马达的输出轴上安装有行星齿轮9，固定齿圈（太阳轮）7与中间机座6固联，摆动液压马达固定在手臂支架4上。当摆动液压马达动片转动时，行星齿轮9绕自身轴线转动（自转）的同时，还带动手臂支架一起绕中间机座（即太阳轮）回转（公转）。利用挡块8和行程开关10进行定位。其运动计算公式为

$$\varphi_4 = \varphi_9\left(\frac{z_9}{z_9 + z_7}\right) \tag{4-26}$$

式中 φ_4——手臂回转角；

φ_9——行星齿轮9的自转角（即摆动液压马达动片的转角）；

z_9——行星齿轮9的齿数；

z_7——固定齿圈7的齿数。

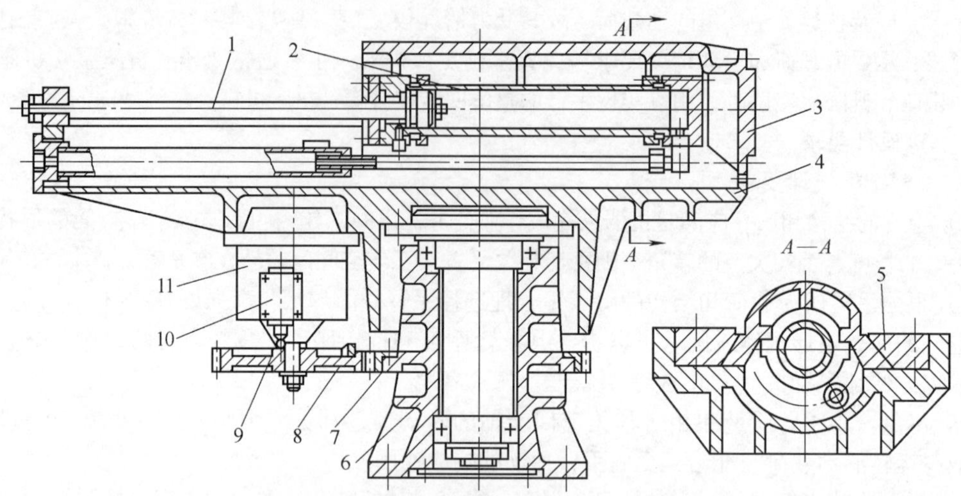

图4-22　液压驱动圆柱坐标型机器人手臂

1—活塞杆　2—液压缸　3—手臂端部　4—手臂支架　5—导轨　6—中间机座　7—固定齿圈（太阳轮）　8—挡块　9—行星齿轮　10—行程开关　11—摆动液压马达

在中间机座6的下面配置有升降液压缸，实现手臂的升降运动，手臂支架4的前端配置有手腕和末端执行器（图4-22中均未画出）。

2. 电动机驱动机械传动圆柱坐标型机器人手臂和机座结构

图4-23所示为GMF M-100型机器人手臂。其手臂的升降运动和伸缩运动都是采用双圆柱导轨导向和直流伺服电动机驱动滚珠丝杠来实现直线移动的。手臂回转运动是由位于机器人底部的回转机座来实现的。球坐标型和关节型机器人都配置有实现回转运动的机座。

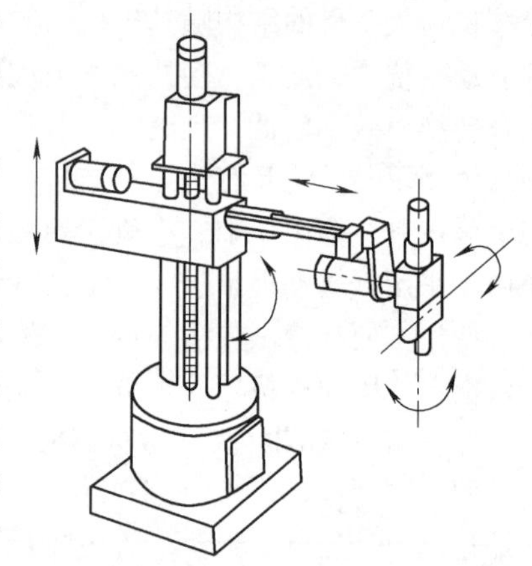

图4-23　GMF M-100型机器人手臂

图4-24所示为一种采用环形轴承的机器人机座支承结构。它由电动机7直接驱动一杯形柔轮谐波减速器。这种谐波减速器只有刚轮1、柔轮2和谐波发生器8三大件，而无单独的外壳（这种结构有利于传动系统的小型化、轻量化）。由柔轮2输出低速的回转运动，带动与之相固联的机座回转壳体5，实现手臂的回转运动。同步带传动4和位置传感器3是用来检测手臂机座角位移的。采用环形轴承6作为机座的支承元件，这是为机器人研制的专用轴承，具有宽度小、直径大、精度高、刚度大、承载能力高（可承受径向力、轴向力和倾覆力矩）、装置方便等特点，但价格较高。这种环形轴承的滚动元件可以是滚球，也可以是滚子。

图4-24中所用的轴承为薄壁密封4点接触球轴承。图4-25所示为薄壁密封交叉滚子轴承的安装方式。许多机器人都采用这种轴承作为机座的支承元件。图4-26所示为采用普通轴承作支承元件的机座支承结构。这种结构中有制造简单、成本低、安装调整方便等优点，但机座轴向尺寸过大缺点十分突出。图中电动机6经谐波减速器7、主动小齿轮8、中间齿轮9和大齿轮10驱动关节轴5（连同手臂2一起）旋转，机座4则安装在机器人的基座11上，电动机3驱动手臂2运动。

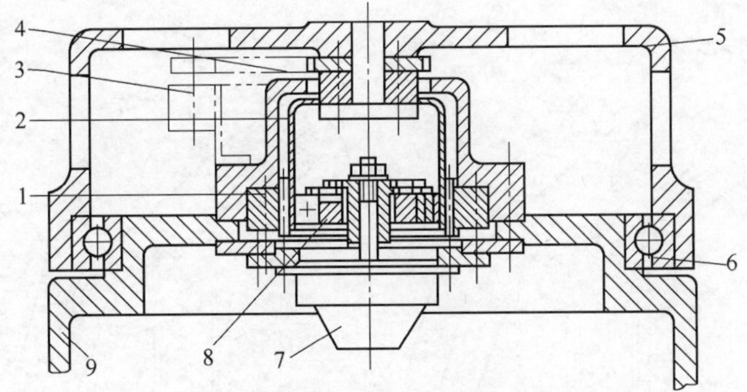

图 4-24 采用环形轴承的机器人机座支承结构

1—刚轮 2—柔轮 3—位置传感器 4—同步带传动 5—壳体 6—环形轴承 7—电动机 8—谐波发生器 9—支座

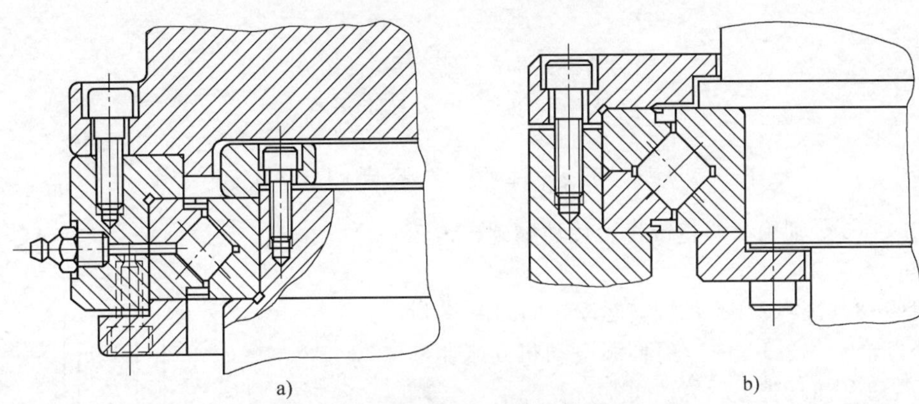

图 4-25 薄壁密封交叉滚子轴承的安装方式

a) 轴承外圈回转 b) 轴承内圈回转

3. PUMA 机器人手臂的结构

PUMA 机器人是直流伺服电动机驱动的六自由度关节型机器人。如图 4-27 所示，其大臂和小臂是用高强度铝合金材料制成的薄壁框形结构，其运动都是采用齿轮传动，传动刚性较大。驱动大臂的传动机构如图 4-27a 所示，大臂 1 的驱动电动机 7 安置在臂的后端（起配重平衡作用），运动经电动机轴上的小锥齿轮 6、大锥齿轮 5 和一对圆柱齿轮 2、3，驱动大臂轴作转动 θ_2。偏心套 4 用来调整齿轮传动间隙。

图 4-27b 所示为驱动小臂 17 的传动机构。驱动装置安装在大臂 10 的框形臂架上，驱动电动机 11 也安置在大臂的后端，经驱动轴 12，锥齿轮 9、8，圆柱齿轮 14、15，驱动小臂轴作转动 θ_3。

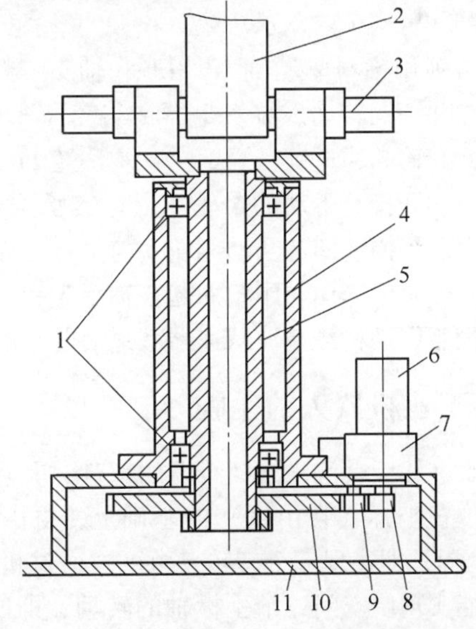

图 4-26 采用普通轴承作支承元件的机座支承结构

1—轴承 2—手臂 3、6—电动机 4—机座 5—关节轴 7—谐波减速器 8—主动小齿轮 9—中间齿轮 10—大齿轮 11—基座

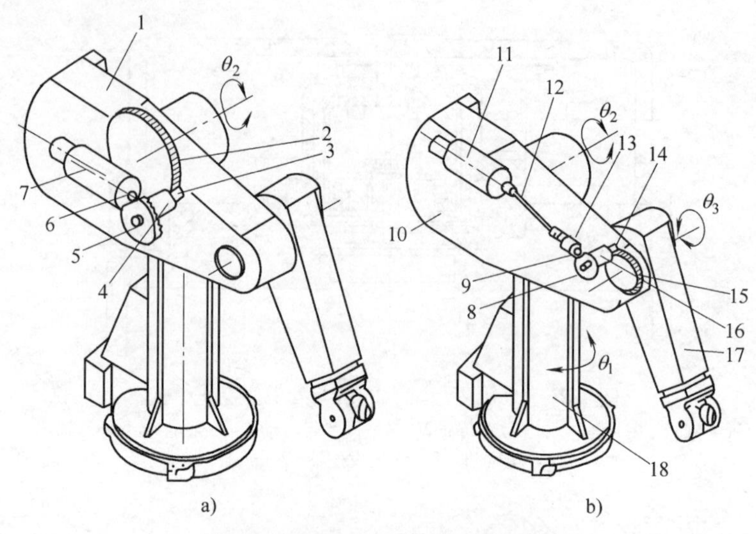

图 4-27　PUMA 机器人手臂的结构

a）大臂驱动机构　b）小臂驱动机构

1、10—大臂　2、3、14、15—圆柱齿轮　4、13、16—偏心套　5—大锥齿轮　6—小锥齿轮　7、11—驱动电动机　8、9—锥齿轮　12—驱动轴　17—小臂　18—机座

偏心套 13 和 16 分别用来调整锥齿轮传动和圆柱齿轮传动间隙。

其机座 18（图 4-27b）的回转运动 θ_1 如图 4-28 所示，是经齿轮 5、4、3 和 1，由伺服电动机 6 来驱动的，偏心套 2 用来调整齿轮传动间隙。

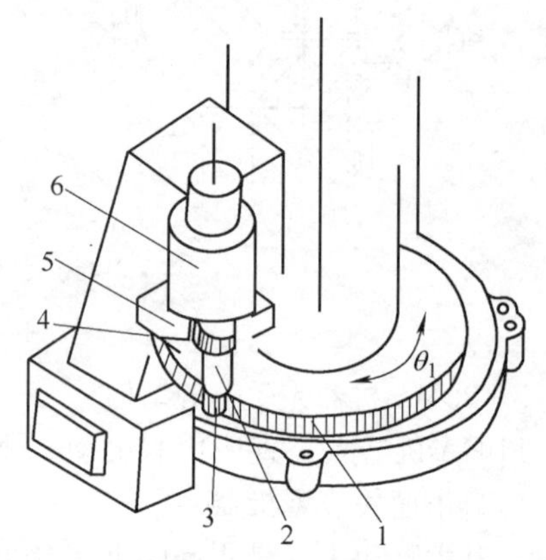

图 4-28　PUMA 机器人机座的结构

1、3、4、5—齿轮　2—偏心套　6—伺服电动机

4. 带谐波减速器的机器人手臂关节结构

图 4-29 为机器人手臂回转驱动装置的结构，该装置直接安装在臂座 1 的支承法兰 2 和 11 上。驱动电动机 4 的输出轴用键与驱动轴 10 相联；轴 10 与套筒 8 用键联接，并一同转动。波发生器 7 与套筒 8 用法兰刚性联接，套筒 8 通过键与固定在支承法兰 11 上的电磁制动器 9 相联接。不动的柔轮 5 通过支承法兰 2 固定在臂座上。带内齿圈的从动刚轮 6 与手臂壳体 13 相固联。因此，手臂壳体与刚轮一起在轴承 3 和 12 上转动。这种伺服电动机经谐波减速器减速后驱动的手臂关节结构紧凑，手臂的转角范围较大。

二、工业机器人的手腕

手腕是连接手臂和末端执行器的部件，其功能是在手臂和机座实现了末端执行器在作业空间的三个位置坐标（自由度）的基础上，再由手腕来实现末端执行器在作业空间的三个姿态（方位）坐标，即实现三个旋转自由度。通过机械接口，连接并支承末端执行器。如图 4-30 所示，手腕能实现绕空间三个坐标轴的转动，即回转运动（θ）、左右偏摆运动（φ）和俯仰运动（β）。当有特殊需要时，还可以实现小距离的横向移动。手腕的自由度越多，结构和控制越复杂。因此，应根据机器人的作业要求来决定其应具有的自由度数目。在多数情况下，手腕具有一两个自由度即可满足作业要求。

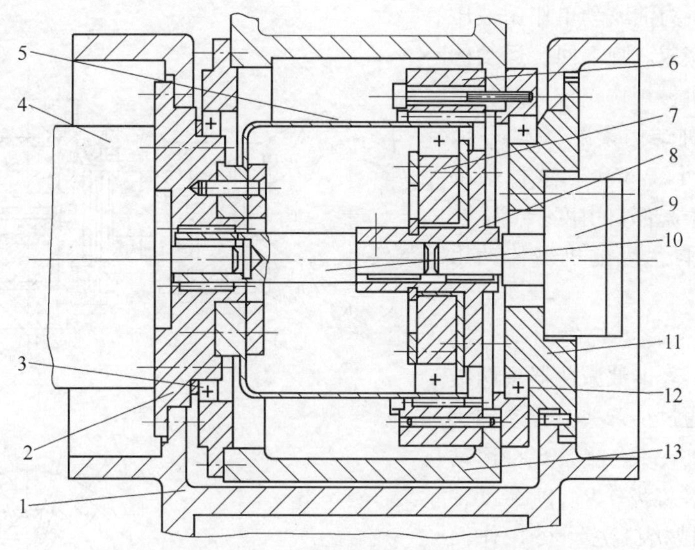

图 4-29　带谐波减速器的机器人手臂关节结构

1—臂座　2、11—法兰　3、12—轴承　4—驱动电动机　5—柔轮　6—从动刚轮
7—波发生器　8—套筒　9—电磁制动器　10—驱动轴　13—手臂壳体

（一）设计要求

对工业机器人手腕设计的要求有：

1）由于手腕处于手臂末端，为减轻手臂的载荷，应力求手腕部件的结构紧凑，减小其质量和体积。为此腕部机构的驱动装置多采用分离传动，将驱动器安置在手臂的后端。

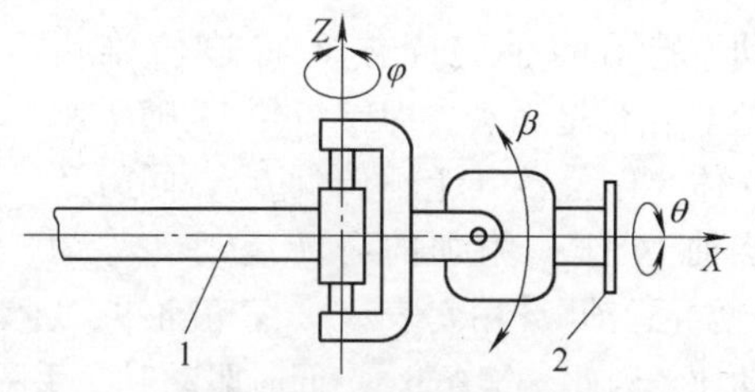

图 4-30　手腕的自由度

1—手臂　2—机械接口

2）手腕部件的自由度越多，各关节角的运动范围越大，其动作的灵活性越高，机器人对作业的适应能力也越强。但增加手腕自由度，会使手腕结构复杂，运动控制难度加大。因此，设计时，不应盲目增加手腕的自由度数。通用的机器手手腕多配置三个自由度，某些动作简单的专用工业机器人的手腕，根据作业实际需要，可减少其自由度数，甚至可以不设置手腕，以简化结构。

3）为提高手腕动作的精确性，应提高传动的刚度，应尽量减少机械传动系统中由于间隙产生的反转回差。如齿轮传动中的齿侧间隙、丝杠螺母中的传动间隙、联轴器的扭转间隙等。对分离传动采用链、同步带传动或传动轴。

4）对手腕回转各关节轴上要设置限位开关和机械挡块，以防止关节超限造成事故。

（二）手腕的结构

由于作业要求的不同，手腕的自由度数及其配置也会有不同，在拟定手腕驱动装置的结构方面也会有差异，因此手腕的结构形式繁多，下面介绍其中几种典型结构。

1. 用摆动液压马达驱动实现回转运动的手腕结构

如图 4-31 所示的手腕结构，压力油从手腕的右下部经管道（两条）分别由进（排）油孔 3 和 7 进入（排出）液压马达，进入的压力油驱动动片 6 作正、反方向回转，当定片 5 与动片 6 侧面接触时，即停止回转。动片的最大回转角度由其接触位置决定。夹持器的夹持动作，则由经油路2进入的压力油驱动单作用液压马达的活塞1来完成。腕部回转运动的位置控制可采用机械挡块定位，用位置检测器检测。这种结构紧凑、体积小，但最大回转角度小于360°，这种腕部结构只能实现一个腕部自由度。

2. 具有两个自由度的机械传动手腕结构

如图4-32所示，手腕的驱动电动机安装在大臂上，经谐波减速器用两级链传动，将运动通过小臂关节传递到手腕轴10上的链轮4、5。链条6将运动经链轮4、轴10和锥齿轮9、11带动轴14（其上装有机械接口法兰15）作回转作动（θ_1），链条7将运动经链轮5直接带动手腕壳体8实现上下俯仰摆动（β）。当链条6和链轮4不动，使链条7和链轮5单独转动时，由于轴10不动，转动的手腕壳体8将迫使锥齿轮11作行星运动，即锥齿轮11随手腕壳体8作公转（上下俯仰β），同时还绕轴14作一附加的自转运动（称为"诱导运动"，用θ_2表示）。若齿轮9、11为正交锥齿轮传动，则$\theta_2 = i\beta$，i为锥齿轮9、11的传动比。因此，链条6、7同时驱动时，手腕的回转运动应是$\theta = \theta_1 \pm \theta_2$，当链轮4的转向与$\beta$转向相同时用"－"，相反时用"＋"。

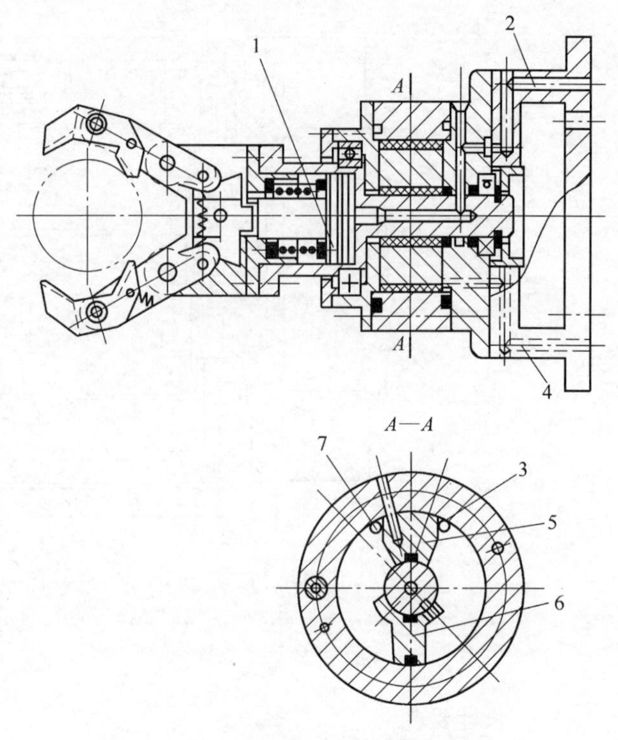

图4-31 摆动液压马达驱动的手腕

1—活塞 2、4—油路 3、7—进（排）油孔 5—定片 6—动片

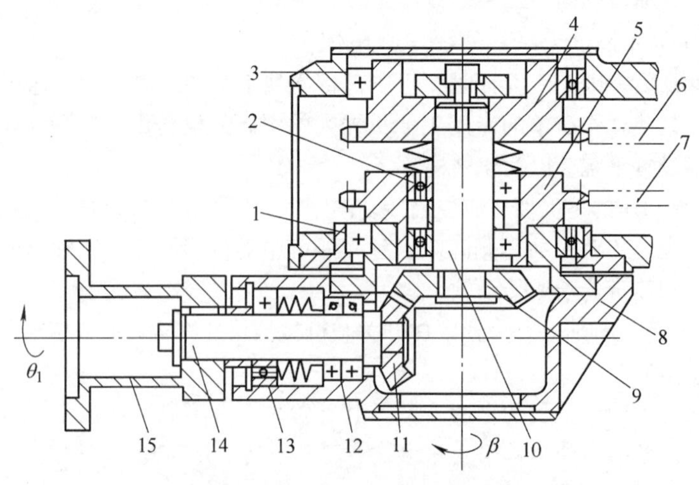

图4-32 两自由度机械传动手腕

1、2、3、12、13—轴承 4、5—链轮 6、7—链条 8—手腕壳体

9、11—锥齿轮 10、14—轴 15—机械接口法兰

3. 具有三个自由度的机械传动手腕结构

图 4-33 所示为三自由度机械传动手腕结构。驱动手腕运动的三个电动机安装在手臂后端；减速后经传动轴将运动和力矩传给 B、S、T 三根轴（图中未详细表示，与图 4-36a 所示结构类似），产生手爪回转、手腕偏摆和手腕俯仰三个运动。现分析如下：

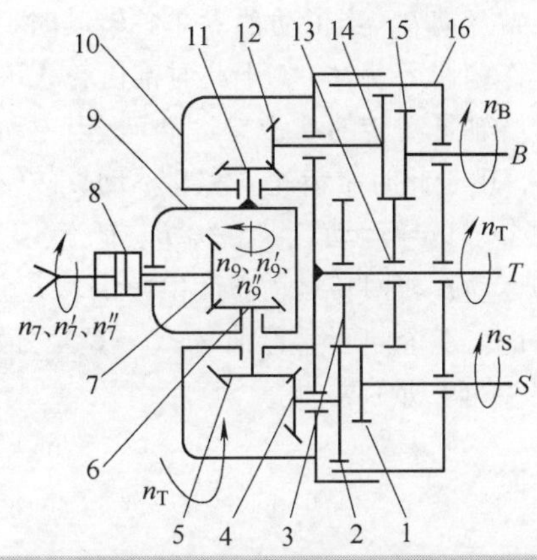

图 4-33　三自由度机械传动手腕结构简图

1、2、3、4、5、6、7、11、12、13、14、15—齿轮　8—手爪　9、10、16—壳体

（1）手爪回转运动　如图 4-33 所示，当 B、T 轴不动，S 轴以 n_S 转动时，经齿轮 1、3、2、4、5、6 将回转运动传给手爪 8 轴上的锥齿轮 7，实现手爪的回转运动 n_7（转向如图示），其计算公式为

$$n_7=\frac{z_1z_4z_6}{z_2z_5z_7}n_S$$

（2）手腕偏摆运动及其诱导运动　当 B、S 轴不动，T 轴以 n_T 转动时，直接驱动回转壳体 10 绕 T 轴转动，实现手腕的偏摆运动 n_T。由于壳体 10 转动，则齿轮 2、14 成为行星齿轮，壳体 10 成为行星架（转臂），齿轮 2 和 3、13 和 14 连同壳体（行星架）10，构成两行星轮系。因而由行星齿轮 2 和 14 的自转运动诱导出附加的手爪回转运动 n'_7 和手腕俯仰运动 n'_9，其计算公式为

$$n'_7=\frac{z_6z_4z_3}{z_7z_5z_2}n_T$$

$$n'_9=\frac{z_{12}z_{13}}{z_{11}z_{14}}n_T$$

（3）手腕俯仰运动及其诱导运动　当 S、T 轴不动，B 轴以 n_B 转动时，经齿轮 15、13、14、12 将运动传给锥齿轮 11，驱动壳体 9 实现俯仰运动 n_9（转向如图示），其计算公式为

$$n_9=\frac{z_{12}z_{15}}{z_{11}z_{14}}n_B$$

由于壳体 9 的转动，也将引起锥齿轮 7 作行星运动。由 n_9 诱导出锥齿轮 7 的自转运动 n''_7 为

$$n''_7=\frac{z_6z_{12}z_{15}}{z_7z_{11}z_{14}}n_B$$

同理，由 n'_9 诱导出的锥齿轮 7 的自转运动 n'''_7 为

$$n'''_7=\frac{z_6z_{12}z_{13}}{z_7z_{11}z_{14}}n_T$$

这里诱导运动的回转方向，读者可自行判断。在进行手腕的运动计算和控制系统设计时，必须考虑这种诱导运动的影响。

4. 偏置三自由度机械传动手腕结构

图 4-34b 为由锥齿轮传动所构成的三自由度手腕机构简图，图 4-34a 为该装置外观图。当主动轴 A 单独转动时，运动经锥齿轮 1、2、3 及 4 驱动机械接口法兰 5 绕轴Ⅲ

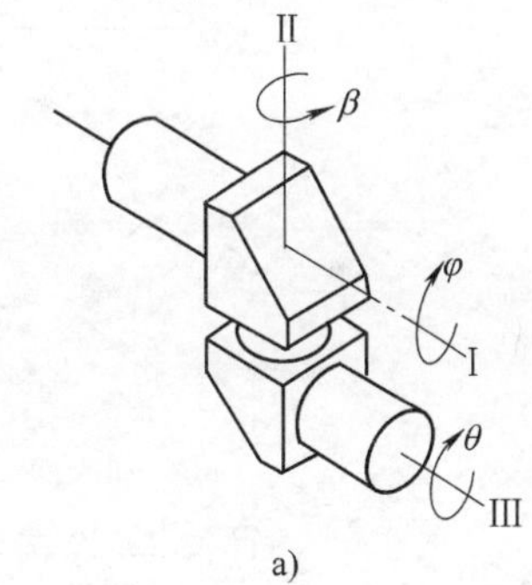

a)

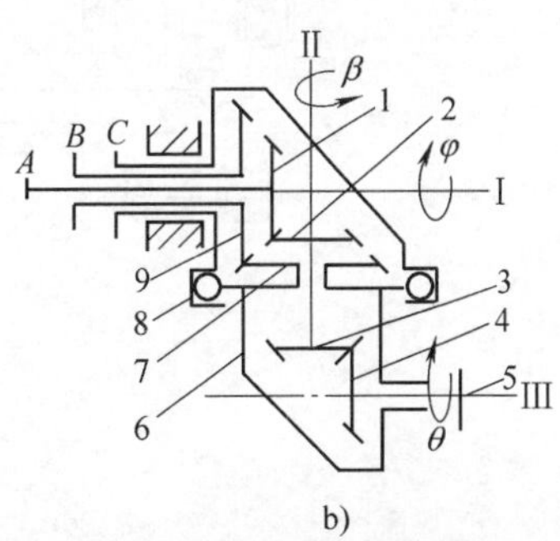

b)

图 4-34　偏置三自由度机械传动手腕

a）装置外观图　b）传动机构简图

1、2、3、4、7、9—锥齿轮

5—机械接口法兰　6—壳体

8—手腕架

作回转运动 θ。当主动轴 B 单独转动时，运动经锥齿轮 9、7 带动壳体 6 旋转，使末端执行器绕轴Ⅱ作俯仰运动 β。由于此时锥齿轮 3 不动，锥齿轮 4 被迫作行星运动。其自转运动即为末端执行器绕轴Ⅲ回转的“诱导运动”。当主动轴 C 单独转动时，则带动整个手腕架 8 绕轴Ⅰ作偏摆运动 φ，由于此时锥齿轮 1 和 9 不动，故锥齿轮 2 和 7 将作行星运动，从而产生分别绕轴Ⅱ和轴Ⅲ的两个“诱导运动”。当 A、B、C 三主动轴同时驱动时，这三个“诱导运动”将分别对手腕的俯仰运动 β 和回转运动 θ 产生影响，其分析计算与上例相似，在运动计算和控制系统设计时必须考虑。三个同心套管轴 A、B、C 是分别由安装在小臂后端的三个电动机驱动的，其配置方式与图 4-35b 所示类似。

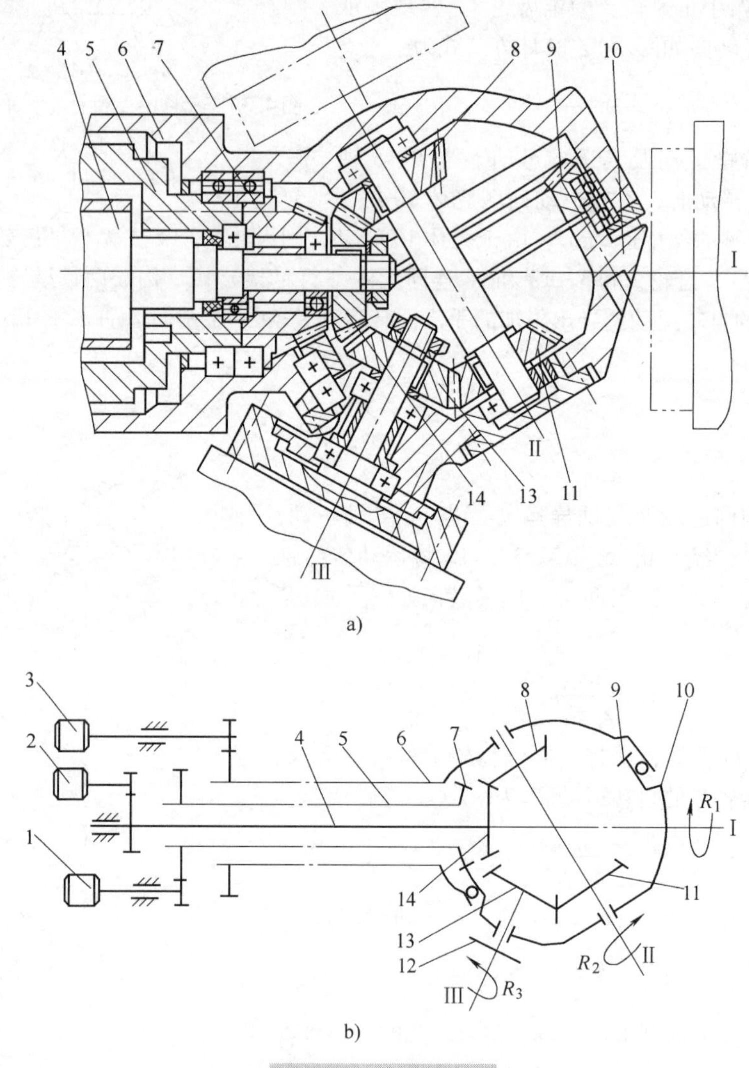

图 4-35　三转轴手腕

a）手腕结构装配图　b）手腕传动机构简图

1、2、3—电动机　4、5、6—空心传动轴　7、8、9、11、13、14—锥齿轮　10—壳体　12—机械接口法兰

5. CINCINNATI MILACRON 公司的三转轴手腕结构

图 4-35a 所示为三转轴手腕结构装配图，4-35b 所示为手腕传动机构简图。采用互相叠套在一起的三个空心传动轴 4、5 和 6，分别传递由电动机 1、2 和 3 驱动，经齿轮传动减速的三个运

动和力矩。空心传动轴 6 直接带动手腕外壳实现绕手腕轴Ⅰ的旋转运动 R_1，空心传动轴 5 经锥齿轮 7 和 9，驱动壳体 10 实现绕轴Ⅱ的旋转运动 R_2，空心传动轴 4 经两对锥齿轮 14、8 和 11、13 驱动手腕的机械接口法兰 12，实现绕轴Ⅲ的旋转运动 R_3，从而实现手腕的三个自由度。三个旋转运动的轴线相交于一点，因而其运动可看成是一个三自由度的空间球面运动副，具有结构紧凑、手腕动作灵活、简化运动学计算和便于控制等特点。与前面几种手腕结构类似，传动中将产生"诱导运动"。由于回转轴线间不是正交，所以"诱导运动"的计算要复杂一些，有兴趣的读者可参考有关行星齿轮传动的著作。

6. PUMA 机器人手腕结构

图 4-36 所示为一具有三个自由度的 PUMA 机器人手腕结构。驱动手腕运动的三个电动机安装在小臂的后端（图 4-36a）。这种配置方式可以利用电动机作为配重起平衡作用。三个电动机经柔性联轴器和传动轴将运动传动传递到手腕各轴齿轮。电动机 7 经传动轴 5 和两对圆柱齿轮 4、3 带动手腕 1 在壳体（支座）2 上作偏摆运动 φ。电动机 9 经传动轴 5 驱动圆柱齿轮 12 和锥齿轮 13，从而使轴 15 回转，实现手腕的上下摆动运动 β。电动机 8 经传动轴 5 和两对锥齿轮 11、14 带动轴 16 回转，实现手腕机械接口法兰 17 的回转运动 θ。图 4-36c 所示为柔性联轴器 6 的形状。

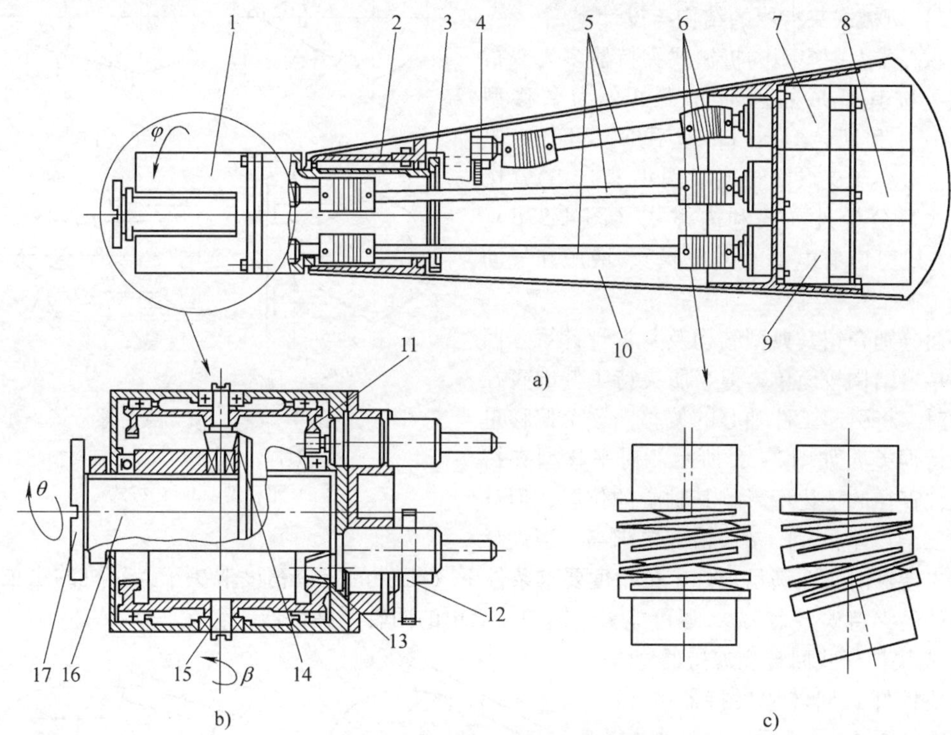

图 4-36　PUMA 机器人手腕结构

a）手臂　b）手腕　c）柔性联轴器

1—手腕　2—壳体　3、4、12—圆柱齿轮　5—传动轴　6—柔性联轴器　7、8、9—电动机　10—手臂外壳　11、13、14—锥齿轮　15、16—轴　17—手腕机械接口

三、工业机器人的末端执行器

（一）分类和设计要求

机器人是一种通用性较强的自动化作业设备，末端执行器则是直接执行作业任务的装置。

大多数末端执行器的结构和尺寸都是根据其不同作业任务要求来设计的，从而形成了多种多样的结构形式。根据其用途和结构的不同，可以分为机械式夹持器、吸附式末端执行器和专用工具（如焊枪、喷嘴、电磨头等）三类。它安装在操作机手腕（如果配置有手腕的话）或手臂的机械接口上。多数情况下末端执行器是为特定的用途而专门设计的，但也可以设计成一种适用性较强的多用途末端执行器。为了方便地更换末端执行器，可设计一种末端执行器的换接器来形成操作机上的机械接口。较简单的可用法兰作为机械接口处的换接器，为实现快速和自动更换末端执行器，可以采用电磁吸盘或气动锁紧的换接器。

设计末端执行器时的要求如下：

1）不论是夹持或吸附，末端执行器需具有满足作业需要的足够的夹持（吸附）力和所需的夹持位置精度。

2）应尽可能使末端执行器结构简单、紧凑，重量轻，以减轻手臂的负荷。专用的末端执行器结构简单，工作效率高，而能完成多种作业的“万能”末端执行器可能有结构复杂，费用昂贵的缺点。因此，提倡设计可快速更换的系列化、通用化专用末端执行器。

（二）机械式夹持器的结构与设计

工业机器人中应用的机械式夹持器多为双指手爪式，按其手爪的运动方式可分为平移型（图4-37c）和回转型。回转型手爪又可分为单支点回转型和双支点回转型（图4-37a、b），按夹持方式可分为外夹式和内撑式（图4-37d）。按驱动方式可以有电动（或电磁）、液压和气动三种。

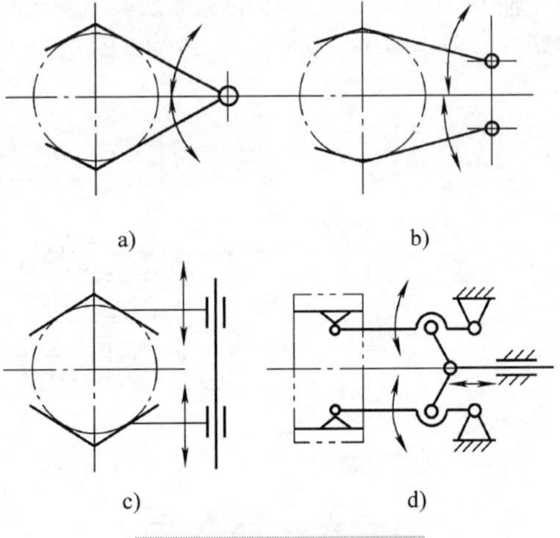

图4-37 机械式夹持器

a）单支点回转型 b）双支点回转型 c）平移型 d）内撑式

下面分别介绍其典型结构及其设计计算。回转型夹持器结构较简单，但当所夹持工件的直径有变动时，将引起工件轴心的偏移。这个偏移量称为夹持误差，如图4-38所示。对平移型夹持器，工件直径的变化不影响其轴心的位置，但其结构较复杂，体积大，制造精度要求高。当设计机械式夹持器时，在满足工件定位精度要求条件下（工件的定位精度取决于操作机的定位精度和夹持器的夹持误差大小），尽可能采用结构较简单的回转型夹持器。

1. 楔块杠杆式回转型夹持器

楔块杠杆式回转型夹持器的工作原理如图4-39所示，这种夹持器的驱动器可以是气动或液压马达驱动（图4-31），也可以是电磁式直线驱动器（图4-42）。图4-39所示的驱动器采用气动，当气缸5将楔块4向前推进时，楔块4上的斜面推动杠杆1，使两个手爪产生夹紧动作和夹紧力。当楔块4后移时，靠弹簧2的拉力使手指松开。装在杠杆1上端的滚子3与楔块4为滚动接触。夹紧力 F_N 和驱动力 F_P 之间的计算公式为

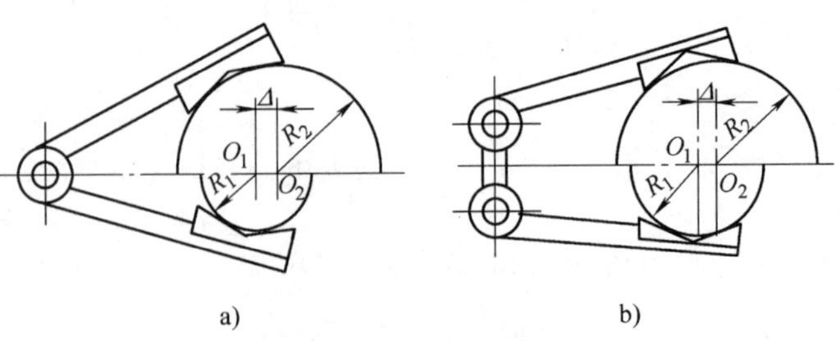

图4-38 夹持误差示意图

$$F_N = \frac{F_P c}{2b\sin\alpha} \tag{4-27}$$

式中各参数的含义如图 4-39 所示，这里略去了克服拉伸弹簧 2 伸长时的拉力和克服运动副中摩擦阻力所需的驱动力。这种末端执行器由于楔块斜面和滚子间为滚动接触，摩擦力小，活动灵活，且结构简单，但夹紧力较小，适用于轻载场合。

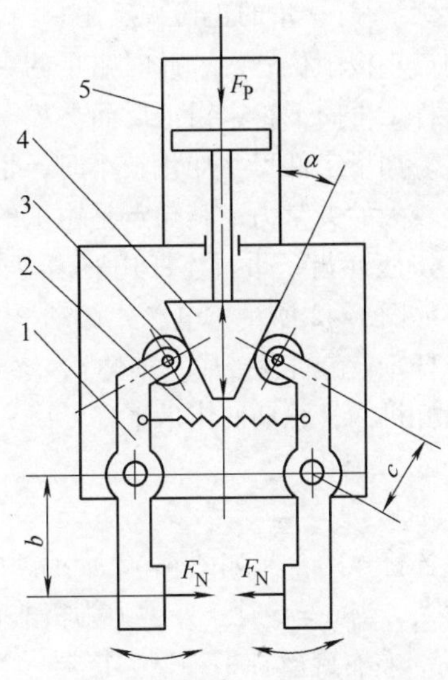

图 4-39　楔块杠杆式回转型夹持器

1—杠杆　2—弹簧　3—滚子　4—楔块　5—气缸

2. 滑槽杠杆式回转型夹持器

如图 4-40 所示，当驱动器推动杆 2 向上运动时，圆柱销 3 在两杠杆 4 的滑槽中移动，迫使与支架 1 相铰接的两手爪（钳爪）产生夹紧动作和夹紧力。当杆 2 向下运动时，手爪松开。夹紧力 F_N 和驱动力 F_P 之间的计算公式为

$$F_N = \frac{F_P a}{2b\cos^2\alpha} \tag{4-28}$$

式中各符号的含义如图 4-40 所示。由式（4-28）可知，在驱动力 F_P 一定时，α 增大，则夹紧力 F_N 将增大，但这将加大杆 2（即活塞杆）的行程和滑槽的长度，导致结构尺寸加大。

3. 连杆杠杆式回转型夹持器

如图 4-41 所示，当驱动器推动杆 1 上下移动时，由杆 1、连杆 2、摆动钳爪 3 和夹持器体构成四杆机构，迫使钳爪（手爪）完成夹紧和松开动作。夹紧力 F_N 和驱动力 F_P 之间的计算公式为

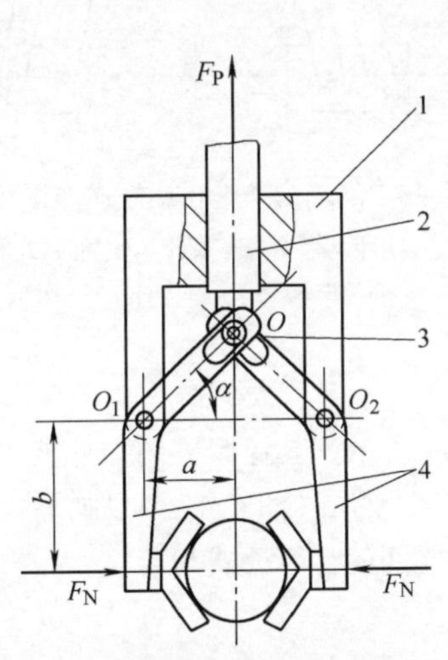

图 4-40　滑槽杠杆式回转型夹持器

1—支架　2—杆　3—圆柱销　4—杠杆

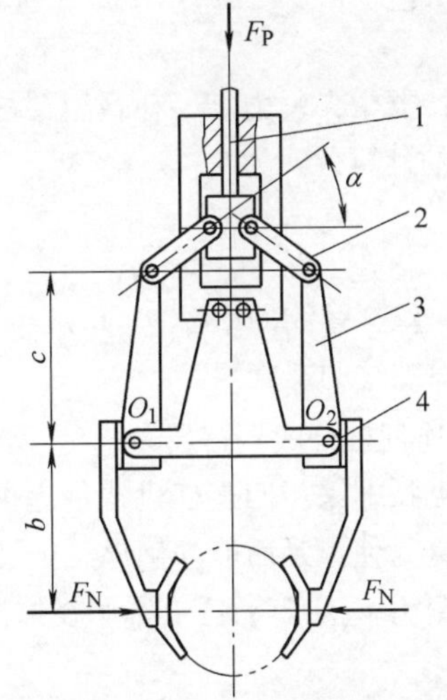

图 4-41　连杆杠杆式回转型夹持器

1—杆　2—连杆　3—摆动钳爪　4—调整垫片

$$F_N = \frac{F_P c}{2b\tan\alpha} \tag{4-29}$$

式中各符号含义如图 4-41 中所示。由式（4-29）可知，在结构尺寸 b、c 和驱动力 F_P 一定时，

夹紧力 F_N 与 α 角的正切成反比。当 α 角较小时，可得到较大的夹紧力，当 $\alpha=0$，此时钳爪已闭合到最小极限位置。若此时钳爪的夹紧力还不足以夹紧工件（如出现工件尺寸偏小等情况），则此时杆1再向下移，钳爪反而会松开。为避免这种情况出现，对不同尺寸规格的工件可以更换钳爪。如果工件尺寸变化较小时，也可采取更换调整垫片4的办法。这种结构的夹紧方式可以产生较大的夹紧力，其缺点是钳爪的张开角较小，工件尺寸误差对夹紧力的影响较大。

4. 齿轮齿条平行连杆式平移型夹持器

如图4-42所示，电磁式驱动器3以驱动力 F_P 推动齿条杆2和两个扇形齿轮1，扇形齿轮带动连杆5（它们联接成一整体），绕 O_1、O_2 旋转。连杆5、6，钳爪7和夹持器的机座4构成一平行四杆机构，驱动两钳爪平移，以夹紧和松开工件。其夹紧力 F_N 和驱动力 F_P 之间的计算公式为

$$F_N=\frac{F_P R}{2L\cos\alpha} \tag{4-30}$$

式中各符号的含义如图4-42所示。由式（4-30）可知，当 F_P 和 R/L 一定时，F_N 将随 α 的增大而增大，当 $\alpha=0$ 时，夹紧力为极小值。

5. 左右旋丝杠平移型夹持器

如图4-43所示，由电动机1驱动的一对旋向相反的丝杠2提供准确的平移夹紧动作。两丝杠协调一致地安装在同一轴上。由导轨3保证钳爪杆4的平移运动。这种夹持器若配置一单独的伺服电动机或步进电动机驱动，可方便地通过编程控制电动机的旋转来夹紧和松开不同尺寸规格的工件。如果采用滚珠丝杠和滚动导轨，能得到很高的重复定位精度（可达±0.005mm）。平移型钳爪可使工件自动定心，但其结构复杂，制造费用高。

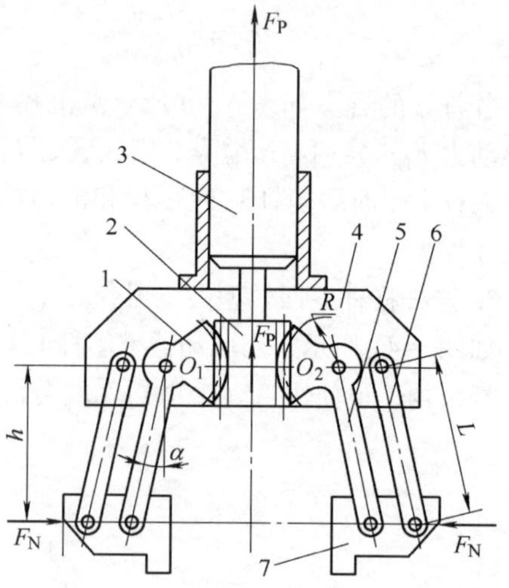

这种夹持器中夹紧力 F_N 和向丝杠提供的驱动力矩 T 之间的计算公式为

$$F_N=\frac{T}{d_0\tan\beta} \tag{4-31}$$

式中　d_0——丝杠螺纹的中径（mm）；

β——螺纹的螺旋角。

图4-42　齿轮齿条平行连杆式平移型夹持器

1—扇形齿轮　2—齿条杆　3—电磁式驱动器
4—机座　5、6—连杆　7—钳爪

6. 内撑连杆杠杆式夹持器

内撑式夹持器采用四连杆机构传递撑紧力，如图4-44所示。其撑紧方向与外夹式相反。钳壁撑紧工件，为使撑紧后能准确地用内孔定位，多采用三个钳爪（图4-44中只画了两个钳爪），其钳爪上撑紧力 F_N 和驱动器1作用在推杆2上的推力 F_P 之间的计算公式为

$$F_N=\frac{F_P c}{3b\tan\alpha} \tag{4-32}$$

式中各符号的含义如图4-44所示。式（4-32）是按配置三个钳爪的状况得出的。内撑式夹持器多用于内孔薄壁零件的夹持。

为满足各种作业的需要，机械式夹持器形式繁多，上面仅介绍了几种有代表性的形式。

（三）吸附式末端执行器的结构与设计

吸附式末端执行器（又称吸盘），有气吸式和磁吸式两种。它们分别是利用吸盘内负压产生

的吸力或由磁力来吸住并移动工件的。

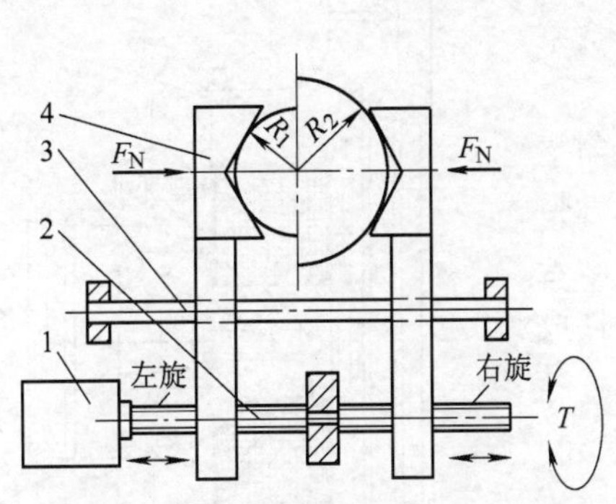

图 4-43 左右旋丝杠平移型夹持器

1—电动机 2—丝杠 3—导轨 4—钳爪杆

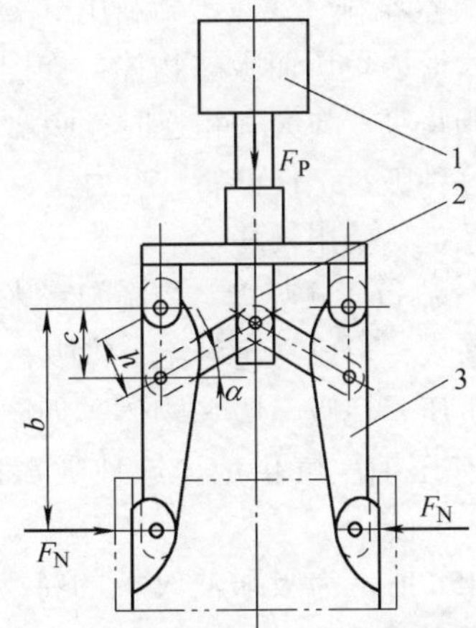

图 4-44 内撑连杆杠杆式夹持器

1—驱动器 2—推杆 3—钳爪

1. 气吸式吸盘

它是利用软性橡胶或塑料制成的皮碗中形成的负压来吸住工件的，适于吸取大而薄、刚性差的金属和木质板材、纸张、玻璃和弧形壳体零件等。根据不同作业情况，可以做成单吸盘、双吸盘、多吸盘或特殊形状的吸盘。按形成负压的方法有以下几种方式：

（1）挤压排气式吸盘 如图 4-45a 所示，挤压排气式吸盘靠向下挤压力将吸盘 3 内的空气排出，使其内部形成负压，将工件 4 吸住；靠挡块（或外力 F_P作用）碰撞压盖 1 的上部，使密封垫 2 抬起，进入空气，释放工件。这种吸盘有结构简单、重量轻、成本低的优点，但吸力不

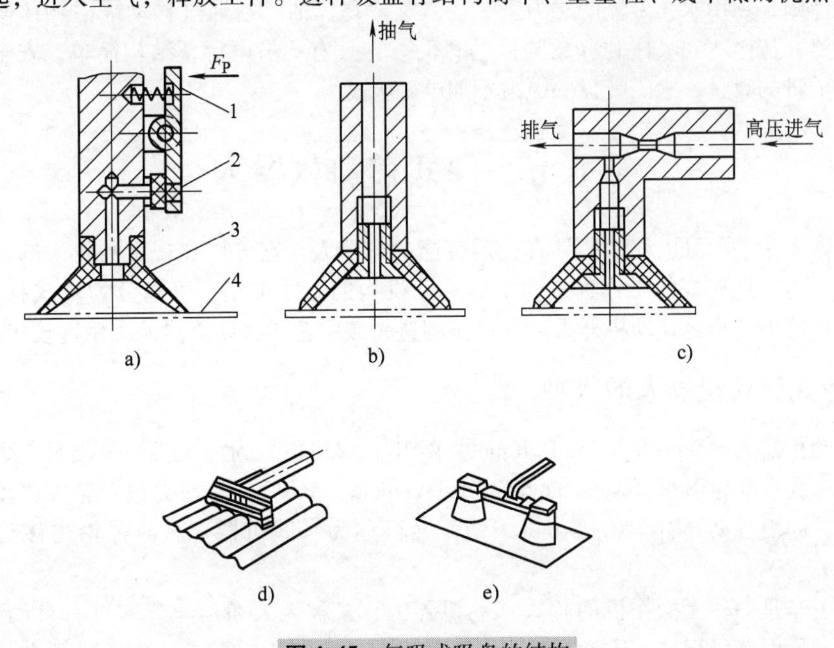

图 4-45 气吸式吸盘的结构

a）挤压排气式 b）真空泵排气式 c）气流负压式 d）特殊吸盘 e）双吸盘式吸头

1—压盖 2—密封垫 3—吸盘 4—工件

大，多用于吸取尺寸不大、薄而轻的物体。

(2) 真空泵排气式吸盘　利用电磁控制阀将吸盘与真空泵相连，当抽气时，吸盘腔内的空气被抽出，形成负压而吸住物体，如图4-45b所示。反之，控制阀将吸盘与大气相连时，吸盘即失去吸力而松开工件。这种吸盘工件可靠，吸力大，但需配备真空泵及其控制系统，费用较高。

(3) 气流负压式吸盘　控制阀将来自气泵的压缩空气自喷嘴通入，形成高速射流，将吸盘内腔中的空气带走而形成负压，使吸盘吸住物体，如图4-45c所示。若作业现场有压缩空气供应，这种吸盘比较方便，且成本低。

图4-45d所示为吸取波纹板的特殊吸盘，图4-45e所示为双吸盘式吸头。

2. 磁吸式吸盘

它可以分成电磁吸盘和永磁吸盘两种。电磁吸盘是用接通和切断电磁线圈中的电流（直流或交流），产生和消除磁力的方法来吸住和释放铁磁性物体，其结构如图4-46所示。线圈1通入电流后，铁心2中产生磁通，磁力线经内盘体4，避开隔磁物5，通过工件3、外盘面6和盘体7，回到铁心2，形成回路。由于磁力线通过工件，工件即被吸住。外盘面6也是给工件定位用的，可根据工件形状来设计。

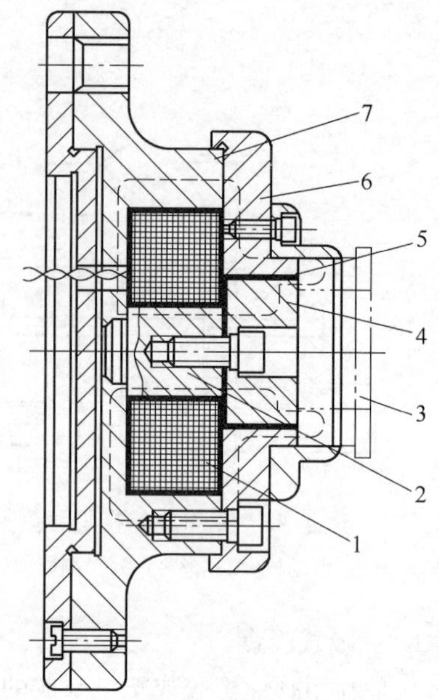

图4-46　磁吸式吸盘

1—线圈　2—铁心　3—工件　4—内盘体
5—隔磁物　6—外盘面　7—盘体

永磁吸盘则是利用永久磁铁的磁力来吸住铁磁性物体的。它通过移动隔磁物体来改变吸盘中磁力线回路，从而达到吸住和释放物体的目的。它具有不需电源，结构简单，安全可靠等优点。但同样质量的吸盘，永磁吸盘的吸力不如电磁吸盘大。

第五节　轮式移动机器人

移动机器人是一种可以移动的具有一定智能的机器人，它可以在规定的较大的工作场所去完成人们事先为其规划好的工作任务。根据移动机构的不同类型，可以分为轮式移动机器人、履带式移动机器人和步足移动机器人。在机械制造领域中轮式移动机器人应用得较多。

一、轮式移动机器人的类型

轮式移动机器人（Wheeled Mobile Robot，WMR）又可以分为两大类：一类只包含轮式移动机构，一般称为自动导引车（Automated Guided Vehicle，AGV）；另一类包含轮式移动机构和作业操作机构，即由自动导引车和操作机组成，又可称为车载机器人。两种轮式移动机器人如图4-47所示。

自动导引车是一种无操作机的轮式移动机器人，又称无人搬运车。它具有自动导航装置，能够沿规定的导引路径行驶，还具有编程与停车选择、安全保护装置。它是以蓄电池为动力的无人驾驶自动运输车。

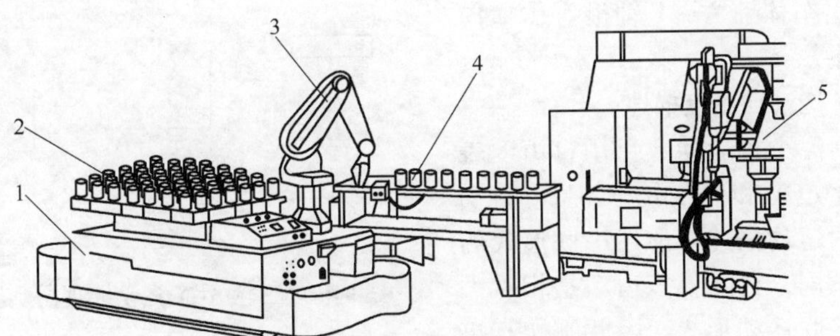

图 4-47 用 AGWMR 进行物料自动移载

1—AGV 2—物料托盘 3—物料移载机器人 4—回轮式工件储存处 5—NC 机床

二、自动导引车工作原理

自动导引车由车体、车轮（含驱动电动机、减速器、制动器）、蓄电池、导航及控制装置组成。自动导引物流小车的基本功能是提供作业所需的运动和动力。基本工作原理是：车体（末端执行器）上装载货物（即物料，如毛坯、半成品、成品工件，刀具，夹具等），通过车轮相对地面运动，蓄电池提供动力，导航及控制装置保证小车沿要求的路径安全自动地行驶，将货物运送到作业站点（加工装备、检测装备、仓储装备的工作站点）。

三、自动导引车运动功能描述方法

自动导引车是通过车轮回转运动及转向来实现末端执行器车体的位姿变化要求的。

（一）AGV 运动原理图

自动导引车运动原理图是将其运动功能用简洁的符号和图形表达出来。自动导引车运动原理图的运动功能图形符号可用图 4-48 所示的运动图形符号表示，图 4-48a 为有动力源驱动的驱动轮，驱动轮只能作回转运动，驱动车体移动，图 4-48b为无动力源驱动的随动轮，图 4-48c 为无动力源驱动的自由轮，图 4-48d 为既有驱动功能又有转向功能（车轮轴相对车体的方向可以改变，即可以通过操舵机构进行操舵转向）的驱动转向复合轮，图 4-48e 为随动转向轮（车轮轴无动力源驱动，但可以通过操舵机构进行操舵转向）。

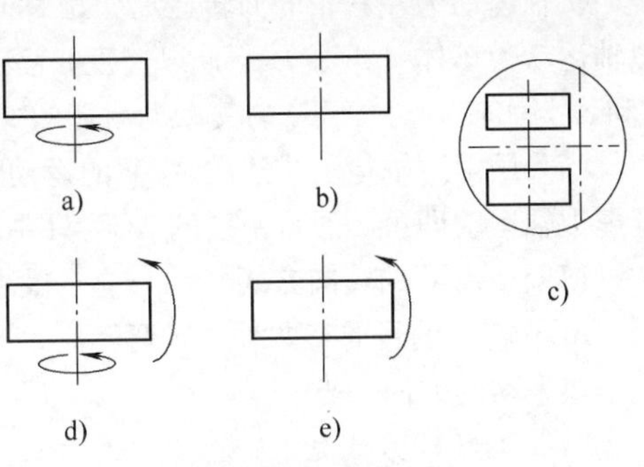

图 4-48 车轮的种类

a）驱动轮 b）随动轮 c）自由轮
d）驱动轮向复合轮 e）随动转向轮

图 4-49 为用运动功能图形符号描述的三轮自动导引车运动原理图，前轮为驱动转向复合轮，两个后轮均为随动轮。

（二）参考坐标系和车辆坐标系

1. 参考坐标系

参考坐标系固定在大地上，是描述车辆运动路径的基准，又称为世界坐标系，用 XYZ（简记为 ΣO）表示。

2. 车辆坐标系

车辆坐标系固定在车体上，又称车体坐标系（图 4-49），用 XYZ（简记为 ΣP）表示。ΣP 坐标系选取方法：ΣP 的 Z 轴通过车体重心 P 垂直地面向上，原点取 Z 轴与地面的交点，X 轴沿车体纵向指向车体前方，Y 轴沿车体横向指向车体侧面外方。

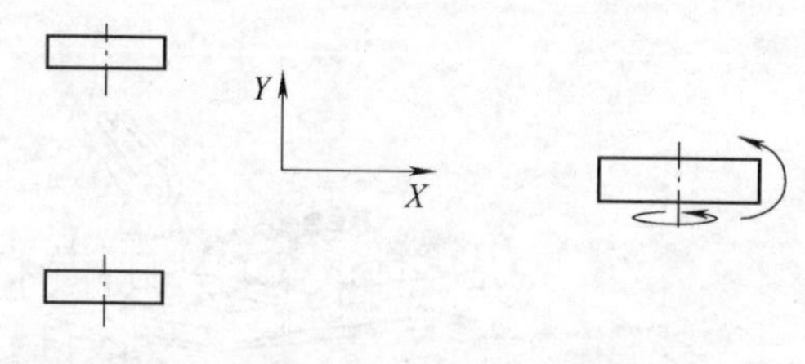

图 4-49 三轮 AGV 运动原理图及车体坐标系

（三）AGV 运动自由度描述

自动导引物流小车运动数目用自由度表示，有三自由度 AGV 和两自由度 AGV。自动导引物流小车的运动描述与前述串联形式的机床、机器人不同，它的各个运动是相对大地运动，属于并联运动形式，因此不能直接用它的实际运动轴的运动描述，需用虚拟轴运动表示。

（1）AGV 的实轴运动 自动导引物流小车的实轴运动有两种：驱动运动（车轮回转，驱动车体相对地面移动）和操舵运动（转向机构驱动车轮相对车体偏转）。

（2）AGV 的虚拟轴运动 将 AGV 的实轴运动等效为虚拟轴运动，如图 4-50a 所示的两自由度 4 轮差速转向 AGV。

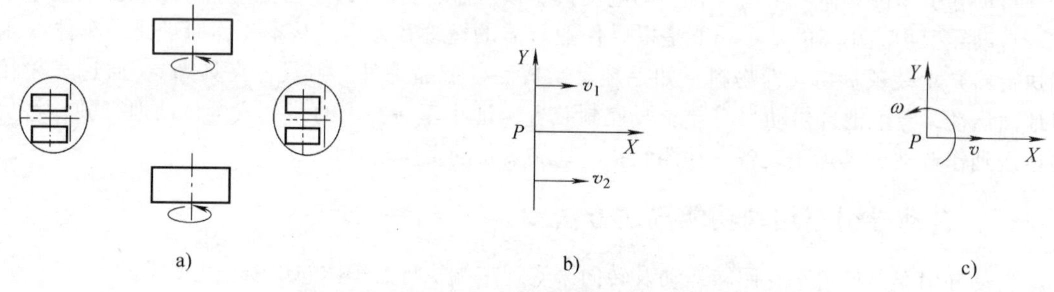

图 4-50 两自由度差速 AGV 的等效虚拟运动

a）两自由度 4 轮差速转向 AGV b）实轴运动 c）等效虚拟轴运动

实轴运动为左右轮的回转运动，相对地面的移动速度分别为 v_1，v_2（图 4-50b），等效的虚拟轴运动为车体（重心 P 处）以速度 v 移动和以角速度 ω 绕 Z 轴回转（图 4-50c），虚拟轴运动 v 和 ω 与实轴运动 v_1、v_2 的关系见后述的式（4-38）。

当采用虚拟轴运动描述的 AGV 的运动时，就不需要画出车轮、车体，只要画出车体坐标系及虚拟轴运动即可。两自由度的 AGV 只要用车体坐标系虚拟轴运动 v 和 ω 描述就可以了。

（四）AGV 的转向方式

AGV 转向的目的有两种：转弯转向，通过转向使车体作回转运动；平动转向，通过转向改变车体平动的方向。

AGV 的转向方式有三种：

1）操舵转弯转向。如图 4-49 的三轮 AGV 是通过前轮上的转向机构（转向轮，又称操舵轮）驱动前轮相对车体偏转实现转弯转向。

2）差速转弯转向。如图 4-50a 的 4 轮 AGV，中间左右轮为驱动轮，分别以速度 v_1、v_2 运动（图 4-50b），当 $v_1 \neq v_2$ 时，车体的运动方向将随 v_1、v_2 之比不同而改变，这种转向方式没有转向机构，是依靠两驱动轮的速度差实现转向的，称为差速转弯转向。

3）操舵平动转向。如后述的图 4-56 所示的 6 轮 AGV，通过中间两个复合轮上的转向机构（转向轮）改变车体的平动方向，即 AGV 可沿与车体坐标系 X 轴成任意角度 δ_P 方向平动。

（五）AGV 的运动位姿矩阵

与机床、机器人一样，AGV 的运动功能矩阵也可以用几何齐次坐标变换矩阵和运动齐次坐标变换矩阵描述。

设 $k+1$ 时刻车体坐标系 $\sum P_{k+1}$ 相对于参考坐标系 $\sum 0$（图 4-51）的运动位姿矩阵为 $\boldsymbol{T}_{0,k+1}$，则满足前述条件的 AGV 的运动位姿矩阵为

$$\boldsymbol{T}_{0,k+1} = {}^0\boldsymbol{T}_k{}^k\boldsymbol{T}_{k+1} = \begin{pmatrix} C_{\theta_{k+1}} & -S_{\theta_{k+1}} & 0 & X_{k+1} \\ S_{\theta_{k+1}} & C_{\theta_{k+1}} & 0 & Y_{k+1} \\ 0 & 0 & 1 & 0 \\ 0 & 0 & 0 & 1 \end{pmatrix} = f(v,\omega) \tag{4-33}$$

$$\theta_{k+1} = \theta_k + \Delta\theta_k = \theta_0 + \sum_{j=0}^{k}\Delta\theta_j$$

$$X_{k+1} = X_k + \Delta X_k = X_0 + \sum_{j=0}^{k}\Delta X_j$$

$$Y_{k+1} = Y_k + \Delta Y_k = Y_0 + \sum_{j=0}^{k}\Delta Y_j$$

$$\Delta X_k = \Delta x_k C_{\theta_k} - \Delta y_k S_{\theta_k}$$

$$\Delta Y_k = \Delta x_k S_{\theta_k} + \Delta y_k C_{\theta_k}$$

其中，θ_0、X_0、Y_0 为 $k=0$ 时刻（即路径起始位置）$\sum P_0$ 在 $\sum 0$ 中的位姿。

（六）自动导引车作业路径要求描述方法

1. 作业路径描述方法

自动导引车的作业路径是根据物流系统要求确定的，路径轨迹可以分为若干个路径段，路径段的形状主要是直线和圆弧，直线可视为半径无穷大的圆，因此只需讨论圆弧路径。设作业要求的路径上 k 点的坐标系为 $X_{Wk}Y_{Wk}Z_{Wk}$（简记为 $\sum W_k$），$\sum W_k$ 坐标系的取法：$\sum W_k$ 的 X_{Wk} 坐标轴与路径上 k 点的切线方向重合，正向指向 $k+1$ 点，Y_{Wk} 的正向指向路径段的圆心（图 4-52），则作业路径坐标系 $\sum W_k$ 在参考坐标系 $\sum 0$ 中的位姿可以用几何齐次坐标变换矩阵描述，${}^0T_{Wk}$ 称为作业路径矩阵。

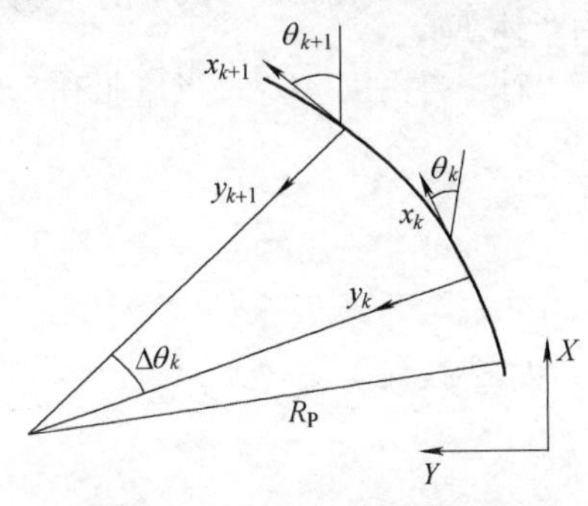

图 4-51　车体坐标系齐次坐标变换

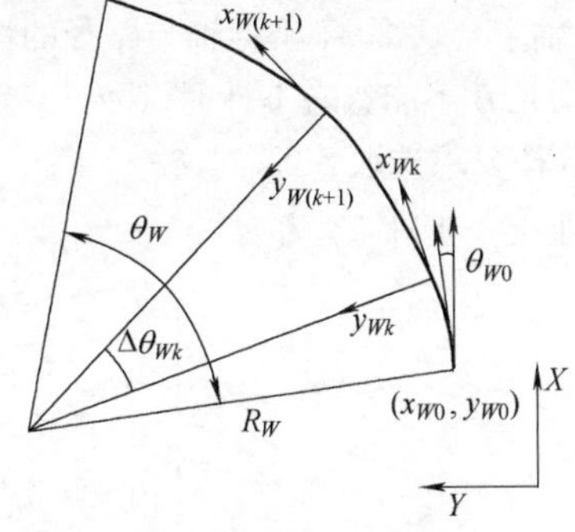

图 4-52　作业路径

$${}^0\boldsymbol{T}_{W(k+1)} = \begin{pmatrix} C_{\theta_{W(k+1)}} & -S_{\theta_{W(k+1)}} & 0 & X_{W(k+1)} \\ S_{\theta_{W(k+1)}} & C_{\theta_{W(k+1)}} & 0 & Y_{W(k+1)} \\ 0 & 0 & 1 & 0 \\ 0 & 0 & 0 & 1 \end{pmatrix} = f(R_W,\theta_W,\theta_{W0},X_{W0},Y_{W0},v_W) \tag{4-34}$$

$$\theta_{W(k+1)} = \theta_{Wk} + \Delta\theta_{Wk} = \theta_{W0} + \sum_{j=0}^{k}\Delta\theta_j$$

$$X_{W(k+1)} = X_{Wk} + \Delta X_{Wk} = X_{W0} + \sum_{j=0}^{k} \Delta X_j$$

$$Y_{W(k+1)} = Y_{Wk} + \Delta Y_{Wk} = Y_{W0} + \sum_{j=0}^{k} \Delta Y_j$$

$$\Delta X_{Wk} = \Delta x_{Wk} C_{\theta W} - \Delta y_{Wk} S_{\theta W}$$

$$\Delta Y_{Wk} = \Delta x_{Wk} S_{\theta W} + \Delta y_{Wk} C_{\theta W}$$

$$\Delta\theta_{Wk} = \theta_{W(k+1)} - \theta_{Wk} = \theta_W / N = \frac{v_W}{R_W}\Delta t$$

$$\Delta x_{Wk} = x_{W(k+1)} - x_{Wk} = 2R_W S_{\Delta\theta W/2} C_{\Delta\theta W/2}$$

$$\Delta y_{Wk} = y_{W(k+1)} - y_{Wk} = 2R_W S_{\Delta\theta W/2}^2$$

$$\Delta t = \frac{\theta_W R_W}{N v_W}$$

其中，$C_{Wk} = \cos(\theta_{Wk})$，$S_{Wk} = \sin(\theta_{Wk})$，$C_{W(k+1)} = \cos(\theta_{W(k+1)})$，$S_{W(k+1)} = \sin(\theta_{W(k+1)})$，$C_{\Delta\theta Wk/2} = \cos(\Delta\theta_{Wk}/2)$，$S_{\Delta\theta Wk/2} = \sin(\Delta\theta_{Wk}/2)$，$\theta_w$ 为圆弧路径的圆弧角，N 为圆弧路径的等分离散份数，R_W 为圆弧路径的圆弧半径，θ_{W0}、X_{W0}、Y_{W0}为路径起始位置$\sum W_0$ 在$\sum 0$ 中的位姿，v_W 为作业要求的速度。

2. AGV 作业位姿矩阵

为了实现作业路径矩阵${}^0\boldsymbol{T}_{Wk}$，对 AGV 提出了作业位姿要求，AGV 的作业位姿用作业位姿矩阵${}^0\boldsymbol{T}_{\mathrm{P}}$ 来表示，作业路径矩阵${}^0\boldsymbol{T}_{Wk}$ 描述的是路径，作业位姿矩阵${}^0\boldsymbol{T}_{\mathrm{P}k}$描述的是路径对 AGV 的要求，两者的关系如图 4-53 所示。${}^0\boldsymbol{T}_{\mathrm{P}k}$的确定方法如下：

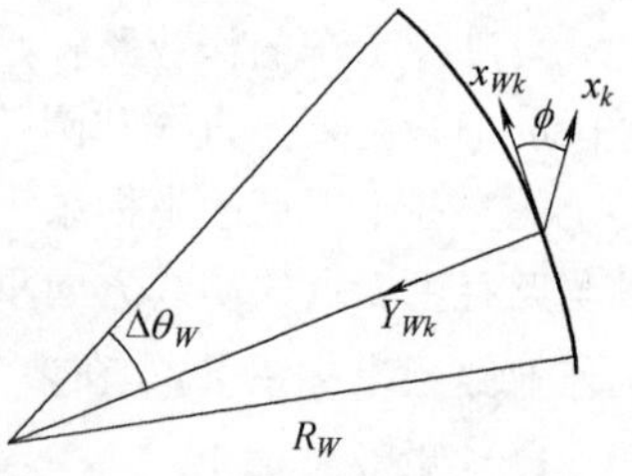

1）取$\sum P_k$ 与$\sum W_k$ 的坐标原点重合。

2）设$\sum P_k$ 的 X_k 坐标轴与$\sum W_k$ 的 X_{Wk}坐标轴的夹角为ϕ，夹角ϕ的确定如下：①当车体重心处的横滑角β可以忽略不计时（如 R_W 远远大于车轮跨距），$\phi=0$，$\sum P_k$ 的 X_k 坐标轴与$\sum W_k$ 的 X_{Wk}坐标轴重合，即 X_k 坐标轴与路径的切线重合；②当车体重心处的横滑角β不能忽略不计时（如 R_W 较小），$\phi=\beta$；③对三自由度 AGV，当作业有 δ_{P} 角度要求时，ϕ 按要求选取，即 $\phi=\delta_{\mathrm{P}}$。

图 4-53　AGV 作业位姿要求

作业位姿矩阵${}^0\boldsymbol{T}_{\mathrm{P}}$ 为

$${}^0\boldsymbol{T}_{\mathrm{P}} = {}^0\boldsymbol{T}_W \begin{pmatrix} C_\phi & -S_\phi & 0 & 0 \\ S_\phi & C_\phi & 0 & 0 \\ 0 & 0 & 1 & 0 \\ 0 & 0 & 0 & 1 \end{pmatrix} = f(R_W, \theta_W, \theta_{W0}, X_{W0}, Y_{W0}, \phi) \tag{4-35}$$

（七）自动导引车运动学方程

利用式（4-33）、式（4-34），即可得自动导引物流小车运动学方程具体表达式。如两自由度差速转向的 AGV 运动学方程为

$$f(R_W, \theta_W, \theta_{W0}, X_{W0}, Y_{W0}, \phi, v_W) = f(v, \omega) \tag{4-36}$$

$$f(R_W, \theta_W, \theta_{W0}, X_{W0}, Y_{W0}, \phi, v_W) = f(v_1, v_2) \tag{4-37}$$

式（4-36）是用虚拟轴运动 v 和 ω 描述的 AGV 运动学方程式，v 和 ω 是由实轴运动 v_1、v_2 等效而来的，两自由度差速转弯转向的 AGV 运动学方程式又可用式（4-37）的实轴运动描述。v、ω、v_1、v_2 都是描述 AGV 运动的变量，v、ω 是状态变量，v_1、v_2 是控制变量。

不同运动原理的 AGV，适应的作业要求功能不同，其运动学方程式的具体表达形式也不同。

四、自动导引车运动原理方案设计分析

自动导引车的运动原理不同，其运动功能也不同，适应作业要求的能力及特点也不同。采用的车轮的类型及个数、车轮的布局形式、驱动方式、转向方式不同，可以设计出各种各样运动形式的 AGV。但从转向原理看，可以把 AGV 的运动原理归纳为两自由度差速转弯转向、两自由度操舵转弯转向和三自由度差速转弯操舵平动转向三种类型。下面分别介绍并分析其运动原理及运动功能特点。

（一）两自由度差速转弯转向 AGV

图 4-54a 为 4 轮菱形布局的两自由度差速转弯转向 AGV 运动原理图，图 4-54b 为 6 轮两自由度差速转弯转向 AGV 运动原理图，虽然图 4-54a、b 中 AGV 的车轮的个数及车轮的布局形式不同，但都可以等效为左右两轮车模型，其自由度数目都为 2，实轴运动为左右轮的驱动速度 v_1，v_2（图 4-54c），虚拟轴运动为车体重心处速度 v 和角速度 ω（图 4-54d），其效果相同。

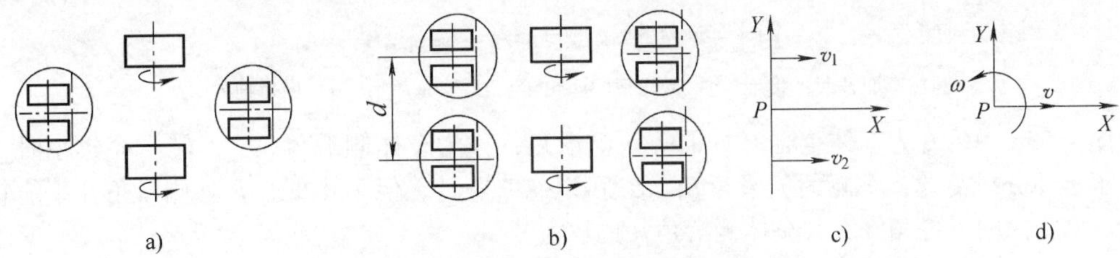

图 4-54 两自由度差速转弯转向 AGV

a）差速转向四轮车 b）差速转向六轮车 c）实轴运动 d）虚拟轴运动

当车轮与地面的侧滑角很小时，侧滑角可以忽略不计，则车轮的移动速度 v_1、v_2 方向平行于车体的 X 轴（图 4-54c），车体重心处移动速度 v（虚拟轴运动）与车体的 X 轴重合（图 4-54d）。侧滑角忽略不计时的两自由度差速转弯转向 AGV 虚拟轴运动 v 和 ω 与实轴运动 v_1、v_2 的关系为

$$v=\frac{v_2+v_1}{2},\ \omega=\frac{v_2-v_1}{d} \tag{4-38}$$

其中，d 为左右轮间的跨距，v、ω 是状态变量，v_1、v_2 是控制变量。

两自由度差速转弯转向 AGV 的虚拟轴运动功能可以实现车体纵向前后移动和回转运动，回转半径范围大，最小半径可为零（原地自旋），最大半径无穷大（直线移动）。

（二）两自由度操舵转弯转向 AGV

图 4-55a 为 3 轮两自由度操舵转弯转向 AGV 运动原理图，图 4-55b 为 4 轮两自由度操舵转弯转向 AGV 运动原理图，虽然图 4-55a、b 中 AGV 的车轮的个数及车轮的布局形式不同，但当转弯半径远远大于车轮跨距 l 和 d，即 R >> l，d 时，都可以简化为前后两轮车模型，其自由度数目、实轴运动（图 4-55c）及虚拟轴运动（图 4-55d）相同。

图 4-55c 中的 v_1、v_2 分别为前、后轮速度（对于图 4-55a 中的 AGV，前轮速度 v_1 为驱动轮速度，后轮速度 v_2 为随动轮速度，对于图 4-55b 中的 AGV 则相反）；δ 为操舵角；β_1、β_2 分别为前、后轮的侧滑角（车辆离心力产生的车轮速度方向与车轮中分面的夹角）；l_1、l_2 分别为前、后轮与车体重心 P 的距离，$l=l_1+l_2$。当回转半径远远大于车轮跨距 l 和 d，即 $R \gg l$，d 时，β_1、β_2 很小，可以忽略不计。当回转半径较小时，为了运动分析简单，有时也可将 β_1、β_2 忽略不计。

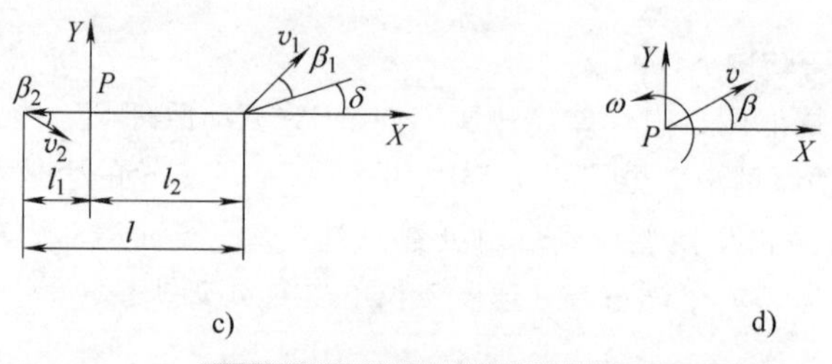

图 4-55　两自由度操舵转弯转向 AGV

a）操舵转向三轮车　b）操舵转向四轮车　c）实轴运动　d）虚拟轴运动

图 4-55d 中的 β 为车体重心 P 处的等效侧滑角，称为车体侧滑角。当回转半径较小时，虽然为了运动分析简单，车轮的侧滑角 β_1、β_2 可以忽略不计，但车体重心 P 处侧滑角 β 不能忽略不计，因为这时的舵角 δ 大，车体侧滑角 β 也较大。

以前轮驱动轮（速度 v_1）和前轮操舵（舵角 δ）的前后两轮车模型为例，说明虚拟轴运动与实轴运动的关系。当车轮的侧滑角忽略不计时（即回转半径很大），两自由度操舵转弯转向 AGV 虚拟轴运动 v 和 ω 与实轴运动 v_1、δ 的关系为

$$\left.\begin{aligned} v &= \frac{v_1 \cos\delta}{\cos\beta} \\ \omega &= \frac{v_1 \sin\delta}{l} \\ \tan\beta &= \frac{l_2}{l}\tan\delta \end{aligned}\right\} \tag{4-39}$$

两自由度操舵转弯转向 AGV 的虚拟轴运动功能与两自由度差速转弯转向 AGV 相同之处是，可以实现车体纵向前后移动和回转运动，不同之处是最小回转半径有限，更不能为零（即不能原地自旋）。

（三）三自由度差速转弯操舵平动转向 AGV

图 4-56a 为 6 轮三自由度差速转弯操舵平动转向 AGV 运动原理图。δ 为操舵平动转向角，δ_P 为车体重的平动方向角。当车轮的侧滑角忽略不计时，实轴运动 v_1、v_2、δ 如图 4-56b 所示，虚拟轴运动 v、ω、δ_P 如图 4-56c 所示。

当车轮侧滑角忽略不计时，三自由度差速转弯操舵平动转向 AGV 虚拟轴运动 v、ω、δ_P 与实轴运动 v_1、v_2、δ 的关系为

$$\left.\begin{aligned} v &= \frac{v_2 + v_1}{2} \\ \omega &= \frac{(v_2 - v_1)\cos\delta}{d} \\ \delta_P &= \delta \end{aligned}\right\} \tag{4-40}$$

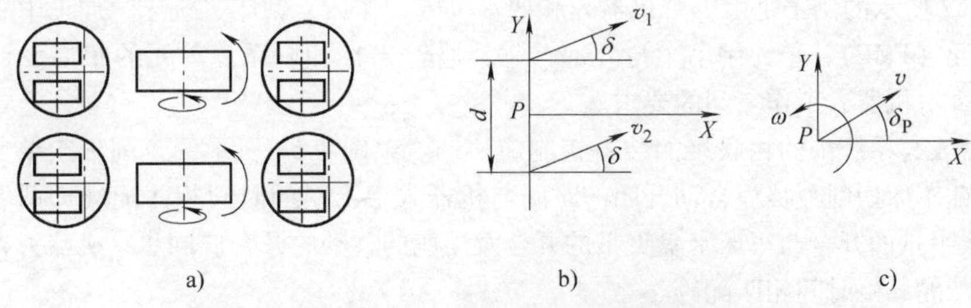

图 4-56　三自由度差速转弯操舵平动转向 AGV

a）三自由度 6 轮 AGV　b）实轴运动　c）虚拟轴运动

三自由度差速转弯操舵平动转向 AGV 的虚拟轴运动功能可以实现车体纵向前后移动和回转运动，回转半径范围大，最小半径可为零（原地自旋），最大半径无穷大（直线移动），并且车体可沿与车体坐标系 X 轴成 δ_P 角度方向平动。

第六节　工业机器人在机械制造系统中的应用

工业机器人的发展从功能上来讲，已经经历了三代。第一代机器人包括顺序控制机器人、示教再现机器人和数控机器人，第二代机器人又称感觉控制机器人，第三代机器人即智能机器人。各种工业机器人可以以单机形式使用，也可以作为生产系统中的一个构成部分使用。随着社会需求的发展变化，工业生产向多品种小批量方向发展，对制造系统的柔性要求越来越高。工业机器人灵活性好，因此在柔性自动化制造系统中得到日益广泛的应用。

一、单机形式应用

工业机器人是一种生产设备，作业时一般需要有外围设备（如下上料装置、工件自动定向装置等）完成一些辅助工作。自动化程度要求不高时，也可不设外围设备，辅助工作由人完成。

单机形式工作的工业机器人如去铸件飞边、刮研、切削加工、焊接等机器人。

选用（或设计）单机形式工作的工业机器人主要考虑的原则是：

1）首先应能满足作业内容、工作空间、工件重力及定位精度等技术参数要求。

2）同时考虑功能价格比，自由度多，价格昂贵。这时若在外围设备中设置一些简单的运动功能（如工件定向装置、移动或转动工作台等），则可减少自由度数，然后再比较总的价格。

二、机械制造系统中的应用

（一）选择与布局设计原则

机械制造系统的硬件由许多装备组成。作为系统的一个组成部分，工业机器人要与系统的其他部分（如机床、传送带等）协调工作。因此在进行工业机器人的选择和系统布局设计上应考虑以下原则：

1）满足作业技术参数要求。

2）性能价格比好。

3）满足系统的生产节拍要求。

4）在系统中，在作业不发生干涉的约束条件下，优化工业机器人与其前后相联接装备之间的布置，从而可以减小机器人规格要求，减小制造系统的占地面积（或空间），缩短机器的运动路径。图4-57所示的例子是由一台机器人和四台机床（车床、钻床、铣床、加工中心）组成的柔性加工单元（FMC），单元用吊车与外部（输入、输出）相联系。单元的布局设计应尽可能紧凑，以减少对机器人工作空间的要求。

5）机器人与系统中的相联接的装备控制应协调。以图4-58所示的车削加工单元为例，控制设计应保证车床切削液挡板自动开闭的时间与机器人上下料的时间相匹配（即两者的动作联锁），机器人手爪的开合与车床卡盘夹爪的开合及尾座的移动的开合应同步，机器人存取工件的时间与传送带的开停时间相匹配等。

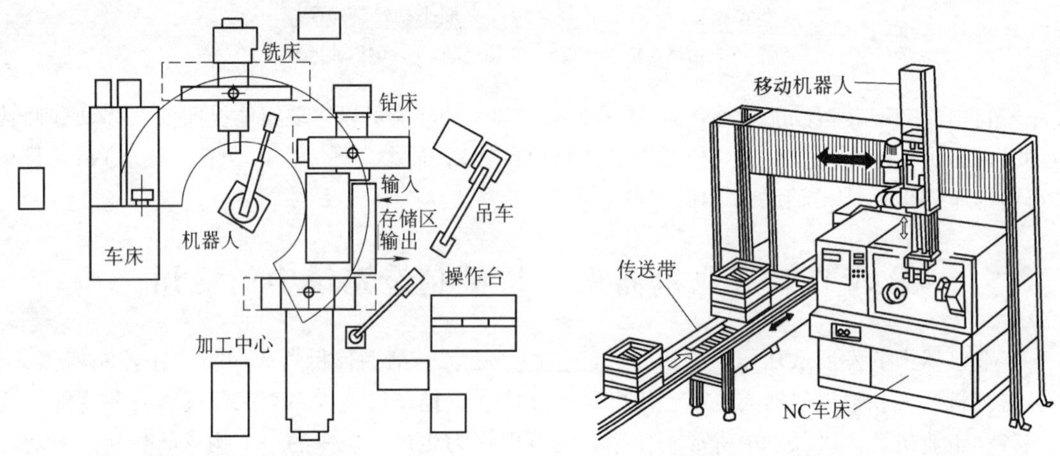

图4-57　柔性加工单元中的机器人

图4-58　车削加工单元中的机器人

（二）工业机器人应用实例

（1）柔性加工系统（FMS）中的应用实例　图4-59所示为加工齿轮用的FMS。

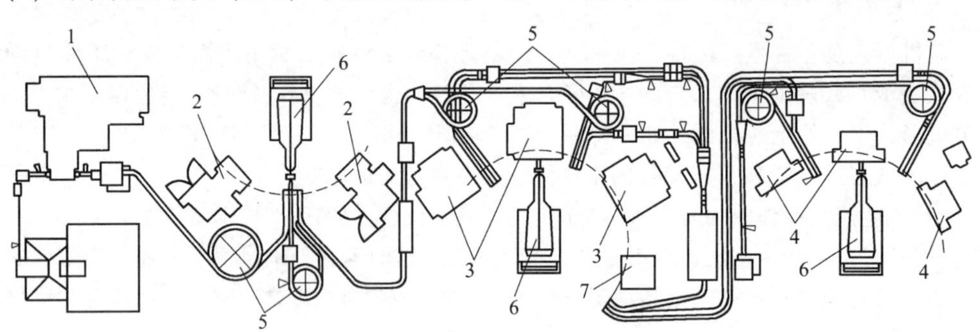

图4-59　柔性加工系统中的机器人

1—拉床　2—车床　3—插齿机　4—剃齿机　5—塔式储存架　6—机器人　7—去毛刺机

（2）装配系统中的应用　图4-60所示为部件装配单元。

图4-61所示为采用具有视觉、触觉的双臂智能机器人进行装配作业的例子，用来装配吸尘器。视觉信息系统采用了八台工业用电视摄像机，用来识别工件。触觉信息由手臂上的20个传感器获取，两臂（各有八个自由度）配合完成复杂的作业。

（3）焊接作业系统中的应用　图4-62所示为汽车壳体点焊生产线。

（4）喷漆作业系统中的应用　图4-63所示为喷漆生产线，由识别系统自动识别工件的形状、尺寸，将信息送给各个机器人，自动选好喷枪运动轨迹，机器人6～10分别承担不同部位的喷漆任务。

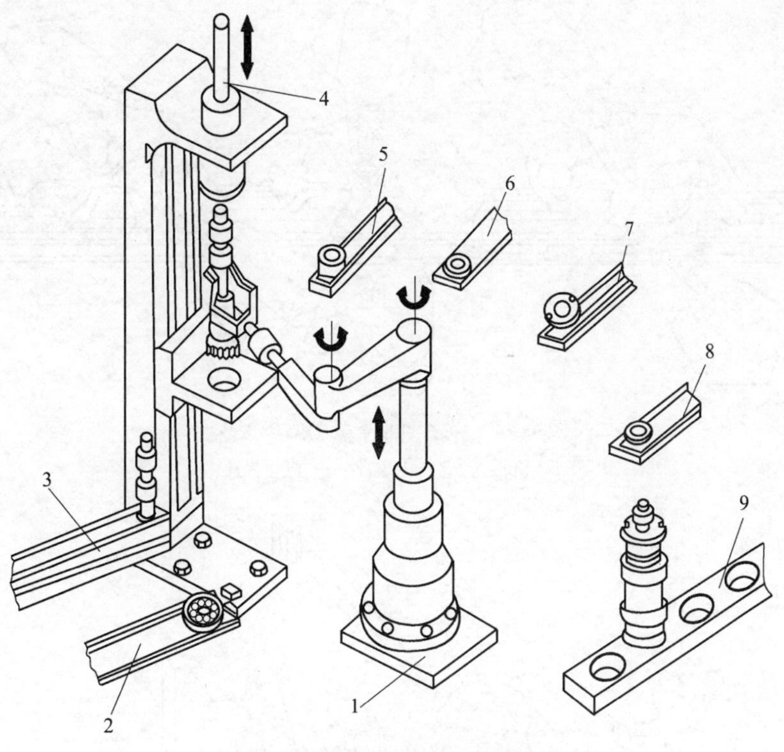

图 4-60 装配系统中的机器人

1—机器人 2—轴承 3—轴 4—压力机 5—套 6—垫圈 7—法兰 8—螺母 9—产品传送带

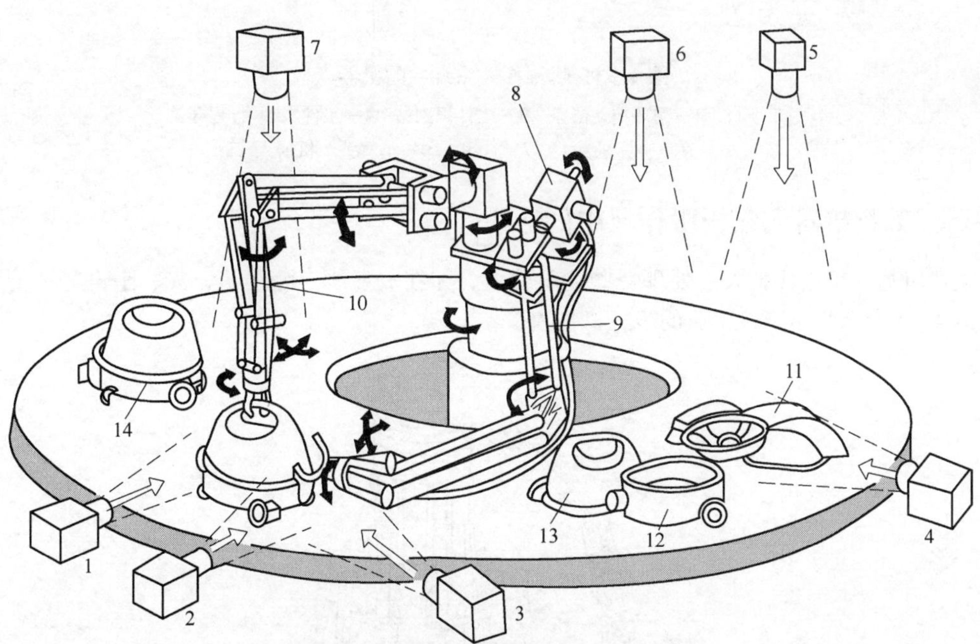

图 4-61 装配系统中的双臂智能机器人

1 ~ 7—固定式电视摄像机 8—可转式电视摄像机 9—抓握手臂

10—感知手臂 11 ~ 13—吸尘器零部件 14—吸尘器装配成品

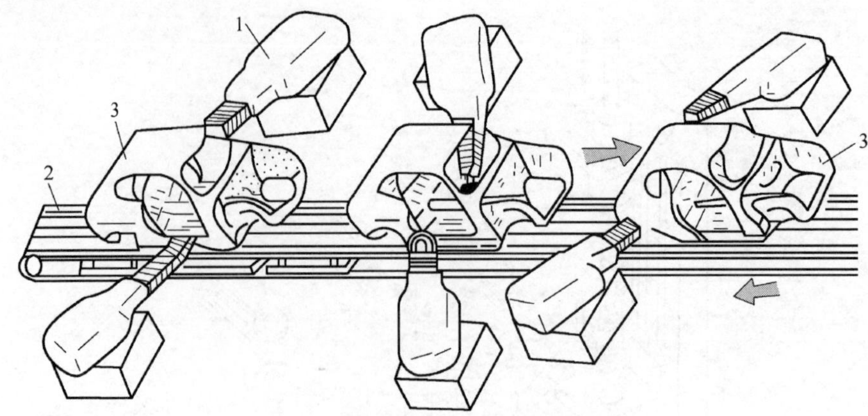

图4-62　焊接作业系统中的机器人

1—机器人　2—传送带　3—汽车壳体

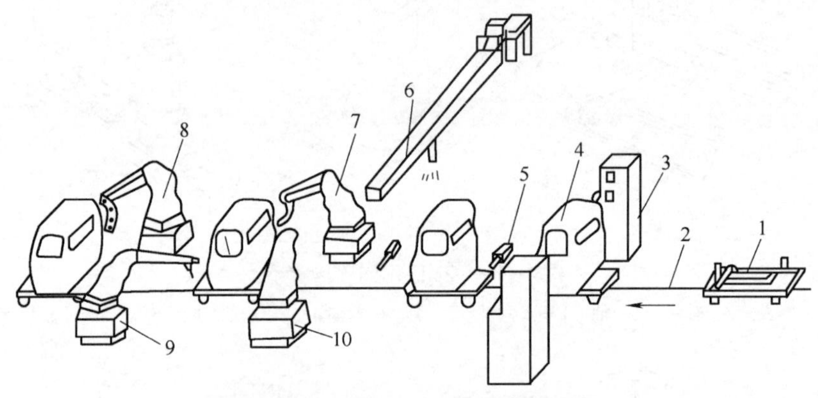

图4-63　喷漆作业系统中的机器人

1—工装板　2—循环拖动链条　3—工件识别站　4—工件　5—行程开关
6—直角坐标机器人　7、8、9、10—垂直关节机器人

三、工业机器人在极限作业中的应用

工业机器人可以代替人去处理一些危险作业，如在放射线、海洋、火灾、宇宙等环境中使用。图4-64所示为用于核工业的步行机器人。

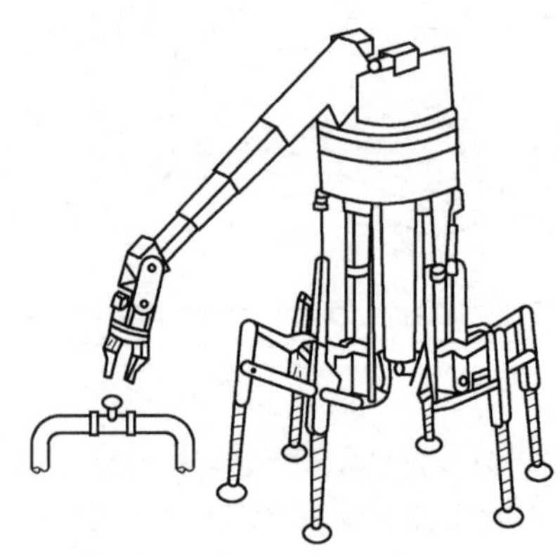

图4-64　用于核工业的步行机器人

习题与思考题

1. 工业机器人的定义是什么？操作机的定义是什么？
2. 工业机器人由哪几部分组成？并比较它与数控机床组成的区别。
3. 工业机器人的基本功能和基本工作原理是什么？它与机床有何主要相同和不同之处？
4. 工业机器人的结构类型有哪几类？各种类型的特点如何？
5. 如何选择和确定机器人的坐标系？分析图 4-5 所示的 PUMA 机器人的坐标系是如何确定的？
6. 机器人的自由度表示什么？它与机床中的轴数和原动件数是否相等？
7. 简述工业机器人的设计内容与步骤。
8. 机器人的运动如何用齐次坐标变换来表示？
9. 工业机器人的位姿的含义是什么？
10. 如何用作业动作功能要求来描述机器人的位姿？
11. 如何用关节运动来描述机器人的位姿？
12. 什么是机器人的正运动学解析？它可以用来解决什么问题？
13. 确定机器人的工作空间有哪些方法？图 4-13 所示的机器人工作空间是如何确定的？
14. 什么是机器人的逆运动学解析？它可以用来解决什么问题？
15. 机器人构件的运动速度、角速度、加速度、角加速度分析方法的基本思路是什么？
16. 进行机器人静力分析的目的是什么？分析方法的基本思路是什么？
17. 进行机器人动力分析的目的是什么？分析方法的基本思路是什么？
18. 谐波减速器的工作原理是什么？特点是什么？了解在机器人设计中的一些典型用法。
19. 机器人的驱动方式有哪些？如何选用？
20. 机器人手臂的设计要求是什么？了解一些典型的机器人手臂工作原理、结构及特点。
21. 机器人机座的设计要求是什么？
22. 机器人手腕的设计要求是什么？了解一些典型的机器人手腕工作原理、结构及特点。
23. 手腕的诱导运动的含义是什么？诱导运动的存在对什么有影响？
24. 机器人末端执行器应满足的要求是什么？了解一些典型的机器人末端执行器的工作原理、结构及特点。
25. 在机械制造系统中工业机器人的选择与布局设计原则是什么？
26. AGV 运动原理图及运动自由度如何描述？
27. AGV 的转向方式有哪些？
28. 了解工业机器人在柔性加工系统、装配系统、焊接作业系统、喷漆作业系统及极限作业中的应用实例。

第五章

机床夹具设计

零件在工艺规程制订之后，就要按工艺规程顺序进行加工。加工中除了需要机床、刀具、量具之外，成批生产时还要用机床夹具。它们是机床和工件之间的连接装置，使工件相对于机床或刀具获得正确位置。机床夹具的好坏将直接影响工件加工表面的位置精度，所以机床夹具设计是装备设计中一项重要的工作，是加工过程中最活跃的因素之一。

第一节　机床夹具的功能和应满足的要求

一、机床夹具的功能

1）保证加工精度。工件通过机床夹具进行安装，包含了两层含义：一是工件通过夹具上的定位元件获得正确的位置，称为定位；二是通过夹紧机构使工件的既定位置在加工过程中保持不变，称为夹紧。这样就可以保证工件加工表面的位置精度，且精度稳定。

2）提高生产率。使用夹具来安装工件，可以减少划线、找正、对刀等辅助时间，采用多件、多工位夹具，以及气动、液压动力夹紧装置，可以进一步减少辅助时间，提高生产率。

3）扩大机床的使用范围。有些机床夹具实质上是对机床进行了部分改造，扩大了原机床的功能和使用范围。如在车床床鞍上安放镗模夹具，就可以进行箱体零件的孔系加工。

4）减轻工人的劳动强度，保证生产安全。

二、机床夹具应满足的要求

机床夹具应满足的基本要求包括下面几方面：

1）保证加工精度。这是必须做到的最基本要求。其关键是正确的定位、夹紧和导向方案，夹具制造的技术要求，定位误差的分析和验算。

2）夹具的总体方案应与年生产纲领相适应。在大批量生产时，尽量采用快速、高效的定位、夹紧机构和动力装置，提高自动化程度，符合生产节拍要求。在中、小批量生产时，夹具应有一定的可调性，以适应多品种工件的加工。

3）安全、方便、减轻劳动强度。机床夹具要有工作安全性考虑，必要时加保护装置。要符合工人的操作位置和习惯，要有合适的工件装卸位置和空间，使工人操作方便。大批量生产和工件笨重时，更需要减轻工人劳动强度。

4）排屑顺畅。机床夹具中积聚切屑会影响到工件的定位精度，切屑的热量使工件和夹具产生热变形，影响加工精度。清理切屑将增加辅助时间，降低生产率。因此，夹具设计要给予排屑问题充分的重视。

5）机床夹具应有良好的强度、刚度和结构工艺性。机床夹具设计时，要方便制造、检测、调整和装配，有利于提高夹具的制造精度。

第二节　机床夹具的类型和组成

一、机床夹具的类型

机床夹具有多种分类方法，如按夹具的使用范围来分，有下面五种类型：

（1）通用夹具　如车床上的卡盘，铣床上的平口钳、分度头，平面磨床上的电磁吸盘等，这些夹具通用性强，一般不需调整就可适应多种工件的安装加工，在单件小批生产中广泛应用。

（2）专用夹具　用于某一特定工件特定工序的夹具，称为专用夹具。专用夹具广泛用于成批和大批量生产中。本章内容主要是针对专用夹具的设计展开的。

（3）可调整夹具和成组夹具　这一类夹具的特点是具有一定的可调性，或称“柔性”。夹具中部分元件可更换，部分装置可调整，以适应不同工件的加工。可调整夹具一般适用于同类产品不同品种的生产，略作更换或调整就可用来安装不同品种的工件。成组夹具适用于一组尺寸相似、结构相似、工艺相似工件的安装和加工，在多品种、中小批量生产中有广泛的应用前景。

（4）组合夹具　它是由一系列的标准化元件组装而成的，标准元件有不同的形状、尺寸和功能，其配合部分有良好互换性和耐磨性。使用时，可根据被加工工件的结构和工序要求，选用适当元件进行组合连接，形成一专用夹具。用完后可将元件拆卸、清洗、涂油、入库，以备后用。它特别适合单件小批生产中位置精度要求较高的工件的加工。

（5）随行夹具　这是一类在自动线和柔性制造系统中使用的夹具。它既要完成工件的定位和夹紧，又要作为运载工具将工件在机床间进行传送。传送到下一道工序的机床后，随行夹具应能在机床上准确地定位和可靠地夹紧。一条生产线上有许多随行夹具，每个随行夹具随着工件经历工艺的全过程，然后卸下已加工的工件，装上新的待加工工件，循环使用。

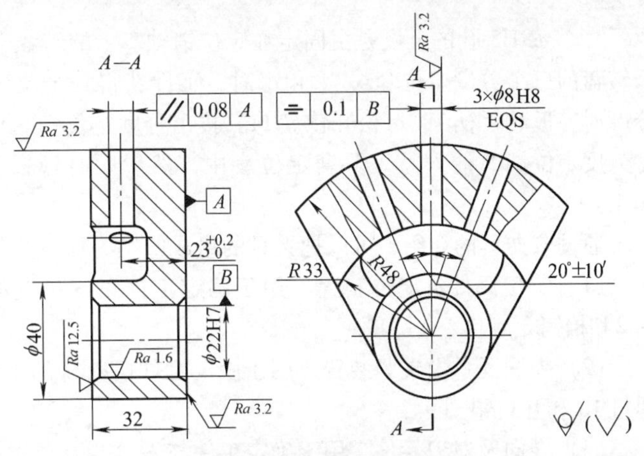

图 5-1　扇形工件简图

二、机床夹具的基本组成

现以装夹扇形工件的钻、铰孔夹具为例，说明机床夹具的基本组成。图 5-1 是扇形工件简图，加工内容是三个 ϕ8H8 孔，各项精度要求如图所示。本工序之前，其他加工表面均已完成。

图 5-2 所示为装夹上述工件进行钻、铰孔工序的钻床夹具。工件由 ϕ22H7 孔定位，它与定位销轴 2 的小圆柱面配合，工件端面 *A* 与定位销轴 2 的大端面靠紧，工件的右侧面靠紧挡销 3。工件的夹紧是拧动螺母 10，通过开口垫圈 9 将工件夹紧在定位销轴 2 上。钻头由钻模套 12 引导

对工件加工，以保证加工孔到端面 A 的距离、孔中心与 A 面的平行度，以及孔中心与 ϕ22H7 孔中心的对称度。

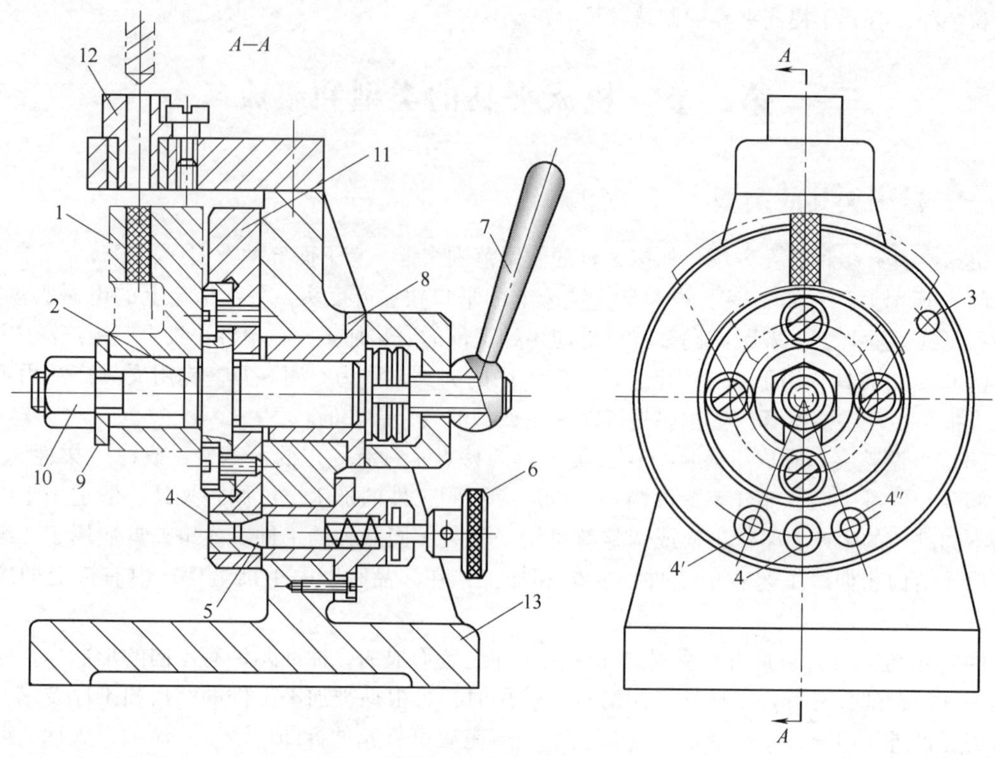

图 5-2　钻孔及铰孔夹具

1—工件　2—定位销轴　3—挡销　4—分度定位套　5—分度定位销　6—手钮　7—手柄　8—衬套　9—开口垫圈　10—螺母　11—转盘　12—钻模套　13—夹具体

三个 ϕ8H8 孔的分度是由固定在定位销轴 2 上的转盘 11 来实现的。当分度定位销 5 分别插入转盘的三个分度定位套 4、4′和 4″时，工件获得三个位置，来保证三孔均布 20° ± 10′的精度。分度时，扳动手柄 7，可松开转盘 11，拔出分度定位销 5，由转盘 11 带动工件一起转过 20°后，将分度定位销 5 插入另一分度定位套中，然后顺时针扳动手柄 7，将工件和转盘夹紧，便可加工。

通过该夹具的介绍，可以把夹具的组成归纳为如下几部分：

（1）定位元件及定位装置　用于确定工件正确位置的元件或装置，如图 5-2 中的定位销轴 2和挡销 3。

（2）夹紧元件及夹紧装置　用于固定工件已获得的正确位置的元件或装置，如图 5-2 中的螺母 10 和开口垫圈 9。

（3）导向及对刀元件　用于确定工件与刀具相互位置的元件，如图 5-2 中的钻模套 12。铣床夹具中常用对刀块来确定刀具与工件的位置。

（4）动力装置　图 5-2 所示为手动夹具，没有动力装置。在成批生产中，为了减轻工人的劳动强度，提高生产率，常采用气动、液压等动力装置。

（5）夹具体　用于将各种元件、装置连接在一体，并通过它将整个夹具安装在机床上，如图 5-2 中的元件 13。

（6）其他元件及装置　根据加工需要来设置的元件或装置，如图5-2中的转盘11、分度定位套4、分度定位销5。又如铣床夹具中机床与夹具的对定，往往在夹具体底面安装两个定向键等。

以上所述，是机床夹具的基本组成。对于一个具体的夹具，可能略少或略多一些，但定位、夹紧和夹具体三部分一般是不可缺少的。

第三节　机床夹具定位机构的设计

一、工件的定位

在制订工件的工艺规程时，已经初步考虑了加工中的工艺基准问题，有时还绘制了工序简图。设计夹具时原则上应选该工艺基准为定位基准。无论是工艺基准还是定位基准，均应符合六点定位原理。

（一）六点定位原理

一个物体在三维空间中可能具有的运动，称之为自由度。在 *OXYZ* 坐标系中，物体可以有沿 *X*、*Y*、*Z* 轴的移动及绕 *X*、*Y*、*Z* 轴的转动，共有六个独立的运动，即有六个自由度。所谓工件的定位，就是采取适当的约束措施，来消除工件的六个自由度，以实现工件的定位。图5-3所示为长方体工件的定位，图5-4所示为圆盘工件的定位，图5-5所示为轴类工件的定位。

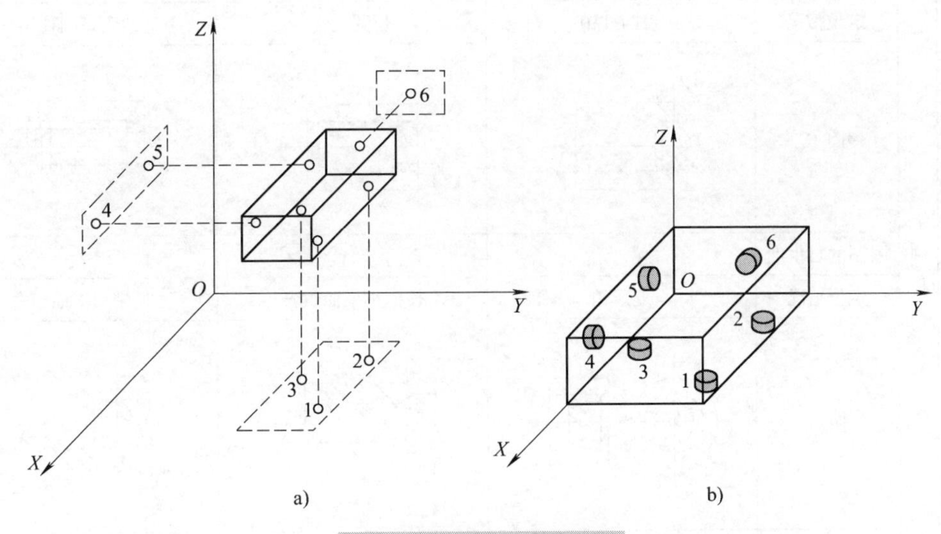

图5-3　长方体工件的定位

a）约束坐标系　b）定位方式

六点定位原理是采用六个按一定规则布置的约束点，限制工件的六个自由度，使工件实现完全定位。

图5-3、图5-4和图5-5所示都是完全定位的实例。在夹具设计中，小的支承钉可以直接作为一个约束。但由于工件千变万化，代替约束的定位元件是多种多样的。各种定位元件可以代替哪几种约束、限制工件的哪些自由度，以及它们的组合可以限制的自由度情况，对初学者来说，应反复分析研究，熟练掌握。表5-1所列为典型定位元件的定位分析。

表 5-1 典型定位元件的定位分析

工件的定位面	夹具的定位元件				
平面	支承钉	定位情况	一个支承钉	两个支承钉	三个支承钉
		图示	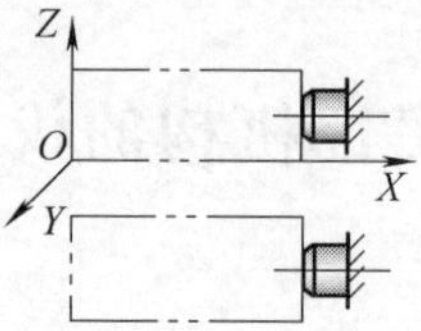	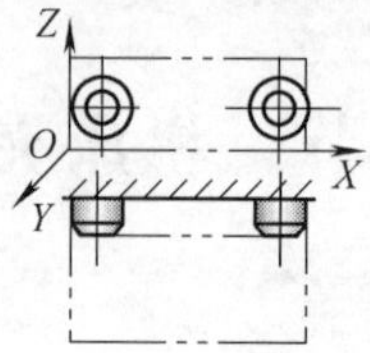	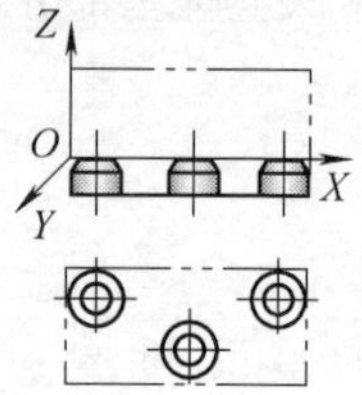
		限制的自由度	$\vec{X}$	$\vec{Y}$、$\widehat{Z}$	$\vec{Z}$、$\widehat{X}$、$\widehat{Y}$
	支承板	定位情况	一块条形支承板	两块条形支承板	一块矩形支承板
		图示	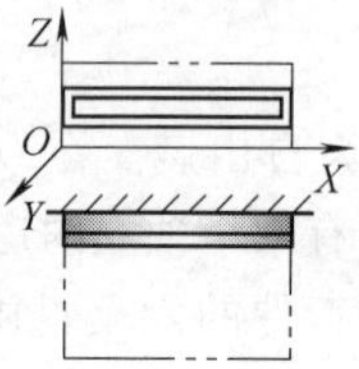	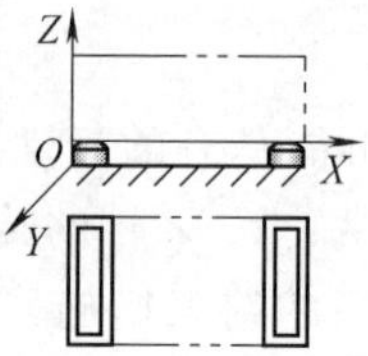	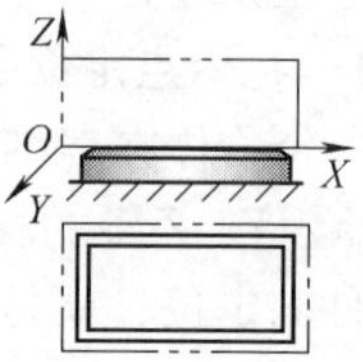
		限制的自由度	$\vec{Y}$、$\widehat{Z}$	$\vec{Z}$、$\widehat{X}$、$\widehat{Y}$	$\vec{Z}$、$\widehat{X}$、$\widehat{Y}$
圆孔	圆柱销	定位情况	短圆柱销	长圆柱销	两段短圆柱销
		图示	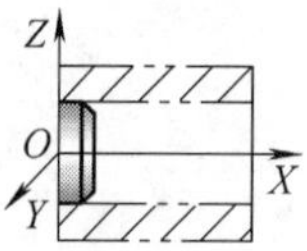	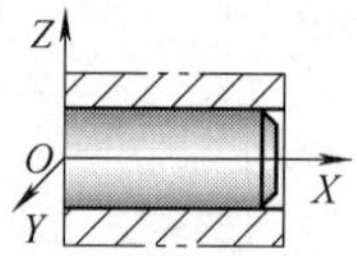	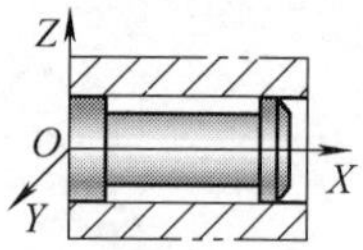
		限制的自由度	$\vec{Y}$、$\vec{Z}$	$\vec{Y}$、$\vec{Z}$、$\widehat{Y}$、$\widehat{Z}$	$\vec{Y}$、$\vec{Z}$、$\widehat{Y}$、$\widehat{Z}$
		定位情况	菱形销	长销小平面组合	短销大平面组合
		图示	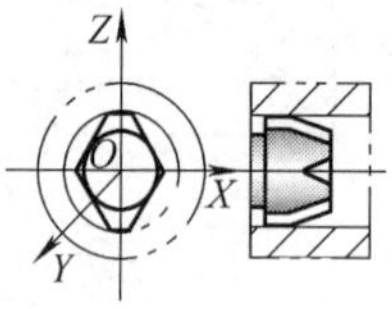	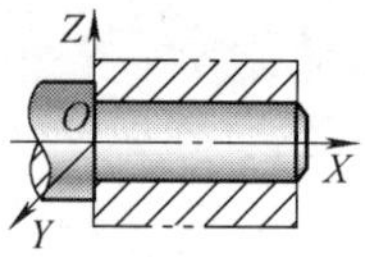	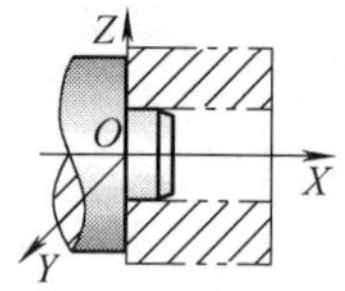
		限制的自由度	$\vec{Z}$	$\vec{X}$、$\vec{Y}$、$\vec{Z}$、$\widehat{Y}$、$\widehat{Z}$	$\vec{X}$、$\vec{Y}$、$\vec{Z}$、$\widehat{Y}$、$\widehat{Z}$
	圆锥销	定位情况	固定圆锥销	浮动圆锥销	固定圆锥销与浮动圆锥销组合
		图示	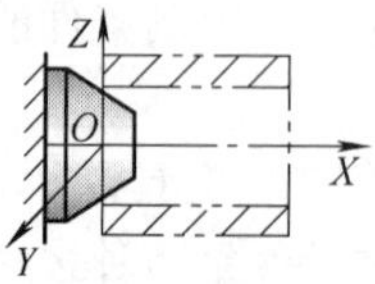	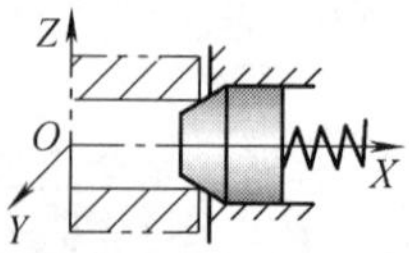	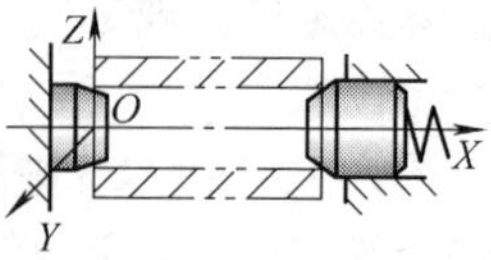
		限制的自由度	$\vec{X}$、$\vec{Y}$、$\vec{Z}$	$\vec{Y}$、$\vec{Z}$	$\vec{X}$、$\vec{Y}$、$\vec{Z}$、$\widehat{Y}$、$\widehat{Z}$

（续）

工件的定位面	夹具的定位元件				
圆孔	心轴	定位情况	长圆柱心轴	短圆柱心轴	小锥度心轴
		图示	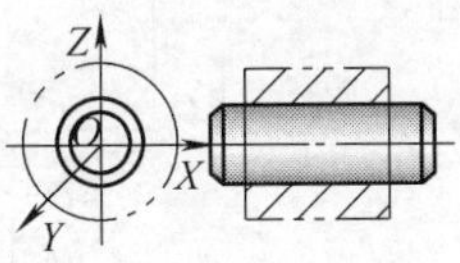	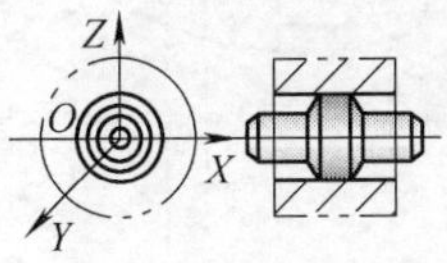	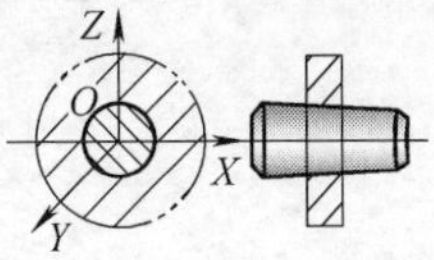
		限制的自由度	$\vec{X}$、$\vec{Z}$、$\overset{\frown}{X}$、$\overset{\frown}{Z}$	$\vec{X}$、$\vec{Z}$	$\vec{X}$、$\vec{Z}$
外圆柱面	V形块	定位情况	一块短V形块	两块短V形块	一块长V形块
		图示	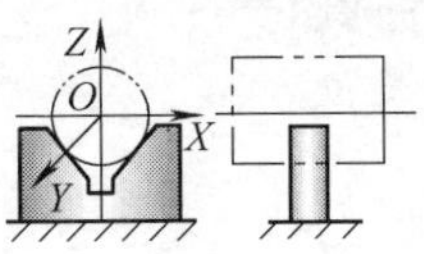	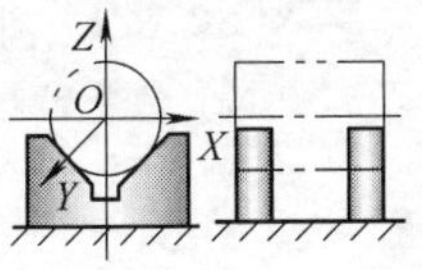	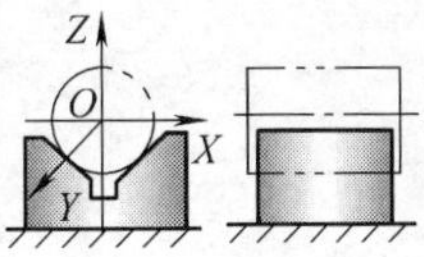
		限制的自由度	$\vec{X}$、$\vec{Z}$	$\vec{X}$、$\vec{Z}$、$\overset{\frown}{X}$、$\overset{\frown}{Z}$	$\vec{X}$、$\vec{Z}$、$\overset{\frown}{X}$、$\overset{\frown}{Z}$
	定位套	定位情况	一个短定位套	两个短定位套	一个长定位套
		图示	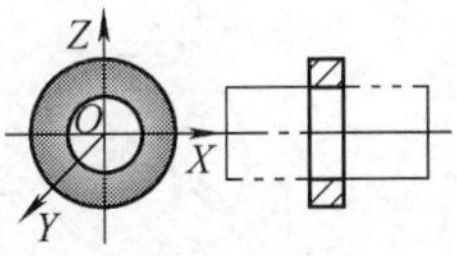	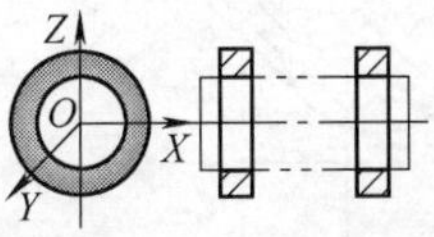	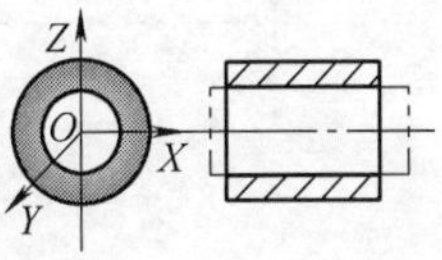
		限制的自由度	$\vec{X}$、$\vec{Z}$	$\vec{X}$、$\vec{Z}$、$\overset{\frown}{X}$、$\overset{\frown}{Z}$	$\vec{X}$、$\vec{Z}$、$\overset{\frown}{X}$、$\overset{\frown}{Z}$
圆锥孔	锥顶尖和锥度心轴	定位情况	固定顶尖	浮动顶尖	锥度心轴
		图示	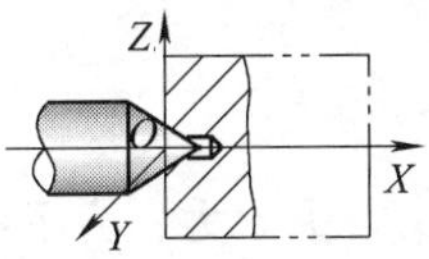	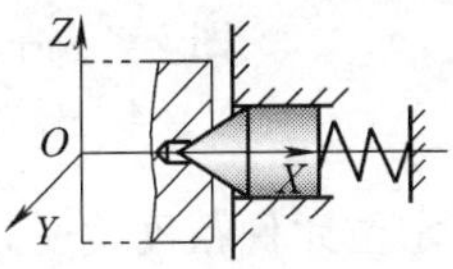	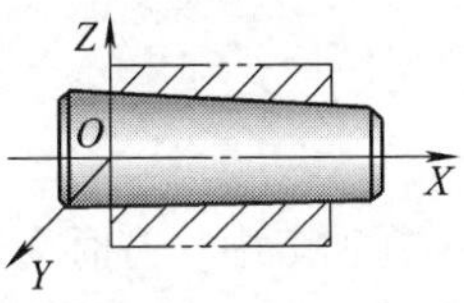
		限制的自由度	$\vec{X}$、$\vec{Y}$、$\vec{Z}$	$\vec{Y}$、$\vec{Z}$	$\vec{X}$、$\vec{Y}$、$\vec{Z}$、$\overset{\frown}{Y}$、$\overset{\frown}{Z}$

（二）完全定位和不完全定位

根据工件加工表面的位置要求，有时需要将工件的六个自由度全部限制，称为完全定位。有时需要限制的自由度少于六个，称为不完全定位。如在平面磨床上磨长方体工件的上表面，工件上表面只要求保证上下面的厚度尺寸和平行度，以及上表面的表面粗糙度，那么此工序的定位只需限制工件底平面上的三个自由度就可以了，属于不完全定位。

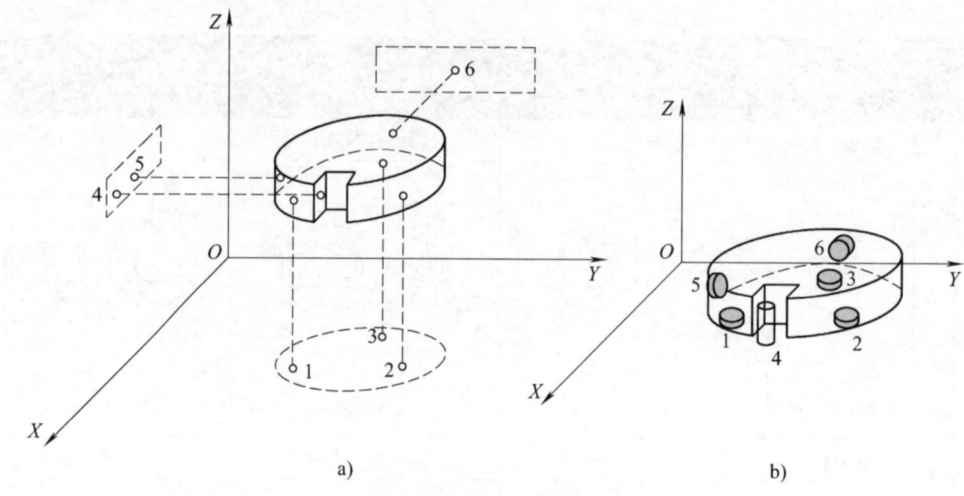

图 5-4　圆盘工件的定位

a）约束坐标系　b）定位方式

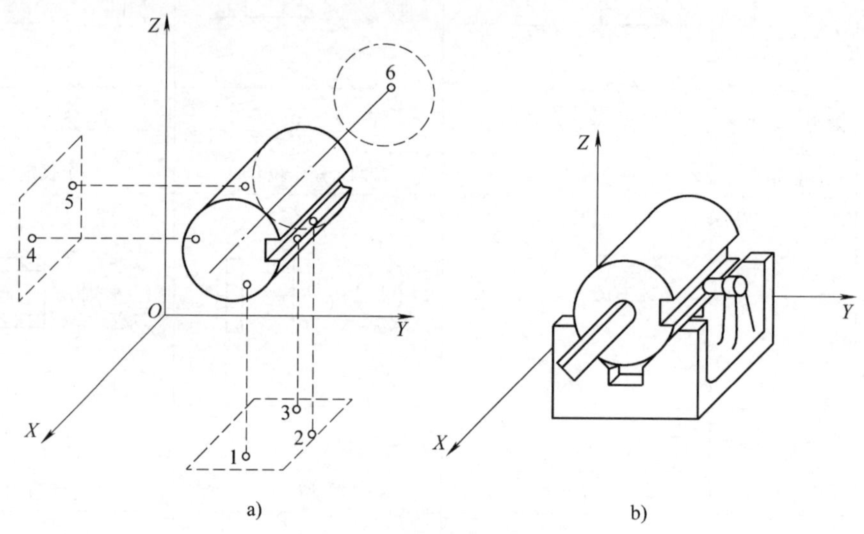

图 5-5　轴类工件的定位

a）约束坐标系　b）定位方式

在加工中，有时为了使定位元件帮助承受切削力、夹紧力，为了保证一批工件进给长度一致，减少机床的调整和操作，常常会对无位置尺寸要求的自由度也加以限制，只要这种定位方案符合六点定位原理，是允许的，有时也是必要的。如前例长方体工件在铣床上加工上表面，仅限制底平面上的三个自由度就难以进行加工了，因为此时不可能实现夹紧。

（三）定位的正常情况与非正常情况

根据加工表面的位置尺寸要求，需要限制的自由度均已被限制，这就称为定位的正常情况，它可以是完全定位，也可以是不完全定位。

根据加工表面的位置尺寸要求，需要限制的自由度没有完全被限制，或某自由度被两个或两个以上的约束重复限制，称为定位的非正常情况。前者又称为欠定位，它不能保证位置精度，是绝对不允许的；后者称为过定位（或重复定位、超定位），加工中一般是不允许的，因为它不能保证正确的位置精度。过定位在以下两种特殊场合中是允许的。

1）工件刚度很差，在夹紧力、切削力作用下会产生很大变形，此时过定位只是提高工件某些部位的刚度，减小变形。

2）工件的定位表面和定位元件在尺寸、形状、位置精度已很高时，过定位不仅对定位精度影响不大，而且有利于提高刚度。例如，*CA*6140 车床主轴端部和卡盘间的定位是短锥大平面，在轴向是过定位。在精密模具加工中，也可以见到平面和两圆柱销的过定位情形。图 5-6 所示的定位，若工件定位平面粗糙，支承钉或支承板又不能保证在同一平面，则这种情况是不允许的。若工件定位平面经过较好的加工，保证平整，支承钉或支承板又在安装后统一磨削过，保证了它在同一平面上，则此过定位是允许的。

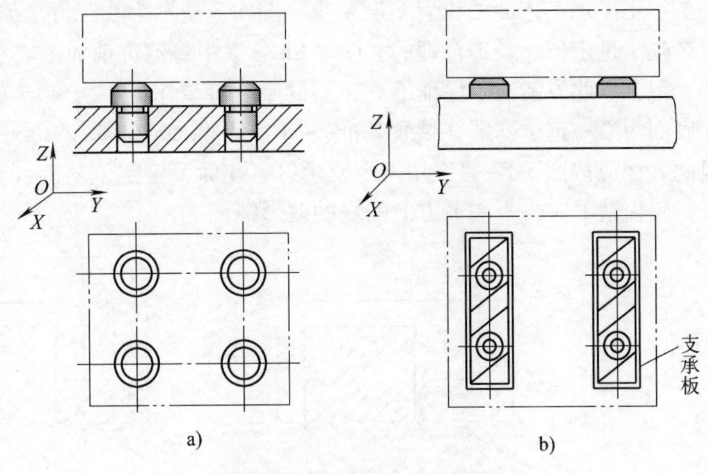

图 5-6　平面定位的过定位

图 5-7 所示为另一些过定位问题以及采取的改进措施，读者可以自己进行分析。

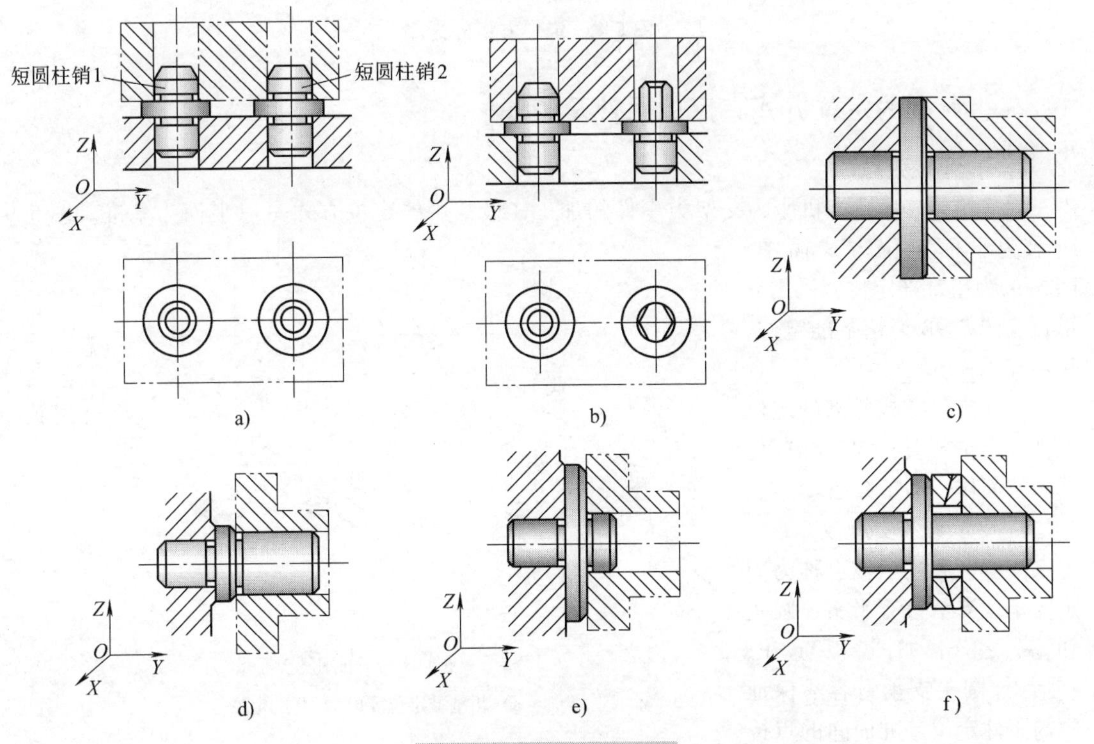

图 5-7　过定位及其改进

a)、c) 过定位　b)、d)、e)、f) 改进方案

在分析研究定位方案是否合理时，仅仅考虑满足六点定位原理是不够的，还要认真仔细地分析本工序加工表面的位置精度要求。图5-8所示为在工件上铣槽的两种定位方案，图5-8a方案产生了过定位，是不合理的。图5-8b方案中将定位销加工成短圆柱销，似乎符合六点定位原理。但分析此方案能否保证槽对A面的平行度要求时，可知该方案不完全合理。本工序应选工件底面为第一定位基准（装置基准）；A面为第二定位基准（导向基准），才能保证平行度要求，因此A面应按图5-8a方案用两个支承钉；孔为第三定位基准（定程基准），为避免Y方向过定位，圆柱销1应改为在Y方向削扁的菱形销。

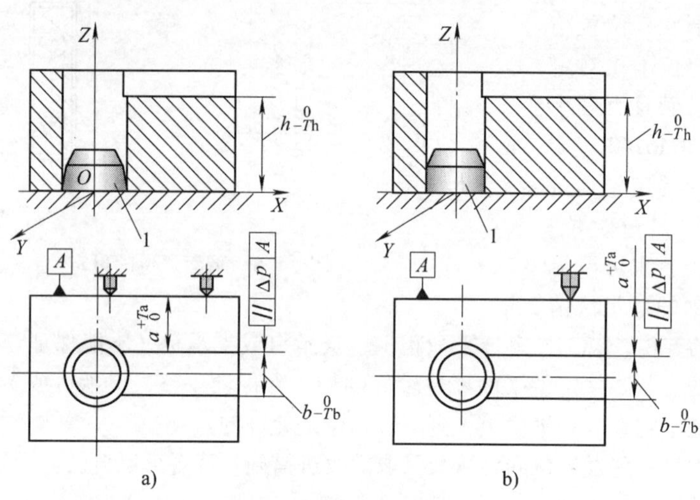

图5-8　定位方案分析

二、典型的定位方式、定位元件及装置

（一）平面定位

对于箱体、床身、机座、支架类零件的加工，最常用的定位方式是以平面为基准。图5-9所示为平面定位方式简图，图5-9a为粗基准定位，采用支承钉；图5-9b为精基准定位，采用支承板。

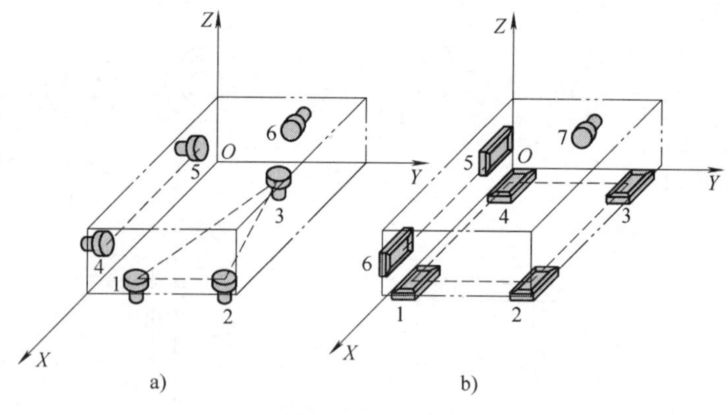

图5-9　平面定位

a）粗基准定位　b）精基准定位

平面定位方式所需的定位元件及定位装置，均已标准化了。下面作一简单介绍。

1. 支承钉和支承板

支承钉和支承板也称为固定支承。支承钉有平头、圆头和花头之分，如图5-10a、b、c所示。圆头支承钉容易保证它与工件定位基准面间的点接触，位置相对稳定，但易磨损，多用于粗基准定位。平头支承钉则可以减少磨损，避免压坏定位表面，常用于精基准定位。花头支承钉摩擦力大，但由于其容易存屑，常用于侧面粗定位。支承钉的尾柄与夹具体上的基体孔配合为过盈，多选为H7/n6或H7/m6。

支承板如图 5-10d、e 所示，常用于大、中型零件的精基准定位。图 5-10e 与图 5-10d 相比，其优点是容易清理切屑。

以上两种固定支承一般要求耐磨，均采用较好的材料。对于直径 $D \leqslant 12$mm 的支承钉和小型支承板，可用 T7A 钢，淬火处理，硬度为 60 ~ 64HRC；对于 $D > 12$mm 和较大的支承板，一般采用 20 钢，渗碳淬火，硬度为 60 ~ 64HRC。由于要保证固定支承在同一个平面上，装配后需经精磨，渗碳层深度大一些，一般为 0.8 ~ 1.2mm。

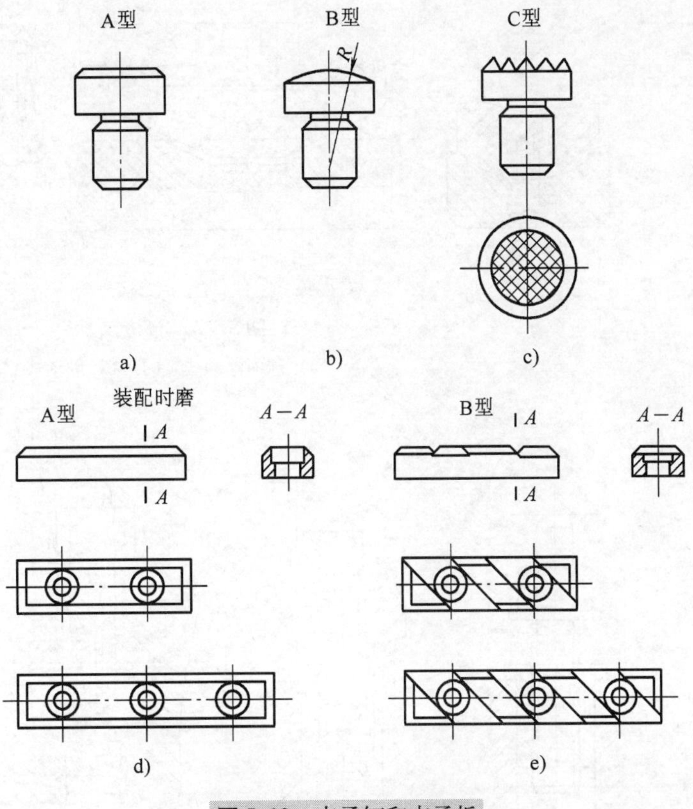

图 5-10　支承钉和支承板

a）平头支承钉　b）圆头支承钉　c）花头支承钉　d）、e）支承板

2. 可调支承和自位支承

可调支承与固定支承的区别是，它的顶端有一个调整范围，调整好后用螺母锁紧。当工件的定位基面形状复杂，各批毛坯尺寸、形状有变化时，多采用这类支承。可调支承一般只对一批毛坯调整一次。这类支承结构如图 5-11 所示。

当工件的定位基面不连续、或为台阶面、或基面有角度误差时，或为了使两个或多个支承的组合只限制一个自由度，避免过定位时，常把支承设计为浮动或联动结构，使之自位，称为自位支承。图 5-12 所示为三种自位支承。

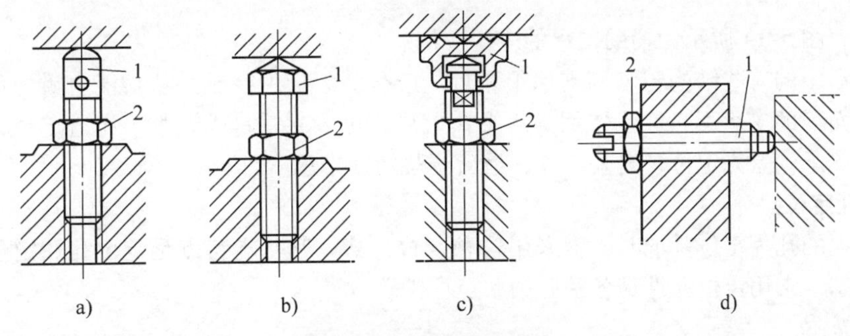

图 5-11　可调支承示例

a）球头可调支承　b）锥头可调支承　c）自位可调支承　d）侧向可调支承

1—支承钉　2—锁紧螺母

3. 辅助支承

辅助支承的主要作用是用于增加工件的刚度，减小切削变形。图 5-13 所示为辅助支承的典

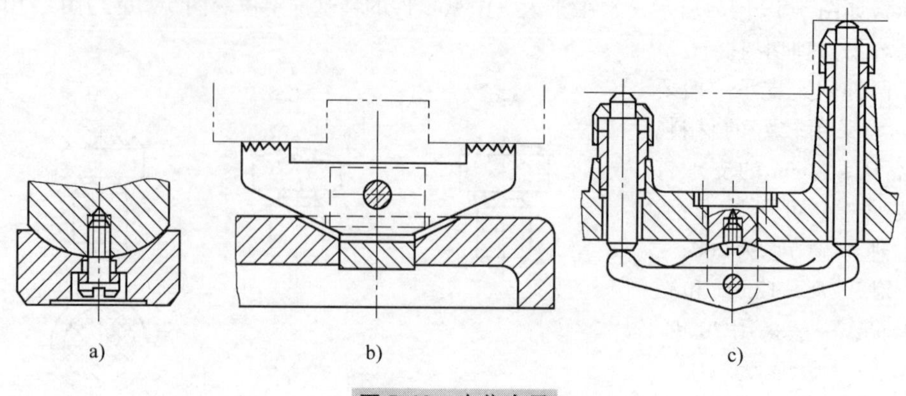

图 5-12　自位支承

a）球面浮动式　b）、c）联动式

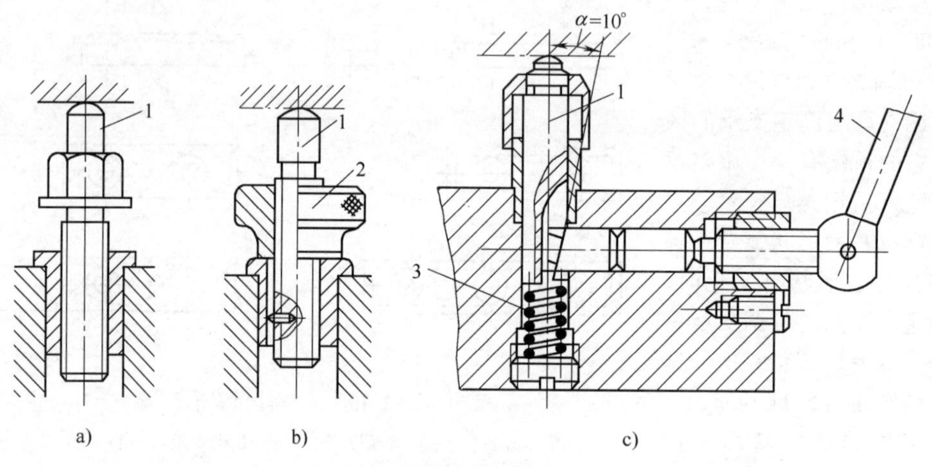

图 5-13　辅助支承

a）简单辅助支承　b）带自锁的辅助支承　c）自动调位的辅助支承

1—支承　2—螺母　3—弹簧　4—手柄

型结构形式，图 5-14 所示为辅助支承的应用实例。

辅助支承中的有些结构与可调支承很相近，应分清它们的区别。从功能上讲，可调支承起定位作用，而辅助支承不起定位作用。从操作上讲，可调支承是先调整，而后定位，最后夹紧工件；辅助支承则是先定位，夹紧工件，最后调整辅助支承。

（二）孔定位

当工件上的孔为定位基准时，就采用这种定位方式，其基本特点是定位孔和定位元件之间处于配合状态。常用定位元件是各种心轴和定位销。

1. 心轴定位

定位心轴广泛用于车床、磨床、齿轮机床等机床上，常见的心轴有以下几种。

（1）锥度心轴　这类心轴外圆表面有 1∶1000～1∶5000 锥度，定心精度高达 0.005～0.01mm，当然工件的定位孔也应有较高的精度。工件的安装是将工件轻轻压入，通过孔和心轴表面的接触变形夹紧工件，如图 5-15 所示。

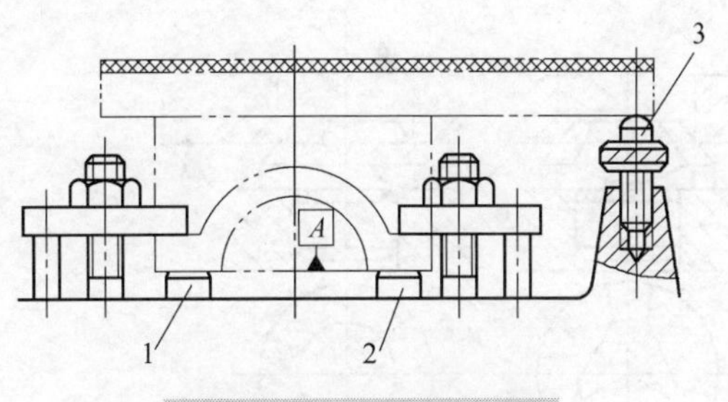

图 5-14 辅助支承的应用

1、2—支承板 3—辅助支承

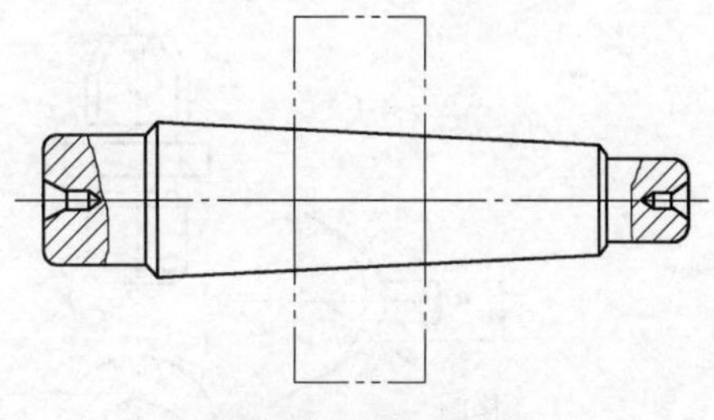

图 5-15 锥度心轴

（2）刚性心轴 在成批生产时，为了克服锥度心轴轴向定位不准确的缺点，可采用刚性心轴。如图 5-16 所示，图 5-16b 和 c 为过盈配合，配合采用基孔制 r、s、u 基本偏差，定心精度高。图 5-16a 为间隙配合，采用基孔制 h、g、f 基本偏差，定心精度不高，但装卸方便。

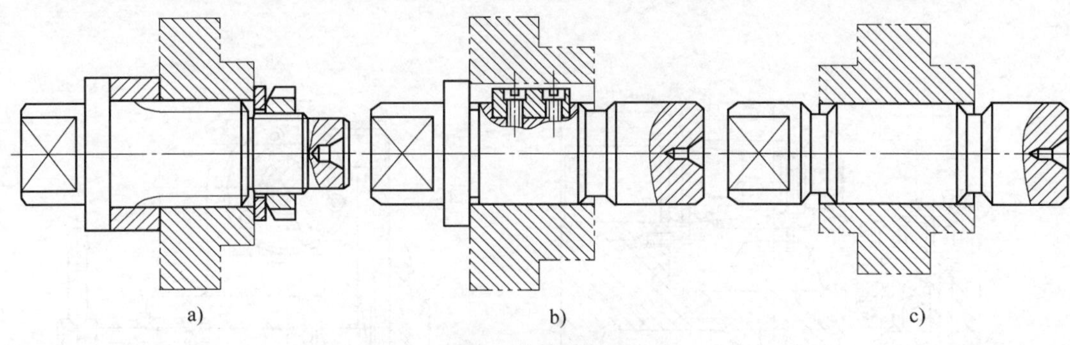

图 5-16 刚性心轴

a）间隙配合 b）、c）过盈配合

除上述外，心轴定位还有弹性心轴、液塑心轴、定心心轴等，它们在完成定位的同时完成工件的夹紧，使用很方便，结构却比较复杂。

2. 定位销

图 5-17 所示为标准化的圆柱定位销，上端部有较长的倒角，便于工件装卸，直径 d 与定位孔配合，是按基孔制 g5 或 g6、f6 或 f7 配合制造的。其尾柄部分一般与夹具体孔过盈配合。

长圆柱定位销可限制四个自由度，短圆柱定位销只能限制端面上两个自由度。有时为了避免过定位，可将圆柱销在过定位方向上削扁成菱形销，如图 5-18a 所示。有时，工件还需限制轴向自由度，可采用圆锥销，如图 5-18b 所示。

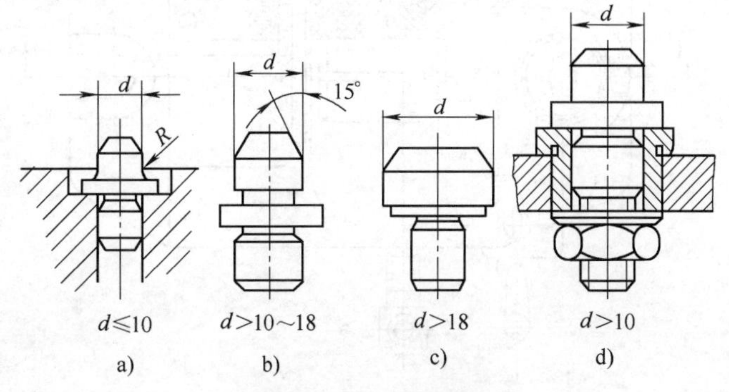

图 5-17 圆柱定位销

现举一个以孔定位方式为主的夹具例子，图 5-19 所示为铣脱落蜗杆支架侧面槽的夹具。工件上 ϕ42H7 孔为第一定位基准，用胀套 3 实现定位和夹紧，限制四个自由度；心轴 1 轴肩左端面限制一个自由度；工件上 ϕ18H7 孔用

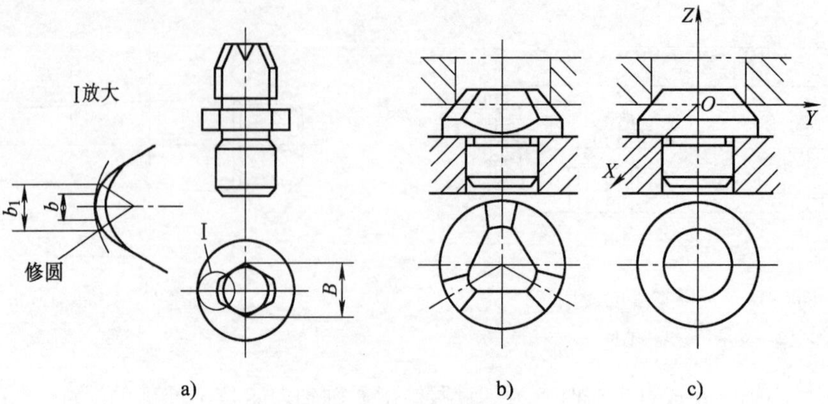

a)　　b)　　c)

图5-18　菱形销和圆锥销

a）菱形销　b）圆锥菱形销　c）圆锥销

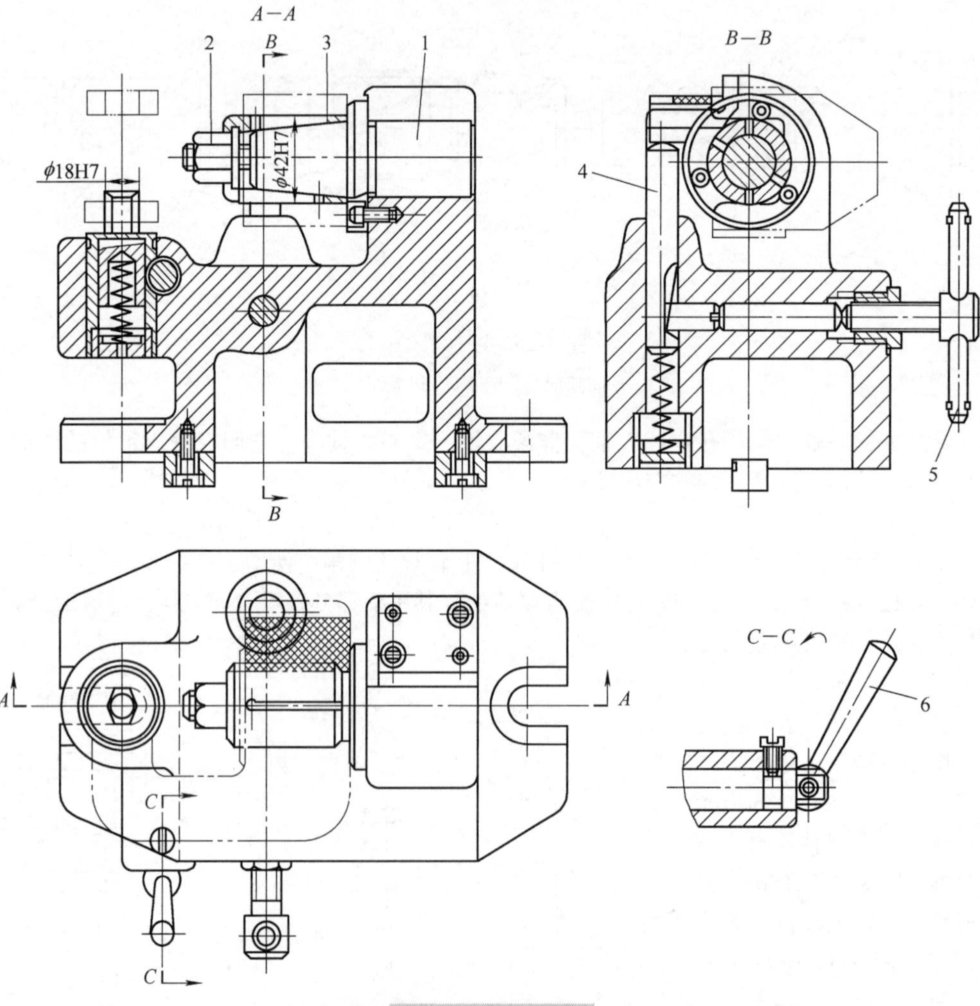

图5-19　铣槽夹具

1—心轴　2—夹紧螺母　3—胀套　4—辅助支承　5—辅助支承缩紧手柄　6—菱形销升降操纵手柄

菱形销限制一个自由度，实现完全定位。考虑到工件的装卸方便，菱形销设计成手动伸缩结构。为了增加切削部位工件的刚度，采用了辅助支承4。

（三）外圆定位

工件以外圆柱表面定位有两种形式，一种是定心定位，另一种是支承定位。

（1）定心定位　与工件以圆柱孔定心类似，可以用各种卡头或弹性筒夹代替心轴或柱销，来定位和夹紧工件的外圆，如图 5-20 所示。有时也可以采用套筒和锥套来定位，如图 5-21 所示。

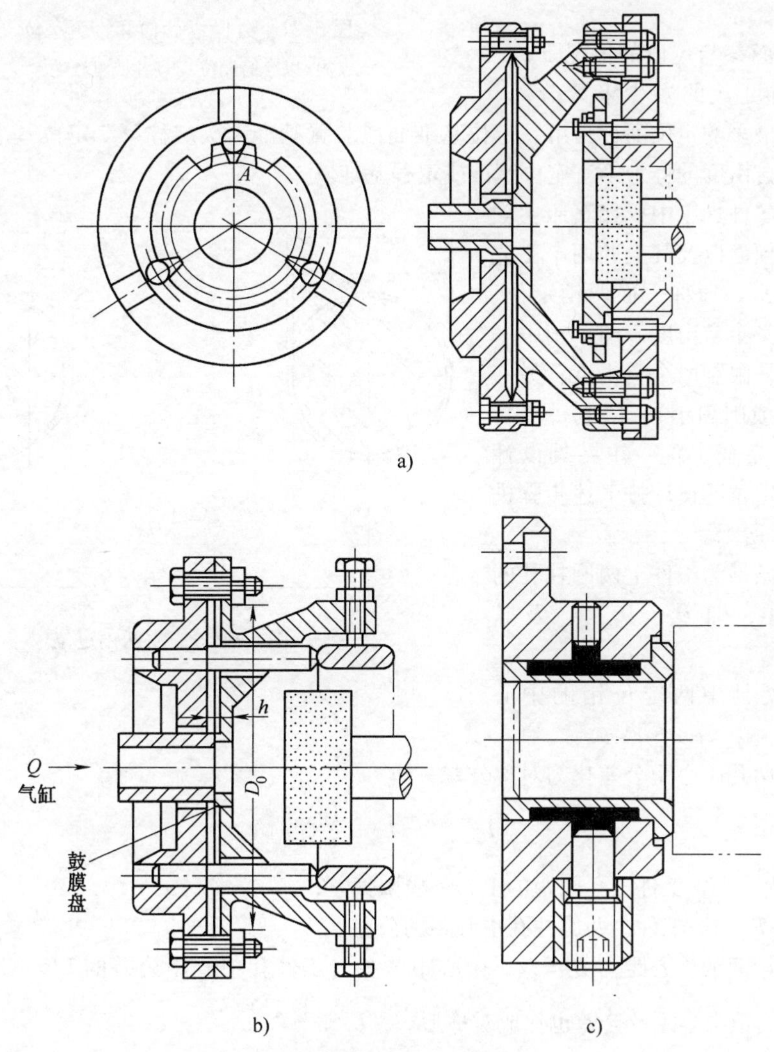

图 5-20　定心卡盘和卡头

a）磨齿轮内孔卡盘　b）磨套圈内孔卡盘　c）液性塑料定心卡盘

（2）V 形块定位　工件外圆以 V 形块定位是最常见的定位方式之一，两斜面夹角有 60°、90°、120°等。90°V 形块使用最广泛，其定位精度和定位稳定性介于 60°、120°V 形块之间，精度比 60°V 形块高，稳定性比 120°V 形块高。使用 V 形块定位的优点是对中性好，可用于非完整外圆柱表面定位。V 形块有长短之分，长 V 形块限制四个自由度，其宽度 B 与圆柱直径 D 之比 $B/D\geqslant 1$；短 V 形块只能限制两个自由度，其宽度有时仅 2mm。它们均已标准化，可以选用，特殊场合也可自行设计。

(四) 定位表面的组合

在实际生产中，经常遇到的不是单一表面的定位，而是几个定位表面的组合。常见的有平面与平面组合、平面与孔组合、平面与外圆柱组合、平面与其他表面组合，锥面与锥面的组合等。

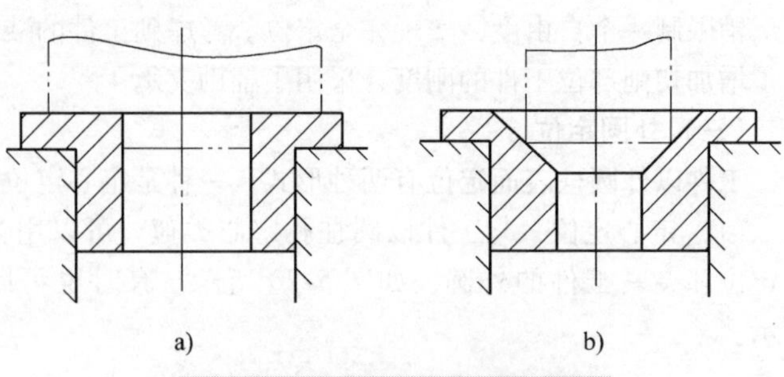

图5-21 外圆以套筒和锥套定位

a) 以套筒调位 b) 以锥套定位

在多个表面参与定位的情况下，按其限制自由度数的多少来区分，限制自由度数最多的定位面称为第一定位基准面或装置基准，次之称第二定位基准面或导向基准，限制一个自由度的称为第三定位基准或定程基准。

在箱体类零件加工中，如车床主轴箱，往往将上顶面以及其上的两个工艺孔作为定位基准，通称一面两销定位。上顶面限制了三个自由度，两个销中一个销是圆柱销，限制两个自由度；另一个是菱形销（或削扁销），限制一个自由度，实现了完全定位。在夹具设计时，一面两销定位的设计按下述步骤进行，如图5-22所示。

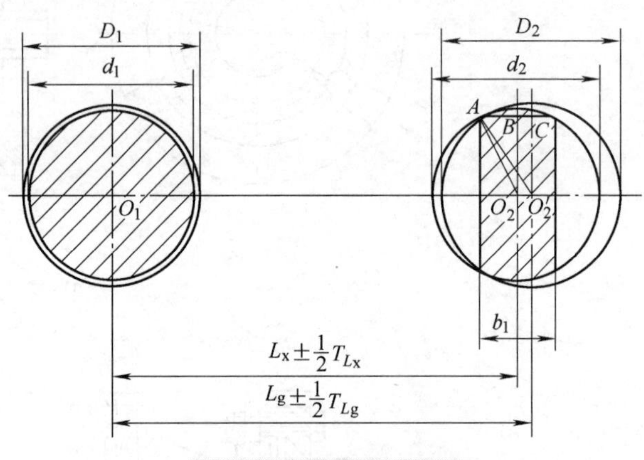

图5-22 一面两销定位

一般已知条件为工件上两圆柱孔的尺寸及中心距，即 D_1、D_2、L_g 及其公差。

1. 确定夹具中两定位销的中心距 L_x

把工件上两孔中心距公差化为对称公差，即

$$L_{g-T_{gmin}}^{+T_{gmax}} = L_g \pm \frac{1}{2}T_{Lg}$$

式中 T_{gmax}、T_{gmin}——工件上孔间距的上、下极限偏差；

T_{Lg}——工件上两圆柱孔中心距的公差。

取夹具两销间的中心距为 $L_x = L_g$，中心距公差为工件孔中心距公差的1/5～1/3，即 T_{Lx} = (⅕～⅓) T_{Lg}。销中心距及公差也化成对称形式：$L_x \pm \frac{1}{2}T_{Lx}$。

2. 确定圆柱销直径 d_1 及其公差

一般圆柱销 d_1 与孔 D_1 为基孔制间隙配合，d_1 名义尺寸等于孔 D_1 名义尺寸，配合一般选为H7/g6、H7/f6，d_1 的公差等级一般高于孔的一级。

3. 确定菱形销的直径 d_2、宽度 b_1 及其公差

可先按表5-2查 D_2，选定 b_1，按下式计算出菱形销与孔配合的最小间隙 Δ_{2min}，再计算菱形销的直径。

表 5-2　菱形销尺寸　（单位：mm）

D_2	3~6	>6~8	>8~20	>20~25	>25~32	>32~40	>40~50
b_1	2	3	4	5	5	6	8
B	$D_2-0.5$	D_2-1	D_2-2	D_2-3	D_2-4	D_2-5	D_2-5

$$\Delta_{2\min}=2b_1\ (T_{Lx}+T_{Lg})\ /D_2$$
$$d_2=D_2-\Delta_{2\min}$$

式中　b_1——菱形销宽度（mm）；

D_2——工件上菱形销定位孔直径（mm）；

$\Delta_{2\min}$——菱形销定位时销、孔最小配合间隙（mm）；

T_{Lx}——夹具上两销中心距公差（mm）；

T_{Lg}——工件上两孔中心距公差（mm）；

d_2——菱形销名义尺寸（mm）。

菱形销的公差可按配合 H/g，销的公差等级按高于孔的一级来确定。

三、定位误差的分析与计算

（一）定位误差

工件的加工误差是指工件加工后在尺寸、形状和位置三个方面偏离理想工件的大小，它是由三部分因素产生的：

1）工件在夹具中的定位、夹紧误差。

2）夹具带着工件安装在机床上，相对机床主轴（或刀具）或运动导轨的位置误差，也称对定误差。

3）加工过程中误差，如机床几何精度、工艺系统的受力与受热变形、切削振动等原因引起的误差。

其中，定位误差是指工序基准在加工方向上的最大位置变动量所引起的加工误差。可见，定位误差只是工件加工误差的一部分。设计夹具定位方案时，要充分考虑此定位方案的定位误差的大小是否在允许的范围内，一般定位误差应控制在工件公差的1/5~1/3。

（二）产生定位误差的原因

1. 基准不重合带来的定位误差

夹具定位基准与工序基准不重合，两基准之间的位置误差会反映到被加工表面的位置上去，所产生的定位误差称为基准转换误差。下面举两例进行说明。

（1）平面定位情形　如图 5-23 所示的工件，加工面 C 的设计基准是 A 面，要求尺寸是 N。所设计夹具的定位基面是 B 面，尺寸 N 是通过控制 A_2 来保证的，是间接获得的。因此，N 是由 A_1、A_2 和 N 组成的工艺尺寸链的封闭环。由此可见

$$\Delta N=\Delta A_1+\Delta A_2$$

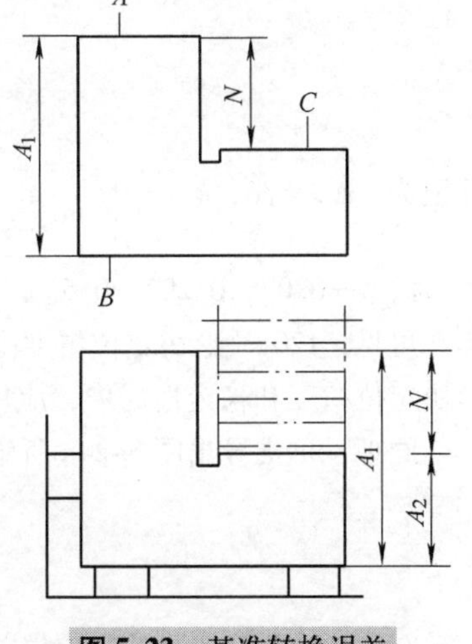

图 5-23　基准转换误差

式中　ΔA_2——本工序的加工误差；

ΔA_1——基准转换带来的加工误差。

（2）V 形块定位　如图 5-24 所示的圆柱表面上铣键槽，采用 V 形块定位。键槽深度有三种

表示方法，以图 5-24b 为例进行分析。

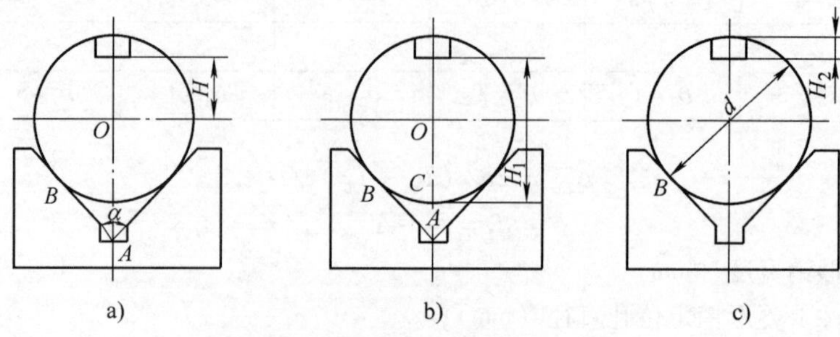

图 5-24　铣键槽的定位及尺寸标注

a）以轴心为测量基准　b）以轴外表面为测量基准　c）测量键槽深度

假设工件轴径 d 的中心为其尺寸公差的中心时，调整夹具中对刀块位置来补偿基准转换误差，使槽底距下母线的距离满足 H_1 要求。但当工件轴径分别为 $d+\delta/2$、$d-\delta/2$（δ 为工件轴径公差）时，工件与 V 形块接触位置为 B、A，又带来新的基准转换误差。如图 5-25 所示，槽底至下母线距离分别为 $H_1{}'$ 和 $H_1{}''$。

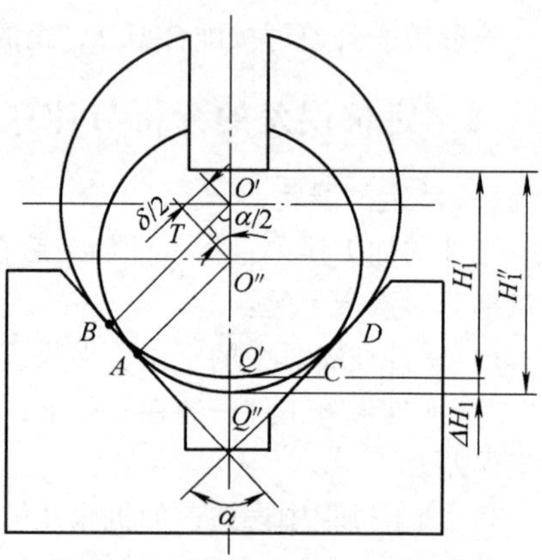

定位误差为

$$\Delta_{H1}=H_1{}''-H_1{}'=\overline{Q'Q''}$$

从图 5-25 中可知

$$\overline{Q'Q''}=\overline{O'Q''}-\overline{O'Q'}=\overline{O'O''}+\overline{O''Q''}-\overline{O'Q'}$$

其中，$\overline{O'Q'}=\dfrac{1}{2}(d+\delta/2)$，$\overline{O''Q''}=\dfrac{1}{2}(d-\delta/2)$；

$\overline{O'O''}=\overline{O'T}/\sin\dfrac{\alpha}{2}$，$\overline{O'T}=\overline{O'B}-\overline{O''A}=\dfrac{\delta}{2}$

图 5-25　铣键槽的定位误差

代入可得

$$\Delta_{H1}=\overline{Q'Q''}=\frac{\delta}{2}\left(\frac{1}{\sin\dfrac{\alpha}{2}}-1\right)$$

并记为　$\Delta_{H1}=k\delta$，$k=\dfrac{1}{2}\left(\dfrac{1}{\sin\dfrac{\alpha}{2}}-1\right)$。由于 V 形块角度 α 已标准化，因此，当 $\alpha=120°$、$90°$、$60°$时，$k=0.07$、0.207、0.5。

可见，120°V 形块定位精度高，但稳定性差，而 60°V 形块定位精度低，但稳定性高，90°V 形块定位精度和稳定性居中，应用最多。

同理，可推导出图 5-24a 所示情况的定位误差为

$$\Delta_H=\frac{\delta}{2\sin\dfrac{\alpha}{2}}$$

图 5-24c 所示情况的定位误差为

$$\Delta_{H2}=\frac{\delta}{2}\left(\frac{1}{\sin\dfrac{\alpha}{2}}+1\right)$$

2. 间隙引起的定位误差

在使用心轴、销、定位套定位时，定位面与定位元件间的间隙可使工件定心不准产生定位误差。如图 5-26a 所示单圆柱销与孔的定位情况，最大间隙为

$$\delta = D_{max} - d_{min} = \Delta + \delta_x + \delta_g$$

式中 D_{max}——定位孔最大直径（mm）；

d_{min}——定位销最小直径（mm）；

Δ——销与孔的最小间隙（mm）；

δ_x——销的公差（mm）；

δ_g——孔的公差（mm）。

若销（孔）垂直放置时，由于销与孔之间有间隙，工件安装时孔中心可能偏离销中心，其偏离的最大范围是以 δ 为直径、以销中心为圆心的圆。若销（孔）水平放置时，或定位时让工件始终靠紧销的一侧，即定位以销的一条母线为基准，工件的定位误差仅为

$$\delta = \frac{1}{2}(\Delta + \delta_x + \delta_g)$$

常用的一面两销定位的情况稍许复杂一点，如图 5-26b 所示。平面限制三个自由度，圆柱销限制两个自由度。X、Y 方向的定位误差如同单圆柱销定位，均为 $\delta_1 = \Delta_1 + \delta_{x1} + \delta_{g1}$。而菱形销限制了绕 Z 方向的转动自由度，孔与菱形销在 Y 方向的定位误差为 $\delta_2 = \Delta_2 + \delta_{x2} + \delta_{g2}$，它实际上是限制工件绕 Z 轴的转动。由于存在间隙，因而使工件产生一个转角误差，如图 5-26c 所示，转角误差为

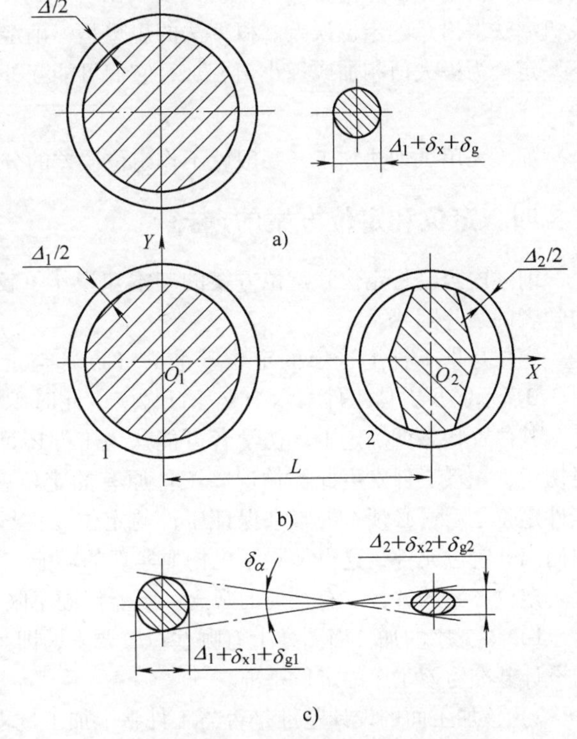

图 5-26　销定位的定位误差

a）单圆柱销的定位误差　b）双定位销的定位误差分析
c）双定位销的转角误差

$$\frac{\delta_\alpha}{2} \approx \tan\frac{\delta_\alpha}{2} = \frac{\delta_1 + \delta_2}{2L_{min}} = \frac{\Delta_1 + \Delta_2 + \delta_{x1} + \delta_{x2} + \delta_{g1} + \delta_{g2}}{2L_{min}}$$

$$= \frac{D_{1max} - d_{1min} + D_{2max} - d_{2min}}{2L_{min}}$$

式中 d_{2min}——菱形销最小直径（mm）；

D_{2max}——菱形销定位孔最大直径（mm）；

L_{min}——两定位销最小中心距（mm）。

3. 与夹具有关的因素产生的定位误差

这类因素基本上属于夹具设计与制造中的误差，例如：

1）定位基准面与定位元件表面的形状误差。

2）定位元件与定位元件间的位置误差，以及定位元件、对刀元件、导向元件、定向元件等元件的磨损。

3）导向元件、对刀元件与定位元件间的位置误差，以及其形状误差导致产生的导向误差和

对刀误差。

4）夹具在机床上的安装误差，即对定误差导致工件相对刀具主轴或运动方向产生的位置误差。

5）夹紧力使工件或夹具产生变形，产生位置误差。

上述定位误差的分析计算，一般是在成批生产中使用调整法加工时，需要分析计算。对于具体夹具的定位误差需要具体分析，要找出各个产生定位误差的环节及大小，然后按照极值法或概率法求出总的定位误差。概率法的思想是，确定各环节产生定位误差 δ_1、δ_2、δ_3……，它们不一定全为极大值相加或极小值相加，它们可能互补，因此概率法计算总的定位误差为

$$\delta = \sqrt{\delta_1^2 + \delta_2^2 + \delta_3^2 + \cdots}$$

如果采用试切法加工，一般就不作定位误差的分析计算了。

四、定位和定位方案的选择

前述内容已将定位和定位方案的基本知识作了较为系统的介绍，这里再作一些提示，以解初学者的某些困惑。

定位是指工件上选定的定位基准面（点）与定位元件上的工作面紧密接触（靠实）。如图5-3所示，长方体工件与六个支承钉靠实，此时工件就被认为已经定位了，限制了六个自由度，其位置状态就确定了。初学者可能认为工件还可以向 X、Y、Z 的正向移动（或转动），但要切记，一旦工件发生此类情况，工件原有的定位就被破坏了，其位置就不再准确了。再则，工件定位之后，必须有夹紧来保证工件与定位元件靠紧，不受切削力、惯性力、重力等外力影响而离开定位元件，这也是夹紧机构要实现的功能。

定位方案的选择应有全局的观念，不能仅囿于限制哪些自由度，应考虑以下几方面：

1）该工序的加工面图样上有哪些位置要求，即其设计基准面是哪些，尽可能选用该加工面的设计基准为该工序的定位基准。

2）该加工面的设计基准是否与工件整个加工过程的工艺精基准一致，一致最好，可以用工艺精基准为定位基准，不一致则应选设计基准为定位基准，此时它容易保证各个加工面之间的位置要求。若该加工面与其设计基准间位置要求很高，则可放弃统一的工艺精基准，仍选设计基准为定位基准。

3）定位方案应满足六点定位原理，一个工件满足六点定位原理的定位方案不止一个，应选出既满足前述两点又满足六点定位原理的方案。

4）选出的定位方案应估算其定位误差是否符合要求，即 $\Delta_{定} \leqslant (1/5 \sim 1/3)\Delta_1$。

5）应根据该加工面的加工方法、机床、刀具等具体情况分析定位方案的可行性，并完善其定位方案。

第四节 机床夹具夹紧机构的设计

夹紧机构在机床夹具设计中占有很重要的地位。一个夹具在性能上的优劣，除了从定位性能上加以评定外，还必须从夹紧机构的性能上来考核，如夹紧机构的可靠性、操作方便性。夹紧机构的复杂程度也基本上决定了夹具的复杂程度。从设计的难度上讲，夹紧机构往往花费设计人员较多的心血。

一、夹紧机构设计应满足的要求

设计夹紧机构一般应遵循以下主要原则：

1）夹紧必须保证定位准确可靠，而不能破坏定位。

2）工件和夹具的变形必须在允许的范围内。

3）夹紧机构必须可靠。夹紧机构各元件要有足够的强度和刚度。手动夹紧机构必须保证自锁，机动夹紧应有联锁保护装置，夹紧行程必须足够。

4）夹紧机构操作必须安全、省力、方便、迅速、符合工人操作习惯。

5）夹紧机构的复杂程度、自动化程度必须与生产纲领和工厂的条件相适应。

二、夹紧力的确定

夹紧力包括方向、作用点和大小三个要素，这是夹紧机构设计中首先要解决的问题。

（一）夹紧力方向的确定

1）夹紧力的方向应有利于工件的准确定位，而不能破坏定位，一般要求主夹紧力应垂直于第一定位基准面。如图 5-27 所示的夹具，用于对直角支座零件进行镗孔，要求孔与端面 *A* 垂直。因此应选 *A* 面为第一定位基准面，夹紧力 F_{j1} 应垂直压向 *A* 面。若采用夹紧力 F_{j2}，由于工件 *A* 面与 *B* 面的垂直度误差，则镗孔只能保证孔与 *B* 面的平行度，而不能保证孔与 *A* 面的垂直度。

2）夹紧力的方向应与工件刚度高的方向一致，以利于减少工件的变形。图 5-28 所示为薄壁套筒的夹紧，图 5-28a 采用自定心卡盘夹紧，易引起工件的夹紧变形。若镗孔、内孔加工后将有三棱圆形圆度误差。图 5-28b 为改进后的夹紧方式，采用端面夹紧，可避免上述圆度误差。如果工件定心外圆和夹具定心孔之间有间隙，会产生定心误差。

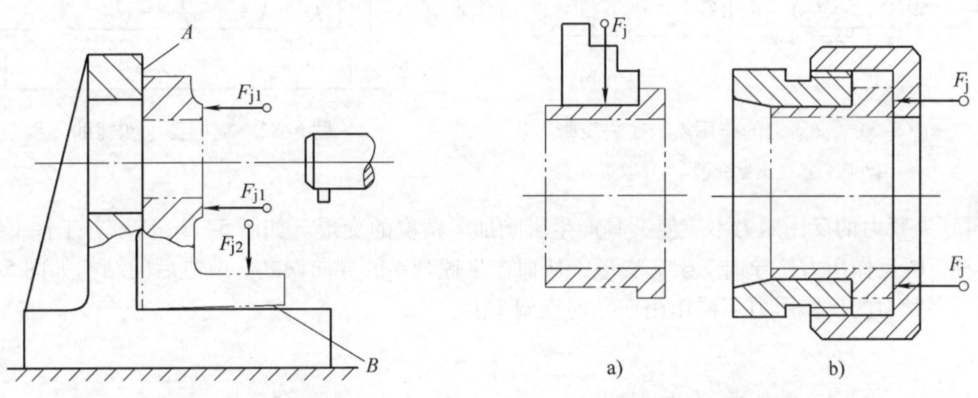

图 5-27　夹紧力的方向选择

图 5-28　薄壁套筒的夹紧

a）自定心卡盘夹紧　b）端面夹紧

3）夹紧力的方向应尽可能与切削力、重力方向一致，以利于减小夹紧力。如图 5-29a 所示情况是合理的，图 5-29b 则不尽合理。

（二）夹紧力作用点的选择

1）夹紧力的作用点应与支承点“点对点”对应，或在支承点确定的区域内，以避免破坏定位或造成较大的夹紧变形。如图 5-30 所示两种情况均破坏了定位。

2）夹紧力的作用点应选择在工件刚度高的部位。如图 5-31a 所示情

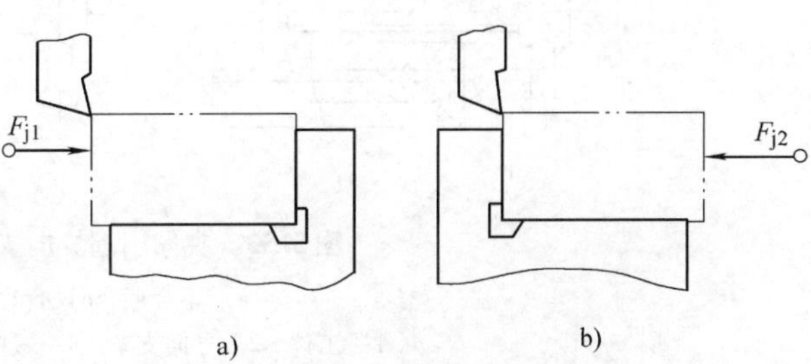

图 5-29　夹紧力与切削力的方向

a）夹紧力与切削力同向　b）夹紧力与切削力反向

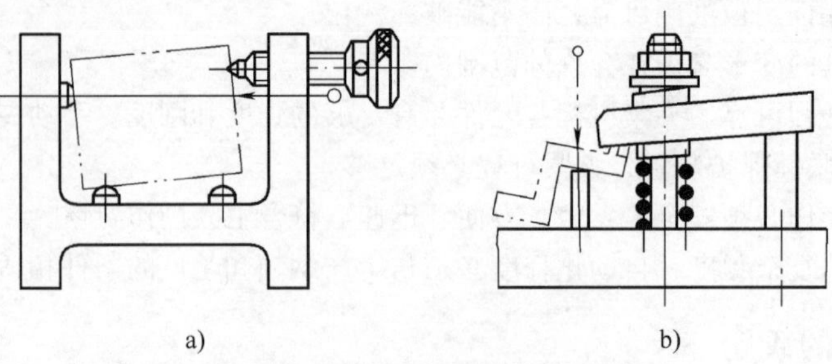

图5-30　夹紧力作用点的位置

况可造成工件薄壁底部较大的变形，改进后的结构如图5-31b所示。

3）夹紧力的作用点和支承点尽可能靠近切削部位，以提高工件切削部位的刚度和抗振性。如图5-32所示的夹具，在切削部位增加了辅助支承和辅助夹紧。

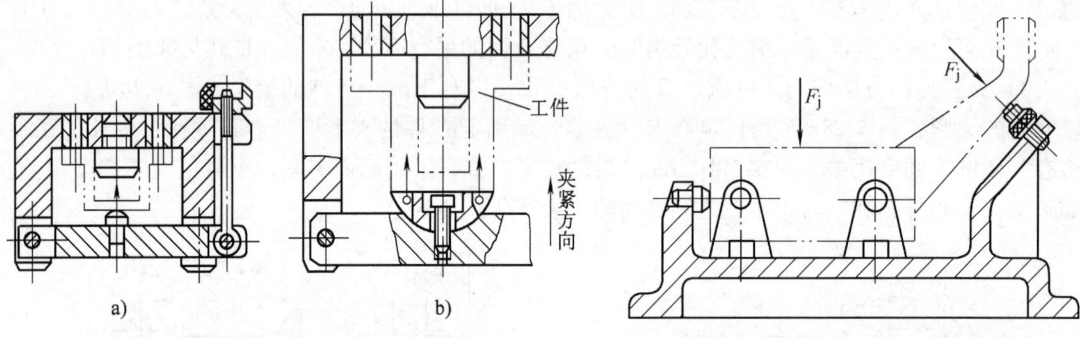

图5-31　夹紧力的作用点与工件变形

a）工件底面产生夹紧变形　b）改进方案

图5-32　辅助支承和辅助夹紧

4）夹紧力的反作用力不应使夹具产生影响加工精度的变形。如图5-33a所示，工件1对夹紧螺杆3的反作用力使导向支架2变形，从而产生镗套4的导向误差。改进后的结构如图5-33b所示，夹紧力的反作用力不再作用在导向支架2上。

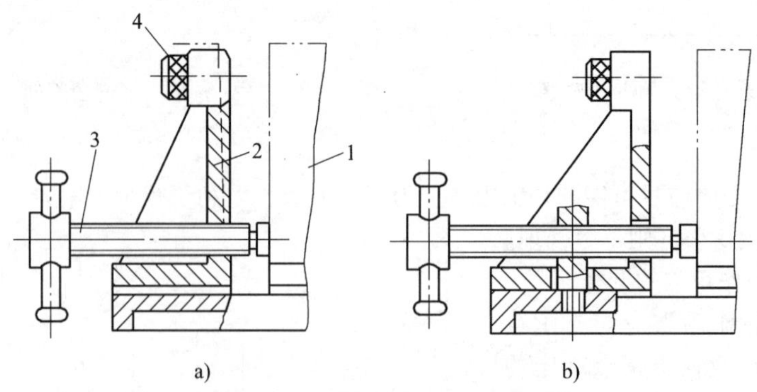

图5-33　夹紧引起导向支架变形

a）不合理　b）合理

1—工件　2—导向支架　3—螺杆　4—镗套

（三）夹紧力大小的确定

夹紧力大小需要准确的场合，一般可经过实验来确定。通常，由于切削力本身是估算的，工件与支承件间的摩擦因数也是近似的，因此夹紧力也是粗略估算的。

在计算夹紧力时，将夹具和工件看作一个刚性系统，以切削力的作用点、方向和大小处于最不利于夹紧时的状况为工件受力状况，根据切削力、夹紧力（大工件还应考虑重力，运动速度较大时应考虑惯性力），以及夹紧机构具体尺寸，列出工件的静力平衡方程式，求出理论夹紧力，再乘以安全系数，作为实际所需夹紧力。

安全系数一般可取 $k=2\sim3$，或按下式计算

$$k=k_1k_2k_3k_4$$

式中　k_1——一般安全系数，考虑工件材料性质及余量不均匀等引起切削力变化，$k_1=1.5\sim2$；

k_2——加工性质系数，粗加工 $k_2=1.2$，精加工 $k_2=1$；

k_3——刀具钝化系数，$k_3=1.1\sim1.3$；

k_4——断续切削系数，断续切削时 $k_4=1.2$，连续切削时 $k_4=1$。

工件与支承元件之间的摩擦因数，以及工件与夹紧元件间的摩擦因数，可参见表 5-3。

表 5-3　摩擦因数

支承表面特点	摩擦因数 μ
光滑表面	0.15 ~ 0.25
直沟槽，方向与切削方向一致	0.25 ~ 0.35
直沟槽，方向与切削方向垂直	0.40 ~ 0.50
交错网状沟槽	0.6 ~ 0.80

图 5-34 所示为工件铣削加工的情况，最不利于夹紧状况是开始铣削时，此时切削力矩 F_aL 会使工件产生绕 O 点的翻转趋势，与之平衡的是支承面 A、B 处的摩擦力对 O 点的力矩。于是有

$$\frac{1}{2}F_{\text{jmin}}\mu(L_1+L_2)=F_aL$$

可求出最小夹紧力

$$F_{\text{jmin}}=\frac{2F_aL}{\mu(L_1+L_2)}$$

实际夹紧力　$$F_j\geqslant kF'_{\text{jmin}}=\frac{2kF_aL}{\mu(L_1+L_2)}$$

本例中，压板与工件间也存在阻止工件绕 O 点翻转的摩擦力矩，若已知压紧点至 O 点的距离分别为 L_1' 和 L_2'，则上式可写成

$$F_j\geqslant\frac{2kF_aL}{\mu(L_1+L_2)+\mu'(L_1'+L_2')}$$

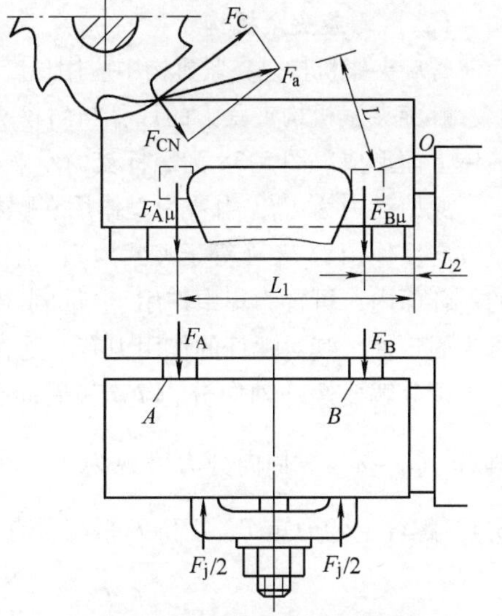

图 5-34　铣削时夹紧力的计算

三、常用夹紧机构

（一）斜楔夹紧机构

图 5-35 所示为一种简单的斜楔夹紧机构。向右推动斜楔 1，使滑柱 2 下降，滑柱上的摆动压板 3 同时压紧两个工件 4。

下面分析斜楔夹紧的动力 F_Q 与夹紧力 F_W 之间的关系。斜楔的受力如图 5-36 所示。F_Q 为原动力，F_R'为夹具体对它的作用力，F_W'为滑柱对它的作用力，φ_1、φ_2为各自摩擦角。

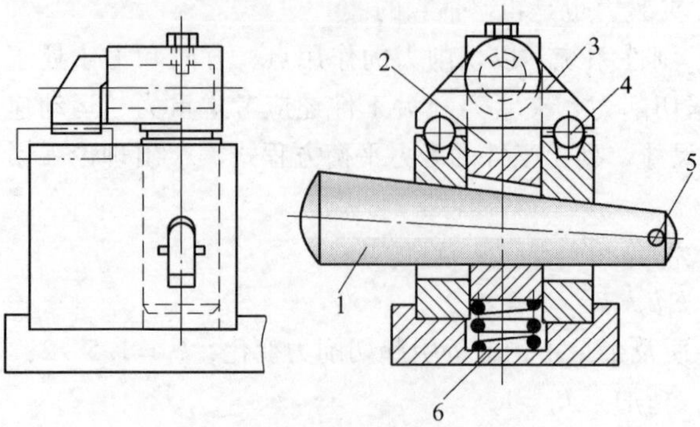

图 5-35 斜楔夹紧机构

1—斜楔 2—滑柱 3—摆动压板 4—工件 5—挡销 6—弹簧

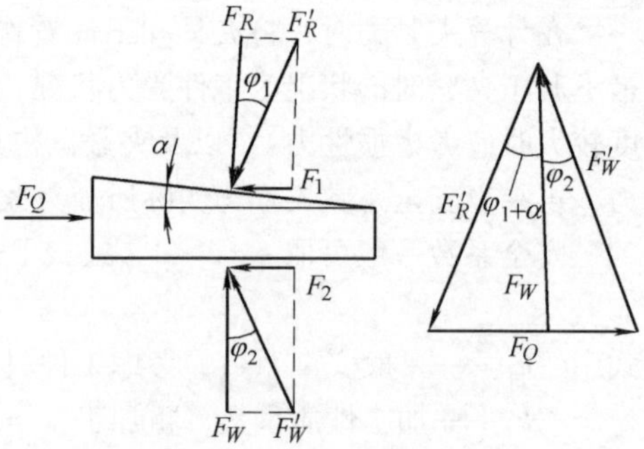

图 5-36 斜楔夹紧受力分析

斜楔受 F_Q、F'_W和 F'_R共同作用，根据三力平衡有

$$F_W\tan\varphi_2 + F_W\tan(\alpha+\varphi_1) = F_Q$$

则夹紧力为

$$F_W = \frac{F_Q}{\tan\varphi_2 + \tan(\alpha+\varphi_1)}$$

其中，α 为斜楔的楔角。为了手动夹紧时能自锁，$\alpha = 6° \sim 8°$；在采用螺旋机构、偏心机构或气动、液压推动斜楔时，α 可大一些。

斜楔夹紧机构的优点是有一定的扩力作用，可以方便地使力的方向改变 90°，缺点是 α 较小，行程要长。

（二）螺旋夹紧机构

螺旋夹紧机构是夹紧机构中应用最广泛的一种，图 5-37 所示为螺旋夹紧机构几个简单例子。

螺旋夹紧机构夹紧力的计算与斜楔夹紧机构的计算相似，因为螺旋可以看作一斜楔绕在圆柱体上而形成。图 5-38 为螺杆受力示意图，该螺杆为矩形螺纹。

原始动力为 F_Q，力臂为 L 作用在螺杆上，其力矩为 $T = F_Q L$。工件对螺杆的反作用力有：垂直方向反作用力 F_W（等于夹紧力），工件对其摩擦力 $F_2 = F_W\tan\varphi_2$。该摩擦力存在于螺杆端面上的一环面内，可视为集中作用于当量半径为 r' 的圆周上，因此摩擦力矩 $T_1 = F_2 r' = F_W\tan\varphi_2 r'$。螺母为固定件，其对螺杆的作用力有：垂直于螺旋面的作用力 F_R 及摩擦力 F_1，其合力为 F_{R_1}。该合力可分解成螺杆轴向分力 F_W 和周向分力 F'_1，轴向分力与工件的反作用轴向力平衡。$F'_1 = F_W\tan(\alpha+\varphi_1)$，周向分力可视为作用在螺纹中径 d_0 上，对螺杆产生力矩 $T_2 = F_W \dfrac{d_0}{2}\tan(\alpha+\varphi_1)$。螺杆上的力矩 T、T_1 和 T_2 平衡，有

$$F_Q L - F_W\frac{d_0}{2}\tan(\alpha+\varphi_1) - F_W r'\tan\varphi_2 = 0$$

则得

$$F_W = \frac{F_Q L}{\dfrac{d_0}{2}\tan(\alpha+\varphi_1) + r'\tan\varphi_2}$$

式中 F_W——夹紧力（N）；

F_Q——原始动力（N）；

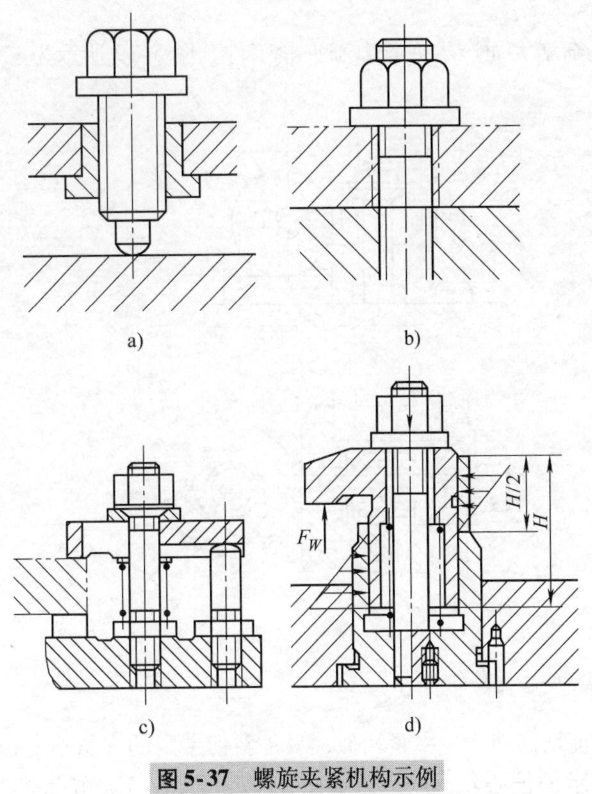

图 5-37　螺旋夹紧机构示例

a）顶丝　b）螺栓　c）压板　d）钩形压板

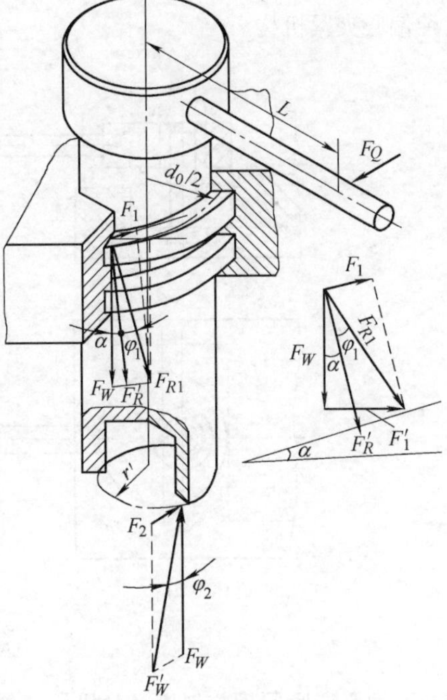

图 5-38　螺杆受力示意图

L——作用力臂（mm）；

d_0——螺纹中径（mm）；

α——螺纹升角（°）；

φ_1——螺母处摩擦角（°）；

φ_2——螺杆端部与工件（或压脚）处摩擦角（°）；

r'——螺杆端部与工件当量摩擦半径（mm）。

不同的螺纹只需将 φ_1 换成 φ_1'，三角螺纹 $\varphi_1' = \arctan(1.15\tan\varphi_1)$，梯形螺纹 $\varphi_1' = \arctan(1.03\tan\varphi_1)$。不同的螺杆端部，其当量半径计算见表 5-4。

表 5-4　螺杆端面与工件的当量摩擦半径

	Ⅰ	Ⅱ	Ⅲ
压块形状	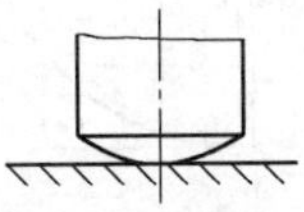	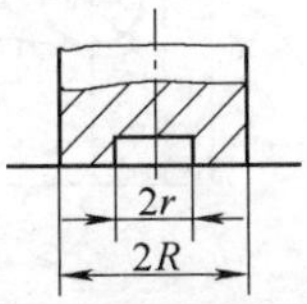	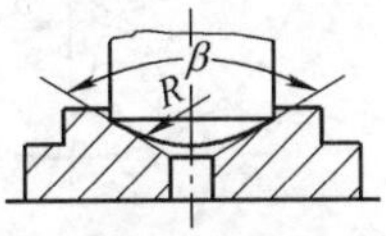
当量半径 r'	$r'=0$	$r'=\frac{2(R^3-r^3)}{3(R^2-r^2)}$	$r'=R\cot\frac{\beta}{2}$

螺旋夹紧机构的优点是：扩力比可达 80 以上，自锁性好，结构简单，制造方便，适应性强。其缺点是动作慢，操作强度大。

（三）偏心夹紧机构

偏心夹紧机构靠偏心轮回转时其半径逐渐增大而产生夹紧力来夹紧工件，图5-39所示为三种偏心夹紧机构。

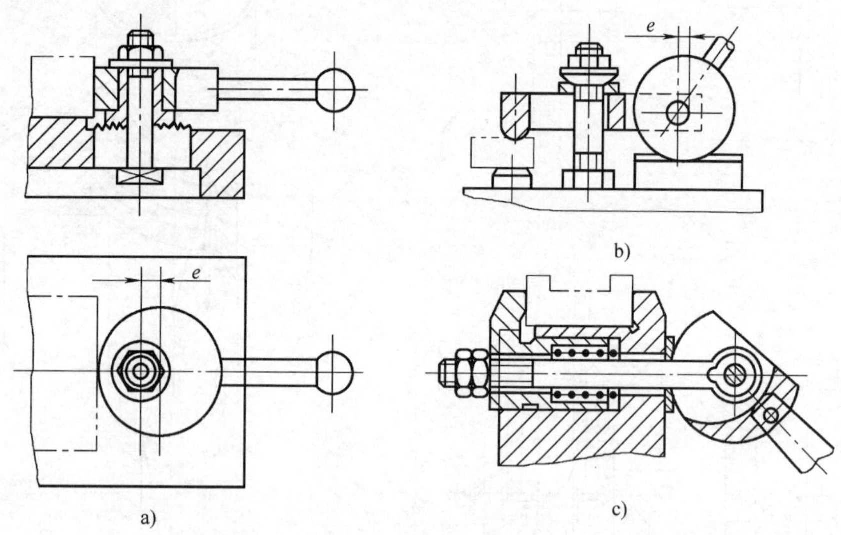

图5-39 偏心夹紧机构

偏心夹紧原理与斜楔夹紧机构靠斜面高度增高而产生夹紧相似，只是斜楔夹紧的楔角不变，而偏心夹紧的楔角是变化的。如图5-40a所示的偏心轮，展开后如图5-40b所示，不同位置的楔角用下式求出

$$\alpha = \arctan\left(\frac{e\sin\gamma}{R - e\cos\gamma}\right)$$

式中 α——偏心轮的楔角（°）；

e——偏心轮的偏心距（mm）；

R——偏心轮的半径（mm）；

γ——偏心轮作用点 X 与起始点 O 之间圆心角（°），如图5-40a所示。

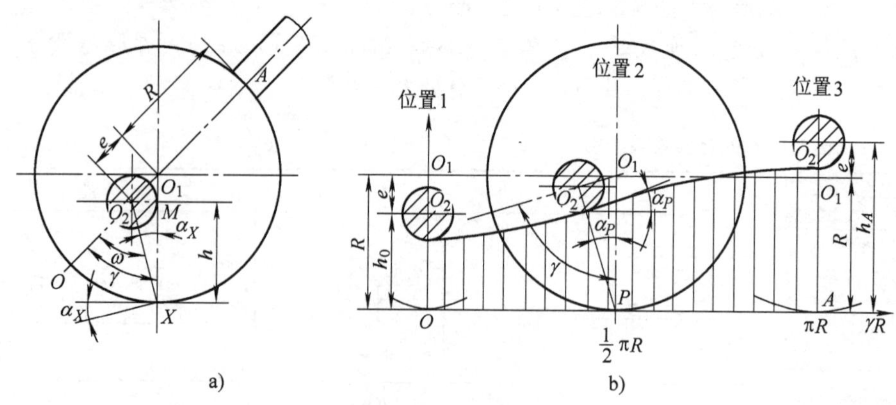

图5-40 偏心夹紧原理

a）偏心轮 b）偏心轮展开图

当 $\gamma=90°$ 时，α 接近最大值

$$\alpha_{\max} \approx \arctan\left(\frac{e}{R}\right)$$

根据斜楔自锁条件，偏心轮工作点 P 处的楔角 $\alpha_P \leqslant \varphi_1 + \varphi_2$。考虑最不利的情况，或者说最保险的情况，偏心轮夹紧自锁条件为 $\alpha_P \leqslant \varphi_1$，可得

$$\frac{e}{R} \leqslant \tan\varphi_1 = \mu_1$$

式中 φ_1——轮周作用点的摩擦角（°）；

φ_2——转轴处的摩擦角（°）；

μ_1——轮周作用点的摩擦因数。

偏心夹紧的夹紧力可用下式计算

$$F_W = \frac{F_Q L}{\rho[\tan(\alpha_P + \varphi_2) + \tan\varphi_1]}$$

式中 F_W——夹紧力（N）；

F_Q——手柄上动力（N）；

L——动力力臂（mm）；

ρ——转动中心 O_2 到作用点 P 间距离（mm）；

α_P——夹紧楔角（°）。

偏心夹紧的偏心轮已标准化，其夹紧行程和夹紧力可查阅夹具设计手册，可以选用。偏心夹紧机构的优点是结构简单，操作方便，动作迅速。其缺点是自锁性能差，夹紧行程和增力比小。因此一般用于工件尺寸变化不大，切削力小而且平稳的场合，不适合在粗加工中应用。

四、其他夹紧机构

（一）铰链夹紧机构

图 5-41 所示为铰链夹紧机构。铰链夹紧机构的特点是动作迅速，增力比大，易于改变力的作用方向。缺点是自锁性能差，一般常用于气动、液动夹紧。铰链夹紧机构的设计要仔细进行铰链、杠杆的受力分析、运动分析和主要参数的分析计算，这部分内容可查阅夹具设计手册。设计中根据上述分析计算结果，考虑设置必要的浮动、调整环节，以保证铰链夹紧机构正常工作。

（二）定心夹紧机构

定心夹紧机构的设计一般按照以下两种原理来进行：

1）定位-夹紧元件按等速位移原理来均分工件定位面的尺寸误差，实现定心或对中。图 5-42所示为锥面定心夹紧心轴，图 5-43 所示为螺旋定心夹紧机构。

2）定位-夹紧元件按均匀弹性变形原理来实现定心夹紧，如各种弹性心轴、弹性筒夹、液性塑料夹头等。图 5-44 所示为弹性夹头的结构。

（三）联动夹紧机构

在夹紧机构设计中，常常遇到工件需要多点同时夹紧，或多个工件同时夹紧；有时需要使工件先可靠定位再夹紧，或者先锁定辅助支承再夹紧等，这时为了操作方便、迅速，提高生产率，减轻劳动强度，可采用联动夹紧机构。

图 5-45 所示为三种多点联动夹紧机构，图 5-46 所示为多工件联动夹紧机构，图 5-47 所示为夹紧与辅助支承联动夹紧机构，图 5-48 所示为先定位与后夹紧联动夹紧机构。

图 5-48 所示联动夹紧机构的动作原理是：当活塞杆 1 右移时先脱离杠杆 3，弹簧 4 使斜楔

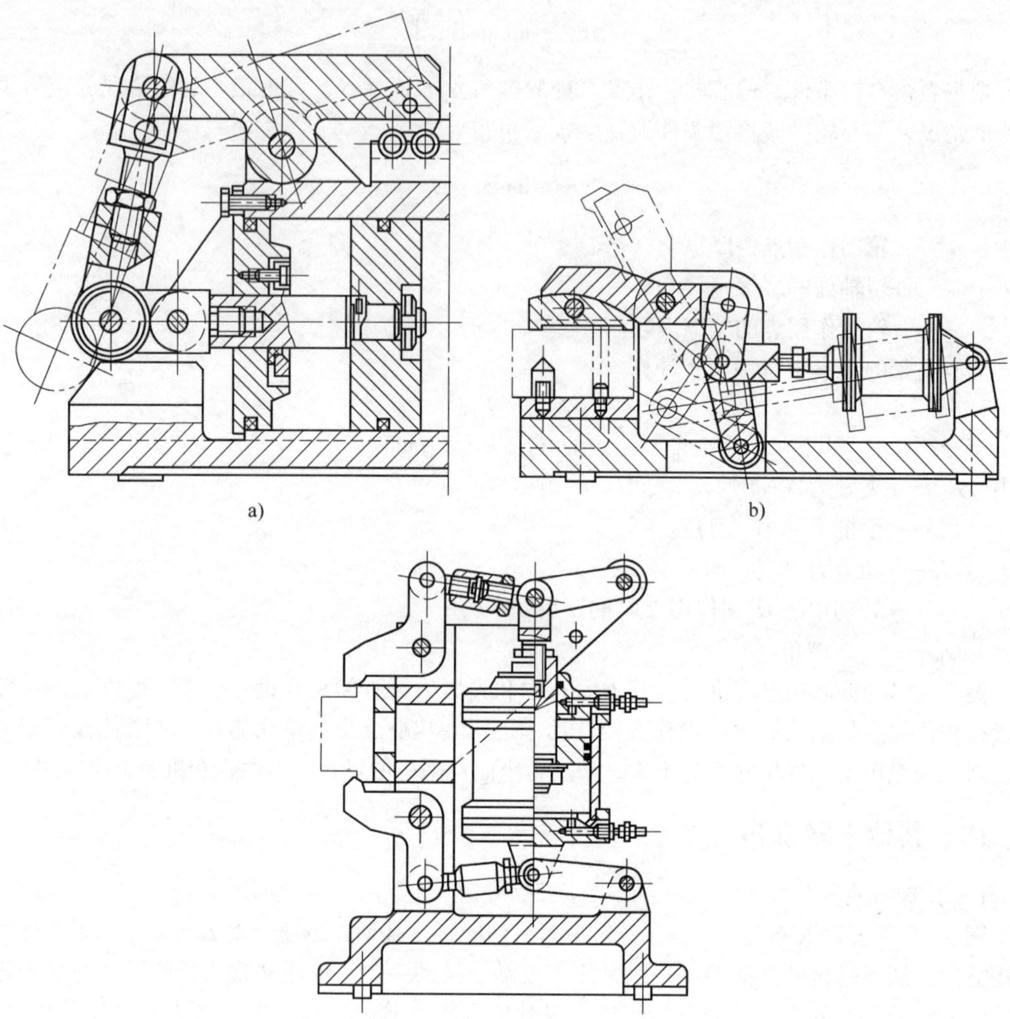

a)

b)

c)

图 5-41 铰链夹紧机构

杆5升起，推动压块6右移，使工件向右靠在V形块8上定位，活塞杆1继续右移，其上斜面推动杆2，通过压板7夹紧工件。

设计联动夹紧机构时应注意如下几点：

1）由于联动机构动作和受力情况比较复杂，应仔细进行运动分析和受力分析，以确保设计意图能够实现。

2）在联动机构中要充分注意在哪些地方设置浮动环节，如铰链、球面垫等，要注意浮动的方向和浮动量的大小，要注意设置必要的调整环节，保证各处夹紧均衡，运动不发生干涉。

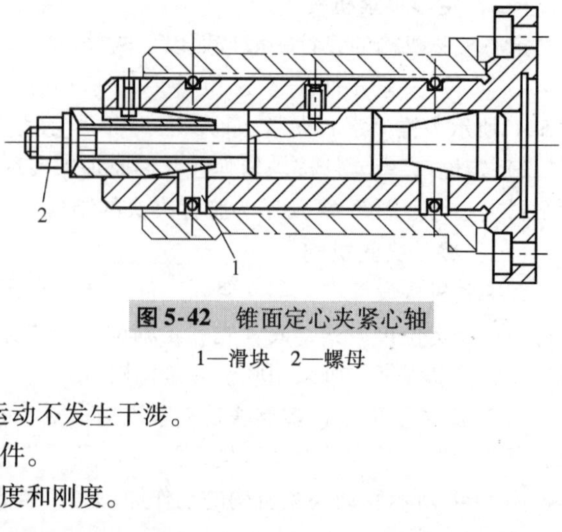

3）各压板都能很好地松夹，以便装卸工件。

4）要注意整个机构和传动受力环节的强度和刚度。

图 5-42 锥面定心夹紧心轴

1—滑块 2—螺母

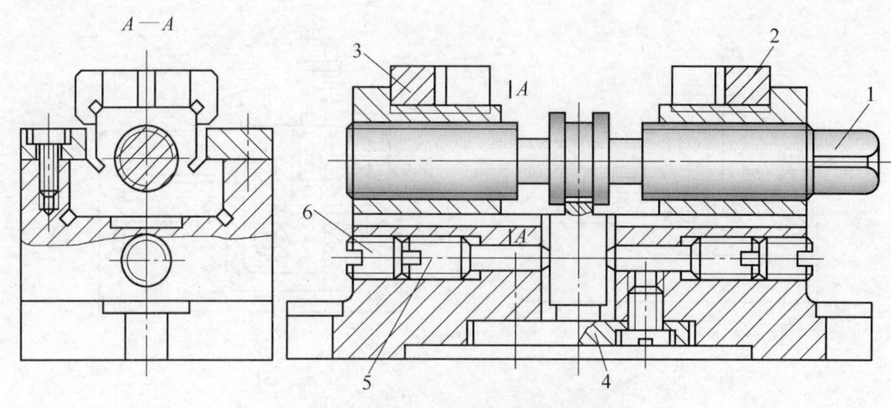

图 5-43 螺旋定心夹紧机构

1—夹紧螺杆 2、3—钳口 4—钳口定心叉 5—钳口对中调节螺钉 6—锁紧螺钉

5）联动机构不要设计得太复杂，注意提高可靠性，降低制造成本。

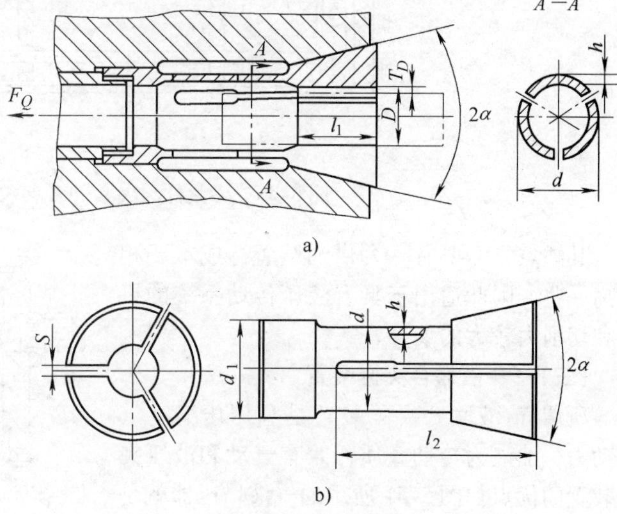

图 5-44 弹性夹头

a）弹性夹头结构 b）弹性筒夹

五、夹紧机构的动力装置

手动夹紧机构在各种生产规模中都有广泛应用，但动作慢，劳动强度大，夹紧力变动大。在大批大量生产中往往采用机动夹紧，如气动、液动、电磁和真空夹紧等。机动夹紧可以克服手动夹紧的缺点，提高生产率，还有利于实现自动化。当然机动夹紧成本也会提高。

（一）气动夹紧装置

采用压缩空气作为夹紧装置的动力源。压缩空气具有粘度小、无污染、传送分配方便等优点。缺点是夹紧力比液压夹紧小，一般压缩空气工作压力为0.4～0.6MPa，结构尺寸较大，有排气噪声。

典型的气压传动系统如图5-49所示。

固定式气缸和固定式液压缸相类似。回转式气缸与气动卡盘如图5-50所示，它是用于车床夹具的，由于气缸和卡盘随主轴回转，还需要一个导气接头。

（二）液压夹紧装置

液压夹紧装置的工作原理和结构基本上与气动夹紧装置相似，它与气动夹紧装置相比有下列优点：

1）压力油工作压力可达6MPa，因此液压缸尺寸小，不需增力机构，夹紧装置紧凑。

2）压力油具有不可压缩性，因此夹紧装置刚度大、工作平稳可靠。

3）液压夹紧装置噪声小。

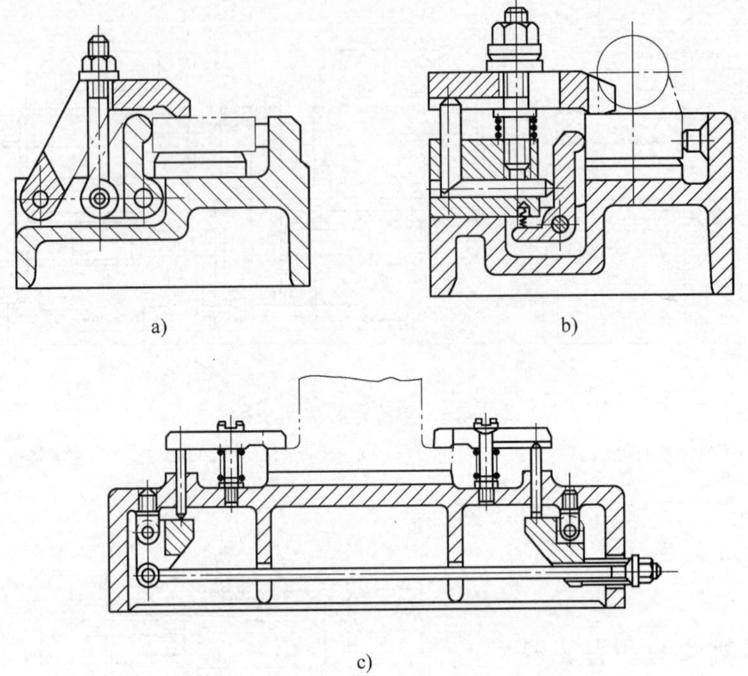
图5-45　夹紧件与夹紧件多点联动夹紧机构

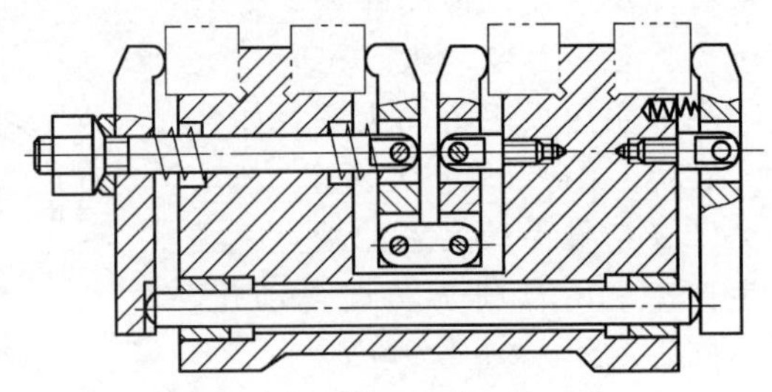
图5-46　多工件联动夹紧机构

其缺点是需要有一套供油装置，成本要相对高一些。因此适用于具有液压传动系统的机床和切削力较大的场合。

（三）气-液联合夹紧装置

所谓气-液联合夹紧装置是利用压缩空气为动力，油液为传动介质，兼有气动和液压夹紧装置的优点。图5-51所示的气液增压器就是将压缩空气的动力转换成较高压力的液体，供应夹具的夹紧液压缸。

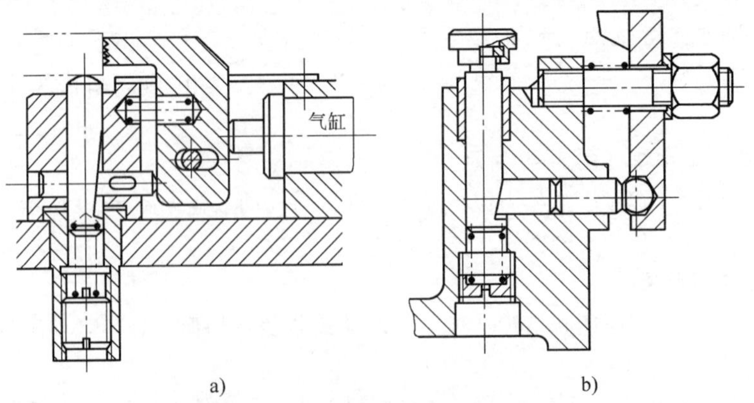

图5-47　夹紧与辅助支承联动夹紧机构

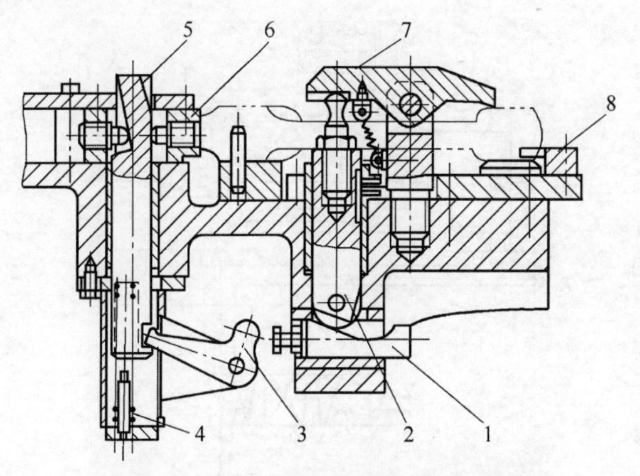

图 5-48　先定位与后夹紧联动夹紧机构

1—活塞杆　2—杆　3—杠杆　4—弹簧　5—斜楔杆　6—压块　7—压板　8—V 形块

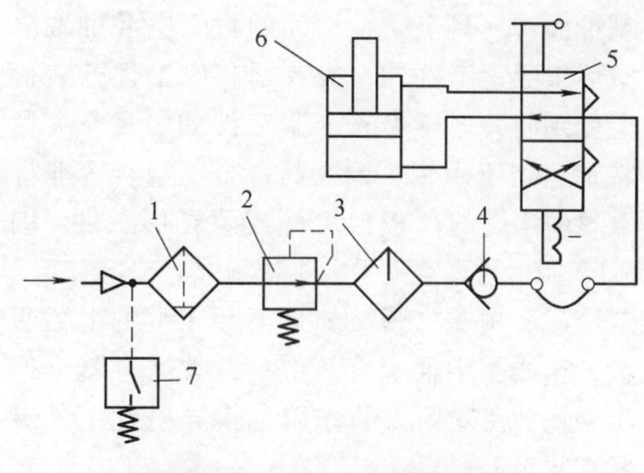

图 5-49　典型的气压传动系统

1—分水过滤器　2—调压阀　3—油雾器　4—单向阀　5—配气阀　6—气缸　7—气压继电器

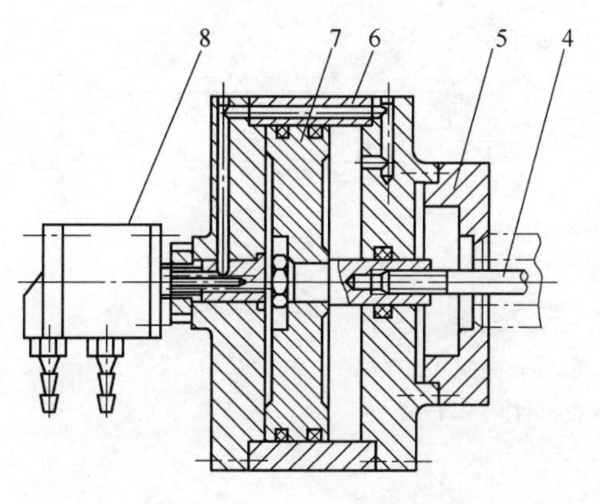

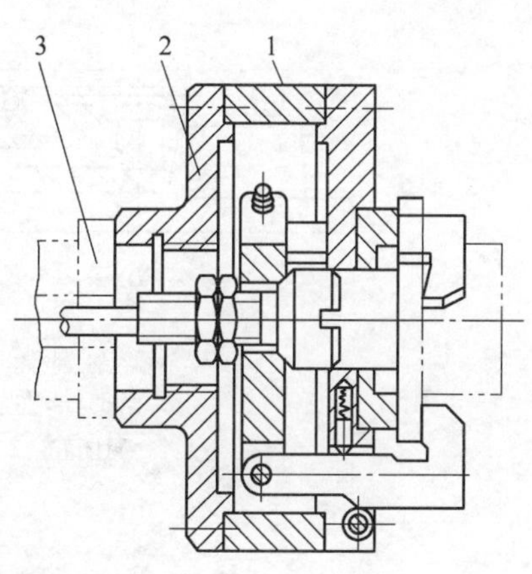

图 5-50　回转式气缸与气动卡盘

1—卡盘　2—过渡盘　3—主轴　4—拉杆　5—连接盘　6—气缸　7—活塞　8—导气接头

气液增压器的工作原理如下：当三位五通阀由手柄打到预夹紧位置时，压缩空气进入左气室 B，活塞 1 右移，将 b 油室的油经 a 室压至夹紧液压缸下端，推动活塞 3 来预夹紧工件。由于 D 和 D_1 相差不大，因此压力油的压力 p_1 仅稍大于压缩空气压力 p_0。但由于 D_1 比 D_0 大，因此左气缸会将 b 室的油大量压入夹紧液压缸，实行快速预夹紧。此后，将手柄打到高压夹紧位置，压缩空气进入右气缸 C 室，推动活塞 2 左移，a、b 两室隔断。由于 D 远大于 D_2，使 a 室中压力增大许多，推动活塞 3 加大夹紧力，实现高压夹紧。当把手柄打到放松位置时，压缩空气进入左气缸的 A 室和右气缸的 E 室，活塞 1 左移而活塞 2 右移，a、b 两室联通，a 室油压降低，夹紧液缸的活塞 3 在弹簧作用下下落复位，放松工件。

在可调整夹具的设计中，其动力装置一般采取如下处理方法：如果夹紧点位置变化较小时，动力装置不作变动，仅更换或调整压板即可；如果夹紧点位置变化较大时，应预留一套（或几套）动力装置，工件更换时，将动力源换接到相应位置的动力装置即可。

(四) 其他动力装置

(1) 真空夹紧　真空夹紧是利用工件上基准面与夹具上定位面间的封闭空腔抽取真空后来吸紧工件的，或者是利用工件外表面上受到的大气压力来压紧工件的。真空夹紧特别适用于由铝、铜及其合金、塑料等非导磁材料制成的薄板形工件或薄壳形工件。图5-52所示为真空夹紧的工作情况。

(2) 电磁夹紧　如平面磨床上的电磁吸盘，当线圈中通上直流电后，其铁心就会产生磁场，在磁场力的作用下将导磁性工件夹紧在吸盘上。

(3) 其他方式夹紧　它们通过重力、惯性力、弹性力等将工件夹紧，这里就不一一赘述了。

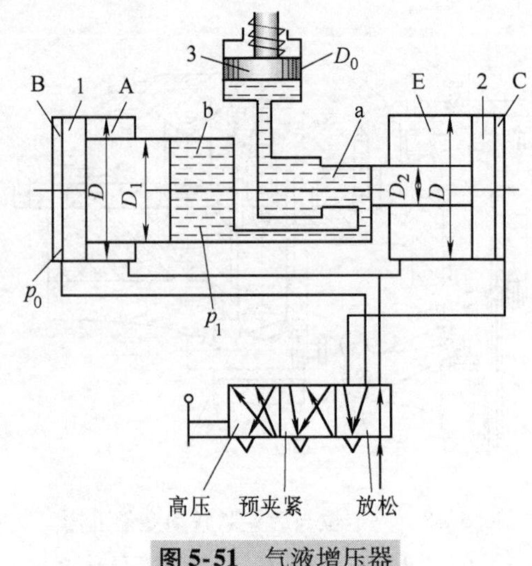

图5-51　气液增压器

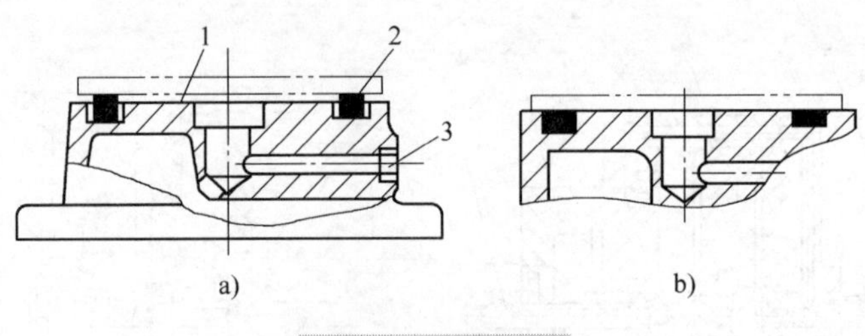

图5-52　真空夹紧

a) 未夹紧状态　b) 夹紧状态

1—封闭腔　2—橡胶密封圈　3—抽气口

第五节　机床夹具的其他装置

机床夹具在某些情况下还需要其他一些装置才能符合使用要求，这些装置有导向装置、分度装置和对定装置等。

一、孔加工刀具的导向装置

刀具的导向是为了保证孔的位置精度，增加钻头和镗杆的支承以提高其刚度，减少刀具的变形，确保孔加工的位置精度。

(一) 钻孔的导向装置

钻床夹具中钻头的导向采用钻套，钻套有固定钻套、可换钻套、快换钻套和特殊钻套四种，如图5-53所示。

图5-53a所示的固定钻套是直接压入钻模板或夹具体的孔中，过盈配合，位置精度高，结构简单，但磨损后不易更换，适合于中、小批生产中只钻一次的孔。对于要连续加工的孔，如钻—扩—铰的孔加工，则要采用可换钻套或快换钻套。

图5-53b所示的可换钻套是先把衬套用过盈配合H7/n6或H7/r6固定在钻模板或夹具体孔

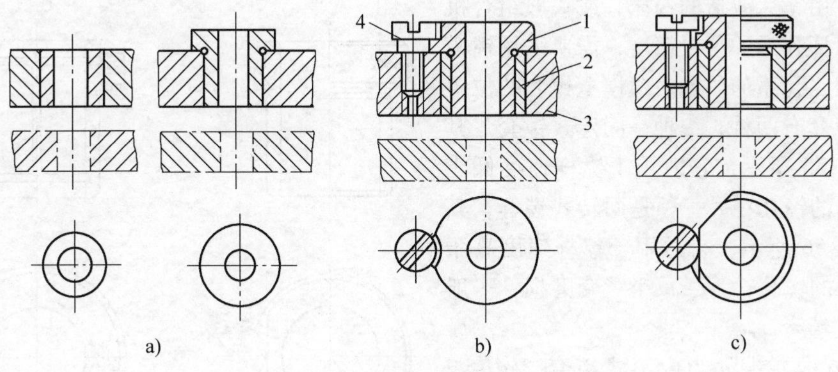

图 5-53　钻套

a）固定钻套　b）可换钻套　c）快换钻套

1—钻套　2—衬套　3—钻模板　4—螺钉

上，再采用间隙配合 H6/g5 或 H7/g6 将可换钻套装入衬套中，并用螺钉压住钻套。这种钻套更换方便，适用于中批以上生产。对于在一道工序内需要连续加工的孔，应采用快换钻套。

图 5-53c 所示的快换钻套与可换钻套结构上基本相似，只是在钻套头部多开一个圆弧状或直线状缺口。换钻套时，只需将钻套逆时针转动，当缺口转到螺钉位置时即可取出，换套方便迅速。

上述钻套均已标准化了，设计时可以查夹具设计手册选用。但对于一些特殊场合，可以根据加工条件的特殊性设计专用钻套，如图 5-54 所示为几种特殊钻套。图 5-54a 用于两孔间距较小的场合；图 5-54b 为使钻套更贴近工件孔，改善导向效果；图 5-54c 为加工斜面上的孔用钻套。

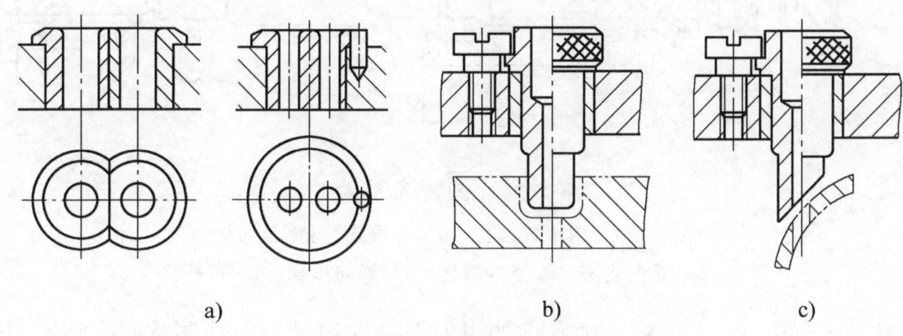

图 5-54　特殊钻套

a）两孔距离较小　b）孔离钻模板较远　c）斜面上钻孔

钻套设计时，要注意钻套的高度 H 和钻套底端与工件间的距离 h。钻套高度是指钻套与钻头接触部分的长度。太短不能起到导向作用，降低了位置精度，太长则增加了摩擦和钻套的磨损。一般 $H=(1\sim2)\ d$，孔径 d 大时取小值，d 小时取大值，对于 $d<5\text{mm}$ 的孔，$H\geqslant2.5d$。

h 的大小决定了容屑空间的大小，对于铸铁类脆性材料工件，$h=(0.6\sim0.7)\ d$；对于钢类韧性材料工件，$h=(0.7\sim1.5)\ d$。h 不要取得太大，否则会容易产生钻头偏斜。对于在斜面、弧面上钻孔，h 可取再小些。

（二）镗孔的导向装置

箱体类零件上的孔系加工，若采用精密坐标镗床、加工中心或具有高精度的刚性主轴的组合机床加工时，一般不需要导向，孔系位置精度由机床本身精度和精密坐标系统来保证。对于普通镗床或由车床改造的镗床，或一般组合机床，为了保证孔系的位置精度，需要采用镗模来引导镗刀，孔系的位置由镗模上镗套的位置来决定。镗套有两种，一种是固定式镗套，其结构如图5-55所示，它适用于镗杆速度低于20m/min时的镗孔；另一种是回转式镗套，其结构如图5-56所示，它适用于镗杆速度高于20m/min时的镗孔，为了减小镗套磨损，一般采用回转式镗套。

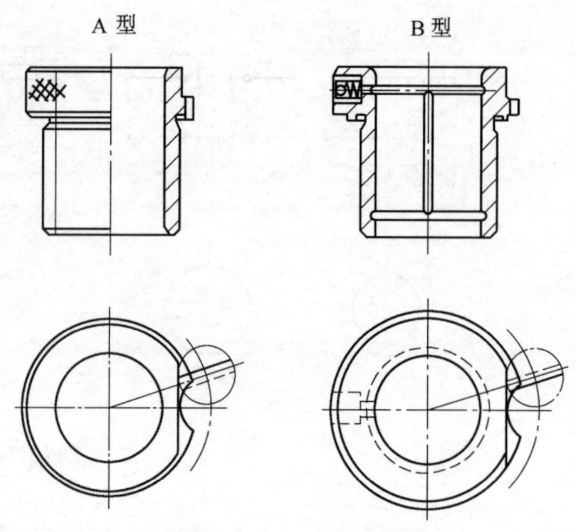

图5-55　固定式镗套

图5-56中左端a为内滚式镗套，镗套2固定不动，镗杆4、轴承和导向滑动套3在固定镗套2内可轴向移动，镗杆可转动。这种镗套两轴承支承距离远，尺寸长，导向精度高，多用于镗杆的后导向，即靠近机床主轴端。图5-56中右端b为外滚式镗套，镗套5装在轴承内孔上，镗杆4右端与镗套为间隙配合，通过键联结，可以一起回转，而且镗杆可在镗套内相对移动。外滚式镗套尺寸较小，导向精度稍低一些，一般多用于镗杆的前导向。

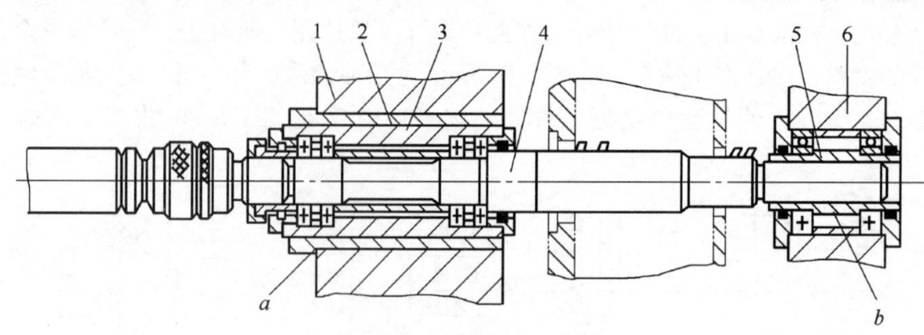

图5-56　回转式镗套

a—内滚式镗套　b—外滚式镗套

1、6—导向支架　2、5—镗套　3—导向滑套　4—镗杆

在有些情况下，镗孔直径大于镗套内孔，如果镗刀是在镗模外安装调整好，则镗刀通过镗套时，镗套上必须有引刀槽，而且镗刀还必须对准引刀槽。为此镗杆头部和镗套采用了如图5-57所示的定向结构。在回转式镗套上装有尖头定向键，如图5-57b所示，镗杆端部做成如图5-57a所示的双螺旋面1。当镗杆进入镗套时，尖头定向键沿螺旋面1自动导入镗杆的键槽中，以保证镗刀与镗套的引刀槽3对准。

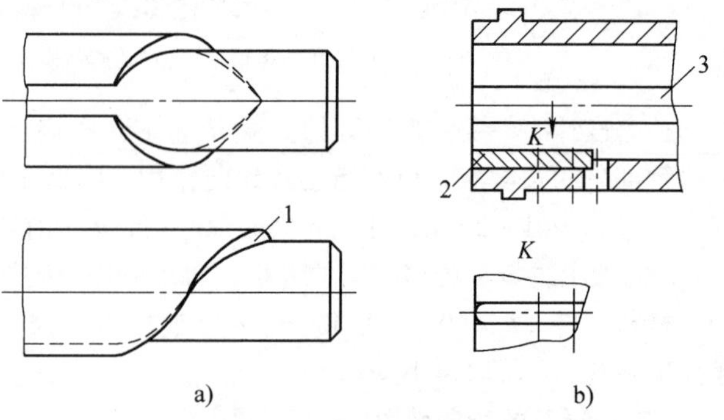

图5-57　镗杆的螺旋导向

a）带定向结构的镗杆　b）带引刀槽的镗套

1—螺旋面　2—尖头定向键　3—引刀槽

二、对刀装置

在铣床或刨床夹具中，刀具相对工件的位置需要调整，因此常设置对刀装

置。对刀时移动机床工作台，使刀具靠近对刀块，在刀齿切削刃与对刀块间塞进一规定尺寸的塞尺，让切削刃轻轻靠紧塞尺，抽动塞尺感觉到有一定的摩擦力存在，这样确定刀具的最终位置，抽走塞尺，就可以开动机床进行加工。图 5-58 所示为几种常见的对刀装置。

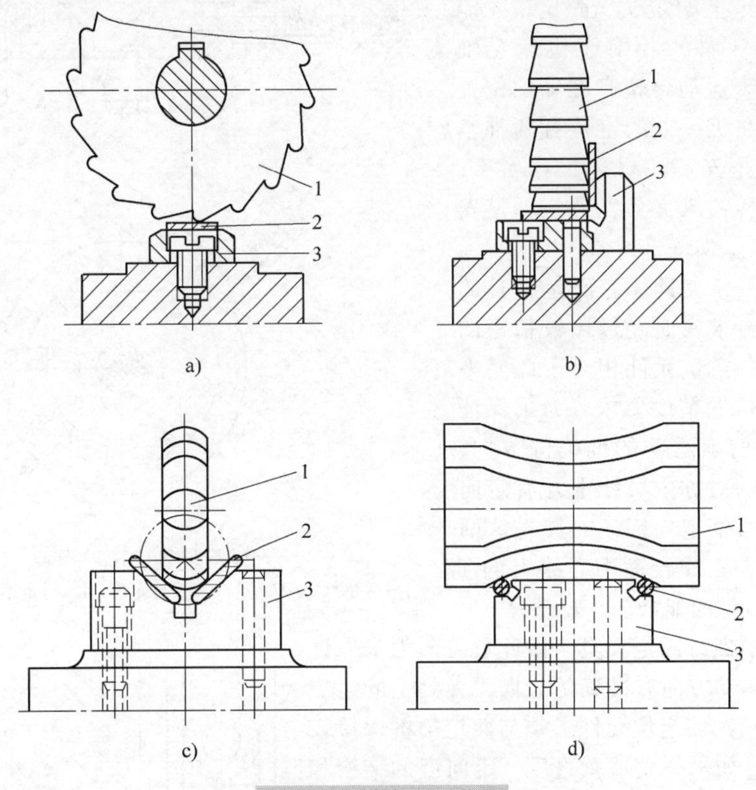

图 5-58 铣床对刀装置

1—铣刀 2—塞尺 3—对刀块

对刀块也有标准化的可以选用，特殊形式的对刀块可以自行设计。

对刀块对刀表面的位置应以定位元件的定位表面来标注，以减小基准转换误差。该位置尺寸加上塞尺厚度就应该等于工件的加工表面与定位基准面间的尺寸，该位置尺寸的公差应为该工件尺寸公差的 1/5 ~1/3。

在批量加工中，为了简化夹具结构，常采用标准工件对刀或试切法对刀。第一件对刀后，后续工件就不再对刀，此时，可以不设置对刀装置。

三、分度装置

工件上如有一些按一定角度分布的相同表面，它们需在一次定位夹紧后加工出来，则该夹具需要分度装置。图 5-59 所示为一斜面分度装置。

当手柄 1 逆时针转动时，插销 2 由于斜面作用从槽中退出，并带动凸轮盘 5 转动，凸轮斜面推出对定销 4。当插销 2 到达下一个分度盘槽时，在弹簧作用下插销 2 插入，此时手柄顺时针转动，由插销 2 带动分度盘及心轴转动，凸轮上的斜面脱离对定销 4，在弹簧作用下，对定销 4 插入分度盘的另一个槽中，分度完毕。

为了简化分度夹具的设计、制造，可以把夹具安装在通用的回转工作台上来实现分度，但分度精度要低一些。

四、对定装置

在进行机床夹具总体设计时，还要考虑夹具在机床上的定位、固定，才能保证夹具（含工件）相对于机床主轴（或刀具）、机床运动导轨有准确的位置和方向。夹具在机床上的定位有两种基本形式，一种是安装在机床工作台上，如铣床、刨床和镗床夹具，另一种是安装在机床主轴上，如车床夹具。

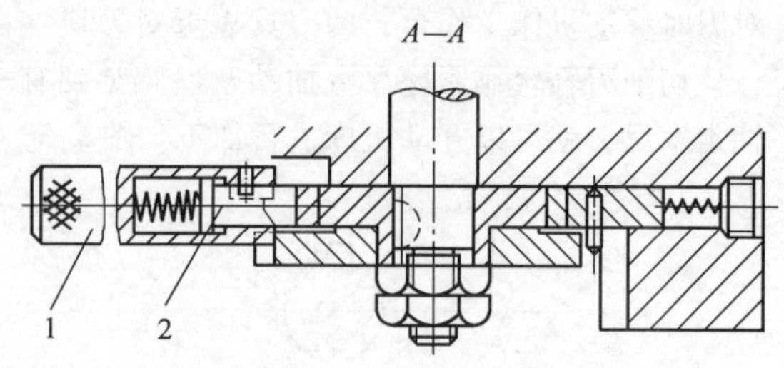

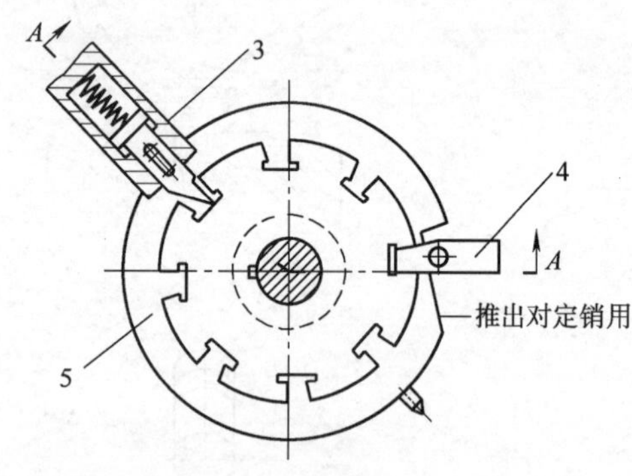

图5-59　斜面分度装置

1—手柄　2—插销　3—插销装置　4—对定销　5—凸轮盘

铣床类夹具，夹具体底面是夹具的主要基准面，要求底面经过比较精密的加工，夹具的各定位元件相对于此底平面应有较高的位置精度要求。为了保证夹具具有相对切削运动的准确的方向，夹具体底平面的对称中心线上开有定向键槽，安装上两个定向键，夹具靠这两个定向键定位在工作台面中心线上的T形槽内，采用良好的配合，一般选为H7/h6，再用T形槽螺钉固定夹具。由此可见，为了保证工件相对切削运动方向有准确的方向，夹具上的第二定位基准（导向）的定位元件必须与两定向键保持较高的位置精度，如平行度或垂直度。定向键的结构和使用如图5-60所示。

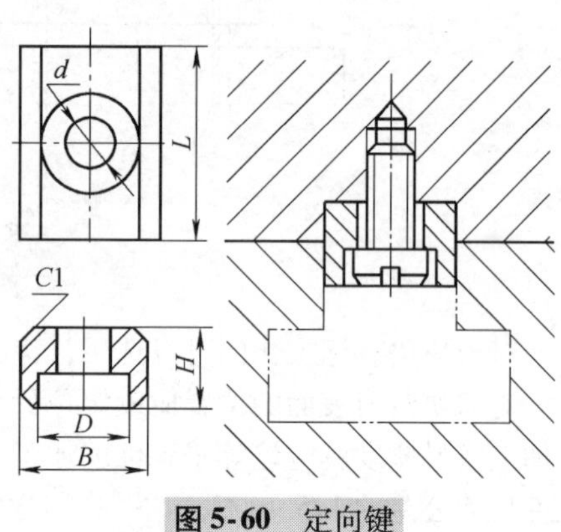

图5-60　定向键

车床类夹具一般安装在主轴上，关键是要了解所选用车床主轴端部的结构。当切削力较小时，可选用莫氏锥柄式夹具形式，夹具安装在主轴的莫氏锥孔内，如图5-61a所示。

图5-61b所示为车床夹具靠圆柱面D和端面A定位，由螺纹M联接和压板B防松。这种方式制造方便，但定位精度低。

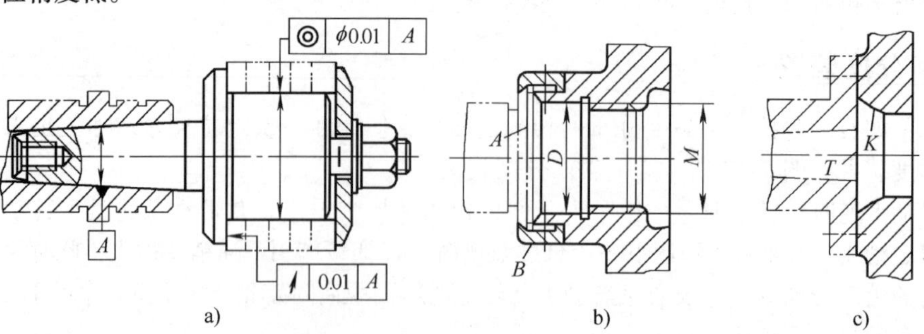

图5-61　夹具在主轴上的安装

a）莫氏锥度定位　b）圆柱面和端面定位　c）锥面和端面定位

图 5-61c 所示为车床夹具靠短锥面 K 和端面 T 定位，由螺钉固定。这种方式不但定心精度高，而且刚度也高，但是这种方式是过定位，夹具体上的锥孔和端面制造精度也要高，一般要经过与主轴端部的配磨加工。

第六节　可调整夹具的设计

随着我国进入市场经济，企业的产品不仅要保证质量，还要满足用户的不同要求，生产周期也要大大缩短，因此企业一般都改变了单一品种的生产，而成为多品种、小批量生产。为了加快生产准备，采用可调整机床夹具逐步成为夹具设计中的一个发展趋势。

专用夹具是针对某一零件的某一工序的加工而设计的。可调整夹具则是为几个零件的相同工序设计的，这几个零件可能是不同品种的产品零件，它们具有尺寸、结构和工艺相似的特点。把它们归为一组来加工，从而扩大批量，提高生产率，缩短生产周期。成组夹具是专门为成组工艺中的一组相似性很强的零件而设计的，调整范围仅限于本组内的零件，因而也称为专用可调整夹具。可调整夹具与之相比，加工对象不很确定，使用范围要大一些。

一、可调整夹具的特点

可调整夹具在结构上可分为基础部分和可调整部分两大部分。基础部分是指使用中固定不变的、通用的部分，如夹具体、夹紧机构和操作机构等；可调整部分是指不同零件加工时需要调整或更换的元件，如定位元件、导向元件和夹紧元件等。

可调整夹具中可调整、可更换元件精度要求高，位置要准确，安装、调整和检验要方便。

可调整夹具设计中，要仔细分析组内零件的尺寸和数量，确定调整范围和更换元件的数量。当组内零件尺寸变化太大时，可适当将尺寸分几段，由一组可调整夹具来共同完成，以减少调整和更换元件的时间，有利于简化夹具结构，提高夹具的刚度。

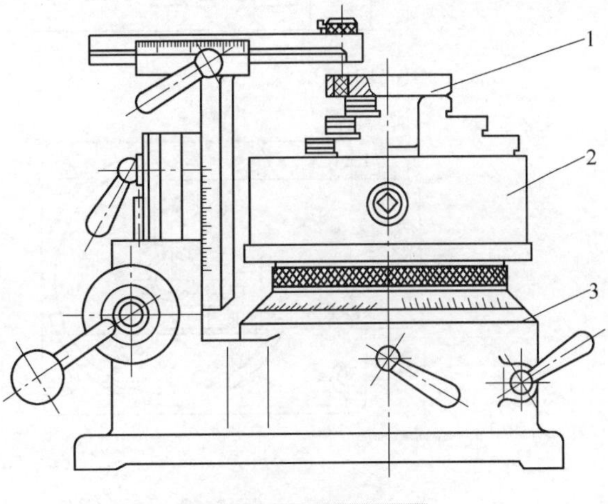

图 5-62　可调整夹具

1—法兰类工件　2—自定心卡盘　3—转台

图 5-62 所示为加工法兰类零件的均布螺钉孔的可调整夹具，其钻套可换，径向尺寸和高度尺寸可调，其均布的角度由转台来分度，因此通用性较好。

二、可调整夹具的调整方式

可调整夹具的调整方式可分为四类。

1. 调节式

如图 5-62 所示的可调整夹具，在高度方向和半径方向上，夹具体上增加了 T 形槽或燕尾槽导向装置、刻度尺以及紧定手柄。高度方向经过粗调整即可，半径方向粗调后，还需经检测后进行细调。该方式的优点是可调整范围大，通用性高，缺点是活动件和调整机构会降低夹具的精度和刚度，因此可用于位置精度要求不太高的场合。

2. 更换式

采用预先制造好的具有一定精度和寿命的元件或组件，按不同零件的加工予以更换。更换式元件精度高，工作可靠，一般用于精度要求较高的定位元件、导向元件等。更换式可分为单个元件更换和整体组件更换，当工件上的定位点或夹紧点比较集中时，整体组件更换可保证定位精度、简化夹具结构、减少调整时间。图5-63所示为组件更换的例子。图5-63b、c和d所示为三个可更换组件，以适应不同工件的加工。

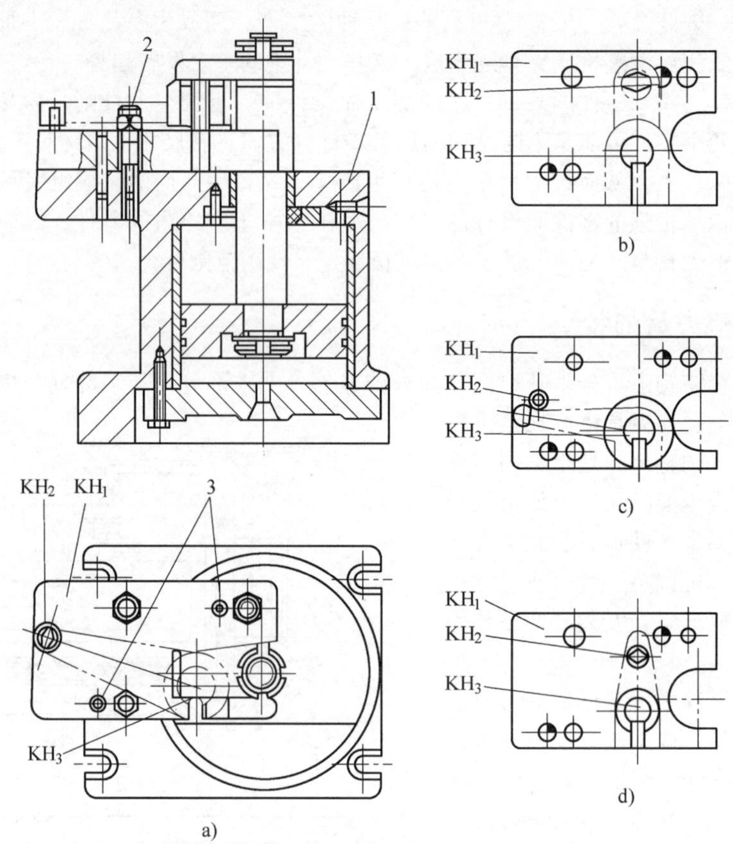

图5-63　杆类零件铣开口可调整夹具

a）可调整夹具装配图　b）、c）、d）可换定位板

1—夹具体　2—定位板压紧螺栓　3—定位板限位销

KH_1—可换定位板　KH_2—可换定位菱形销或圆柱销　KH_3—可换定位销

3. 综合式

综合式可调整夹具是上述两种方式兼而有之，取两者之长，可获得较好的效果。

4. 组合式

图5-64所示为组合式可调整夹具，用于三种杆形零件的花键孔的拉削加工，由于零件花键槽有不同的角度位置要求，所以在夹具体的不同方位上设置了两个菱形销和一个挡销，共三个角度定位元件，分别对应于三种零件的拉削孔。组合式可调整夹具的优点是避免了元件的更换和调整，节省了准备时间，有利于保证夹具的精度和精度稳定性。但由于结构和布局上的限制，这种方式多用于工件品种少且批量又较大的场合。

三、可调整夹具的设计

可调整夹具的设计与专用夹具的设计相类似，但应注意其特殊性。

1）在对零件结构、工艺、尺寸、精度分析时，按相似性原则归组，归为一组的几种零件还应在定位基准面、夹紧方式等方面基本相同，加工表面也能归为同一类加工方法来实现。这是采用可调整夹具的基础。

2）在设计夹具装配总图时，应以组内最大和最小尺寸的零件为依据，分别画出相应的定位、夹紧元件，确定调整的范围和选定调整的方式，然后确定夹紧机构、夹具体和其他装置的布局。

3）总体布局完成后，应先进行夹具精度计算，而且要满足组内精度最高零件的要求，再进行正式总图设计。否则应重新选择结构方案，验算精度，直至达到要求。若反复更换仍不能满足，则应从组内删除该零件。

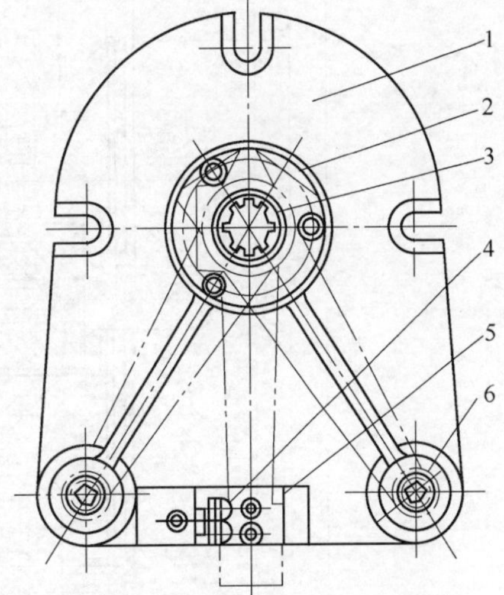

图 5-64 组合式可调整夹具

1—夹具体 2—支承法兰 3—球面支承套 4—定位挡销 5—支承块 6—菱形定位销

4）夹具的设计应充分考虑其适用零件的不同所需要的操作空间。与专用夹具相比，可调整夹具的使用寿命和产量要高，而且要适应不同的切削用量，夹具体的强度、刚度、耐磨性要良好得多，因此一般应采用高强度铸铁、球墨铸铁、40Cr，并进行热处理。

5）要精心设计可调整、可更换元件，以及调整、更换的方式，要注意元件的精度和调整方便。

6）编制调整卡，将产品零件的名称、代号（图号）与所对应的可换元件的名称、图号，以及调整元件的名称、图号及其调整参数（具体尺寸）一一列出，并就更换、调整方法作必要说明。

四、成组夹具设计

成组夹具是在成组技术指导下，为实现成组工艺而设计的夹具。它具有一定的柔性，经过一定的调整，它可以实现同一组工件在同一生产单元内完成同一工序的加工。

成组夹具属于可调整夹具，其结构特点和调整方式与可调整夹具相同。与可调整夹具相比，其适用的工件必须是同一个成组零件族的，并在同一生产单元内进行同一工序的加工，因而成组夹具较专用一些，故又称为专用可调整夹具。

图 5-65a 所示为一成组车床夹具，用于精车一组套类工件的外圆和端面。图 5-65b 为该组部分工件的加工示意图。工件以内孔及一端面定位，用弹性胀套径向夹紧。该夹具中夹具体 1 和接头 2 是基础件，其余均为可更换的调整件。工件按定位孔的大小分为五组，每一尺寸组工件对应一套可换元件，如夹紧螺钉、定位锥体、顶环和定位环。在可更换元件中，只有弹性胀套 KH_5 是专用的，它是根据每个工件定位孔的尺寸配置的。

成组夹具的设计基本上与可调整夹具设计相同。在实行成组工艺的生产企业中，现有的成组夹具均已编码存档。一组新零件的成组夹具的设计，可按该组零件的主样件的编码查找已有的主样件中是否有相似件。若有的话，则可找到与之相对应的成组夹具，在此基础上进行修改设计，使设计工作大大简化。若没有的话，则需另行设计。

成组夹具设计时，要对一组零件进行尺寸、工艺和加工条件等方面的仔细分析，以确定最优

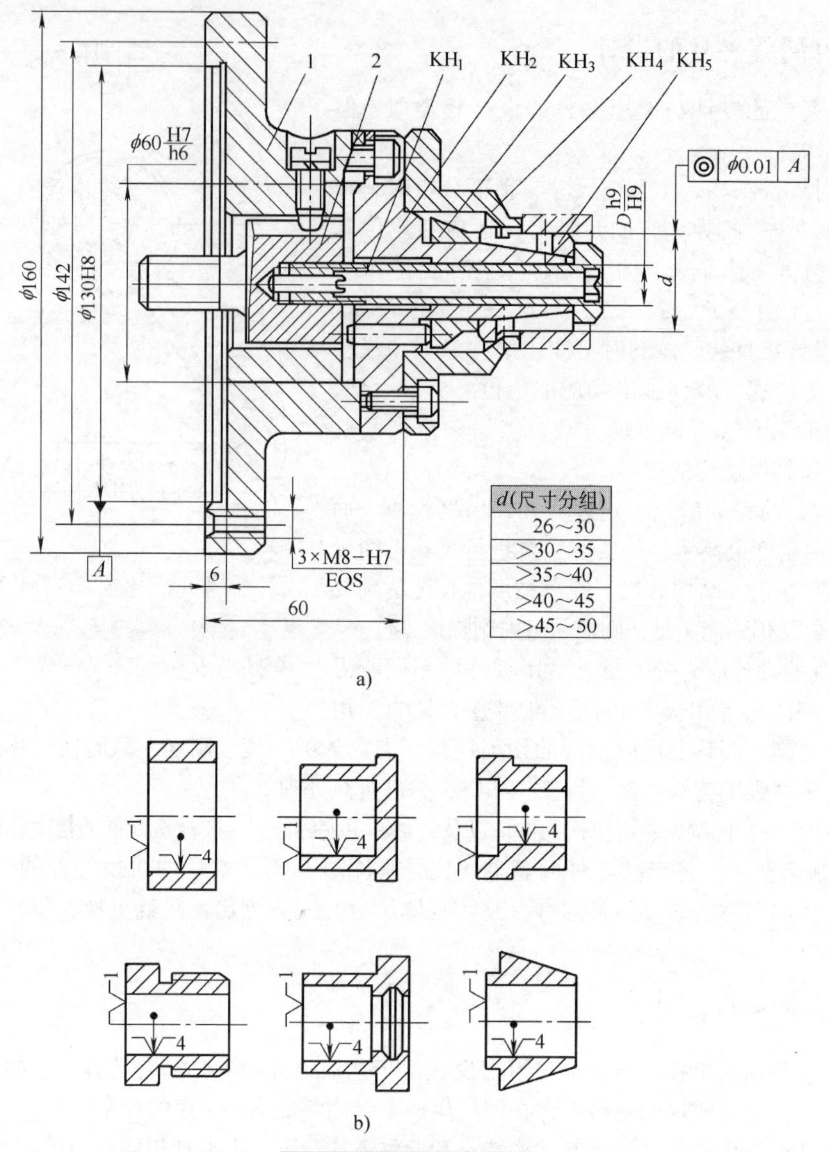

图5-65　成组车床夹具

a）夹具装配图　b）零件族内部分工件的加工示意图

1—夹具体　2—接头　KH_1—夹紧螺钉　KH_2—定位锥体　KH_3—顶环　KH_4—定位环　KH_5—弹性胀套

的工件装夹方案和夹具的调整形式。调整形式的确定是难点，应有多种方案分析比较，加以选取。调整形式既要满足同组零件的装夹和加工要求，也要力求结构简单、紧凑、调整方便迅速。

第七节　机床夹具设计步骤

一、机床专用夹具的设计步骤

（一）设计前的准备工作

1）明确工件的年生产纲领。它是夹具总体方案确定的依据之一，它决定了夹具的复杂程度和自动化程度。如大批量生产时，一般选择机动、多工件、自动化程度高的方案，结构也随之复杂，成本也提高较多。

2）熟悉工件的零件图和工序图。零件图给出了工件的尺寸、形状和位置，表面粗糙度等精度的总体要求，工序图则给出了夹具所在工序的零件的工序基准、工序尺寸、已加工表面、待加工表面，以及本工序的定位、夹紧原理方案，这是夹具设计的直接依据。

3）了解工艺规程中本工序的加工内容，机床、刀具、切削用量、工步安排、工时定额及同时加工零件数。这些是在考虑夹具总体方案、操作、估算夹紧力等方面必不可少的。

（二）总体方案的确定

总体方案包括下述三个方面：

1. 定位方案

工序图只是给出了原理方案，此时应仔细分析本工序的工序内容及加工精度要求，按照六点定位原理，确定具体的定位方案和定位元件。要拟定几种具体方案进行分析比较，选择或组合成最佳方案。

2. 夹紧方案

确定夹紧力的方向、作用点，以及夹紧元件或夹紧机构，估算夹紧力大小，要选择和设计动力源。夹紧方案也需反复分析比较，确定后，正式设计时也可能在具体结构上作一些修改。

3. 夹具的总体形式

如钻床夹具，有固定式钻模、翻转式钻模、回转式钻模、滑柱式钻模、盖板式钻模等不同的总体形式，一般应根据工件的形状、大小、加工内容及选用机床等因素来确定。

（三）绘制夹具装配图

总装配图应按国家标准尽可能 1∶1 地绘制，这样图样有良好的直观性。主视图应按操作实际位置布置，三视图要能清楚表示出夹具的工作原理和结构。

夹具装配图可按如下顺序进行：把工件视为透明体，用双点画线画出轮廓及定位面、夹紧面和加工表面，无关表面可以省略；画出定位元件和导向元件；按夹紧状态画出夹紧元件和夹紧机构，必要时可用双点画线画出松开位置时夹紧元件的轮廓；画出夹具体、其他元件或机构，以及上述各元件与夹具体的连接，使夹具形成一体；标注必要的尺寸、配合和技术条件；对零件编号，填写标题栏和零件明细表。其中还要在定位、导向完成后进行定位精度验算，在夹紧机构完成后进行夹紧力的验算，以及重要的受力元件或机构的强度、刚度验算。

（四）绘制夹具零件图

对装配图中的非标准零件均应绘制零件图，视图尽可能与装配图上的位置一致，尺寸、形状、位置、配合、加工表面的表面粗糙度等要标注完整。

图 5-66 所示为加工图 5-66a 所示零件 ϕ18H7 小孔的夹具装配图的设计过程，包括设计定位装置、设计钻套、设计夹紧装置、设计夹具总装配图等过程。

二、夹具精度的验算

夹具的主要功能是用来保证工件加工表面的位置精度。影响位置精度的主要有因素有三个方面：

1）工件在夹具中的安装误差，它包括定位误差和夹紧误差。关于定位误差在本章第三节中已有描述，夹紧误差是工件在夹具中夹紧后，工件和夹具变形所产生的误差。

2）夹具在机床上对定误差，指夹具相对于刀具或相对于机床成形运动的位置误差。

3）加工过程中出现的误差，它包括机床的几何精度、运动精度，机床、刀具、工件和夹具组成的工艺系统加工时的受力变形、受热变形、磨损、调整、测量中的误差，以及加工成形原

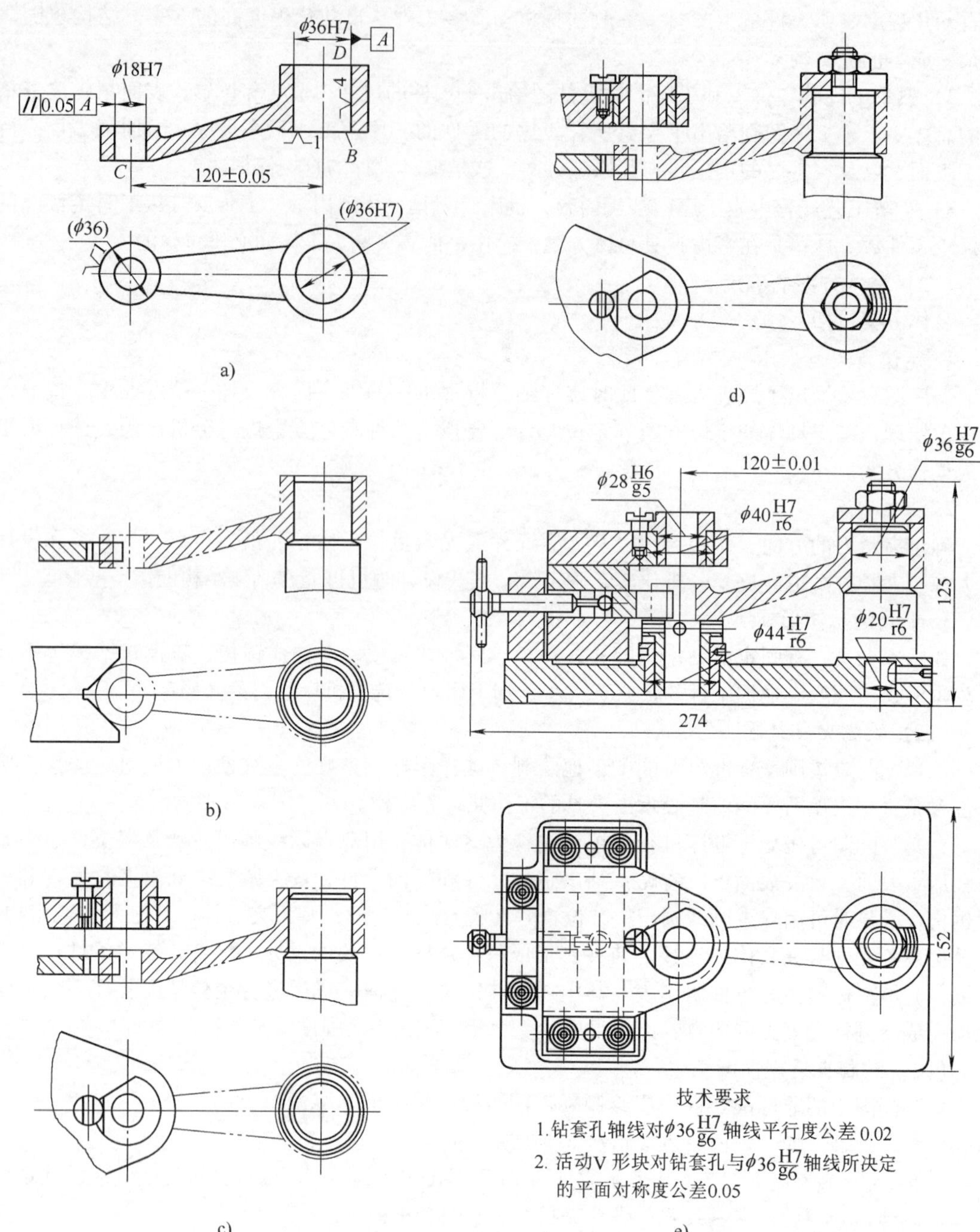

图5-66 夹具设计过程示例

a）被加工工件 b）设计定位装置 c）设计钻套 d）设计夹紧装置 e）设计夹具总装配图

理上的误差等。

第三项一般不易估算，夹具精度验算是指前两项，其和不大于工件公差的2/3为合格。

现以图5-66所示工件和夹具装配图为例进行夹具精度验算。

（一）验算中心距（120±0.05）mm

影响此项精度的因素有：

1）定位误差，此项主要是定位孔 $\phi36H7$ 与定位销 $\phi36g6$ 的间隙产生，最大间隙为0.05mm。

2）钻模板衬套中心与定位销中心距误差，装配图标注尺寸为（120 ± 0.01）mm，误差为0.02mm。

3）钻套与衬套的配合间隙，由 $\phi28H6/g5$ 可知最大间隙为0.029mm。

4）钻套内孔与外圆的同轴度误差，对于标准钻套，精度较高，此项可以忽略。

5）钻头与钻套间的间隙会引偏刀具，产生中心距误差 e，由下式求出

$$e = \left(\frac{H}{2} + h + B\right)\frac{\Delta_{max}}{H}$$

式中 e——刀具引偏量（mm）；

H——钻套导向高度（mm）；

h——排屑空间，钻套下端面与工件间的空间高度（mm）；

B——钻孔深度（mm）；

Δ_{max}——刀具与钻套间的最大间隙（mm）。

上述各量可参见图5-67。

该例中，设刀具与钻套配合为 $\phi18H6/g5$，可知 Δ_{max} = 0.025mm；将 H = 30mm，h = 12mm，B = 18mm 代入，可求出 $e \approx 0.038$mm。

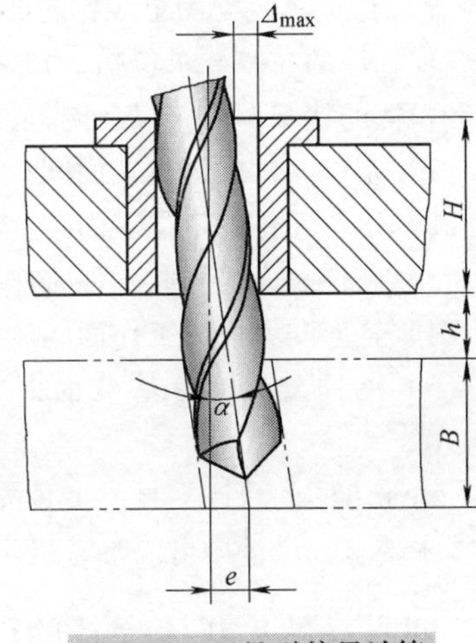

图5-67 刀具引偏量计算

由于上述各项都是按最大误差计算，实际上各项误差也不可能同时出现最大值，各误差方向也很可能不一致，因此，其综合误差可按概率法求和

$$\Delta_{\Sigma} = \sqrt{(0.05^2 + 0.02^2 + 0.029^2 + 0^2 + 0.038^2)}\,\text{mm} \approx 0.07\text{mm}$$

该项误差略大于中心距公差0.1mm 的2/3，勉强可用，应减小定位和导向的配合间隙。

（二）验算两孔平行度精度

工件要求 $\phi18H7$ 孔全长上平行度公差0.05mm。导致产生两孔平行度的因素有：

1）设计基准与定位基准重合，没有基准转换误差，但 $\phi36H7/g6$ 配合间隙会产生基准位置误差，定位销轴中心与大头孔中心的偏斜角 α_1（rad）为

$$\alpha_1 = \frac{\Delta_{1max}}{H_1}$$

式中 Δ_{1max}——$\phi36H7/g6$ 处最大间隙（mm）；

H_1——定位销轴定位面长度（mm）。

2）定位销轴中心线对夹具体底平面的垂直度公差 α_2，图中没有注明。

3）钻套孔中心与定位销轴的平行度公差，图中标注为0.02mm，则 $\alpha_3 = \frac{0.02}{30}$rad。

4）刀具引偏量 e 产生的偏斜角 $\alpha_4 = \frac{\Delta_{max}}{H}$，参见图5-67。

因此，总的平行度误差 $\alpha_{\Sigma} = (\alpha_1^2 + \alpha_2^2 + \alpha_3^2 + \alpha_4^2)^{\frac{1}{2}}$，$\alpha_{\Sigma} \leqslant \frac{2}{3}\alpha$ 为合格。

三、夹具装配图上应标注的尺寸和技术条件

夹具装配图上应标注必要的尺寸和技术要求，主要是为了检验本工序零件加工表面的形状、位置和尺寸精度在夹具中是否可以达到，为了设计夹具零件图，也为了夹具装配和装配精度的检测。

（一）夹具装配图上标注的尺寸

1）夹具外形轮廓尺寸。

2）夹具与机床工作台或主轴的配合尺寸，以及固定夹具的尺寸等。

3）夹具与刀具的联系尺寸，如对刀塞尺的尺寸，对刀块表面到定位表面的尺寸及公差。

4）夹具中工件与定位元件间，导向元件与刀具、衬套间，夹具中所有相互间有配合关系元件应标注配合尺寸、种类和精度。

5）各定位元件之间、定位元件与导向元件之间、各导向元件之间装配后的位置尺寸及公差。

上述联系尺寸和位置尺寸的公差，一般取工件的相应公差的1/5～1/2，最常用的是1/3。

（二）夹具装配图上应标注的技术要求

应标注的技术要求包括：相关元件表面间的位置精度、主要表面的形状精度、保证装配精度和检测的特殊要求，以及调整、操作等必要的说明。通常有以下几方面：

1）定位元件的定位表面间相互位置精度。

2）定位元件的定位表面与夹具安装基面、定向基面间的相互位置精度。

3）定位表面与导向元件工作面间的相互位置精度。

4）各导向元件的工作面间的相互位置精度。

5）夹具上有检测基准面时，还应标注定位表面、导向工作面与该基准面间的位置精度。

对于不同的机床夹具，夹具的具体结构和使用要求应进行具体分析，并订出该夹具的具体的技术要求。设计中可以参考机床夹具设计手册以及同类夹具的图样资料。

四、高精度机床夹具的设计

随着市场经济的发展，市场竞争日益剧烈，对机电产品的质量和精度要求日益提高，对其零部件的加工精度要求也随之提高，这就需要包括高精度机床夹具在内的高精度的加工设备和工装。同时随着高新技术的发展，航空、国防、电工、仪器仪表、微机电等行业的许多零部件均有很高的精度要求，它们往往涉及精密甚至超精密加工。这是一个系统工程，包括有精密、超精密加工机理，被加工材料、加工设备、加工工具、工艺规程、夹具设计、检测和误差补偿、工作环境控制、人的技艺等环节。高精度机床夹具设计、制造是其重要的一环，正日益受到关注和重视。

高精度机床夹具设计也按本节前述设计步骤进行，但更重视其高精度这一特点，为此应着重注意以下几个方面：

1）定位方案要符合六点定位原理和保证本工序的技术要求，减小定位误差。一般选本工序的设计基准为定位基准，即基准重合，以消除基准转换误差；尽可能减小定位配合面间的间隙，甚至无间隙配合定位，如可胀心轴、弹性筒夹、锥度心轴等，减小和消除定位误差；工件定位基准面和定位元件工作面应经过精密加工，严格控制其尺寸、形状和位置误差，降低其表面粗

糙度值，减小它们带来的定位误差。

2）提高夹具设计的技术要求。夹具体安装面（一般是底面）的平面度要提高，并降低其表面粗糙度值；各定位元件之间，定位元件和对刀、导向元件间，各导向元件之间，定位元件与定向元件（对定的定向键）间尺寸、位置精度要提高；各配合尺寸精度要提高。这些精度要逐项验算，要严格控制在工件对应技术要求的1/5～1/3；夹具零件的各主要工作面要有高的尺寸、形状和位置精度；装配调整时应精心保证装配技术要求。

3）提高对定精度。即提高夹具在机床上的定位精度，减小其相对于机床导轨、刀具的相对运动位置精度。

4）提高定位的可靠性，减小夹紧力产生的工件和夹具的变形。精密加工夹具往往采用完全定位，而且允许过定位。因为工件和夹具精度均很高，可以提高定位的可靠性；防止夹紧力破坏定位；有些工件可适当增加辅助支承，增加工件的刚度，减小夹紧变形。除提高定位、夹紧机构的强度和刚度外，减小夹紧变形重要的是选择夹紧方式，夹紧力的作用点、方向和大小，最好能做到无变形装夹。为此应遵循本章第四节所述原则。此外，采用多点夹紧，扩大夹紧力作用面积，以及真空吸附、液态橡胶、工业用蜡、电流变体（一种糊状液体，通电时固化，断电恢复液态）等物质粘接方式均有较好防变形效果。夹紧力的大小在一般机床夹具设计中，往往将工件视为刚体，而由静力平衡来估算的，较少考虑工件的变形。而精密工件的加工是微量切除，其夹紧变形是不可忽略的，因此不能采用估算夹紧力，一般应采用有限元法或试验来确定。设计夹具时，如果采用Pro/E设计软件来设计，可直接使用软件提供的工具，通过设定受力方式和大小，得到变形，调节受力方式、位置和大小，使工件变形最小。得到合适的夹紧力（当然还得符合切削条件）后，转换到手动的恒力矩扳手，或调整气动、液压系统，达到所需的夹紧力。

5）高精度机床夹具应具有高刚度和高精度，其中包括接合面的接触刚度和精度保持性。因此，各零件的精度、结构、热处理（耐磨性、应力消除）、制造和装配调整精度应精心设计，精心施工。

6）高精度机床夹具要求装配后整体精度高。设计中有意识地对某些重要表面采用“合件加工”和“就地加工”方法。例如，夹具体上安装定位板支承后一起磨削定位支承面，保证其与夹具体安装面（底面）的平行度和其本身的平面度。例如，磁盘车床真空吸盘夹具，当它安装到主轴上后，先就地精车定位面，不仅可保证其上述精度，也可保证真空吸盘吸附的紧密性和所需的夹紧力，增加定位可靠性和减小吸盘磁盘由于定位面不平而造成的夹紧变形。又如，轴承外环的内滚道磨床夹具。与图5-20相类似，当它安装在磨床的工件主轴上后，用磨内孔砂轮就地修磨圆周上的多点夹紧的卡爪头，使它们在同一圆周上，并与主轴同心，再将轴承外环用外圆和左端面定位夹紧，磨内滚道，这样可以保证夹紧力均匀，变形小，内滚道圆度精度高，并与外圆同心。

总之，高精度机床夹具的设计需要牢牢抓住高精度这一特点，在提高精度和精度保持性，提高定位的可靠性和减小夹紧变形等方面多下功夫，这就需要设计人员的聪明才智和创新精神，精心设计，精心施工，研制出更多的高精度的机床夹具。

习题与思考题

1. 机床夹具的作用是什么？有哪些要求？
2. 机床夹具的组成有哪些部分？
3. 何谓六点定位原理？何谓定位的正常情况和非正常情况？它们各包括哪些方面？

4. 试分析图 5-7a、c 中方案为什么属过定位？如何改进的？尚存在什么问题？

5. 确定夹具的定位方案时，要考虑哪些方面的要求？

6. 何谓定位误差？定位误差是由哪些因素引起的？

7. 夹紧与定位有何区别？对夹紧装置的基本要求有哪些？

8. 设计夹紧机构时，对夹紧力的三要素有何要求？

9. 何谓夹具的对定？为什么使用夹具加工工件时，还需要解决夹具的对定问题？

10. 使用夹具来加工工件时，产生加工误差的因素有哪些方面？它们与零件的公差有何关系？

11. 何谓可调整夹具？调整方式有几种？可调整夹具适用于何种场合？

12. 图 5-68a 所示夹具用于在三通管中心 O 处加工一孔，应保证孔轴线与管轴线 OX、OZ 垂直相交；图 5-68b 所示为车床夹具，应保证外圆与内孔同轴；图 5-68c 所示为车阶梯轴；图 5-68d所示为在圆盘零件上钻孔，应保证孔与外圆同轴；图 5-68e 用于钻铰连杆小头孔，应保证大、小头孔的中心距精度和两孔的平行度。

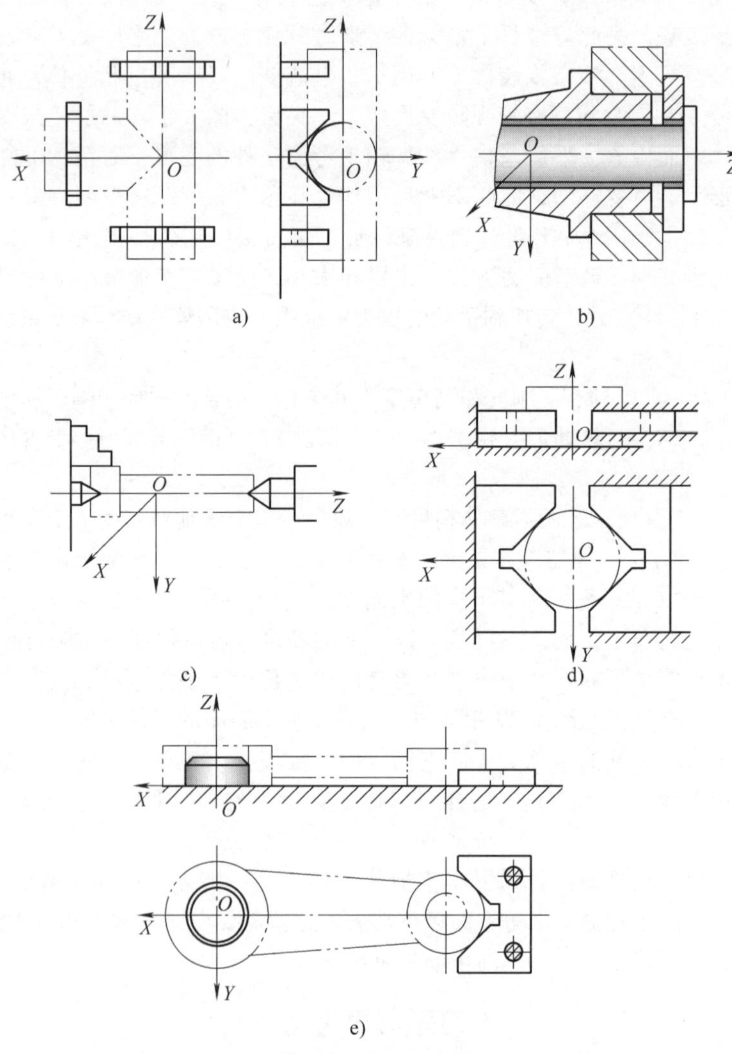

图 5-68　题 12 图

试分析图 5-68 中各分图的定位方案，指出各定位元件所限制的自由度，判断有无欠定位或过定位，对方案中不合理处提出改进意见。

13. 图5-69a所示为过工件球心钻一孔；图5-69b所示为加工齿坯两端面，要求保证尺寸A及两端面与孔的垂直度；图5-69c所示为在小轴上铣槽，保证尺寸H和L；图5-69d所示为过轴心钻通孔，保证尺寸L；图5-69e所示为在支座零件上加工两孔，保证尺寸A和H。

试分析图5-69所列加工零件所必须限制的自由度；选择定位基准和定位元件，在图中示意画出；确定夹紧力的作用点和方向，在图中示意画出。

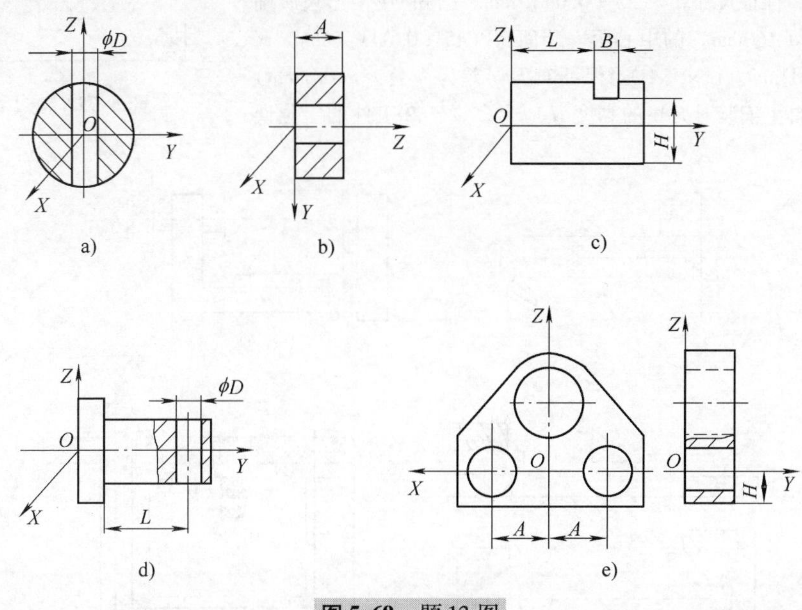

图5-69　题13图

14. 在图5-70a所示零件上铣键槽，要求保证尺寸$54_{-0.14}^{\ 0}$mm及对称度。现有三种定位方案，分别如图5-70b、c和d所示。已知内、外圆的同轴度公差为0.02mm，其余参数如图示。试计算三种方案的定位误差，并从中选出最优方案。

15. 图5-71所示齿轮坯的内孔和外孔已加工合格，即$d=80_{-0.1}^{\ 0}$mm，$D=35_{\ 0}^{+0.025}$mm。现在插床上用调整法加工内键槽，要求保证尺寸$H=38.5_{\ 0}^{+0.2}$mm。忽略内孔与外圆同轴度误差，试计算该定位方案能否满足加工要求？若不能满足，应如何改进？

16. 指出图5-72所示各定位、夹紧方案及结构设计中不正确的地方，并提出改进意见。

17. 阶梯轴工件的定位如图5-73所示，欲钻孔O，保证尺寸A。试计算工序尺寸A的定位误差。

18. 工件的定位如图5-74所示，加工C面，要求C面与O_1O_2平行。工件一端圆柱d_1用120°V形块定位，另一端d_2定位在支承钉上。已知$d_1=50_{-0.15}^{\ 0}$mm，$d_2=50_{-0.20}^{\ 0}$mm，中心距$L=$

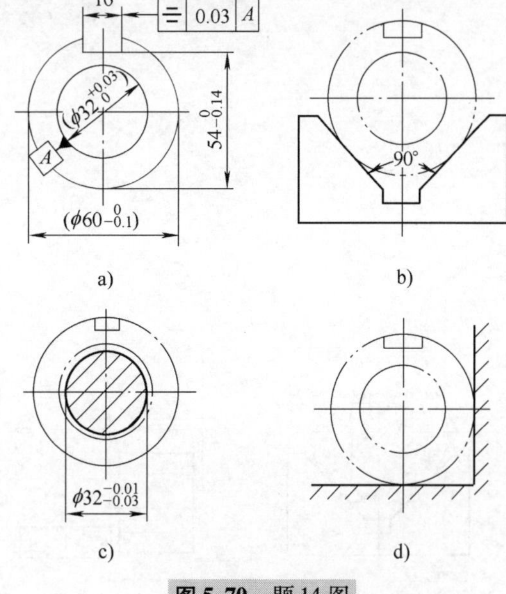

图5-70　题14图

$80^{+0.15}_{0}$mm。试计算其定位误差。

19. 图5-75所示为柴油机顶柱套筒铣槽工序的定位简图。已知 $D_1=25^{+0.013}_{0}$mm，$d_1=25^{0}_{-0.009}$mm，$D_2=10^{+0.009}_{0}$mm，$d_2=10^{-0.013}_{-0.019}$mm，$L=(40\pm0.05)$ mm。试计算该定位方案能否满足加工的槽与两孔中心连线间成角度 $\alpha=45°\pm10'$的要求。

20. 工件装夹如图5-76所示，欲在 ϕ（60 ± 0.01）mm 的圆柱工件上铣一平面，保证尺寸 $h=(25\pm0.05)$ mm。已知90°V形块所确定的标准工件（ϕ60mm）的中心距安装面为（45 ± 0.003）mm，塞尺厚度 $S=0.002$mm。试求：①当保证对刀误差为 h 公差（0.1mm）的1/3时，夹具上安装对刀块的高度 H 应为多少？②工件的定位误差为多少？

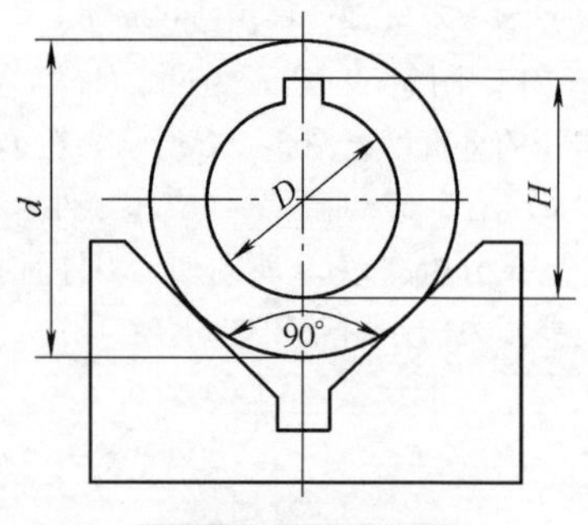

图5-71　题15图

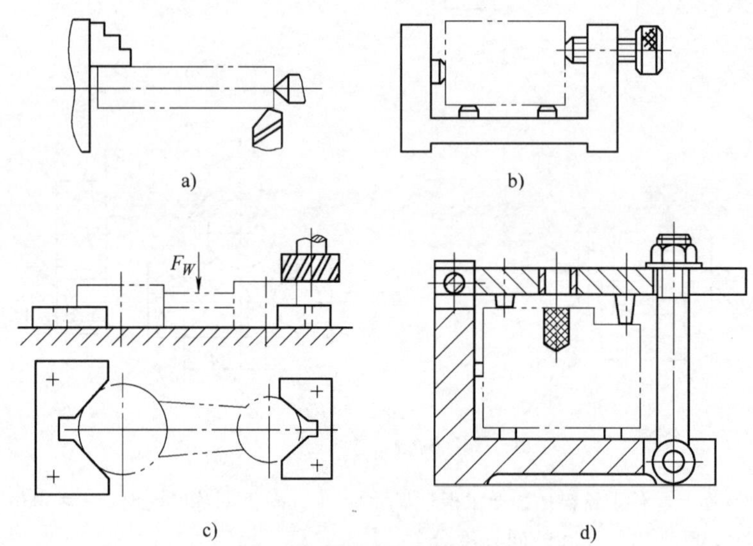

图5-72　题16图

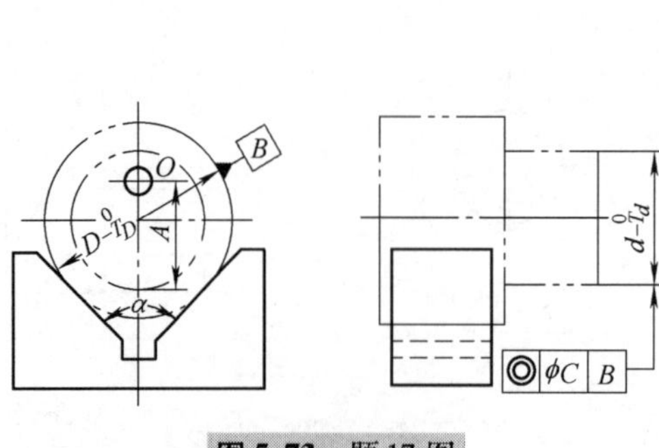

图5-73　题17图

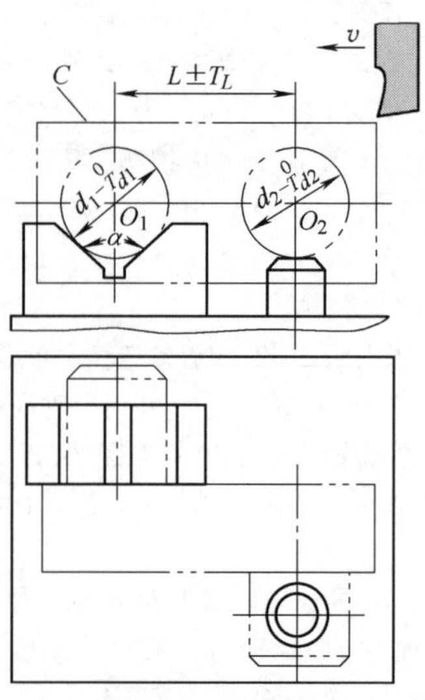

图5-74　题18图

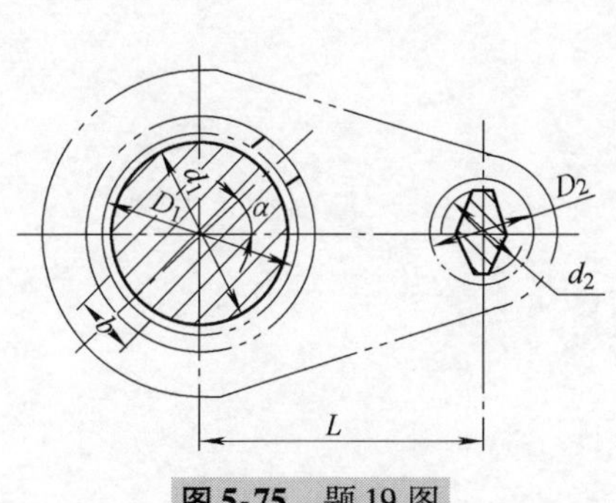

图 5-75　题 19 图

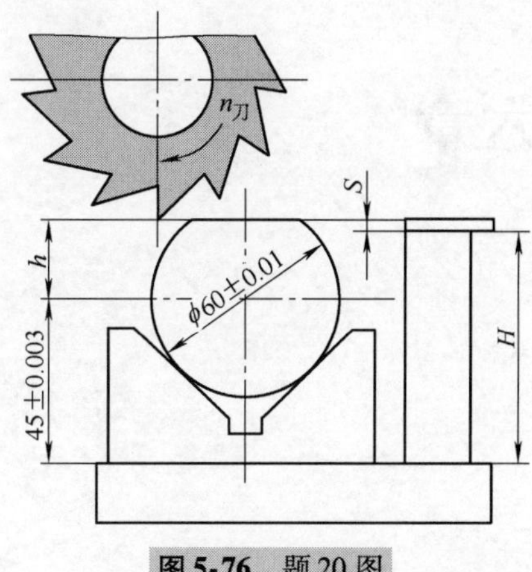

图 5-76　题 20 图

21. 夹紧装置如图 5-77 所示。如外力 $F_Q=150$N，$L=150$mm，螺杆规格为 M12×1.75，$D=40$mm，$d_1=10$mm，$l_1=l_2=100$mm，斜楔楔角 $\alpha=30°$，各处摩擦因数 $\mu=0.1$，直径为 d 的轴的摩擦损耗按效率 $\eta=0.95$ 计算。试计算夹紧力 F_W 等于多少?

有关数据如下：M12 螺纹的中径 $d_0=10.86$mm，螺纹升角 $\alpha=2°56'$，三角螺纹摩擦角 $\varphi'=6°34'$，直径为 D 的部分，右端面与支承板间的当量摩擦半径 $r'=14$mm。

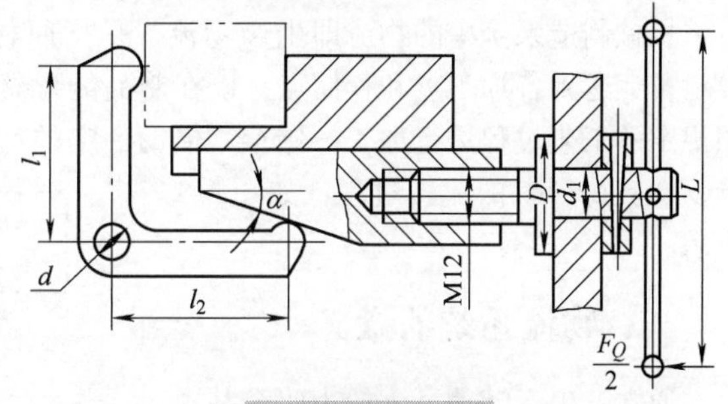

图 5-77　题 21 图

22. 图 5-78 所示钻模用于加工图 5-78a 所示工件的两个 $\phi 8^{+0.036}_{0}$ mm 孔。试指出该钻模设计中的不当之处，并提出改进意见。

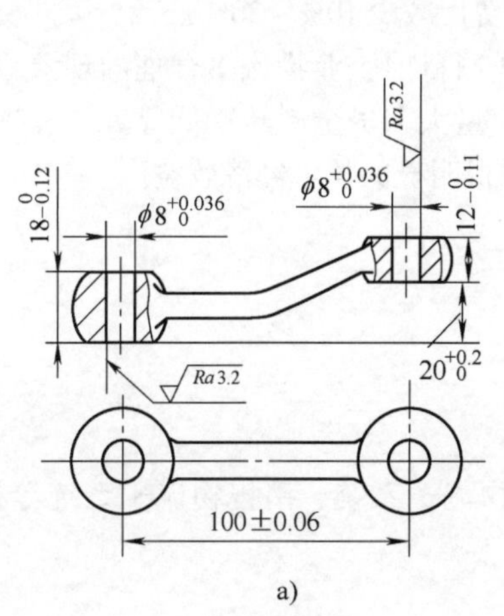

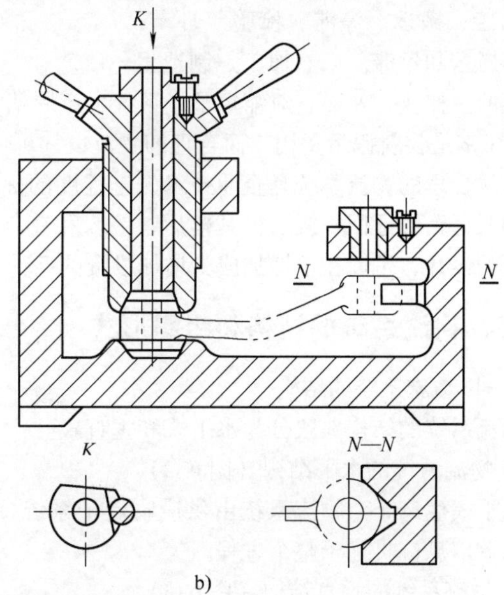

图 5-78　题 22 图

第六章

物流系统设计

第一节　物流系统基础知识

机械制造系统中的物流即生产物流，是指原材料、燃料、外购件投入生产后，经过下料、发料，运送到各加工点和存储点，以在制品的形态，从一个生产单位流入另一个生产单位，按照规定的工艺过程进行加工、储存，借助一定的运输装置，在仓库、车间、工序之间始终体现着物料实物形态的流转过程，如图 6-1 所示。

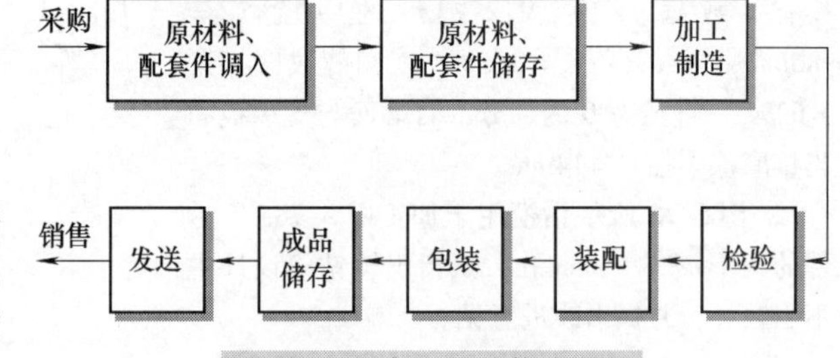

图 6-1　生产企业的物流过程

一、物流系统的意义

通常，生产活动可概括为四个基本环节，即加工（装配）、搬运、停滞、检验。要缩短生产周期时间，必须同时改善加工、搬运、停滞、检验等环节，尤其是搬运和停滞。虽然加工是制造生产价值的主作业，然而它对缩短整个系统生产周期的作用并不显著。据统计，在总经营费用中，20%～50%是物料搬运费用，而合理的物流设计可使这项费用减少 10%～30%。

科学合理的物流系统是企业技术先进程度的标志。我国目前企业物流不合理的现象普遍存在，如搬运路线迂回、搬运机具落后、毛坯和在制品库存量大、资金周转率低等。合理进行物流系统的设计，可以在不增加或少增加投资的条件下，取得明显的技术经济效益。

二、物流系统的结构和组织形式

（一）物流系统的结构

物流系统的结构一般分为水平式和垂直式。

1. 物流系统的水平结构（图 6-2）

水平式生产企业物流系统由供应物流子系统、生产物流子系统、销售物流子系统等构成，其中物流信息流贯穿于整个过程。

2. 物流系统的垂直结构（图 6-3）

垂直式生产企业物流系统由管理层、控制层和执行层三大部分组成。

（1）管理层　管理层是一个计算机物流管理系统，是物流系统的中枢，主要进行作业调度、库存管理、统计分析等信息处理和决策性操作。

（2）控制层　控制层主要接受管理层的指令，控制物流装备完成指令所规定的任务，并将物流系统信息反馈给管理层，为物流系统的决策提供依据。

（3）作业层　作业层由自动化的物流装备组成，包括立体仓库、运输装备、机床上下料装置、缓冲站等。

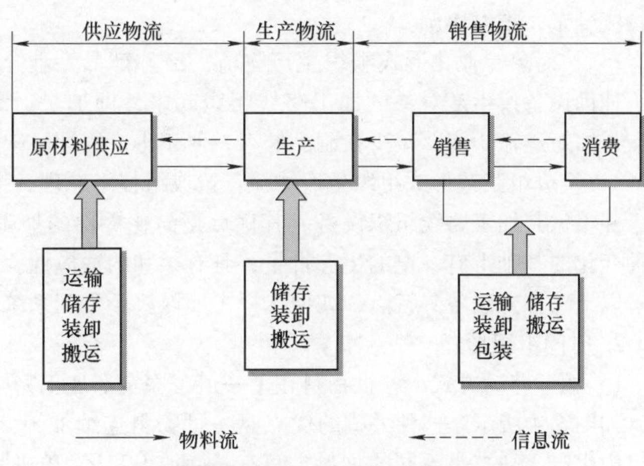

图 6-2　生产企业物流的水平结构

根据管理层、控制层和作业层的不同分工，物流对各个层次的要求也是不同的。对管理层的要求是具有较高的智能，对控制层的要求是具有较好的实时性，对作业层的要求是具有较高的可靠性。

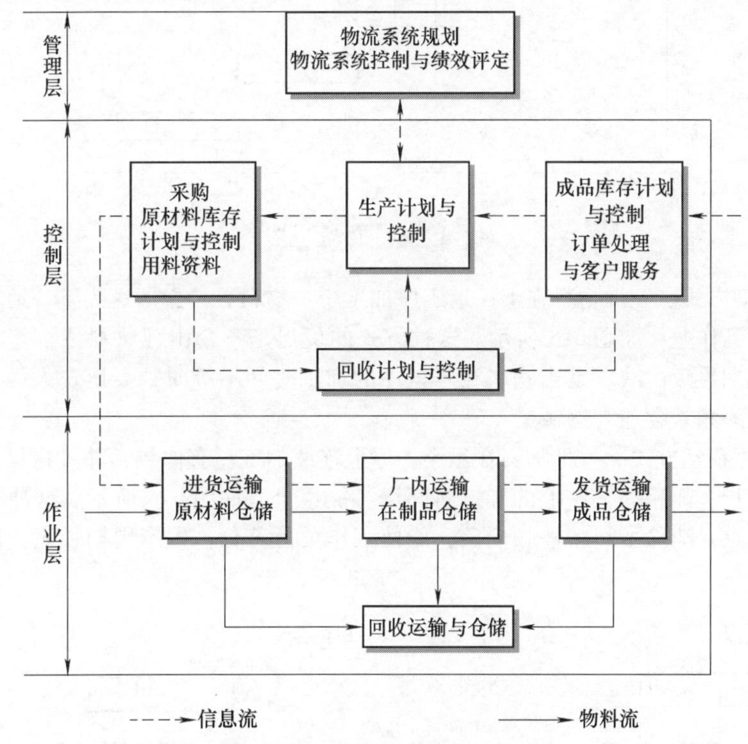

图 6-3　生产企业物流的垂直结构

（二）物流系统的组织形式

生产物流的组织形式有空间组织和时间组织。

1. 空间组织形式

1）按工艺专业化形式组织生产物流。又称工艺原则或功能性生产物流体系。其特点是把同类的生产设备集中在一起，对企业生产的各种产品进行相同工艺的加工。即加工对象多样化，但加工工艺相似。优点是对产品品种的变化和产品工艺的变化适应性强，便于设备管理；缺点是物流复杂，难以协调。

2）按对象专业化形式组织生产物流。又称产品专业化原则或流水线。其特点是把生产设备、辅助设备按生产对象的加工路线组织起来，即加工对象单一，但加工工艺、方法多样化。优点是缩短运输距离，减少在制品储存，便于生产管理；缺点是难以适应产品品种的变化。

3）按成组工艺形式组织生产物流。按成组技术原理，把具有相似性的零件分成一个成组单元，并根据其加工路线组织设备。其优点是简化零件的加工流程，减少物流迂回路线，在满足品种变化的基础上有一定的生产批量，具有柔和的适应性。

以上三种方法各具特点，如何选择主要取决于生产系统中的产品品种多少和产量的大小。

2. 时间组织形式

1）顺序移动方式。一批物料在上一道工序全部加工完毕后才整批移动到下一道工序继续加工，如图6-4所示。这种方式的优点是一批物料连续加工，设备不停顿，物料整批转工序，便于组织生产。缺点是不同的物料之间有等待加工和运输的时间，因而生产周期长。

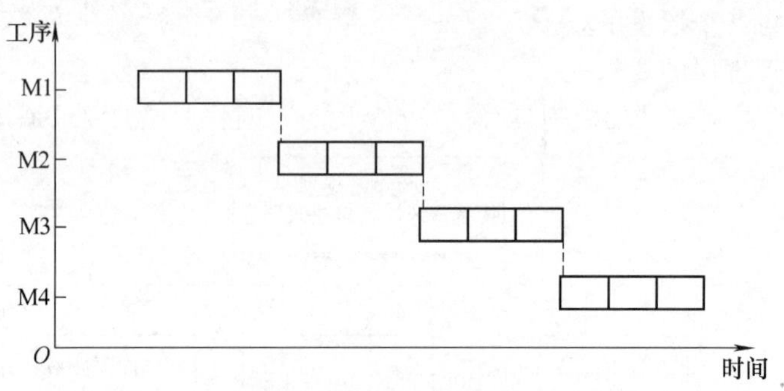

图6-4 顺序移动方式

2）平行移动方式。一批物料在上一道工序加工一个物料后，立即送到下一道工序去连续加工，形成前后交叉作业，如图6-5所示。这种方式的优点是不会出现物料成批等待的现象，整批物料的生产周期最短。缺点是当物料在各工序的加工时间不等时，会出现人员、设备的停工现象。另外运输的频繁会加大运输量。

3）平行顺序移动方式。一批物料在每个工序上连续加工没有停顿，并且物料在各工序的加工尽可能做到平行，即相邻工序上的加工时间尽可能重合，如图6-6所示。这种方式吸取了前面两种方式的优点，消除了间歇停顿现象，能使工作负荷充分，生产周期较短，但安排计划进度时较复杂。

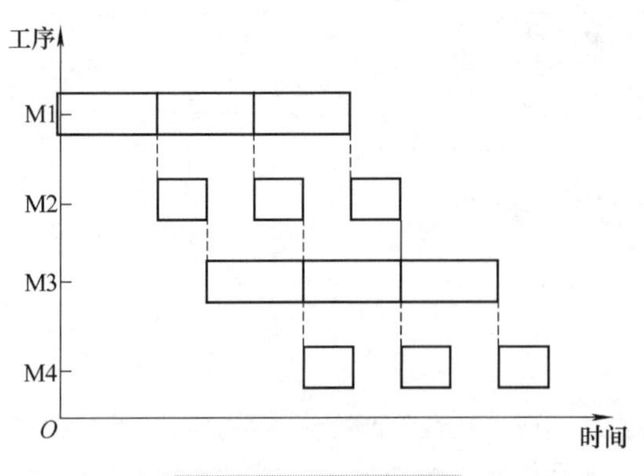

图6-5 平行移动方式

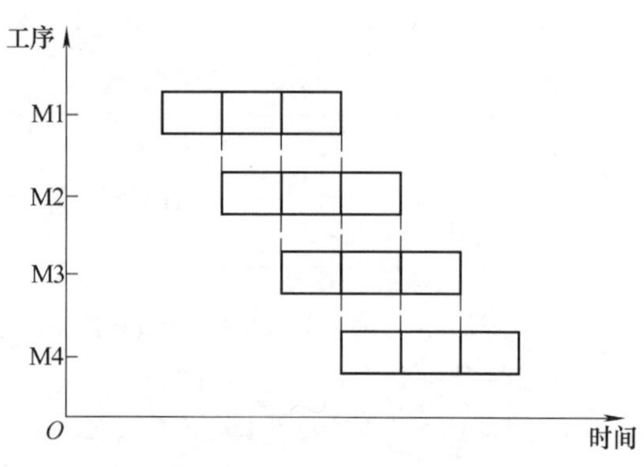

图6-6 平行顺序移动方式

上述三种方式各有利弊，在安排物料计划时需考虑物料的尺寸、物料加工时间的长短、物料批量的大小以及生产物流的空间组织形式。

三、物流系统的特点与功能

（一）物流系统的特点

1. 实现价值的特点

企业生产物流最本质的特点，是实现加工附加价值的经济活动。企业生产物流伴随加工活动而发生，实现加工附加价值，即实现企业主要目的。所以，虽然物流空间、时间价值潜力不高，但加工附加价值却很高。

2. 主要功能要素的特点

企业生产物流的主要功能要素是搬运活动。许多生产企业的生产过程，实际上是物料不停的搬运过程，在不停搬运过程中，物料得到了加工，改变了形态。另外，通过搬运，产品完成了分货、拣选、配货工作，完成了大改小、小集大的换装工作，从而使产品形成了可配送或可批发的形态。

3. 物流过程的特点

企业生产物流是一种工艺过程性物流，一旦企业生产工艺、生产装备及生产流程确定，企业物流也因而成了一种稳定性的物流，物流便成了工艺流程的重要组成部分。由于这种稳定性，企业物流的可控性、计划性便很强，一旦进入这一物流过程，选择性及可变性便很小，对物流的改进只能通过对工艺流程的优化。

4. 物流运行的特点

企业生产物流的运行具有极强的伴生性，往往是生产过程中的一个组成部分或一个伴生部分，这决定了企业物流很难与生产过程分开而形成独立的系统。在总体的伴生性同时，企业生产物流中也确有与生产工艺过程可分的局部物流活动，这些局部物流活动有本身的界限和运动规律。这些局部物流活动主要是：仓库的储存活动、接货物流活动、车间或分厂之间的运输活动等。

（二）物流系统的功能

1. 实现原材料、毛坯、外购件、在制品、产品、工艺装备的储存及搬运，做到存放有序，存取容易。

2. 采用合理的自动化上下料机构，以缩短机床的辅助时间，提高劳动生产率。

3. 实现工序间中间工位和缓冲工作站的在制品储存，保证生产的连续进行。

4. 采用自动化物流装备，以减少工件在工序间的无效等待时间。

5. 通过各类物流装备的调度及控制，实现物料运输方式和路径的优化。

6. 实现物流系统的检测和监控。

四、物流系统应满足的要求

1. 连续性与流畅性

空间上的连续性，要求物料流程尽可能短；时间上的流畅性，要求物料在生产过程的各个环节，始终处于连续状态，没有或很少有不必要的停顿和等待，没有迂回和倒流。

2. 平行性与交叉性

物料在生产过程中，实行平行交叉流动，可以缩短产品的生产周期。

3. 比例性与协调性

指生产过程中，各工序之间，在产能上要保持一定的比例，以适应产品制造的要求。比例可以根据生产节拍、开动班次、质量状况等来确定。

4. 均衡性与节奏性

产品从投料到完工都能按预定的计划（一定的节拍、批次）均衡地进行。在相等的时间间隔内（如月、周等），完成大体相等的工作量或稳定递增的生产工作量。

5. 准时性

即在需要的时候，按需要的数量生产所需要的零件。

6. 柔性和适应性

为更好地应对市场多样化与个性化的要求，制造企业对生产线的柔性要求越来越高，因此对生产物流提出相应要求，即在最短的时间内，以最少的资源完成产品的生产加工。

第二节　物流系统的总体设计

这里所讨论的是“机械制造企业的物流系统”，这一范畴的物流系统是指工厂从支持生产活动所需的原材料进厂（包括原料、半成品、协作件及燃料），经储存、加工、装配、包装直至成品出厂这一全过程的物料在仓库与车间之间、车间之间、工序之间每个环节的流转、移动和储存（含停滞、等待）。它贯穿了整个生产过程的始终，形成一个有机的整体，也称为工厂物流或生产物流，如图6-7所示。

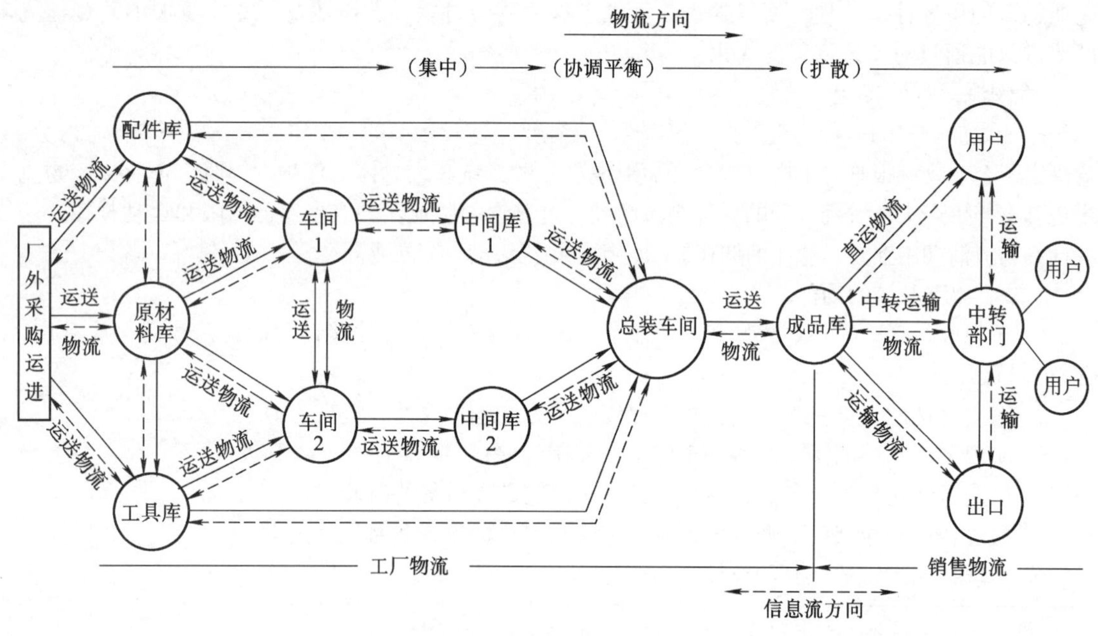

图6-7　工厂物流示意图

一、物流系统的设计要求

物流系统设计是把物流全过程所涉及的装备、器具、设施、路线及其布置作为一个系统，运用现代科学技术和方法，进行设计和管理，达到物流系统合理化的综合优化的过程。其设计要求为：

1）工厂平面布置合理化。工厂平面和车间的机器设备布置一旦确定，也就基本上固定了整个工厂企业的主体结构。因此，在平面布置上要力求工艺和物流系统的合理布置。

2）工厂物流活动与生产工艺流程同步化。工厂物流必须严格遵守工艺流程要求，从物流的连续性、时间性、稳步性和有序性等方面进行控制。按生产计划要求，物流按所需日期、时间、品种、数量进行移动，既不能超量多流，也不能减量少流，按生产节拍运送在制品，保证均衡生产。

3）物料搬运路线简捷、直线化。要求各作业点间以及与储存点间的安排尽量紧凑，路线要直，避免迂回、倒流往复，减少装卸搬运环节。

4）物料搬运机械化、省力化、自动化。包括室外场地作业的机械化与起重运输作业的机械化和省力化，以减轻工人劳动强度，减少安全事故，提高劳动效率和经济效益。

5）单元化容器标准化、通用化。避免磕碰，定量存放，尽量做到过目知数，进行科学管理。

6）库存合理化。在生产的各环节中，制订合理的库存量，包括最大、最小和安全库存量，以保证生产的正常进行。在满足生产需要的前提下尽量压缩库存，特别是在制品库存，应减少甚至取消中间储存。

7）采用看板运输管理，保证生产物流活动准时化。通过看板运输控制车辆运行路线及物料发运时间、数量和地点，实行生产准时化。

8）提倡储、运、包一体化，集装单元化。在搬运工艺设计中，尽量做到装卸搬运集装化，以减少物料搬运次数。

9）在物料流程中，上下工位之间，前后生产车间之间要有固定位置的流程图，为收发、运送、搬运的有关人员指明产品、零件流向，起到现场调度作用。

二、物流系统设计的主要任务

工厂中物流系统的总体规划与设计一般要完成如下几项任务：

1）合理规划厂区。

2）合理布局车间工位。

3）合理确定库存量。

4）合理选择搬运装备。

三、物流系统设计的主要过程

工厂物流系统设计的完整流程如图 6-8 所示，其总体规划与设计包括资料的收集和分析、工厂总体布局设计、车间布局设计和物流搬运装备的选择四个阶段。

（一）资料的收集和分析

这个阶段主要是资料的收集，并通过调研分析，为工厂的选址和总体布局设计、车间布局设计、物流装备的选择等提供依据，主要包括：

1. 工厂的产品分析

产品分析包括确定工厂产品的品种、生产纲领，同时对组成产品的各零部件进行工艺流程分析。

2. 工厂物料分类

物料按形式分为固体、液体和气体；按种类分为散装料、单独料和包装料；在物理特征方面有尺寸、质量或密度、形状、损伤的可能性和状态等。其中物理特征往往是物料分类最重要的因素，以此确定货箱的容量、仓库的容量以及搬运的要求。

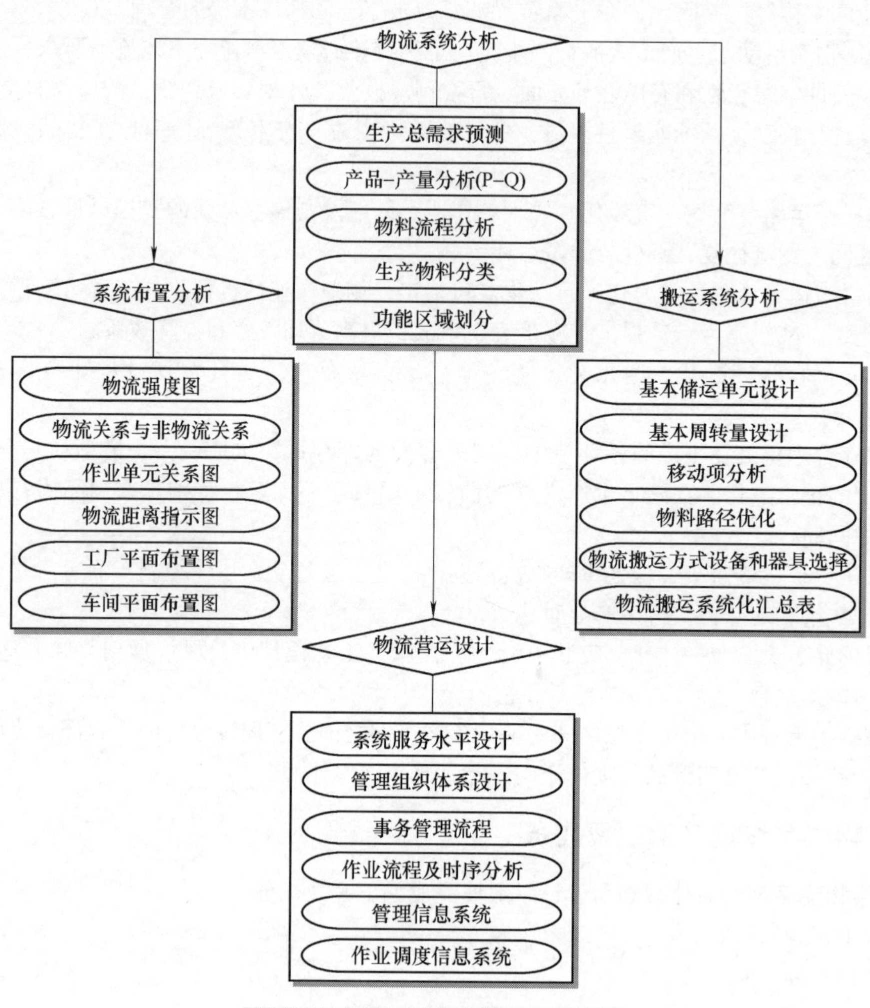

图6-8　工厂物流系统设计的流程图

（二）工厂总体布局设计

1. 工厂总体布局的基本模式

一般工厂总体布局的基本模式有两种：

（1）按功能规划厂区　将工厂各部门按生产性质及卫生、防火、运输等要求，划分为若干区段进行布局。例如，大中型机械厂的厂区可以划分为加工装配区、备料区、动力区、仓库设施区等，然后按相互关系的密切程度进行各作业单位的配置。其优点是各区域功能明确，环境条件好；缺点是不能完全满足工艺流程和物流合理化的要求。

（2）采用系统布局设计模式　按各部门之间物流与非物流之间的关系密切程度进行系统布局，可以避免物流搬运的往返交叉，节省搬运时间和费用。

也有将上述两种模式相结合的混合模式进行厂区规划，即部分采用功能分区、部分采用系统布局设计。

2. 工厂总体布局设计的基本步骤

（1）基本原始资料收集　主要资料为产品及其生产纲领和生产工艺过程，次要资料为辅助服务部门和时间的安排。即：产品（Product）、产量（Quantity）、工艺过程（Route）、辅助服务部门（Service）、时间安排（Time）。P、Q、R、S、T是布局设计中大多数计算的基础，是布局设计的基本要素。

（2）物流分析 确定物流在生产过程中每个必要的工序间移动的最有效顺序，以及这些移动的强度和数量值。一个有效的物流流程应该没有过多的迂回和倒流，物流分析应该根据P-Q分析，对不同的生产方式画出“工艺过程图”“从至图”。

（3）作业单位相互关系分析 所谓作业单位，对于一个车间来讲，可以是一台机床、一条装配线等。作业单位相互关系分析是对作业单位或作业活动之间密切程度进行分析与评价，将P、Q和S结合起来，研究辅助部门与作业单位的相互关系。各作业单位相互关系可分为：绝对必要（Absolutely Necessary）、特别重要（Especially Important）、重要（Important）、一般（Ordinary）、不重要（Unimportant）、不能接近等六个等级，分别以字母A、E、I、O、U、X表示。

（4）物流与作业单位的相互分析 在作业单位相互关系图完成以后，根据物流分析的结果，同时考虑到非物流相互关系，就可以绘制“物流与作业单位相互关系图”，此时可以不考虑作业单位需要的面积。通常，为了将相互关系图中的数据资料更清晰、直观地表达出来，可绘制关系图解。

（5）面积设定 不论是工厂总体规划还是车间布局设计，都必须权衡需要的面积与可利用的面积，最终确定各作业单位或各区域的设计面积。常用的面积设定方法见表6-1。

表6-1 面积设定方法及特点

方法	特点
计算法	按照设备和作业空间要求计算所需面积，主要用于详细设计中确定制造区域的面积
转化法	把现在需要的面积转化为将来布置方案中提出的必要面积，一般用来确定辅助区和存储区的面积
概率布置法	应用模拟或设备模型进行布置并确定面积，主要用于总体布置
标准面积法	采用某种工业标准来确定面积
比例趋向预测法	以单位人员和产品为基础来预测、复核设施总面积，主要用于设施规划

（6）面积相关图解 根据已确定的物流与各作业单位的相互关系以及确定的面积，可以利用面积相关图进行图解，即把每个单位用面积和适当的形状和比例在图上进行配置，同时根据实际条件和运输方式、场地环境、管理控制等进行修正，最后形成若干可供选择的方案。

（7）方案评价 对以上阶段初步提供的各方案进行技术经济分析和综合评价，定性和定量相结合，综合主观和客观两个方面，确定每个方案的“价值”，进行总体布局的评价和选择。

（8）详细布置 对选中的方案，在其空间相互布置图的基础上予以改进，得到具有可操作性的详细的平面布置方案。

3. 工厂总体布局设计实例

以某叉车总装厂的厂区规划为例，介绍工厂总体布局的基本步骤。该工厂占地面积140000m^2，厂区东西长500m，南北长280m，年产各种叉车3000台。表6-2为通过车间规划初步确定的各作业单位的建筑面积。相关作业单位的主要任务包括：变速器的加工与组装、液压缸的加工、随车工具的制作、车身的加工及叉车总装等工作。其他如转向桥、驱动桥、液压回路及平衡重等由协作厂负责制造，并存放在标准件及半成品库中。

（1）产品工艺过程分析 叉车总的生产工艺过程可分为“零部件加工阶段—总装阶段—试车阶段—成品储存阶段”。零部件加工阶段又分为多条加工工艺路线，其中变速器的加工与组装作业如下：

表 6-2　作业单位建筑面积汇总表

序号	作业单位名称	用　　途	建筑面积 (长/m)×(宽/m)	结构形式 跨距/m	备　　注
1	原材料库	储存原材料	72×36	12	
2	油料库	储存油漆、油料	36×36	12	
3	标准件、外构件库	储存标准件、外购件和半成品	48×36	12	
4	机加工车间	零件机械加工	72×36	18	
5	热处理车间	零件热处理	90×30	30	
6	焊接车间	车身焊接	90×30	30	
7	变速器车间	变速器组装	72×36	18	
8	总装车间	叉车总装	180×96	24	
9	工具车间	随车工具箱制造	60×24	12	
10	涂装车间	车身涂装	48×30	30	
11	试车车间	试车	48×48	24	
12	成品库	储存叉车成品	100×50		露天
13	办公、服务楼	办公室、生活服务	300×60		
14	车库	车库、停车场	80×60		露天

变速器由箱体、轴类、齿轮类零件及其他杂件和标准件等组成。变速器的制造工艺过程可分为零件加工和组装两个阶段。轴类及齿轮类零件经过备料、退火、粗加工、热处理、精加工等工序；箱体毛坯由协作厂制作，经机加工车间加工后送变速器组装车间；杂件的制作经备料和机加工两个阶段。整个变速器成品质量为0.31t，其中标准件0.01t，箱体、齿轮、轴及杂件总质量为0.3t，加工过程中金属利用率为61%，即毛坯总质量为(0.3/0.61)t=0.49t，其中需经过退火处理的毛坯质量为0.19t，机加工中需返回热处理车间再进行热处理的为0.1t。整个机加工过程中金属切除率为39%，则产生的铁屑等废料质量为0.49×0.39t=0.19t。上述变速器制作工艺过程可以用图6-9的工艺流程图来表示。通常工艺流程图中，用"▽"表示仓储类作业单位，其内部的数字为作业单位代号，用"○"表示加工和装配等作业单位，用"□"表示检验和试车部门；各作业单位之间连线旁边的数字为工件或毛坯质量（单位为t），表示物理量的大小。

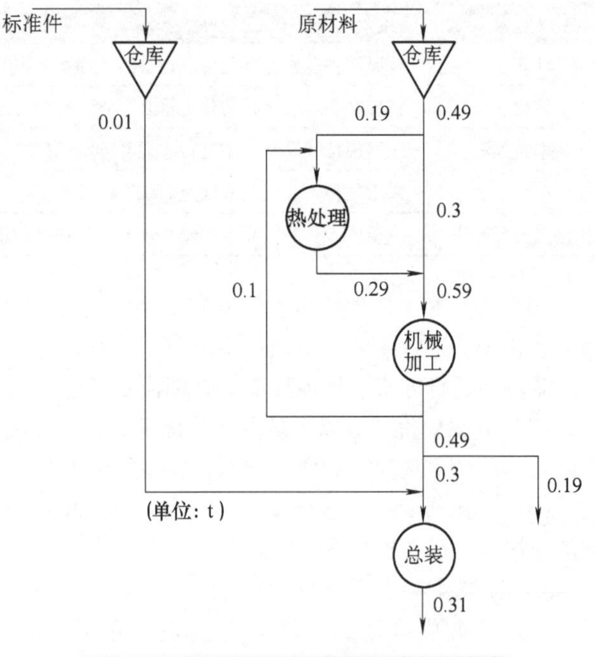

图 6-9　变速器加工与组装作业线物流图

按照同样的方法，可得到"随车工具箱""车体加工""液压缸"的加工与组装作业线物流图。将上述所有作业线的物流图绘制在一起，可得如图6-10所示的叉车生产作业线总物流图。该图可表示出叉车生产的全过程及各作业单位之间的物流情况，为进一步进行物流分析奠定基础。

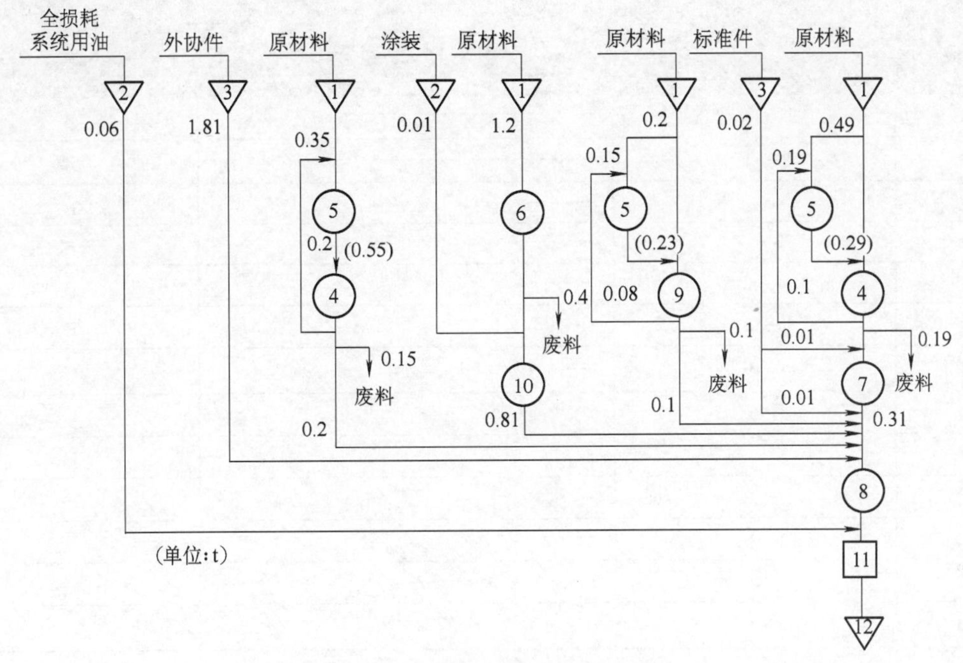

图 6-10　叉车生产作业线总物流图

（2）作业单位之间的物流关系分析　本例中的物流强度可以用图 6-10 中的物流量大小表示，各单位之间的物流强度汇总见表 6-3。

表 6-3　物流强度汇总表

序　号	1	2	3	4	5	6	7	8	9	10	11	12	13	14	15	16	17
作业单位对	1 ~ 4	1 ~ 5	1 ~ 3	2 ~ 10	2 ~ 11	3 ~ 7	3 ~ 8	4 ~ 5	4 ~ 7	4 ~ 8	5 ~ 9	6 ~ 10	7 ~ 8	8 ~ 9	8 ~ 10	8 ~ 11	11 ~ 12
物流强度（t）	0. 3	0. 69	1. 2	0. 01	0. 06	0. 01	1. 82	1. 14	0. 3	0. 2	0. 31	0. 8	0. 31	0. 1	0. 81	3. 24	3. 3

表 6-4 给出了按照物流路线比例或承担的物流量比例将作业单位对的物流强度划分为五个等级，分别用 A、E、I、O、U 表示，其物流强度逐渐减小。根据作业单位对所承担的物流量比例，参照表 6-4，对表 6-3 中的物流强度进行排序和划分级别，得到表 6-5 的物流强度分析表，该表中的线段长度可直观地表达物流强度的大小。

表 6-4　物流强度等级划分表

物流强度等级	符　号	物流路线比例（%）	承担物流量比例（%）
超高物流强度	A	10	40
特高物流强度	E	20	30
较大物流强度	I	30	20
一般物流强度	O	40	10
可忽略搬运	U		

表 6-5　物流强度分析表

序号	作业单位对(路线)	物流强度	物流强度等级
1	11—12		A
2	8—11		A
3	3—8		E
4	1—3		E
5	4—5		E
6	8—10		E
7	6—10		E
8	1—5		E
9	5—9		I
10	7—8		I
11	1—4		I
12	4—7		I
13	4—8		O
14	8—9		O
15	2—11		O
16	2—10		O
17	3—7		O

为了清楚地表达各作业单位之间的物流关系，从表 6-5 得到表 6-6 所示的作业单位的物流相关表。一般来讲，物流相关表中物流强度等级高的作业单位应尽量靠近。

(3) 作业单位之间的非物流关系分析　工厂布局在考虑物流因素的同时，也应考虑其他非物流因素对作业单位间相互关系的影响。尤其当物流对生产影响不大或没有固定的物流时，非物流因素则是决定工厂布局的主要依据。

非物流因素主要用作业单位相互关系的密切程度来评价。这是定性评价因素，并且随着工厂性质的不同而不同，需要结合工厂的具体情况进行确定。通常可以由工厂布局设计人员根据物流计算、个人经验，或由有关作业单位的负责人讨论后进行判断；也可通过问卷形式将相互关系统计表格发给各作业单位负责人填写，然后进行统计分析确定。最后由工厂布局设计人员记录汇总，确定出各作业单位相互关系密切程度，即非物流的影响因素。

作业单位相互关系密切程度等级可以划分为表 6-7 所列的 A、E、I、O、U、X 六个级别。本例根据叉车总装厂的情况，选择表 6-8 所列的作业单位之间的相互关系影响因素，在此基础上建立如表 6-9 所示的非物流的各作业单位的相互关系表，该表右边菱形框中字母为作业单位相互关系等级，数字为该等级的理由。

(4) 作业单位之间的综合相互关系分析　在上述作业单位之间的物流关系和非物流关系分析的基础上，将物流关系和非物流关系进行合并，得到各单位之间的综合相互关系，以此作为实现各作业单位合理布局的依据。

表 6-6 作业单位的物流相关表

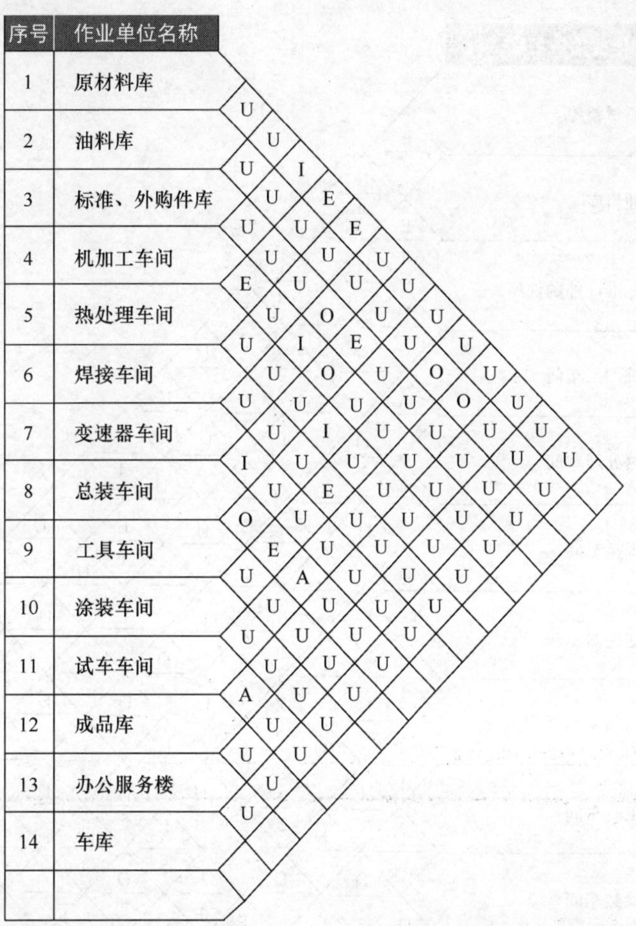

表 6-7 作业单位相互关系等级

符 号	含 义	说 明	比例（%）
A	绝对重要		2 ~ 5
E	特别重要		3 ~ 10
I	重要		5 ~ 15
O	一般密切程度		10 ~ 25
U	不重要		45 ~ 80
X	负的密切程度	不希望接近	酌情而定

表 6-8 作业单位之间的相互关系

编 码	理 由	编 码	理 由
1	工作流程的连续性	5	安全及污染
2	生产服务	6	共用设备及辅助动力源
3	物料搬运	7	振动
4	管理方便	8	人员联系

表6-9　非物流的各作业单位的相互关系表

序号	作业单位名称	2	3	4	5	6	7	8	9	10	11	12	13	14	
1	原材料库	E/4	E/4	I/3	I/3	E/3	U	U	I/1	U	U	U	U	I/2	___
2	油料库		E/4	U	X/5	X/5	U	U	U	E/1	U	U	X/5	I/2	___
3	标准、外购件库			U	U	U	I/2	I/2	U	U	U	U	U	I/2	___
4	机加工车间				A/1	O/2	A/1	I/2	E/6	U	O/2	U	I/4	U	___
5	热处理车间					U	U	U	E/1	X/5	U	U	X/5	U	___
6	焊接车间						U	U	U	X/5	U	U	X/5	O/2	___
7	变速器车间							E/1	U	U	I/2	U	I/4	O/2	___
8	总装车间								I/1	I/1	E/1	U	E/4	I/3	___
9	工具车间									U	U	U	O/4	U	___
10	涂装车间										U	U	X/5	U	___
11	试车车间											A/1	O/4	U	___
12	成品库												O/4	E/3	___
13	办公服务楼													I/8	___
14	车库														___

在物流关系和非物流关系合并过程中需要考虑两者的重要性，即分配其权重大小。权重大小反映了工厂布局时考虑因素的侧重点。对叉车厂来说，物流影响并不明显大于其他因素的影响，因此两者的权重比例可取为 m∶n＝1∶1。

需要先将物流强度和非物流强度量化表示，然后再进行综合处理。一般取 A＝4、E＝3、I＝2、O＝1、U＝0、X＝－1。设第 i 和 j 两个作业单位之间的物流强度量化值为 R_{Mij}，非物流强

度量化值为 R_{Uij}，则综合相互关系的量化值为 $R_{ij}=mR_{Mij}+nR_{Uij}$。

上述得到的第 i 和 j 两单位之间综合相互关系 R_{ij} 为一个量化值，因此需要对各单位之间的综合相互关系进行等级划分。综合相互关系等级可划分为 A、E、I、O、U、X 六个级别，各级别的 R_{ij} 值逐渐递减，且各级别的作业单位对数的确定应符合一定的比例。表6-10 给出了综合相互关系等级及划分比例。

表6-10　综合相互关系等级及划分比例

关系密级	符　号	作业单位对比例（%）
绝对必要靠近	A	1~3
特别重要靠近	E	2~5
重要	I	3~8
一般	O	5~15
不重要	U	20~85
不希望靠近	X	0~10

需要说明的是，将物流与非物流相互关系进行合并时，应该注意 X 级关系等级的处理。任何一级物流等级与 X 级非物流关系等级合并时，不能超过 O 级。对于某些极不希望靠近的作业单位之间的相互关系，可以定为 XX 级。

叉车总装厂的作业单位综合关系统计所得到的量化分值范围（-1~8），参照表6-10 的综合相互关系等级划分比例，统计确定出表6-11 所列的叉车总厂综合相互关系等级划分，最后得到表6-12 所列的作业单位综合相互关系。

表6-11　叉车总厂综合相互关系等级划分

总　分	关系密度	作业单位对数	百分比（%）
7~8	A	3	3.3
4~6	E	9	9.9
2~3	I	18	19.8
1	O	8	8.8
0	U	45	60.5

（5）绘制各作业单位的位置相关图　绘制作业单位的位置相关图时，并不直接去考虑各作业单位的占地面积和几何形状，而是从各作业单位间相互关系密切程度出发，安排各作业单位之间的相对位置。关系密级高的作业单位之间距离近，关系密级低的作业单位之间距离远。

当作业单位数量较多时，作业单位之间相互关系数目就非常多，一般为作业单位数量的平方量级。因此，即使只考虑 A 级关系，也有可能同时出现很多个，这就给如何入手绘制作业单位位置相关图造成了一定困难。为了解决这个问题，引入综合接近程度的概念。所谓某一作业单位的综合接近程度，等于该作业单位与其他所有作业单位之间量化后的关系密级的总和。综合接近程度分数越高，说明该作业单位越应该靠近布局图的中心；分数越低，说明该作业单位越应该处于布局图的边缘。

表 6-12 作业单位综合相互关系表

序号	作业单位名称	2	3	4	5	6	7	8	9	10	11	12	13	14
1	原材料库	I	I	E	E	E	U	U	I	U	U	U	U	I
2	油料库		I	U	X	X	U	U	U	E	O	U	X	I
3	标准、外购件库			U	U	U	I	E	U	U	U	U	U	I
4	机加工车间				A	O	E	I	I	U	O	U	I	U
5	热处理车间					U	U	U	E	X	U	U	X	U
6	焊接车间						U	U	U	U	U	U	X	O
7	变速器车间							E	U	U	I	U	I	O
8	总装车间								I	E	A	U	I	I
9	工具车间									U	U	U	O	U
10	涂装车间										U	U	X	U
11	试车车间											A	O	U
12	成品库												O	I
13	办公服务楼													I
14	车库													

在作业单位位置相关图中，可以用表6-13中所示的符号来表示作业单位的工作性质与功能，采用号码表示作业单位。作业单位之间的相互关系用表6-14中所示的连线类型来表示。也可以利用表中推荐的颜色来表示作业单位的工作性质与关系密级，使图形更直观。

有时为了绘图简便，往往采用“○”内标注号码来表示作业单位，而不严格区分作业单位性质；也可以用虚线来代替波折线表示 X 级关系密级。绘制作业单位位置相关图是一个逐步求精的过程，需要经过多次调整和修改。图 6-11 所示为叉车总厂作业单位位置相关图。

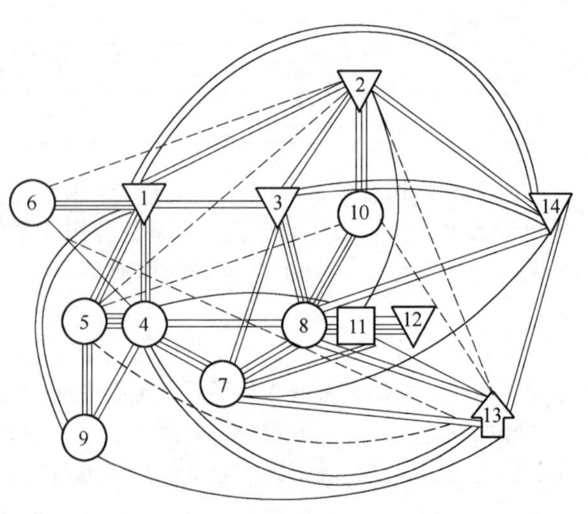

图 6-11 叉车总厂作业单位位置相关图

表 6-13 作业单位的工作性质符号

工艺过程图表符号及作用	说明作业单位及区域的扩充符号	颜色区别	黑白图纹
○ 操作	○ 成形或处理加工区	绿	
	○ 装配，部件装配拆卸	红	
⇨ 运输	⇨ 与运输有关的作业单位/区域	桔黄	
▽ 储存	▽ 储存作业单位/区域	桔黄	
D 停滞	D 停放或暂存区域	桔黄	
□ 检验	□ 检验、测试、检查区域	蓝	
	服务及辅助作业单位/区域	蓝	
	办公室或规划面积，建筑特征	棕(灰)	

表 6-14 作业单位之间密级表示方式

元音字母	系数值	线条数	密切程度等级	颜色规范
A	4	////	绝对必要	红
E	3	///	特别重要	桔黄
I	2	//	重要	绿
O	1	/	一般	蓝
U	0		不重要	不着色
X	−1		不希望	棕
XX	−2，−3，−4，?		极不希望	黑

（6）建立各作业单位的面积相关图　以作业单位的位置相关图为基础，考虑各作业单位的空间几何尺寸，并经过多次调整才能得到作业单位的面积相关图。图 6-12 所示为叉车总厂作业单位面积相关图。

（7）工厂总体平面图的形成　在按照前面给出的工厂总平面布局设计的基本原则的基础上，还要考虑下述对总体平面布局方案有影响的一些因素，具体可以分为修正因素与实际条件限制因素两类。

修正因素包括物料搬运方法、作业单位的建筑特征、厂区的道路设计规范、隔振防噪及场地的自然地理条件与气象环境等。实际条件限制包括给定厂区面积、成本费用、现有建筑物等条件的利用及政策法规等多方面的限制。

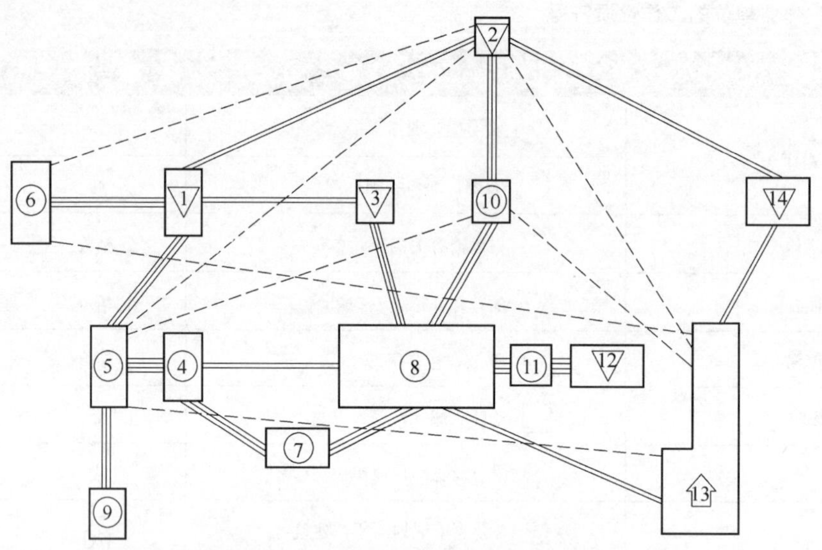

图6-12 叉车总厂作业单位面积相关图

最后采用规范的图例符号，将布局方案绘制成工厂总平面布局图。图6-13给出了一种叉车总厂总体平面布局方案图。

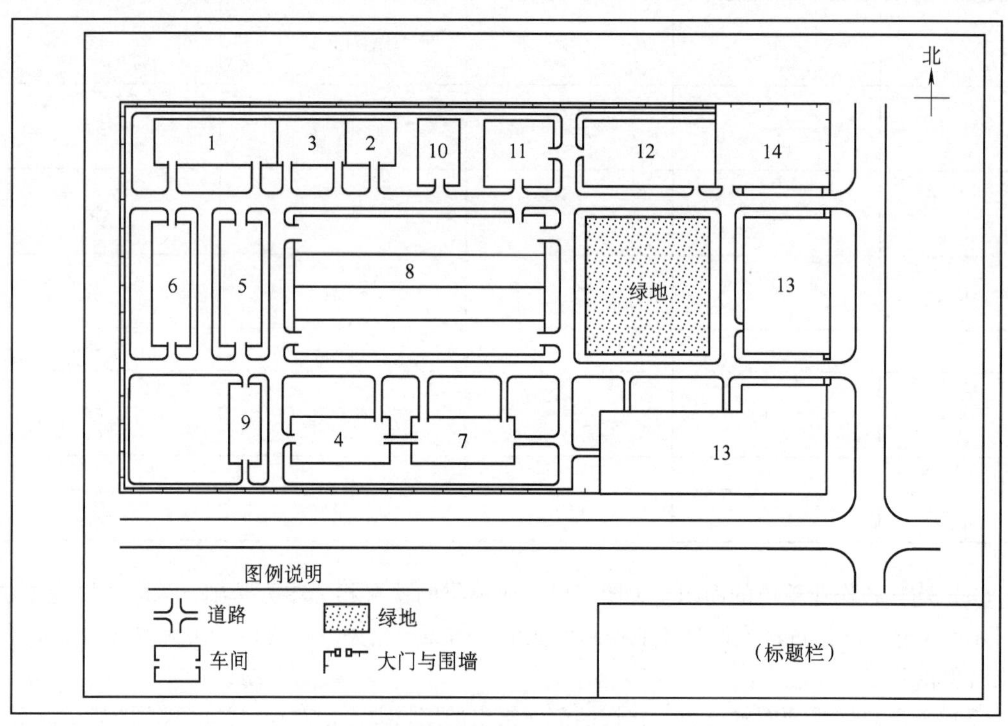

图6-13 叉车总厂总平面布局图

（8）方案评价 通过考虑多方面的影响因素与限制条件，形成众多的平面布局方案，抛弃所有不切实际的方案，保留2~5个可行方案供评价和选择。工厂总体平面布局过程是一个多目标优化设计过程，各种布局方案各有优、缺点，需要进行综合评价，从中选出最优的布局方案。

这里简单介绍两种评价方法，即加权因素法和费用对比法。

加权因素法是把布局设计的目标分解成若干个因素，并对每个因素的相对重要性进行优先级划分（加权值）。然后，分别就每个因素评价各个方案的相对优劣等级。最后加权求和，求出各方案的得分。得分最高的方案就是最佳方案。加权因素法的评分过程中，应由各方面的专家独立进行评分，以保证评价结果的可靠性。

费用对比法是在各个方案都已证明是合理、可行的情况下，从经济角度对方案进行比较择优。分析评价时，可以着重对布局方案的物流费用、基建费用等方面进行综合评价，费用最低的方案就是最佳方案。

（三）车间布局设计

车间设计主要包括两个方面的内容，一是工艺设计，即确定加工零件所需的机床、工夹量具、刀具等；另一是工位的配置，即物流系统的设计。

1. 车间布局设计的原则

1）以车间生产纲领和生产类型为依据，确定车间的生产组织形式和设备布局的形式。

2）要求工艺流程通顺，物料搬运简捷方便，避免往返交叉。

3）根据工艺流程，选择适当的建筑形式，采用适当的高度、跨度等，充分利用建筑物的空间。

4）对车间所有的组成部分：设备、通道、作业区域、物料存放区域等进行合理的区划及协调配置。

5）为员工创造良好的工作环境，将工位器具设置在合适的部位，便于操作工完成作业。

6）具备适当的生产变化柔性。

2. 车间布局设计的依据

产品或者生产计划是车间设计的出发点和基础。产品、生产路线、时间和辅助服务部门是车间布局分析的原始基础资料，而产品和数量是最重要的数据。从生产计划的角度来讲，产品产量分析是产品组成问题的基础和库存控制的基本概念。而对设计人员而言，则是决定基本布置的基础。车间布局设计的依据主要有以下几个方面：

（1）生产系统目标　使存储费用、劳动力、闲置设备和管理费用保持在一定水平以下，并达到预期产量。

（2）生产能力决策　对制造业而言，生产能力主要取决于生产性规定资产和技术组织条件。生产能力一旦确定，生产经营活动的最大规模也就被规定了。需要注意的是，生产能力的充分利用是生产成本控制的首要问题；生产非均衡、人员、设备的闲置是最大的浪费。

（3）加工过程的要求　加工过程的要求是选择布置类型的主要依据。

（4）场地的有效空间　车间内部布置设计要满足场地的要求。

3. 车间装备布局的基本形式

装备布局形式取决于生产类型和生产组织形式。一般的机械制造厂的装备布局形式可分为四种：

（1）产品原则布局　对于固定生产某种部件或产品的车间，其装备按产品的工艺过程顺序布局，适用于大批量生产模式，如曲轴车间、连杆车间等。

（2）工艺原则布局　又称机群式布局，同类装备布置在一起，如按车床组、磨床组等分区，各类机床组之间保持一定顺序，按照大多数零件的加工路线来排列。这种形式适用于多品种小批量的生产模式。

（3）成组原则布局　在工作场地内配置可以完成工艺相似零件组所有零件全部工序所需的

不同类型的机床，组成一个成组单元，再在其周围配置其他必要的装备。适用于采用成组工艺生产的生产模式。

（4）固定工位式布局　它是以原材料或主要部件固定在一定位置的布局形式，生产时所需的装备、人员、材料等都服从于工件的固定工位。这种布局适用于大型的不易移动的产品，如飞机装配、船舶制造等。

4. 车间物流形式

不论采用产品原则布局、工艺原则布局，还是成组原则布局，都要考虑物料、信息、人员流动的模式。选择物流形式的重要因素是入口（接受地点）和出口（发送地点）的位置，同时还要考虑外部运输条件、建筑物的轮廓尺寸、生产流程的特点和生产线的长度、通道的设置等因素。图6-14所示为五种基本的车间物流形式。

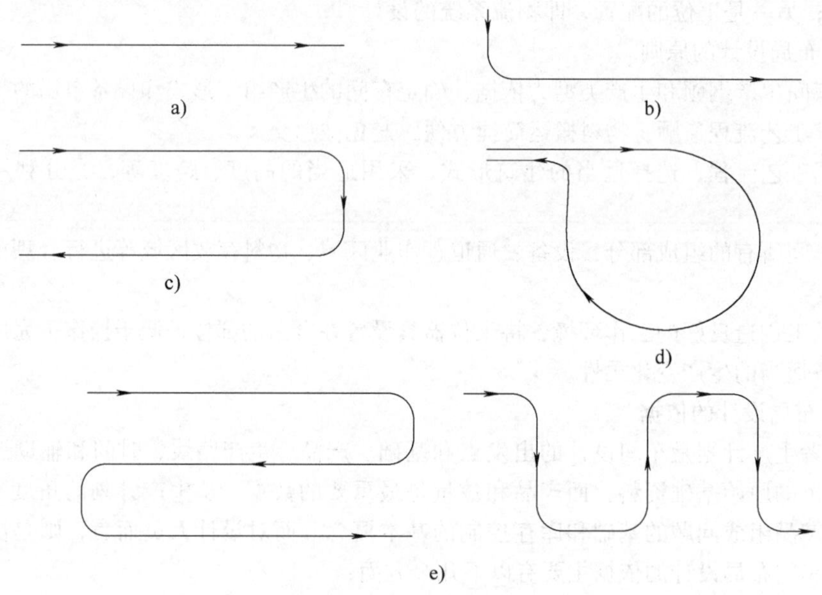

图6-14　车间物流形式

a）直线形　b）L形　c）U形　d）环形　e）S形

图6-14a为直线形，是最简单的物流形式，适用于入口和出口在不同的位置，且车间较长，或生产过程比较简单，或只有少量零部件和少量生产装备的情况。

图6-14b为L形，适用于现有设施或建筑物不允许直线流动的情况。

图6-14c为U形，适用于入口与出口在车间的同一侧，或生产线比实际可安排的距离长的情况。

图6-14d为环形，适用于要求物料返回到起点的情况。

图6-14e为S形，适用于生产线比实际可安排的距离长，在一个经济的面积内安排较长的生产线的情况。

实际物流规划也可能是上述基本形式的组合，图6-15所示为考虑出入口位置而采用的四种物流形式。

一个有效而合理的物流规划取决于部门内部有效而合理的物流，而部门内部有效而合理的物流取决于各作业单位的有效而合理的物流。因此，物流规划是一个分级规划过程。上述的车间物流形式同样也适用于工厂的总体布局。

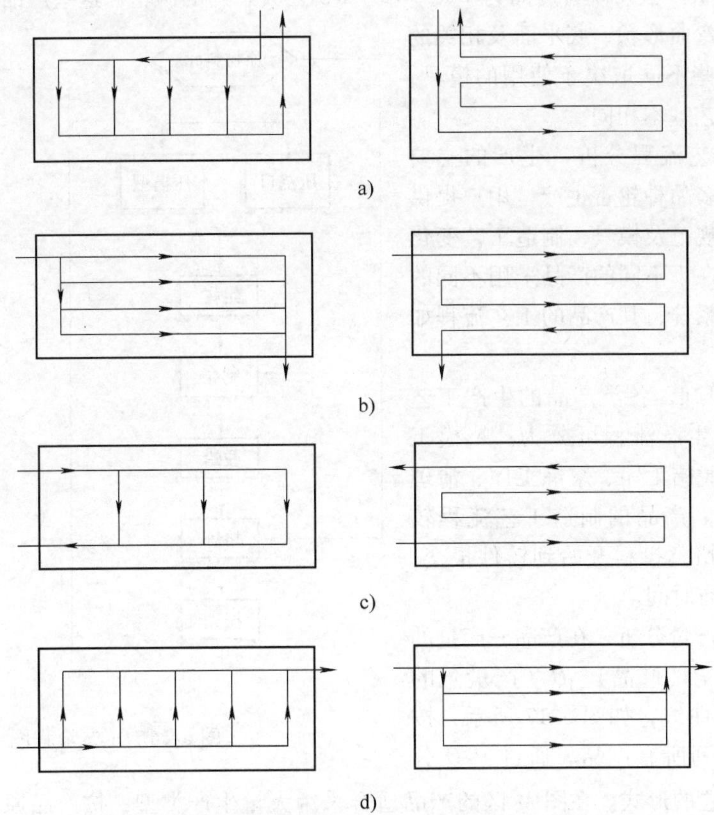

图 6-15　考虑出入口位置的流动形式

a）在同一位置　b）在相邻边　c）在同一边的相对端　d）在相对边

5. 车间物流设计的基本步骤

1）明确车间产品的生产纲领、品种、协作关系、生产辅助系统及产品加工周期，同时应明确运进、运出车间物料的品种和数量。

2）确定原材料、毛坯、零件、总成的装载单元及装载方式，并做到标准化。

3）确定工序间、生产线间、车间之间运输的各种物料的品种、数量以及运输方式。

4）确定物流系统所涉及的仓库、零件和毛坯存放等所需的面积。

5）结合工艺设计和平面布局设计，设计出详细的车间物流系统，并绘制出车间物流图。

6. 车间物流设计的实例

以生产增压器涡轮的某公司车间规划为例，介绍车间物流布局设计的基本步骤。该公司现有生产面积 2755m^2。下设六个部门：工程部、制造部、商务部、质量部、财务部、人事部。其中制造部下设四个生产工段、一个在线检测工段和三个支持班组：蜡模工段、涂料工段、熔炼工段、清理工段、在线检验工段、综合管理组、设备维修组、库房管理。按照公司近三年的发展目标，第二年销量预计 62 万件，第三年达到 90 万件。但现有设施的生产能力为 35 万件/年。由于场地限制、工艺流程不顺畅、传统的生产管理方式，使得公司业务的发展受到阻碍。因此，在现有的设施上，应用设施规划、生产线平衡、物流工程等工业工程的相关理论，提出新设施的生产车间工艺布局方案。

（1）产品分析　公司现有产品为W1、W2、W3三大系列的涡轮，这些产品的差异在于叶片的数量、叶片的弯曲形状、底平面及相关的尺寸等结构，这些不同取决于使用的模具，而它们的制造工艺基本相同。

（2）生产工艺流程分析　生产的主要特点是成批大量多品种轮番生产，用户提供产品图样、工程规范及模具，制造工艺变化不大，主要不同在于不同的产品采用不同的产品模具和浇注系统，其产品的工艺流程如图6-16所示。

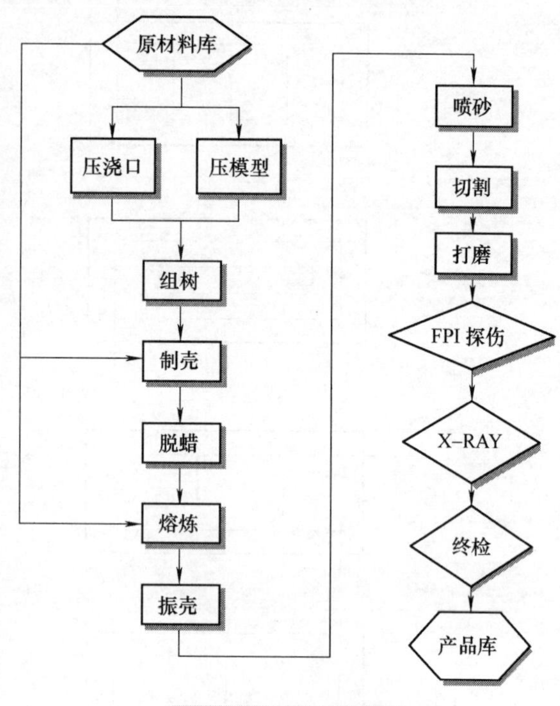

图6-16　工艺流程图

由图6-16可知，各类产品的生产工艺基本相同。整个生产流程可分为：蜡模工序、制壳工序、脱蜡工序、熔炼工序、清理工序及检验工序。产品的制造工艺流程较长，一批产品从蜡模投料开始到铸件报交，一般需要十天左右时间。

（3）产品—产量分析　在产品—产量的分析过程中，将 P（产品）、Q（产量）的关系绘制成 P-Q 曲线，如图6-17所示，按产量递减顺序排列所有产品。通过 P-Q 分析，决定车间布置的形式。在图 M 区的产品适合采用大量生产类型，按产品原则布置；J 区属于单件小批生产类型，按工艺原则布置；而介于 M 区与 J 区之间的产品生产类型为成批生产，适宜采用两者结合的成组原则布置。

公司对200万件产品的销售与生产的预测，其生产品种与产量见表6-15。根据表6-15，绘制 P-Q 图，即图6-18。通过图表，可以知道该企业的生产类型属于成批生产。事实上，由前面的生产过程分析可以知道，即使产品零件再多，由于其生产工艺的一致性，在满足产品生产可追溯性的前提下，从制壳工序开始，可以看成是一种零件的大批量生产。因此，设备布置采用混合原则，即产品布置与工艺布置相结合。整个生产系统，按照工艺流程安排各工序组的位置；在各工序组内部，按照产品原则，以中型、重型两个系列产品，进行流水线布置。

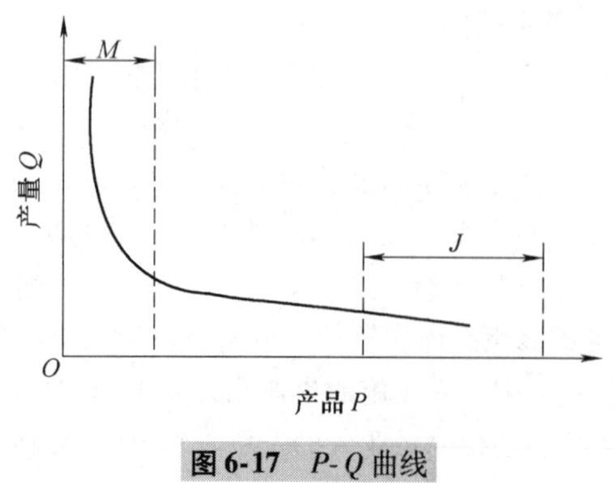

图6-17　P-Q 曲线

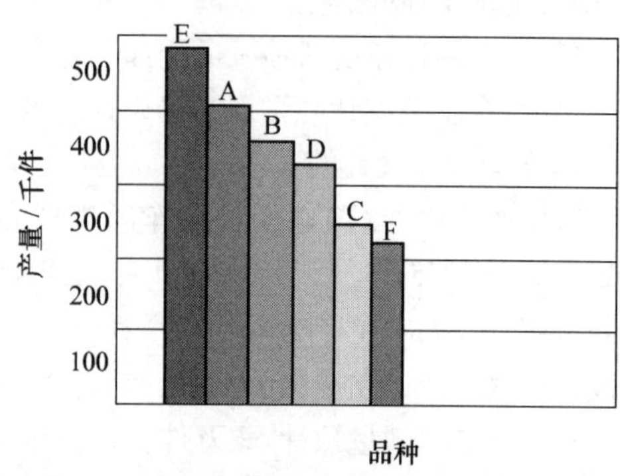

图6-18　产品品种与产量曲线

表 6-15　产品与产量预测表

零件代码	A	B	C	D	E	F
产量/件	400000	360000	240000	320000	480000	200000

（4）生产作业单位及所需面积的确定　车间生产作业单位见表 6-16。为了便于计算各作业单位需要的面积，首先必须根据生产纲领、生产工艺确定各工序所需设备的数量。在此基础上，根据目前的工序面积的使用情况，提出新设施的车间布局中各工序需要的面积，见表 6-17。

表 6-16　生产作业单位一览表

序　号	作业单位/生产工序组名称	工 序 内 容
1	材料库	
2	蜡模	压模型，压浇口，组树
3	制壳	制壳
4	脱蜡	脱蜡
5	模壳库	
6	熔炼	熔炼
7	清理	振壳、喷砂、切割、打磨
8	检验	FPI 探伤、X-RAY 探伤、终检
9	成品库	

表 6-17　设备与生产区域面积需求一览表

工序	设 备 名 称	数量	面积/m^2	能 源 需 求				备　注
				功率/kW	压缩空气用量/$m^3 \cdot min^{-1}$	冷却水/$t \cdot h^{-1}$	燃气用量/$m^3 \cdot h^{-1}$	
蜡模	压蜡机	10	100	120	1.7	0	0	
	模头机	1	10	7	0.5	0	0	
	化蜡机	1	5	10	0.17	0	0	
	CMM	1	10	3	0.3	0	0	
	焊接套装	4	30	4	0	0	0	
	冰水机	4	10	212	0	0	0	需要自来水
	清洗设备	1	20	5	2	0	0	需要自来水
	原材料中转区		15					
	蜡模及浇口中转区		30					
	模组待放区		30					
	小计		260	0	0	0	0	
制壳	自动制壳线	1	800	330	3	0	0	
脱蜡	脱蜡釜	1	20	125	0	0	0	

（续）

工序	设备名称	数量	面积/m²	能源需求				备　注
				功率/kW	压缩空气用量/$m^3 \cdot min^{-1}$	冷却水/$t \cdot h^{-1}$	燃气用量/$m^3 \cdot h^{-1}$	
熔炼	快熔Ⅱ	4	150	546	0.8	12	0	有排烟要求
	隧道炉	4	200	60	12	0	200	
	辅助区		100					
	小计		450	0	0	0	0	
清理	振壳机	2	40	2	3	0	0	
	切割机	2	30	20	0	0	0	
	喷砂机	4	20	4.4	4	0	0	
	整理工作台	10	20	5	0.5	0	0	
	砂带磨	2	15	8	0	0	0	
	铸件中转区		20					
	小计		145	0	0	0	0	
检验	FPI	1	100	40	9	0	0	需要自来水
	X-RAY	2	70	14	0	0	0	需要自来水
	终检		30					
	小计		200	0	0	0	0	
			1775	0	0	0	0	

（5）主要辅助设施单位的确定　对于精密铸造车间的平面布局设计而言，辅助作业单位是必不可少的。根据生产工艺及设备的要求：蜡模工序的环境要求温度（21±5）℃；制壳工序的环境要求温度（21±5）℃，湿度50%±5%；熔炼设备要求软水冷却系统。

由此，除了通用的辅助设施，如变电站、维修站等外，还需要考虑其他的辅助作业单位，如水泵房、空调站。对于这部分辅助设施的面积，应该由专业设计部门根据整个厂房所需要的各类动能的用量来进行设计。另一方面，对于仓库的面积计算，可以根据生产纲领计算出一定周期的物流量，依据标准料架的尺寸，计算出所需的各类物料的存放面积。

（6）各作业单位之间的物流量分析　物流分析是指物料在生产过程中的每个必要的生产工序之间移动的强度与数量。针对不同的生产过程，采用不同的物流分析方法，常用的方法有：

1）工艺过程图。在大批量生产中，产品品种很少，用标准符号绘制的工艺流程图可以直观地反映出车间的详细生产情况。此时，进行物流分析，只需在工艺流程图上注明各道工序之间的物流量，就可以清晰地表明车间生产过程中的物料搬运状况。

2）多种产品工艺过程表。在多品种且批量较大的情况下，将各产品的生产工艺流程汇总到一张表上，就形成了多种工艺过程表。为了在布置上达到物料顺序移动，尽可能减少倒流，通过调整图表上的工序，使彼此之间有最大物流量的工序尽量靠近，直到获得最佳的顺序。

3）成组方法。当产品品种达到数十种时，若生产类型为中、小批量生产，一般采用成组方法进行物流分析。按产品结构或工艺过程的相似性进行归类分组，然后对每一类产品采用工艺过程图进行物流分析；或者采用多种产品工艺过程表表示各组产品的生产工艺过程，再作进一步的物流分析。

4）从至表。当产品品种很多，产量很小，且零件、物料数量又很大时，可以用一张方阵图来表示各作业单位之间的物料移动方向和物流量。方阵的行表示物料移动的源，称为从；列表示物料移动的目的地，称为至；行列交叉点标明由源到目的地的物流量。

针对该公司的实际情况，所有产品的工艺过程与使用的材料均相同，因此采用从至表来分析车间的物流搬运量是适合的。表6-18即为根据工艺参数，按照年产200万件涡轮，每年工作48周计算的日物料搬运量的从至表。可以看出，按照工艺要求，年产200万件涡轮时，平均每天的物料搬运量为65.97t。如果按照原有的设施布局，原有的搬运方式，物料搬运系统存在非常高的安全风险，同时也将带来高的生产成本。

表6-18　物料搬运从至表　（单位：t/天）

	材料仓库	蜡模	制壳	脱蜡	模壳库	熔炼	清理	检验	产成品库	废砂堆场
材料仓库		1.23	7.09			5.84				
蜡模			1.22							
制壳				8.30						
脱蜡					6.95					
模壳库						6.95				
熔炼							12.66			
清理	2.64							3.08		6.95
检验	0.25								2.83	
小计	2.89	1.23	8.31	8.30	6.95	12.79	12.66	3.08	2.83	6.95

（7）各作业单位相互关系表　进行作业单位相互关系密切程度评价之前，应制订一套基准相互关系。表6-19所列为结合该公司的实际情况所制订的基准相互关系。这样，可以把作业组内部的作业，其业务关系定为A，而作业组间的作业关系如图6-19所示。由图可知，除了工序组内部的工作组属于“绝对必要”外，属于“特别重要”（E）的有10对，属于“重要”（I）的有4对，属于“一般”（O）的有4对，属于“不重要”（U）的有16对，属于“不能接近”的（X）有2对。

表6-19　作业单位相互关系基准表

符　号	关系密度的依据	关系密级	系数值
A	同一工序内，使用相同的人员、公共设施和管理方式	绝对必要	4
E	搬运物料的数量；服务的频繁和紧急程度	特别重要	3
I	方便、安全；搬运物料的数量	重要	2
O	联系频繁程度	一般	1
U	接触、联系不多；辅助服务不重要	不重要	0
X	灰尘、火灾；外观、振动	不能接近	-1

（8）各作业单位物流、面积相关图　根据前面已经确定的物流量、作业单位相互关系及各作业单位需要的面积，把每个作业单位按面积用适当的形状与比例进行图解，如图6-20所示。

（9）方案设计　作业单位面积相关图是直接从流程、位置相关图演化而来的，必须结合设施的约束条件，通过修正才能得到可行的布置方案。通过考虑多方面因素的影响与限制，提出初步设计方案，如图6-21所示。由图可以看出，该布局方案显得比较紧凑。在满足设计依据和目的的同时，充分考虑了今后设施的运行成本：空调站的位置靠近蜡模和制壳两个对环境的温、湿度要求较高的工序；清理工序靠近路边，便于废模壳的清理。

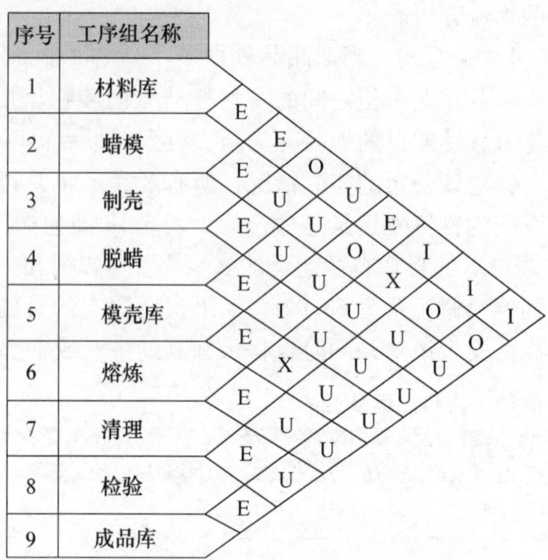

图6-19　作业单位物流相互关系图

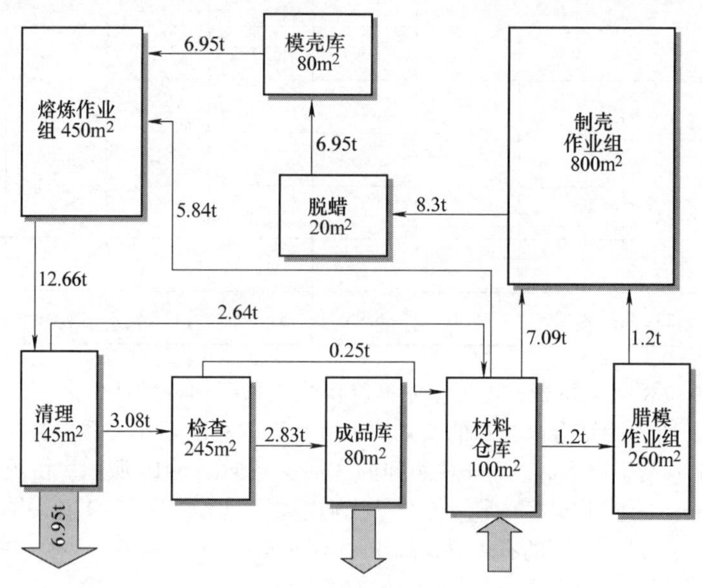

图6-20　面积相关图

对于内部的物流，按照确定的工艺流程，从进原材料仓库到产成品出库，主要物料流向采用U形物流布局，如图6-22所示。

（四）物流搬运装备的选择

物流搬运装备应根据物料形状、移动距离、搬运流量、搬运方式进行选择，一般有如下四类：

1）适用于短距离和低物流量的简单传送装备，如叉车、电动车、传送滚道等。

2）适用于短距离和高物流量的复杂传送装备，如搬运机械手或机器人、斗式提升机和气流传送机等连续传送装备等。

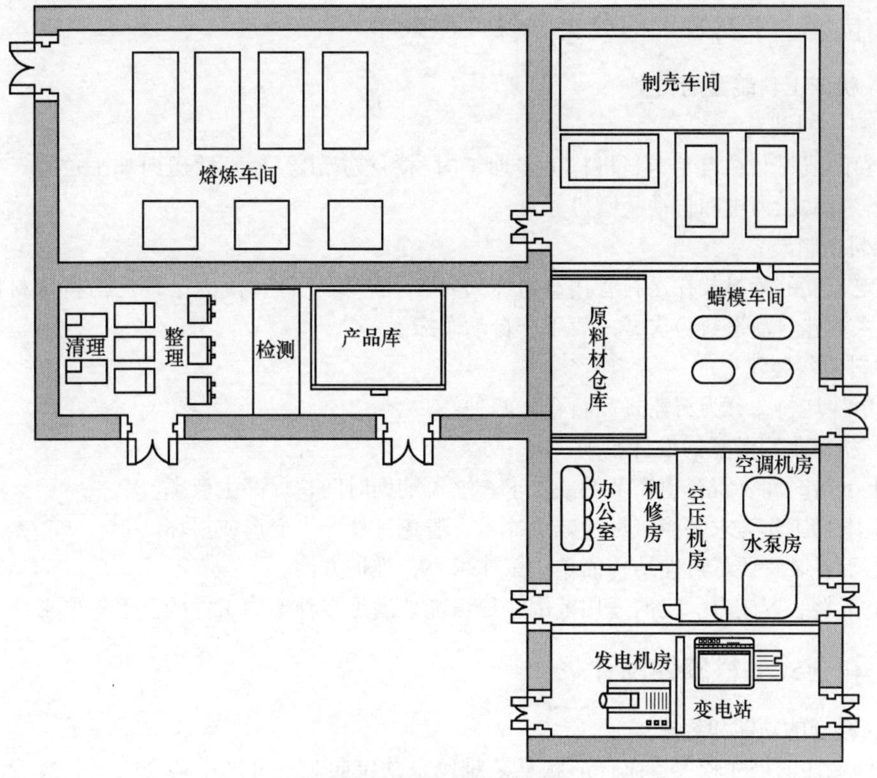

图 6-21　车间布局设计图

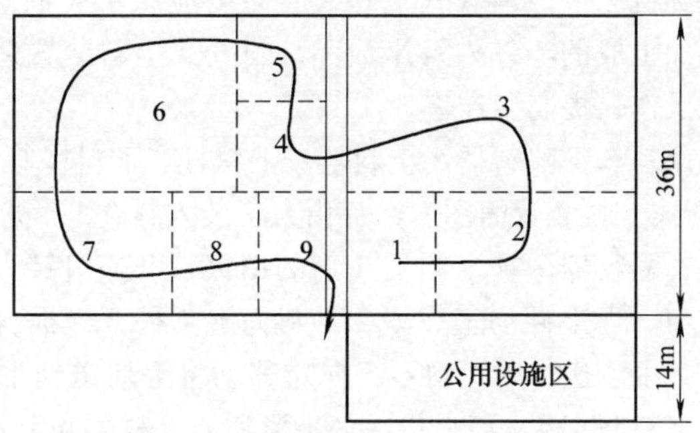

图 6-22　车间平面布局设计示意图

3）适用于长距离和低物流量的简单运输装备，如汽车等运输车辆。

4）适用于长距离和高物流量的复杂运输装备，如火车、船舶等。

第三节　机床上下料装置的设计

机床上下料装置是将待加工工件送到机床上的加工位置和将已加工工件从加工位置取下的机械装置。按自动化程度，机床的上下料装置分为人工上下料装置和自动上下料装置两类。人工上下料通常借助传送滚道或起重机等设施，通过人工操作进行机床的上下料，主要适用于单件小批生产或大型外形复杂的工件。在大批量生产中，通常采用自动化的上下料装置，如料仓式、料斗式、上下料机械手或机器人等。

一、机床上下料装置的分类和设计原则

(一) 机床上料装置的类型

1. 卷料上料装置

将成卷的线材装在自动送料机构上，加工时材料被拉出经校直后送向加工位置，一般用于自动车床、自动压力机和自动冷镦机等。

2. 棒料上料装置

将一定长度的棒料装在送料管内，机床每加工完一个工件，便由送料机构将棒料按所需长度向机床主轴孔自动送料一次，一般用于自动车床。

3. 件料上料装置

用于单件坯料，分为料斗式和料仓式两种。

(二) 机床上料装置的设计原则

1) 上下料时间要符合生产节拍的要求，缩短辅助时间，提高生产率。

2) 上下料工作力求平稳，尽量减少冲击，避免工件产生变形或损坏。

3) 上下料装置要尽可能结构简单，工作可靠，维护方便。

4) 上下料装置应有一定的适用范围，尽可能地满足多种不同工件的上下料要求。

二、料仓式上料装置设计

(一) 料仓的功能和组成

当工件毛坯的尺寸较大，而且形状复杂难以自动定向时，可采用料仓式上料装置。这时需工人或专门的定向装置不断地将单件毛坯以一定方位装入料仓，然后再由料仓送料机构自动地将单件毛坯从料仓取出送到机床上。料仓式上料装置主要应用于大批量生产，所运送的毛坯可以是锻件、铸件或由棒料加工成的毛坯件及半成品。料仓式上料装置适用于加工时间较长的工件，便于实现单人多机床操作，提高生产率。

料仓式上料装置主要由料仓、隔料器、上料器、上料杆、下料杆等部分组成。

图6-23为典型的料仓式上料装置简图。毛坯由人工装入料仓1，机床进行加工时，上料器3退到如图所示的最右位置，隔料器2被上料器3上的销钉带动逆时针方向旋转，其上部的毛坯便落在上料器3的接受槽中。当工件加工完毕，夹料筒夹4松开，推料杆6将工件从筒夹中顶出，工件随即落入导出槽7中。送料时上料器3向左移动将毛坯送到主轴前端对准夹料筒夹4，随后上料杆5将毛坯推入夹料筒夹4。筒夹将毛坯夹紧后，上料器和上料杆向右退开，工件开始加工。当上料器3向左上料时，隔料器2在弹簧8的作用下顺时针方向旋转到料仓下方，将毛坯托住以免落下。毛坯用完时，自动停车装置9动作，使机床停车。

(二) 料仓

料仓的作用是储存毛坯。料仓的大小取决于毛坯的尺寸及工作循环的长短。为了使工人同时看管多台机床，毛坯的储存量应能保证机床连续工作10~30min。按照毛坯在料仓中的送进方法，将料仓分为两类，即靠毛坯的自重送进和强制送进。

1. 靠毛坯自重送进的料仓

图6-24a所示的直线式料仓的结构最简单。料仓用薄钢板制成，料仓的导向槽表面硬度达到45~50HRC，并具有较好的表面质量。通常料仓的两壁做成开式，以便观看毛坯运动及装料情况。料仓的侧壁往往做成可调节的，以适应不同长度的工件。料仓位置可以是垂直或倾斜的。

图6-24b为曲线式料仓，设计曲线的形状和倾斜角度时要考虑到装料方便性、最大容量以

及保证毛坯在料仓的槽中可靠而平稳地运动等因素。

图 6-24c 为螺旋式料仓，主要用来送进圆锥体和具有轴肩的圆柱体。螺旋式料仓的形状和大小取决于毛坯的尺寸和锥度。如果毛坯的锥度不大，而长度相当大时，则料仓可做成一圈螺旋，如果送进短的圆锥体，则螺旋式料仓可做成多圈螺旋。

图 6-24d 为管式料仓，主要用来送进平的圆盘料。为了便于观察和便于装填毛坯，在管上做出两道纵向槽。管式料仓可以垂直或倾斜地装在机床上。

图 6-24e 为料斗式料仓，其特点是能容纳大量的毛坯。由于料斗容积较大，每次人工装料可以间隔较长的时间。这类料仓的落料口处常有毛坯搅动机构，防止在落料口的上面毛坯堆成拱形而堵塞出口。料斗式料仓侧壁的位置可以调节，以适用不同长度的毛坯。

图 6-24f 为料斗—料箱式料仓，其特点是采用料箱进行装料，以加快装料的速度。事先将毛坯在料箱中按一定的方位装好，当料斗需要装料时，把装满的料箱放在料斗上，揭开料箱的活动底板，毛坯就从料箱落于料斗内。为了使毛坯有足够的储备量，一个料仓常配备几个料箱。

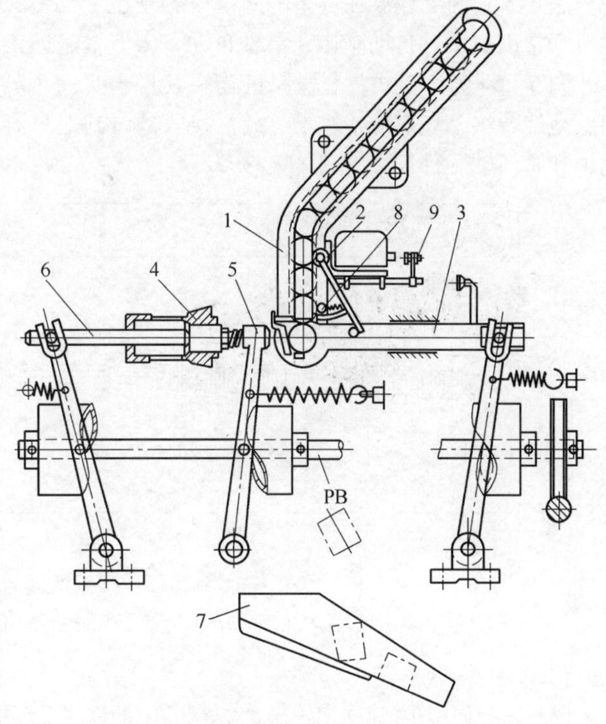

图 6-23　料仓上料机构

1—料仓　2—隔料器　3—上料器　4—夹料筒夹　5—上料杆　6—推料杆　7—导出槽　8—弹簧　9—自动停车装置

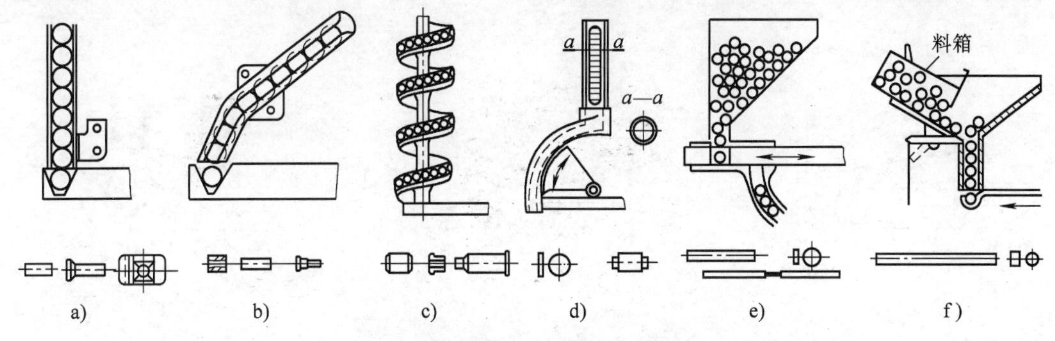

图 6-24　靠毛坯自重送进的料仓

a）直线式　b）曲线式　c）螺旋式　d）管式　e）料斗式　f）料斗—料箱式

2. 强制送进的料仓

当毛坯的重量较轻不能保证靠自重可靠地落到上料器中，或毛坯的形状较复杂不便靠自重送进时，可采用强制送进的料仓，如图 6-25 所示。

图 6-25a 为用重锤的力量推送毛坯。图 6-25b 为用弹簧的弹力推送毛坯。

图 6-25c 的毛坯放在由两套 V 带传动轮组成的 V 形槽内，靠带的摩擦力进行推送，一般这类机构需要有驱动机构，常用于轴承加工机床上用来送进套圈、圆柱滚子和圆锥滚子等工件。

图6-25d的毛坯放在链条的凹槽或钩子上，靠链条的传动把毛坯送到规定的位置。这类链式料仓常用在多轴自动车床和单轴自动车床上，送进长的轴和套筒等。

图6-25e为圆盘式料仓送料机构。其料仓是一个转盘，毛坯装在转盘周边的料槽中，圆盘间歇地旋转将毛坯对准接收槽，并沿接收槽滑到上料器中。这类送料机构常用以送圆盘、套筒、光轴和阶梯轴工件等。

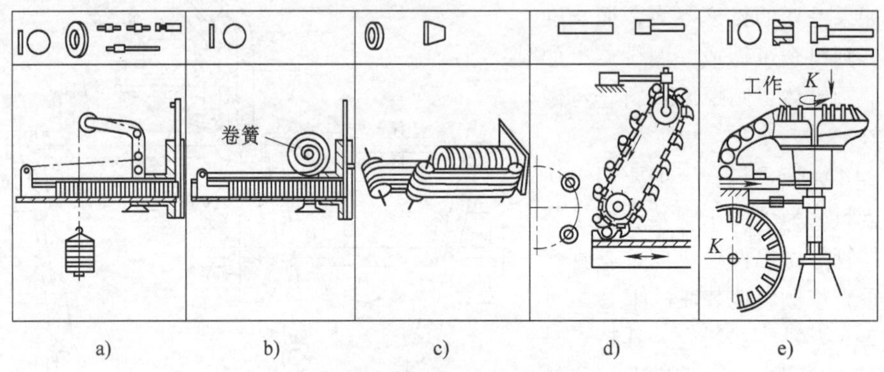

图6-25　强制送进的料仓

a）重锤式　b）弹簧式　c）摩擦式　d）链式　e）圆盘式

（三）隔料器

隔料器的作用是把待加工的毛坯从料仓中的许多毛坯中隔离出来，使其自动地进入上料器，或由隔料器直接将其送到加工位置，即隔料器兼有上料器的作用。图6-26所示为常用的几种隔料器形式。

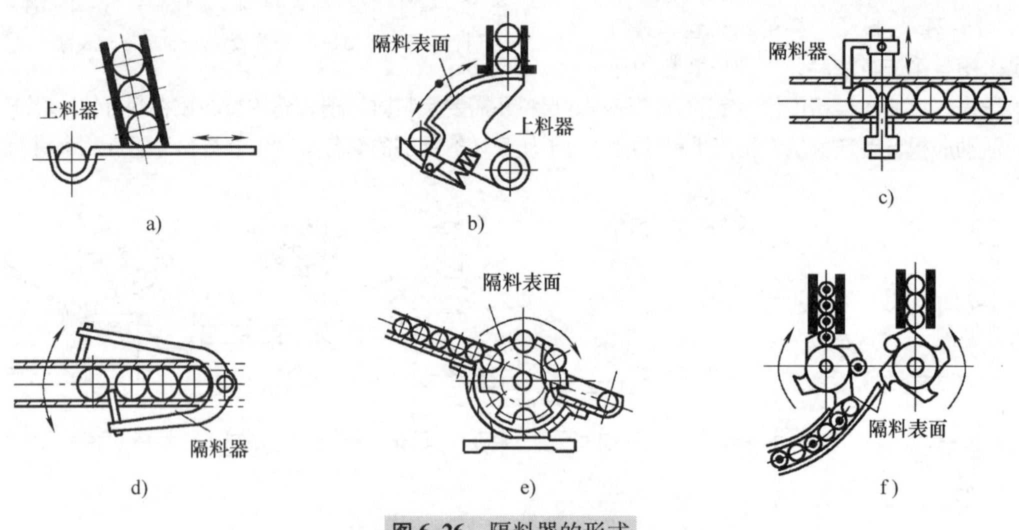

图6-26　隔料器的形式

a）、b）上料器兼作隔料器　c）、d）杆式隔料器　e）、f）鼓轮式隔料器

1. 上料器兼作隔料器（图6-26a、b）

这类隔料器的构造最简单。在上料器送毛坯到加工位置的过程中，上料器的上表面将料仓的通道隔断，完成隔料功能。这类隔料方法的缺点是隔料时料槽内所有毛坯的重力都作用在上料器的上表面，使上料器运动阻力大，且易于磨损。

2. 杆式隔料器（图6-26c、d）

隔料器作往复直线运动或往复摆动，每作一次往复运动，从料槽中分离出一个毛坯，由上料器将其送走。采用杆式隔料器，毛坯的重力不再压在上料器上。这类隔料器大多应用在中等生产率的情况下，即 50 ~ 70 件/min。当生产率更高时，工作就不可靠了。

3. 鼓轮式隔料器（图 6-26e、f）

由带有成形槽的圆盘或鼓轮做成，毛坯从送料槽落入圆盘的成形槽内，靠圆盘的转动将其送至上料器。圆盘或鼓轮的外圆面用来隔离送料槽中的毛坯。圆盘上的成形槽可很多，圆盘每转一周能送出相当多的毛坯。这种隔料器能在低速下保证平稳地工作，并能保证高的生产率和避免毛坯因受冲击而损坏。图 6-26f 所示的隔料器，可使装在两个送料槽中的毛坯，按一定的次序交替地送到下面的送料槽中，使两种毛坯在送料槽中按一定次序排列。

（四）上料器

上料器是把毛坯从料仓送到机床加工位置的装置，图 6-27 所示为几种典型的上料器。

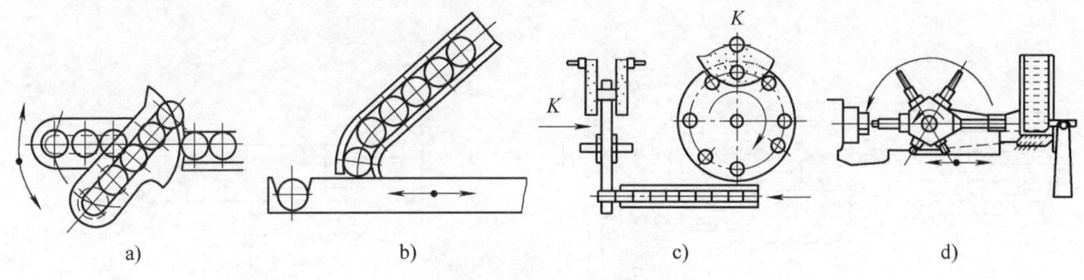

图 6-27 上料器的形式

a）料仓兼作上料器　b）槽式上料器　c）圆盘式上料器　d）转塔刀架兼作上料器

1. 料仓兼作上料器

图 6-27a 所示料仓本身就起到上料器的作用。当料仓自水平位置摆动到倾斜位置时，其外弧面起隔料的作用，挡住料槽中的毛坯，而料仓中最下部的毛坯的轴线正好和主轴中心线重合，由顶料杆将其顶出料仓，放到机床主轴的夹具中。待顶料杆退回后，料仓即摆回原来的水平位置，料槽中的毛坯即往料仓补充。这类料仓上料器作往复运动，因惯性较大，生产率受到一定限制。

2. 槽式上料器

图 6-27b 所示的上料器有容纳毛坯的槽，接受从料仓落下的毛坯。当上料器往左运动时，该毛坯即被送到机床加工位置。此时料仓中其他毛坯被上料器的上表面隔住。由于槽式上料器作往复运动，生产率也受到一定限制。

3. 圆盘式上料器

图 6-27c 所示的上料器中的圆盘朝一个方向连续旋转，毛坯从料仓送入圆盘的孔中，由圆盘带到加工位置，加工完毕后工件又被推出。圆盘式上料器的生产率高，广泛地应用于磨床上料，如磨削滚子或轴承环的端面。

4. 由机床的部件（如刀架或转塔刀架）和专门的接收器来充当上料器

如图 6-27d 所示转塔自动车床，料仓固定在转塔刀架右方。转塔刀架的一个刀具孔中装有接收器。顶杆将料仓最下方的毛坯送给接收器，转塔刀架转位 180°，便将毛坯对准主轴轴线，转塔刀架再向左移动，即将毛坯送入主轴的夹紧筒夹孔内。

（五）上料杆和卸料杆

上料杆主要用来将毛坯件推入加工位置。卸料杆也称推料杆，主要用来将加工好的工件推出加工位置。图 6-28 所示为上料杆和卸料杆的结构。

上料杆在送进毛坯的过程中，需要控制毛坯送进位置的精度，一般有两类方式：第一类方

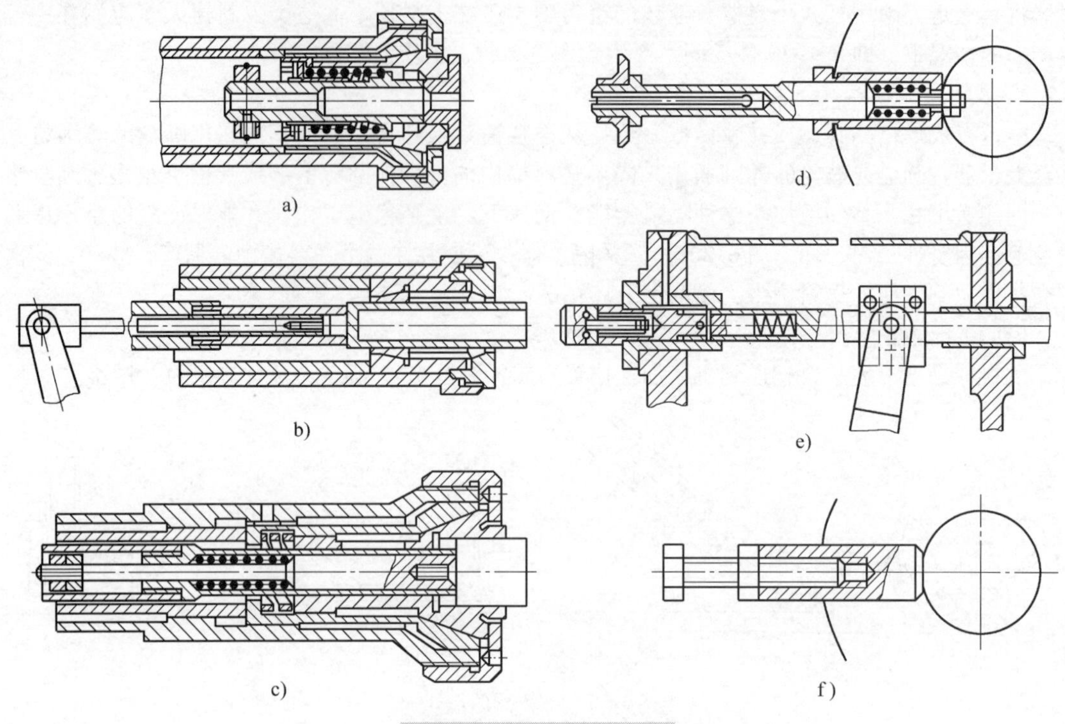

图6-28 上料杆和卸料杆

式为采用挡块来限制毛坯送进的位置，图6-28a所示为利用筒夹上的台肩作为限位挡块，图6-28b所示为限位挡块装在主轴的内部。这时采用的上料杆应带有缓冲弹簧，如图6-28d、e所示，上料杆行程略大于毛坯实际的送进长度，以便将具有较大长度误差的毛坯可靠地顶在挡块上。第二类方式是依靠上料杆的行程使毛坯顶到所要求的位置，图6-28f所示的上料杆装在转塔刀架的工具孔中，转塔刀架带动上料杆将毛坯准确地顶入图6-28c所示的主轴筒夹孔内。上料杆行程的准确度决定了毛坯送进的准确度，这里采用的上料杆是固定长度，以保证送料的精度。

卸料杆也有两种类型，即带弹簧和固定长度的卸料杆。带弹簧的卸料杆装在筒夹内部（图6-28a、c），当上料杆将毛坯顶入筒夹孔中时，毛坯靠在卸料杆上并将卸料杆往里推，压缩弹簧。加工完毕后，筒夹松开，在弹簧复位力作用下卸料杆将毛坯推出。固定长度式卸料杆（图6-28b）是一根装在主轴内部的杆子，可作往复直线运动。当毛坯被送入时，杆子后退，毛坯加工完毕后，筒夹松开，杆子把工件推出，然后再回到原位。

三、料斗式上料装置

（一）功用和组成

料斗式上料装置主要用于形状简单、尺寸较小的毛坯件的上料，广泛应用于各种标准件厂、工具厂、钟表厂等大批量生产的厂家。料斗式上料装置的特点是，可对储料器中杂乱的工件进行自动定向整理再送给机床。因此毛坯的定向功能是料斗式上料装置设计中的关键问题。

料斗式上料装置主要由装料机构、储料机构组成。装料机构由料斗、搅动器、定向器、剔除器、分路器、送料槽、减速器等组成。储料机构由隔离器、上料器等组成。

（二）料斗

料斗是盛装工件的容器，工件在料斗中应完成定向过程，并按次序送到料斗的出口处，即送料槽，故在料斗中装有定向器。为了防止工件在进入送料槽时产生阻塞，在料斗中常装有搅动器。剔除器的用途是剔除那些未按要求定向的工件，防止它们进入送料槽。下面介绍几种典型的料斗装置。

1. 叶轮式料斗

图 6-29a 所示的叶轮式料斗装置由料仓和叶轮组成，叶轮在旋转过程中将姿势正确的工件从料堆中分离出来，因此叶轮具有定向器和搅动器的双重作用。图 6-29b 所示的叶轮式料斗装置，由于叶轮的搅动，使姿势正确的工件落入料仓底部的槽中，姿势不正确的工件则被刮回到料堆。这时叶轮起到搅动器和剔除器的作用。

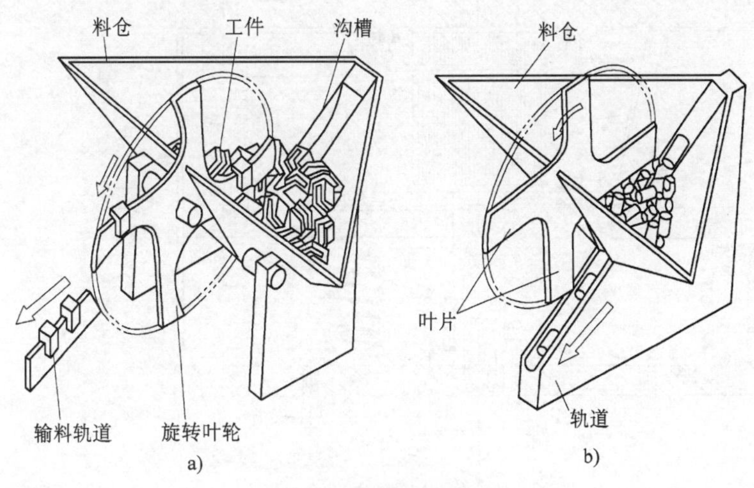

图 6-29 叶轮式料斗

2. 摆动式料斗

图 6-30 所示为一种摆动式料斗装置，由一个锥形料仓 1 和一个绕支点 3 摆动、顶部有与工件形状相适应的定向槽的摆板 2 组成。当摆板 2 绕支点 3 作上下摆动时，落入其顶部定向槽内的工件便沿该槽滑入送料槽 4 中，其余落回料仓。摆板具有定向器和搅动器的作用。

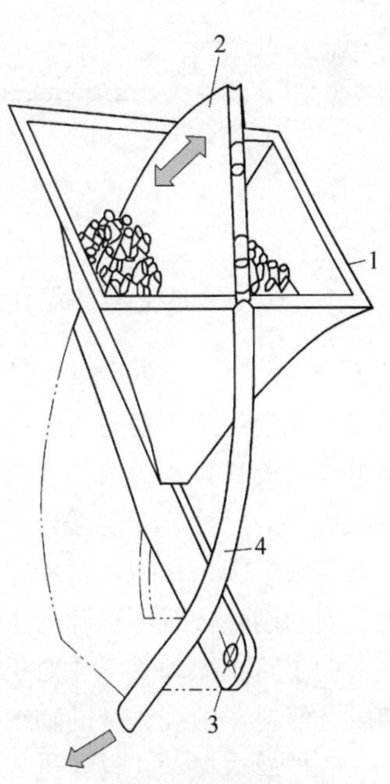

图 6-30 摆动式料斗

1—锥形料仓 2—摆板
3—支点 4—送料槽

3. 振动式料斗

振动式料斗工作比较平稳，适用于已经过部分精加工的各类小型工件。振动式料斗具有一定的通用性，当用于尺寸、质量相近的不同工件时，只需要更换定向机构。图 6-31 所示为一种典型的振动式料斗自动上料装置。圆筒形料斗由内壁带螺旋送料槽的圆筒 1 和底部呈倒锥形的筒底 2 组成。筒底呈锥形是为了使工件向四周移动，便于进入筒壁上的螺旋送料槽。料斗底部用三个联接块 3 分别与三个板弹簧 4 相联接，板弹簧呈倾斜安装，其沿长度方向的中线在水平面上的投影与半径为 150mm 的圆相切，该圆直径小于料斗的平均直径 D_m。

在筒底 2 的中央，固定着衔铁 15，电磁振动器的铁心线圈 14 固定在支承盘 12 上，通过三个调节螺钉 13 可调整衔铁 15 与铁心线圈 14 之间的间隙。支承盘 12 又固定在底盘 6 上。当线圈

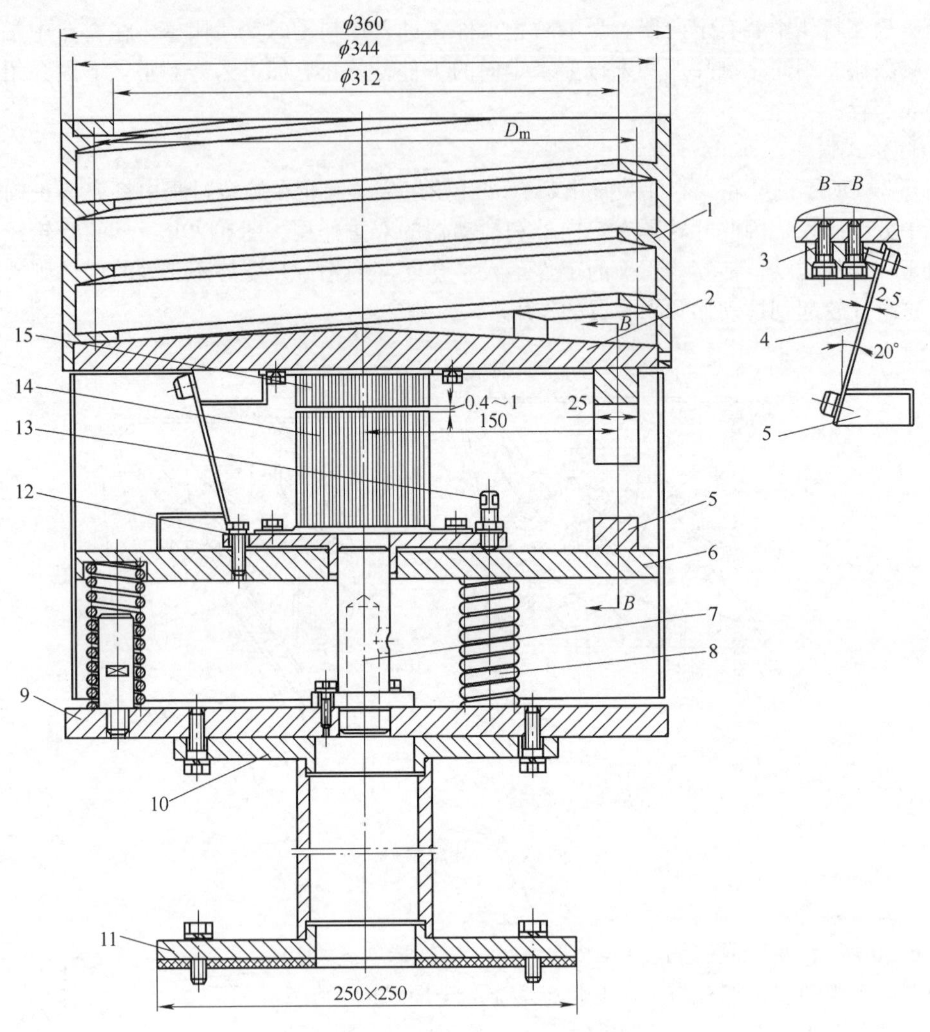

图 6-31 振动式料斗自动上料装置

1—圆筒 2—筒底 3、5—联接块 4—板弹簧 6—底盘 7—导向轴 8—弹簧 9—支座 10、11—支架 12—支承盘 13—调节螺钉 14—铁心线圈 15—衔铁

通入交流电时，衔铁 15 被吸，由于板弹簧 4 的两端是固定的，因而板弹簧产生弯曲变形；由于板弹簧 4 是沿圆周切向布置的，因此料斗产生扭转。当电磁振动器通电时，使料斗作上下和扭转振动。板弹簧 4 的倾斜方向与筒壁螺旋槽的螺旋升角 α 方向相反，其倾角一般为 20° ~ 30°，各板弹簧的尺寸、安装倾角相同。

当整个圆筒作扭转振动时，工件将沿着螺旋形的送料槽逐渐上升，并在上升过程中进行定向，自动剔除位置不正确的工件。上升的工件最后从料斗上部的出口进入送料槽。

为了防止振动式料斗对机床的影响，底盘 6 和支座 9 之间有三个弹簧 8 进行隔振，并用导向轴 7 使料斗围绕自身的轴线扭转振动。

工件通过振动式料斗进入机床之前必须把位置和方向不正确的工件去掉，保证准确地定向，所采用的定向方法及定向机构随工件的形状而异。图 6-32 所示为圆柱形工件的自动定向方法。图 6-32a 适用于直径 D 小于长度 L 的圆柱体；图 6-32b 为空心圆柱体的自动定向；图 6-32c 为两端不对称的圆柱体的自动定向。

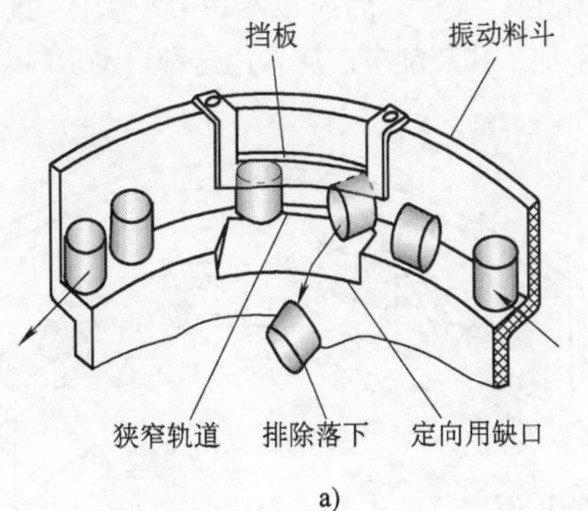

a)

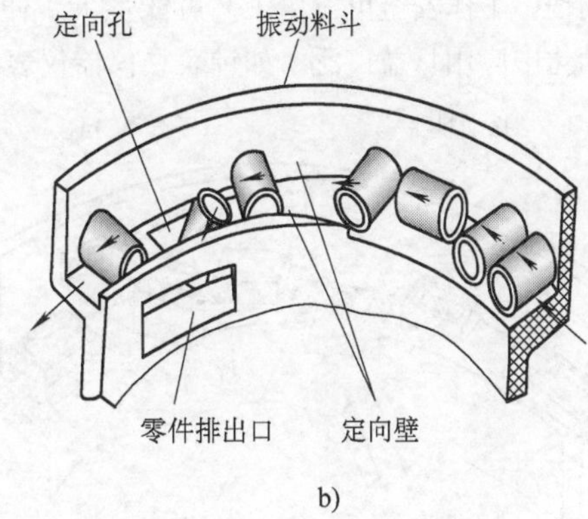

b)

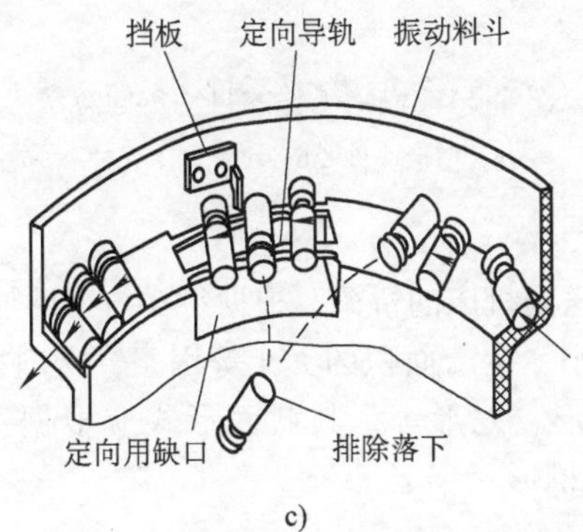

c)

图 6-32 圆柱形工件的自动定向方法

a) 短圆柱体 b) 空心圆柱体 c) 不对称圆柱体

圆盘类工件的轴向尺寸小，其定向方法与圆柱类工件不同，图 6-33 所示为两种典型的圆盘形工件的自动定向方法。

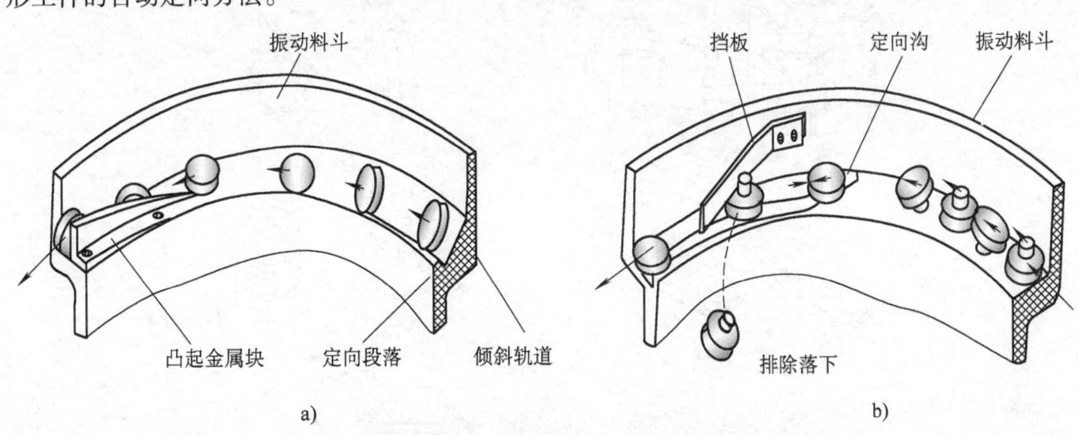

图 6-33 圆盘形工件的自动定向方法

a) 圆盘体 b) 一侧带凸台的圆盘体

图 6-34 为对块状工件定向的示例。图 6-34a 为槽形块件的自动定向方法，图 6-34b 为块状电子元件的自动定向方法。由图可见，振动式料斗中毛坯的定向装置比其他形式料斗的简单，只要配备一些简单的沟槽、挡板等定向元件，可为多种工件实现定向，同时毛坯也不会受到挤

压而损伤，工作安全可靠，工艺可能性大，便于通用化和标准化，因而在各种中小型自动线和单机自动化中应用日益广泛，如钟表、仪器仪表等小工件加工和装配中广泛采用这种自动上料装置。

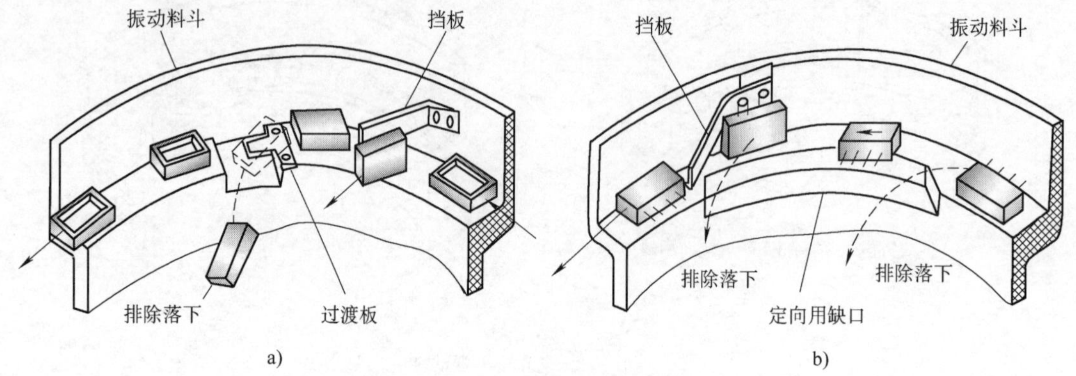

图6-34　块状工件的自动定向方法

a）槽形块件　b）块状电子元件

（三）送料槽

送料槽是将毛坯件从料斗送到机床的桥梁。根据料斗与工件加工时的方位和相对位置关系、料斗的形式、工件的形状和大小、生产面积的大小等因素，送料槽的形状可设计成直线形、曲线形、平面螺旋形、空间螺旋形、蛇形等，其截面形式应根据工件的形状和尺寸进行设计。图6-35所示为几种典型的送料槽形式。

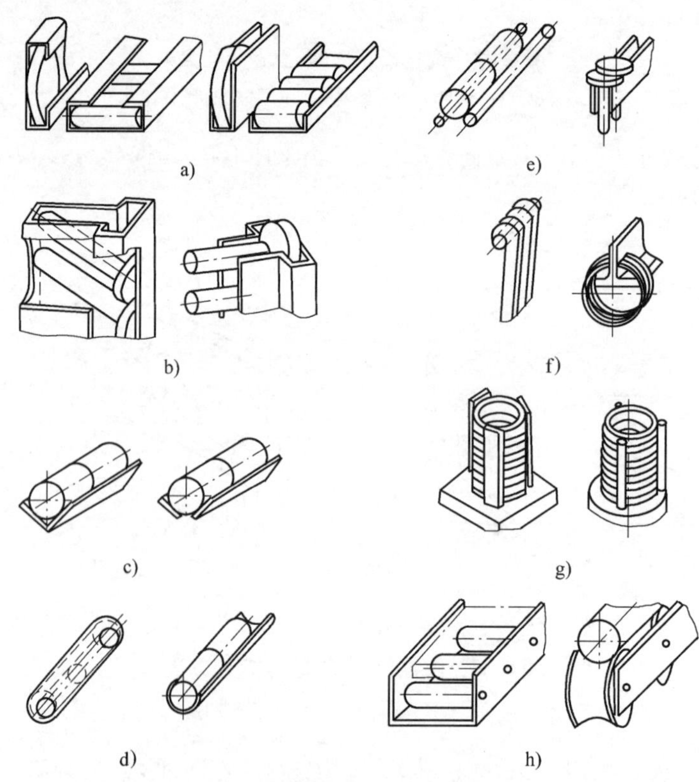

图6-35　送料槽的基本形式

a）矩形　b）槽形　c）V形　d）圆形　e）双轨式　f）单轨式　g）直立的笼形　h）滚道式

送料槽是自动上料装置中比较难设计的一个构件，要求工件能在其中顺利流畅稳速移动，不能发生阻塞或滞留现象，因此其倾斜角度和弯度的大小是设计的关键。

（四）减速器

工件在长度较大的送料槽中靠重力移动时，可能产生较大的速度，以致移动到终点时发生碰撞，造成机件或工件的损坏，故在送料槽上宜采取一些减速措施。图 6-36a 所示的送料槽底部不是平面，工件在上面移动时受到一定的阻力；图 6-36b 所示的送料槽底部是软底；图 6-36c 所示的送料槽带有阻尼板；图 6-36d 所示的送料槽上有弹簧挡销；图 6-36e 所示为采用蛇形管送料槽；图 6-36f 所示的送料槽上有液压阻尼减速器。

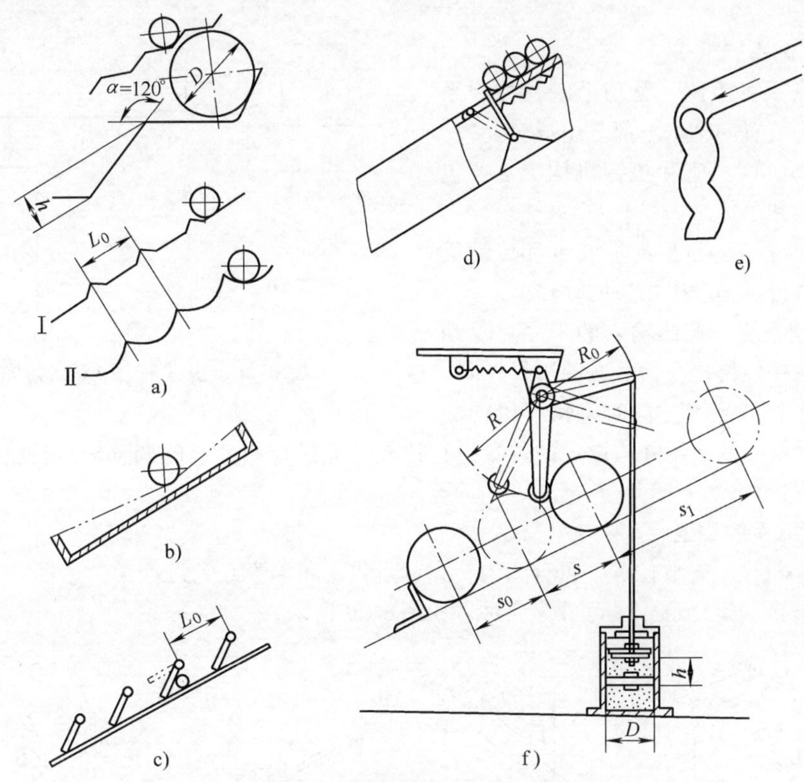

图 6-36　采用减速器的送料槽

a）送料槽底不平　b）送料槽底是软底　c）送料槽有阻尼板　d）送料槽有弹簧挡销　e）蛇形管送料槽　f）液压阻尼器

（五）分路器

当由一个料斗同时向几台机床供料时，需要通过分路器把工件分为多路，分别送到各台机床加工。分路器的各种结构形式如图 6-37 所示。

四、上下料机械手

机械手是一种能模仿人手的某些工作机能，按照程序要求实现抓取、搬运物件或操持工具完成某些特定动作的机械自动化装置（图 6-38），有时也称为操作机（Manipulator）。机械手主要由手部机构和运动机构组成。手部机构随使用场合和操作对象而不同，常见的有夹持、托持和吸附等类型。运动机构一般由液压、气动、电气装置驱动。机械手可独立地实现伸缩、旋转和升降等运动，一般有 2 ~ 3 个自由度。

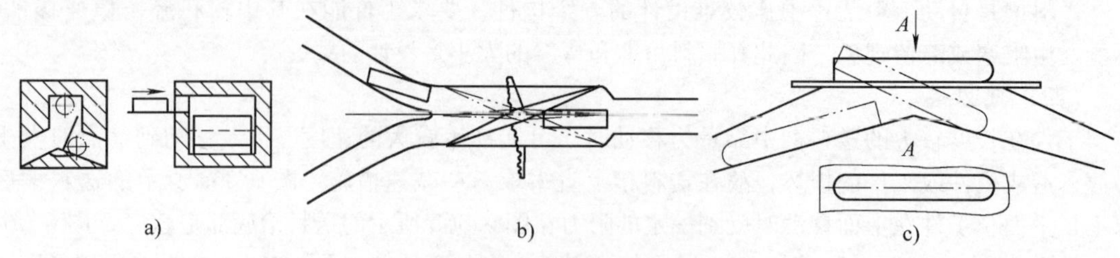

a) b) c)

图 6-37 分路器的结构形式

a）摇臂式 b）隔板式 c）成形孔式

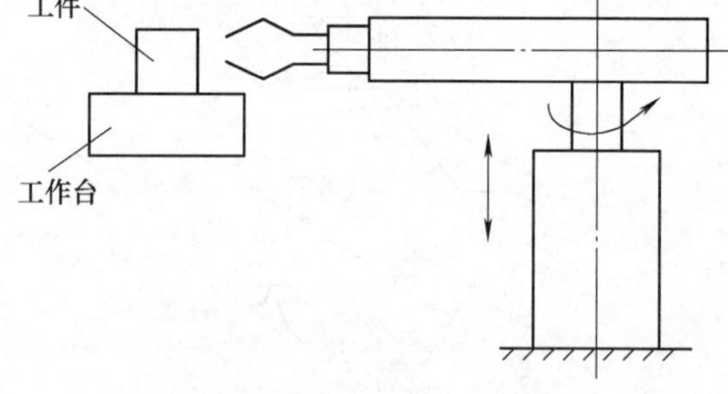

图 6-38 机械手上下料示意图

（一）机械手的组成

工业机械手由主体、驱动系统、控制系统和位置检测装置四个基本部分组成。

（1）主体 即机座和执行机构，主要包括臂部、腕部和手部。

（2）驱动系统 包括动力装置和传动机构，用以使执行机构产生相应的动作。

（3）控制系统 按照输入的程序对驱动系统和执行机构发出指令信号，并进行控制。

（4）位置检测装置 随时将执行机构的实际位置反馈给控制系统并与设定的位置进行比较，通过控制系统的调整使执行机构以一定精度达到设定位置。

（二）机械手的类型

（1）依据机械手安放位置 可分为内装式、附装式和单置万能式。

（2）按臂部的运动形式 可分为四种，如图 6-39 所示。

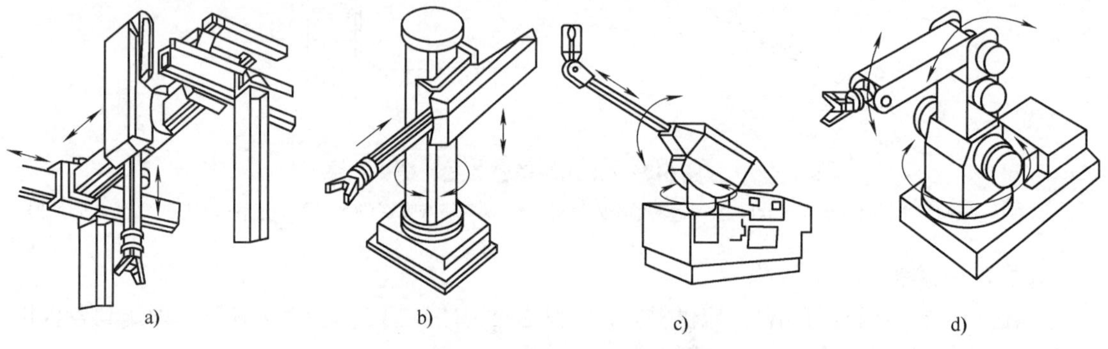

a) b) c) d)

图 6-39 机械手臂部运动的形式

a）直角坐标型 b）圆柱坐标型 c）球坐标型 d）关节型

1）直角坐标型。臂部可沿三个直角坐标移动。

2）圆柱坐标型。臂部可作升降、回转和伸缩动作。

3）球坐标型。臂部能回转、俯仰和伸缩。

4）关节型。臂部有多个转动关节。

（3）按执行机构运动的控制机能 可分为点位型和连续轨迹型。点位型只控制执行机构由一点到另一点的准确定位，适用于机床上下料（见机床上下料装置）、点焊和一般搬运、装卸等作业。连续轨迹型可控制执行机构按给定轨迹运动，适用于连续焊接和涂装等作业。

（4）按程序输入方式　可分为编程输入型和示教输入型两类。编程输入型是以穿孔卡、穿孔带或磁带等信息载体输入已编好的程序。示教输入型的示教方法有两种：一种是由操作者用手动控制器（示教操纵盒）将指令信号传给驱动系统，使执行机构按要求的动作顺序和运动轨迹操演一遍；另一种是由操作者直接领动执行机构按要求的动作顺序和运动轨迹操演一遍。在示教过程的同时，工作程序的信息即自动存入程序存储器中。在机械手自动工作时，控制系统从程序存储器中检出相应信息，将指令信号传给驱动机构，使执行机构再现示教的各种动作。

（5）按照机械手是否移动　可分为固定式和行走式两类。固定式机械手可分为服务于多台机床与固定机床两类。图6-40所示为由固定式机械手和三台机床组成的柔性制造单元（Flexible Manufacturing Cell，FMC），这时的FMC是以机械手为核心的系统结构。图6-41所示为固定式机械手专门为一台机床进行上下料。

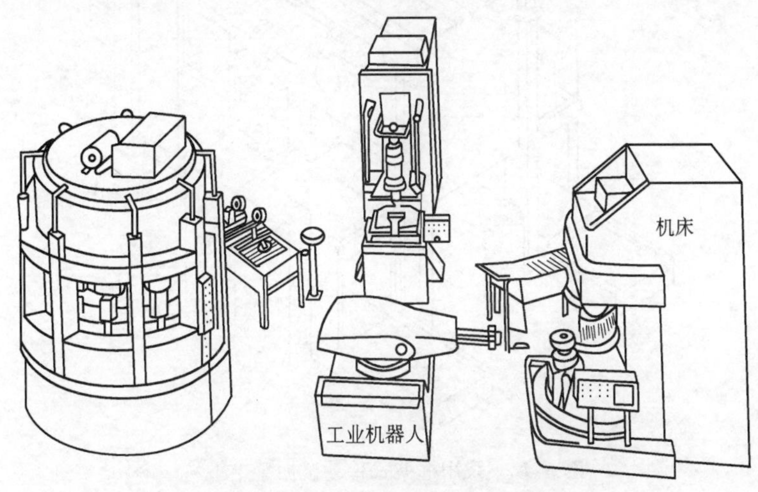

图6-40　机械手给三台机床装卸工件

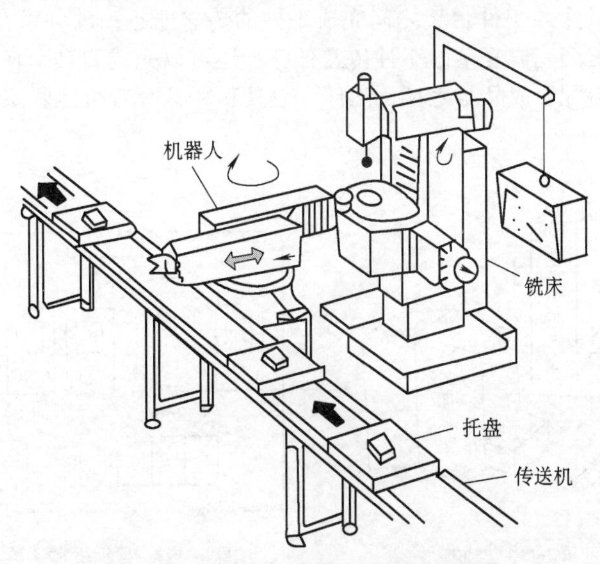

图6-41　机械手专为一台机床装卸工件

行走式机械手又称移动式机械手，具有较大的活动范围。通过更换手爪可以适应不同形状工件的加工。

图6-42所示为采用框架式的移动机械手所组成的FMC，这类框架式移动机械手的活动范围更大，结构刚性好，可实现高精度定位。图6-43所示由车削中心、立式加工中心、卧式加工中心和一移动式机械手组成的FMC，工业机械手安装在自动有轨运输小车上，按固定轨道运行，实现机床间工件的传送。

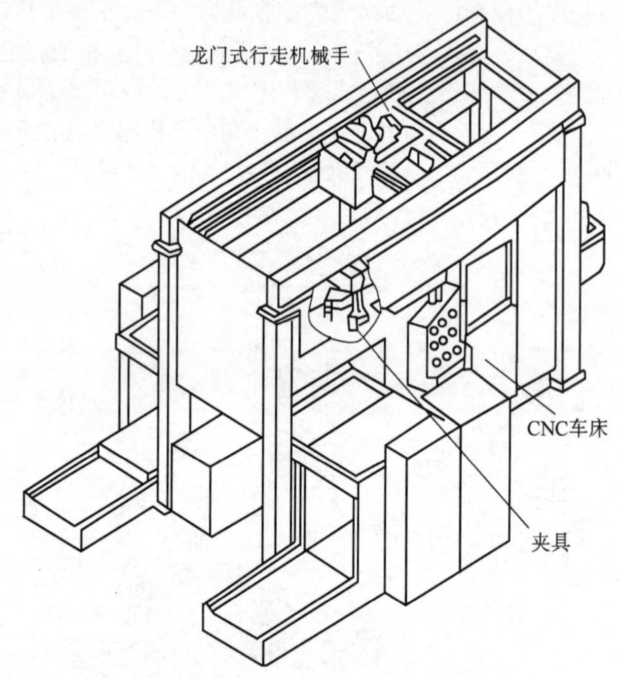

图6-42 采用框架式移动机械手上下料

随着柔性制造技术的发展，工业机械手在物流系统中的应用越来越广泛，图6-44所示的工业机械手可以在数控机床与工件台架之间完成工件的传送任务；也可以在2~3台数控机床之间，以及与工件台架之间完成复杂的工件传送任务；还可以完成刀具交换、夹具交换甚至装配等任务。它将加工与装配、成品与毛坯、工件、刀具和夹具等有机地联系起来，构成一个完整的系统。

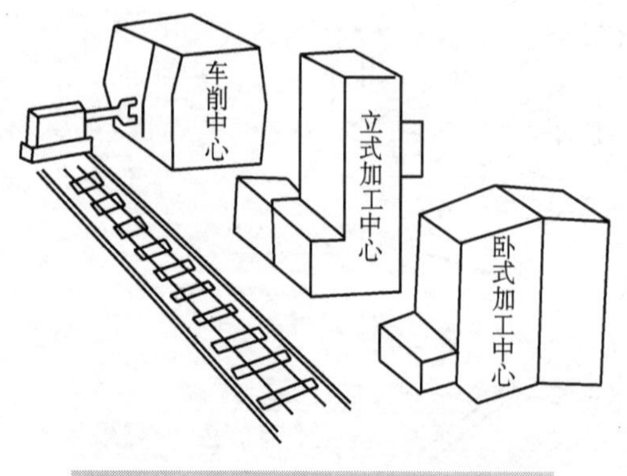

图6-43 采用有轨小车的移动机械手

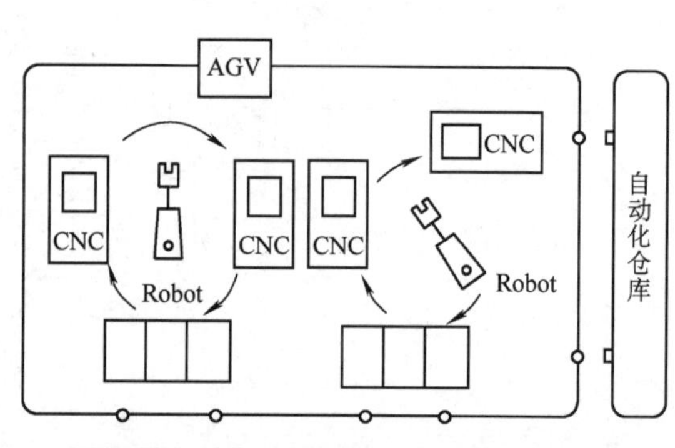

图6-44 工业机械手在物流系统中的应用

第四节　机床间工件输送装置的设计

机床间的工件传递和运送装置主要包括托盘、随行夹具、各种传送装置、有轨运输小车（RGV）及无轨运输小车（AGV）等。

一、设计原则

1）减少环节，简化作业流程。作业环节越少越好，尽可能避免重复搬运，同时要注意工步间、工序间的衔接，做到作业的连续性，作业路径尽量缩短，避免迂回和交叉运行，按生产工艺流程组织作业。

2）以满足生产工艺的需要为前提，充分发挥机械设备的利用率。物料搬运机械设备的选用和配备，在满足生产工艺需要的前提下，要考虑各种设备的充分利用。

3）贯彻系统化、标准化的原则。物料搬运的工艺、装备、设施，货物的单元、运载工具、存储装置，信息流各种形式，组织管理方式乃至标志、用语等都应当标准化、系列化、通用化，这是实现物料搬运作业现代化的前提。

4）省力节能。在搬运过程中，应采取节省劳动力和降低能耗的措施。

二、托盘及托盘交换器

（一）托盘

托盘是最基本的物流器具。它是静态货物转变成动态货物的载体，是装卸搬运、仓储保管以及运输过程中均可利用的工具。与叉车配合利用，可以大幅度提高装卸搬运效率；用托盘堆码货物，可以大幅度增加仓库利用率；托盘一贯化运输，可以大幅度降低成本。目前，托盘单元化包装、托盘单元化保管、托盘单元化装卸搬运、托盘单元化运输处处可见。

在柔性自动化生产中，通常由工人通过夹具把工件固定在标准尺寸的托盘上，经托盘交换装置将工件自动地安装到机床上，从而省去工件从搬运装备上卸下再安装到机床、定位等工步。加工完毕的工件仍然固定在托盘上，和夹具、托盘一起运到下一个加工工位或者装卸站，由工人将工件从托盘上取下。

（二）托盘交换器

托盘交换器，也称为自动托盘交换装置，是机床和传送装置之间的桥梁和接口。不仅起连接作用，而且可以有暂时存储工件、防止物流系统阻塞等作用。图 6-45 所示为两工位回转式托盘交换器，其上的托盘导轨较长，可置放两个托盘。托盘的移动和交换器的回转通常由液压驱动。工件加工完毕后，将机床工作台上已加工工件的托盘移送至交换器的托盘导轨上，然后交换器回转 180°，将托盘导轨另一端装有待加工工件的托盘送入机床的工作台。图 6-46 所示为八工位回转式托盘交换器。工人在装卸工位从托盘上卸去已加工的工件，装上待加工的工件，由液压或电动推拉机构将托盘推到回转式托盘交换器上。经单独电动机拖动按顺时针方向作间歇回转运动，不断将装有待加工工件的托盘送到加工中心工作台左端，由液压或电动推拉机构将其与加工中心工作台上托盘进行交换。装有已加工工件的托盘由回转工作台带回装卸工位，如此反复不断进行工件的传送。

托盘的交换也可采用如图 6-47 所示的往复式托盘库结构。工件加工完毕后，机床工作台横移至卸料位置，将装有已加工工件的托盘移至托盘库的空位上，然后机床工作台横移到装料位置，托盘交换器再将装有待加工工件的托盘送到机床工作台上。这样，拖盘可以起到小型中间储料库的作用，以补偿随机、非同步生产的节拍差异。

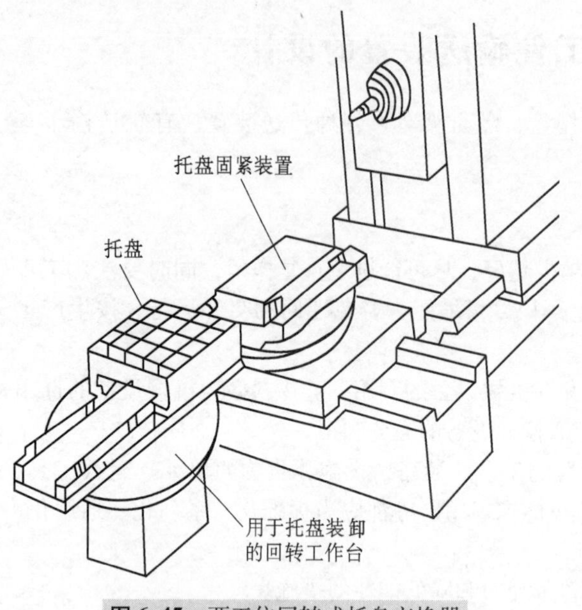

图6-45　两工位回转式托盘交换器

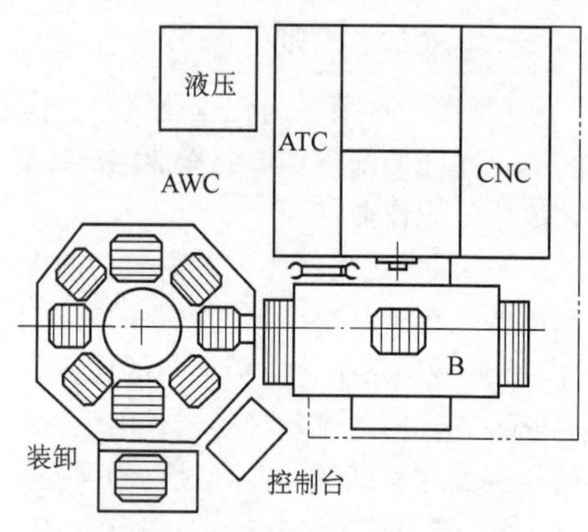

图6-46　八工位回转式托盘交换器

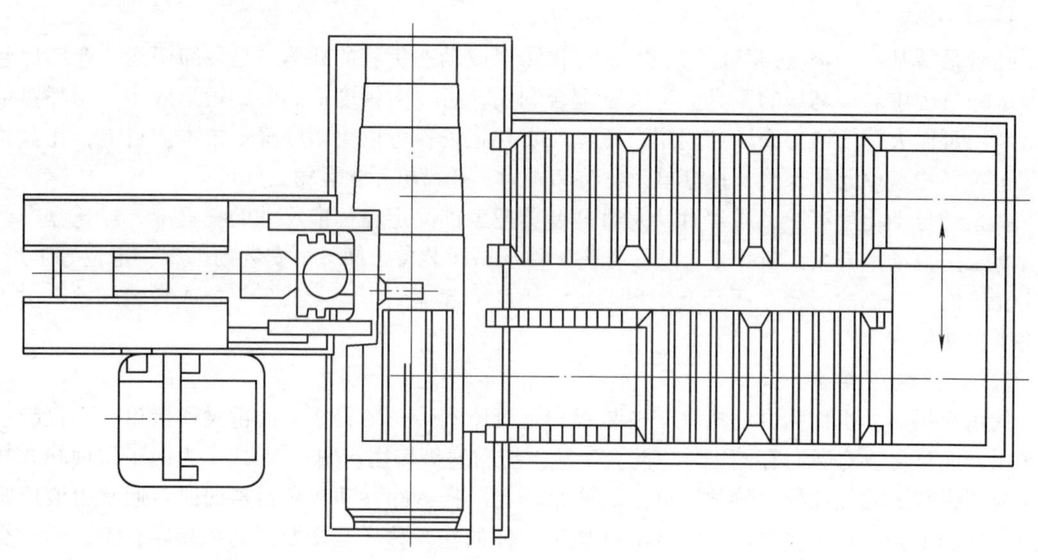

图6-47　往复式托盘交换器

三、随行夹具

对于结构形状比较复杂而缺少可靠运输基面的工件或质地较软的非铁金属工件，常将工件先定位夹紧在随行夹具上，和随行夹具一起传送、定位和夹紧在机床上进行加工。工件加工完毕后与随行夹具一起被卸下机床，送到卸料工位，将加工完的工件从随行夹具上卸下。然后随行夹具返回到原始位置，以供循环使用。

随行夹具的返回方式有上方返回、下方返回、水平返回三种。

1. 上方返回（图6-48）

随行夹具2在自动线的末端用提升装置3升到机床上方后，经一条倾斜（1∶50）滚道4靠自重返回自动线的始端，然后用下降装置5降至输送带1上。这种方式结构简单紧凑、占地面积小，但不宜布置立式机床，调整维修机床不便。较长的自动线不宜采用这种形式。

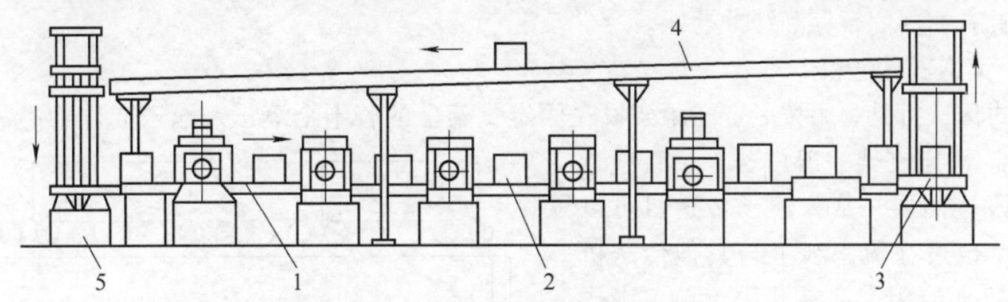

图6-48　上方返回的随行夹具

1—输送带　2—随行夹具　3—提升装置　4—滚道　5—下降装置

2. 下方返回（图6-49）

装有工件的随行夹具2由往复液压缸1驱动，一个接一个地沿着输送导轨移动到加工工位。加工完毕后随行夹具被送到末端的回转鼓轮5上，翻转到下面，经机床底座内部或底座下地道内的步伐式输送带4送回自动线的始端，再由回转鼓轮3从下面翻转至上面的装卸料工位。下方返回方式结构紧凑，占地面积小，但维修调整不便，同时会影响机床底座的刚性和排屑装置的布置。多用于工位数少，精度不高的小型组合机床的自动线上。

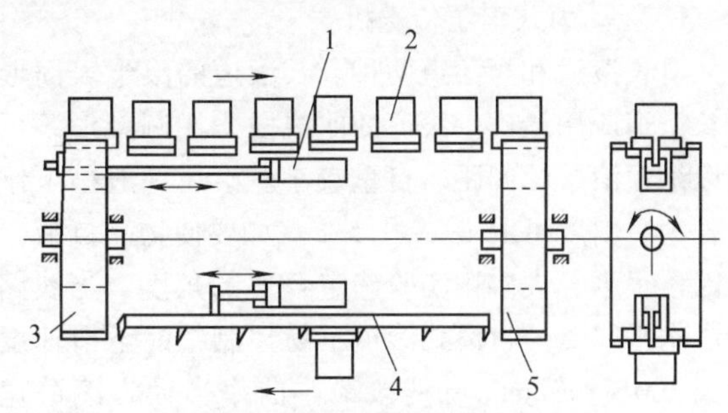

图6-49　下方返回的随行夹具

1—液压缸　2—随行夹具

3、5—回转鼓轮　4—步伐式输送带

3. 水平返回（图6-50）

随行夹具在水平面内作框形运动返回，图6-50a所示的返回装置由三条步伐式输送带1、2、3所组成。图6-50b所示为采用三条链条代替步伐式输送带。水平返回方式占地面积大，但结构简单，敞开性好，适用于工件及随行夹具比较重、比较大的情况。

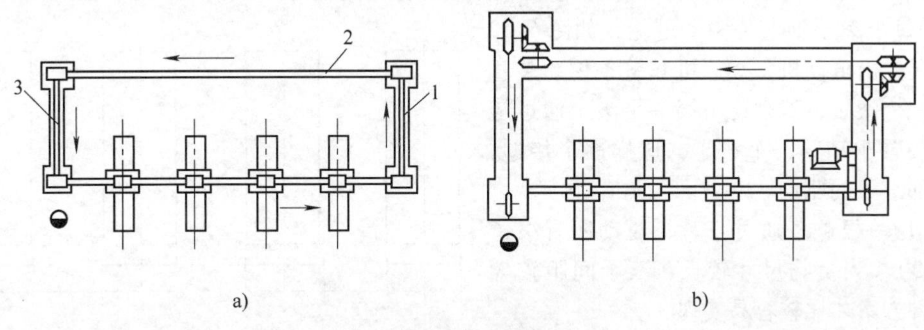

图6-50　水平返回的随行夹具

a）带传动　b）链传动

1、2、3—步伐式输送带

四、传送装置

传送装置是物流中的重要装备，不仅起到将各物流站、加工单元、装配单元衔接起来的作用，而且具有物料的暂存和缓冲功能。

（一）滚道式传送机

滚道式传送机是利用按一定间距架设在固定支架上的若干个滚子来输送成件物品的传送机（图6-51）。固定支架一般由若干个直线或曲线的分段按需要拼成。滚子传送机可以单独使用，也可在流水线上与其他传送机或工作机配合使用，具有结构简单、工作可靠、安装拆卸方便、易于维修、线路布置灵活等优点。

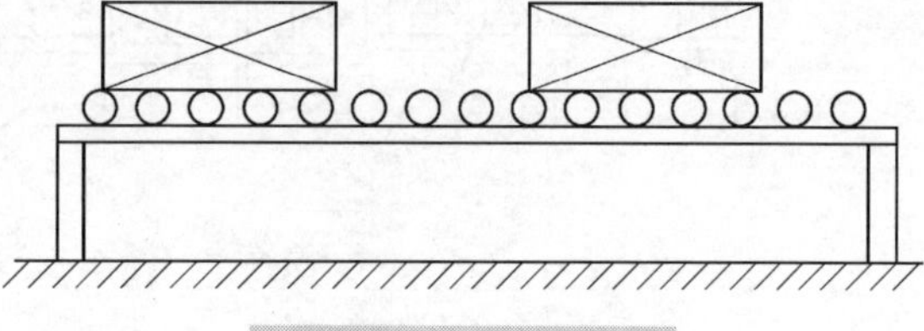

图6-51 滚道式传送机

1. 无动力式滚子传送机

有长滚道和短滚道两种。长滚道的滚子表面形状有圆柱形、圆锥形和曲面形几种，以圆柱形长滚道应用最广。滚道的曲线段采用圆锥形滚子或双排圆柱形滚子，可使物品转弯。短滚道可以缩短滚子的间距，自重较小。滚道一般稍下倾，当物品较重、线路较长时，为了推动物品时省力，斜度可取1%～1.5%。如要使物品自滑，斜度可增大到2%～3%。影响自滑斜度大小的因素很多，大多用实验确定合适的角度。当线路长度小于10m、物品轻于200kg时，可以布置成水平线路。自滑式滚道不易控制物品下滑速度，所以长度一般不大。滚道的宽度比物品宽度大100～150mm。曲线段最小曲率半径为滚道宽度的3～4倍。滚子间距为输送物品长度的1/4～1/3，当物品输送的平稳性要求较高时，间距可取输送物品长度的1/5～1/4。滚子直径由载荷大小决定。

2. 动力式滚子传送机

常用于水平的或向上微斜的输送线路。按驱动方式有单独驱动与成组驱动之分。前者的每个滚子都配有单独的驱动装置，以便于拆卸。后者是若干滚子作为一组，由一个驱动装置驱动，以降低设备造价。成组驱动的传动方式有齿轮传动、链传动和带传动。动力式滚子传送机一般用交流电动机驱动，根据需要也可用双速电动机和液压马达驱动。具体实施方案包括：

1）每个滚子都配备一个电动机和一个减速机，单独驱动。一般采用星形传动或谐波传动减速机。由于每个滚子自成系统，更换维修比较方便，但费用较高。

2）每个滚子轴上装两个链轮，如图6-52所示。首先由电动机、减速机和链条传动装置驱动第一个滚子，然后再由第一个滚子通过链条传动装置驱动第二个滚子，这样逐个传递，实现全部滚子的驱动。

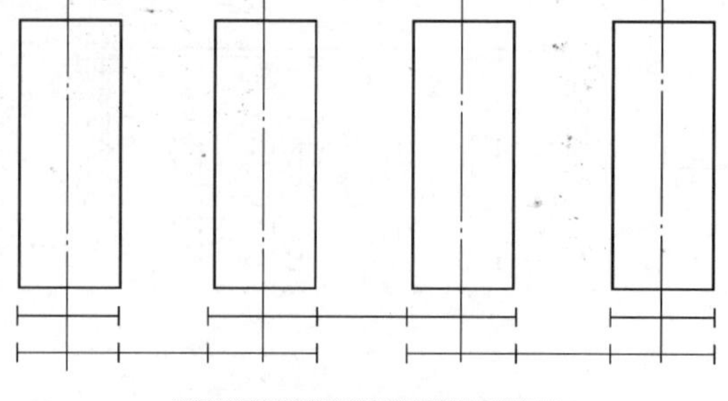

图6-52 滚子传动示意图

3）用一根链条通过张紧轮驱动所有滚子（图6-53）。当货物尺寸较长、滚子间距较大时，这种方案才比较容易实现。

4）在滚子底下布置一条胶带，用压滚顶起胶带，使之与滚子接触，靠摩擦力的作用，当胶带向一个方向运行时，带动滚子的转动，使货物向相反方向移动（图6-54）。把压滚放下使胶带脱开滚子，滚子就失去驱动力而停止转动。有选择地控制压滚的顶起和放下，即可使一部分滚子转动，另一部分滚子不转，从而实现货物在滚道上的暂存，起到工序间的缓冲作用。

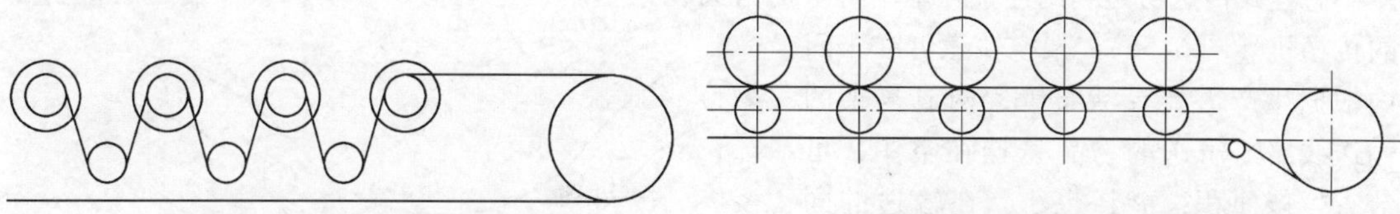

图 6-53　单链驱动示意图　　图 6-54　压滚胶带传动示意图

5）用一根纵向的通轴，通过扭成 8 字形的传动带驱动所有的滚子（图 6-55）。在通轴上，对应每个滚子的位置开着凹槽。用传动带套在通轴和滚子上，呈扭转 90°的 8 字形布置，即可传递驱动力，使所有滚子转动。如果货物较轻，对驱动力的要求不大，这种方案结构简单，较为可取。

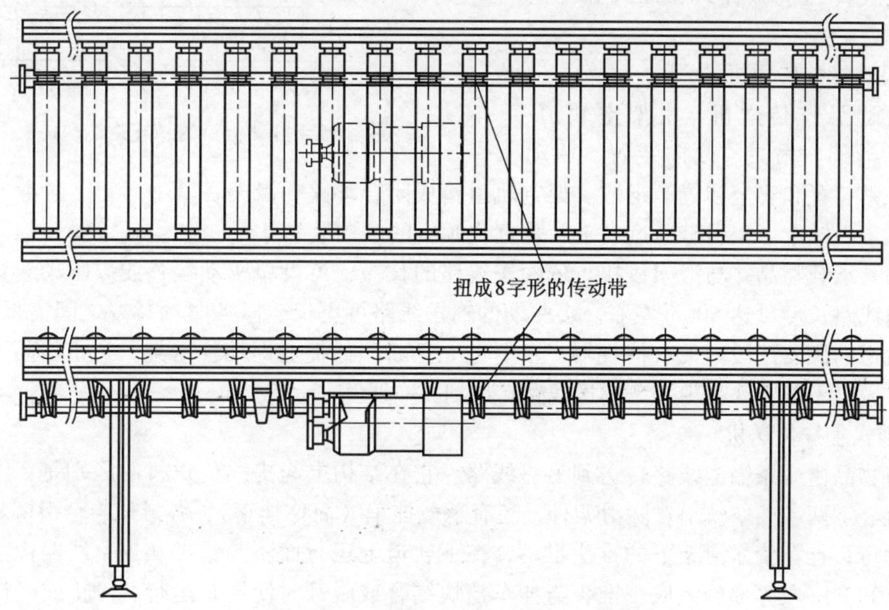

图 6-55　8 字形传动带驱动示意图

（二）带式传送机

带式传送机是靠输送带的运动来输送物料的传送机。带式传送机的输送能力大、运距大，可输送的物料品种多，结构比较简单，营运费用较低。带式传送机主要由输送带、驱动装置、传动滚筒、改向滚筒、张紧装置、托滚、机架、卸料器、清扫器和检测保护装置等部分组成。

1. 固定带式传送机

它的头部机架和尾部机架是固定在地面上的钢架结构，上面分别装有传动滚筒或改向滚筒及其他部件。中部机架一般由型钢焊成，固定在地面，也可用分段绷紧的钢丝绳代替。在带式传送机两端均有脱绳装置和上绳装置，使输送带与钢丝绳脱开或楔合，以便两者分别绕过各自的改向滚筒（或传动绳轮）和张紧滚筒（或张紧绳轮）。

2. 移动带式传送机

用在需要经常改变工作地点的场合，要求结构轻巧、紧凑，便于移动，输送能力通常并不很大。带宽一般小于 800mm、机长在 20m 以内。常装有行走轮及机架升降机构，可由人力推行和改变输送倾角。

（三）悬挂式传送机

悬挂式传送机是利用连接在牵引链上的滑架在架空轨道上运行以带动承载件输送成件物品的传送机（图6-56）。架空轨道可在车间内根据生产需要灵活布置，构成复杂的输送线路。输送的物品悬挂在空中，可节省生产面积，能耗也小，在输送的同时还可进行多种工艺操作。由于连续运转，物件接踵送到，经必要的工艺操作后再相继离去，可实现有节奏的流水生产。

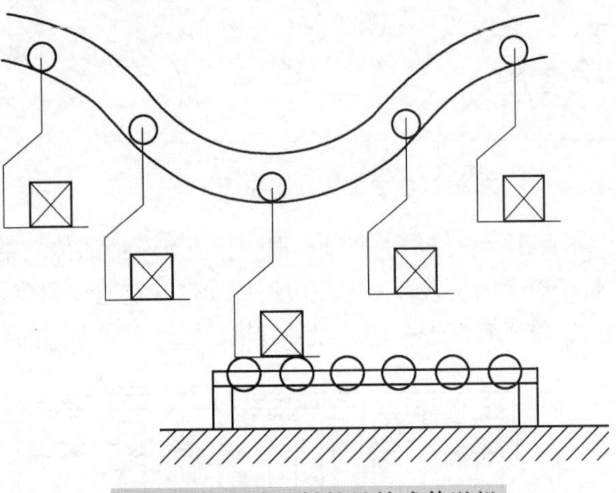

图6-56 自动上料的悬挂式传送机

悬挂式传送机分提式、推式和拖式三类。

1. 提式悬挂传送机

即普通悬挂传送机，由架空轨道、牵引链、滑架、吊具、改向装置、驱动装置、张紧装置和安全装置等组成。架空轨道构成闭合环路，滑架在其上运行。各滑架等间距地连接在牵引链上。牵引链通过水平、垂直或倾斜的改向装置构成与架空轨道线路相同的闭合环路。吊具承载物品并与滑架铰接。依输送线路的长短，可设单驱动装置或多驱动装置。单驱动的输送线路长度可达500m左右。多驱动的输送线路可更长，但各驱动装置之间需保持同步。在架空轨道的倾斜区段内设有捕捉器，牵引链一旦断裂捕捉器即挡住滑架，防止物品下滑。提式悬挂传送机不能将物品由一条输送线路转送到另一线路。

2. 推式悬挂传送机

可将物品由一条输送线路转送到另一线路。它在结构上与提式传送机的区别是：沿输送线路装有上、下两条架空轨道；除滑架外，还有承载挂车（简称挂车），各滑架与牵引链相连，沿上轨道运行；挂车依靠滑架下的推头推动，在下轨道上运行而不与滑架相连；线路由主线、副线、道岔和升降段等部分组成。推头与挂车挡块结合或脱开，使挂车运行、停止或经道岔由一线转向另一线。

3. 拖式悬挂传送机

它与提式不同之处是将悬挂的吊具改为在地面上运行的小车。提式悬挂传送机和推式悬挂传送机每个吊具或挂车的承载量一般在600kg以下，拖式悬挂传送机每个小车的承载量可大于1000kg。

五、有轨运输小车（RGV）

图6-57所示为采用有轨运输小车（Railing Guided Vehicle，RGV）的生产系统。RGV沿直线导轨运动，机床和辅助装备在导轨一侧，安放托盘或随行夹具的台架在导轨的另一侧。RGV采用直流或交流伺服电动机驱动，由生产系统的中央计算机控制。当RGV接近指定位置时，由光电装置、接近开关或限位开关等传感器识别减速点和准停点，向控制系统发出减速和停车信号，使小车准确地停靠在指定位置上。小车上的传动装置将托盘台架或机

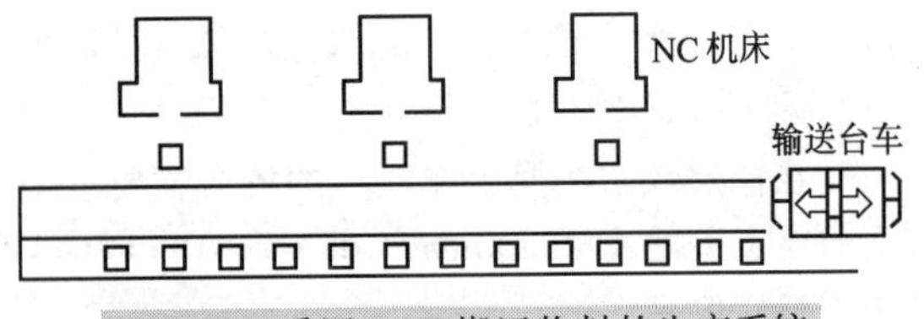

图6-57 采用RGV搬运物料的生产系统

床上的托盘或随行夹具拉上小车，或将小车上的托盘、随行夹具送给托盘台架或机床。

RGV 适用于运送尺寸和质量均较大的托盘或随行夹具，而且传送速度快，控制系统简单，成本低廉。缺点是它的铁轨一旦铺成后，改变路线比较困难，适用于运输路线固定不变的生产系统。

六、无轨运输小车（AGV）

无轨运输小车也称自动导引小车（Automated Guided Vehicle，AGV）。AGV 装有电磁或光学自动导引装置，能够沿规定的导引路径行驶，具有小车编程与停车选择装置、安全保护以及各种移载功能。AGV 能够沿规定的导向路径行驶在某一位置并自动进行货物的装载，自动行走到另一位置，自动完成货物的卸载，且具有安全保护以及各种移载功能。

（一）AGV 的特点

1）便于和机器人、自动输送线、自动化仓库和加工中心配合作业。

2）可以较方便地实现物流系统的扩展。

3）可以和立体仓库配合使用，实现对物流的一体化控制。

4）可重组性使生产线的设备具有很大的灵活性，便于系统的重新布置和实现功能的调整。

5）具有较高的安全性，AGV 可实现自动避障和离线待命等保证生产线的连续运转。

6）相对于流水线轨道等固定的物料输送线具有较大的交叉能力。

7）自动识别路径与选择优化路径，可以灵活及时地运输物料，提高了设备的利用率。

8）采用微型计算机控制，系统精度高，可构成高精度的动态跟踪系统。

9）使用直流电源装置，低噪声、无污染，改善了作业环境。

（二）AGV 的组成

AGV 主要由车体、电源和充电系统、驱动装置、转向装置、控制系统、通信装置、安全装置等组成。图 6-58 为一种 AGV 的结构示意图。

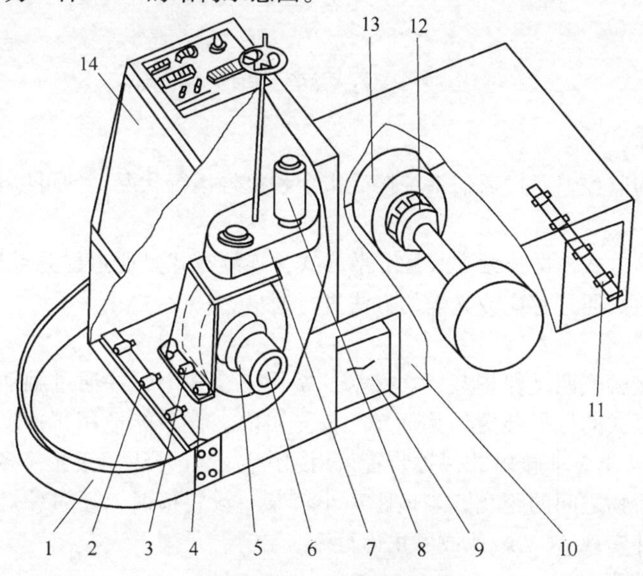

图 6-58　自动导引小车

1—安全挡圈　2、11—认址线圈　3—失灵控制线圈　4—导向探测线圈　5—驱动轴　6—驱动电动机　7—转向机构　8—转向伺服电动机　9—蓄电池箱　10—车架　12—制动用电磁离合器　13—后轮　14—操纵台

1. 车体

由车架、减速器、车轮等组成。车架由钢板焊接而成，车体内主要安装有电源、驱动和转向等装置，以降低车体重心。车轮由支撑轮和方向轮组成。

2. 电源和充电装置

通常采用24V或48V的工业蓄电池作为电源，并配有充电装置。

3. 驱动装置

由电动机、减速器、制动器、车轮、速度控制器等部分组成。制动器的制动力由弹簧力产生，制动力的松开由电磁力实现。

4. 转向装置

AGV的转向装置的结构方式通常有两类：

(1) 铰轴转向式　方向轮装在转向铰轴上，转向电动机通过减速器和机械连杆机构控制铰轴，从而控制方向轮（也称舵轮）的转向。这种机构要有转向限位开关。

(2) 差动转向式　在AGV的左、右轮上分别装上两个独立驱动电动机，通过控制左右两轮的速度比实现车体的转向，此时非驱动轮是自由轮。

图6-59为三轮式AGV转向方案图。图6-59a中前轮为铰轴转向轮，同时也是驱动轮，后两轮为自由轮。图6-59b中前轮为铰轴转向轮、自由轮，后两轮为差动驱动。图6-59c中前轮为自由轮，后两轮分别由两个电动机驱动。

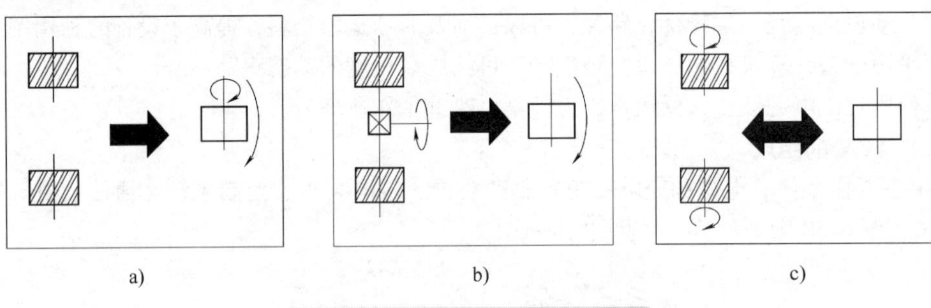

图6-59　三轮式AGV转向方案图

5. 车上控制装置

可以实现小车的监控，通过通信系统接受指令和报告运行状况，并可以实现小车编程。

6. 通信装置

一般有两类通信方式，即连续方式和分散方式。连续方式是通过射频或通信电缆收发信号。分散方式是在预定地点通过感应或光学的方法进行通信。

7. 安全装置

有接触式和非接触式两类保护装置。接触式常用安全挡圈，并通过触动微动开关而感知外部的故障信息。接触式的保护装置结构简单、安全可靠，但只能适用于速度低、重量轻、制动距离较短的小型AGV上。非接触式保护装置采用超声波、红外线、激光等多种形式进行障碍探测，测出小车和障碍物之间的距离，当该距离小于某一设定值时，通过警灯、蜂鸣器或其他音响装置进行报警，并实现AGV减速或停止运行。

（三）AGV的分类

(1) 根据自主程度划分　AGV可分为智能型和普通型两种。

1) 智能型AGV。每台小车的控制系统中存有全部运行线路和线路区段控制的信息，小车只需知道目的地和到达目的地后要完成的工作任务，就可以自动选择最优线路，完成指定的任务。

对于由 30 台以内 AGV 构成的系统多数采用这种控制方式工作，当台数太多时，交通管理和避碰就成为很大的问题。

2）普通型 AGV。其控制系统一般比较简单，所有功能路线规划和区段控制都由主控机进行控制，因而此类系统的主控机必须有很强的处理能力。小车每隔一段距离通过地面通信站与主控机交换数据，小车在通信站之间的误动作无法及时通知主控机，当主控机出现故障时，小车只能终止工作。

（2）按照导引方式划分　AGV 可以分为直接坐标导引、信标导引、惯性导引、电磁导引、光/化学/磁感应式导引、红外线导引、激光导引、视觉导引等。

1）直接坐标式 AGV。用定位块将 AGV 的行驶区域分成若干坐标小块，通过计数实现导引。其优点是可以方便实现路径的修改，导引的可靠性好，对环境无特别要求。缺点是地面测量装置安装复杂，工作量大，导引精度较低。

2）信标导引式 AGV。在工作环境内的若干确定位置处分别设置信标，AGV 通过车体上安装的测量装置，测知小车与各个信标之间的位置关系（如距离或角度等），同样可以推算出自身位置。在这种方式下，小车的定位误差只跟车体与各个信标的相对位置有关，而与小车所行驶过的距离无关，对位置计算和超声信标定位的数据进行融合，可提高 AGV 位置估算精度。

3）惯性导引式 AGV。在 AGV 上装有陀螺仪，根据陀螺仪的偏差进行导引，其主要优点是技术先进，高准确性、高灵活性，便于组合和兼容，适用领域广。缺点是成本较高、维护保养等后续问题较难解决，地面也需磁性块作辅助定位。

4）电磁导引式 AGV。采用这类电磁感应原理进行引导，必须预先在地面下铺设电缆，然后通入低压、低频电流，在电缆周围产生磁场。AGV 上装有两个感应线圈，以接受制导电缆产生的交变磁场。当小车行走方位与制导电缆稍有偏离时，其左右感应线圈的感应电压不同，由控制系统产生误差信号，经放大后，控制制导电动机按要求的方向和速度驱动导引轮以调整小车的行走方位，从而保证小车沿着预铺设的电缆方向前进。图 6-60 所示为由两台 AGV 组成的物流系统，由预埋在地下的电缆传来的感应信号对小车的运行轨迹进行导航。由计算机控制，AGV 可以准确停在任一个装载台或卸载台处，对物料进行装卸。电池充电站用来为 AGV 的蓄电池进行充电。

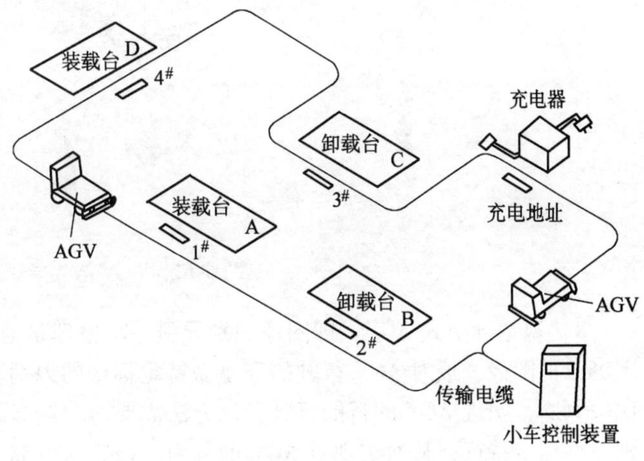

图 6-60　电磁导引方式下的 AGV 物流系统

5）光学导引式 AGV。在地面上用有色油漆或色带绘成行车路线，用 AGV 上的紫外线光源照射漆带，漆带和周围地面的颜色就形成不同的亮度。AGV 上装有两套光敏元件，分别处于漆带的两侧。当 AGV 偏离漆带代表的导引路径时，两套光敏元件检测到的亮度不等，产生信号差，用以控制 AGV 行车方向。为了提高检测系统可靠性，通常在反射光检测系统上加上滤光镜，以保证不会发生误测。另一种光学导引方式是在漆带中添加荧光粒子，由于荧光粒子所发出的光在周围地面的光谱中不会存在，因此其抗干扰能力强。这种方式根据漆带中心光强最大，而两侧边光强最小的原理很容易找出 AGV 的偏离方向，从而修正方向保证跟踪正确路径。

光学导引方式改变路线容易，漆带可在任何地面上涂置，但适用于洁净的场合，如实验室室内等场合。

6）红外线导引式 AGV。该方法是在 AGV 行走空间的特定位置处布置一批红外光的反射镜面，利用入射光束与反射光束提供的夹角信息以及入射光束与反射光束的时间差信息等计算 AGV 的位置，实现导引。该方法成本高，对环境要求严格，传感器及反射装置的安装十分复杂且计算也很复杂，仅适用于室内小型 AGV 的长路线搬运。

7）激光导引式 AGV（图 6-61）。激光导引不需进行地面处理，在 AGV 上装备可发射和接收激光的扫描器，导引区域的四周按要求布置足够的反射板，AGV 的 PLC 中存储各块反射板的数据及行走路径数据，并将激光扫描器的信号转化为驱动 AGV 的命令。

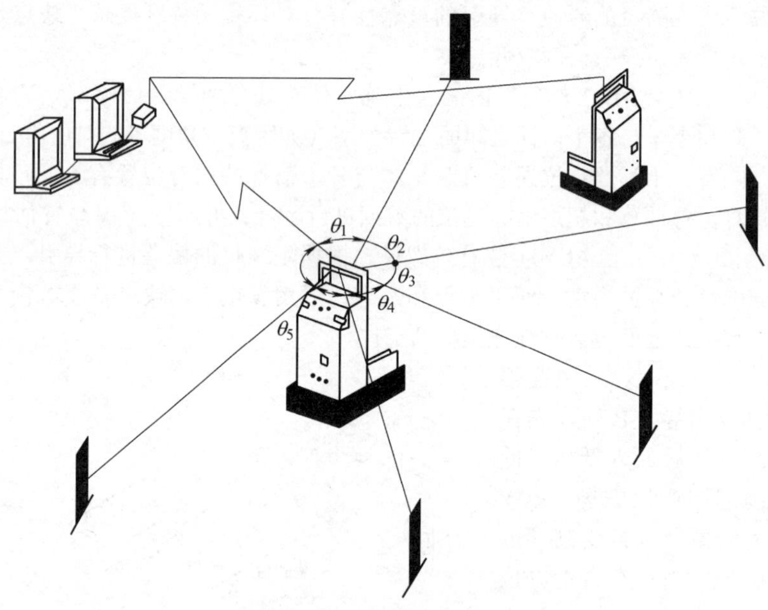

图 6-61　AGV 激光导引原理

8）视觉导引式 AGV。即图像识别导引，其原理是通过摄像机或超声波扫描仪生成 AGV 周围场景的图像，或对 AGV 行驶的环境做特定标记的识别，与计算机系统中存储的环境地图进行比较判断，实现 AGV 的智能行驶。该方法需要对制造车间环境做一些特殊处理，由视觉系统识别一些固定特征，从而实现对 AGV 的导引。该方法可靠性高，施工时间短，线路变更容易，但成本高。

（四）AGV 的工作原理

对于每一个 AGV 小车，要求在计算机控制下能够自动地沿着在装有导向板的路径方向运行，完成指定的装载或卸载任务。

1）运行过程中，AGV 首先必须获得任务指令，即目的工位的导向板标号，作为运行的终点位置，同时还需得到当前位置，作为起始位置（若配有机械手的话，还需要得到装运对象的信息，如装运工件的标志或形状、数量等）。

2）起点、终点位置获得后，车载机调用路径规划算法计算出最佳的行走路径，并存储路径上所要依次经过的站点位置。

3）完成路径规划后，AGV 不断查询已存入车载计算机的工作路线信息，确定参考位置，再与传感器检验到的实际位置相比较，实现运行导引。

4）最后，由运动控制运算器给出驱动电动机或导向电动机的调节量，实现闭环控制。运行中 AGV 每经过一个工位，地址导向板都给出相应的信息，到达终点后调用定位程序，实现准确停车对位。

（五）AGV 设计时应具备的功能

1）行走功能。包括起动、停止、前进、后退、转弯、定速、变速、多叉路口选道等。

2）控制功能。包括由上一级计算机控制、由车载计算机或控制面板控制、由地面监控器识别小车位置和装载情况进行控制、多车同时进行控制等。

3）安全功能。包括检测到障碍物时自动减速、碰到障碍物时立即停车、防止两车相碰的措施、各种紧急停车措施、蓄电池放电过量报警、警示回转灯等。

4）随行工作台的自动装卸。

（六）AGV 的设计原则

设计 AGV 时，需要考虑以下问题：

1）分析系统自动化与单元自动化程度。系统自动化与生产工艺过程密切相关，一般应相适应，有时为了特定部门的需要，可以单独确定。单元自动化程度决定于两个因素：一是系统自动化要求，一是单元装置本身需要。两者可以调节，分配协调适当是 AGV 运行成功的关键。

2）AGV 组成与导向线路网络的区段划分。根据 AGV 规模、复杂程度和便于控制等进行明确说明。

3）对各工作站、缓冲库及周边设施的可接近性提出通道宽度要求、位置布置合理方案等的原则建议。

4）AGV 运行及 AGV 设施精确性的规定。如沿导向线路允许最大偏差、最高行驶速度、反向行走和慢停速度、停车精度、地面坡度、充电要求、导呼应答和通信应答速度等。

5）对 AGV 运行中计划安排、调度，采用硬件与软件的合理匹配，按计划调度方式确定。

6）充电方式与设置原则的确定。采用何种蓄电池及充电方式，对 AGV 布置影响很大。

7）安全问题。要确定适当范围与合理安全要求，对人、机、物统一考虑。明确障碍物检知与避障防撞的原则。

8）费用约束。

9）标准化问题。在符合总体要求情况下，对单元装置与局部设施尽量采用标准的产品与装置。

七、随行工作台站

图 6-62 所示的随行工作台存放站是介于制造单元与自动运输小车之间的装置，在制造系统中起过渡作用，也是“物流”中的一个环节。它的功能是：存放从自动运输小车送来的随行工作台（图 6-62 中 L 位置）；随行工作台在存放站上有自动转移功能，根据系统的指令，可将随行工作台移至缓冲的位置 U；当随行工作台移至工作位置（图 6-62 中 A 位置）时，工业机械手可对随行工作台上夹持的工件进行装卸。

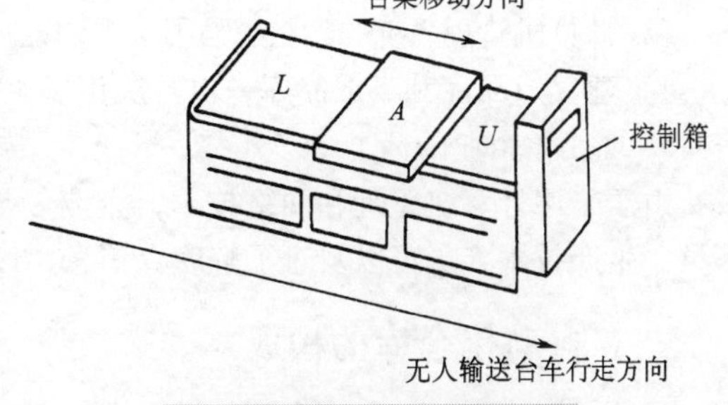

图 6-62　随行工作台存放站

第五节 自动化仓库设计

自动化仓库又称立体仓库（Automatic Storage & Retrieval System），是指采用多层货架，在不直接进行人工处理的情况下，能够自动地存储和取出物料的系统，如图6-63所示。

一、自动化仓库的功能

1. 提高空间利用率

由于使用高层货架存储货物，存储区可以大幅度地向空中发展，充分利用仓库的地面和空间，从而节省了库存占地面积，提高了空间利用率。

2. 便于形成先进的物流系统，提高企业生产管理水平

自动化立体仓库采用先进的自动化物料搬运设备，不仅能使货物在仓库内按需要自动存取，而且可以与仓库以外的生产环节进行有机的连接，并通过计算机管理系统和自动化物料搬运设备，使仓库成为企业生产物流中的一个重要环节。企业外购件和自制生产件进入自动化仓库储存是整个生产的一个环节，短时储存是为了在指定的时间自动输出到下一道工序进行生产，从而形成一个自动化的物流系统。

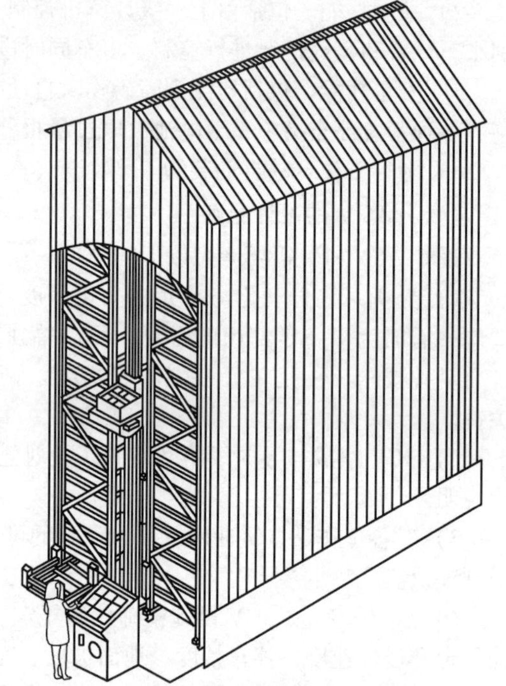

图6-63 自动化仓库示意图

3. 加快货物的存取节奏，减轻劳动强度，提高生产率

自动化高架库具有快速的入出库能力，能快速妥善地将货物存入高架库中（入库），也能快速及时并自动地将生产所需零部件和原材料送达生产线（出库）。这一特点是普通仓库所不能达到的。同时，自动化立体仓库能大幅度减轻工人劳动强度。

4. 减少库存资金积压

自动化仓库系统是降低库存资金积压和充分满足生产需要的最有效的手段之一。

1）以自动化立体仓库为中心的工厂物流系统，解决了生产各环节的流通问题和供求矛盾，使原材料的供给和零部件的生产数量及生产所需的数量可以达到一个最佳值。

2）计算机网络系统的建立使原材料和零部件、外购件的采购更及时地满足实际需求。

3）计算机管理系统的建立加强了宏观调控功能，使生产中各环节生产量更能满足实际需求。

4）建立成品库和半成品库，以解决市场供需的暂时不一致，充分发挥企业的生产潜力。

5. 现代化企业的标志

由于采用计算机管理和网络技术，企业领导可以宏观快速地掌握各种物资信息，生产管理人员、生产技术人员可以及时了解库存信息，以便合理安排生产工艺，提高生产率。

二、自动化仓库的构成

自动化立体仓库系统一般由存储系统（厂房和配套设施）、搬运系统、输送系统、消防系

统、电控系统、计算机管理系统等组成。而其中涉及的机械装备包括：高层货架、托盘（货箱）、堆垛机、安全保护装置、输送机等。

（一）高层货架

用于存储货物的钢结构或钢筋混凝土结构，是立体仓库的主要构筑物。货架的形式有悬臂货架、流动货架、货格式货架、水平或者垂直旋转货架等。对于质量和体积比较大的物品储存，有时采用被动辊式货架。货架必须具备足够的强度与稳定性，同时还必须具有一定的精度和在最大工作载荷下的有限变形。

（二）托盘和货箱

托盘或货箱其基本功能是装物料，同时还要便于叉车和堆垛机的叉取和存放。托盘多为钢制、木制或塑料制成。图 6-64 所示为常见托盘的结构形式，图 6-65 所示为常见货箱的结构形式。

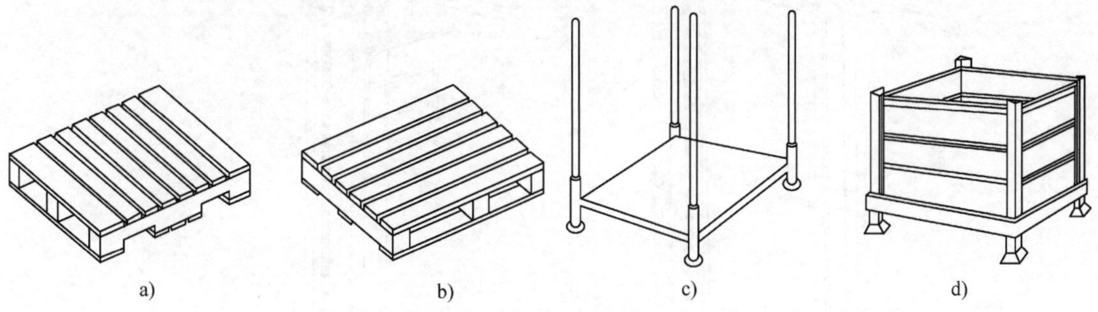

图 6-64　托盘的结构形式

a）、b）平托盘　c）柱式托盘　d）箱式托盘

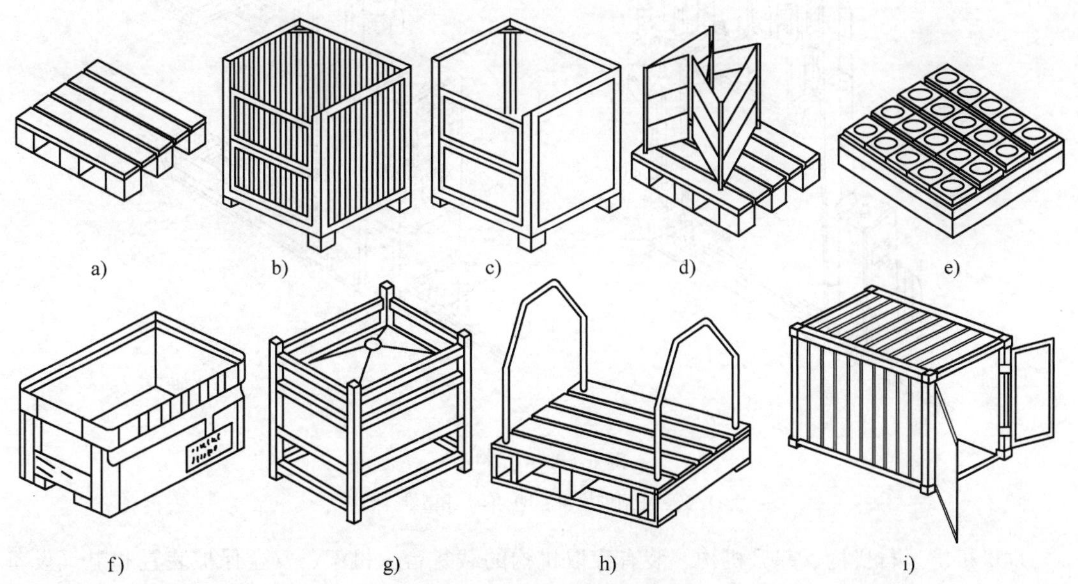

图 6-65　货箱的结构形式

a）托盘　b）钢质格栅货箱　c）箱式货箱　d）具有可折护板的托盘　e）工具搬运托盘
f）小型塑料货箱　g）液体容器型托盘　h）套托盘　i）ISO 货柜箱

（三）堆垛机

堆垛机一般用电力来驱动，通过自动或手动控制，实现把货物从一处搬到另一处。其主要用途是在高层货架的巷道内来回运行，将位于巷道口的货物存入货格，或者取出货格内的货物运送到巷道口。巷道式堆垛机的应用最为广泛，一般分为单柱式和双柱式堆垛机，如图6-66所示。堆垛机在巷道轨道上行走，其上的装卸托盘可沿框架或立柱导轨上下升降，以便对准每一个货格，取走或送入货箱。堆垛机采用相对寻址的操作方式寻找货格。当堆垛机沿巷道轨道或装卸托盘沿框架导轨行走时，每经过仓库的一列或一层，将货格地址的当前值加1或减1。当前值与设定值快接近时，控制堆垛机或装卸托盘自动减速，当前值与设定值完全相符时，发出停车指令，装卸托盘便准确地停在设定的货格前。

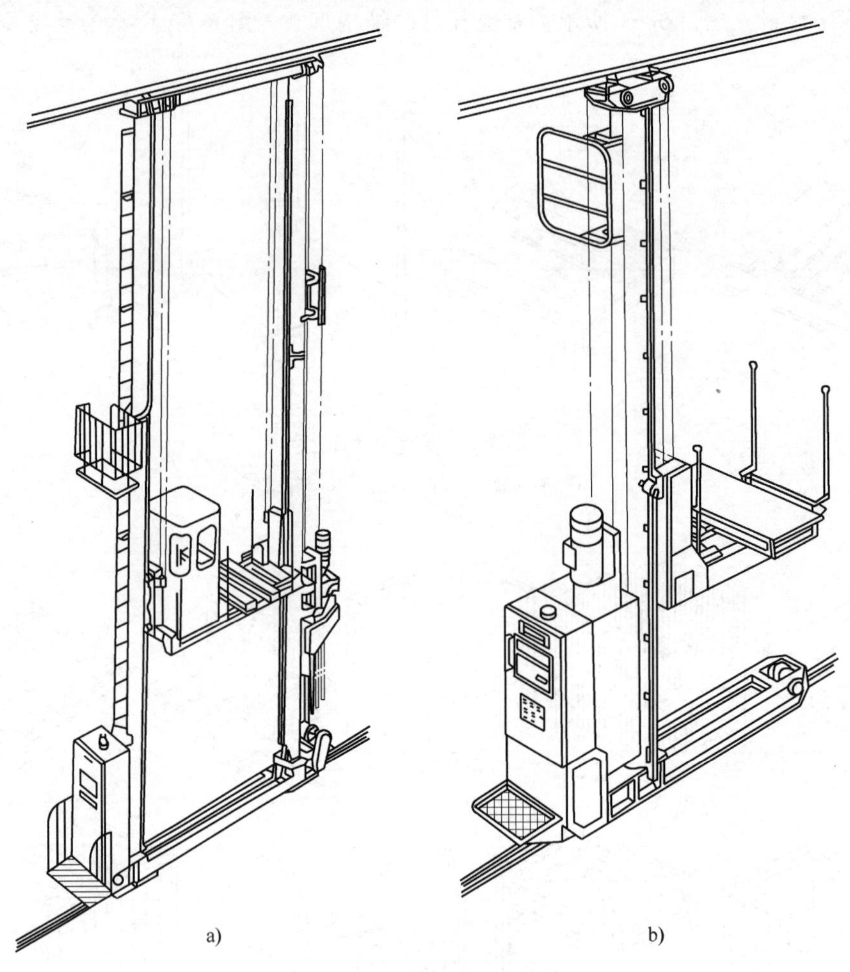

图6-66 堆垛机

a）双立柱型堆垛机 b）单立柱型堆垛机

堆垛机由运行机构、起升机构、装有存取机构的载货台、机架、安全保护装置和电气设备六部分组成。双柱结构的堆垛机刚性好，其机架由立柱、上横梁、下横梁组成一个框架，适用于升起质量较大或起升高度较高的场合。单柱式结构的整机重量轻，造价低，但刚性差。起升机构由电动机、制动器、减速器、卷筒、链轮、柔性件（钢丝绳和起重链）等组成。载货台是货物单元的承载装置，由货台本体和存取货装置组成。

（四）输送机

输送机负责将货物运送到堆垛机或从堆垛机将货物移走。常见的输送机有滚道输送机、链条输送机、升降台、分配车、提升机、传送带机等。它们可以将物料沿固定的路线移动，这种移动可以是连续的，也可以是断续的。

（五）安全保护装置

主要包括终端限位保护、联锁保护、正位检测控制、载货台断绳保护和断电保护等装置。联锁保护主要指货叉伸缩、堆垛机行走和载货台升降之间的互锁。正位检测控制保证堆垛机停位准确时才能伸缩货叉。

三、自动化仓库的分类

（一）按高度划分

1）低层（货架高度 5m 以下）。

2）中层（货架高度 5～12m）。

3）高层（货架高度 12m 以上）。

（二）按规模划分

1）小型（库容量 2000 个托盘以下）。

2）中型（库容量 2000～5000 个托盘）。

3）大型（库容量 5000 个托盘以上）。

（三）按建筑形式划分

1）整体式。

2）分离式。

图 6-67a 所示为整体式仓库，仓库的货架结构不但用于存放货物，同时又是仓库建筑物的柱子和仓库侧壁的支撑，即仓库建筑与货架结构成为一个不可分开的整体。整体式仓库具有技术水平高、投资大和建设周期长等问题，适用于大型企业和流通中心。相反，货架结构自成一个单元与建筑无关的仓库，则称分离式仓库，如图 6-67b 所示。分离式仓库与整体式仓库比较有下述优点：

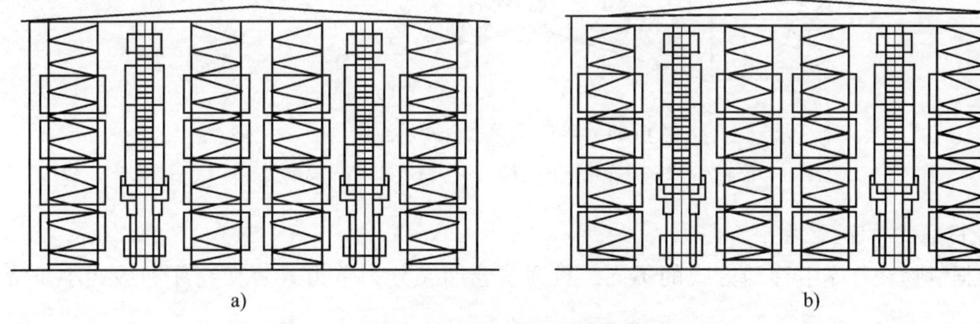

图 6-67 立体仓库示意图

a）整体式 b）分离式

1）因与建筑无关，所以利用车间内一部分就可建设与生产工艺密切连接的仓库，也可把既有建筑改造成为仓库。

2）当既有建筑地面耐压为 $3t/m^2$、不平度为 30～50mm 时，地面无需处理即可建设分离式仓库。而整体式仓库地基和地面的处理较为复杂，费用约占总费用的 5%～15%。

3）建设周期短，整体式仓库的建设周期一般需1.5～2年，但分离式仓库的建设周期则较短。

4）分离式仓库的货架、巷道式堆垛起重机和自动化控制等机械设备易标准化、系列化，可实现批量化生产，降低成本。

由于上述原因，国外小型分离式仓库的发展速度要比大型整体式仓库更为迅速，约占总量的80%。而大型整体式仓库技术有进一步向系统化、自动化、无人化方向发展的趋势。

（四）按货架构造形式划分

1. 单元货格式仓库

单元货格式仓库应用最为广泛，也称巷道式立体仓库，如图6-68所示。它适用于存放多品种少批量货物。巷道两边是多层货架，在巷道之间有堆垛机，沿巷道中的轨道移动。用堆垛机上的装卸托盘可到多层货架的每一个货格存取货物。巷道的一端为出入库装卸站。这类仓库的巷道占去了1/3左右的面积，为了提高仓库面积利用率，可将货架合并形成贯通式仓库。

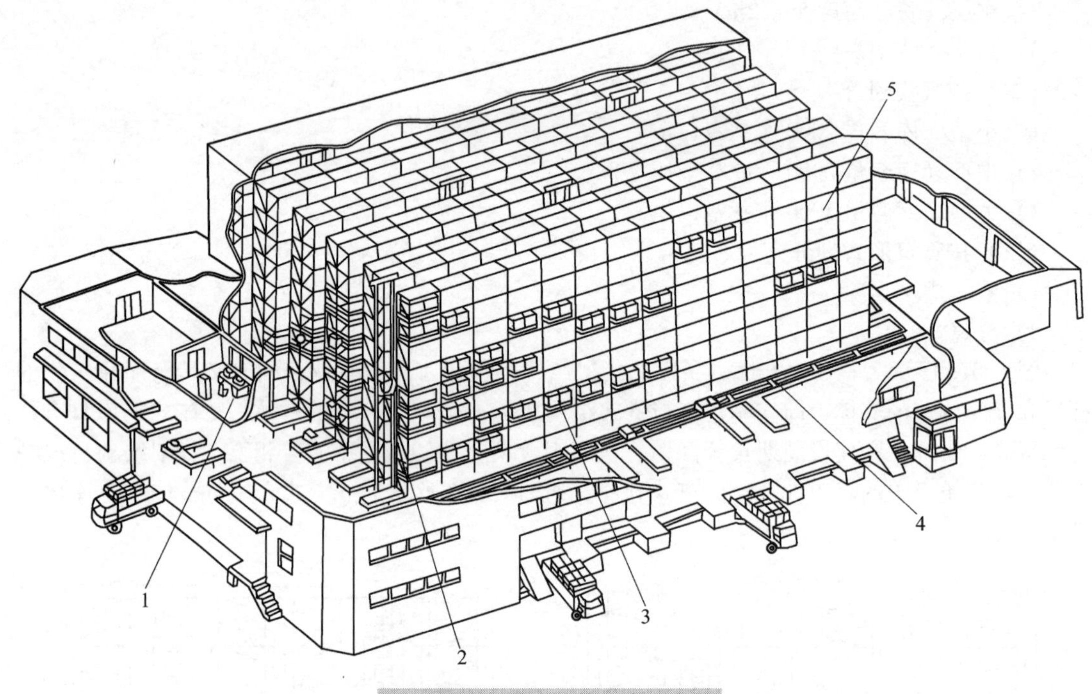

图6-68 巷道式立体仓库示意图

1—控制室 2—堆垛机 3—货物 4—输送机 5—高层货架

2. 贯通式仓库

根据货物在仓库中移动方式的不同，贯通式仓库又分为重力式货架仓库和梭式小车货架仓库。

（1）重力式货架仓库（图6-69） 依靠存货通道的坡度，货物单元在其重力作用下从入库端自动向出库端移动，直到碰上已有的货物单元停止为止。当出库端的货物单元取走后，后面的货物单元在重力作用下依次向出库端移动。重力式货架适用于存储品种不太多而数量又相对较大的货物。

（2）梭式小车货架仓库（图6-70） 一旦出库起重机从存货通道的出库端搬出一个货物单元（图6-70a），梭式小车开始在存货通道内往返穿梭，将货架上的货物单元依次前移

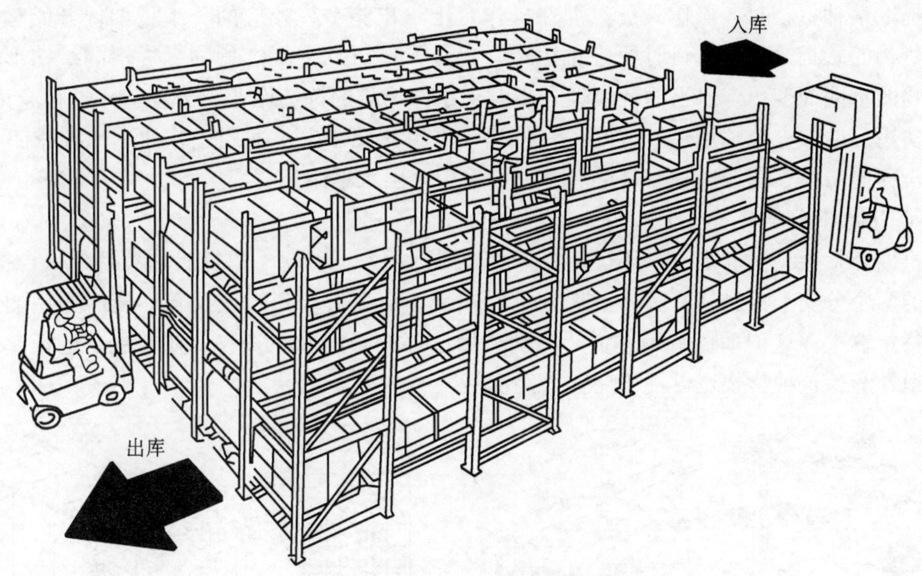

图 6-69　重力式立体仓库示意图

(图 6-70b)，达到整理完毕待命状态（图 6-70c）。这时在存货通道的入库端留出空位来，允许入库起重机将要入库的货物单元搬入。这种货架结构比重力式货架要简单得多。梭式小车可以由起重机从一个存货通道搬运到另一通道。必要时，这种小车可以自备电源，工作比较灵活，其数量可根据仓库作业的频繁程度进行确定。

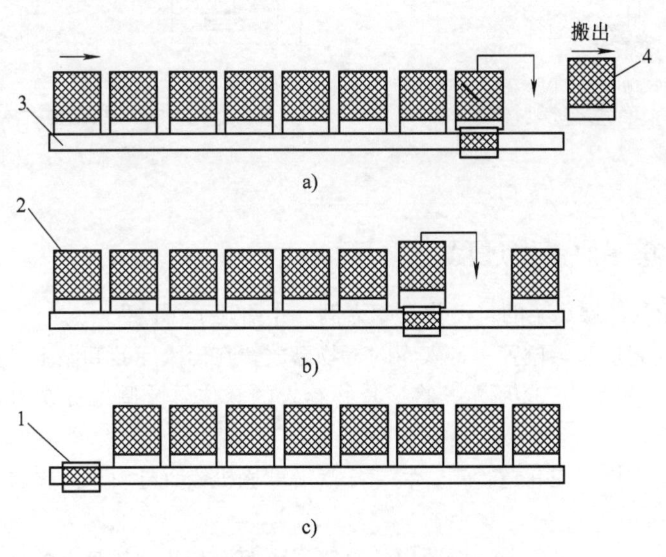

图 6-70　梭式小车工作原理

a）取出一件　b）依次前移　c）整理完毕待命

1—梭式小车　2—货物单元　3—小车轨道　4—出库的货物单元

3. 水平循环式仓库（图 6-71）

这种仓库由若干货架组成，每组货架由数十个独立的货柜用链式输送机串联构成。每个货柜下方有支承滚轮，上部有导向滚轮，通过输送机使仓库可以在水平面内沿环形路线来回移动。

当需要提取某种货物时，操作人员只需在操作台上给出指令，相应的一组货架便开始运转。当装有该货物的货柜来到拣选口时便停止运转，操作人员可从中拣选货物。货柜的结构形式根据所存货物的不同而变更。水平循环货架仓库对于小件物品的拣选作业十分合适，这种仓库灵活、简便、实用，能够充分利用建筑空间，对土建没有特殊要求，很适用于作业频率要求不高的场合。对于存储量大、作业频率较高的场合，可采用多层水平循环货架。

4. 垂直循环式仓库（图6-72）

垂直循环货架仓库的环形循环运动在垂直面内进行。这种仓库的货架本身就是一台提升机，提升机的两个分支上都悬挂有货格。提升机根据操作命令可以正转或反转，使需要用的货物降落到取货位置上。这种垂直循环式货架特别适用于存放长的卷状货物，如地毯、地板革、胶片卷、电缆卷等，这种货架也可用于储存小件物品。

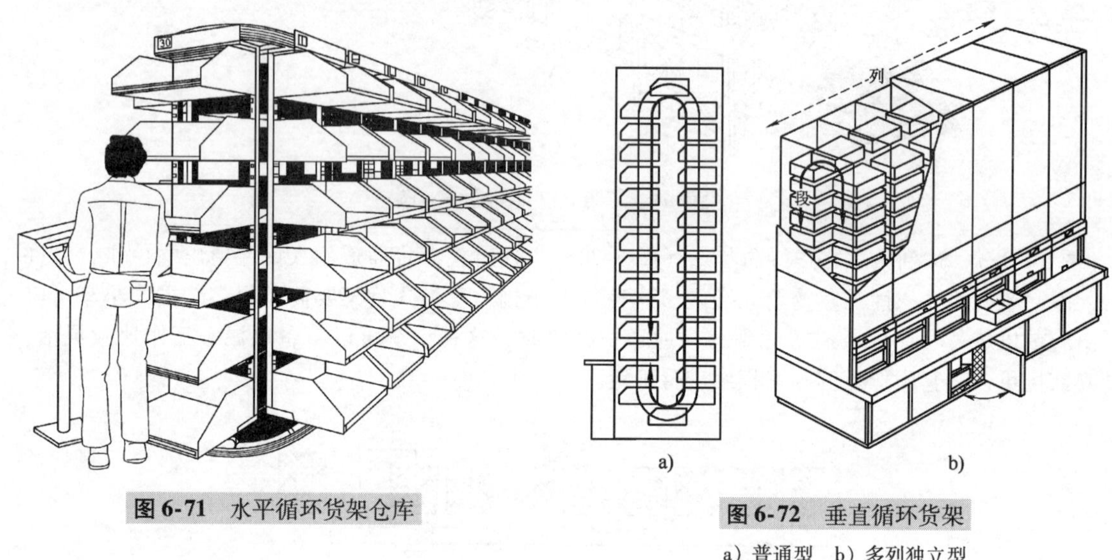

图6-71　水平循环货架仓库

图6-72　垂直循环货架

a）普通型　b）多列独立型

四、自动化仓库的工作过程

以图6-73所示的四层货架的自动化仓库为例，介绍其工作过程。

1）堆垛机停在巷道起始位置，待入库的货物已放置在出入库装卸站上，由堆垛机的货叉将其取到装卸托盘上，如图6-73a所示。将该货物存入的仓位号及调出货物的仓位号一并从控制台输入计算机。

2）计算机控制堆垛机在巷道行走，装卸托盘沿堆垛机铅直导轨升降，自动寻址向存入仓位行进，如图6-73b所示。

3）装卸托盘到达存入仓位前，即图中的第四列第四层，装卸托盘上的货叉将托盘上的货物送进存入仓位，如图6-73c所示。

4）堆垛机行进到第五列第二层，到达调出仓位，货叉将该仓位中的货物取出，放在装卸托盘上，如图6-73d所示。

5）堆垛机带着取出的货物返回起始位置，货叉将货物从装卸托盘送到出入库装卸站，如图6-73e所示。

6）重复上述动作，直至暂无货物调入调出的指令后，堆垛机就近停在某一位置待命。

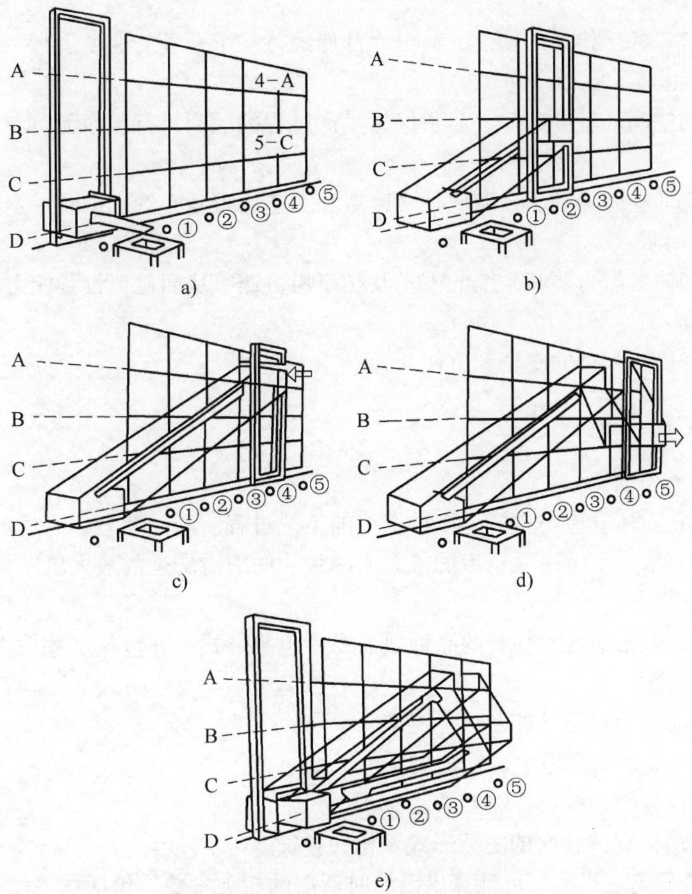

图 6-73 自动化仓库的工作原理

a）进库 b）传送 c）入库 d）出库 e）返回原始位置

五、自动化仓库的设计原则

自动化仓库的物料流程和工艺布置规划必须遵循一定的原则，通过对用户需求的分析，实现能力与成本的合理规划，使该系统既能满足库存量和输送能力的需求，又能够降低设计成本。在设计时主要遵循以下原则：

1. 总体规划原则

在进行布局规划时，要对整个系统的所有方面进行统筹考虑。对该系统进行物流、信息流、商流的分析，合理地对三流进行集成与分流，从而更加高效、准确地实现物料流通与资金周转。

2. 最小移动距离原则

保持仓库内各项操作之间的最经济距离。物料和人员流动距离能省则省，尽量缩短，以节省物流时间，降低物流费用。

3. 直线前进原则

要求设备安排、操作流程应能使物料搬运和存储按自然顺序逐步进行，避免迂回、倒流。

4. 充分利用空间、场地的原则

包括垂直与水平方向，在安排设备、人员、物料时应予以适当的配合，充分利用。

5. 生产力均衡原则

维持各种设备、各工作站的均衡，使全库都能维持一个合理的速度运行。

6. 顺利运行原则

根据生产车间空间环境的布局，尽量保持生产过程的顺利进行，而无阻滞。

7. 弹性原则

能够保持一定的空间以利于设备的技术改造和工艺的重新布置，以及一定的维护空间。

8. 能力匹配原则

设备的存储和输送能力要和系统的需求及频率相协调，从而避免设备能力的浪费。

9. 安全性原则

设计时要考虑操作人员的安全和方便。

六、自动化仓库的设计过程

（一）分析和准备阶段

1）明确自动化立体仓库与上游、下游衔接的工艺过程。

2）明确物流要求：上游进入仓库的最大入库量、向下游转运的最大出库量以及所要求的库容量。

3）确定物料的规格参数：物料的品种数、物料包装形式、外包装尺寸、质量、保存方式及物料的其他特性。

4）确定立体仓库的现场条件及环境要求。

5）了解用户对仓库管理系统的功能要求。

6）确定其他相关的资料及特殊要求。

（二）确定自动化立体仓库的主要形式及相关参数

所有原始资料收集完毕后，可计算出设计时所需的相关参数，包括：

1）对整个库区的出入库总量要求，即仓库的流量要求。

2）物料单元的外形尺寸及其质量。

3）仓库储存区（货架区）的仓位数量。

4）结合上述三点，确定储存区（货架区）货架的排数、列数及巷道数目等其他相关技术参数。

（三）合理布置自动化立体仓库的总体布局及物流图

一般来说，自动化立体仓库包括：入库暂存区、检验区、码垛区、储存区、出库暂存区、托盘暂存区、不合格品暂存区及杂物区等。规划时，立体仓库内不一定要把上述的每一个区都规划进去，可根据用户的工艺特点及要求来合理划分各区域和增减区域。同时，还要合理考虑物料的流程，使物料的流动畅通无阻，这将直接影响到自动化立体仓库的能力和效率。

根据实际的空间和流量来进行仓库的总体布局，得到货架区的行、列、层数和货位总数，以及巷道堆垛机的台数和效率。一般情况下，每两排货架合用一个巷道，根据场地条件可以确定巷道数。如果库存量为 N 个货物单元，巷道数为 A，货架高度方向可设 S 层，若每排货架设有同样的列数，则每排货架在水平方向应具有的列数 C 为

$$C = N/(2AS)$$

根据每排货架的列数 C 及货格横向尺寸可确定货架总长度 L。

（四）选择机械设备类型及相关参数

1. 货架的选择

用在自动化立体仓库的货架一般有：横梁式货架、牛腿式货架、流动式货架等。设计时，

可根据货物单元的外形尺寸、质量及其他相关因素来合理选取。而货格的尺寸直接影响着仓库的存储量和空间利用率，一般货架和货箱的尺寸关系如图 6-74 所示，其中 A 为货箱宽度，b 为升降叉的宽度，d 为牛腿间距，c 为牛腿和升降叉间的距离，e 为牛腿长度，a 为托盘和立柱间的距离，h 为牛腿与货箱间的高度差，这些参数的关系为：$b=0.7A$，$d=(0.85\sim0.9)A$，$e=60\sim125\text{mm}$，$a=25\sim60\text{mm}$，$h=70\sim150\text{mm}$。

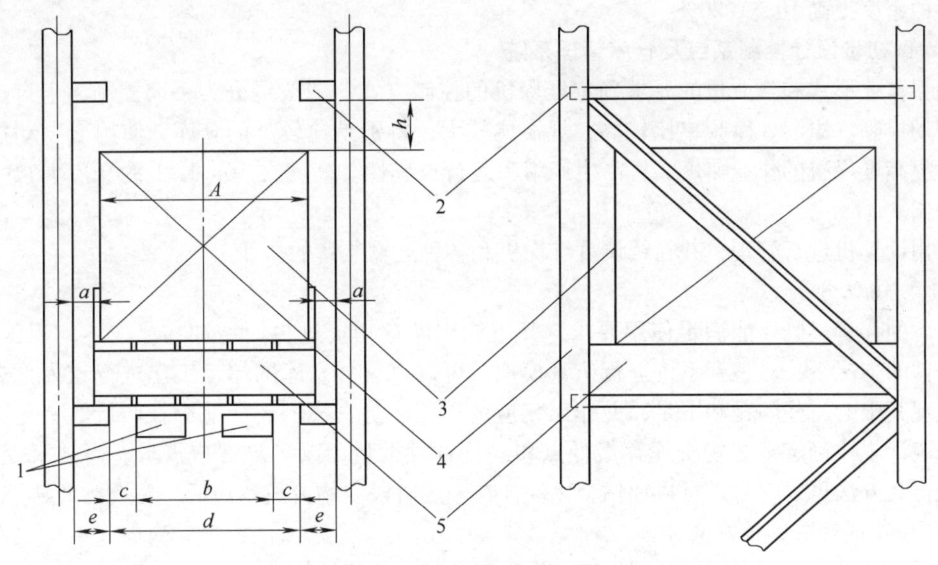

图 6-74　多层货架计算简图

1—升降叉　2—牛腿　3—货箱　4—货架　5—托盘

2. 堆垛机的选择

(1) 堆垛机类型的确定　堆垛机多种多样，包括单轨巷道式堆垛机、双轨巷道式堆垛机、转巷道式堆垛机、单立柱型堆垛机、双立柱型堆垛机等。

(2) 堆垛机速度的确定　根据仓库的流量要求，计算出堆垛机的水平速度、提升速度和货叉速度。

(3) 其他参数及配置　根据仓库现场情况及用户的要求选定堆垛机的定位方式、通信方式等。堆垛机的配置可高可低，视具体情况而定。

3. 输送设备的选择

根据物流图，合理选择输送机的类型，包括：滚道输送机、链条输送机、传送带输送机、升降移载机、提升机等。同时，还要根据仓库的瞬时流量合理确定输送系统的速度。

(五) 确定工艺流程，并核算仓库工作能力

1. 立体仓库的存取模式

在立体仓库中存取货物有两种基本模式：单作业模式和复合作业模式。单作业就是堆垛机从巷道口取一个货物单元送到选定的货位，然后返回巷道口（单入库）；或者从巷道口出发到某一个给定的货位取出一个货物单元送到巷道口（单出库）。复合作业就是堆垛机从巷道口取一个货物单元送到选定的货位 A，然后直接转移到另一个给定货位 B，取出其中的货物单元，送到巷道口出库。应尽量采用复合作业模式，以提高存取效率。

2. 出、入库作业周期的核算

仓库总体尺寸确定之后便可核算货物出、入仓库的平均作业周期，以检验是否满足系统要求。目前，国内外多采用计算机对每一货位的作业都进行核算，从而准确地找出平均作业周期。为了提高出、入库效率，可以使用双工位堆垛机，采用一次搬运两个货物单元的作业方式。堆垛机的载货台上有两组货叉，它们可以分别单独伸缩，以存取两个货物单元，提高作业效率。另一种方案是把货架设计成两个货物单元深度（双深位），堆垛机的货叉也相应增长一倍。货叉伸出一半时可叉取一个货物单元，全部伸出后可叉取远处的货物单元。采用这种方式还可使货物堆存的密度提高10%～20%。

（六）初步设计控制系统及仓库管理系统

根据作业形式和作业量的要求确定堆垛机的控制方式，一般可分为手动控制、半自动控制和全自动控制。出、入库频率比较高，规模比较大，特别是比较高的仓库，使用全自动控制方式可以提高堆垛机的作业速度，提高生产率和运行准确性。高度在10m以上的仓库大都采用全自动控制。

采用计算机进行管理，并在线调度堆垛机和各种运输装备的作业。

（七）仿真分析

仓库的存货量既要能满足使用要求，又不能因库存物资过多而增加物流成本，积压资金。在有条件的情况下，对整套系统进行仿真模拟，可以对立体仓库的储运工作进行较为直观的描述，发现其中的一些问题和不足，并作出相应的更正。仿真模型还能适应日产量的变化，依据历史的统计规律确定某些物资库存最低点和经济订货批量，以满足客户需求。当需求变化时，计算机仿真方法可以随时进行再评估，以保证在一定阶段内物流成本最低，总效益最好。

（八）生成相关的技术文件

包括技术设计说明书、设备明细表、报价书和其他的相关技术文件。

七、自动化仓库的发展

自动化仓库已经开始进入智能化储运技术阶段，主要包括两种方式：人工（或机械）智能和自然（或人类）智能。内容涉及智能物料储运设计和智能物料储运作业。目前，人们在人工智能及其有关在物流储运领域中的专家系统技术方面正在进行着大量的工作。例如，将专家系统应用于自动导引小车和单轨系统，使它们具有确定在线路线和合理的运行决策。在接受物料入库和装运出库方面，专家系统能控制机器人进行物料入架和出架操作，能控制堆垛机的装卸，以及指定物料储运点。正在研制的一些专家系统，能实现辅助设计人员设计自动导引小车导向槽和缓冲件，配置和选择单元装载间和研究小型物件的储运设计。

国外自动化仓库发展的一个方面是普遍采用扫描技术，提高信息的传输速度和准确性。采用射频数据通信技术、条形码技术及扫描技术，使数据的采集、处理和交换能够在搬运工具与中央计算机之间快速进行，使物品的存取和发送信息做到快速、实时、可靠和准确。

射频识别，俗称电子标签，是一项利用射频信号通过空间耦合实现无接触信息传递并通过所传递的信息达到识别目的的技术。基本的射频识别系统由四部分组成：电子标签、天线、阅读器及计算机系统。

目前自动化仓储系统中的分拣系统的信号输入与识别通常有四种方式，分别为键盘录入方式、声音识别输入方式、光学识别设备及条形码和激光扫描器配合方式、电子标签与无线射频识别技术（RFID）等。

电子标签附着在被识别的物体上（表面或内部），标签中存储了该货物的相关信息，当带有电子标签的货物或料箱通过读卡器可识读范围时，阅读器自动以无线方式将电子标签中的约定识别信息取出来，从而实现自动识别物品或自动收集物品标志信息的功能。货物料箱在入库前对货物进行编码并输入电子标签中，同时相关信息进入监控系统与管理系统，系统指定货物相应的存放位置，随后通过货架输送系统使货物到达指定位置。

习题与思考题

1. 试述物流系统设计的重要意义。
2. 物流系统的组成环节有哪些？物流系统设计时应满足哪些要求？
3. 料仓式和料斗式上料装置、上下料机械手各适用于什么场合？
4. 料仓式和料斗式上料装置的基本组成及其根本区别是什么？
5. 振动式上料装置的工作原理是什么？
6. 目前机床间工件传输装置有哪几种？各适用于哪些场合？
7. 为什么要采用随行夹具？随行夹具的三种返回方式各有什么特点？
8. 常见的滚道式输送装置有哪些？其特点是什么？
9. 试述自动导引小车的工作原理、基本构成、导引方式和适用场合。
10. AGV 的自动转向方式有哪几种？特点是什么？
11. 自动化仓库的基本类型有哪些？其应用特点是什么？
12. 堆垛机货叉的工作原理是什么？
13. 自动化仓库的工作原理是什么？
14. 工厂总体物流系统设计的基本步骤是什么？应注意哪些设计原则？
15. 车间物流设计的原则是什么？
16. 物流搬运装备的选择原则是什么？

第七章

机械加工生产线总体设计

第一节　概　　述

一、机械加工生产线及其基本组成

在机械产品生产过程中，对于一些加工工序较多的工件，为保证加工质量、提高生产率和降低成本，往往把加工装备按照一定的顺序依次排列，并用一些输送装置与辅助装置将它们连接成一个整体，使之能够完成工件的指定加工过程。这类生产作业线称为机械加工生产线。机械加工生产线是按劳动对象专业化组织起来的，完成一种或几种同类型机械产品的生产组织形式。它拥有完成该产品加工任务所需的加工装备，并按生产线上多数产品或主要产品的工艺路线和工序来配备、排列。这种生产组织形式一般要求产品的结构和工艺具有一定的稳定性，在成批和大量生产条件下都可采用。

机械加工生产线由加工装备、工艺装备、输送装备、辅助装备和控制系统组成。由于不同工件的加工工艺复杂程度不同，机械加工生产线的结构及复杂程度也常常有很大差别。图7-1所示为以数控机床为主加工盘类工件的机械加工生产线。

图7-1　机械加工生产线

二、机械加工生产线的类型

机械加工生产线根据不同的特征，可有不同的分类方法。按照工件外形和加工过程中工件运动状态、工艺设备、设备连接方式和产品类型可作如下分类。

1. 按工件外形和工件运动状态区分

1）旋转体工件加工生产线。主要用于加工轴、盘和环状工件，加工过程中工件旋转。典型工艺是车或磨内、外圆，内、外槽，内、外螺纹和端面。

2）非旋转体工件加工生产线。主要用于加工箱体和杂类工件，加工过程中工件往往固定不动。典型工艺是钻孔、扩孔、镗孔、铰孔、铣平面和铣槽。

2. 按工艺设备类型区分

1）通用机床生产线。这类生产线建线周期短、成本低，多用于加工盘类、轴、套、齿轮等中小旋转体工件。

2）组合机床生产线。由组合机床联机构成，主要适用于加工箱体及杂类工件的大批量生产。

3）专用机床生产线。主要由专用机床构成，设计制造周期长，投资较大，适用于加工结构特殊、复杂的工件或产品结构稳定的大量生产类型。

4）数控机床生产线。以数控机床为主要加工装备，适应工件品种变化的能力强。

3. 按设备连接方式区分

1）刚性连接生产线。工件传送装置按工位逐一传送工件，各工位之间不设储料库。如一个工位因故停车，则全线被迫停车。

2）柔性连接生产线。将生产线分割成若干段，在段与段之间设有储料库。如某一工段因故停车，其前后工段因有储料库存放和供给工件，仍可继续工作。

4. 按生产线适应产品类型变化的能力区分

（1）单一产品固定节拍生产线

1）生产线用于制造单一品种的产品，生产率高，产品质量稳定。这类生产线的专用性强，投资大，较难进行改造以适应其他产品的生产，故制造的产品应属大量生产类型，可持续生产多年。

2）生产线所有设备的工作节拍等于或成倍于生产线的生产节拍。工作节拍成倍于生产线生产节拍的设备需配置多台并行工作，以满足每个生产节拍完成一个工件的生产任务。

3）生产线的制造装备按产品的工艺流程布局，工件沿固定的路线，采用自动化的物流输送装置，严格按生产线的生产节拍，强制地从一台设备输送到下一台设备，接受加工、检验、转位或清洗等，以缩短工件在工序间的搬运路线，节省辅助时间。

4）由于工件的输送和加工严格地按生产节拍运行，工序间不必储存供周转用的半成品，因此在制品数量少。但如果生产线上的某台设备出现故障，将导致整条生产线的瘫痪。

（2）单一产品非固定节拍生产线

1）生产线主要由专用制造装备组成，一些次要的工序也可采用一般的通用设备，用于制造大量生产类型的单一品种的产品，生产率较高，产品质量稳定，投资强度低于固定节拍生产线。

2）生产线的制造装备按产品工艺流程布局，工件沿固定的路线流动，以缩短工件在工序间的搬运路线，节省辅助时间。

3）生产线上各设备的工作周期是其完成各自工序需要的实际时间，它是不一样的。工作周期最长的设备将一刻不停地工作，而工作周期较短的设备会经常停工待料。

4）生产线相邻设备之间，或相隔若干个设备之间需设置储料装置，将生产线分成若干工段。储料装置前后的设备或工段可以彼此独立地工作。

5）生产线各设备间工件的传输没有固定的节拍，工件在工序间的传送是从加工设备到半成品暂存地，或从半成品暂存地到下一个加工设备。

（3）成组产品可调整生产线

1）按零件族组织加工生产线，扩大了产品批量，减少了品种，便于采用高效方法，提高了生产率。对成组产品中的每个产品来说，属于批量生产类型，持续生产的时间可相对短一些。

2）生产线的制造装备按成组工艺流程布局，各产品的流动路线大致相同。成组工序允许采用同一设备和工艺装置，以及相同或相近的机床调整加工全组零件。成组工艺过程是成组工序的集合，能保证按标准化的工艺路线采用同一组机床加工全组零件。

3）与第二类生产线一样，生产线上各设备的工作节拍是不一样的，设备或工段间需设置储料装置，输送装置的自动化程度通常不是很高。

4）成组夹具具有适应同组零件连续生产的柔性。采用成组夹具代替大量的专用夹具，节约了生产准备时间和设计、制造专用夹具的时间和费用。

（4）柔性制造生产线

1）由高度自动化的多功能柔性加工设备、物料输送装置及计算机控制系统组成，主要用于中小批量生产各种结构形状复杂、精度要求高、加工工艺不同的同类工件。

2）组成柔性制造生产线的加工设备数量不多，但在每台加工设备上，通过工作台转位、自动更换刀具，工序高度集中，完成工件上多个方位、多种加工面、多工种的加工，以减少工件的定位安装次数，减少安装定位误差，简化生产线内工件的运送系统。

3）生产线进行混流加工，即不同种类的工件同时上线，各设备的生产任务是多变的，由生产线的作业计划调度系统根据每台设备的工艺可能性随时分配生产任务。因此，每台设备本身的工作不是等节奏的，各设备更不会有统一的生产节拍。

4）每种工件，甚至同一工件在生产线内流动的路线是不确定的。这是因为各工件的加工工艺不同，采用不同的机床；也由于生产线内的机床可以互相顶替，根据各机床的占用情况，同样的工序也不一定被安排在固定的机床上加工。

5）由于生产线没有统一的节拍，工序间应有在制品的存储。因为工件在生产线中的流动路线是不确定的，为便于管理，工序间的在制品通常储放在统一的场地。

6）物料输送装置有较大的柔性，可根据需要在任一台设备和存储场地之间进行物料的传送，可以是任两台设备之间，也可以是任一设备与任一存储场地之间。

三、影响机械加工生产线工艺和结构方案的主要因素

1. 工件的几何形状及外形尺寸

工件的形状对生产线运输方式有很大的影响，外形规则的箱体件，如气缸体、气缸盖等都具有较好的输送基面，可采用直接输送方式。工件外形尺寸较小，为减少机床的数量，可在一个工位上同时加工几个零件，如气缸体、气缸盖的端面加工的生产线，多采用双工位顺序加工。对于无良好输送基面的工件，可采用随行夹具式生产线，如传动叉、转向节、连杆等。

2. 工件的工艺及精度要求

完成平面加工的生产线较孔加工的生产线复杂得多，对生产线的结构影响很大。有时为了实现多个平面的粗、精加工，工件需多次翻转，从而增加了生产线的辅助设备。同时，为保证铣削工序与其他机床的节拍相同，要增加铣削的工件数，或采用支线形式，使生产线的结构复杂。

当工件加工精度较高时，为减少生产线停车调整时间，常要采用备用机床在生产线内平行排列。有时由于生产率的需要，还采用平行排列的备用精加工工段。

3. 工件的材料

工件材料决定了加工中是否采用切削液，因而对排屑和运输方式有很大影响。例如，钢件不能很好地断屑是影响生产线正常工作的一个重要因素。对于质地较软的非铁金属，即使有合适的输送基面，为避免划伤，也要采用随行夹具式生产线或带抬起输送带的生产线。

4. 要求的生产率

生产率对生产线的配置形式和自动化程度都有较大的影响。工件批量大时，要求生产线能

自动上下料；为平衡生产线的工作节拍，有时要在某些工段采用并行支线形式；为平衡个别工序的机动时间，要采用不同步距的输送带、增加同时加工的工件数。

如果工件的批量不大，则要求生产线有较大的灵活性和可调性，以便进行多品种加工。对一些批量不大，但加工工序很多的箱体件，为提高利用率，在工序安排允许的情况下，让工件几次通过生产线，实现全部工序的加工。

5. 车间平面布置

车间的平面布置对生产线配置形式有很大的影响。对于多工段组成的较长生产线，受车间限制有时可改为折线形式。生产线的配置方案还应考虑前后工序的衔接，毛坯从哪个方向进入车间，加工好的工件往哪里运送，都决定了生产线的流向。切屑的排出方向与车间总排屑沟的布置，车间的电源、压缩空气管道以及下水道总管道的位置、方向，对生产线电气、气动管路及排除冷却水等都有影响，在设计生产线时这些问题都必须注意。

6. 装料高度

生产线的装料高度应与车间原有的滚道高度一致，或与使用单位协商决定。根据组合机床通用部件的配置尺寸要求，一般装料高度为850mm。当采用从下方返回的随行夹具生产线，或工件外形尺寸较小时，装料高度可适当加高。

四、机械加工生产线设计的内容及步骤

机械加工生产线的设计一般可分为准备工作阶段、总体方案设计阶段和结构设计阶段。

1）制订生产线工艺方案，绘制工序图和加工示意图。

2）拟定全线的自动化控制方案。

3）确定生产线的总体布局，绘制生产线的总联系尺寸图。

4）绘制生产线的工作循环周期表。

5）生产线通用加工装备的选型和专用机床、组合机床的设计。

6）生产线输送装置、辅助装置的选型及设计。

7）液压、电气等控制系统的设计。

8）编制生产线的使用说明书及维修等注意事项。

由于总体方案设计和结构设计是相互影响、相辅相成的，因此上述各设计步骤有时需要平行或交错进行。

第二节　生产线工艺方案的设计

工艺方案是确定生产线工艺内容、加工方法、加工质量及生产率的基本文件，是生产线设计的关键。生产线工艺方案的设计涉及以下一些非常重要的问题。

一、生产线工艺方案的制订

（一）工件工艺基准选择

选择工艺基面是制订工艺方案的重要问题。工艺基面选得正确，将能实现最大限度的工序集中，从而减少机床台数，也是保证加工精度的重要条件。下面重点介绍在设计生产线时，选择定位基面应注意的问题，概括起来有如下几条：

1）尽可能在生产线上采用统一的定位基面，以利于保证加工精度，简化生产线的结构。但有时做不到这一点，如有些表面因夹具结构阻碍无法进行加工，需要换另外的定位基准，使这

些表面外露出来才可进行加工。两套定位基准应有足够的相互位置精度，以减少定位误差。

2）尽可能采用已加工面作为定位基准。如工件是毛坯，上生产线后的第一道工序的定位基面应选择工件上最重要的平面，这样做能有效地保证这些平面加工余量的均匀分配。若某一不需加工的表面，相对其他要加工的表面有较高精度要求时，也可选择该表面为粗基准。

3）箱体类工件应尽可能采用"一面两销"定位方式，便于实现自动化，也容易做到全线采用统一的定位基面。两个定位销为一个圆柱销和一个菱形销。为保证插销定位的可靠性，圆柱销通常放在工件移动方向的前端。如箱体类工件没有足够大的支承平面，或该支承平面与主要加工表面之间的位置精度较差，可采用两个相互垂直的平面及一个菱形销进行定位。

4）定位基准应有利于实现多面加工，减少工件在生产线上的翻转次数，减少辅助设备数量，简化生产线结构。

5）在较长的生产线上加工材料较软的工件（铝件）时，其定位销孔因多次定位将严重磨损，为了保证精度，可采用两套定位孔，一套用于粗加工，另一套用于精加工；或采用较深的定位孔，粗加工用定位孔的一半深度，精加工用定位孔的全部深度。

6）定位基准应使夹压位置及夹紧简单可靠。如果工件没有很好的定位基准、夹压位置或输送基准时，可采用随行夹具。

（二）工件输送基面的选择

工件的输送基准与工艺基准之间通常情况下具有一定的关联性，如许多情况下随行夹具的输送基准就是定位基准。工件的输送基准包括输送滑移面、输送导向面和输送棘爪推拉面。工件的输送最好采取直接输送的方式，但这要求工件有足够大的支承面和两侧限位面，以防止在运送时产生倾斜和窜位，还要有推拉面。所有这些平面都应和定位基面（定位面和定位销孔）有一定的精度要求。

形状规则箱体类工件通常采用直接输送方式，必要时可增加工艺凸台，以便实现直接输送。当该类工件用一面两销定位时，通常要求推拉面和侧面限位面到定位销孔中心的距离偏差不大于±0.1mm，所以推拉面和导向面必须经过加工。当毛坯进入生产线时，在结构上应采取措施，保证在输送过程中偏转不大，以使定位销能插入定位孔中。畸形箱体类工件，采用抬起带走式或托盘式输送装置时，应尽量使输送限位面与工件定位基准一致，整个生产线尽量采用统一的输送基面。

小型回转体类工件一般采取滚动或滑动输送方式。滚动输送时主要支承面的直径应尽量一致。滑动输送时，以外圆面作输送基面。当回转体类工件不能以重力输送时，可采用机械手输送，此时要注意被机械手抓取部位与工艺基准的位置要求。

盘、环类工件以端面作为输送基面，采用板式输送装置输送。对一些外形不规则的工件，由于没有合适的输送基面，采用随行夹具或托盘输送。

（三）生产线工艺流程的拟定

工艺流程是工件按照工艺加工顺序连续进行加工的过程。工艺流程的拟定是制订机械加工生产线时重要的一步，它直接关系生产线的经济效益，以及能否达到要求的精度，甚至影响生产线的工作可靠性。

1. 确定各表面的加工方法

确定各表面加工工艺的依据是：工件的材料、各加工表面的尺寸、加工精度和表面粗糙度要求、加工部位的结构特征和生产类型以及现有生产条件等。其中，加工表面的技术要求是决定加工表面加工方法的首要因素。如在大批量生产线中，平面加工一般采用铣削工艺。为提高加工效率，较多采用组合铣刀或多头组合铣床，同时对工件上多个平面进行加工。孔精加工时可采用精镗或精铰。铰削可较好地保证孔的尺寸精度，但对孔的位置精度和直线度的校正能力较差，故当孔的位置精度和直线度要求较高时，精加工常以镗代铰。硬度很低而韧性较大的金属材料应采用切削的方法加工，而不宜用磨削的方法加工。反之，硬度高的工件则最好采用磨削加工。

加工表面加工方法选择的步骤，应首先确定工件主要表面的最终加工方法，然后依次向前选定各预备工序的加工方法和各次要表面的加工方法。在此基础上，还要综合考虑为保证各加工表面位置精度要求而采取的工艺措施，并对已选定的加工方法作适当调整。

2. 划分加工阶段

机械加工工艺过程一般可划分为粗加工、半精加工、精加工和光整加工几个阶段。划分加工阶段，使粗加工产生的误差和变形能够通过半精加工和精加工予以纠正，并逐步提高零件的精度和表面质量。粗加工要求采用刚性好、效率高而精度较低的机床，精加工则要求机床精度高。划分加工阶段后，可避免以精干粗，可以充分发挥机床的性能，延长使用寿命。划分加工阶段便于安排热处理工序，使冷、热加工工序配合得更好。例如，粗加工后一般要安排去应力的时效处理，以消除内应力；精加工前要安排淬火等最终热处理，其变形可以通过精加工予以消除。此外，划分加工阶段有利于及早发现毛坯的缺陷，从而及时予以报废，以免继续加工造成工时的浪费。

当生产批量较小、机床负荷率较低时，从经济性角度考虑，也可用同一台机床进行粗、精加工，但应采取相应措施以减少上述不利影响。例如，粗加工和精加工不同时进行；粗、精加工采用不同的夹具夹紧力；粗、精加工在机床的不同工位进行；加工孔时采用刚性主轴不带导向，或导向不在夹具上，在托架上等。

3. 确定工序集中和分散程度

工件表面的加工方法和加工阶段划分后，工件加工的各个工步也就确定了。如何根据这些工步确定工序则需要根据工序集中与分散的原则。工序集中可以实现工件一次装夹情况下的多个表面加工，有利于保证各加工表面间的相互位置精度，减少机床的数量。工序分散则使机床和工夹具比较简单，调整比较容易，易于变换产品。在生产线按机床分配工序时，应力求减少机床的台数，但要注意通用部件性能的可能性，以及生产线的操作、调整、刀具工作情况的观察和更换的方便性等。决定工序集中程度时应考虑的问题如下：

1）为减少机床台数，机床应尽可能采用双面，必要时甚至三面的配置方案。对于小平面上孔的加工，采用多工位的方法。

2）有些工序，如钻孔、钻深孔、铰孔、镗孔和攻螺纹等，它们的切削用量、工件夹紧力、夹具结构、润滑要求等有较大差别，不宜集中在同一工位或同一台机床上加工。

3）采用多轴加工是提高工序集中程度的最有效办法，但要注意主轴箱上的主轴不要过密，以保证拆卸刀具的便利。

4）采用复合刀具在一台机床上完成几道工序的加工。如钻螺纹底孔时复合倒角，或者钻孔时复合倒角及锪端面等，都是提高工序集中程度的手段。

5）工件上相互之间有严格位置精度要求的表面，其精加工宜集中在同一工位或同一台机床上进行。

6）确定工序集中的程度应充分考虑工件的刚性，避免因切削力和夹紧力过大影响加工精度。

7）充分考虑粗、精加工工序的合理安排，避免粗加工时热变形以及由于工件和夹具刚性不足产生的变形影响精加工精度。

4. 安排工序顺序

一般工件的加工要经过切削加工、热处理和辅助工序等。因此，确定加工顺序时，要全面地把切削加工、热处理和辅助工序结合起来加以考虑。辅助工序包括工件的检验、去毛刺、清洗和涂防锈油等。其中，检验工序是主要的辅助工序，它对保证产品质量有极重要的作用。安排工件各加工工序在生产线上的加工顺序，一般要注意下列原则：

1）先粗后精、粗精分开。对于平面和大孔的粗加工应放在生产线前端机床上进行，对易出现废品的高精度孔也应提前进行粗加工。高精度的精加工工序，一般应放在生产线的最后进行，要注意将粗、精加工工序拉开一些，以避免粗加工热变形对精加工的影响，以及在精加工后又进行重负荷的粗加工，引起夹压变形，破坏精加工的精度。对于一些不重要的孔，若粗加工不会影响精加工精度时，粗、精加工可以排得近些，以便调整工序余量，及早发现前道工序的问题。

2）特殊处理、线外加工。位置精度要求高的加工面尽可能在一个工位上加工；同轴度公差小于0.05mm 的孔系，其半精加工和精加工都应从一侧进行。易出现废品的粗加工工序，应放在生产线的最前面，或在线外加工，以免影响生产线的正常节拍。精度太高、不易稳定达到加工要求的工序一般也不应放在线内加工。如在线内加工，应自成工段，并有较大的生产潜力，即使产生较高的废品率也不会影响生产线的正常节拍。如对于高精度孔的加工，由于尺寸公差要求很严，在生产线上加工时，需采取备用机床、自动测量、刀具自动补偿等相应措施，甚至设计成备有支线的单独精加工线。

3）单一工序。小直径钻孔一般不宜和大直径镗孔放在一起，以免使得主轴箱传动系过于复杂，以及不便于调整和更换刀具。攻螺纹工序应分出来，安排在单独的机床上进行，必要时也可以安排为单独的攻螺纹工段，并放在生产线的最后，这样做便于安排攻螺纹的润滑、切屑的处理，也不致弄脏工件，对处理、减少清洗装置和改善生产线的卫生条件均有好处。当自动线有清洗设备时，攻螺纹机床或工段最好放在清洗设备之前。

4）减少辅助装置。生产线上多一个转位装置，就造成了工段的增加，使生产线结构和控制系统复杂，也增加了在工件输送装置，以及电、气、液压设备方面的投资，占地面积加大。

5）基准先行，先主后次，先面后孔。

6）全面考虑辅助工序。这对保证生产线的可靠工作同样具有很大的意义。在不通孔中积存切屑，就会引起丝锥折断；高精度的孔加工没有测量，也可能出现大量的废品。一般还要在零件粗加工阶段结束之后或者重要工序加工前后，以及工件全部加工结束之后安排检验工序。

（四）选择合理的切削用量

在工艺文件中一般要规定每一工步的切削用量，它是计算切削力、切削功率和加工时间的必要数据，是设计机床、夹具、刀具的依据。合理选择切削用量是保证生产线加工质量和生产率的必要手段之一。确定生产线切削用量时应注意以下问题：

1）生产线刀具寿命的选择原则。目前尚无统一的规定，较多考虑的原则是换刀不占用或少占用上班时间。目前我国一般取生产线中最短的刀具寿命为400min 左右或200min 左右，相应刀具不磨刀的工作时间为一个班或半个班。这个数值比单台机床刀具寿命要长些，所以生产线上所选用的切削用量比一般机床单刀加工的寿命低15% ~30%。

2）对于加工时间长，影响生产线生产节拍的工序，应尽量采用较大的切削用量以缩短加工时间。但是正如上面所指出的，应保证其中寿命最短的刀具能连续工作一个班或半个班，以便利用生产线非工作时间进行换刀。对于加工时间不影响生产线生产节拍的工序，可以采用较低的切削用量，提高刀具寿命，以减少生产成本。

3）同一个刀架或主轴箱上的刀具，一般共用一个进给系统，各刀具每分钟的进给量是相同的，此时应注意选择各刀具的转速，确定合理的切削速度和每转进给量，使各刀具具有大致相同的寿命。

4）选择复合刀具的切削用量时，应考虑到复合刀具各个部分的强度、寿命及其工作要求。

二、生产节拍的平衡和生产线的分段

（一）生产节拍的平衡

制造业的生产线多半是在进行了细分之后的多工序连续作业生产线，由于分工作业，简化了作业难度，使作业熟练度容易提高，从而提高了作业效率。然而经过这样的作业细分化之后，各工序的作业时间在理论上、现实上都不会完全相同，存在工序时间不一致的现象。除了造成无谓的工时损失外，还造成大量的工序堆积（即存滞品发生），严重的还会造成生产的中止。为了解决以上问题就必须对各工序的作业时间平均化，以使生产线能顺畅活动，使生产线取得良好的经济效益。

生产线的节拍是指连续完成相同的两个产品之间的间隔时间。换句话说，即指完成一个产品所需的平均时间。生产线工艺平衡即是对生产的全部工序进行平均化，调整各作业负荷，以使各作业时间尽可能相近。通过平衡生产线，可以提高操作者及设备工装的工作效率；可以减少单件产品的工时消耗，降低成本；可以减少工序的在制品，真正实现有序流动；可以在平衡的生产线基础上实现单元生产，提高生产应变能力，应对市场变化。

生产线的生产节拍 t_j（min/件）可根据公式（7-1）计算。

$$t_j = \frac{60T}{N}\beta_1 \tag{7-1}$$

式中 T——年基本工时（h/年），一般规定，按一班制工作时为2360h/年，按两班制工作时为4650h/年；

β_1——复杂系数，一般取0.65～0.85，复杂的生产线因故障导致开工率低些，应取低值，简单的生产线则取高值；

N——生产线加工工件的年生产纲领（件数/年）。

$$N = qn(1 + p_1 + p_2)$$

式中 q——产品的年产量（台数/年）；

n——每台产品所需生产线加工的工件数量（件数/台）；

p_1——备品率；

p_2——废品率。

算出生产线的节拍后，就可找出哪些工序的节拍大于 t_j，这些工序限制了生产线的生产率，使生产线达不到生产节拍要求，这些工序称为限制性工序。必须设法缩短限制性工序的节拍，以达到平衡工序节拍的目的。当工序节拍比 t_j 慢很少时，可以采用提高切削用量的办法来缩减其工序节拍，但在大多数情况下，工序节拍比 t_j 慢很多，这时就必须采用下列措施来实现节拍的平衡：

1）综合应用到程序分析、动作分析、规划分析、搬运分析、时间分析等方法和手段，对限制性工序进行评估优化，使作业改善。

2）作业转移、分解与合并。将瓶颈工序的作业内容分担给其他工序；合并相关工序，重新排布生产线加工工序，相对来讲在作业内容较多的情况下容易拉平衡；分解作业时间较短的工序，把该工序安排到其他工序当中去。

3）采用新的工艺方法，提高工序节拍。

4）增加顺序加工工位。采用工序分散的方法，将限制性工序分解为几个工步，摊在几个工位上完成。例如，气缸体的纵向油道孔，由于直径较小而孔很长，若只安排在一个加工工位上加工，就满足不了生产线的节拍要求，故可将长孔分成几段，分别在不同工位上加工。但采用这种方法平衡节拍，会在工件的已加工表面上留下接刀痕迹，因此仅适用于粗加工或精度和表面质量要求不高的工序。

5）实行多件并行加工，以提高单件的工序节拍。通常用多台同样的机床对多个同样的工件同时进行加工。这样做需要在限制性工序的前后设立专用的输送装置，将待加工工件分送到各台机床和将已加工工件从各台机床取出送到生产线的输送装置上，增加了生产线的复杂程度。采用多工位加工机床，各工位完成同样工件不同工步的加工，每次转位就完成一个工件的加工，可以明显地提高单件的工序节拍，又不需要上述的专用输送装置，但这类机床的结构比较复杂。

6）在同一工位上增加同时加工工件的数目。如在同一工位上加工两个工件，此时输送带每次行程为两个工件的步距。

（二）生产线的分段

生产线属于以下情况时往往需要分段：

1）当工件因为工艺上的需要在生产线上要进行转位或翻转时，工件的输送基面变了，往往使得全线无法采用统一的输送带，而必须分段独立输送。在这种情况下，转位或翻转装置就自然地将生产线分成若干段。

2）如前所述，为了平衡生产线的生产节拍，当需要对限制性工序采用“增加同时加工的工位数”或“增加同时加工的工件数”等办法，以缩短限制性工序的工时时，往往也需要将限制性工序单独组成工段，以便满足成组输送工件的需要。

3）当生产线的工位数多，生产线较长时，如生产线不分段，线内任一工位因故停止工作，将会导致全线的停产。因此，对这样的生产线往往应该分段，并在相邻段之间设立储料库，使各工段在相邻工段停产的情况下还能独立运行一段时间，提高生产线的设备利用率。

4）当工件加工精度要求较高时，要求工件粗加工后存放一段时间，以减少工件热变形和内应力对后续工序的影响。这时也需要将生产线分段，工件经粗加工后下线，在储料库内存放一定的时间，再运送到精加工工段进行加工。

三、生产线的技术经济性能评价

一条生产线的设计和建造过程，实质上是按照被加工产品的生产纲领和技术要求，选择采用相适应的工艺装备、辅助装置和控制系统，在充分论证、分析研究和比较其技术经济效益的基础上，不断地完善设计、试验、制造和调试直到建成的过程。生产线的生产率、技术经济效益依赖于生产线的工作可靠性。生产线的实际生产率随可靠性的提高而提高，并能较充分利用生产线的工艺可能性，从而达到保证和提高技术经济效益的目标。因此，生产线的工作可靠性、生产率和经济效益是设计和建造生产线时首先应该考虑和要协调解决的问题，也是评价生产线优劣的主要指标。

（一）生产线的可靠性

生产线的可靠性是指在给定的生产纲领所决定的规模下，在生产线规定的全部使用期限内（如一个工作班），连续生产合格产品的工作能力。生产线的可靠性越低，生产率损失就越大，实际生产率和理论生产率之间的差距也越大，而且会使管理人员和调整工人的数目增加，不仅增加了工资费用，而且增加了修理和保养费用。

生产线发生了使其工作能力遭到破坏的事件，称为生产线的故障。由于生产线所使用的元器件、零部件、各种机构、装置、仪器、工具和控制系统等损坏或不能正常工作引起的故障，称为元器件故障。由于生产线加工的工件不符合技术要求以及组织管理原因引起的生产线停顿，称为参数故障。元件故障表征动作可靠性，参数故障表征工艺加工精度以及使用管理方面的可靠性。对于生产线而言，参数故障往往是人为因素造成的，为使研究生产线可靠性问题简化，常不考虑。当只考虑不发生元器件故障的平均工作时间时，设每一个元器件的故障与其他元器件的故障无关，则生产线不发生故障的概率决定于生产线所用元器件工作不发生故障的概率的乘积。随着生产线复杂程度的提高，其组成的元器件随之增多，即使每个元器件的可靠性都很高，生产线不发生故障的概率也将随之急剧降低。

生产线的使用效果在很大程度上还取决于找寻故障原因、排除故障及恢复其工作能力所需的时间。通常，生产线工作能力恢复时间概率的分布，也像无故障工作时间概率的分布一样，可以描述成指数形式。设在生产线工作的 T_H期间，发生了 n 次故障，排除这些故障共花费了时间 T_x（即总故障停机时间），其恢复工作能力的平均时间为 Q_{cp}，则有

$$Q_{cp}=\frac{T_x}{n} \tag{7-2}$$

设生产线恢复工作能力的平均时间与生产线工作时间之比称为生产线恢复工作的时间比重，并记为 τ，则有

$$\tau=\frac{Q_{cp}}{T_H} \tag{7-3}$$

Q_{cp}和 τ 说明了生产线恢复工作能力的时间要素的重要性。Q_{cp}、τ 的数值是衡量生产线工作可靠性和维修度的重要指标，并可明显看出，提高生产线可靠性和使用效率的主要措施如下：

1）采用高可靠性的元器件是提高生产线可靠性的主要手段。

2）提高寻找故障和排除故障的速度。例如，在电气控制系统中采用自诊断技术，能很快找出故障点，便于排除故障。对于易出故障的元器件以及较复杂的单元电路板，可以增加备件，以便出现故障时及时更换，缩短维修时间。

3）重要的和加工精度要求高的工位采用并联排列，易于出故障的电路和电气元器件采用并联连接。还有采用容错技术和自诊断技术相结合，自动查找故障并自动转换至并联元器件和电路上运行，也可由人工转换至并联的工位继续运行，这样都将大大节省故障停机时间。

4）把生产线分成若干段，采用柔性连接，则每段组成的元器件数将大量减少，可提高生产线的可靠性。

5）加强管理，克服由于技术工作和组织管理不完善所造成的生产线停机时间。

（二）生产线的生产率

1. 生产线生产率的分析

生产线在正常运行并处于连续加工时，生产一个工件的工作循环时间就是生产线的节拍。由生产线工作循环时间所决定的生产率称为生产线的循环生产率，它是在假定生产线没有任何故障和停顿而连续工作的条件下计算的，但实际上生产线总是在正常工作和各种不同情况的停顿互相交替出现的状态下运行的，因此，生产线的实际生产率将大大受到各种停顿的影响而低于循环生产率。生产线的停顿状态通常是由下列各种原因造成的。

1）调整和更换刀具或工具。

2）组成生产线的元器件、设备、装置和仪器仪表等的故障。

3）由于组织管理不善，如停工待料等所造成的停顿。

4）生产线虽能工作，但生产出的工件不符合技术要求。这种用于生产废品的时间或调整加工精度的时间，也属生产线的停顿时间。

5）在多品种生产的生产线上，更换加工对象的调整，使生产线不能正常运行而处于停顿状态。

上述生产线的各种停顿越频繁，停顿时间越长，则生产线的实际生产率越低，单位时间里

平均生产的合格品越少。

为了估计生产线的循环外停顿对其生产率的影响，必须把生产线的总停顿时间分摊到每一个加工工件的时间中去，此时生产线的实际生产率往往比生产线的循环生产率低很多。

2. 生产线生产率与可靠性的关系

生产线的各种停顿，是由于技术和组织管理等因素造成的，是和生产线的可靠性密切联系的。所以，生产线的可靠性直接影响生产线的生产率。可靠性高，生产率也随之提高。

生产线的无故障工作的周期，就其长短和起始点来说，是随机的，所以生产线的循环外损失时间的大小也是随机的。因此，生产线的实际生产率也具有随机性。

如果将组织管理等人为因素所造成的生产线停顿包含在故障范畴之内，生产线的实际生产率就取决于三个因素，即生产线的工作循环周期、故障强度及发现和排除故障的持续时间。由此可见，生产线的可靠性对保证实际生产率的重要性。

（三）生产线的经济效益分析

新设计的生产线，最佳方案的选择必须包含经济效益的分析与比较。符合产品加工全部技术要求的生产线，不一定是一条经济效益好的生产线。对新设计的生产线进行经济效益的计算分析和比较，不单是为了计算其经济效益，而且是为了对生产线的技术参数和水平进行选择，使得新建的生产线在技术上和经济上都是最佳的，从而保证在采用新技术的同时，能取得最大的经济效益。评价生产线经济效果的指标很多，如机床平均负荷率、制造零件的生产成本和投资回收期等，其中生产线的投资回收期长短对是否建立新的生产线和建立什么样的生产线的影响很大，直接关系到生产线的经济效益，是生产线设计的重要经济指标。

生产线建线投资回收期限 T（年）为

$$T=\frac{I}{N(S-C)} \tag{7-4}$$

式中 I——生产线建线投资总额（元）；

S——零件的销售价格（元/件）；

C——零件的制造成本（元/件）；

N——计算生产纲领。

生产线建线投资回收期限 T 越短，生产线的经济效益越好。一般应同时满足以下条件才允许建线：

1）投资回收期应小于生产线制造装备的使用年限。

2）投资回收期应小于该产品（零件）的预定生产年限。

3）投资回收期应小于4~6年。

在生产线建线投资总额 I 中，加工装备尤其是关键加工装备的投资所占份额甚大，在决定选购复杂昂贵加工装备前，必须核算其投资的回收期限，如在4~6年内收不回设备投资，则不宜选购，应另行选择其他类型的加工装备。

第三节　生产线专用机床的总体设计

一、概述

生产线上的加工装备既有通用机床、数控机床，也有专用机床。通用机床和数控机床一般都有定型产品，可以根据生产线的工艺要求进行选购。专用机床没有定型产品，必须根据所加工零件的工艺要求进行专门设计。虽然生产线所采用的工艺设备类型很多，但归纳起来，可以分为以下几大类：

（1）通用的自动机床和半自动机床　在生产线上选用这类机床时，只需添加输料和装卸料机构即可形成生产线所需的设备。如单轴或多轴自动机床等。

（2）经自动化改造的通用机床　在通用机床的基础上，进行机械和电气系统改造，实现加工过程的自动化，以满足生产线的某种特殊加工要求。

（3）专用机床　专用机床是针对加工某种零件的特定工序设计的，在设计时应充分考虑成组加工工艺的要求，根据相似零件族的典型零件的工艺要求进行设计。典型零件是指具有相似零件族内各个零件全部结构特征和加工要素的零件，它可能是一个真实的零件，更可能是由人工综合而成的假想零件。

由于组合机床在生产线中使用比较广泛，本节以组合机床为例介绍专用机床的总体设计原理。

二、组合机床的组成、特点及基本配置形式

（一）组合机床的组成及特点

组合机床是根据工件加工需要，以通用部件为基础，配以少量按工件特定形状和加工工艺设计的专用部件和夹具而组成的一种高效专用机床。图 7-2 所示为典型的双面复合式单工位组合机床。其组成是：侧底座 1、滑台 2、镗削头 3、夹具 4、多轴箱 5、动力箱 6、立柱 7、垫铁 8、立柱底座 9、中间底座 10、液压装置 11、电气控制设备 12、刀工具 13 等。通过控制系统，在两次装卸工件间隔时间内完成一个自动工作循环。图中各个部件都是具有一定独立功能的，并且大都是已经系列化、标准化和通用化的通用部件。通常情况下，夹具 4、中间底座 10 和多轴箱 5 是根据工件的尺寸形状和工艺要求设计的专用部件，但其中的绝大多数零件，如定位夹压元件、传动件等，也都是标准件和通用件。

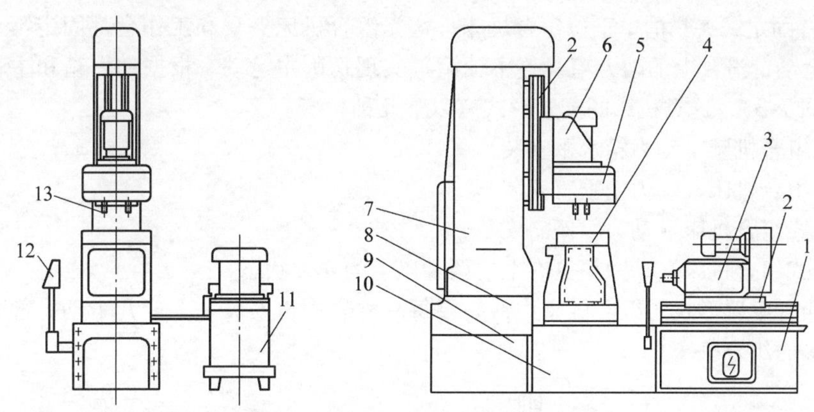

图 7-2　双面复合式单工位组合机床

1—侧底座　2—滑台　3—镗削头　4—夹具　5—多轴箱　6—动力箱　7—立柱　8—垫铁　9—立柱底座
10—中间底座　11—液压装置　12—电气控制设备　13—刀工具

通用部件是组成组合机床的基础。用来实现机床切削和进给运动的通用部件，如单轴工艺切削头（即镗削头、钻削头、铣削头等）、传动装置（驱动切削头）、动力箱（驱动多轴箱）、进给滑台（机械或液压滑台）等为动力部件。用以安装动力部件的通用部件（如侧底座、立柱、立柱底座等）称为支承部件。

组合机床具有如下特点：

1）主要用于棱体类零件和杂件的孔面加工。

2）生产率高。因为工序集中，可多面、多工位、多轴、多刀同时自动加工。

3）加工精度稳定。因为工序固定，可选用成熟的通用部件、精密夹具和自动工作循环来保证加工精度的一致性。

4）研制周期短，便于设计、制造和使用维护，成本低。因为通用化、系列化、标准件程度高，通用零部件占70%～90%，通用件可组织批量生产进行预制或外购。

5）自动化程度高，劳动强度低。

6）配置灵活。因为结构模块化、组合化。可按工件或工序要求，用大量通用部件和少量专用部件灵活组成各种类型的组合机床及自动线；机床易于改装；产品或工艺变化时，通用部件一般还可以重复利用。

（二）组合机床的工艺范围与机床配置形式

1. 组合机床的工艺范围

目前，组合机床主要用于平面加工和孔加工两类工序。平面加工包括铣平面、锪（刮）平面、车端面；孔加工包括钻、扩、铰、镗孔以及倒角、切槽、攻螺纹、锪沉孔、滚压孔等。随着综合自动化的发展，其工艺范围正扩大到车外圆、行星铣削、拉削、推削、磨削、珩磨及抛光、冲压等工序。此外，还可以完成焊接、热处理、自动装配和检测、清洗和零件分类及打印等非切削工作。

组合机床在汽车、拖拉机、柴油机、电动机、仪器仪表、军工及轻工行业大批大量生产中已获得广泛的应用；一些中小批量生产的企业，如机床、机车、工程机械等制造业中也已推广应用。组合机床最适宜于加工各种大中型箱体类零件，如气缸盖、气缸体、变速箱体、电动机座及仪表壳等零件；也可用来完成轴套类、轮盘类、叉装类和盖板类零件的部分或全部工序的加工。

2. 大型组合机床的配置形式

（1）具有固定式夹具的单工位组合机床　这类组合机床夹具和工作台都固定不动。动力滑台实现进给运动，滑台上的动力箱（连主轴箱）实现切削主运动。根据动力箱和主轴箱的安置方式不同（图7-3），这类机床的配置形式有以下几种：

1）卧式组合机床（动力箱水平安装）。

2）立式组合机床（动力箱垂直安装）。

3）倾斜式组合机床（动力箱倾斜安装）。

4）复合式组合机床（动力箱具有上述两种以上的安装状态）。

在以上四种配置形式的组合机床中，如果每一种之中再安装一个或几个动力部件，还可以组成双面或多面组合机床。

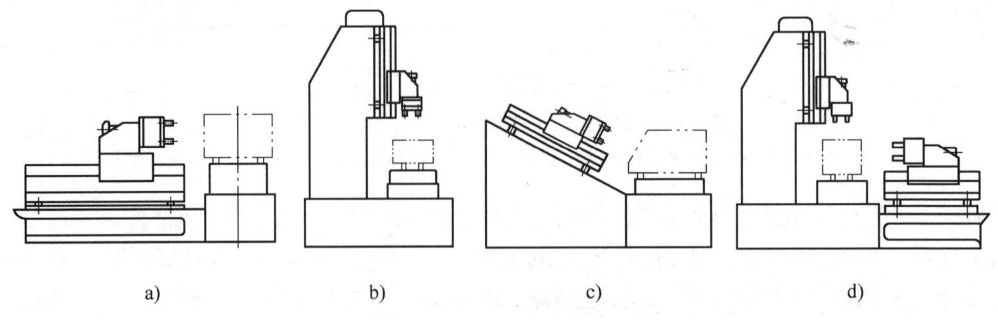

图7-3　具有固定式夹具的组合机床

a）卧式组合机床　b）立式组合机床　c）倾斜式组合机床　d）复合式组合机床

（2）具有移动式夹具的（多工位）组合机床　这类组合机床的夹具安装在直线移动工作台或回转运动工作台上，并按照一定的节拍时间作间歇移动或转动，使工位得到转换。这类机床的配置形式，常见的有以下四种：

1）具有移动工作台的机床（图7-4）。这类机床的夹具和工件可作直线往复移动。

2）具有回转工作台的机床（图7-5）。这种机床的夹具和工件可绕垂直轴线回转，在回转工作台上每个工位通常都装有工件。

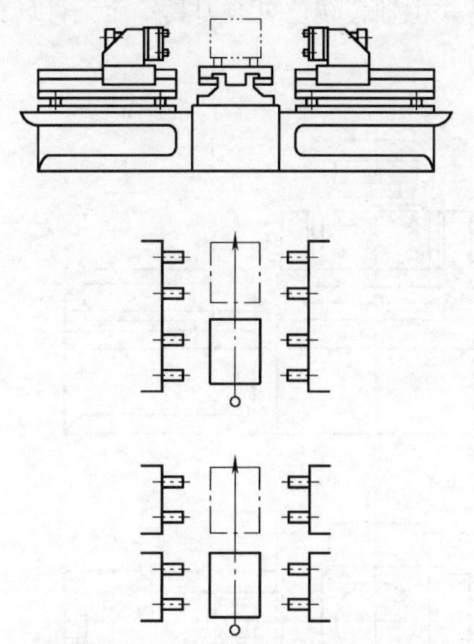

图7-4　具有移动工作台的组合机床

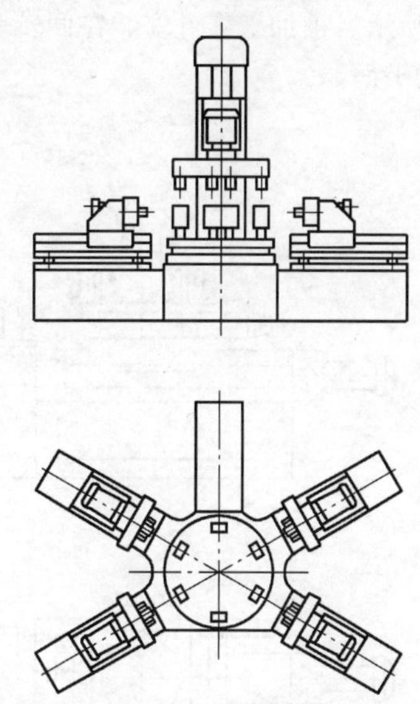

图7-5　具有回转工作台的组合机床

3）鼓轮式机床（图7-6）。这种机床的夹具和工件可绕水平轴线回转。此种机床一般为卧式单面或卧式双面，而较少采用三面配置。此外也有辐射式的，它除了安装卧式动力部件外，还在垂直于鼓轮回转轴线的平面上安装动力部件。

4）中央立柱式机床（图7-7）。这种机床具有台面直径较大的环形回转工作台。在工作台中央安装立柱，立柱上安装动力部件，而在工作台的周围还安装有卧式动力部件，工件和夹具则安装在回转工作台上，这种机床一般都是复合式的。

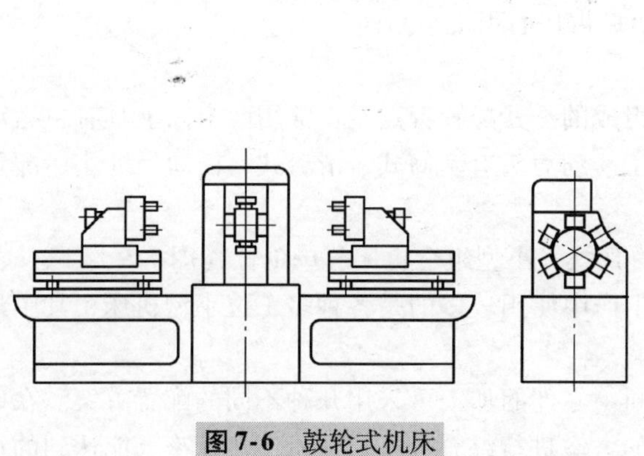

图7-6　鼓轮式机床

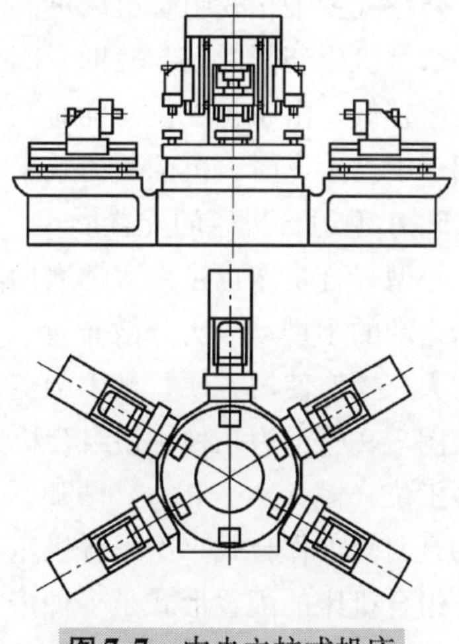

图7-7　中央立柱式机床

（3）转塔主轴箱式组合机床　转塔主轴箱式组合机床分为两类：单轴转塔动力头式组合机床和多轴转塔头式组合机床。前者转塔头的每个接合面可安装一个主轴箱。这种机床的一般配置形式有：

1）转塔式主轴箱只实现切削运动，被加工零件安装在滑台上，由滑台实现进给运动，如图7-8a所示。

2）转塔式主轴箱安装在滑台上，转塔式主轴箱既能实现切削主运动又实现进给运动，如图7-8b所示。被加工零件安装在回转工作台上，转塔式主轴箱转位更换刀具，而工件转位该换被加工的平面。

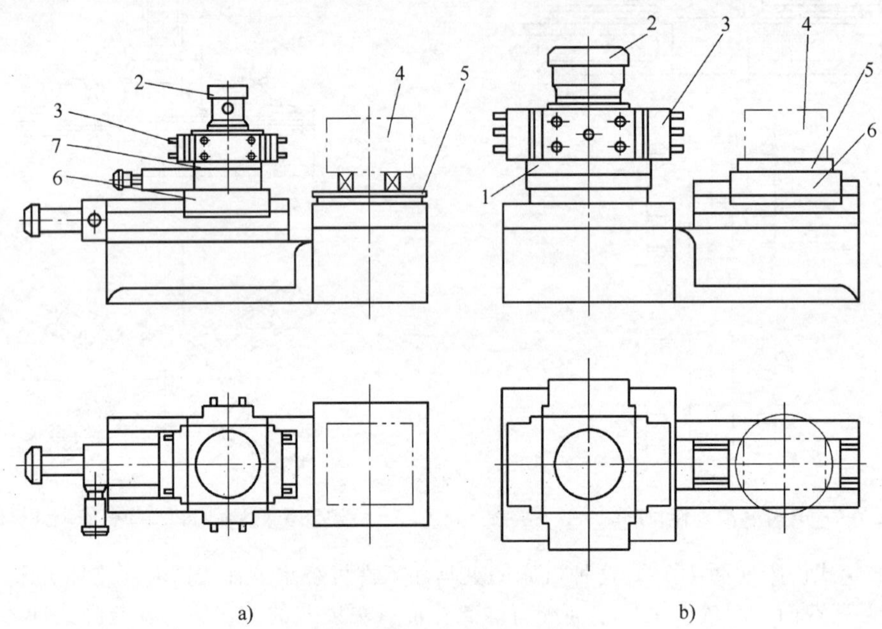

图7-8　转塔主轴箱式组合机床

a）卧式组合机床　b）立式组合机床

1—转塔　2—电动机　3—转塔主轴箱　4—工件　5—回转工作台　6—进给滑台　7—转塔架

转塔式主轴箱式组合机床可以组成双面式或三面式，同时对工件的两、三个平面进行加工。

这类机床切削时间与辅助时间不重合，转塔主轴箱各工位的切削时间串联，因此机床的工作效率较低。由于各工位切削时间不重合，减少了切削振动的互相干扰，加工精度较高。当机床用于中批生产时，机床负荷效率较高，机床占地面积较小。

3. 小型组合机床的配置形式

小型组合机床也是由大量通用零部件组成的。其配置特点是：常用两个以上具有主运动和进给运动的小型动力头分散布置、组合加工。动力头有套筒式、滑台式，横向尺寸小，配置灵活性大，操作使用方便，易于调整和改装。

图7-9所示为几种小型组合机床的配置形式。小型组合机床分单工位（图7-9a、b、c、d）和多工位（图7-9e、f、g）两类。目前在生产中使用较多的是各种多工位小型机床，其中最常用的是回转工作台式小型组合机床。

组合机床的配置形式是多种多样的，同一零件的加工可采用几种不同的配置方案。在确定组合使用机床配置形式时，应对几个可行的方案进行综合分析，从机床负荷率、能达到的加工精度、使用和排屑的方便性、机床的可调性、机床部件的通用化程度、占地面积等方面作比较，选择合理的机床总体布局方案。

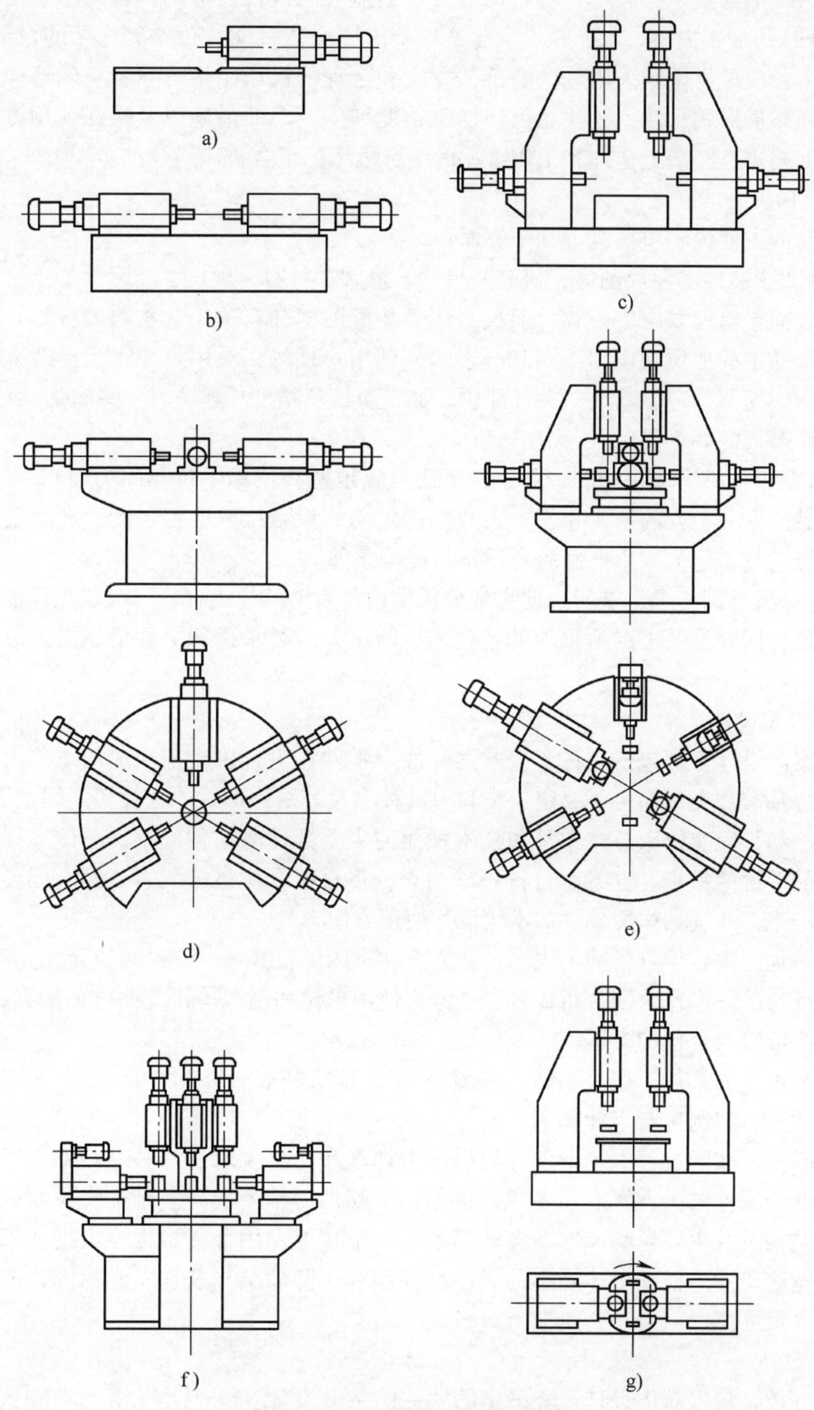

图 7-9　小型组合机床的配置形式

a)、b)、c)、d) 单工位配置形式　e)、f)、g) 多工位配置形式

三、组合机床设计的步骤

组合机床一般都是根据和用户签订的设计、制造合同进行设计的。合同中规定了具体的加工对象（工件）、加工内容、加工精度、生产率要求、交货日期及价格等主要的设计原始数据。在设计工程中，应尽量做到采用先进的工艺方案和合理的机床结构方案；正确选择组合机床通用部件及机床布局形式；要十分注意保证加工精度和生产率的措施以及操作使用方便性，力争设计出技术上先进、经济上合理和工作可靠的组合机床。组合机床设计的步骤大致如下：

1. 调查研究

调查研究的主要内容包括以下几个方面：

1）认真阅读被加工零件图样，研究其尺寸、形状、材料、硬度、质量、加工部位的结构及加工精度和表面粗糙度要求等内容。通过对产品装配图样和有关工艺材料的分析，充分认识被加工零件在产品中的地位和作用。同时必须深入到用户现场，对用户原来生产所采用的加工设备、刀具、切削用量、定位基准、夹紧部位、加工质量及精度检验方法、装卸方法、装卸时间、加工时间等作全面的调查研究。

2）深入到组合机床使用和制造单位，全面细致地调查使用单位车间的面积、机床的布置、毛坯和在制品流向、工人的技术水平、刀具制造能力、设备维修能力、动力和起重设备等条件以及制造单位的技术能力、生产经验和设备状况等条件。

3）研究分析合同要求，查阅、搜集和分析国内外有关的技术资料，吸取先进的科学技术成果。对于满足合同要求的难点拟采取的新技术、新工艺应要求进行必要的试验，以取得可靠的设计依据。

2. 总体方案设计

总体方案的设计主要包括制订工艺方案（确定零件在组合机床上完成的工艺内容及加工方法，选择定位基准和夹紧部位，决定工步和刀具种类及其结构形式，选择切削用量等）、确定机床配置形式、制订影响机床总体布局和技术性能的主要部件的结构方案。总体方案的拟定是设计组合机床最关键的一步。方案制订得正确与否，将直接影响机床能否达到合同要求，保证加工精度和生产率，并且结构简单、成本较低和使用方便。

对于同一加工内容，有各种不同的工艺方案和机床配置方案，在最后决定采用哪种方案时，必须对各种可行的方案作全面分析比较，并考虑使用单位和制造单位等诸方面因素，综合评价，选择最佳方案或较为合理的方案。

总体方案设计的具体工作是编制“三图一卡”，即绘制被加工零件工序图、加工示意图、机床总联系尺寸图，编制生产率计算卡。

在设计联系尺寸图过程中，不仅要根据动力计算和功能要求选择各通用部件，往往还应对机床关键的专用部件结构方案有所考虑。例如，影响加工精度的较复杂的夹具要画出草图，以确定可行的结构及其主要轮廓尺寸；多轴箱是另一个重要专用部件，也应根据加工孔系的分布范围确定其轮廓尺寸。根据上述确定的通用部件和专用部件结构及加工示意图，即可绘制机床总体布局联系尺寸图。

3. 技术设计

技术设计就是根据总体设计已经确定的“三图一卡”，设计机床各专用部件正式总图，如设计夹具、多轴箱等装配图，以及根据运动部件有关参数和机床循环要求，设计液压和电气控制原理图。设计过程中，应按设计程序作必要的计算和验算等工作，并对第二、三阶段中初定的数据、结构等作相应的调整或修改。

4. 工作设计

当技术设计通过审查（有时还需请用户审查）后即可开展工作设计，即绘制各个专用部件的施工图样、编制各部件零件明细表。

四、组合机床总体设计

组合机床总体设计主要是绘制“三图一卡”，就是针对具体的零件，在选定的工艺和结构方案的基础上，进行组合机床总体方案图样文件设计。其内容包括：绘制被加工零件工序图、加工示意图、机床总联系尺寸图和编制生产率计算卡等。

（一）被加工零件工序图

1. 被加工零件工序图的作用与内容

被加工零件工序图是根据制订的工艺方案，表示所设计的组合机床（或生产线）上完成的工艺内容，加工部位的尺寸、精度、表面粗糙度及技术要求，加工用的定位基准、夹紧部位以及被加工零件的材料、硬度和在本机床加工前加工余量、毛坯或半成品情况的图样。除了设计研制合同外，它是组合机床设计的具体依据，也是制造、使用、调整和检验机床精度的重要文件。被加工零件工序图是在被加工零件图基础上，为突出本机床或自动线的加工内容，并作必要的说明而绘制的。其主要内容如下：

1）被加工零件的形状和主要轮廓尺寸，以及与本工序机床设计有关的部位结构形状和尺寸。当需要设置中间导向时，则应把与中间导向邻近的工件内部肋、壁的布置及有关结构形状和尺寸表示清楚，以便检查工件、夹具、刀具之间是否相互干涉。

2）本工序所选用的定位基准、夹紧部位及夹紧方向，以便据此进行夹具的支承、定位、夹紧和导向等结构设计。

3）本工序加工表面的尺寸、精度、表面粗糙度、几何公差等技术要求以及对上道工序的技术要求。

4）注明被加工零件的名称、编号、材料、硬度以及加工部位的余量。

末端传动壳体精镗孔组合机床的被加工零件工序如图 7-10 所示。

2. 绘制被加工零件工序图的规定及注意事项

（1）绘制被加工零件工序图的规定　为使被加工零件工序图表达清晰明了，突出本工序内容，绘制时规定：应按一定的比例，绘制足够的视图及剖面；本工序加工部位用粗实线表示，在保证的加工部位尺寸及位置尺寸数值下方画“—”粗实线，如图 7-10 中的 $\phi 90^{+0.06}_{0}$，其余部位用细实线表示；定位基准符号用∨表示，并标明数字表明消除自由度数量（如∨3）；夹紧位置符号用↓表示，辅助支承符号用⩓表示。

（2）绘制被加工零件工序图的注意事项

1）本工序加工部位的位置尺寸应与定位基准直接发生关系。当本工序定位基准与设计基准不符时，必须对加工部位的位置精度进行分析和换算，并把不对称公差换算为对称公差，如图 7-10 中尺寸（152.4 ±0.1）mm，是由被加工零件图中的尺寸 $152.5^{\ 0}_{-0.2}$mm 换算而来的。有时也可将工件某一主要孔的位置尺寸从定位基准面开始标注，其余各孔则以该孔为基准标注，如图 7-10 中尺寸（226.54 ±0.06）mm。

2）对工件毛坯应有要求，对孔的加工余量要认真分析。在镗阶梯孔时，其大孔单边余量应小于相邻两孔半径之差，以便镗刀能通过。

3）当本工序有特殊要求时必须注明。如精镗孔时，当不允许有退刀痕迹或只允许有某种形状的刀痕时必须注明。又如薄壁或孔底部壁薄，加工螺孔时螺纹底孔深度不够及能否钻通等。

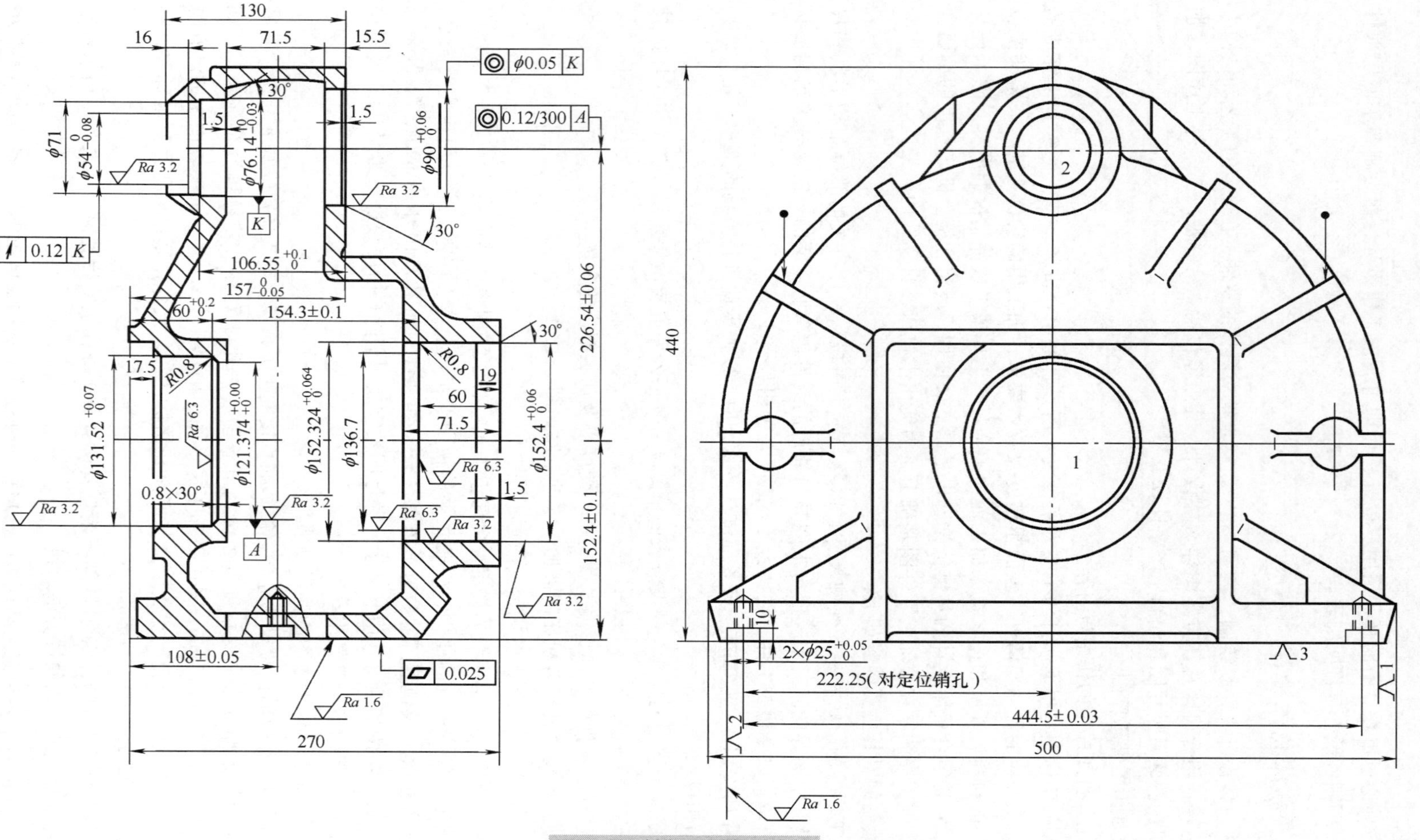

图 7-10　被加工零件工序图

注：1. 被加工零件及编号：末端传动壳体 Z-1136A；材料及硬度：HT200，170～241HBW。

2. 粗实线上尺寸为本工序保证尺寸。

3. 加工部位余量：1 号孔直径上 0.5mm；2 号孔直径上 0.25mm。

（二）加工示意图

1. 加工示意图的作用

加工示意图是根据生产率要求和工序图要求而拟定的机床工艺方案，表达了被加工零件在机床上的加工过程和加工方法；是工件、刀具、夹具和机床各部件间相对位置关系图；是刀具、辅具、夹具、电气、液压、主轴箱等部件设计的重要依据；是机床布局和机床性能的原始要求；是机床试车前对刀和调整的技术资料。

2. 加工示意图表示的内容

1）加工部位结构尺寸、精度及分布情况。

2）刀具、刀杆及其与主轴的连接结构。

3）导向结构以及大镗杆的托架结构。

4）上述各类结构的联系尺寸、配合尺寸及必要的配合精度。

5）切削用量。

6）工作循环及工作行程。

7）多工位机床的工位区别以及逐个工位的上述内容。

8）工件名称、材料、加工余量、冷却润滑以及是否需要让刀等。

9）工件加工部位向视图，并在向视图上编出孔号。

3. 加工示意图的绘制方法

现以多轴孔加工为例介绍加工示意图的绘制方法。多轴孔加工采用主轴箱同时对工件上的多个孔进行加工，主轴箱送进到终了位置时各孔应加工完毕。由于各主轴加工孔的深度不一定相同，各主轴接触工件开始进行加工的时间有先有后，这就要求孔加工刀具安装在不同的轴向位置。另外，钻头在使用时有磨损，因此要求刀具能轴向调整以补偿磨损。为满足上述要求，多轴箱的主轴结构主要由下面三部分组成：钻头、接杆和主轴，如图 7-11 所示。图中 8 是直柄钻头，用弹性胀套 7 与接杆 6 相连接。接杆前端内孔是锥孔，后半部是螺纹面，其螺纹外径与主轴内孔（光孔）间隙配合。调整螺母 3 和锁紧螺母 5 用于调整接杆的伸出长度并予以锁紧。接杆后上方铣一段斜面，锁紧螺钉 2 紧压该斜面，限制接杆向外窜动。主轴 1 通过键 13 传动接杆 6，再通过接杆传动钻头旋转。

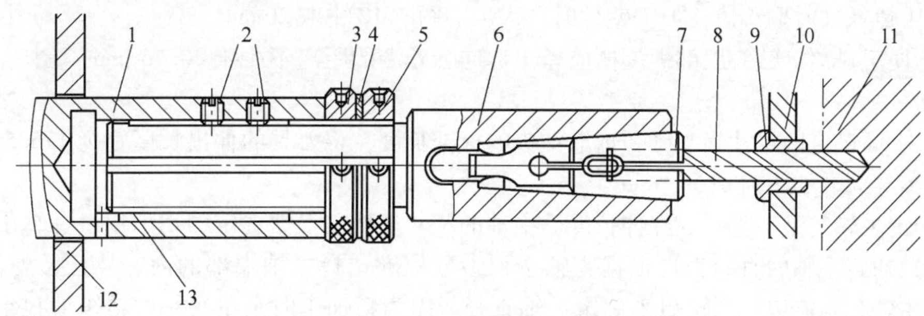

图 7-11　主轴、刀杆的结构

1—主轴　2—锁紧螺钉　3—调整螺母　4—垫片　5—锁紧螺母　6—接杆　7—弹性胀套　8—直柄钻头　9—钻套　10—夹具　11—工件　12—主轴箱　13—键

加工示意图的绘制方法如下：

1）按比例绘制工件的外形及加工部位的展开图。工件的非加工部位用细实线画，加工部位则用粗实线画。工件在图中允许只画出加工部分。多孔同时加工时对相邻距离很近的孔须严格按比例绘制，以便检查相邻轴承、主轴、导向套、刀具、辅具是否干涉。

2）根据工件加工要求及选定的加工方法确定刀具、导向套或托架的形式、位置及尺寸，选择主轴和接杆。多孔同时加工时，找出其中最深的孔，从其加工终了位置开始，依次画出刀具、导向套和托架示意图、接杆和主轴，确定各部分轴向联系尺寸，最后确定主轴箱端面的位置。根据确定的主轴箱端面位置画其余各轴时，先确定刀具和主轴的尺寸，最后确定刀具接杆的长度尺寸。

3）在同一工位、同一加工面上，加工相同结构、尺寸和精度加工表面的主轴结构是相同的，只需画出一根即可。但必须在该主轴上标注出所有相同主轴的轴号（与工件的孔号相对应）。

4）对一些标准的通用结构，如钻头接杆、丝锥夹头、浮动卡头及钻、镗主轴悬伸部分等，可以不剖视。但一些专用结构应剖视。

5）标注主轴端部外径和内孔直径、悬伸长度、刀具各段的直径及长度，以及导向套的直径、长度、配合，工件距导向套端面的距离等，还需标注刀具托架与夹具之间的尺寸、工件本身和加工部位的尺寸和精度等。

6）确定动力部件的工作循环。动力部件的工作循环是根据加工工艺的需要确定的，它是指动力部件从原始位置开始的动作过程。一般包括快速引进、工作进给和快速退回等。有时工作循环还有中间停留、多次往复进给、跳跃进给等。

7）工作行程长度的确定。

8）在加工示意图上标注必要的说明，如工件图号、材料、硬度、加工余量，工件有否让刀运动等。

以图7-12所示的加工汽车变速器箱体左端面的加工示意图为例，最深孔是其左端面的S_9、S_{10}，从其加工终了位置开始，依次画出钻头、导向套、接杆和主轴，并确定各部分轴向联系尺寸，最后确定主轴箱端面的位置。各部分轴向联系尺寸的确定方法如下：

1）导向套的选择。在专用机床上加工孔，除采用刚性主轴加工外，工件的尺寸和位置精度主要取决于夹具导向套。因此，必须正确地选择导向套结构、导向套类型、参数和精度。在本例中，导向套采用单个固定式，导向套的长度取42mm。

2）确定导向套离工件端面的距离。导向套离工件端面的距离一般按加工孔径的1～1.5倍取值，加工铸铁件时取小值，加工钢件时取大值。图7-12中取20mm。

3）为便于排屑，钻头尾部螺旋槽应露出导向套外端的距离不少于30～50mm，图7-12中取大于40mm。

4）以上面确定的尺寸为基础，选取钻头的标准长度，将刀具的伸出长度定为175.5mm，即接杆端部离导向套的距离是69.6mm。

5）初定主轴类型、直径、外伸长度。主轴的尺寸规格应根据选定的切削用量计算出切削转矩，由转矩初定主轴的直径，再根据主轴系列参数标准选择主轴端部的内、外径及外伸长度。对精加工主轴，不能按切削转矩来确定主轴直径，因为精加工时余量很小，转矩就很小，如按此转矩确定主轴直径，将造成主轴刚性的不足。确定这类主轴直径是根据工件加工部位孔的尺寸确定镗杆直径，由镗杆直径确定浮动卡头规格尺寸，进而确定主轴尺寸。图7-12中主轴内径和外径分别取28mm和40mm，主轴悬伸长度$L=135$mm。

6）选择接杆的规格和主要尺寸。根据主轴端部的内径或莫氏锥度号，在接杆的设计标准中可选出接杆的规格和主要尺寸，其中包括接杆长度的推荐范围，在此可选范围内的最小值。图7-12中接杆尾部$d=28$mm，钻头柄部莫氏锥度号是2号，其长度推荐范围为230～530mm，取230mm。

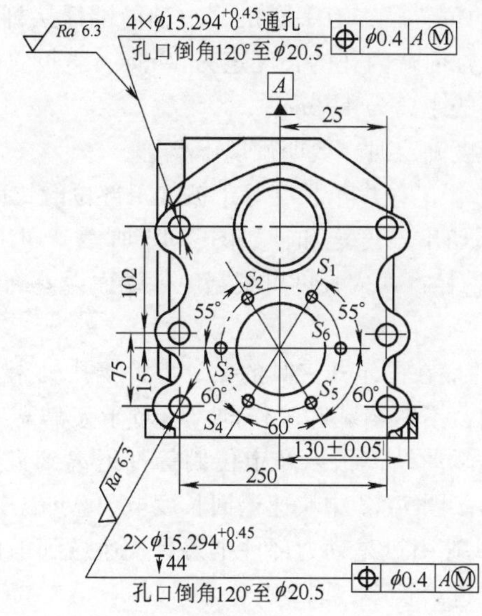

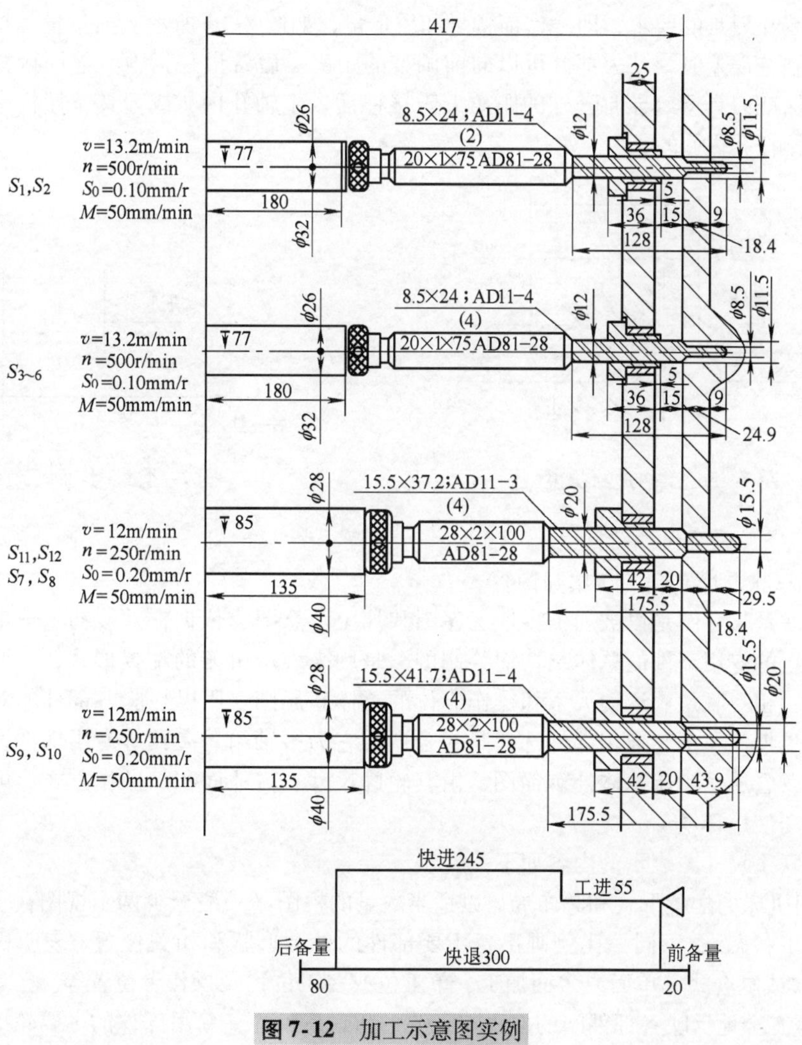

图7-12 加工示意图实例

7）确定主轴箱端面的位置。查有关标准，主轴前端插接杆的内孔深度为85mm。考虑接杆长度的调整，接杆插入主轴前端内孔的长度定为80mm，就可以画出主轴箱端面的位置，并计算工件左端面到主轴箱端面的距离为417mm。

此外，在工作行程长度确定时，要明确以下概念：

1）工作进给长度$L_{工进}$。工作进给长度等于被加工部位的长度（多轴加工时按加工最长的孔计算）与刀具切入长度和切出长度之和，如图7-13所示。切出长度根据加工类型的不同，取5mm＋0.3d，d为钻头的直径；切入长度可根据工件端面误差确定，一般为5～10mm。本例中工作进给长度为55mm。

2）快速退回长度。一般在固定式夹具的钻、扩、铰孔机床上，快速退回长度必须保证所有刀具都退进夹具导向套内，不影响装卸工作即可。对于夹具需要回转和移动的机床，快速退回长度必须把刀具、托架、活动钻模板以及定位销等都退离到夹具运动时可能碰到的范围以外，或不影响装卸工件的距离。图7-12中快速退回长度取300mm。

3）快速引进长度。快速引进是动力部件把刀具快速送到工作进给开始的位置，本例中应等于快速退回长度减去工作进给长度，取245mm。

4）动力部件总行程长度。动力部件总行程长度除必须满足工作循环工作行程要求外，还需考虑调整和装卸刀具的要求，即考虑前备量和后备量，如图7-14所示。前备量是指当刀具磨损或补偿安装制造误差时，动力部件可以向前调整的距离。后备量是指刀具连同接杆一起从主轴上取出时，保证刀具退离导向套外的距离大于接杆插入主轴孔内（或刀具从接杆中取出时，大于刀具插入接杆孔内）的长度。

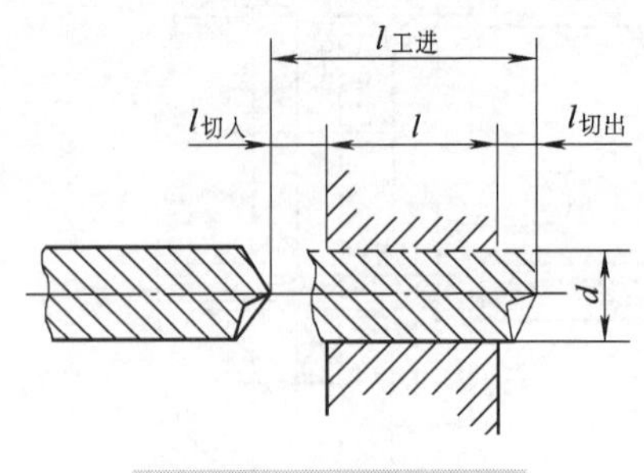

图7-13　工作进给长度

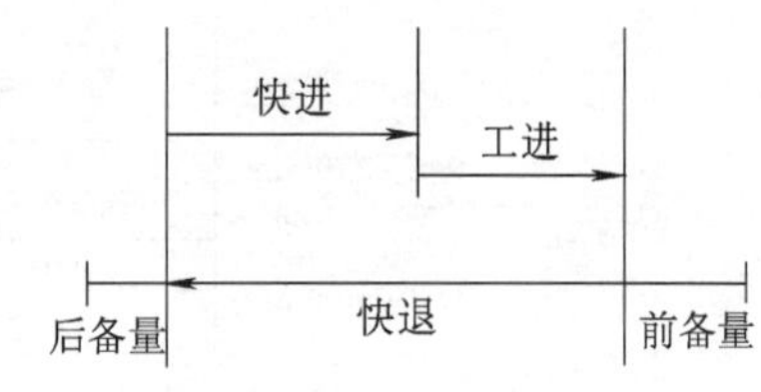

图7-14　工作循环图

（三）机床总联系尺寸图

1. 机床总联系尺寸图的作用与内容

机床总联系尺寸图是以被加工零件工序图和加工示意图为依据，并按初步选定的主要通用部件以及确定的专用部件的总体结构而绘制的，是用来表示机床的配置形式、主要构成及各部件安装位置、相互联系、运动关系和操作方位的总体布局图，用以检验各部件相对位置及尺寸联系能否满足加工要求和通用部件选择是否合适。它为多轴箱、夹具等专用部件设计提供重要依据；它可以看成是机床总体外观简图，由其轮廓尺寸、占地面积、操作方式等可检验出是否适应用户现场使用环境。

机床总联系尺寸图表示的内容如下：

1）表明机床的配置形式和总布局。以适当数量的视图（一般至少两个视图，主视图应选择机床实际加工状态），用同一比例画出各主要部件的外廓形状和相关位置，表明机床基本形式（卧式、立式或复合式、单面或多面加工、单工位或多工位）及操作者位置等。

2）完整齐全地反映各部件间的主要装配关系和联系尺寸、专用部件的主要轮廓尺寸、运动部件的运动极限位置及各滑台工作循环总的工作行程和前后行程备量尺寸。

3）标注主要通用部件的规格代号和电动机的型号、功率及转速，并标出机床分组编号及组件名称，全部组件应包括机床全部通用及专用零部件，不得遗漏。

4）标明机床验收标准及安装规程。

2. 机床总联系尺寸图中主要联系尺寸的确定

1）装料高度尺寸的确定。装料高度是指工件安装基面与地面的距离，应根据工件的大小和车间输送线高度来确定。根据我国具体情况，对于一般卧式机床、生产线和自动线，装料高度定为850mm及1060mm两种，特殊的机床装料高度可取至1200～1300mm。

2）夹具轮廓尺寸的确定。确定夹具轮廓尺寸时除考虑工件的轮廓尺寸、形状、具体的结构外，还要考虑定位元件、夹紧机构、导向机构的布置空间，以及夹具底座与其他部件连接所需要的尺寸，夹具底座的高度一般不小于240mm。如夹具的结构比较复杂，应在制订方案阶段绘制夹具草图，以便所确定的夹具外廓尺寸比较可靠。

3）中间底座尺寸的确定。在确定中间底座长、宽方向尺寸时，应考虑中间底座上面安装夹具底座后四周应留70～100mm宽的切削液回收凹槽。确定中间底座高度方向尺寸时，应考虑切屑的储存及排除，切削液的储存。切削液池的容量应不小于切削液泵5～15min的流量，一般中间底座高度总是大于540mm。

4）主轴箱轮廓尺寸的确定。对于一般钻、镗类组合机床主轴箱的厚度有两种尺寸规格、卧式为325mm，立式为340mm。确定主轴箱尺寸时主要是确定主轴箱的宽度和高度及最低主轴高度。该尺寸是根据工件需要加工的孔的分布距离、安置齿轮的最小距离来确定的。图7-15表示工件孔的分布与主轴箱轮廓尺寸之间的关系。

主轴箱宽度B、高度H可按下式确定

$$B=b+2b_1 \tag{7-5}$$

$$H=h+h_1+h_2 \tag{7-6}$$

式中　b——工件上要加工的在宽度方向上相隔最远的两孔距离（mm）；

b_1——最边缘主轴中心至主轴箱外壁的距离（mm），通常推荐$b_1>70\sim100$mm；

h——工件上要加工的在高度方向上相隔最远的两孔距离（mm）；

h_1——最低主轴中心至主轴箱底平面的距离（mm），即最低主轴高度，推荐$h_1>85\sim120$mm，h_1取值过小，润滑油易从主轴衬套处泄露至箱外；

h_2——最上边主轴中心至主轴箱外壁的距离（mm），推荐$h_2=b_1>70\sim100$mm。

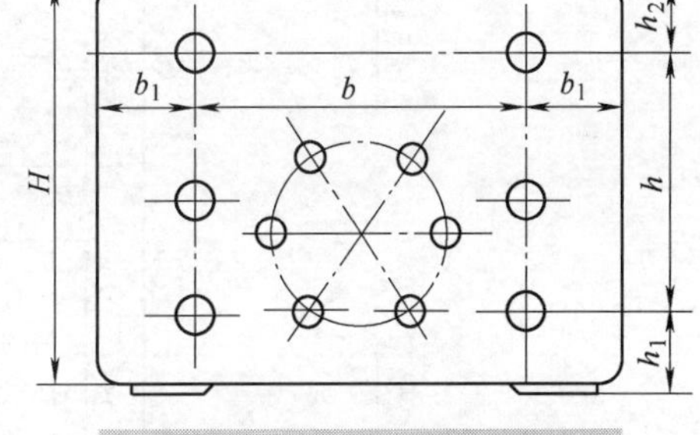

图7-15　主轴箱轮廓尺寸确定图

根据上述公式计算出来的主轴箱宽度和高度值，在主轴箱轮廓尺寸系列标准中，寻找合适的标准轮廓尺寸。选定的主轴箱标准轮廓尺寸通常大于计算值，应根据选定的尺寸重新分配b_1、h_1、h_2等值。

3. 机床总联系尺寸图的绘制方法与步骤

以双面卧式多轴钻孔机床为例介绍机床总联系尺寸图的绘制方法与步骤，如图7-16所示。

1）纵向和高度方向尺寸基准线的确定。用双点画线画出被加工零件的长度和高度方向轮廓线。以工件两端面间距离的垂直平分线作为机床纵向尺寸的基准线$O—O$，以工件上被加工的最低孔中心线作为机床高度方向尺寸的基准线$O_1—O_1$。

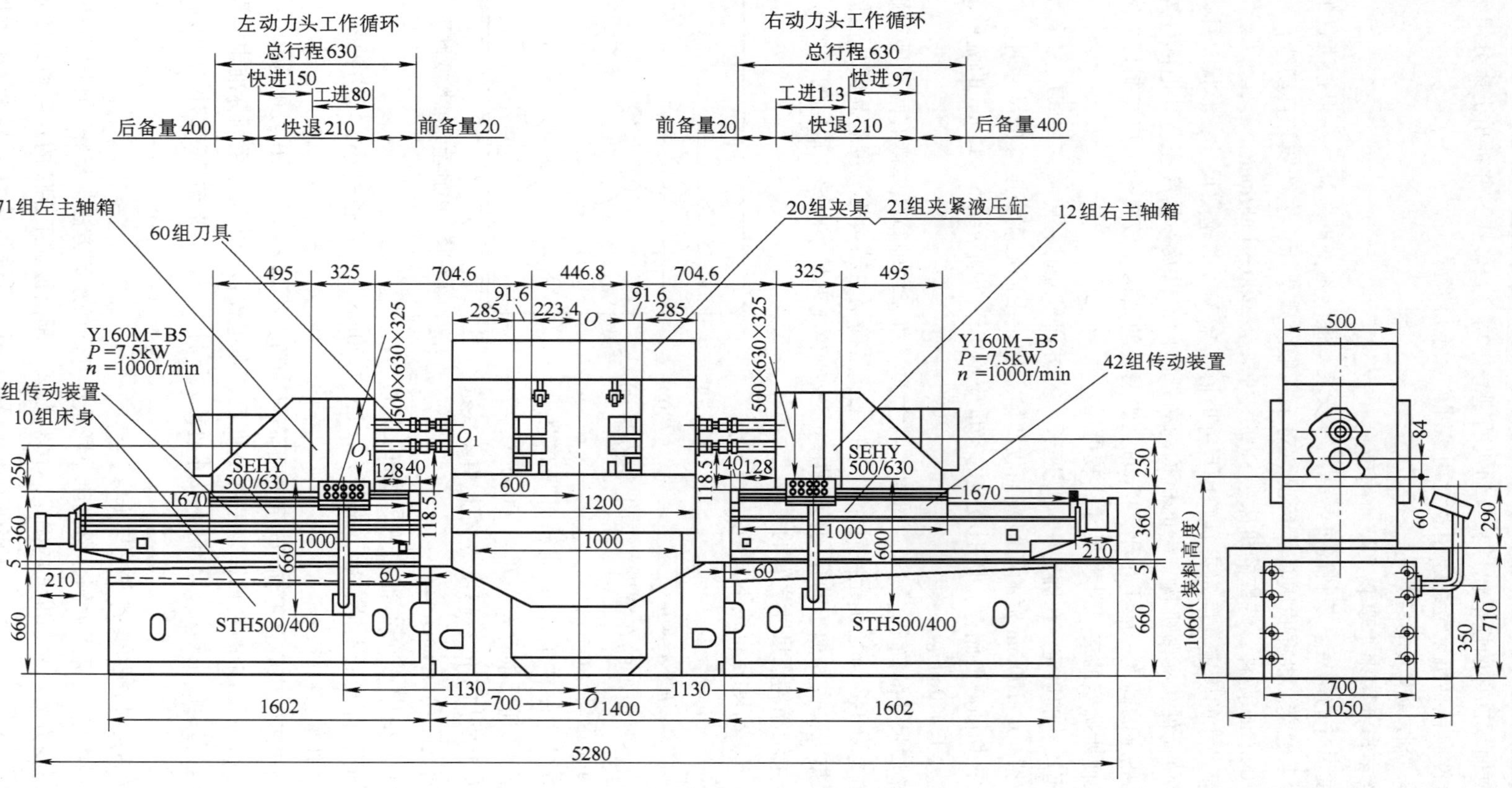

图 7-16　机床总联系尺寸图

2）纵向尺寸的确定。以图 7-16 中机床纵向尺寸基准线 $O—O$ 的左侧为例，根据已确定的加工示意图，可根据工件左端面位置画出左主轴箱端面的位置。主轴箱底部离机床高度方向尺寸基准线 $O_1—O_1$ 的距离等于主轴箱最低主轴高度，设 $h_1=118.5\text{mm}$。根据已选定的主轴箱轮廓尺寸，可画出左主轴箱的侧视图，设其高度和厚度分别为 500mm 和 325mm。主轴箱是通过后盖与动力箱定位连接的，主轴箱底面应高于动力箱底面 0.5mm，以防止动力箱与滑台连接时，主轴箱底面与滑台顶面发生干涉，这样可以将动力箱的轮廓画上。

动力箱以其底面与动力滑台顶面连接，而且两者的后端面是对齐的，于是可将滑台画上。动力滑台与滑座的相对位置尺寸是由加工终了时滑台前端面到滑座前端面距离 A_4 来决定的。此距离等于加工终了刀具磨损后向前的补偿量，即前备量，是用调节螺钉来调整的。A_4 尺寸的最大调整范围为 75 ~ 85mm，最小不应小于 15 ~ 20mm。本例取 $A_4=40\text{mm}$，可画上滑座。滑座与侧底座之间连接时考虑机床的调整与维修，加 5mm 厚的调整垫。滑座前端面到侧底座前端面的距离用 A_3 表示，A_3 一般取 70 ~ 100mm。本例取 $A_3=60\text{mm}$，此时可画上侧底座。至此可算出中间底座长度方向尺寸，算式如下

$$A_1=\left(\frac{a}{2}+a_1+a_2\right)-(A_5+A_4+A_3) \tag{7-7}$$

式中 A_1——中间底座长度的一半（mm）；

a——被加工零件的厚度（mm），本例为 446.8mm；

a_1——被加工零件左端面到左边主轴箱端面的距离（mm），本例为 704.6mm；

a_2——主轴箱厚度（mm），本例为 325mm；

A_5——动力箱前端面到滑台前端面的距离（mm），本例为 $(325+128)\text{mm}=453\text{mm}$；

A_4——前备量（mm），本例为 40mm；

A_3——滑座前端面至侧底座前端面的距离（mm），本例为 60mm。

由以上可知

$$A_1=\left(\frac{446.8}{2}+704.6+325\right)\text{mm}-(453+40+60)\text{mm}=700\text{mm}$$

夹具安装在夹具底座上，夹具底座又与中间底座连接。当机床采用切削液时，要考虑夹具底座安装在中间底座上后，中间底座的周边还应留 70 ~ 100mm 宽度的回收切削液及排屑凹槽。所以中间底座尺寸计算后还应根据夹具底座的尺寸检查是否符合上述要求，若不符合要求可以通过重新选择接杆长度尺寸进行调节，此时必须同时修改加工示意图。

3）确定高度方向尺寸。在高度方向必须满足如下尺寸链，尺寸链的两端分别是机床底面和最低主轴中心线。等号左边是侧底座位置的高度尺寸，中间和右边是中间底座位置的高度尺寸。

$$h_1+h_2+h_3+h_4+h_5=h_6+h_7+h_8+h_9=h_9+h_{10}$$

式中 h_1——最低主轴中心线至主轴箱底面的高度（mm），本例为 118.5mm；

h_2——主轴箱底面至滑台上表面间的间隙（mm），本例为 0.5mm；

h_3——滑台上表面至滑座底面的高度（mm），本例为 360mm；

h_4——侧底座高度（mm），本例为 660mm；

h_5——调整垫的厚度（mm）（滑座与侧底座之间），本例为 5mm；

h_6——中间底座的高度（mm），本例为 710mm；

h_7——夹具底座的高度（mm），本例为 290mm；

h_8——夹具定位面距夹具底座顶面的高度（mm），本例为 60mm；

h_9——工件最低孔中心线至夹具定位基面的高度（mm），本例为 84mm；

h_{10}——机床的装料高度（mm），本例为1060mm。

将以上值代入尺寸链公式，可见是封闭的，即

$$(118.5+0.5+360+660+5)\text{mm}=(710+290+60+84)\text{mm}=(84+1060)\text{mm}=1144\text{mm}$$

4）画左视图。画左视图的目的是清楚地表示各部件宽度方向的轮廓尺寸及相关位置。

5）表示运动部件的终点和原始状态以及运动过程中的情况。用细实线表示运动部件的终点和原始状态，及运动过程中的情况。对于动力部件必须绘出退回到终点的位置，以便确定机床的最大轮廓尺寸。对于回转工作台、移动工作台或回转鼓轮机床，需绘出工作台或鼓轮运动时的包络范围，以便检查动力部件退回到终点位置时，刀具、托架等已处于该包络范围以外，不会产生碰撞。

6）标注。标明工件、夹具、动力部件、中间底座与机床中心线间的位置关系。特别当工件加工部位对工件中心线不对称时，动力部件对于夹具和中间底座也不对称，此时应注明它们相互间偏离的尺寸。标明电动机的型号、功率、转速，标注各部件的主要轮廓尺寸，并对组成机床的所有部件进行分组编号，作为部件和零件设计的依据。

7）画出各运动部件的工作循环图。在进行各部件具体设计过程中，如发现机床总联系尺寸图中确定的某些尺寸不合理，甚至无法实现，不允许孤立地加以修改，必须在机床总联系尺寸图上，对相关的尺寸统筹考虑后再进行修改，以免产生设计工作的混乱和造成错误。在机床各组成部件设计完成后，以机床总联系尺寸图为基础进行细化，添加必要的电气、液压控制装置、润滑冷却、排屑装置等，并加注文字说明及技术要求，就成为机床总图。

（四）机床生产率计算卡

根据加工示意图所确定的工作循环及切削用量等，就可以计算机床生产率并编制生产率计算卡。生产率计算卡是反映机床生产节拍或实际生产率和切削用量、动作时间、生产纲领及负荷率等关系的技术文件。它是用户验收机床生产率的重要依据。

1. 理想生产率Q

理想生产率Q（件/h）是指完成年生产纲领A（包括备品及废品率）所要求的机床生产率。它与全年工时总数t_k有关，一般情况下，单班制t_k取2360h，两班制t_k取4650h，则

$$Q=\frac{A}{t_k} \tag{7-8}$$

2. 实际生产率Q_1

实际生产率Q_1（件/h）是指所设计机床每小时实际可生产的零件数量。即

$$Q_1=\frac{60}{T_{单}} \tag{7-9}$$

式中　$T_{单}$——生产一个零件所需时间（min），可按下式计算

$$T_{单}=t_{切}+t_{辅}=\left(\frac{L_1}{v_{f1}}+\frac{L_2}{v_{f2}}+t_{停}\right)+\left(\frac{L_{快进}+L_{快退}}{v_{fk}}+t_{移}+t_{装}\right) \tag{7-10}$$

式中　L_1、L_2——刀具第Ⅰ、第Ⅱ工作进给长度（mm）；

v_{f1}、v_{f2}——刀具第Ⅰ、第Ⅱ工作进给速度（mm/min）；

$t_{停}$——当加工沉孔、止口、锪窝、倒角、光整表面时，滑台在死挡铁上的停留时间，通常指刀具在加工终了时无进给状态下旋转5～10转所需的时间（min）；

$L_{快进}$、$L_{快退}$——动力部件快进、快退行程长度（mm）；

v_{fk}——动力部件快速行程速度，用机械动力部件时取5～6m/min，用液压动力部件时取3～10m/min；

$t_{移}$——直线移动或回转工作台进行一次工位转换时间（min），一般取 0.1min；

$t_{装}$——工件装、卸（包括定位或撤销定位、夹紧或松开、清理基面或切屑及吊运工件等）时间（min），它取决于装卸自动化程度、工件质量大小、装卸是否方便及工人的熟练程度，通常取 0.5～1.5min。

如果计算出的机床实际生产率不能满足理想生产率要求，即 $Q_1 < Q$，则必须重新选择切削用量或修改机床设计方案。

3. 机床负荷率 $\eta_{负}$

当 $Q_1 > Q$ 时，机床负荷率为两者之比。即

$$\eta_{负} = \frac{Q}{Q_1} \tag{7-11}$$

组合机床负荷率一般为 0.75～0.90，自动线负荷率为 0.6～0.7。典型的钻、镗、攻螺纹类组合机床，按其复杂程度参照表 7-1 确定；对于精密度较高、自动化程度高或加工多品种组合机床，宜适当降低负荷率。组合机床生产率计算卡见表 7-2。

表 7-1　组合机床允许最大负荷率

机床复杂程度	单面或双面加工			三面或四面加工		
主轴数	15	16～40	41～80	15	16～40	41～80
负荷率	≈0.90	0.90～0.86	0.86～0.80	≈0.86	0.86～0.80	0.80≈0.75

表 7-2　组合机床生产率计算卡

<table>
<tr><td colspan="2" rowspan="3">被加工零件</td><td colspan="3">图　号</td><td colspan="3">Z-11362A</td><td colspan="2">毛坯种类</td><td colspan="3">铸　件</td></tr>
<tr><td colspan="3">名　称</td><td colspan="3">末端传动箱壳体</td><td colspan="2">毛坯质量</td><td colspan="3"></td></tr>
<tr><td colspan="3">材　料</td><td colspan="3">HT200</td><td colspan="2">硬　度</td><td colspan="3">180～220HBW</td></tr>
<tr><td colspan="3">工序名称</td><td colspan="5">左、右面镗孔及刮止口</td><td colspan="2">工序号</td><td colspan="3"></td></tr>
<tr><td rowspan="2">序号</td><td rowspan="2">工步名称</td><td rowspan="2">被加工零件数量</td><td rowspan="2">加工直径/mm</td><td rowspan="2">加工长度/mm</td><td rowspan="2">工作行程/mm</td><td rowspan="2">切削速度/m·min⁻¹</td><td rowspan="2">转速/r·min⁻¹</td><td rowspan="2">进给量/mm·r⁻¹</td><td rowspan="2">进给速度/mm·min⁻¹</td><td colspan="3">工时/min</td></tr>
<tr><td>机加工时间</td><td>辅助时间</td><td>共计</td></tr>
<tr><td>1</td><td>装卸工件</td><td>1</td><td></td><td></td><td></td><td></td><td></td><td></td><td></td><td></td><td>1.5</td><td>1.5</td></tr>
<tr><td>2</td><td>右动力部件</td><td></td><td></td><td></td><td></td><td></td><td></td><td></td><td></td><td></td><td></td><td></td></tr>
<tr><td></td><td>滑台快进</td><td></td><td></td><td></td><td></td><td></td><td></td><td></td><td></td><td></td><td>0.016</td><td>0.016</td></tr>
<tr><td></td><td>右多轴箱工进(镗孔1#)</td><td></td><td>152.4</td><td></td><td>70</td><td>92.6</td><td>194</td><td>0.08</td><td>24</td><td>2.92</td><td></td><td>2.92</td></tr>
<tr><td></td><td>（镗孔2#）</td><td></td><td>90</td><td>15.5</td><td>70</td><td>84.8</td><td>300</td><td>0.124</td><td>24</td><td></td><td></td><td></td></tr>
<tr><td></td><td>（刮止口）</td><td></td><td></td><td></td><td></td><td></td><td></td><td></td><td></td><td>0.052</td><td></td><td>0.052</td></tr>
<tr><td></td><td>滑台快退</td><td></td><td></td><td></td><td></td><td></td><td></td><td></td><td>8000</td><td></td><td>0.025</td><td>0.025</td></tr>
<tr><td rowspan="4">备注</td><td colspan="8" rowspan="4">装卸工件时间取决于操作者熟练程度，本机床计算时取 1.5min</td><td colspan="2">总计</td><td colspan="2">4.5min</td></tr>
<tr><td colspan="2">单位工时</td><td colspan="2">4.5min</td></tr>
<tr><td colspan="2">机床生产率</td><td colspan="2">13.3 件/h</td></tr>
<tr><td colspan="2">机床负荷率</td><td colspan="2">80%</td></tr>
</table>

第四节　机械加工生产线的总体布局设计

机械加工生产线总体布局是指组成生产线的机床、辅助装备以及连接这些装备的工件输送装置的布置形式和连接方式。

一、生产线的工件输送装置

工件输送装置是生产线中的一个重要组成部分，它将被加工工件从一个工位传送到下一工位。为保证生产线按规定节拍连续工作提供条件，并从结构上把生产线上众多加工装备连接成为一个整体。生产线的总体布局和结构形式往往取决于工件的输送方式。

（一）工件输送装置应满足的基本要求

在设计和选择工件的输送装置时，除要满足结构简单、工作可靠和便于布置等要求外，还应注意以下几点：

1）输送速度要高，尽量减少生产线的辅助时间。

2）输送装置的工作精度要满足工件（或随行夹具）的定位要求。

3）输送过程中要严格保持工件预定的方位。

4）输送装置应与生产线的总体布局和结构形式相适应。

（二）常用工件输送装置的类型、特点及应用范围

1. 输料槽和输料道

在加工小型回转体零件的生产线中，常采用输料槽或输料道作为工件输送装置。输料槽和输料道有工件自重输送和强制输送两类形式。利用工件自重输送工件，不需要动力源和驱动装置，结构简单。只有在无法用自重输送或为保证工件输送的可靠性时，才采用强制输送的输料槽或输料道。

2. 步伐式输送装置

步伐式输送装置利用其上的刚性推杆来推动工件，可以采用机械驱动、气压驱动或液压驱动，常用于箱体类零件和带随行夹具的生产线中。常见的步伐式输送装置有棘爪步伐式、回转步伐式及抬起步伐式等。步伐式输送装置的结构比较简单，通用性较强，但由于受工件运动惯量的影响，当运动速度较高时，不易保证工件的输送精度。

图7-17所示为最常见的棘爪式步伐输送装置。在输送带1上装有若干个棘爪2。每一棘爪都可绕销轴3转动，棘爪的前端顶在工件6的后端，下端被挡销4挡住。当输送带向前运行时，棘爪2就带动工件移动一个步距t。当输送带回程时，棘爪被工件压下，绕销轴3回转而将弹簧5拉伸，并从工件下面滑过，待退出工件之后，棘爪重新抬起，准备输送下一个工件。

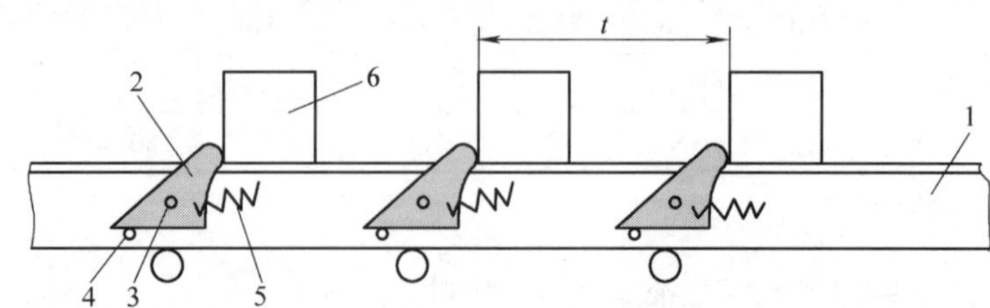

图7-17　棘爪式步伐输送装置

1—输送带　2—棘爪　3—销轴　4—挡销　5—弹簧　6—工件

回转式步伐输送装置如图 7-18 所示。圆柱形输送杆 1 与拨爪 2 刚性相联，工作时输送杆回转一定角度，使拨爪转向工件 3 并卡住工件的两端；然后，圆柱形输送杆 1 通过拨爪 2 推动工件 3 向前移动到机床加工部位，工件 3 被装夹在机床上之后，圆柱形输送杆 1 反转一定角度，使拨爪 2 脱离工件 3，再退回起始位置。

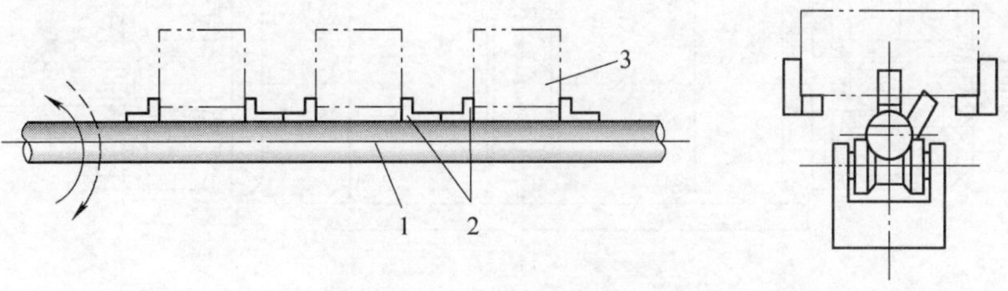

图 7-18　回转式步伐输送装置

1—圆柱形输送杆　2—拨爪　3—工件

有些结构形状比较复杂的工件，没有可靠的支承面和导向面，直接用步伐式输送装置输送有困难，常将这类工件装夹在外形规则的随行夹具上，再用步伐式输送装置将随行夹具连同工件一起输送到机床上加工。为使随行夹具反复应用，工件加工完毕并从随行夹具上卸下后，随行夹具必须重新返回到原始位置。所以在使用随行夹具的生产线上应具有随行夹具的返回装置。

3. 转位装置

在生产线上，为改换工件的加工面或改变自动生产线的方向，常采用转位装置将工件绕水平轴、垂直轴或空间任一轴回转一定的角度。对转位装置的要求是转位时间短，转位精度高，工件输入转位装置和从转位装置输出的方位应分别与上、下工段工件的输送方位一致。

图 7-19 所示为一种绕垂直轴回转的标准转位台。转台 2 与齿轮轴 4 固定联接，双活塞液压缸 1 中的活塞杆齿条与齿轮轴 4 啮合。当活塞杆齿条移动时，就可使转台 2 转位。更换长度不同的活塞杆可使转台回转 90°或 180°。回转终点的准确位置由液压缸两端的定程螺钉保证。当齿轮轴 4 转动时，驱使带有挡铁 6 的操纵杆 5 移动并压合行程开关 7，发出与输送带联锁的动作信号。

二、生产线总体布局形式

机械加工生产线总体布局形式多种多样，它由生产类型、工件结构形式、工件输送方式、车间条件、工艺过程和生产纲领等因素决定。

（一）直接输送方式

这种输送方式是工件由输送装置直接输送，依次输送到各工位，输送基面就是工件的某一表面。其可分为通过式和非通过式两种。通过式又可分为直线通过式、折线通过式、框形和并联支线形式。

1. 直线通过式

直线通过式生产线布局形式如图 7-20 所示。工件的输送带穿过全线，由两个转位装置将其划分成 3 个工段，工件从生产线始端送入，加工完后从末端取下。其特点是：输送工件方便，生产面积可充分利用。

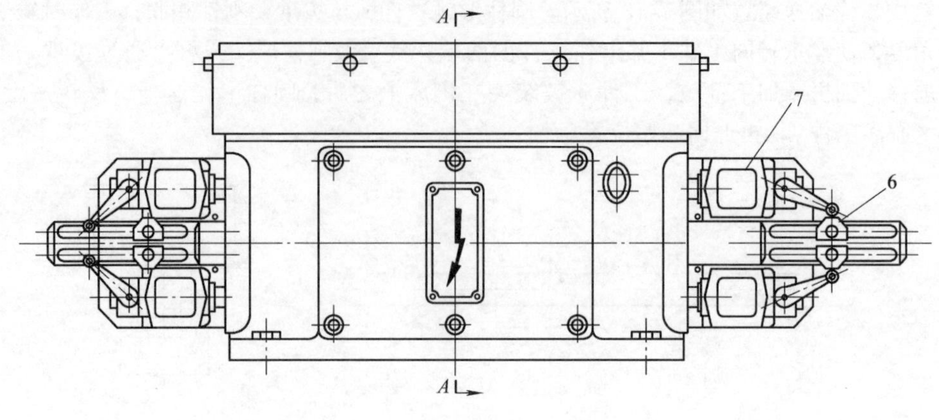

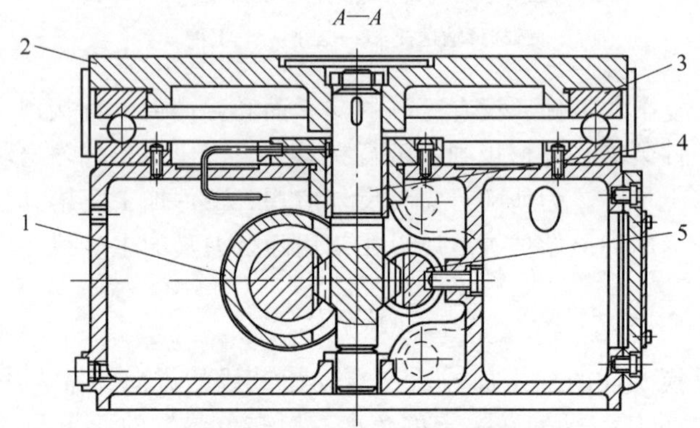

图7-19　绕垂直轴回转的转位台

1—双活塞液压缸　2—转台　3—转台支承轴承　4—齿轮轴　5—操纵杆　6—挡铁　7—行程开关

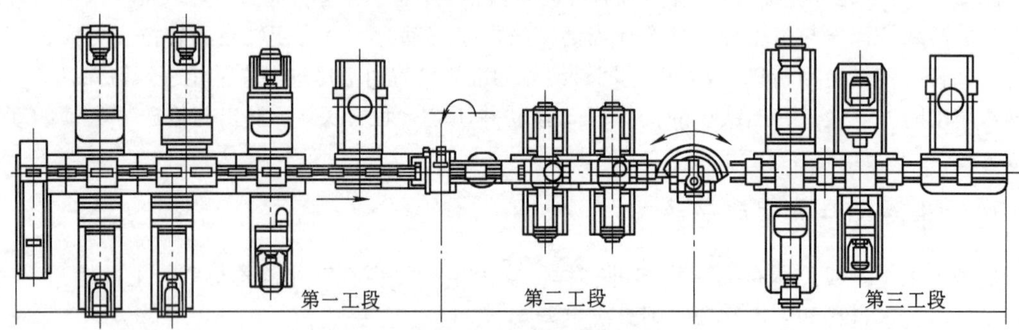

图7-20　直线通过式生产线布局形式

2. 折线通过式

当生产线的工位数多、长度较长时，直线布置常常受到车间布局的限制，或者需要工件自然转位，可布置成折线式，如图7-21所示。生产线在两个拐弯处工件自然地水平转位90°，并且节省了水平转位装置。折线通过式可设计成多种形式，如图7-22所示。

3. 并联支线形式

在生产线上，有些工序加工时间特别长，采用在一个工序上重复配置几台同样的加工设备，以平衡生产线的生产节拍，其布局形式如图7-23所示。

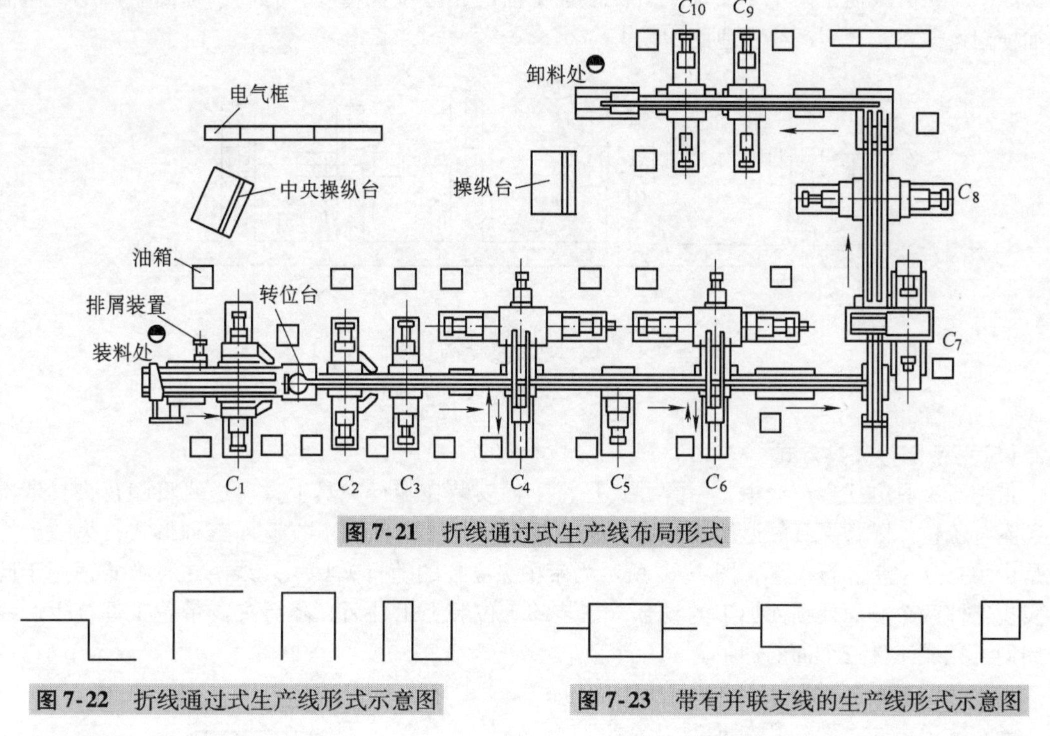

图 7-21 折线通过式生产线布局形式

图 7-22 折线通过式生产线形式示意图

图 7-23 带有并联支线的生产线形式示意图

4. 框形

这种布局适用于采用随行夹具输送工件的生产线，随行夹具自然地循环使用，可以省去一套随行夹具的返回装置。图 7-24 所示为框形布局的生产线。

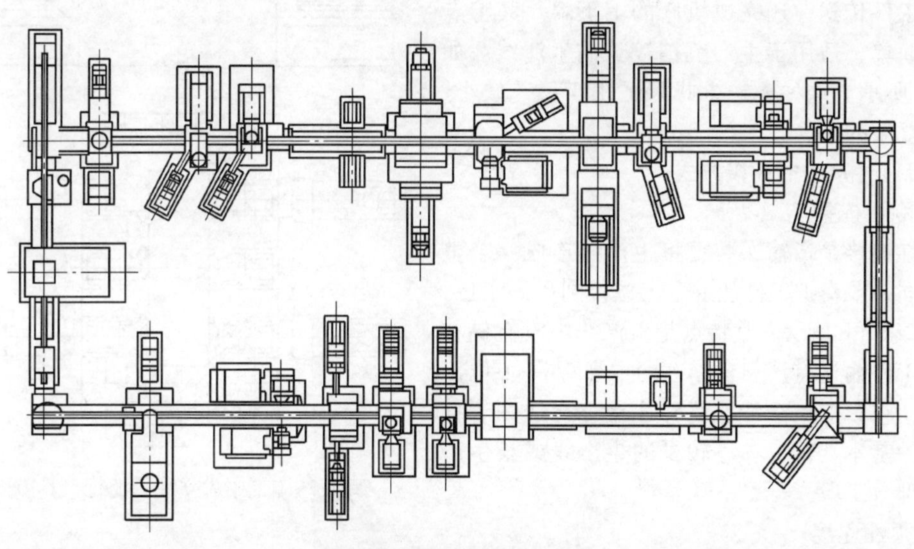

图 7-24 框形布局生产线

5. 非通过式

非通过式生产线的工件输送装置位于机床的一侧，如图 7-25 所示。当工件在输送线上运行到加工工序位时，通过移载装置将工件移入机床或夹具中进行加工，并将加工完毕的工件移至输送线上。该方式便于采用多面加工，保证加工面的相互位置精度，有利于提高生产率，但需增加横向运载机构，生产线占地面积较大。

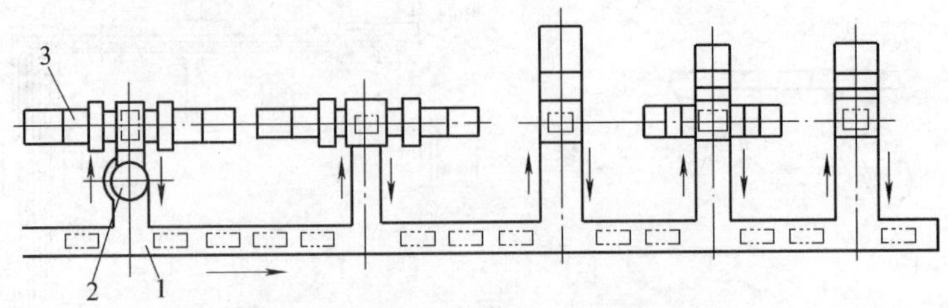

图7-25　非通过式生产线的布局形式

1—输送装置　2—转位台　3—机床

(二) 带随行夹具方式

带随行夹具方式生产线中，一类方式是将工件安装在随行夹具上，输送线将随行夹具依次输送到各工位。随行夹具的返回方式有；水平返回、上方返回和下方返回三种形式；另一类方式是由中央立柱带随行夹具，图7-26所示为带中央立柱的随行夹具生产线。这种方式适用于同时实现工件两个侧面及顶面加工的场合，在装卸工位装上工件后，随行夹具带着工件绕生产线一周便可完成工件三个面的加工。

(三) 悬挂输送方式

悬挂输送方式主要适用外形复杂及没有合适输送基准的工件及轴类零件，工件传送系统设置在机床的上空，输送机械手悬挂在机床上方的桁架上。各机械手之间的间距一致，不仅完成机床之间的工件传送，还完成机床的上下料。其特点是结构简单，适用于生产节拍较长的生产线。如图7-27所示。这种输送方式只适用于尺寸较小、形状较复杂的工件。

(四) 生产线的连接方式

1. 刚性连接

刚性连接是指输送装置将生产线连成一个整体，用同一节奏把工件从一个工位传到另一工位，如图7-28a、b所示。其特点是生产线中没有储料装置，工件输送有严格的节奏性，如某一工位出现故障，将影响到全线。此种连接方式适用于各工序节拍基本相同、工序较少的生产线或长生产线中的部分工段。

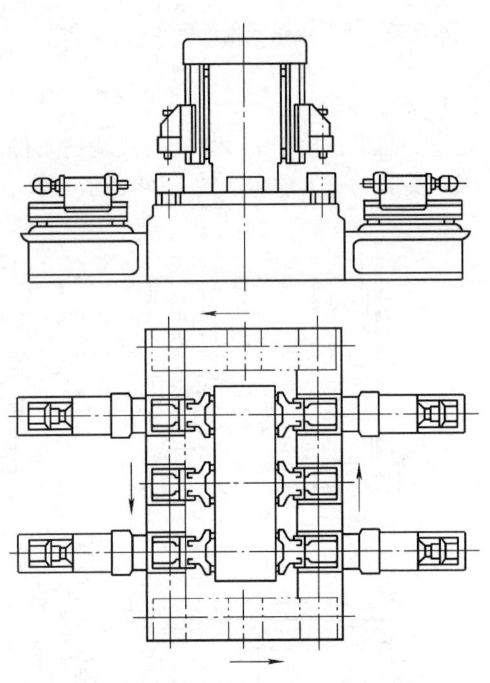

图7-26　带中央立柱的随行夹具方式

2. 柔性连接

柔性连接是指设有储料装置的生产线，如图7-28c、d所示。储料装置可设在相邻设备之间，或相隔若干台设备之间。由于储料装置储备一定数量的工件，因而当某台设备因故停歇时，其余各台机床仍可继续工作一段时间。在这段时间故障如能排除，可避免全线停产。另外，当相邻机床的工作循环时间相差较大时，储料装置又起到一定的调剂平衡作用。

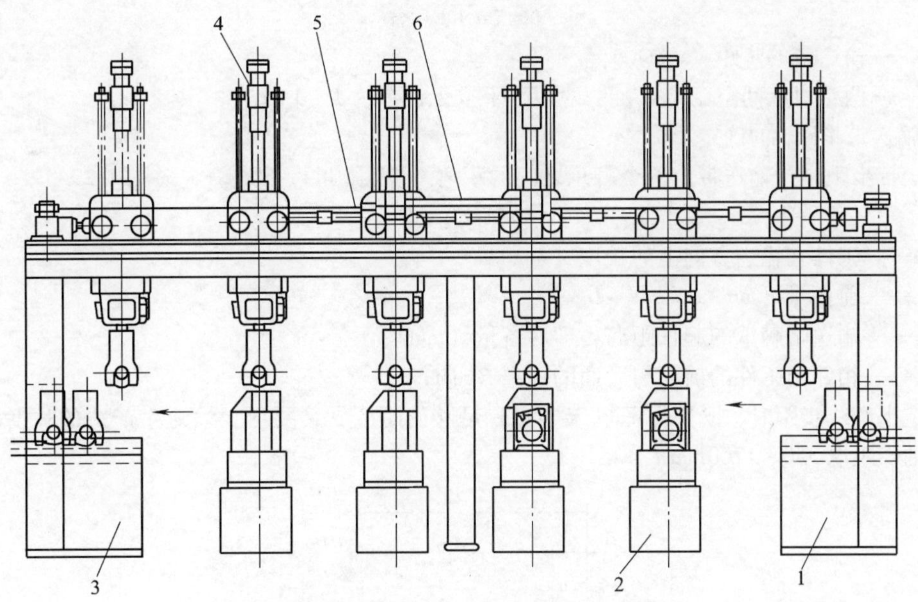

图 7-27　采用悬挂式输送机械手生产线

1—装料台　2—机床　3—卸料台　4—机械手　5—传动钢丝绳　6—传动装置液压缸

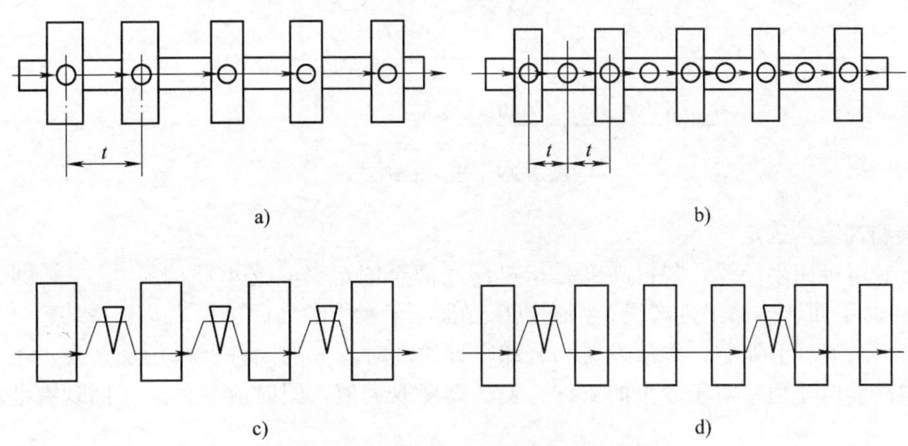

图 7-28　刚性连接与柔性连接生产线

a)、b) 刚性连接自动线　c)、d) 柔性连接自动线

三、生产线总体联系尺寸图

生产线总体联系尺寸图用于确定生产线机床之间、机床与辅助装置之间、辅助装置之间的尺寸关系，是设计生产线各部件的依据，也是检查各部件相互关系的重要资料。当选用的机床和其他装备的形式和数量确定以后，根据拟定的布局就可绘制生产线总体联系尺寸图。需要确定的尺寸有：

1. 机床间距

机床之间的距离应保证检查、调整和操作机床时工人出入方便，一般要求相邻两台机床运动部件的距离不小于600mm。如采用步伐式输送装置，机床间距 L(mm) 还应符合下列条件

$$L=(n+1)\times t \qquad (7\text{-}12)$$

式中　t——输送带的步距（mm）；

n——两台机床间空工位数，一般情况下空工位数为1～4。

2. 输送带步距 t 的确定

输送带步距是指输送带上两个棘爪之间的距离。步距 t 可按下式确定（图7-29）：

$$t=A+l_4+l_3 \qquad (7\text{-}13)$$

式中　A——工件在输送方向上的长度（mm）；

l_4——前备量（mm），$l_4=l-l_3$；

l_3——输送带棘爪的起程距离，即后备量（mm）；

l——相邻两工件的前面与后面的距离（mm）。

确定生产线步距时，既要保证机床之间有足够的距离，又要尽量缩短生产线的长度。标准输送带的步距取350～1700mm。

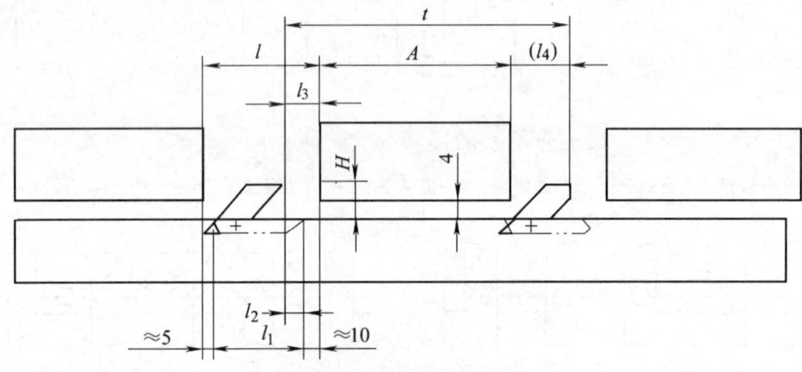

图7-29　步距的确定

3. 装料高度的确定

对于专用机床生产线，装料高度是指机床底面至固定夹具支承面的尺寸，一般取850～1060mm；对于回转体加工生产线，则指机床底面至卡盘中心之间的距离。选择装料高度主要考虑生产人员操作、调整、维修设备和装卸料方便。对较大的工件及采用随行夹具下方返回时，装料高度取小值；对于较小的工件，装料高度取大值，同时应使其与车间现有装料高度一致。

4. 转位台联系尺寸的确定

转位台是用来改变工件加工表面的。确定转位台中心有两种情况：

1）当步距较大时，可取工件中心作转位台中心，如图7-30a所示。此时工件或限位板的最大回转半径 R 应满足：$R<L$，$a_1=a_2$，$c_1=c_2=a_2-b$。

转位台转位时，输送带应处于原位状态，并保证棘爪离工件端面距离大于 $R-a_1$。

2）当步距较小时，转位台中心不能取工件中心，应按图7-30b选取，并要满足：$R<L$，$a_1=a_2$，$c_1=c_2=a_2-b$。

5. 输送带驱动装置联系尺寸

确定输送带驱动装置联系尺寸时，首先应选择输送滑台规格，输送滑台的工作行程 L_D 应等于输送步距 t 与后备量 l_3 之和，即 $L_D=t+l_3$。依据滑台行程即可选择滑台规格。

从图7-31可以看出，驱动装置高度方向联系尺寸由下式确定

$$H=H_1+H_2+H_3+H_4 \qquad (7\text{-}14)$$

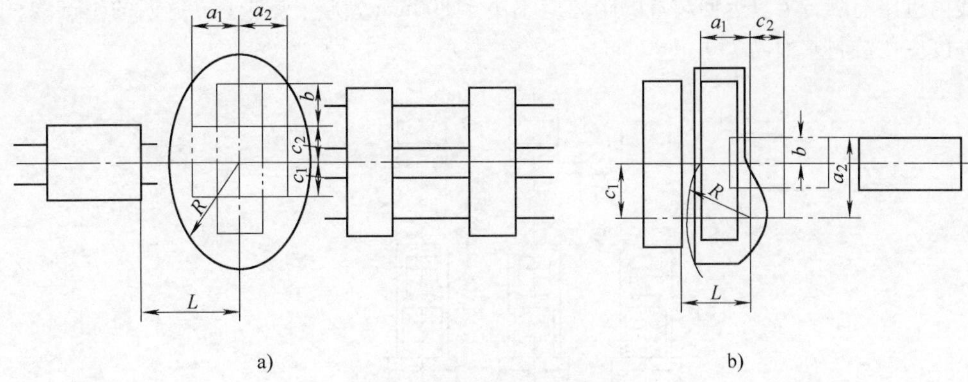

图 7-30 转位台联系尺寸

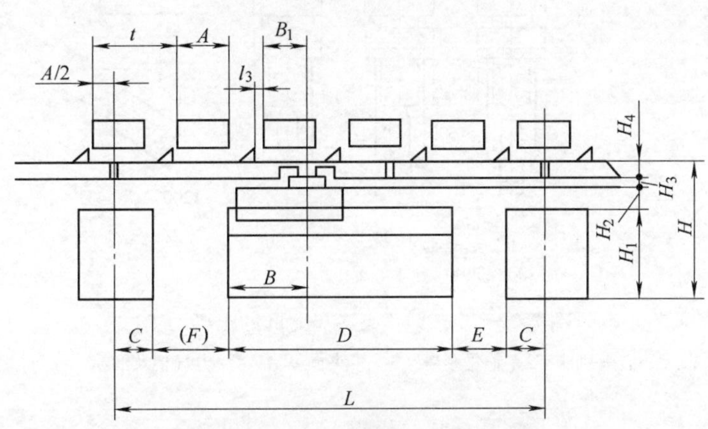

图 7-31 输送带驱动装置联系尺寸

式中 H——装料高度（mm）；

H_1——底座高度（mm）；

H_2——滑台高度（mm）；

H_3——滑台台面至输送带底面的尺寸（mm）；

H_4——输送带的高度尺寸（mm）。

驱动滑台长度方向尺寸 L（驱动装置在机床间）

$$L = D + 2C + E + F \tag{7-15}$$

式中 D——输送装置（如滑台）底座尺寸（mm）；

C——机床底座尺寸（mm）；

E——输送驱动装置有固定挡铁一端至机床底座间的尺寸（mm），$E \geqslant 300$mm；

F——输送驱动装置不带固定挡铁一端至机床底座间的尺寸（mm），$F < E$。

6. 生产线内各装备之间距离尺寸的确定

生产线内各装备之间的距离尺寸如图 7-32 所示。相邻不需要接近的运动部件的间距，可小于 250mm 或大于 600mm，当取间距为 250 ~ 660mm 时，应设置防护罩；对于需要调整但不运动的相邻部件之间的距离，一般取 700mm，如有其中一部件需运动，则该距离应加大，如电气柜门需开与关，推荐取 800 ~ 1200mm；生产线装备与车间柱子间的距离，对于运动的部件取 500mm，不运动的部件取 300mm；两条生产线运动部件之间的最小距离一般取 1000 ~ 1200mm；

生产线内机床与随行夹具返回装置的距离应不小于800mm，随行夹具上方返回的生产线，最低点的高度应比装料基面高750～800mm。

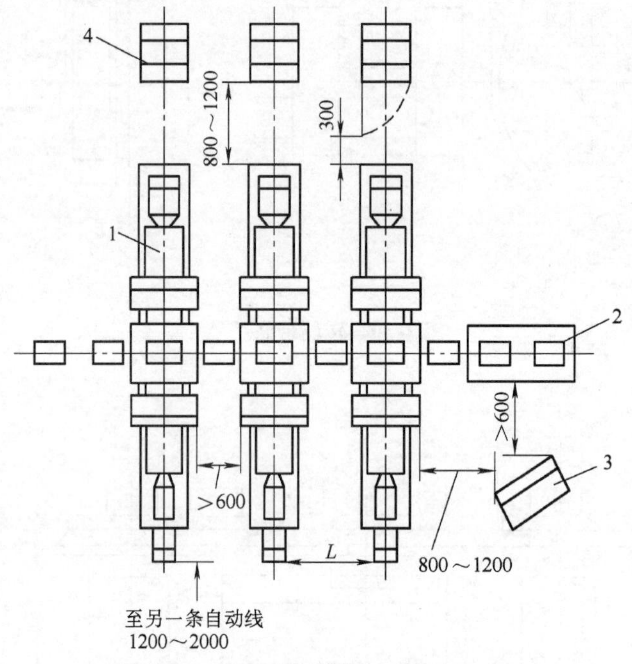

图7-32　生产线内各装备之间的距离尺寸

1—机床　2—输送装置　3—中央操纵台　4—电气柜及油箱

四、机械加工生产线其他装备的选择与配置

在确定机械加工生产线的结构方案时，还必须根据拟定的工艺流程，解决工序检查、切屑处理、工件堆放、电气柜和油箱的位置等问题。

1. 输送带驱动装置的布置

输送带驱动装置一般布置在每个工段零件输送方向的终端，使输送带始终处于受拉状态。在有攻螺纹机床的生产线中，输送带驱动装置最好布置在攻螺纹前的孔深检查工位下方，可防止攻螺纹后工件上的润滑油落到驱动装置上面。

2. 小螺纹孔加工检查装置

对于攻螺纹工序，特别是小螺纹孔（小于M8）的加工，攻螺纹前后均应设置检查装置。攻螺纹前检查孔深是否合适，以及孔底是否有切屑和折断的钻头等；攻螺纹后则检查丝锥是否有折断在孔中的情况。检查装置安排在紧接钻孔和攻螺纹工位之后，以便及时发现问题。

3. 精加工工序的自动测量装置

精加工工序应考虑采用自动测量装置，以便在达到极限尺寸时，发出信号，及时采取措施。处理方法有：将测量结果输到自动补偿装置进行自动调刀；自动停止工作循环，通知操作者调整机床和刀具；采用备用机床，当一台机床在调整时，由另一台机床工作，从而减少生产线的停产时间。

4. 装卸工位控制机构

在生产线前端和末端的装卸工位上，要设有相应的控制机构，当装料台上无工件或卸料工位上工件未取走时，能发出互锁信号，命令生产线停止工作。装卸工位应有足够空间，以便存放工件。

5. 毛坯检查装置

若工件是毛坯，应在生产线前端设置毛坯检查装置，检查毛坯某些重要尺寸，当不合格时，检查系统发出信号，并将不合格的毛坯卸下，以免损坏刀具和机床。

6. 液压站、电气柜及管路布置

生产线的动作往往比较复杂，其控制需要较多的液压站、电气柜。确定配置方案时，液压站、电气柜应远离车间的取暖设备，其安放位置应使管路最短、拐弯最少、接近性好。

液压管路铺设要整齐美观，集中管路可设置管槽。电气走线最好采用空中走线，这样便于维护；若采用地下走线，应注意防止切削液及其他废物进入地沟。

7. 桥梯、操纵台和工具台的布置

规格较大的、封闭布置的随行夹具水平返回式生产线，应在适当位置布置桥梯，以便操作者出入。桥梯应尽量布置在返回输送带上方。设置在主输送带的上方时，应力求不占用单独工位，同时一定要考虑扶手及防滑的措施，以保证安全。

生产线进行集中控制，需设置中央操纵台，分工区的生产线要设置工区辅助操纵台，生产线的单机或经常要调整的设备应安装手动调整按钮台。

生产线的刀具数量大、品种多，为了方便管理，设置刀具管理台及线外对刀装置是保证生产率的重要措施。

8. 清洗设备布置

在综合生产线上，防锈处理和装配工位之前，自动测量和精加工之后需要设置清洗设备。

清洗设备一般采用隧道式，按节拍进行单件清洗。通常与零件的输送采用统一的输送装置，也可采用单独工位进行机械清理，如毛刷清理、刮板清理等，以清除定位面、测量表面和精加工面上的积屑和油污。

第五节 柔性制造系统

一、概述

（一）FMS的概念

本章前几节所介绍的机械加工生产线，多数只适用于成批生产和大量生产的企业，并往往只能固定生产单一或成组产品，要改变产品品种的难度很大。即使是多品种可调生产线，也仅能生产结构形状和加工工艺相似的几个产品，且变换产品时，调整生产线所需的时间很长。由于这类机械加工生产线很难适应多品种、中小批量生产的需要，致使国内机械制造行业75%～85%的企业，仍在传统的生产组织原则指导下，采用生产效率较低的工艺方法和通用装备进行生产。

柔性制造系统（Flexible Manufacturing System，FMS）是一个以网络为基础、面向车间的开放式集成制造系统，是实现CIMS的基础，它具有CAD、数控编程、分布式数控、工夹具管理、数据采集和质量管理等功能，它能根据制造任务和生产环境的变化迅速进行调整，适用于多品种、中小批量生产。

这里所谓的“柔性”是指一个制造系统适应各种生产条件变化的能力，集中反映在加工、人员和装备等方面。加工的柔性是指能加工不同工件的自由度，它与加工工艺方法、装备的连接形式、作业计划出现干扰时重新安排的余地和生产调度的灵活性有关。人员柔性是指不管加工任务的数量和时间有什么变化，操作人员能够完成加工任务的能力。人员柔性高，就可以利用现有人员完成不同的加工任务。装备柔性是指机床能在短期内适应新工件加工的能力。装备柔性高，改变加工对象时的调整时间就短。

（二）FMS 的组成

FMS 由下述三个子系统组成，如图 7-33 所示。

1. 加工子系统

加工子系统包括加工装备、辅助装置和工艺装备。加工装备用于对产品进行加工、装配或其他处理。加工主要采用可自动装卸工件和更换刀具的数控机床、加工中心机床和可更换主轴箱的数控机床。辅助装置主要包括清洗、排屑和检测装置。检测装置用于产品中间工序和最终的自动检测。工艺装备则包括夹具和刀具等。FMS 的加工能力由它所拥有的加工设备决定，而 FMS 里的加工中心所需的功率、加工尺寸范围和精度则由待加工的工件决定。由于箱体、框架类工件在采用 FMS 加工时经济效益特别显著，故在现有的 FMS 中，加工箱体类工件的 FMS 占的比重较大。

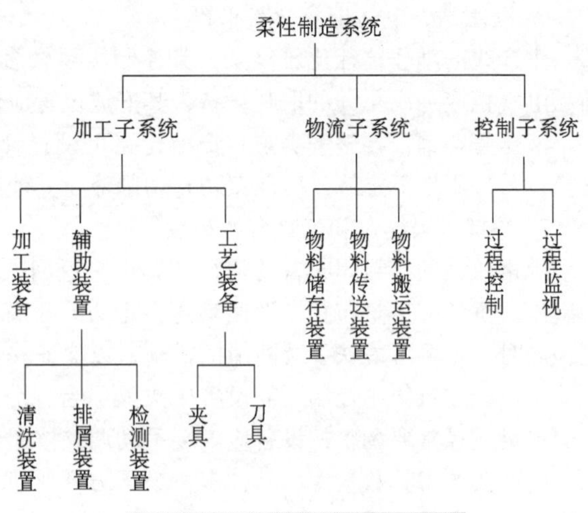

图 7-33　柔性制造系统的组成

2. 物流子系统

物流子系统即物料储运系统，是柔性制造中的一个重要组成部分。这里的物料指工件和刀具。FMS 的物料储运系统一般包含工件装卸站、托盘缓冲站、物料运送装置和自动化仓库等几个组成部分，主要用来执行工件、刀具、托盘以及其他辅助设备与材料的储存、传送和搬运工作。一个工件从毛坯到成品的整个生产过程中，只有相当小的一部分时间在机床上进行切削加工，大部分时间消耗于物流的储运过程中。合理地选择 FMS 的物料储运系统，可以大大减少物料的运送时间，提高整个制造系统的柔性和效率。通过物流子系统，可以建立起 FMS 各加工设备之间以及加工设备和储存系统之间的自动化联系，并可以用来调节加工节拍的差异。

典型的物流过程如下：

（1）工件流　从立体仓库将毛坯运送到工件装卸站，由人工或机器人将工件安装在托盘上的夹具内，由运输小车（RGV 或 AGV）将装有工件的托盘运送到缓冲存储站等待加工。运输小车将装有毛坯的托盘运送到机床前，由托盘交换装置将小车上装有毛坯的托盘送上机床进行加工。机床加工完毕，又通过托盘交换装置将装有已经加工的工件托盘由运输小车运送到缓冲存储站等待下一道工序的加工。当所有工序完成后，运输小车将成品工件运送到工件装卸站，由人工或机器人将工件从托盘的夹具上卸下，运送到立体仓库储存。

（2）刀具流　在刀具预调工作站上将刀具调好后，存储在中央刀库。由刀具运送装置将刀具从中央刀库取出，送到机床前，通过刀具交换装置将刀具运送装置上的刀具装到机床刀库中去，将机床暂时不用的刀具从机床刀库取出，由刀具运送装置送回中央刀库储存。

3. 控制子系统

控制子系统主要包括过程控制和过程监视两方面的内容。其功能分别为：过程控制主要进行加工子系统及物流子系统的自动控制；过程监视主要进行在线状态数据自动采集和处理。控制子系统的核心通常是一个分布式数据库管理系统和控制系统，整个系统采用分级控制结构，即 FMS 中的信息由多级计算机进行处理和控制。其主要任务是：组织和指挥制造流程，并对制造流程进行控制和监视；向 FMS 的加工子系统、物流子系统提供全部控制信息并进行过程监视，反馈各种在线检测数据，以便修正控制信息，保证安全运行。

除了上述三种基本组成外，柔性制造系统还包括 FMS 的管理、操作与调整维护及编程等工作。操作人员完成的典型工作包括：运行计算机控制系统和控制程序，监管 FMS 的各种工作，在遇到故障或废品或误动作时紧急处置，更换或安装调整刀夹量具，一些无自动装卸装置的工作站的上下料等。

（三）柔性制造系统的工作原理

FMS 的模型及其原理框图如图 7-34 所示。FMS 工作过程可以这样来描述：柔性制造系统接到上一级控制系统的有关生产计划信息和技术信息后，由其信息系统进行数据信息的处理、分配，并按照所给的程序对物流系统进行控制。

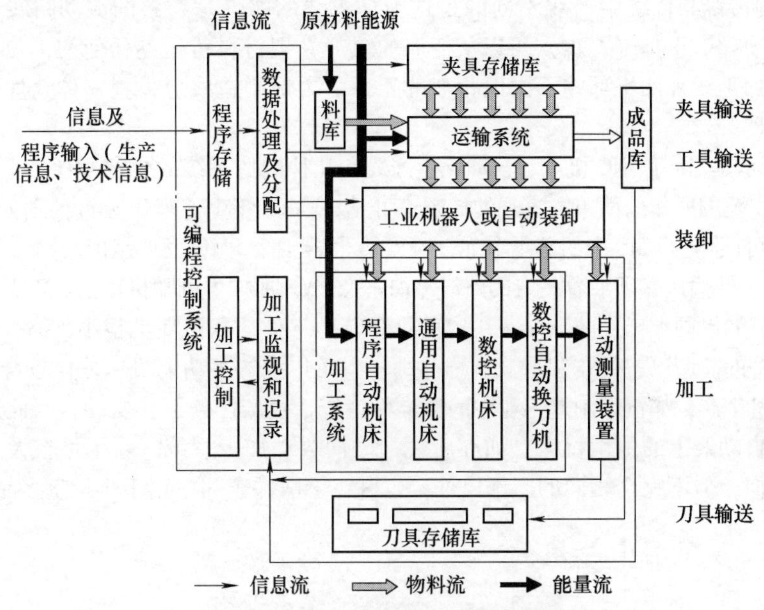

图 7-34　FMS 的模型及其原理框图

物料库和夹具库根据生产的品种及调度计划信息提供相应品种的毛坯，选出加工所需要的夹具。毛坯的随行夹具由输送系统送出。工业机器人或自动装卸机按照信息系统的指令和工件及夹具的编码信息，自动识别和选择所装卸的工件和夹具，并将其安装到相应机床上。

机床的加工程序识别装置根据送来的工件及加工程序编码，选择加工所需的加工程序，并进行校验。全部加工完毕后，由装卸及运输系统送入成品库，同时把加工质量、数量信息送到监视和记录装置，随行夹具被送回夹具库。

当需要改变加工产品时，只要改变传输信息系统的生产计划信息、技术信息和加工程序，整个系统即能迅速、自动地按照新要求来完成新产品的加工。

中央计算机控制着系统中物料的循环，执行进度安排、调度和传送协调等功能。它不断收集各个工位上的统计数据和其他制造信息，以便作出系统的控制决策。FMS 是在加工自动化的基础上实现物流和信息流的自动化，其“柔性”是指生产组织形式和自动化制造设备对加工任务（工件）的适应性。

（四）柔性制造系统的类型

根据系统所含机床数量、机床结构的不同，可将柔性制造系统分成：柔性制造装置（FMU）、柔性加工单元（FMC）、柔性制造系统（FMS）和柔性制造线（FML）等。

1）柔性制造装置是以一台加工中心为主的系统。它装备托盘库、自动托盘交换站或机器人和自动化工具交换装置（可以部分无人照管）。

2）柔性加工单元有多种配置形式，但至少有一台加工中心、托盘库、自动托盘交换站和刀具交换装置。柔性加工单元的所有操作均以单元方式进行，并由计算机控制。FMC通常有固定的加工工艺流程，工件流是按固定工序顺序进行的，它不具有实时加工路线流控制、载荷平衡及生产调度计划逻辑的中央计算机控制。

3）柔性制造系统由FMC或/和数控加工装备、检测装置、清洗装置、立体仓库和中央刀库等组成，通过一个自动化传输系统和计算机控制系统，把各个单元连接起来所组成的制造系统，可以完成不同品种与规格工件的自动传输和加工。

4）柔性制造线与传统生产线不同的是这类加工线的特点是物料的流动路线可以是不固定的，如采用自动导引小车（AGV）可以从任何的缓冲站把材料传送到任何的工位进行加工，所以可采用这类加工线来加工那些不同但相似的工件。柔性制造线应设置立体仓库，以满足自动存取的要求。

图7-35所示是对一般NC机床、自动化生产线和几种制造系统的生产柔性、生产率以及各类制造系统的应用范围所作的简单、直观的比较。可见，FMC、FMS、FML之间的划分并不严格。一般认为，FMC可以作为FMS中的基本单元，FMS可由若干个FMC发展组成。FMS与FML的区别在于FML中的工件输送必须沿着一定的路线，而不像FMS那样可以随机输送。FML更适合于中批和大批量生产。如果同类工件的数量很少，而且和其他工件的相似性也很小，那么采用自动化系统通常是不经济的。所以就像在制造试制样品那样，用传统的多功能机床才比较合理。另一种极端情况是大批量生产，如汽车制造工业中的标准件生产，生产任务不会变动，因此用生产率高的装备，如刚性自动线上的专用机床。如前所述，柔性自动加工系统，除了可在大批量生产中用于加工基本相似，但不完全相同的工件以外，也可在零散件车间中用于小批量多品种生产。

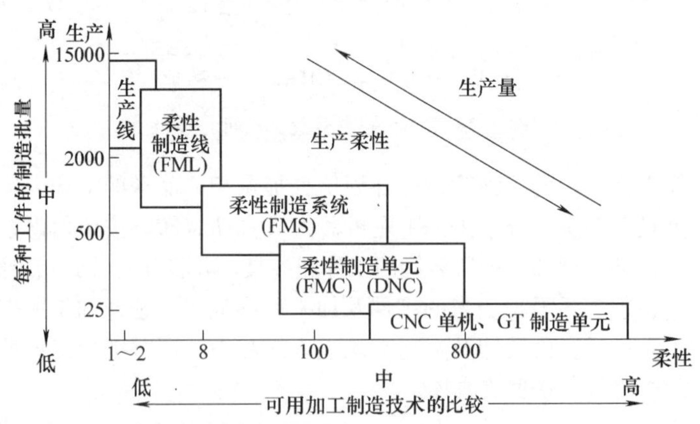

图7-35 各种类型加工系统的应用范围

二、柔性制造系统的规划方法

生产的发展，使自动化加工系统正在发生着一个重要的变化，即对加工系统的灵活性（柔性）的要求越来越高。正如前面讲过的，柔性制造系统正在大力发展，而用于大批量生产的自动线，也越来越向可调的方向发展。因此自动化机械制造系统的结构越来越复杂，投资也越来越大。为了确保所建柔性制造系统获得最大的经济效益，必须进行科学合理的规划和设计。

柔性制造系统的规划，首先应明确包含哪些内容和要达到的目标。一个柔性制造系统的规划一般包含如图 7-36 所示的内容。

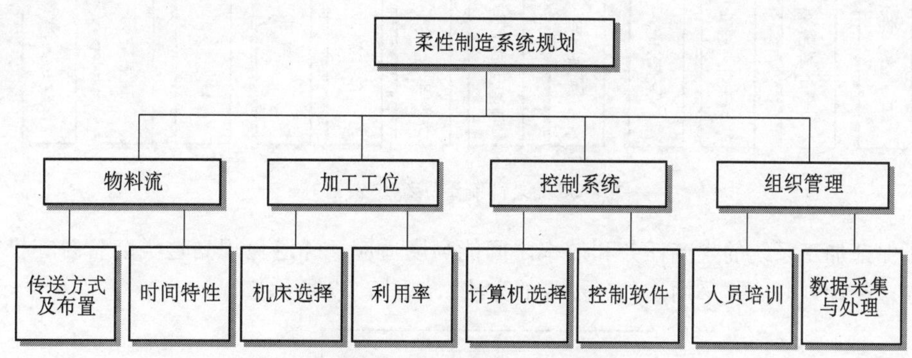

图 7-36　柔性制造系统规划要点

从图 7-36 中可见，柔性制造系统的规划可分为四个部分：物料流、加工工位、控制系统和组织管理。每一部分又可分为具体装备的选择和布置以及运行参数的确定，前者构成系统的硬件，后者则属于软件的范畴。在上述四部分中，无论从复杂性还是从重要性来看，都以物料流的规划占首要地位，它对整个系统的影响最为显著。而影响物料流结构的参数又很多，如影响柔性制造系统总体规划的参数，可列举如下（图 7-37）。

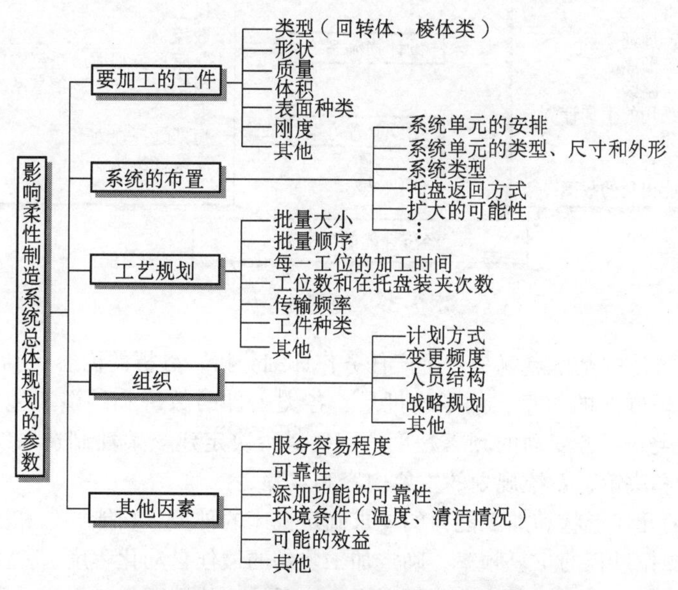

图 7-37　影响柔性制造系统总体规划的参数

柔性制造系统规划的目标，概括地说，就是要以最少的投资来实现高生产率的多品种加工和降低制造成本。这一总目标又可分解为若干具体目标，如图 7-38 所示。为了提高生产率，就要缩短加工时间，必须通过缩短切削时间和缩短安装时间来实现。而要降低机器的成本，那就要保证机器高的利用率和避免不必要的灵活性。

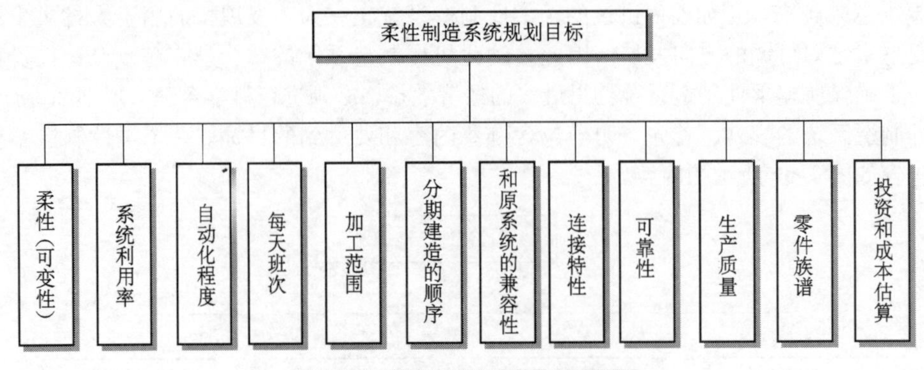

图7-38　柔性制造系统规划目标

为了保证加工系统的生产任务和效率之间能高度适应，并避免规划这类装备时在投资上冒大的风险，在计划时需要采用一种分步骤的方法，如图7-39所示。

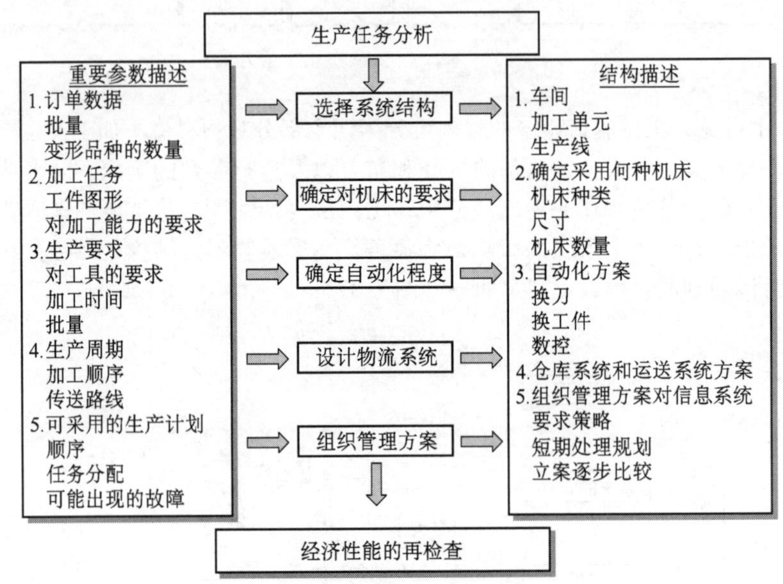

图7-39　规划的步骤

这种系统规划方法的基本点就是对生产任务作详细分析，分析的内容包括工件的几何形状、技术要求和组织管理方面的信息，如平均批量、各类工件的数量和制造工艺等。在这基础上，根据批量、工件种类和任务变动的频繁程度，明确是否决定建立柔性制造系统，以便进一步进行更加详细的分析和决策，系统规划的主要内容和步骤是：

1）根据工件的几何形状和加工能力的要求确定机床的种类、功能要求和数量。

2）根据相同操作过程的重复频率，确定加工装备的最佳自动化程度。

3）通过分析加工工艺和传送线路，规划出物流系统，特别要仔细作出是否需要采用自动化输送系统的决定。

4）估计生产中可以利用的良机和可能出现的麻烦，然后系统地提出组织管理系统的方案，并提出管理策略和规程。

所有这些步骤的分析结果都为柔性制造系统的规划提供了可供选用的解决办法。在选定各项解决办法前，必须进行技术经济分析，规划过程结束时要对整个系统的技术经济性能作一次集中评估。

三、柔性制造系统总体设计

柔性制造系统的设计一般分为两步，即初步设计和详细设计。初步设计是柔性制造系统设计工作的第一阶段，其工作重点在系统的总体设计方面，对可行性论证中提出的技术方案作进一步的认证，对方案中考虑不周的内容作进一步的调研并加以完善，对原方案中不确切、不现实的内容予以调整和改正。下面就柔性制造系统总体设计中的一些重要内容加以分述。

（一）零件族的确定及其工艺分析

要使 FMS 具有满意的运行效率，必须从用户的实际要求出发，选择好上线的零件，并进行工艺分析。这是设计或引进机械加工柔性制造系统必须解决的问题。根据确定的零件族和工艺分析，就可以决定 FMS 的类型和规模；必需的覆盖范围和能力；机床及其他设备的类型和所需的主要附件；夹具的类型和数量；刀具的类型和数量；托盘及其缓冲站点数量；并可初步估算所需的投资额。

1. FMS 零件族初选

从工厂的大量零件中选择适合于 FMS 加工的零件族并不是一件容易的事。零件族的确定要兼顾用户的要求和 FMS 加工的合适性。由于影响零件族选择的因素很多，如零件的形状、尺寸、材料、加工精度、批量及加工时间等都是决定零件是否适宜采用 FMS 加工的重要因素。选择上线零件如果仅依靠经验丰富的工艺人员去做，不仅花费大量的时间，还会带来人为的失误。因此一般采用基本加权值的思想建立一个选择 FMS 加工零件族的数学模型，就可以利用计算机方便、迅速地挑选出上线零件，供初步筛选时参考。

2. FMS 上线零件工艺分析的特点

零件族的选择与上线零件工艺分析是相辅相成的。对于已经初步选上的上线零件要进行详细的工艺分析，进一步将不适合于上线的零件予以剔除。在 FMS 中，每一台机床都具有十分完善的功能，在工艺分析时就必须结合这一点来考虑。使加工零件尽可能在一台机床上完成较多的工序（或工步），从而减少该零件的装夹次数，有利于提高 FMS 的运行效率和确保零件的加工精度。对于不适合于 FMS 加工的工序，或者为了得到合适（合理）的装夹定位基准，可以将某些工序安排在线外加工。这就是所谓工艺分析中的“集中性与选择性”。

零件加工的工艺设计必须考虑成组技术原则。这样对于提高 FMS 的效率和利用率、简化夹具设计、减少刀具数量、简化 NC 程序编制和保证加工质量等众多方面都会带来好处，并通过选用标准化的通用刀具使刀库容量减至最少，尽量采用复合式刀具，从而节省换刀时间。另外在工艺分析中，还必须结合机床、刀具、工件材料、精度和刚度、工厂条件等众多因素，合理选择切削参数。

3. 工艺分析步骤

1）消化和分析。内容包括：零件轮廓尺寸范围、零件刚度（定性分析）；材料、硬度、可加工性；现行工艺或工艺特点；加工精度要求；装夹定位方式等。

2）工序划分。其原则是：先粗加工后精加工，以保证加工精度；在一次装夹中，尽可能加工更多的加工面；尽可能使用较少的刀具加工较多的加工面；使 FMS 的各台机床负荷均衡。

3）选择工艺基准。其原则是：尽可能与设计基准一致；便于装夹，引起的变形最小；不影响更多的加工面；必要时可以在线外予以加工。

4）安排工艺路线。

5）选择切削刀具，确定切削参数。

6）拟定夹具方案。

7）加工零件的检查安排。

8）工时计算与统计。

9）确定生产批量。

10）工艺方案的经济性和运行效益的预估。

（二）加工装备的选择与配置

1. FMS对机床的要求

柔性制造系统对集成于其中的加工设备是有一定要求的，不是任何加工设备均可纳入柔性制造系统中。一般来说，纳入FMS运行的机床主要有如下特点：

1）加工工序集中。由于柔性制造系统是适应小批量多品种加工的高度自动化制造系统，造价昂贵，这就要求加工工位的数目尽可能少，而且接近满负荷工作。根据统计，80%的现有柔性制造系统的加工工位数目不超过10个。此外，加工工位较少，还可减轻工件流的输送负担，所以同一机床加工工位上的加工工序集中就成为柔性制造系统中机床的主要特征。

2）控制方便。柔性制造系统所采用的机床必须适合纳入整个制造系统，因此，机床的控制系统不仅要能够实现自动加工循环，还要能够适应加工对象的改变，易于重新调整，也就是说要具有“柔性”。近年来发展起来的计算机数字控制系统（CNC）和可编程序控制器（PLC），在柔性制造系统的机床和输送装置的控制中获得日益广泛的应用。

3）兼顾柔性和生产率。这是一个有较高难度的要求。为了适应多品种工件加工的需要，就不能像大批量生产那样采用为某一特定工序设计的专用机床，但是又不能像单件生产那样采用普通万能机床。它们虽然具备较大的柔性，但生产率不高，不符合工序集中的原则。

另外，FMS中的所有装备受到本身数控系统和FMS中央计算机控制系统的调度和指挥，要能实现动态调度、资源共享、提高效率，就必须在各机床之间建立必要的接口和标准，以便准确及时地实现数据通信与交换，使各个生产装备、储运系统、控制系统等协调地工作。

2. 选择机床的原则

在选择机床时，要考虑到工件的尺寸范围、工艺性、加工精度和材料，以及机床的成本等因素。对于箱体类工件，通常选择立式和卧式加工中心，以及有一定柔性的专用机床，如可换主轴箱的组合机床、带有转位主轴箱的专用机床等。

带有大孔或圆支承面的箱体工件，也可以采用立式车床进行加工。需要进行大量铣、钻和攻螺纹加工，且长径比又小于2的回转体类工件，通常也可以在加工箱体工件的FMS中进行加工。

加工纯粹回转体工件（杆和轴）的FMS技术现在仍处在发展阶段。可以把具有加工轴类和盘类工件能力的标准CNC车床结合起来，构成一个加工回转体工件的FMS。

数控加工中心的类型很多，可以是基本形式的卧式或立式三坐标机床，这些机床只加工工件的一个侧面，或者只能对邻近几个面上的一些表面进行加工。采用这类机床一般需要多次装夹才能完成工件各个面的加工。若在卧式加工中心上增加一个或两个坐标轴，如称为第四坐标轴的托盘旋转和称为第五坐标轴的主轴头倾斜，就可以对工件进行更多表面的加工。要在立式加工中心上实现工件多面加工，必须在基本形式机床上增加一个可倾式回转工作台。通常选用五坐标轴加工中心，主要是为了满足一些非正交平面内的特殊加工的需要。

除上述增加坐标轴的方法外，还可在一套夹具上装夹多个工件，以提高FMS的生产能力。

FMS应能完成某一成组零件族的全部工序的加工，系统内需要配置不同工艺范围和精度的机床来实现这一目标。最理想的配置方案是所选机床的工艺范围有较大的兼容性，即每道工序有多台机床可以胜任。这样可以有效地排除因为某道关键工序或某台关键机床出现瓶颈，影响了整条生产线的正常作业，可以大大地提高装备的利用率。但这样做必然提高了每台机床的复杂性，增加了 FMS 的造价。

确定 FMS 中机床种类和数量的方法和步骤如图 7-40 所示。图的上部列出的是分析生产任务用的一些重要参数，用于选用合适的机床。接着首先确定机床切削区的尺寸范围；其次确定机床的效能，如可进行哪些操作、加工精度、规格和受控轴数等，这就为确定加工工件的成套机床方案提供了基础。根据给定的技术条件，把要进行的各类操作分派给指定的机床并计算出每种操作的加工时间，确定整个工作量是多少，需要多少台机床，或许还可能因此而对选用的方案作出修改。只有对所规划的机床成本加以估计，才有可能估计出选定的机床方案的经济性能。如果加工能力低或者经济效果不好，则要对机床的方案另作修改，一直到获得圆满的结果为止。

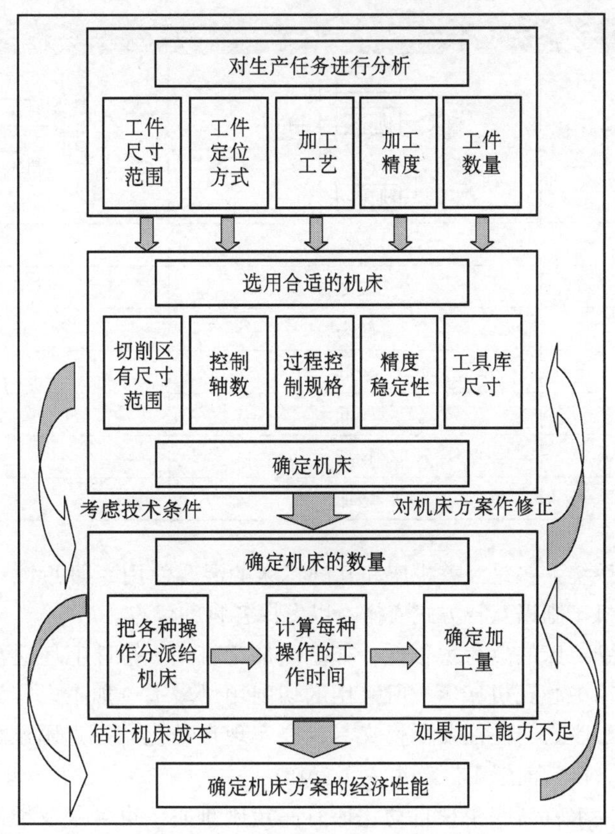

图 7-40　机床种类和数量的确定

FMS 的所有加工中心都具有刀具存储能力，采用鼓形、链形等各种形式的刀库。为了满足 FMS 内工件品种对刀具的要求，通常要求有很大的刀具存储容量。在一个刀库中需要 100 个以上的刀座是很常见的。这样的容量加上某些大质量的刀具，特别是大的镗杆或平面铣刀，都要求对刀具传送和更换机构的可靠性给以很好的注意。

3. FMS 的机床配置形式

FMS 适用于中小批量生产，既要兼顾对生产率和柔性的要求，也要考虑系统的可靠性和机床的负荷率。因此，就产生了互替形式、互补形式以及混合形式等多种类型的机床配置方案。

所谓互替形式就是纳入系统的机床是可以互相代替的。例如，由数台加工中心组成的柔性制造系统，由于在加工中心上可以完成多种工序的加工，有时一台加工中心就能完成箱体的全部工序，工件可输送到系统中任何恰好空闲的加工工位，使系统具有较大的柔性和较宽的工艺范围，而且可以达到较高的装备利用率。从系统的输入和输出来看，它们是并联环节，因而增加了系统的可靠性，即当某一台机床发生故障时，系统仍能正常工作。

所谓互补形式就是纳入系统的机床是互相补充的，各自完成某些特定的工序，各机床之间不能互相替代，工件在一定程度上必须按顺序经过各加工工位。它的特点是生产率较高，对机床的技术利用率较高，即可以充分发挥机床的性能。从系统的输入和输出的角度来看，互补机床是串联环节，它减少了系统的可靠性，即当一台机床发生故障时，系统就不能正常工作。

以互替和互补配置形式选择的机床的特性比较见表 7-3。

表 7-3 互替机床和互补机床的特性比较

特征	互替机床	互补机床
简图	输入 → 机床1 / 机床2 / ⋮ / 机床 n → 输出	输入 → 机床 1 → 机床 2 → 机床 3 … 机床 n → 输出
柔性	较高	较低
工艺范围	较宽	较窄
时间利用率	较高	较低
技术利用率	较低	较高
生产率	较低	较高
价格	较高	较低
系统可靠性	增加	减少

现有的柔性制造系统大多是互替机床和互补机床的混合使用，即 FMS 中的有些装备按互替形式布置，而另一些机床则以互补方式安排，以发挥各自的优点。

在某些情况下个别机床的负荷率很低，如基面加工机床（铸件毛坯通常采用铣床，回转体毛坯通常采用铣端面钻中心孔机床等）所采用的切削用量较大、加工内容简单、单件加工时间短。基面加工和后续工序之间往往要更换夹具，要实现自动化有一定困难。因此常将这类机床放在柔性制造系统外，作为前置工区，由人工操作。

当某些工序加工要求较高或实现自动化还有一定困难时，也可采取类似方法，如精镗加工工序、检验工序、清洗工序等可作为后置工区，由人工操作。

（三）FMS 的总体平面布局

1. 平面布局的原则

影响 FMS 总体平面布局的因素很多，如系统的模型；机床的类型、数量和结构；车间的面积和环境；被加工零件的类型；生产需求；要求的操作类型与时间；选定的物料输送系统类型；进料、出料及服务的靠近程度与便利程度等。所以要因地制宜地设计系统的平面布局，一般原则如下：

1）有利于提高加工精度。例如，对于振动较大的清洗工位，应离机床和检测工位较远；三坐标测量机的地基应具有防振沟和防尘隔离室。

2）排屑方便，便于盛切屑小车推出系统或设置排屑自动输送沟。

3）便于整个车间的物流通畅和自动化。

4）避免系统通信线路受到外界磁场干扰。

5）布局模块化，使系统控制简捷。

6）有利于人身安全，设置安全防护网。

7）占地面积较小，且便于维修。

8）便于系统扩展。

2. 平面布局的形式

（1）基于装备之间关系的平面布局　按照 FMS 中加工装备之间的关系，平面布局形式可分为随机布局、功能布局、模块布局和单元布局。

1）随机布局。即生产装备在车间内可任意安置。当装备少于 3 台时可以采用随机布局形式；当装备较多时，随机布局将使系统内的运输路线复杂，容易出现阻塞，增加系统内的物流量。

2）功能布局。即生产装备按照其功能分为若干组，相同功能的装备安置在一起，也就是所谓的“机群式”布局。

3）模块布局。即把机床分为若干个具有相同功能的模块。这种布局的优点是可以较快地响应市场变化和处理系统发生的故障，缺点是不利于提高装备利用率。

4）单元布局。即按成组技术加工原理，将机床划分成若干个生产单元，每一个生产单元只加工某一族的工件。这是 FMS 采用较多的布局形式。

（2）基于物料输送路径的平面布局　按工件在系统中的流动路径，FMS 总体平面布局可分为直线形、环形、网络型等多种形式。

1）直线形布局。各独立工位排列在一直线上。自动导引小车沿直线轨道运行，往返于各独立工位之间。直线形布局最为简单。当独立工位较少，工件生产批量较大时，大多按这种布局形式，且采用有轨式自动导引小车。

2）环形布局。各独立工位按多边形或弧形，首尾相连成封闭型布局，自动导引小车沿封闭型路径运动于各独立工位之间。环形布局形式使得各独立工位在车间中的安装位置比较灵活，且多采用无轨自动导引小车。

3）网络型布局。所谓网络型布局是指各独立工位之间都可能有物料的传送的路径，自动导引小车可在各独立工位之间以较短的运行路线输送物料。当系统中有较多的独立工位时，这种布局的装备利用率和容错能力最高，物料输送一般采用无轨自动导引小车，但其小车的控制调度比较复杂。

（四）FMS 各独立工位及其配置原则

通常情况下，柔性制造系统具有多个独立的工位。工位的设置与柔性制造系统的规模、类型与功能需求有关。

（1）机械加工工位　机械加工工位是指对工件进行切削加工（或其他形式的机械加工）的地点，一般泛指机床。FMS 的功能主要由它所采用的机床来确定，被确定的工件族通常决定 FMS 应包含的机床类型、规格、精度以及各种类型机床的组合。一条 FMS 中机床的数量应根据各类被加工零件的生产纲领及工序时间来确定。必要时，应有一定的冗余。加工箱体类工件的 FMS 通常选用卧式加工中心或立式加工中心，根据工件特别的工艺要求，也可选用其他类型的 CNC 机床。加工回转体类工件的 FMS 通常选用车削加工中心机床。卧式加工中心和立式加工中心应具备托盘上线的交换工作台（APC），加工中心都应具有刀具存储能力，其刀位数的多寡应顾及被加工零件混合批量生产时采用刀具的数量。选择加工中心时，还应考虑它的尺寸、加工能力、精度、控制系统以及排屑装置的位置等。加工中心的尺寸和加工能力主要包括控制坐标轴数、各坐标的行程长度、回转坐标的分度范围、托盘（或工作台）尺寸、工作台负荷、主轴孔锥度、主轴直径、主轴速度范围、进给量范围、主电动机功率等。

加工中心的精度包括工作台和主轴移动的直线度、定位精度、重复精度以及主轴回转精度等。加工中心的控制系统应具备上网和所需控制功能。加工中心排屑装置的位置将影响 FMS 的平面布局，应予以注意。

(2) 装卸工位　装卸工位是指在托盘上装卸夹具和工件的地点，它是工件进入、退出 FMS 的界面。装卸工位设置有机动、液压或手动工作台。通过自动导引小车可将托盘从工作台上取走或将托盘推上工作台。操作人员通过装卸工位的计算机终端可以接收来自 FMS 中央计算机的作业指令或提出作业请求。装卸工位的数目取决于 FMS 的规模及工件进入和退出系统的频度。一条 FMS 可设置一个或多个装卸工位，装卸工作台至地面的高度应便于操作者在托盘上装卸夹具及工件。操作人员在装卸工位装卸工件或夹具时，为了防止托盘被自动导引小车取走而造成危险，一般在它们之间设置自动开启式防护闸门或其他安全防护装置。

(3) 检测工位　检测工位是指对完工或部分完工的工件进行测量或检验的地点。对工件的检测过程既可以在线进行也可以离线进行。在线测量过程通常采用三坐标测量机，有时也采用其他自动检测装置。通过 NC 程序控制测量机的检测过程，测量结果反馈到 FMS 控制器，用于控制刀具的补偿量或其他控制行为。在 CIMS 环境下，三坐测量机测量工件的 NC 检测程序可通过 CAD/CAM 集成系统生成。离线检测工位的位置往往离 FMS 系统较远。一般情况下通过计算机终端由人工将检验信息送入系统，由于整个检测时间及检测过程的滞后性，离线检测信息不能对系统进行实时反馈控制，在 FMS 中，检测系统与监控系统一起往往作为单元层之下的独立工作站层而存在，以便于 FMS 采用模块化的方式设计与制造。

(4) 清洗工位　清洗工位是指对托盘（含夹具及工件）进行自动冲洗和清除滞留在其上的切屑的地点。对于设置在线检测工位的 FMS，往往也设置清洗工位，将工件上的切屑和灰尘彻底清除干净后再进行检测，以提高测量的准确性。有时，清洗工位还具有干燥（如吹风干燥）功能。当 FMS 中的机床本身具备冲洗滞留在托盘、夹具和工件上的切屑的功能时，可不单独设置清洗工位。清洗工位接收单元控制器的指令进行工作。

(五) FMS 的物料储运系统及其配置

FMS 的物料是指工件（含托盘和夹具）和刀具（含刀具柄部），因此就有工件搬运系统和刀具搬运系统之分。

(1) 工件搬运系统　指工件（含托盘、夹具）经工件装卸站进入或退出系统以及在系统内运送的装置。可供选择的工件运送方案有：无轨道式自动导引小车（AGV）运送方式，直线轨道式自动导引小车（RGV）运送方式，环形滚道运送方式，缆索牵引拖车运送方式，行走机器人运送方式，固定导轨式（龙门式）机器人运送方式，无轨吊挂运送方式。

通常，工件的搬运由有轨或无轨自动导引小车担任。有轨自动导引小车搬运系统具有结构原理简单，小车的运行速度快、定位精度高、承载能力大和造价低等特点。但是，小车只能在固定的轨道上运行，灵活性差，小车和轨道离机床较近，使检修作业区较为狭窄，一般使用于机床台数较少（2 ~4 台）且按直线布局的场合。无轨自动导引小车搬运系统目前技术发展较快，小车行走方式主要有固定路径和自由路径两种。在固定路径中，有电磁感应制导、光电制导、激光制导等多种形式。在自由路径中，有一种方法是采用地面支援系统，如用激光灯塔、超声波系统等移动的信号标志进行引导；另一种方法则是靠小车上的环境识别装置来达到自主行走。

工件在托盘上的夹具中装夹，一般由人工操作。当工件被装夹完毕，操作者通过装卸工位处的计算机终端将操作有关信息向单元反馈，自动导引小车接收到单元控制器的调度指令后，将工件送到指定地点，即机床、清洗站、检测站上的托盘自动交换装置（APC）或托盘缓冲站。

进行回转体零件加工的 FMS，除了工件搬运之外，还必须采用机器人才能将工件抓往机床。进行钣金加工 FMS 通常采用带吸盘的输送装置来搬运钣料。

作为毛坯和完工零件存放地点的仓库分为平面仓库（单层）及立体仓库两大类。广义上讲，自动立体仓库也是 FMS 托盘缓冲站的扩展与补充，FMS 中使用的托盘及大型夹具也可存放在立体仓库中。自动化立体仓库可分为多巷道、单巷道堆垛机控制方式，个别的也有采用单侧叉式控制方式。立体仓库的巷道数及货架数的设置，应考虑车间面积、车间高度、车间中 FMS 的数量、各种加工设备的能力以及车间的管理模式等。在立体仓库中自动存取物料的堆垛机，能把盛放物料的货箱推上滚道式输送装置或从其上取走。有时，还与无轨道自动导引小车进行物料的传递。

钣金加工的 FMS 通常带有存放钣材的立体仓库，不设其他缓冲站。

立体仓库的管理计算机具有对物料进出货架的管理以及对货架中物料的检索查询能力。

（2）刀具搬运系统　指刀具（含刀具柄部）经刀具进出站进入或退出系统以及在系统内运送的装置。可供选择的运送方案有：盒式刀夹—无人自动导引小车方式，直线轨道机器人—中央刀库方式，带中间刀具架及换刀机器人的自动导引小车方式，龙门式机器人—中间刀库方式，直接更换机床刀库方式。

刀具进入系统之前，必须在刀具准备间内完成刀具的刃磨、刀具刀套的组装、刀具预调仪的对刀，并将刀具的有关参数信息送到 FMS 单元控制器（或刀具工作站控制器）中。刀具准备间的规模及设备配置，由 FMS 系统的目标、生产纲领确定。

刀具进出站是刀具进出 FMS 系统的界面。由人工将相应的刀具置于刀具进出站的刀位上，或从刀位上取走退出系统的刀具。在刀具进出站处，通常设置一个条码阅读器，以识别置于刀具进出站的成批刀具，避免出现与对刀参数不吻合的错误。

换刀机器人是 FMS 系统内的刀具搬运装置，换刀机器人的手爪既要能抓住刀具柄部又要便于将刀具置于刀具进出站、中央刀库和机床刀库的刀位上或从其上取走。换刀机器人的自由度数按动作需要设定，既有采用地面轨道，也有采用架空轨道作为换刀机器人纵向移动之用。

对于换刀不太频繁的较大型的加工中心，可在机床刀库附近设置换刀机械手，进入系统的刀具放在托盘上特制的专门刀盒中，经工件进出站由 AGV 拉入系统。然后，换刀机械手将刀具装到机床刀库的刀位中，或从机床刀库取下刀具放入刀盒中，由 AGV 送到工件进出站退出系统，这样，可省去庞大的换刀机器人等刀具运储系统。

中央刀库是 FMS 系统内刀具的存放地点，是独立于机床的公共刀库，其刀位数的设定，应综合考虑系统中各机床刀库容量、采用混合工件加工时所需的刀具最大数量，为易损刀具准备的姊妹刀数量以及工件调度策略等。中央刀库的安放位置应便于换刀机器人在刀具进出站、机床刀库和中央刀库三者中抓放刀具。

（六）FMS 检测监视系统的设置原则及其内容

检测监视系统对于保证 FMS 各个环节有条不紊地运行起着重要的作用。它的总体功能包括：工件流监视、刀具流监视、系统运行过程监视、环境参数及安全监视以及工件加工质量的监视。

1. 设置检测监视系统的原则及要求

1）该系统应该具有进一步容纳新技术的能力和进一步扩充的能力，这是为了保证系统的先进性以及便于与即将开发的检测监视技术的集成。

2）应充分考虑该系统的可靠性、可维护性与操作性，应有良好的人机界面，软件采用容错、提示、口令等便于人机对话。

3）便于数据分散采集和集中分析。在FMS中，根据需要在许多部位设置检测或监视点。检测监视装置是分散的，所以，要求检测装置的设置有利于系统的数据采集，并能把从各个部位获得的数据集中起来加以分析，从而得到系统的状态信息。

4）应具有合适的响应速度。检测监视系统应能迅速及时地反映加工过程的状态，其中对设备层的监视要求为毫秒级，工作站层监控和单元层监控为秒级。

5）应能预报故障。在对检测数据分析的基础上，预报故障。

6）应能对工作人员提供可靠保护。通过对作业危险区的保护以及对上下料搬运系统和传送系统的工作监视来保护FMS中操作人员。

7）该系统应具有预处理测量信号的能力，对复杂参数的判断能力以及测量和处理大量的模拟和数字信号的能力。

2. FMS检测监视系统的监视方式及其内容

（1）检测监视方式

1）对设备或环境进行连续实时地测量并对获得的数据进行分析，给出报警或其他有效方式予以处理。

2）对检测点或环境定时或按约定时间进行采集测量，拾取有关数据进行分析处理。

3）操作者在任意的时间对监测点或环境进行观察测量，并对即时的采集数据进行分析处理。

4）工件加工质量的检测方式包括：利用机床所带的测量系统对工件进行在线上的主动检测；采用测量设备（如三坐标测量机或其他检验装置）在系统内对工件进行测量；在FMS线外测量。

（2）检测监视内容

1）对工件流系统的监视。检测工件进出站的空、忙状态，自动识别在工件进出站上的工件、夹具；检测自动导引小车的运行与运行路径；检测工件（含托盘、夹具）在工件进出站、托盘缓冲站、机床托盘自动交换装置与自动导引小车之间的引入、引出质量；检测物料在自动立体仓库上的存取质量。

2）对刀具流系统的监视。阅读与识别贴于刀柄上的条码；检测刀具进出站的刀位状态（空、忙、进、出）；检测换刀机器人的运行状态和运行路径；检测换刀机器人对刀具的抓取、存放质量；检测刀具的破损；检测和预报刀具的寿命。

3）对机器加工设备的监视。在FMS中主要是监视其工作状态，主要内容包括：通过闭路电视系统，观察运行状态正常与否；检测主轴切削转矩、主电动机功率、切削液状态、排屑状态以及机床的振动与噪声。

4）环境参数及安全监控。监测电网的电压和电流；监测供水供气等压力；监控空气的温度和湿度，并对火灾进出系统进行统计检测。

3. FMS检测监视系统

必须根据FMS的目标、工艺规划要求及加工设备特性，从全局角度来规划FMS检测监视系统的设备，其依据主要是检测监视系统应具有的功能，典型的功能树结构如图7-41所示。

（七）FMS的控制结构体系方案确定

控制系统是FMS实现其功能的核心，它管理和协调FMS内的各个活动以完成生产计划和达到较高的生产率。整个控制系统由硬件和软件组成，而系统的硬件组成和控制范围往往是决定控制系统结构的主要因素。根据FMS目标和企业在自动化技术更新方面的发展规划来考虑确定控制体系的类型，可考虑的类型有：

1）集中式系统控制级—设备控制级两级结构。

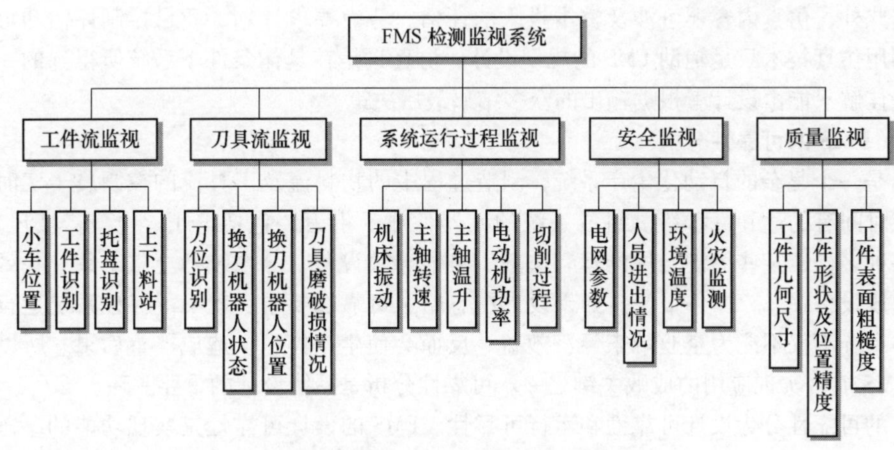

图 7-41　FMS 检测监视系统功能树

2）分布式系统控制级—工作站控制级—设备控制级三级结构。

3）分布式车间级—FMS 级—工作站级—设备级四级结构。

目前这种分级结构趋向于三级控制结构，又称单元级—工作站级—设备级三级递阶控制。控制结构体系类型选定之后，就要确定各职能计算机的分工及其功能指标。多级计算机控制系统硬件配置的一般原则是：横向各层使用同一系列的相同类型计算机，这有利于软件和硬件的标准化，且易于维护；纵向各层使用同一系列的计算机也是有益的，可以简化软件开发。在一些 FMS 中，工作站级并非物理地存在，但是作为整个控制系统的一部分，工作站层的功能在逻辑上是存在的。在这种情况下，通常是在主计算机上设置一个分区以完成对底层的控制功能以及对上层的信息反馈。这种逻辑上的三级递阶控制结构也是 FMS 控制体系结构的特例和特点。

（八）FMS 设计方案的计算与仿真

为了减少投资费用并减小投资风险，使 FMS 配置和布局更为合理，使建成的系统在运行中效率更高，采用计算机仿真研究是一种快捷而有效的方法。仿真研究分为两类：一类是 FMS 的规划设计仿真，另一类是 FMS 的运行仿真。仿真是一种实验手段，通过输入一些与系统和器件有关的原始数据，根据输出的各种数据信息，帮助设计人员发现设计方案中的冗余环节和瓶颈问题，为方案的设计改进提供依据。通过对几种方案仿真结果的比较，可以帮助评价方案的优劣。

FMS 各种仿真软件的侧重点不同，但综合起来看，包含以下四个层次的仿真内容：

1）FMS 的基本组成。合理地确定 FMS 的独立工位和其他基本组成部分，如加工中心、装卸站、托盘缓冲站、自动导引小车、中央刀库、换刀机器人等，以选定零件族及相应的工艺参数等有关参数作为输入，以期给出合理的配置。

2）工作站层的控制。主要模拟工作站这一独立工艺单元的动作，如机器人与机床之间的动作是否协调。

3）生产任务调度。根据 FMS 的状态信息实时做出管理决策，为系统重新进行调度产生新的控制指令。

4）生产计划仿真。接受生产任务单元后，根据生产 FMS 单元的生产计划以及与该活动有关的统计数据，作出优化的决策。

在总体规划设计阶段，设计人员输入仿真软件的参数通常有两类，一类是与 FMS 系统有关的参数，称为系统参数；另一类是与被加工零件工艺有关的参数，称为零件参数。通过软件就可进行单个零件批量加工仿真、混合分批加工的仿真、改变系统参数的仿真以及其他特殊要求的仿真。此外，仿真内容还可涉及资本投入的评估、劳力要求计划、质量控制评估和可靠性分析等。利用仿真技术只是辅助FMS的规划设计。仿真只是在具体条件下系统所得到的一组特殊解，而最佳解只能由设计者根据输出的众多结果最后决策。

（九）FMS的可靠性分析

FMS是一个复杂的自动化生产系统，制造过程中的物料流及工具流的控制属于实时控制性质，响应时间有的达到毫秒级。组成系统的元器件成千上万，包括电子、电气、液压、气动、机械等多种多样，某些关键元件的运行失效，可能导致设备、分系统乃至整个系统失效，严重时可能造成设备损坏，零件报废。如果设计中忽略了可靠性要求，就不能保证系统运行的可靠性，这样系统不仅不能为企业带来经济效益，反而会使生产停顿，造成严重后果。所以可靠性问题是FMS能否实现应用的成败关键之一。可靠性分析是系统设计的重要一环。

FMS的可靠性分为设计可靠性和运行可靠性。FMS的设计可靠性是实现功能的基础，而其运行可靠性是实现功能的保证，两者共同决定了系统的可靠性。在对FMS可靠性评估时必须考虑下列特点：

1）FMS是一种多功能系统，各功能起着不同的作用，因此对各种功能有不同程度的可靠性要求。

2）在FMS运行中可能发生异常情况（紧急、危险），这些异常情况是系统工作故障或错误的产物，它们可导致控制工作的严重破坏（事故）。

3）参与FMS工作的各类人员都不同程度地影响自动控制系统的可靠性。

4）每一套FMS的组成中都包括有大量的各种不同的组元（硬件、软件和人员），同时，在完成FMS的某些功能中一般都有多种不同的组元参与工作，而同一个组元也可能同时参与完成几种功能。

四、柔性制造系统实例

（一）实例1

捷克机床与加工研究所（YUOSO）与捷克的6个机床厂针对轴类和箱体类工件的无人加工要求进行开发，在TOSOTMOVL公司的铣床制造厂实施的带有刀具自动输送装置的柔性制造系统设计示意图如图7-42所示。该系统可昼夜不停地在8台机床上加工40种不同的箱体类灰铸铁零件。

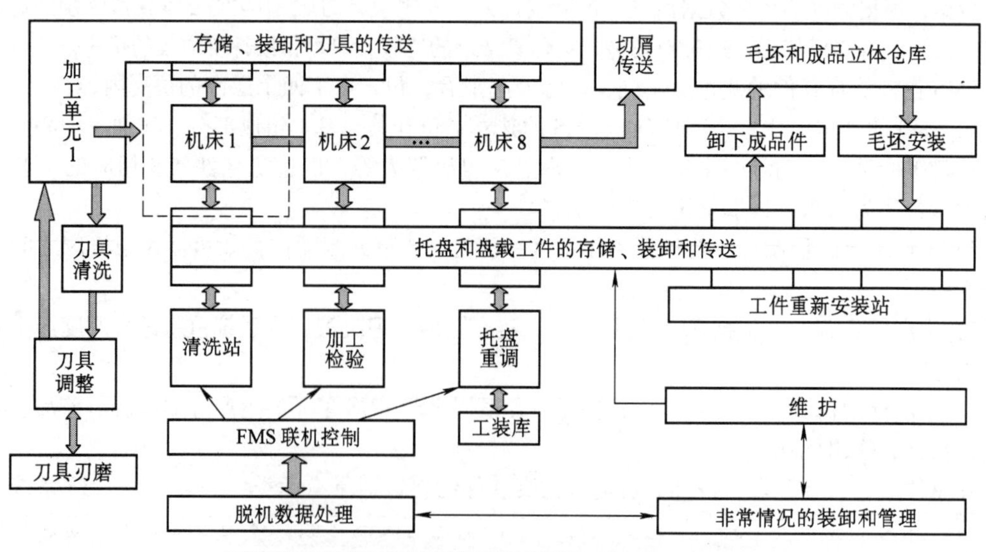

图7-42 带有刀具自动输送装置的FMS设计示意图

系统内有10个最大总容量为144把刀具的刀库，其中288把刀具存放在刀具室内的两个刀库中，其余1152把刀具分别存放在8台机床附近的刀库中。所有刀库由一台可装载5把刀具的输送车进行装卸。40种被加工工件的成组工艺需要400多把不同的刀具，刀库的空余容量可以存放标准刀具、备用刀具或特种刀具。

除了机床、工件和刀具输送装置外，系统还包括刀具、工件托盘和盘载工件清洗站各一个，一台计算机控制的检验机，一套切屑处理装置。此外，还包括一个铸件与成品的仓库、两个装料站、一个卸料站、四个重新装料站、一个托盘重调站和夹具库。而刀具调整、刀具刃磨、维修、脱机数据处理、紧急装卸和管理，也可由人工操作来执行。

柔性制造系统的加工机组在这里指的是“带有工件托盘和刀具装卸装置的机床及其控制部分”。CNC对六个坐标实行连续轨迹同步控制，除了控制X、Y、Z三个直线坐标外，系统还控制主轴的A向摆角及刀具操作系统的U、V两个直线坐标。根据需要转台可实现B坐标旋转。

存储装夹工件的托盘的中央存储库具有2000个单元，分置在两个平行货架上。每台机床配有容量5件盘载工件的中间站。加工机组设有对盘载工件进行装卸和清理的装备，如工件旋转装卸机、工件翻转清洗机、机组与工件传输装置之间的中间站。工件传输装置和装卸机的机械手配有光学阅读头，用于识别托具。机床和翻转清洗机的切屑由地下传送带运走。

刀尖尺寸、镗孔或铣削平面的几何偏差数据由CNC处理器处理后，用于误差的自动补偿。而对于高精度的镗孔，已研制出自动补偿直径的镗刀。需要测量或检验加工后的孔或面时，可自动地从刀库中取出高精度的测头，并装到主轴上。

（二）实例2

图7-43所示为一个典型的柔性制造系统，该系统由加工中心、自动导引小车、立体仓库、堆垛机、交换站、检测和清洗装备以及压装设备组成。在装卸站将毛坯安装在早已固定在托盘上的夹具中，然后物料传送系统把毛坯连同夹具和托盘输送到进行第一道加工工序的加工中心旁边排队等候，一旦加工中心空闲，工件就立即送上加工中心进行加工。每道工序加工完毕以后，物料传送系统还要将该加工中心完成的半成品取出并送至执行下一工序的加工中心旁边排队等候，如此不停地进行至最后一道加工工序。在完成工件的整个加工过程中，除进行加工工序外，若有必要还可进行清洗、检验以及压套组装工序。

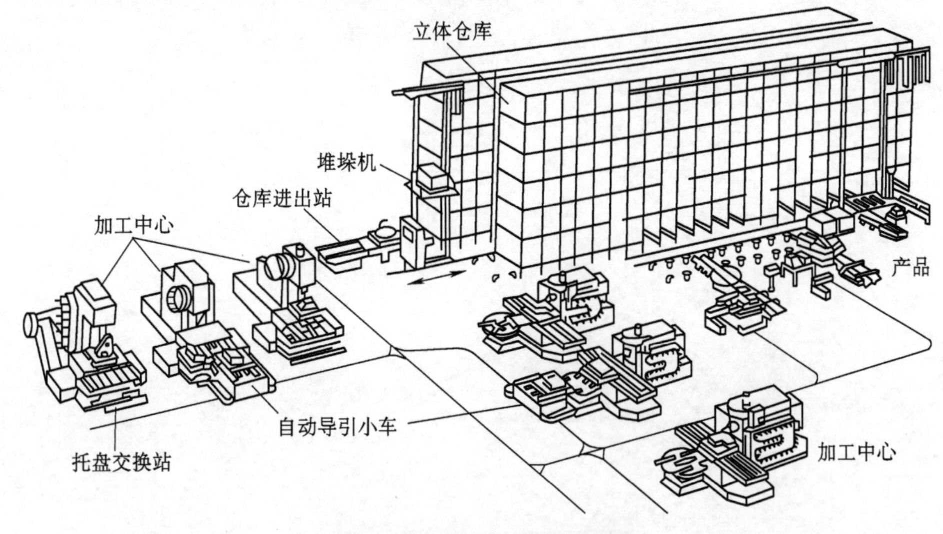

图7-43　典型的柔性制造系统

习题与思考题

1. 什么是机械加工生产线？它的主要组成类型及特点有哪些？
2. 影响机械加工生产线工艺和结构方案的主要因素是什么？
3. 简述机械加工生产线的设计内容和流程。
4. 在拟定自动线工艺方案时应着重考虑哪些方面的问题？如何解决这些问题？
5. 简述生产节拍平衡和生产线分段的意义及相应的措施。
6. 提高生产线可靠性的主要手段有哪些？
7. 简述组合机床的组成类型、特点及配置形式。
8. 组合机床总体设计的内容有哪些？
9. 简述机械加工生产线的总体布局形式及特点。
10. 简述柔性制造系统的概念、组成及类型。
11. 柔性制造系统的规划内容、目标是什么？
12. 柔性制造系统对机床的配置要求是什么？
13. FMS 各独立工位及其配置原则是什么？
14. FMS 总体平面布局的原则和形式是什么？
15. 结合典型零件，进行机械加工生产线的配置形式设计及工序安排。

参考文献

[1] 关慧贞，冯辛安．机械制造装备设计［M］．3版．北京：机械工业出版社，2009.

[2] 关慧贞，徐文骥．机械制造装备设计课程设计指导书［M］．北京：机械工业出版社，2013.

[3] 冯辛安．机械制造装备设计［M］．2版．北京：机械工业出版社，2005.

[4] 冯辛安．机械制造装备设计［M］．北京：机械工业出版社，1999.

[5] 范祖尧．现代机械设备设计手册：3［M］．北京：机械工业出版社，1996.

[6] 黄玉美．机械制造装备设计［M］．北京：高等教育出版社，2008.

[7] 机电一体化技术手册编委会．机电一体化技术手册［M］．北京：机械工业出版社，1994.

[8] 王超．机械可靠性工程［M］．北京：冶金工业出版社，1992.

[9] 叶柏林，陈志田．标准化［M］．北京：中国科学技术出版社，1988.

[10] 谢庆森．工业造型设计［M］．天津：天津大学出版社，1994.

[11] 徐迅．机器美学［M］．上海：上海科学技术文献出版社，1988.

[12] 姜文炳．工业工程基础［M］．北京：中国科学技术出版社，1993.

[13] 顾熙堂．金属切削机床［M］．上海：上海科学技术出版社，1995.

[14] 赵为铎．金属切削机床设计［M］．北京：中国工业出版社，1962.

[15] 戴曙．金属切削机床［M］．北京：机械工业出版社，1994.

[16] 金属切削机床设计编写组．金属切削机床设计：下册［M］．上海：上海科学技术出版社，1980.

[17] 顾维邦．金属切削机床概论［M］．北京：机械工业出版社，1991.

[18] 戴曙．机床滚动轴承应用手册［M］．北京：机械工业出版社，1993.

[19] 吴祖育，秦鹏飞．数控机床［M］．3版．上海：上海科学技术出版社，2009.

[20] 赵松年，李恩光，裴仁清．机电一体化机械系统设计［M］．北京：机械工业出版社，1997.

[21] 王惠方．金属切削机床［M］．北京：机械工业出版社，1994.

[22] 机床设计手册编写组．机床设计手册［M］．北京：机械工业出版社，1979-1986.

[23] 戴曙．机床设计分析：第一、二集［R］．北京：北京机床研究所，1985-1987.

[24] 毕承恩．现代数控机床［M］．北京：机械工业出版社，1991.

[25] 林宋，田建君．现代数控机床［M］．北京：化学工业出版社，2003.

[26] 叶伯生，等．计算机数控系统原理、编程与操作［M］．武汉：华中理工大学出版社，1999.

[27] 李福生．实用数控机床技术手册［M］．北京：北京出版社，1993.

[28] 任建平，等．现代数控机床故障诊断及维修［M］．北京：国防工业出版社，2002.

[29] 李靖谊．计算机集成制造［M］．北京：航空工业出版社，1996.

[30] 稻田一郎，等．工作机械の形状创成理论——その基础と应用［M］．东京：养贤堂，1997.

[31] 日本机器人学会．机器人技术手册［M］．宗光华，等译．北京：科学出版社，1996.

[32] 周伯英．工业机器人设计［M］．北京：机械工业出版社，1995.

[33] 何发昌，邵远．多功能机器人的原理及应用［M］．北京：高等教育出版社，1996.

[34] 蔡自兴．机器人原理及其应用［M］．长沙：中南工业大学出版社，1988.

[35] 孙增圻．机器人智能控制［M］．太原：山西教育出版社，1995.

[36] 熊有伦．机器人技术基础［M］．武汉：华中理工大学出版社，1996.

[37] 龚振邦，汪勤，陈振华，等．机器人机械设计［M］．北京：电子工业出版社，1995.

[38] 有本卓．ロボットの力学と制御［M］．东京：朝仓书店，1994.

[39] Robert J Schilling. Fundamentals of Robotics—Analysis and Control［M］. New Jersey: Prentice

Hall, 1990.
[40] 陈矛圻. 机械制造工艺学［M］. 沈阳: 辽宁科学技术出版社, 1990.
[41] 王先逵. 机械制造工艺学［M］. 北京: 机械工业出版社, 1995.
[42] 蔡光起, 等. 机械制造工艺学［M］. 沈阳: 东北大学出版社, 1994.
[43] 东北重型机械学院, 等. 机床夹具设计手册［M］. 2版. 上海: 上海科学技术出版社, 1988.
[44] 徐发壬. 机床夹具设计［M］. 重庆: 重庆大学出版社, 1993.
[45] 蔡复之. 实用数控加工技术［M］. 北京: 兵器工业出版社, 1995.
[46] 刘任需. 机械工业中的机电一体化技术［M］. 北京: 机械工业出版社, 1991.
[47] 宋文骥. 机械制造工艺过程自动化［M］. 昆明: 云南人民出版社, 1985.
[48] 李家宝, 葛鸿翰, 李旦. 机械加工自动化机构［M］. 哈尔滨: 哈尔滨工业大学出版社, 1989.
[49] 蔡建国, 吴祖育. 现代制造技术导论［M］. 上海: 上海交通大学出版社, 2000.
[50] 张晓萍, 颜永年, 吴耀华, 等. 现代生产物流及仿真［M］. 北京: 清华大学出版社, 1998.
[51] 吴天林, 段正澄. 机械加工系统自动化［M］. 北京: 机械工业出版社, 1991.
[52] 吴盛济, 等. 柔性制造系统设计指南［M］. 北京: 兵器工业出版社, 1995.
[53] 罗振璧, 朱耀祥. 现代制造系统［M］. 北京: 机械工业出版社, 1995.
[54] 李言, 李淑娟. 先进制造技术与系统［M］. 西安: 陕西科学技术出版社, 2000.
[55] 王家善, 吴清一, 周家平. 设施规划与设计［M］. 北京: 机械工业出版社, 1995.
[56] 程国全. 设施规划与物流分析课程设计指导书［M］. 北京: 机械工业出版社, 1995.
[57] 方明伦, 端木时夏, 等. 机械制造系统自动化［M］. 上海: 上海工业大学出版社, 1982.
[58] 张培忠. 柔性制造系统［M］. 北京: 机械工业出版社, 1998.
[59] 刘延林. 柔性制造自动化概论［M］. 武汉: 华中科技大学出版社, 2001.
[60] 柔性制造系统编委会. 柔性制造系统［M］. 北京: 兵器工业出版社, 1995.
[61] 谭益智. 柔性制造系统［M］. 北京: 兵器工业出版社, 1995.